2017

自贡年鉴

ZIGONG YEARBOOK

《自贡年鉴》编辑委员会 编

方志出版社
Publishing House of Local Records

图书在版编目（CIP）数据

自贡年鉴. 2017 /《自贡年鉴》编辑委员会编. —北京：方志出版社，2017.9
ISBN 978-7-5144-2567-3

Ⅰ. ①自… Ⅱ. ①自… Ⅲ. ①自贡-2017-年鉴
Ⅳ. ①Z527.13

中国版本图书馆 CIP 数据核字（2017）第 242671 号

自贡年鉴（2017）

编　　者：《自贡年鉴》编辑委员会
责任编辑：李志瑜
出 版 人：冀祥德
出 版 者：方志出版社
地址　北京市朝阳区潘家园东里 9 号（国家方志馆 4 层）
邮编　100021
网址　http://www.fzph.org
发　　行：方志出版社发行中心
电话（010）67110500
经　　销：各地新华书店
印　　刷：成都勤德印务有限公司
开　　本：889×1194　1/16
印　　张：31
字　　数：906 千
版　　次：2017 年 10 月第 1 版　2017 年 10 月第 1 次印刷
印　　数：0001~1000 册
ISBN 978-7-5144-2567-3　定价：218.00 元

LING DAO
GUAN HUAI

1 领导关怀

7月2日，全国人大常委会原副委员长、全国妇联原主席陈至立（左二）考察自贡盐业历史博物馆

9月28日，在外交部举办的四川全球推介活动中，省委书记王东明（左一）、省长尹力（左三）陪同外交部部长王毅（左二）参观自贡彩灯制作技艺

9月7日，省委副书记、省长尹力（左三）率省川南经济区稳增长工作调研督导组到四川煜峰鞋业有限公司调研

5月18日至19日，省委、省政府决策咨询委员会主任甘道明（中）率队到自贡调研

11 月 10 日，省委副书记刘国中（中）巡视第四届四川农业博览会自贡馆

12 月 29 日，省委常委、副省长王宁（中）一行到自贡航空产业园调研

3 月 16 日，省委常委、省纪委书记王雁飞（右一）到沿滩新城龙湖远达社区调研

9月28日，在外交部举办的四川全球推介活动中，省委常委、宣传部部长甘霖（右三）到自贡展区了解彩灯制作技艺

5月17日，省委常委、省政协副主席、省总工会主席李登菊（右二）率省稳定经济增长专项督导组到富顺县东湖镇山林村调研

10月25日，省人大常委会副主任曾省权（右一）到大安区凤凰乡永胜村调研村组经济社会发展情况

5 月 23 日，省人大常委会副主任黄彦蓉（中）率队到东兴寺片区改造工程现场调研

11 月 24 日，副省长刘捷（右二）率队到自贡调研企业发展情况

10 月 26 日至 27 日，副省长杨洪波（右二）率队到自贡调研沱江流域水污染防治工作

12 月 6 日，省政协副主席高烽（左二）率队到自贡调研航空产业发展情况

5 月 6 日，省政协副主席陈文华（中）到自贡市天花井食品公司调研治理过度包装、促进绿色生产消费情况

7 月 12 日，省政协副主席唐坚（中）到吴玉章故居调研

ZHONG YAO
HUI YI

2 重要会议

11月11日至13日，中国共产党自贡市第十二次代表大会召开

新当选的中共十二届市委常委

6月29日，自贡市庆祝中国共产党成立95周年大会召开

12月16日至20日，自贡市第十七届人民代表大会第一次会议召开

12月15日至18日，政协自贡市第十五届委员会第一次会议召开

1 月 20 日，中国共产党自贡市第十一届委员会第十二次全体（扩大）会议召开

2 月 24 日至 27 日，自贡市第十六届人民代表大会第七次会议召开

2 月 23 日至 26 日，政协自贡市第十四届委员会第五次会议召开

8月31日，自贡市第十六届人民政府第九次全体（扩大）会议召开

2月2日，中共自贡市第十一届纪律检查委员会第六次全体会议召开

3月9日，省委第九巡视组巡视自贡市工作动员会召开

7月12日，省委第九巡视组巡视自贡情况反馈会召开

5月3日，自贡市“两学一做”学习教育工作会召开

3月1日，全市县乡换届工作暨组织部长会议召开

6月1日，全市县级主要领导干部读书班开班

10月20日，全市工业经济工作会议召开

5月5日，全市信访和群众工作会议召开

CHENG XIANG
JIAN SHE

3 城乡建设

1月10日，市政府与住建部城乡规划管理中心举行“城市地下综合管廊建设发展战略合作协议”签约仪式

南湖生态城

卧龙湖湿地公园

7 月，全面建成的狮子山公园

升级改造后的丹桂大街

11 月，汇园路建成通车

12 月，西山路建成通车

东兴寺立交桥拓宽改造工程桥面铺筑施工现场

整装投运的新能源公交车

穿越市境的乐自高速公路

12 月 15 日，乐自高速公路舒坪出口及自流井连接线建成通车

自隆高速公路沿滩收费站

新建成的小井沟水库库区

9 月 26 日，富顺县富州大桥建成通车

11 月，牛佛沱江二桥引桥盖梁工程完工

11 月，楼房湾水库主体工程竣工

沿滩区永安场镇鸟瞰

建设中的狸狐洞水库

改造后的富顺县狮市镇马安村村道

农村电网升级改造

4 JING JI JIAN SHE

经济建设

4月29日，市政府与中科院天津工业生物技术研究所签订《战略合作框架协议》

7月5日，四川煜峰有限责任公司、意中项目发展协会、意大利斯凯特公司三方签订意大利直升飞机生产基地项目协议

12 月 30 日，市政府与省国资委在成都举行项目对接暨签约仪式

3 月 7 日，市政府与中国供销集团下属企业中农联控股有限公司就建设中国供销·川南（自贡）农产品电商批发物流园项目举行签约仪式

10 月 20 日，市政府与美国恒力国际控股有限公司签署共建自贡“石墨烯产业园”合作备忘录

8 月 16 日，华西能源工业股份有限公司与中国出口信用保险公司四川分公司签订《战略合作框架协议》

9 月 26 日，捷克总统顾问科胡特在省、市领导陪同下参观飞机组装车间

9 月 26 日，首批自贡组装的 SL600 轻型飞机在自贡凤鸣通用机场试飞成功

6 月，自贡中天胜新材料科技有限公司生产的聚酰亚胺产品在第四届中国国际新材料产业博览会上获金奖

年内建成的富顺县生物天然气发酵装置

8 月 3 日，自贡组团参加首届中国（成都）智慧产业国际博览会

1 月 26 日至 31 日，第二届川南名优特新商品交易会在华商国际城奥特莱斯前广场举办

12 月 22 日，自贡农村商业银行股份有限公司创立大会暨股东大会第一次会议召开

10 月 1 日，“海汤神泉”旅游项目正式开业

第 22 届自贡国际恐龙灯会观灯场景

5 月，自贡 · 中国玫瑰海项目入选《2016 全国优选旅游项目名录》

7 月 6 日，贡井区荷园山庄被四川旅游标准评定委员会评定为四川省五星级农家乐

7 月 6 日，沿滩区熙园山院被四川旅游标准评定委员会评定为四川省五星级农家乐

4 月 5 日，世界旅游小姐定点培训基地授牌仪式

11 月 27 日，荣县籍选手唐红玉获 2016 世界旅游皇后中国赛区总决赛冠军

现代粮食产业基地

粮经复合产业基地

9月26日，全国再生稻现场观摩交流会在富顺县召开

无人机病虫害防控

机械化播种油菜籽

江苏立华牧业集团投资的 3500 万羽黄羽肉鸡项目

特驱集团 100 万头生猪产业化项目祖代猪场

5

WEN HUA
JIAN SHE

文化建设

1 月 21 日，第二十二届自贡国际恐龙灯会暨经贸交易会在彩灯公园开幕

2 月 28 日，中国节庆文化活动与城市发展峰会暨首届中国彩灯文化峰会开幕式在自贡举行

1 月 18 日，自贡彩灯点亮“一带一路”启动仪式

10 月 29 日，《盐业史研究》创刊四十周年座谈会暨多维视野下的中国盐业史研究学术研讨会开幕式在市委会议厅举行

3 月 11 日，南丝绸之路化石论坛在自贡举行

12 月 5 日，自贡恐龙博物馆获第二届广州国际文物博物馆版权交易博览会“最佳传承奖”

10月24日，“红色记忆，长征颂歌”自贡市纪念中国工农红军长征胜利80周年主题文艺晚会

7月14日，国家艺术基金资助项目——自贡市大型原创现代川剧《还我河山》在眉山市会议中心演出

9月28日，自贡市第六届社区艺术节开幕

11月9日，四川清音《千年盐都等你来》参加“多彩川南·文化宜宾”第六届川南文化交流展示活动主题文艺晚会

9月28日，省第八届精品盆景展在自贡彩灯公园开幕

6月20日，魏剧丹青——段昭南绘魏明伦川剧画展在市艺术展览厅开展

3月，举行“情暖新盐都，欢乐进万家”自贡市2016年送文化下基层活动

4月22日，2016年“文化自贡·书香盐都”全民阅读活动在荣县首义广场正式启动

12月31日，举办2017年自贡市迎春健身跑活动

8月18日至27日，举行"自贡市商业银行杯"全国青少年保龄球锦标赛

7月30日至31日，全国象棋业余棋王赛自贡（川南）分站赛在富顺县举行

3月5日至9日，全国首届五人制老年足球比赛在富顺县举行

10月2日至5日，自贡市首届全国城际中老年足坛名宿邀请赛在檀木林体育场举行

11月5日至6日，四川省中型城市网球团体赛在自贡举行

双溪水库皮划艇赛艇训练场

6 SHE HUI JIAN SHE
社会建设

8 月 1 日，自贡市第四批院士（专家）工作站授牌仪式在市委会议厅举行

自贡市第十一届青少年科技创新市长奖颁奖仪式

11 月 23 日，召开自贡市第三批高层次人才“双千计划”评审会

4月25日，市政府与成都外国语学校签订自贡普润校区项目合作备忘录

12月20日，举行自贡市东部新城基础教育学校建设项目招商签约仪式

8月22日，市政府举行“栋梁工程——家乡助你上大学”捐助仪式

9月6日，举行自贡市第32个教师节庆祝大会暨“三个一批”师德主题活动启动仪式

12月9日，召开自贡市第二届中小学“学、爱、玩”校园足球联赛工作总结会

12月22日，举办自贡市中小学“学长征精神，做红色传人”个人才艺比赛

阳光体育运动

新建的沿滩区永安镇柏祥村级小学

改建后的沿滩区永安职业中学操场

1 月 25 日，全省区域精神卫生（川南片区）协同诊疗合作协议签字仪式在自贡举行

11 月 26 日，举行自贡市造血干细胞捐献大型公益宣传活动

6 月 13 日，启动自贡市 2016 年食品安全宣传周活动

9 月 19 日，市老年病医院与德国蕾娜范集团在德国柏林签署“社区居家护理中心和机构养老”合作协议

建设中的富顺县人民医院新区

9月30日，市领导率各界人士到自贡烈士陵园参加公祭活动

基层党员集体重温入党誓词

9月8日，全市大型电视问政节目《盐都问政》改版后首次直播

12月8日，全市首批入额法官进行宪法宣誓

10月19日至20日，第三届四川省“治蜀兴川”法治论坛在自贡举行

2月6日，市长刘永湘率队检查道路交通安全工作

5 月 12 日，自贡四中开展地震应急疏散演练

5 月 28 日，抗洪抢险应急演练

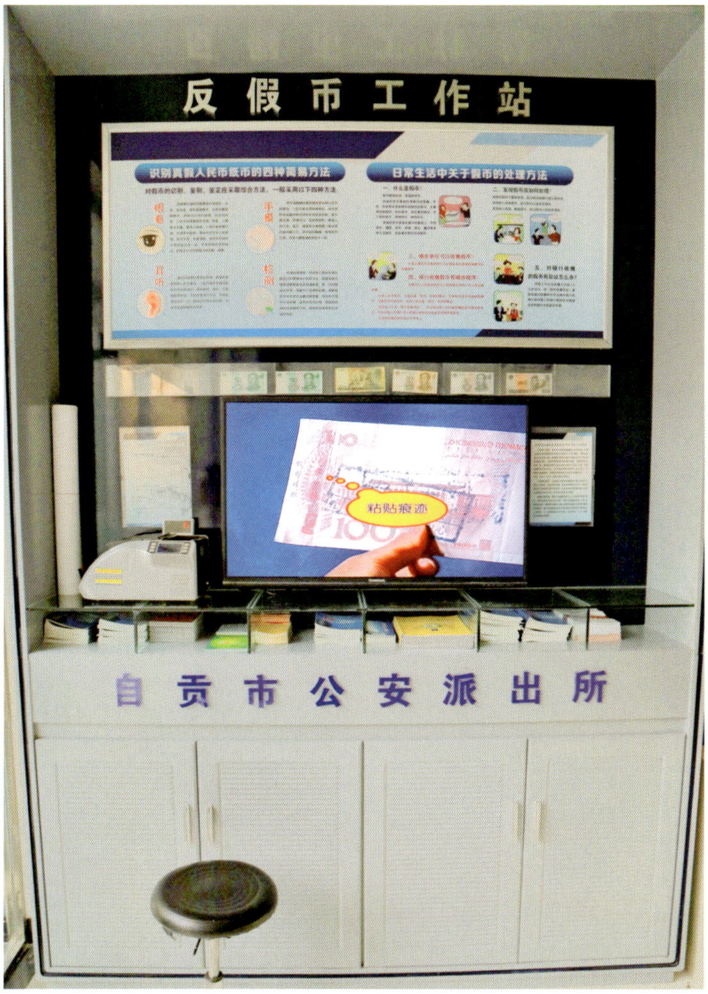

四川省首个反假币工作站在荣县公安局河西派出所建立

12 月 27 日，自贡市“返乡创业之星”大赛落幕

6 月 6 日，举行自贡市“黄丝带”爱心送考启动仪式

2月16日，召开自贡市脱贫攻坚领导小组第一次全体会议

10月19日，市委召开全市脱贫攻坚镇村一体建设现场推进会暨市脱贫攻坚领导小组第三次会议

8月26日，全市农业产业化项目暨产业扶贫工作推进会

3月28日至29日，首次举办全市驻村第一书记农村电商专题培训班

农技人员到贫困户中开展现场技术培训指导

脱贫产业（藤椒）基地

驻村第一书记帮助解决“黄金梨”销售渠道

易地扶贫搬迁工程

2016 年瓦市镇脱贫攻坚检查验收汇报会

7 QU XIAN JIAN SHE

区县建设

自流井区

ZI LIU JING QU

10 月 31 日，四川省 2016 年第四季度重大项目集中开工仪式自贡分会场暨自流井区中小企业园等 100 个项目集中开工仪式

漆树乡红花藕种植基地

菜籽机械化收割现场

4 月 8 日，自流井区开展最美夕阳红广场舞展演活动

5 月 28 日，自流井区第一幼儿园幼儿体操队在第 26 届“拓影影视杯”全国幼儿基本体操表演大会闭幕会上获大赛甲组金奖

贡井区
GONG JING QU

汽贸产业园区

成佳航空产业园组装生产的 SL600 型飞机

7 月 22 日，建设镇（龙都早香柚）被农业部认定为第六批全国一村一品示范镇

长土镇花卉产业

龙潭镇小家禽规模养殖

大安区
DA AN QU

11月2日，第十六届西博会·自贡市大安区招商推介会在成都世纪城假日酒店举行

9月14日，大安区政府与绵阳树人教育集团举行“西南旅游职业学院”项目签约仪式

三多寨镇三多寨村入选2016年中央财政支持传统村落名单

9月14日，“诵读经典·弘扬国学”大安区中小学生诵读比赛活动在和大广场举行

全区开展“红盾春雷行动”专项检查

沿滩区
YAN TAN QU

联络场镇

建设中的黄巅坝大桥

10月，在刘山乡举办的首届“中国灯城·梦幻田园”草雕节

福乐园康养机构

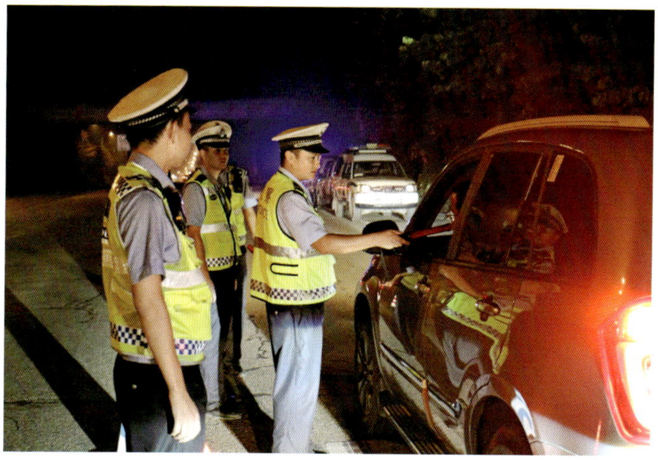

夜间交通违法整治

荣县
RONG XIAN

乐自高速公路长山连接线

建设中的荣县生物天然气试点项目

来牟镇万亩茶园基地

农产品电商体验店

度佳镇杨佳移民新村

富顺县
FU SHUN XIAN

晨光科技园区

11月3日，在第十六届西博会上举办"相约西博 · 共谋发展"富顺招商推介会

建设中的狮市镇马安新村

7月，金竹花田乡村游项目开园纳客

5月20日，"万人经典诵读"活动启动仪式在北湖实验学校举行

高新区
GAO XIN QU

12月22日，高新区管委会与深圳市百川源科技有限公司签约

9月14日，高新区管委会与湖南英祥房地产开发有限公司签订“自贡英祥妇女儿童医院项目”投资合作协议书

1月1日，汇东公园地下停车场建成投入使用

1月24日，大雪掩映下的南湖公园

小朋友到全省首个社区科普体验馆（丹桂街明珠社区馆）体验

CHUANG WEN HUO DONG

8

创文活动

3 月 25 日，市委召开创建全国文明城市指挥长会议

4月18日，市委召开创建全国文明城市工作推进大会

市委常委、宣传部部长刘敏率队到绵阳学习考察

市委常委、政法委书记刘笑禹带队到西景苑社区调研指导“创文”工作

文明交通义务劝导服务启动仪式

文明劝导员骨干培训

社区志愿者开展“创文”宣传

全市示范社区“创文”工作现场会

“创文”年度测评迎检动员会

杨进强家庭获全国首届文明家庭

兰铀入选中国好人榜

《自贡年鉴》编纂委员会

编辑说明

一、《自贡年鉴》以马克思列宁主义、毛泽东思想、邓小平理论、"三个代表"重要思想、科学发展观和习近平新时代中国特色社会主义思想为指导，坚持辩证唯物主义和历史唯物主义的立场、观点和方法，记述内容包括自然、政治、经济、文化、社会、生态等方面的发展全貌。

二、《自贡年鉴》立足客观记述史实、反映市情，为党政领导机关和各部门、各单位决策提供依据；为各级、各部门、各单位开展爱国主义和社会主义教育提供教材；为续编志书和研究地方发展历史提供翔实可靠的资料。

三、《自贡年鉴》采用分类编纂法，由类目、分目、条目组成，条目为记述主体。《自贡年鉴（2017）》设市情概览、大事记、专文、特载、市委、人大、政府、政协、纪检监察、民主党派·工商联、群众团体、法治、武装、环境保护、国土资源管理、城乡建设和管理、交通运输、水务、邮政·信息化、综合经济管理、工业、农业、商贸、对外贸易与经济合作、旅游、财政·税务、金融·保险·证券、科技与知识产权、教育、文化、卫生·计生、体育、人力资源和社会保障、民政·居民生活、民族·宗教、区县概况、人物、附录及建设成就图照等类目，反映2016年各方面的主要情况。

四、《自贡年鉴》中的"市情概览"概略介绍自贡地理位置、建置沿革、地形地貌、政区、人口、自然资源、气候、经济社会发展等方面的情况；"大事记"为2016年度各方面的大事纪要，以日期为序；专文围绕全面深化改革、脱贫攻坚、创建全国文明城市、"两学一做"学习教育活动等工作开展专题记述；"特载"主要刊载市委、市人大、市政府、市政协的重要报告；"人物"主要刊载国家级、省级和市委市政府表彰的劳动模范、先进人物及组织机构主要负责人；"附录"主要刊载2016年度市委、市政府的重要文件目录及文件选辑等；彩版主要刊载建设成就等方面的图照。

五、《自贡年鉴》条目中的数据由有关业务主管部门、区县提供；与统计资料不一致的，以市统计局的统计资料为准。标点符号、数字、计量单位的使用遵循国家有关标准。

目 录

市情概览

大事记

专　文

特　载

市　委

人　大

政　府

政　协

纪检监察

民主党派·工商联

群团·社团

法 治

武　装

环境保护

国土资源管理

城乡建设和管理

交通运输

水　务

邮政·信息化

综合经济管理

工　业

农　业

商　贸

对外贸易与经济合作

旅　游

财政·税务

金融·保险·证券

科技与知识产权

教　育

文　化

卫生·计生

体　育

人力资源和社会保障

民政·居民生活

民族·宗教

区县概况

人　物

附　录

索　引

市情概览

地理位置

自贡市地处四川盆地南部，位于北纬28°55′37″～29°38′25″、东经104°02′57″～105°16′11″之间。东邻隆昌、泸县，南界江安、南溪、宜宾，西与犍为、井研毗邻，北靠威远、内江。

建置沿革

自贡市建市前，境域分属荣县、富顺县。秦代，富顺和荣县地区分属巴郡、蜀郡。汉代置犍为郡，富顺地区属犍为郡江阳县，荣县则属犍为郡南安县。东汉章帝时，自贡地区即生产井盐，著名的盐井有富世井、大公井。北周武帝时，因盐置县设镇。以富世井为名置富世县，唐代改名为富义县，明代易名富顺县；以大公井为名设公井镇，唐代升公井镇为公井县，隶荣州，宋代废公井县入荣德县，明代降荣州为县。明代嘉靖年间，富顺盐业生产中心西移，新开自流等井。富顺县自流井盐区与荣县贡井盐区相距5公里，产、运、销联系十分密切，“前明以来本属一厂，名曰富义”。富义厂是构成今日自贡城市框架的雏形。清咸丰时期，太平军建都南京，淮盐不能上运，清廷饬令川盐济楚。富义厂盐业生产步入鼎盛时期，年产量占全川的一半以上，年征税银占全川盐税收入的40%，自贡成为四川井盐业的中心，被誉为“富庶甲于蜀中”的“川省精华之地”“盐都”。抗日战争时期，沿海沦陷，川盐再次济楚，但两县分治的弊端却阻碍自贡盐业的进一步发展。为适应经济发展的需要和战时军需、民食及支援抗战，国民政府决定设市。民国28年（1939）8月，经四川省政府批准，划出富顺县第五区和荣县第二区的产盐区，取自流井和贡井第一字合称自贡市。同年9月1日，自贡市政府成立，隶属四川省政府。1949年12月5日，自贡市解放，隶属川南行政公署。1952年，川南行署被撤销，隶属四川省人民政府。1978年4月，荣县全部以及富顺县何市区6个公社划归自贡市管辖。1983年3月，富顺县全部划归自贡市管辖。至2016年无变化。

地形地貌

自贡大地构造系杨子准地四川台坳、川中台拱、自贡凹陷。北与威远—龙女寺台穹相邻，东南为赤水凹陷，南与泸州凸起相接，西南与凉山褶断带相邻。境内构造简单、岩层产状平缓。东南部褶皱紧密，构造狭长；西北部构造相对宽缓。地形西北部地势高、东南部地势低。西北部是全市低山集中分布区，山岭海拔一般在500米～800米。最高点在荣县丁家山主峰，海拔为901米。东南部海拔一般在300米～400米左右，多为300米（±50米），最低点在沱江出富顺境处水面，海拔为241米。最大相对高差为661米，一般地形相对高差小于50米。地貌类型属低山丘陵，由低山地貌、丘陵地貌、平坝地貌和沟谷地貌组成。低山呈条带状，分布在西北和东南，分布面积广，沟谷纵横交错，穿插在丘间。地形以丘陵为主，平坝地形十分狭小、分布零星，一般多为沿河阶地、丘陵间之平地。全市低山面积占7.1%，丘陵占83.7%，缓丘平坝占9.2%。此外，尚有各类沟谷，分为冲谷、冲沟、侵蚀沟以及喀斯特槽谷和盆地、河谷。各类沟谷密度为每平方公里2.85公里。

政　区

自贡设市后，政区先后多次调整。2016年年末，自贡市辖自流井、贡井、大安、沿滩四区和荣县、富顺县，辖区面积4381平方公里。其中：自流井区辖6街3镇4乡，面积154平方公里；贡井区辖2街9镇2乡，面积410平方公里；大安区辖4街9镇3乡，面积401平方公里；沿滩区辖11镇2乡，面积469平方公里；荣县辖21镇6乡，面积1605平方公里；富顺县辖22镇4乡，面积1342平方公里。

（市地方志办）

人　口

【人口数量与分布】　2016年年末，全市有1077274户，其中，市辖区523913户（自流井区135459户、贡井区103073户、大安区160710户、沿滩区124671户）、荣县232645户、富顺县320716户。全市总人口3273837人，其中市辖区1504106人（自流井区369271人、贡井区293404人、大安区448661人、沿滩区392770人）、荣县683949人、富顺县1085782人。

【人口构成】　2016年年末，全市总人口3273837人，其中非农业人口1321078人、农业人口1952759人；男性1666684人、女性1607153人，男女性别比为1.037∶1；0～17岁的577533人、18～34岁的699636人、35～59岁的1273586人、60岁及以上的723082人。

【人口变迁】　2016年，全市出生31818人，死亡22481人，自然增长9337人。全市迁入14772人，迁出30279人。

（市公安局）

自然资源

【土地资源】　全市土壤在特定气候、地形、母质、生物和人为综合作用下，形成5个土类，9个亚类，25个土属，70个土种。高产土壤占32.7%，中产土壤占43%，低产土壤占24.3%；紫色土占土壤总面积的50.1%，水稻土占土壤总面积的34.6%，新积土占土壤总面积的0.9%，黄壤土占土壤总面积的13.7%，黑色石灰土占土壤总面积的0.7%。

（曾荣耀）

【矿产资源】　自贡属矿产资源贫乏地区，矿产资源种类有：煤矿、盐矿、水泥用灰岩、建筑石料用灰岩、水泥配料用砂岩、砖瓦用黏土、建筑用砂岩、砖瓦用页岩、高岭土、陶瓷土、膨润土、砂岩、矿泉水、石灰岩矿、石英岩、页岩等16种，主要矿种为盐和煤。页岩气资源理论储量约2.5万亿立方米，行政辖区被页岩气区块基本覆盖，主要涉及富顺—永川、威远、井研—犍为3个区块，其中富顺—永川区块涉及富顺地区，威远区块涉及荣县大部分地区，井研—犍为区块涉及荣县与乐山市交界地区。中石油区块约占93%，中石化区块约占4.5%，空白区块约占2.5%。岩盐资源集中分布在荣县西侧的长山镇一带，是著名的“威西岩盐体”的三分之一；煤炭资源集中分布在北西部的荣县和南东侧的富顺县；石灰岩矿分布在荣县、富顺县、贡井区、大安区境内；石英砂岩主要分布在荣县、富顺县、沿滩区、自流井区；膨润土主要分布在荣县双石镇、贡井区龙潭镇；高岭土集中分布在荣县西北侧的于佳乡、双古镇、铁厂镇一带；普通建材类矿产资源、砖瓦页岩广泛分布于全市各区、县境内。境内探明岩盐资源储量79.3亿吨；煤炭资源储量1.7亿吨；高岭土矿资源储量891万吨；石灰岩矿资源储量1.07亿吨。

（雷　洁）

【水资源】　境内河流分属岷江、沱江两大河流水系。西部越溪河、茫溪河属岷江水系，境内流域面积1207平方公里，其余河流属沱江水系，沱江水系在境内有一级支流釜溪河、二级支流旭水河、威远河、长滩河、镇溪河等。全市流域面积在5平方公里以上的河流有142条，其中流域面积在50平方公里以上的河流17条，河流形状多为羽毛状或树枝形。自贡水资源极度匮乏，水资源总量约16亿立方米，是全国50个最严重缺水城市之一。全市人均水资源量585立方米、亩均水资源量868立方米，仅为全省人均、亩均水资源量的18.84%和23.5%。特别是人口稠密、厂矿集中、商贸繁荣的城市中心区，缺水问题尤为突出，人均水资源量仅为307立方米，占四川省人均水资源量的9.7%。

（徐颖熠）

【野生动物资源】 全市有野生动物46科300余种，以蛇、蛙、鸟类等有益的野生动物种群数量居多，主要分布在森林资源较多的丘陵地区。全市有属国家二级保护的陆生野生动物15种：水獭、大灵猫、小灵猫、金猫、鸢、苍鹰、雀鹰、红角鸮、领角鸮、雕鸮、鹰鸮、斑头鸺鹠、长耳鸮、短耳鸮、黄喉貂，其中常见的有水獭、小灵猫、金猫、鸢、苍鹰、雀鹰、红角鸮、领角鸮、雕鸮、长耳鸮、短耳鸮11种；有省重点保护的陆生野生动物11种：香鼬、豹猫、赤狐、普通夜鹰、小白腰雨燕、红翅凤头鹃、鹰鹃、小鸊鷉、宜宾龙蜥、中白鹭、董鸡，其中常见的有香鼬、豹猫、赤狐、小白腰雨燕、红翅凤头鹃、鹰鹃、小鸊鷉、中白鹭、董鸡9种。

自贡市国家重点保护陆生野生动物名录

表1

中文名	拉丁文名	保护级别
鸢	*Milvus migrans*	Ⅱ
苍　鹰	*Accipiter gentiles*	Ⅱ
雀　鹰	*Accipiter nisus*	Ⅱ
红角鸮	*Otus scops*	Ⅱ
领角鸮	*Otus bakkamoena*	Ⅱ
雕　鸮	*Bubo bubo*	Ⅱ
鹰　鸮	*Ninox scutulata*	Ⅱ
斑头鸺鹠	*Glaucidium cuculoides*	Ⅱ
长耳鸮	*Asio otus*	Ⅱ

续表1

中文名	拉丁文名	保护级别
短耳鸮	*Asio flammeus*	Ⅱ
黄喉貂	*Martes flavigula*	Ⅱ
水　獭	*Lutra lutra*	Ⅱ
大灵猫	*Viverra zibethe*	Ⅱ
小灵猫	*Viverricula indica*	Ⅱ
金　猫	*Flis temminckj*	Ⅱ

自贡市省重点保护陆生野生动物名录

表2

中文名	拉丁文名
香　鼬	*Mustela altaica*
豹　猫	*Felis bengalensis*
赤　狐	*Vulpes hoole*
红翅凤头鹃	*Clamator coromandus*
鹰　鹃	*Cuculus sparverioides*
普通夜鹰	*Caprimulgus indicus*
小白腰雨燕	*Apus affinis*
小鸊鷉	*Tachybaptus rusicollis*
宜宾龙蜥	*Japalura grahami*
中白鹭	*Egretta intermedia*
董　鸡	*Gallicrex cinereacinerea*

【植物资源】 全市已知有高等植物71科163属314种，其中，乔木48科129种、灌木23科79种、藤本21种、竹类13种、蕨类30种、草本42种。森林以人工松林为主，部分区域有成片针阔混交林。植被类型属川东盆地偏湿性常绿阔叶林。自然植被由亚热带常绿阔叶林、低山常绿针叶林、竹林组成。国家重点保护的野生植物有桫椤、银杏、楠木、油樟、香樟、苏铁、红豆树、厚朴、任豆、红椿、川黄檗、水杉等18种，其中桫椤面积49公顷，达1.3万余株。

自贡市国家重点保护野生植物名录

表3

中文名	拉丁文名	保护级别
苏铁属（所有种）	*Cycas spp*	Ⅰ

续表 3

中文名	拉丁文名	保护级别
银　杏	*Cinkgo biloba*	Ⅰ
桫椤科（所有种）	*Cyatheaceae spp*	Ⅱ
翠　柏	*Calocedrus macrolepis*	Ⅱ
台湾格（秃杉）	*Taiwania cryptomerioides*	Ⅱ
樟　树（香樟）	*Cinnamomum camphora*	Ⅱ
润　楠	*Machilus nanmu*	Ⅱ
楠　木	*Phoebe zhennan*	Ⅱ
油　樟	*Cinnamomum longepaniculatum*	Ⅱ
红豆树	*Ormosia hosier*	Ⅱ
紫檀（青龙）	*Pterocarpus indicus*	Ⅱ
鹅掌楸	*Liriodendron chinense*	Ⅱ
厚　朴	*Mognolia officinalis*	Ⅱ
任豆（任木）	*Zenia insignis*	Ⅱ
红　椿	*Toona ciliata*	Ⅱ
喜　树	*Camptotheca acuminata*	Ⅱ
川黄檗（黄皮树）	*Phellodendron chinense*	Ⅱ
水　杉	*Metasequoia glyptostroboides*	Ⅱ
地方树种		
杨叶木江子（溪木）	*Neolitsea wushanica*	
灯台树	*Cornus controuersa*	

（张涛）

气　候

【概况】　2016年，全市平均气温18.7℃，较常年偏高0.9℃，居历史第4高位；全市平均年总降水量1024.6毫米，较常年偏多4%。全市冬季气温略偏高、春季气温偏高，夏季气温异常偏高，秋季气温正常；冬季降水偏多，春季降水略偏多，夏季降水略偏少，秋季降水偏多。年内冷空气活动频繁，冬季出现雨雪天气；春季阴雨天气明显；夏季出现轻度夏伏旱；汛期暴雨天气频繁，洪涝偏重，局部出现雷暴、大风天气；盛夏高温酷热时间长；秋绵雨天气明显。全市农业气象条件总体是利大于弊；森林火灾偏轻；年末水利工程蓄水与常年持平；大雾和雨雪天气对交通运输造成一定影响；环境空气质量达标率较低。综合分析，2016年全市气候条件为正常年景。

【气温】　2016年，全市年平均气温18.7℃，居历史第4高位，比常年偏高0.9℃。其中，荣县、市区、富顺县年平均气温分别为18.4℃、18.8℃、18.8℃，分别居历史第3高位、3高位、4高位，分别偏高0.8℃、0.9℃、0.8℃。年极端最高气温荣县、市区、富顺县分别为40.0℃、40.5℃、40.1℃，其中荣县创历史新高，市区和富顺县分别位列有气象记录以来的第2高位和第3高位；荣县、市区、富顺县年极端最低气温分别为-0.5℃、-0.8℃、-0.6℃，均在常年波动范围内。2016年冬季（2015年12月至2016年2月），全市平均气温9.1℃，较常年同期偏高0.4℃。其中2015年12月平均气温9.9℃，偏高1.0℃；2016年1月平均气温7.6℃，偏高0.1℃；2016年2月平均气温9.7℃，与常年持平。2016年春季（3月至5月），全市平均气温19.2℃，较常年同期偏高0.9℃。其中3月平均气温15.7℃，偏高2.1℃；4月平均气温19.3℃，偏高0.7℃；5月平均气温22.6℃，与常年持平。2016年夏季（6月至8月），全市平均气温27.6℃，居历史同期第3高位，较常年同期偏高1.6℃。其中6月平均气温25.8℃，偏高1.2℃；7月平均气温28.1℃，偏高1.3℃；8月平均气温28.8℃，偏高2.2℃。2016年秋季（9月至11月），全市平均气温18.6℃，较常年同期偏高0.2℃。其中9月平均气温22.5℃，偏低0.4℃；10月平均气温19.7℃，偏高1.5℃；11月平均气温13.7℃，偏低0.3℃。

【降水】　2016年，全市年平均降水量1024.6毫米，较常年偏多4%。其中，荣县、市区、富顺县年总降水量分别为1033.1毫米、934.8毫米、1105.8毫米，荣县和富顺县分别偏多11%、9%，市区偏少6%。2016年冬季（2015年12月至2016年2月），全市平均降水量60.8毫米，较常年同期偏多43%。其中2015年12月降雨量17.5毫米，偏多42%；2016年1月降雨量21.6毫米，偏多71%；2月降雨量21.7毫米，偏多21%。2016年春季（3月至5月），全市平均降水量209.7毫米，较常年同期偏多9%。其中3月降雨量36.9毫米，偏多19%；4月降雨量82.2毫米，偏多35%；5月降雨量90.6毫米，偏少9%。2016年夏季（6月至8月），全市平均降水量519.9毫米，较常年同期偏少6%。其中6月降雨量190.9毫米，偏多14%；7月降雨量201.7毫米，偏多2%；8月降雨量127.3毫米，偏少32%。2016年秋季（9月至11月），全市平均降水量236.1毫米，较常年同期偏多23%。其中9月降雨量183.5毫米，偏多63%；10月降雨量27.5毫米，偏少47%；11月降雨量25.1毫米，偏少8%。

【日照】 2016年，荣县、市区、富顺县总日照时数分别为1473.4小时、1232.6小时、1281.7小时，分别偏多247.4小时、261.3小时、184.9小时。

【寒潮雨雪天气】 受北方强冷空气影响，从1月21日开始，全市出现2016年入冬以来最强的一次寒潮降温天气过程，22日晚上和23日晚上全市普降中到大雪，荣县、市区、富顺县23日至24日降水（雪）量分别达5.0毫米、10.2毫米、11.0毫米；24日积雪深度分别达4厘米、6厘米、9厘米，这是自1991年12月28日自贡降雪后，时隔24年又一次出现的明显积雪景象。21日到23日，72小时内全市日平均气温累计下降7℃左右，达到寒潮标准。23日日平均气温达最低，荣县、市区、富顺县分别为1.1℃、0.7℃、0.9℃；23日至25日，全市日最低气温均在0℃以下，24日荣县、市区、富顺县出现2016年的最低气温，分别为-0.5℃、-0.8℃、-0.6℃。该雨雪天气给全市农牧业、林业、工业、交通、电力造成的直接经济损失达5050.6万元，其中农业损失最大，为4922.35万元。

【强降温】 2016年，全市强降温天气出现7次，除1月的寒潮天气外，在2月、3月、10月、11月共出现6次强降温天气。2月13日至15日，日平均气温从15℃左右下降到6℃左右，累计降温9℃左右；3月8日至10日，日平均气温从21℃左右下降到9℃左右，累计降温12℃左右；10月5日至10日，平均气温从26℃左右降至16℃左右，累计下降9℃~11℃；10月27日至29日，平均气温从20℃左右降至13℃左右，累计下降7.5℃左右；11月5日至8日，平均气温从17.5℃左右降至10.5℃左右，累计下降7℃左右，过程伴有小到中雨天气；11月20日至23日，平均气温从18℃左右降至7℃左右，累计下降11℃左右，过程伴有小雨天气，并出现4级左右偏北风。

【夏旱】 4月下旬后期至5月下旬初，全市西部地区降雨显著偏少，4月29日至5月21日，荣县总降雨量28.3毫米，比常年偏少60%。根据《自贡市干旱监测预警系统》监测显示，在全市73个监测站中有21站出现23~26天的轻度夏旱，旱区主要分布在荣县大部及贡井区西部。5月22日至23日的大雨天气过程使全市旱情得到解除。2016年总体上夏旱范围小、强度弱、持续时间短，对旱区大春生产影响有限。

【伏旱】 8月中下旬，全市持续高温晴热少雨天气，大部地方自15日凌晨出现阵雨后，至29日连续14天未下雨。根据《自贡市干旱监测预警系统》监测显示，截至2016年8月29日，在全市73个监测站中有64站出现21~28天的轻度伏旱。8月30日至31日，全市普降小到中雨，荣县西部下大雨，旱情得到缓解。

【高温】 8月中下旬，全市出现一段高温晴热少雨天气，持续时间长达2周左右，这是自2011年后，时隔5年自贡再次出现的连续时间超过10天的高温天气。8月12日至26日，全市平均气温31.5℃，较常年偏高5.3℃，居历史同期第1高位；全市日最高气温≥35℃的高温日数达13~15天，日平均气温≥30℃的日数达12~13天，均居历史同期第1多位；8月25日最高气温突破40℃，荣县、市区、富顺县分别为40.0℃、40.5℃、40.1℃，其中荣县创历史新高，市区仅次于2006年位列有气象记录以来的第2高位。

【“5·6”雷雨大风冰雹】 5月6日4时至8时，自流井区、大安区、沿滩区、贡井区出现雷雨大风冰雹天气。大部分地方降水量达20毫米以上；有4个监测站点降水量超50毫米，最大降水出现在大安区三多寨镇，为67.9毫米；贡井区大公井、大安区三多寨镇、南湖体育场、沿滩区卫星村1小时降水量分别达65.8毫米、52.5毫米、47.3毫米、45.2毫米。雷雨时出现8级左右阵性大风，最大风速出现在鸿化厂，达19.1米/秒。贡井区、汇东新区等地出现蚕豆大小的冰雹。全市发生雷电

322次。5月6日凌晨6时10分，刘山乡农贸市场内3名卖菜人员被雷电击中，送市四医院经检查后，其中2人无大碍，另1人烧伤面积达10%。5月6日晚，市中东部再次出现短时强降水和雷电大风天气，市区和富顺县大部地区雨量超30毫米，个别监测站点雨量超50毫米，最大雨量出现在大安区牛佛镇，为80.1毫米；富顺县赵化镇和飞龙镇瞬时风速分别达19.8米/秒、19.0米/秒；全市发生雷电744次。该次强对流天气过程造成全市4个区1个县18个乡镇（街道）不同程度受灾，受灾人口2.30万人，农作物受灾面积618.1公顷，其中成灾面积321.8公顷、绝收面积5.3公顷，倒塌房屋4间，损坏房屋33间，转移安置59人，直接经济损失967.4万元，其中农业直接经济损失288.1万元。

【“6·7”雷雨大风】 6月6日夜间，全市出现雷阵雨天气，雨量为小到中雨，局部大雨，雷雨时伴有8~9级阵性大风，最大风速出现在富顺县富源，达22.6米/秒（6月6日23时32分）。

【“7·12”雷雨大风】 7月12日4时至5时，雷雨、闪电伴随阵性大风，袭击荣县古文镇，该镇1小时降雨量达20.6毫米，风力达9级左右。大风造成古文镇山边村和朱家湾村部分农作物受灾、民房受损，2个村电力中断，碗口粗树木被拦腰吹断。损失最重的乡巴佬兔业养殖基地，9排兔舍严重受损，舍棚整体垮塌，舍内积水严重，死亡兔子5000余只。该镇5个村1500人受灾，农作物成灾面积约200公顷，400余户民房受损，公路等基础设施垮塌或损坏30余处，直接经济损失约530万元，无人员伤亡。7月12日11时，沿滩区遭遇强降水，沿滩镇1小时降雨量达22.5毫米，致使辖区兴元路、开元路、206省道等多处路段严重积水，部分车辆及群众受困。到中午13时30分许，积水险情排除。

【“7·27”雷雨大风】 7月26日夜间到27日早晨，全市出现一次雷雨大风天气过程，普降中到大雨，部分地方出现暴雨到大暴雨。在全市105个监测站中，过程降雨量≥50毫米的有12站，≥100毫米的有1站；最大过程降雨量和最大降雨强度均出现在富顺县兜山镇，分别为100.4毫米和56.0毫米/小时（7月27日22时至23时）。全市有9个站点监测到大风，其中富顺县赵化镇7月26日22时58分风速达21.8米/秒，风力达9级。该次雷雨大风天气造成沿滩区和富顺县受灾人口1.09万人，倒塌房屋39间，严重损坏房屋68间，一般损坏房屋183间，农作物受灾面积1159.5公顷、成灾面积712.2公顷、绝收面积44.6公顷，直接经济损失746.7万元，其中农业损失612.5万元。

【“6·9”暴雨】 6月9日下午至10日下午，全市出现2016年年初以来首场区域性暴雨天气过程，全市普降大到暴雨，在全市105个监测站中，过程降雨量≥50毫米的有86站，过程降雨量≥100毫米的有3站；最大过程降雨量为120.3毫米，出现在富顺县琵琶镇石牛村；最大降雨强度为34.2毫米/小时，9日15时至16时出现在富顺县兜山镇。

【“6·30”暴雨】 6月30日凌晨至傍晚，全市普降大到暴雨，在全市105个监测站中，降雨量≥50毫米的有27站；最大降雨量为90.5毫米，出现在市区硬质合金厂；最大降雨强度为20.8毫米/小时，6月30日4时至5时出现在富顺县东湖镇楼坝村。

【“7·13—7·14”暴雨】 7月12日晚上到14日下午，全市出现2016年年初以来范围最广、强度最大的一次暴雨天气过程，全市普降暴雨，部分地方大暴雨，局部出现暴雨洪涝灾害。在全市105个监测站中，过程降雨量≥50毫米的有78站，≥100毫米的有30站；最大过程降雨量和最大降雨强度均出现在荣县度佳镇，分别为229.1毫米和65.1毫米/小时（7月13日4时至5时）。暴雨后，大部分河流水位陡涨，部分沿河低洼地带被水淹没，局部出现洪涝灾害，主城区市四医院汇东分院路口和人人乐路口积水深约20厘米至30厘米。灾情主要出现在荣县和沿滩区，受灾人口2.69万人，紧急转移安置人口54人，倒塌房屋241间，严重损坏房屋295间，一般损坏房屋545间，农作物受灾面积2677.9公顷、成灾面积1409.1公顷、绝收面积469.6公顷，毁坏耕地面积28公顷，直接经济损失2573.4万元，其中农业损失1556.6万元。该次暴雨天气过程使荣县双溪水库水位上涨3.57米，水库蓄水从降雨前的1115万立方米增加到降雨后的1569万立方米，净增蓄水454万立方米。这是2016年年初以来双溪水库蓄水增加最明显的一次，对缓解自贡城市供水压力起到关键作用。

【“7·18”暴雨】 7月18日夜间到19日早晨，全市出现一次雷雨天气过程，大部地方小雨，部分地方中到大雨，富顺县东南部出现暴雨到大暴雨。在全市105个监测站中，过程降雨量≥50毫米的有11站，≥100毫米的有5站，均出现在富顺县东南部；最大过程降雨量和最大降雨强度均出现在富顺县赵化镇苏坝村，分别为147.8毫米和70.7毫米/小时（7月18日20时至21时）。富顺县有2个乡镇受灾，房屋损坏2间，倒塌14间；农作物受灾面积650公顷、成灾面积60公顷，绝收15公顷，减产粮食20.5吨；堤防损坏2处，长1.6公里；公路损坏2条，长0.24公里；直接经济损失881万元，其中农牧业损失768万元，水利设施损失113万元。

【“7·22”暴雨】 7月22日下午，全市中西部出现雷阵雨天气，雨量普遍为中到大雨，部分地方暴雨。雨量≥50毫米的有5站，最大过程降雨量和最大降雨强度均出现在荣县铁厂镇大丰村，分别为78.1毫米和45.5毫米/小时（7月22日13时至14时）。

【“7·31”暴雨】 7月31日凌晨至早晨，全市出现一次雷雨天气过程，普降中到大雨，部分地方暴雨。在全市105个监测站中，过程降雨量≥50毫米的有14站；最大过程降雨量出现在富顺县富世镇印花庄社区，为91.6毫米；最大降雨强度出现在大安区何市镇新民村，为41.0毫米/小时（7月31日3时至4时）。

【“8·3—8·5”暴雨】 8月3日早晨至5日下午，全市连续3天出现阵性降水，大部分地方中到大雨，部分地方暴雨，个别地方大暴雨。在全市105个监测站中，过程降雨量≥50毫米的有30站，≥100毫米的有4站；最大过程降雨量和最大降雨强度均出现在大安区牛佛镇牛王山，分别为163.1毫米和55.2毫米/小时（8月4日15时至16时）。8月3日，全市有4个监测站监测到大风以上天气：富顺县富源10时48分风速17.4米/秒，风力8级；富顺县赵化镇16时10分风速19.6米/秒，风力8级；鸿化厂17时08分风速17.7米/秒，风力8级；大安区江姐村17时11分风速17.2米/秒，风力8级。

【“8·15”大暴雨】 8月15日凌晨，全市普降小到中雨，有2个监测站点出现大暴雨，大安区牛王山和牛佛镇降雨量分别达134.5毫米和115.6毫米，其中牛王山最大降雨强度112.3毫米/小时（8月15日1时至2时）。

【“9·4”暴雨】 9月4日，全市普降中到大雨，荣县南部部分地方暴雨。在全市105个监测站中，过程降雨量≥50毫米的有9站；最大降雨量和最大降雨强度均出现在荣县古文镇朱家湾村，分别为72.0毫米和24.7毫米/小时（9月3日23时至24时）。

【“9·19”暴雨】 9月19日，全市普降大到暴雨，部分地方暴雨。在全市105个监测站中，过程降雨量≥50毫米的有17站；最大降雨量74.2毫米，出现在大安区牛佛镇牛王山；最大降雨强度22.4毫米/小时，9月18日20时至21时出现在富顺县飞龙镇真觉村。

【秋绵雨】 9月，全市雨日多，日照少，阴雨寡照天气明显。全月降雨日数达15～18天，无日照天数14～15天，其中9月18日至28日，大部分地方出现7～11天的秋绵雨天气。10月7日至15日，全市出现秋绵雨天气，持续时间9天，其间无日照。

（市气象局）

经济社会发展

【概况】 2016年年末，全市辖区面积4381平方公里，共108个乡镇（街道）、1423个村（社区）。全市有法人单位1.78万个，其中，规模以上工业543个、有经营活动的资质建筑业116个、房地产开发经营业107个、限额以上批发和零售业215个、限额以上住宿和餐饮业63个、规模以上服务业175个。全年实现地区生产总值（GDP）1234.56亿元，按可比价格计算，比2015年增长7.7%。其中，第一产业增加值136.13亿元，增长4.0%；第二产业增加值710.37亿元，增长8.1%；第三产业增加值388.06亿元，增长8.3%。三次产业对经济增长的贡献率分别为5.7%、61.1%和33.2%。人均地区生产总值44481元，按可比价格计算增长7.0%。三次产业结构由2015年的11.2∶58.1∶30.7调整为11.0∶57.6∶31.4。全年民营经济实现增加值702.81亿元，按可比价格计算增长8.2%，占GDP的比重为56.9%，对GDP增长的贡献率为60.2%。其中，第一产业增加值42.95亿元，增长2.6%；第二产业增加值434.43亿元，增长8.4%；第三产业增加值225.43亿元，增长8.9%。

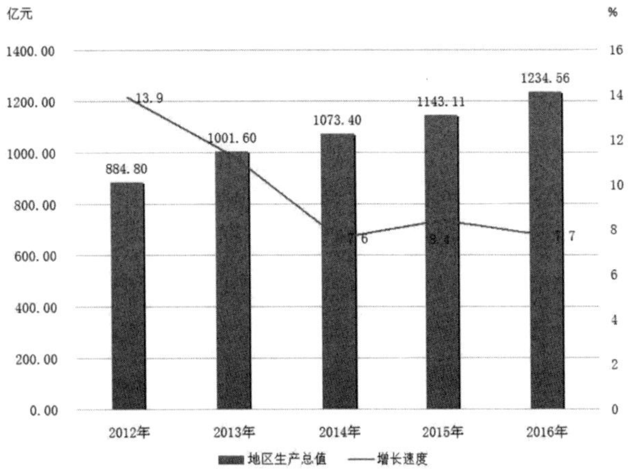

图1 2012—2016年自贡地区生产总值和增长速度

【农业】 2016年，粮食种植面积21.71万公顷，比2015年增加496公顷；油料种植面积3万公顷，增加1351公顷；蔬菜种植面积5.69万公顷，增加333公顷。全年粮食产量134.64万吨，比2015年增产1.5%；油料产量6.57万吨，增产5.8%；蔬菜产量204.04万吨，增产2.0%。全年肉类总产量27.78万吨，比2015年下降0.5%。其中，猪牛羊肉产量15.14万吨，下降3.5%；生猪出栏216.56万头，下降4.3%；肉牛出栏4.52万头，增长3.3%；肉羊出栏115万只，增长3.3%；家禽出栏2707.98万只，增长2.5%。全年水产养殖面积8090公顷，比2015年增加207公顷；水产品产量6.79万吨，增长4.8%。全年完成人工造林面积7246.67公顷，其中，中央财政造林补贴项目面积333.33公顷；完成低产低效林改造面积1726.67公顷；森林抚育总面积873.33公顷；“四旁植树”（路旁、沟旁、渠旁、宅旁植树）1171.6万株。年末，全市森林覆盖率34.68%，比2015年提高1个百分点。年末农业机械总动力128.15万千瓦，增长7.08%。年末全市有水库381座，其中小（二）型水库301座、小（一）型水库78座、中型水库2座。年末，全市有农民专业合作社1445个、家庭农场1796个、县级以上龙头企业181个。

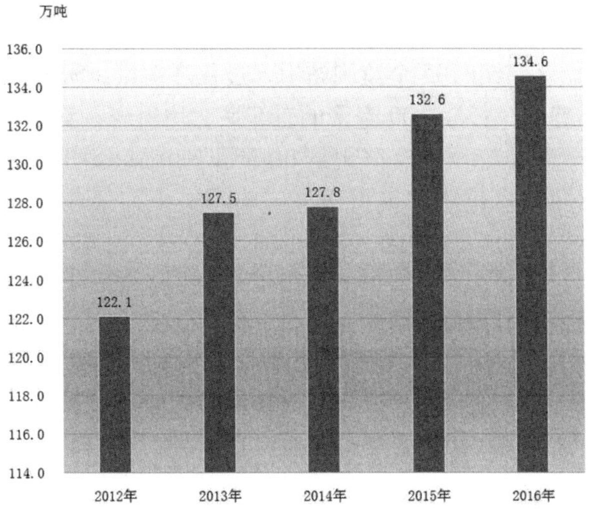

图2 2012—2016年自贡粮食产量

【工业和建筑业】 2016年，实现全部工业增加值646.12亿元，比2015年增长8.1%，对经济增长的贡献率达55.7%。全年规模以上工业企业（年主营业务收入2000万元以上）增加值增长8.5%；实现出口交货值24.03亿元，下降20.5%；工业产品销售率98.4%；实现主营业务收入1764.57亿元，增长6.3%；盈亏相抵后实现利润总额62.23亿元，下降3.4%。在规模以上工业中，轻工业增加值比2015年增长11.6%，重工业增加值增长7.7%，轻重工业增加值所占比例分别为23.0%、77.0%。在规模以上工业增加值行业中，煤炭开采和洗选业增长3.8%，采盐业增长2.4%，农副食品加工业增长11.9%，食品制造业下降2.8%，化学原料及化学制品制造业增长14.7%，医药制造业增长21.1%，化学纤维制造业下降17.4%，塑料制品业增长21.6%，非金属矿物制品业增长4.8%，黑色金属冶炼及延压工业下降4.2%，有色金属冶炼及延压工业下降3.9%，金属制品业下降2.4%，通用设备制造业增长8.1%，专用设备制造业增长0.6%，电气机械及器材制造业增长9.6%，电力热力的生产和供应业增长14.5%。在纳入统计的规模以上工业产品中，原盐92.52万吨，增长1.6%；饲料53.28万吨，增长

17.0%；鲜冷藏肉 30.67 万吨，下降 10.4%；纱 3.85 万吨，增长 16.2%；人造板 56.55 万立方米，增长 23.7%；机制纸及纸板 3.99 万吨，增长 13.6%；碳酸钠（纯碱）9.55 万吨，增长 226.3%；合成氨 2.77 万吨，增长 193.3%；农用氮磷钾化学肥料 9.69 万吨，增长 21.2%；中成药 0.77 万吨，增长 19.0%；化学纤维 15.72 万吨，增长 0.9%；塑料制品 45.99 万吨，增长 29.7%；水泥 156.64 万吨，增长 17.9%；电站锅炉 10.40 万吨蒸发量，下降 5.6%；金属切削机床 0.34 万台，增长 6.8%。全年实现建筑业增加值 67.36 亿元，比 2015 年增长 8.0%。全市建筑业企业户数为 289 户，其中，纳入联网直报统计的建筑业企业 116 户，完成总产值 242.31 亿元，增长 19.7%；房屋建筑施工面积 2030.34 万平方米，增长 12.3%。

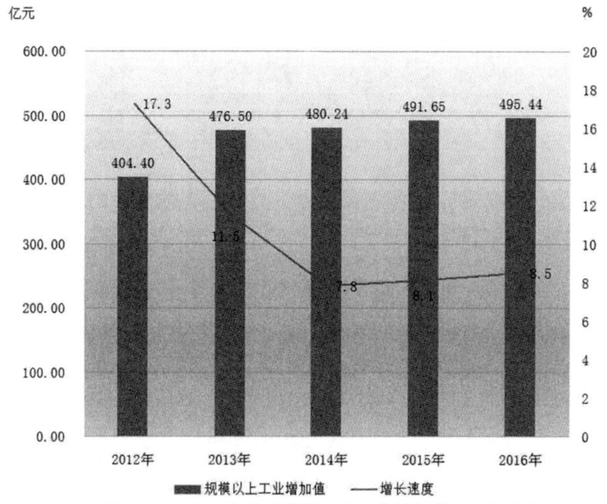

图3 2012—2016年自贡规模以上工业增加值和增长速度

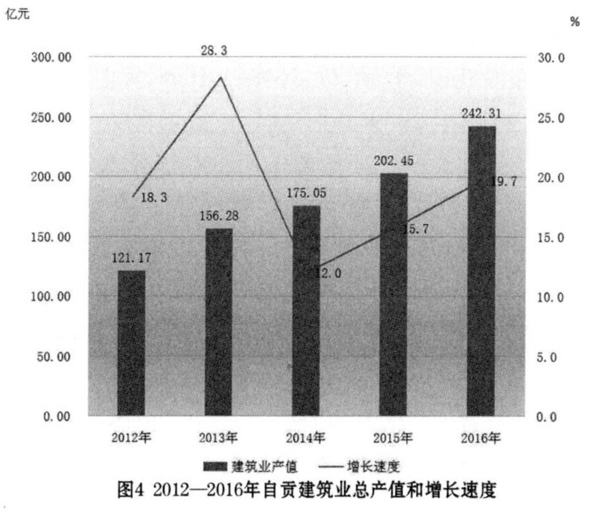

图4 2012—2016年自贡建筑业总产值和增长速度

【固定资产投资】 2016 年，全社会固定资产投资完成 709.84 亿元，比 2015 年增长 11.1%。其中，民间投资 439.68 亿元，增长 12.2%。分产业投资中，第一产业完成投资 77.68 亿元，增长 15.2%；第二产业完成投资 159.89 亿元，增长 9.0%，其中工业投资 158.09 亿元，增长 10.4%；第三产业完成投资 472.27 亿元，增长 11.2%。全年房地产开发投资完成 123.87 亿元，比 2015 年下降 1.5%。商品房屋施工面积 973.18 万平方米，下降 7.7%，其中住宅施工面积 629.75 万平方米，下降 12.7%。商品房新开工面积 278.21 万平方米，下降 11.2%，其中住宅新开工面积 177.53 万平方米，下降 11.3%。商品房竣工面积 396.61 万平方米，增长 151.6%，其中住宅竣工面积 254.23 万平方米，增长 113.5%。商品房销售面积 233.79 万平方米，增长 20.5%，其中住宅销售面积 211.01 万平方米，增长 19.1%。商品房待售面积 118.61 万平方米，增长 66.6%，其中住宅待售 27.26 万平方米，下降 31.2%。

【国内外贸易】 2016 年，实现社会消费品零售总额 555.81 亿元，比 2015 年增长 10.8%。按经营地分，城镇消费品零售额 429.02 亿元，增长 10.7%；乡村消费品零售额 126.79 亿元，增长 11.0%。按行业分，批发业零售额 53.14 亿元，增长 8.2%；零售业零售额 429.69 亿元，增长 10.9%；住宿业零售额 2.54 亿元，增长 9.9%；餐饮业零售额 70.44 亿元，增长 12.0%。在限额以上批发和零售业零售额中，食品、饮料、烟酒类增长 16.4%，服装、鞋帽、针纺织品类增长 23.8%，化妆品类增长 47.2%，金银珠宝类增长 118.8%，日用品类增长 7.9%，书报杂志类下降 7.3%，汽车类增长 8.1%，中西药类增长 18.4%，石油及石油制品下降 0.9%，建筑及装潢材料类增长 8.8%，体育、娱乐用品类增长 0.5%，家用电器和音像器材类增长 13.4%，通信器材类增长 8.1%，文化办公用品类增长 11.5%。全年进出口总额 3.93 亿美元，下降 19.7%。其中，出口额 2.24 亿美元，下降 15.5%；进口额 1.69 亿美元，下降 24.8%。

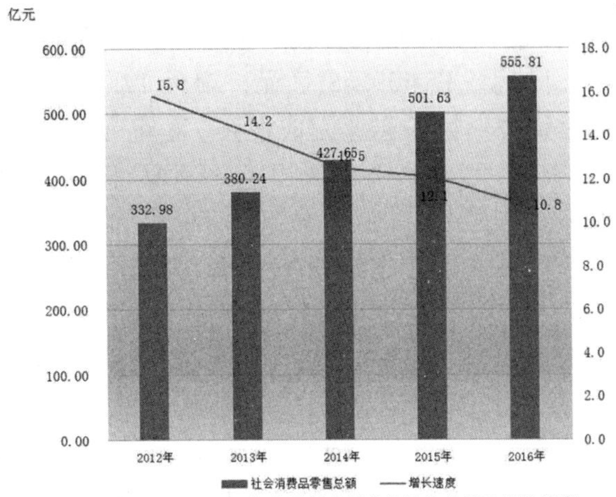

图5 2012—2016年自贡社会消费品零售总额和增长速度

【交通和邮电】　截至2016年年末，全市公路通车里程6537公里，其中，高速公路235公里，一级公路111公里，二级公路176公里，三级公路314公里，四级公路4547公里，等外级公路1154公里。全年完成公路客运量4851万人，旅客运输周转量15.97亿人公里；完成公路货运量5049万吨，货物运输周转量56.04亿吨公里。水路客运量101万人，水路旅客运输周转量630万人公里；水路货运量221万吨，水路货物运输周转量3932万吨公里。全市有汽车19.09万辆，增长19.6%。其中，营运车辆1.92万辆，下降0.8%；非营运车辆17.17万辆，增长22.5%；非营运小型车辆15.78万辆，增长25.0%。全年完成邮电业务总量45.68亿元，比2015年增长45.2%。其中，邮政业务总量4.48亿元，增长42.6%；电信业务总量41.2亿元，增长45.8%。全年光缆线路长度5.28万皮长公里，增长30.9%。年末固定电话用户47.32万户，年末移动电话247万户。

【财政和金融】　2016年，全市财政总收入133.61亿元，比2015年增长25.6%，其中公共财政预算收入48.76亿元，增长8.8%。公共财政预算支出179.81亿元，增长3.7%。全年实现税收收入72.06亿元（含关税），比2015年增长3.1%。其中，国税税收收入38.21亿元，增长22.4%；地税税收收入33.85亿元，下降12.5%。年末金融机构人民币存款余额1524.05亿元，比2015年年末增长15.5%，其中住户存款923.57亿元，增长12.7%。年末金融机构人民币贷款余额708.35亿元，增长15.3%，其中，中长期贷款397.01亿元，增长22.3%；短期贷款282.22亿元，增长7.7%。全年保费收入34.38亿元，比2015年增长31.1%，其中，财产险收入9.3亿元，增长12.3%；人身险收入25.08亿元，增长39.8%。全年处理各种赔案支付额15.17亿元，增长26.5%，其中，财产险赔付金额4.54亿元，增长6.6%；人身险赔付金额10.63亿元，增长37.3%。年末全市有效证券账户21.07万户，其中2016年新开户1.59万户。证券交易额1663.82亿元，比2015年下降44.3%。

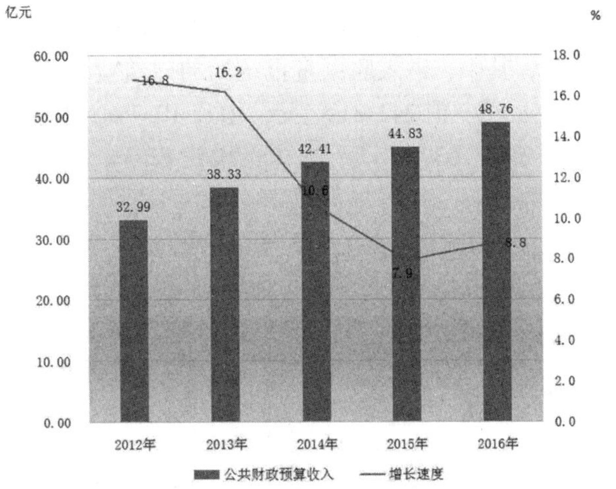

图6 2012—2016年自贡公共财政预算收入和增长速度

【教育和科技】　2016年年末，全市有各级各类学校（园）700所，在校生44.02万人，教职工2.74万人。其中，幼儿园415所，在园幼儿7.09万人；小学119所，教学点267个，在校学生17.95万人，小学学龄儿童净入学率100%；初中116所，在校初中生7.67万人，义务教育巩固率96.6%；普通高中20所，在校学生4.09万人，高中阶段毛入学率78.36%；中等职业学校20所，在校学生2.59万人；特殊教育学校6所，在校学生688人；工读学校1所，在册学生253人；高等院校3所，在校学生4.54万人。全年实施市以上重点科技项目238项，其中省重点科技项目88项。全年实施科技攻关项目206个。全市高新技术产业企业62户，高新技术产业产值805.1亿元。全年申请专利1904项，比2015年增长9.92%；授权专利1152项，比2015年增长1.57%。全年技术交易合同300项，登记合同金额4.21亿元。

【文化　卫生　体育】　2016年，全市有专业艺术表演团体12个，演出270场次。全市有博物馆4个，文化馆7个，文化站98个，文物保护单位148个。全市出版图书种类4种，出版量1万册；出版报纸种类3种，出版量2213万份；出版期刊种类4种，出版量6万册。全市有公共图书馆7个，图书总藏量54.04万册。全市有广播电视台3座，调频转播发射台3座，电视转播发射台4座。广播电视综合覆盖率99.41%。全市有卫生计生机构2274个，其中，医院68个，基层医疗卫生机构2181个，专业公共卫生机构24个，其他卫生机构1个。在基层医疗卫生机构中，乡镇（中心）卫生院96个，社区卫生服务中心（站）30个，村卫生室1584个，诊所、卫生所、医务室、门诊部471个。在专业公共卫生机构中，疾病预防控制中心7个，妇幼保健院（所、站）7个，急救中心（站）1个，采供血机构1个，卫生监督支队（大队）8个。全市卫生机构有床位18832张，其中，医院14068张，基层医疗卫生机构4257张，专业公共卫生机构507张。全市共有卫生计生人员22799人，其中：卫生技术人员17578人，其他技术人员712人，管理人员1264人，工勤人员1921人，乡村医生1319人，卫生员5人。全市医疗卫生计生机构总诊疗1515.01万人次，其中，公立医疗卫生计生机构诊疗1217.48万人次，非公立医疗卫生机构诊疗297.53万人次。全市居民到医疗卫生计生机构年平均就诊5.47次。全市法定传染病报告发病率301.78/10万，孕产妇死亡率8.02/10万，婴儿死亡率3.33‰，五岁以下儿童死亡率5.65‰。年末全市有体育场馆16个，全民健身路径487条，其中2016年新增70条。全年举办体育竞赛表演89场次。全年获省级以上奖牌149块，其中，金牌51.5块，（国际金牌4块，全国金牌5块，省级金牌42.5块）。

【环境保护和安全生产】　2016年，完成10户工业企业污染治理任务，环境影响评价项目428个。市污水处理厂和贡井污水处理厂的污水日处理量（一期+二期）分别达9.95万吨和2.5万吨，全市城区生活污水集中处理量6181.74万吨，城市饮用水源达标率100%。城区生活垃圾无害化处理率96%；环境空气质量达标率60.9%；全年区域环境噪声平均等效声级56.2分贝。全年平均气温18.8℃，平均降水量934.8毫米，年均日照1232.6小时，全年晴天233天、雨天132天。全年各类安全事故死亡91人，未发生较大及以上生产安全事故，全市亿元地区生产总值生产安全事故死亡人数为0.07人。

【人民生活和社会保障】　2016年，全市城乡居民人均可支配收入2.03万元，比2015年增长8.6%，其中，城镇居民人均可支配收入2.85万元，增长8.3%。城镇居民人均消费性支出1.94万元，增长5.7%。农村居民人均可支配收入1.32万元，增长9.1%；农村居民人均消费性支出1.06万元，增长13.4%。全年城镇新增就业人数4.17万人，城镇登记失业率4.0%，失业保险参保人数12.40万人，增长0.3%。全市城镇职工养老保险参保人数31.67万人，增长4.7%，全年养老保险费征缴率93.43%。工伤保险参保人数17.73万人，增长2.9%。生育保险参保人数14.13万人，增长5.7%。全市城镇职工基本医疗保险参保人数为37.17万人，增长0.9%。城镇居民基本医疗保险参保人数54.5万人。新型农村合作医疗保险参保人数202.78万人，下降2.8%。全市保障性住房完成年度投资9.21亿元，增长151.63%。保障性住房施工面积69.47万平方米，增长162.15%。保障性住房竣工面积35.89万平方米，增长111.49%。

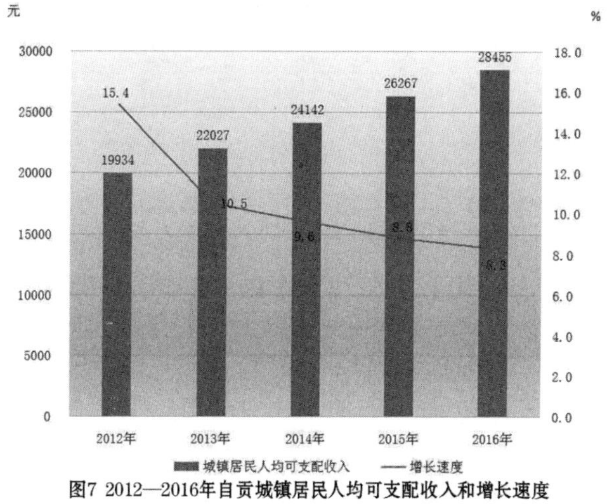

图7　2012—2016年自贡城镇居民人均可支配收入和增长速度

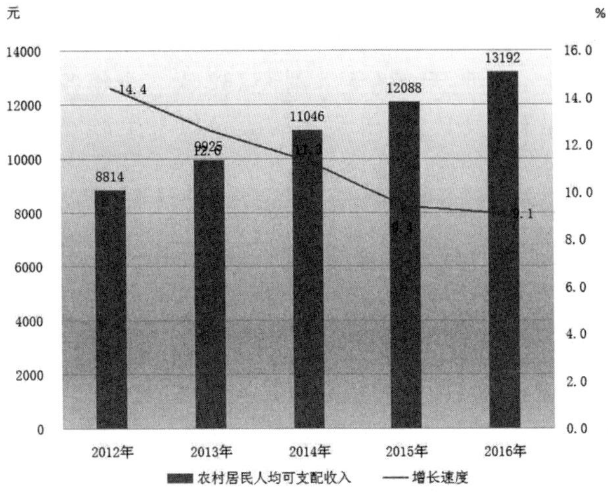

图8 2012—2016自贡农村居民人均可支配收入和增长速度

【物价】 2016年，居民消费价格比2015年上涨2.1%。其中，食品价格上涨4.6%，非食品价格上涨1.4%；服务项目价格上涨2.2%。工业生产者出厂价格与2015年持平，工业生产者购进价格下降0.7%。

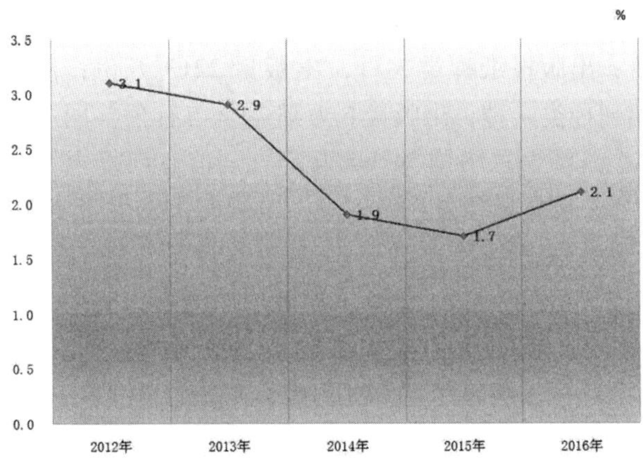

图9 2012—2016年自贡居民消费价格涨跌幅度

（市统计局）

大事记

1 月

1 日　全市放宽企业经营范围登记许可限制。注册资本（金）1000 万元以下的企业可在区工商局进行变更、注销、备案等登记事项，新设立的注册资本（金）1000 万元以上的企业可自主选择登记机关。

同日　《自贡市食品药品违法行为举报奖励办法》正式施行。

同日　汇东公园地下停车场投入使用。

5 日　自贡汽车客运总站开通内江北高铁站直通车。

7 日　“看度·自贡”手机客户端正式上线。该客户端由市委宣传部主管，市广播电视台与成都市广播电视台联合运营，以提供自贡本地要闻和政务资讯为核心，并涵盖自贡生活资讯、便民信息、国际国内新闻等内容。

同日　全市新增 6 件省著名商标。分别是四川戎春酒业有限公司“戎春及图”、白庙塔罗科血橙专业合作社“李必祥及图”、海川实业有限公司“图形”、江阳磁材有限公司“恒达及图”、工业阀门制造有限公司“自贡及图”、贝尔吉教学仪器设备有限公司“贝尔吉及图”，全市省著名商标增至 58 件。

8 日　四川理工学院与中昊晨光化工研究院有限公司合作项目“有机氟单体及高性能氟聚合物产业化新技术开发”在国家科学技术奖励大会上获科技进步二等奖。该项目开发高性能有机氟聚合物新产品 40 余项，其中填补国内空白产品 30 项，属国内独有技术产品 21 项，6 项被认定为“国家重点新产品”。

10 日　住房和城乡建设部规划管理中心与市政府签订“城市地下综合管廊建设发展战略合作协议”。协议双方拟在自贡城市地下综合管廊规划建设管理工作上开展合作。住房和城乡建设部城乡规划管理中心主任刘佳福，市委副书记、市长刘永湘等出席签约仪式。

12 日　韩国 KBS 电视台“全世界腌制食品”栏目组到自贡拍摄专题片。栏目组先后拍摄牛佛烘肘、红萝卜龙、火边子牛肉等地方名小吃制作流程，牛佛、仙市古镇的风土人情、饮食文化等。

同日　富顺县九叶青花椒专业合作社入选国家林业局公布的“全国林业专业合作社示范社名单”，成为全省 19 家示范社之一。

13 日　副省长黄彦蓉到自贡出席四川理工学院干部大会。会议宣布省委、省政府关于四川理工学院党政主要领导的任免决定，任命汪明义为该院党委书记，庹先国为党委委员、常委、副书记、院长。市委书记雷洪金等参加会议。

13 日至 15 日　省干部驻村帮扶工作督查组到自贡督查考核干部驻村帮扶工作。督查组先后到富顺县福善镇周安村、万寿镇青山村，大安区何市镇黄桷村、三多寨镇狮子村，沿滩区九洪乡白罗村、王井镇桂花村，实地了解干部结对帮扶、驻村工作组组建、第一书记选派、贫困户帮扶责任人落实等情况，并听取全市干部驻村帮扶工作情况汇报。

14 日　全省首个社区科普体验馆开馆。该馆位于高新区明珠社区，集科普娱乐、益智游戏、休闲生活等民生科普主题于一体，免费对社会开放。

15 日　中德合作职业教育试点推广项目签约仪式在汇东大酒店举行。该项目由市政府与发展改革委国际合作中心（ICC）、德国国际合作机构（GIZ）、德国蕾娜范控股股份有限责任公司和珠海市技师学院共同合作，拟通过推广德国职业教育模式，以职业院校为依托，建立中德职教班、培训教师队伍、开展有关职业教育的课题研究，在航空及燃机零部件制造、汽车维修机电制造、养老护理等三个专业开展教学培训。国家发改委国际合作中心副主任宋功美，市委副书记、市长刘永湘，合作企业、合作院校的领导和项目负责人参加签约仪式。

同日　全市节能环保装备产业发展研讨会在四川理工学院举行。会议围绕“节能环保装备产业运行现状与未来前景”展开研讨，东方锅炉、华西能源、浙江大学自贡创新中心、四川理工学院、农业部成都沼气科学研究所、市轻工业设计研究院分别在研讨会上进行产业技术成果发布和展示。中国标准化研究院，省、市节能环保装备产业发展推进小组，市级相关部门、各区县工业主管部门、行业相关重点企业的负责人等参加会议。

17 日　央视《城市 1 对 1》盐之城“中国 · 自贡—玻利维亚 · 波托西”专场节目正式播出。节目播出时间为 45 分钟，其中自贡的井盐制作工艺、盐帮美食、彩灯艺术等传统文化成为节目的主要内容。

同日　沿滩区仙市镇向阳小学教师聂政获首届“马云乡村教师奖”。聂政 1980 年开始在沿滩区仙市镇的乡村小学执教，他是川南唯一获首届“马云乡村教师奖”的乡村教师，也是全省 20 名获奖乡村教师之一。

18 日　“自贡彩灯点亮一带一路”启动仪式在成都锦江宾馆举行。省政府、市政府相关部门领导和中央、省、市级媒体，驻成都总领事馆、外国客商等出席启动仪式。

同日　自贡市商业银行与商会（企业）战略合作签约仪式在汇东大酒店举行。仪式上，市商业银行与市工商联、市彩灯商会、市汽车摩托车商会签订战略合作框架协议，与四川旭阳药业有限责任公司、市鑫光管业有限公司签订授信合同，共向商会、企业总授信资金 20.9 亿元。

同日　荣县不动产登记局与荣县不动产登记中心在全市率先挂牌成立。新成立的机构对分散在国土、住建、林业等部门的土地使用权登记、房屋登记、林地登记等不动产登记职能进行整合并统一登记，实行“一站式”服务。

20 日　市委十一届十二次全体（扩大）会议在市委大礼堂召开。

同日　沿滩区在省委农村工作会议上被评为 2015 年度全省“三农”工作先进县（市、区）。

21 日　市委书记雷洪金在汇东大酒店会见波兰等五国驻成渝领事团一行。波兰驻成都总领事卡塔日娜、法国驻成都副总领事卡维、巴基斯坦驻成都领事博哈利、捷克驻成都代理总领事多莱哲、匈牙利驻重庆商务领事史俊辉参加会见，并应邀出席第二十二届自贡国际恐龙灯会经贸交易会开幕式。会前，领事团一行实地考察通用航空工业园、华西能源公司，参观彩灯制作企业，体验彩灯制作过程。

同日　第二十二届自贡国际恐龙灯会经贸交易会开幕。市委书记雷洪金，市委副书记、市长刘永湘，市政协主席潘泽金等出席开幕式。灯会由市政府和省文化厅联合主办，首次采用网格化模式划分布展区域。

22 日　由市政府和省投资促进局、四川博览事务局主办的第六届“携手灯城 · 龙聚盐都”招商推介会在英祥锦江国际大酒店举行。推介会共推出工业、农业、现代服务业、基础设施、交通及社会事业等领域项目 139 个，总投资额约 1000 亿元。市委书记雷洪金，市委副书记、市长刘永湘等出席推介会。

同日　自贡名列全国付费英文电子书完成率榜单第六。该榜单由亚马逊中国发布。

22 日至 24 日　全市出现低温降雪天气。其间，全市日最低气温在 0℃以下，并普降小雪，部分地方中到大雪。其中，荣县高石梯最低气温零下 6.0℃，积雪深度 14 厘米。

24 日　全市首个网络文学创作组织——市网络作家协会成立。该协会由市委宣传部主管，主要围绕自贡文化建设、发现和培养网络文艺家开展活动，首批会员 131 人。

25 日　全省区域精神卫生（川南片区）协同诊疗合作协议签字仪式在自贡举行。川南区域精神卫生中心（市第五人民医院）与自贡、内江、宜宾、泸州四市的19家精神病医院签订协议，共同建立区域精神卫生诊疗服务平台，主要应用于病人管理、远程咨询、远程会诊、双向转诊、业务统计等。

同日 大安区在2016年全国妇幼健康工作会议上被命名为“国家级妇幼健康优质服务示范区”，成为全国首批100个示范区之一，也是全市唯一获此荣誉的区县。

26日 自隆高速富顺连接线工程正式开工建设。该项目北起富顺县互助镇年猪湾，南接县城釜江大道。主线长4.13公里，城市规划区外一般路段宽度38米，城市路段宽度为50米，双向6车道，设计时速60公里。支线长2.039公里，双向两车道，道路宽度8.5米。项目计划总投资4.29亿元，建设期18个月。

同日 “中航自贡·千年盐都航空文化旅游新区”入选“十二五”四川旅游新生力TOP10榜单第三名。该榜单由省旅游协会、四川日报社主办，采取市州旅游局推荐、网友票选、专家推选的方式评选。

27日 自贡代表队在广西柳州举行的全国大众跆拳道总决赛上获2金1银1铜。其中，陈韵朵获幼儿组（7岁及以下年龄段）女子个人品势冠军，陈韵朵、蓝馨玥、张潇雅获幼儿组女子团体冠军，蓝馨玥获幼儿混双亚军，陈浩文获儿童组男子团体第三名。

28日 全市首届知青春节联欢晚会在市川剧艺术中心举行。晚会由市知青文化促进会、市70级知青群联合主办，节目形式包括大合唱、独唱、双人舞等，有300多名知青参加演出。自贡、成都、乐山、内江等地的近千名知青观看演出。

28日至29日 新西兰、韩国、巴基斯坦等10国驻蓉领事及经贸促进机构代表到自贡开展经贸考察活动。考察团先后实地参观天煜文化、灯贸公司、亘古龙腾等企业和彩灯公园，并开展座谈交流活动。

29日 自贡城市宣传片——《自贡，一座有盐有味的城市》在央视《新闻30分》栏目播出。该宣传片时长3分19秒，分千年盐都、恐龙之乡、中国灯城等主题，展示内容包括盐业历史博物馆、燊海井、恐龙博物馆、灯会、平桥瀑布、南湖公园、釜溪复合绿道等。

是月 自流井区组建全市首支干部考察员队伍。首批54名干部考察员选自组织、纪检、审计、政法等28个区直部门，聘期为3年，并实行动态管理。

是月 沿滩区逸夫小学学生参加第十一届中国少年科学院“小院士”评选并在课题答辩活动环节获一等奖。

是月 全市首个既有住宅增设电梯项目在高新区科信苑小区建成投用。该项目于2015年8月开工，是全省首个获批施工的老房加装电梯项目。项目涉及电梯裸机、运费、安装费、土建、用电专线铺设等费用享受政府补贴20万元，余下费用及投运后的维保费、年检费、电费等按楼层实行梯级分摊出资。

是月 自贡12个项目参加文化部2016“欢乐春节”活动。“欢乐春节”是国家在海外举办的大型文化交流活动，12个项目涉及市杂技团演艺公司和中艺彩灯、新亚彩灯、海天彩灯、华灯文化等公司，将分别到英国、美国、法国、加拿大、新加坡等国家及中国台湾地区举办展演。

是月 富顺县旺林堂药业生产线项目建成投用。该项目集新型药品研发和现代化、自动化制药于一体，位于富顺晨光科技园区综合加工区，总投资1.2亿元，占地3公顷，于2014年3月开工建设，总建筑面积2万平方米。

是月 全市首批电子阅报屏建成投用。首批电子阅报屏共20台，设置地点在政务服务中心、医院等公共场所。

2月

1日 自贡市十六届人民政府第八次全体（扩大）会议召开。会议讨论修改《政府工作报告》《计划报告》《财政报告》《十三五规划纲要》和2016年市政府10件民生实事，总结2015年政府工作，分析当前形势，安排部署2016年工作。

同日 2016自贡春节联欢晚会在四川理工学院体育馆举行。晚会以温暖、欢乐为主线，有歌舞类、语言类、魔术杂技类、创意类节目19个，首次增加表现沿滩农民版画的音乐情景剧和曾在国内外多次获奖的杂技《倒立飞砖》。

2日 中共自贡市第十一届纪律检查委员会第六次全体会议在市委大礼堂举行。会议传达学习中纪委六次全会和中共中央总书记习近平讲话精神、省纪委十届五次全会和省委书记王东明讲话精神，总结2015年全市党风廉政建设工作，安排部署2016年任务。

4日 自贡2县分别被认定为省现代农业重点县和现代畜牧业重点县。富顺县被认定为全省20个现代农业重点县之一，荣县被认定为全省10个现代畜牧业重点县之一。

8日至13日 自贡灯会接待中外观灯游客38万人次，日均观灯游客达6.3万人次。其中，10日晚售票超过5万张，创自贡灯会节日票历史新高。

14日 2016年自贡市"新盐商"新春座谈会在市委会议厅举行。40余名市内外商会、企业家代表参加会议。市委书记雷洪金，市委副书记、市长刘永湘，市人大常委会主任陈华，市政协主席潘泽金等出席会议。

16日 全市脱贫攻坚领导小组第一次全体会议在市委会议厅召开。会议总结2015年脱贫攻坚工作，部署2016年任务。市委书记雷洪金，市委副书记、市长刘永湘等出席会议。

22日至25日 省人大常委会副主任彭渝率省委、省政府经济工作专项督导组到市督导经济工作。督导组先后到富顺县、自流井区和沿滩区重点项目建设现场，采取查阅资料台账、现场实地察看、听取汇报等方式，就全省重点项目和2013年以来省级投资促进活动签约的重大产业项目推进情况以及项目履约、开工、建设、投产和资金到位等情况进行重点督导，并重点调研全市"稳企业、稳就业、稳金融、稳投资者信心"方面采取的措施，以及谋划落实"去产能、去库存、去杠杆、降成本、补短板"任务等情况。市委副书记、市长刘永湘代表市委、市政府汇报工作。市委书记雷洪金主持汇报会。

23日 市政府发文表彰自贡市第十五次社会科学优秀成果。《自贡市志（1991—2005）》《创新驱动转型升级——自贡高新区加快千亿园区建设探索》等2项成果获一等奖，11项成果获二等奖，37项成果获三等奖。

23日至24日 自贡组团参加"首届川商返乡大会"。大会期间，签约项目31个，总投资额128.08亿元，其中5亿元以上的项目12个。

23日至26日 市政协十四届五次会议在市委大礼堂召开。353名政协委员和100余名列席人员参加会议。

24日 市委副书记、市长刘永湘会见韩国固城郡政府、议会代表团。会见前，固城郡代表团先后参观考察恐龙博物馆、四川汇维仕股份有限公司、自贡灯贸公司、燊海井、龚扇制作基地、荣县大佛、自贡灯会等。

24日至25日 举行"首届全球川商返乡发展大会——自贡行"活动。活动期间，美国、巴西等10个国家和地区的近40名川籍企业家到彩灯公园观看自贡国际恐龙灯会，实地考察板仓工业园区和华西能源公司等企业，参加"自贡投资推介会"。市委副书记、市长刘永湘出席推介会并介绍自贡历史文化及经济社会发展情况。

同日 省政协副主席陈放率省政协调研组到市开展专项调研。调研组先后到富顺县华英实验学校和四川理工学院"创新创业科技园"，实地调研教育领域为重点的科普助推"双创"工作，并听取自贡经济社会发展情况和教育科普"双创"重点工作情况汇报。市政协主席潘泽金等陪同调研。

24日至27日 市第十六届人民代表大会第七次会议在市委大礼堂召开。会议听取、审查和批准有关报告，审议通过《自贡市地方立法条例》，补选市中级人民法院院长、市第十六届人民代表大会常务委员会委员。

23日至24日 自贡广播电视台新媒体看度·自贡移动客户端首次对市政协十四届五次会议开幕式和市第十六届人民代表大会第七次会议开幕式进行实况直播。

26日 全市首个乡镇级农村电商综合示范项目在艾叶镇试点。根据艾叶镇镇政府与市恒利电子商务服务有限公司签订的《农村电商合作框架协议书》，规划建立农村电商应用服务体系，在镇域内建立区域仓储配送中心，辐射所辖村、社区，并在村级服务站配套建设电商配送站点，提供物流信息查询、订单打印及售后等服务。

27日 全市首部地方性法规——《自贡市地方立法条例》出台。

27日至29日 中国节庆文化活动与城市发展峰会暨首届中国彩灯文化峰会在自贡召开。江苏南京、浙江海宁、福建泉州、湖北武汉和自贡等地的灯会流派和彩灯企业，全国文化节庆、旅游、产业专家及政府官员和新闻媒体的代表200余人参加峰会。全国工商联原副主席、北大国家软实力研究中心理事长沈建国，市委副书记、市长刘永湘等出席峰会。

28日 “自贡灯会百城行”活动启动。活动从2016年开始，在国内外大中城市举办自贡灯会，并在灯会期间举行集文旅、商贸、会展于一体的灯会、非遗产品展销会等。启动仪式上，自贡与南京市秦淮区、海宁市现场签订战略合作协议书，首次倡导并发布以“推动国内各灯会流派集中集群集约发展，抱团、跨界、融合走向世界”为宗旨的《自贡宣言》。

同日 自贡籍拳击运动员林雨龙在2016年全国男子拳击锦标赛华南西南片区资格赛上获56公斤级冠军。

29日 中德养老服务合作项目洽谈会在汇东大酒店召开。会上，德国蕾娜范养老集团与市人社局、市卫计委、市民政局、市投促局、汇东股份公司等单位和企业就开展养老社区建设及养老产业推广发展等进行洽谈，并与四川卫生康复职业学院就双元制教育模式及建设康复养老中心等合作项目进行磋商。

是月 荣县入选全省农村改革综合试验区。根据《四川省农村改革综合试验区实施方案》，全省有20个县（市、区）获批复，荣县是全市唯一入选区县。

是月 市级领导联系区县经济强市专项调研督导组到四区两县调研。市委书记雷洪金，市委副书记、市长刘永湘，市人大常委会主任陈华，市政协主席潘泽金等分别率队调研。

是月 荣县、大安区成功创建第三批四川省农产品质量安全监管示范县（区）。考核认定由省农业厅、省发改委、省财政厅、省食品药品监管局联合开展，全省共39个县（市、区）通过综合评审。

是月 川南城际铁路（自贡段）获2016年国家第一批专项建设基金1亿元支持。该资金形式为低息贷款，年利率1.2%，贷款期限20年。

3月

1日 全市县乡换届工作暨组织部长会议召开。会议贯彻落实全省市县乡换届工作暨组织部长会议精神，对全市县乡领导班子换届工作进行动员和业务培训，并安排部署2016年全市党的建设和组织工作。市委书记雷洪金，市委副书记、市长刘永湘，市人大常委会主任陈华，市政协主席潘泽金等出席会议。

同日 《自贡市社会救助实施办法》正式施行。该办法统筹城市和农村社会救助制度，涉及最低生活保障、特困人员供养、受灾人员救助、医疗救助、教育救助、住房救助、就业救助、临时救助等八类救助主题，实现社会救助权利法定、程序法定、责任法定。

2日 市商业银行股份有限公司与自流井区政府战略合作签约仪式在汇东大酒店举行。市商业银行“十三五”期间为自流井区授信100亿元信贷资金，双方将共同发起成立产业引导基金及1亿元应急周转资金，支持自流井区综合物流中心、现代商贸中心、休闲旅游中心、产业新城等重点项目和基础设施、民生工程建设，满足地方企业融资需求，帮扶困难企业转型升级。

同日 沿滩区永安镇首届郁金香乡村旅游节在该镇云龙村开幕。该旅游节核心景区有郁金香100万株、名贵花草200万株及其他若干配套景观景点，并融入自贡盐文化、龙文化等元素。

3日 市委书记雷洪金，市委副书记、市长刘永湘在檀木林城市名人酒店会见中国工商银行四川省分行党委书记、行长官学清一行。双方就“十三五”期间进一步加强合作，共同做好金融创新开放大文章，实现互利共赢进行交流。

5日至9日 全国首届五人制老年足球比赛在富顺县举行。比赛由市体育局、全国友好城市中老年足球理事会主办。台湾、浙江、广东、贵州、云南、湖北、四川等15支球队参赛。成都华风2队、台湾台南队、成都武剑队分获冠军、亚军、季军，自贡红谷队获第四名。中国足协原副秘书长韩重德等出席开幕式。

6日 第二十二届自贡灯会“我最喜爱的灯组——观众有奖评灯”颁奖仪式在彩灯公园举行。仪式上，自贡灯会历史上首次由观众网络票选的《大唐华章》《金猴贺岁》《彩虹道》《埃菲尔铁塔》等十大“我最喜爱的灯组”揭晓。

7日 市政府与中国供销集团下属企业中农联控股有限公司建设中国供销·川南（自贡）农产品电商批发物流园项目签约仪式在檀木林城市名人酒店举行。该项目位于自流井工业集中区，占地32.67公顷，计划总投资28亿元，项目集农副产品批发零售及相关商贸展览展示、电子结算、质量检测、加工配送、冷链物流、信息发布、电商培训、涉农创业孵化、电子商务、金融服务、特色餐饮等为一体，是中国供销集团在四川布局的第一站。市委副书记、市长刘永湘等出席签约仪式。

8日 市政府召开环保约谈会。会议分析环境空气质量形势，查找在环境管理及大气污染等方面存在的问题及原因。自流井区、荣县、高新区主要负责人作为约谈对象参加会议。

9日 省委第九巡视组巡视自贡市工作动员会在市委会议厅召开。会上，巡视组组长兰崇平作动员讲话，对为期一个月左右的巡视工作进行部署。市委书记雷洪金主持会议并汇报市委工作。

10日 全市首个省级产业技术研究院——四川省盐产业技术研究院获批组建。该研究院以市轻工业设计研究院有限责任公司为依托，围绕制盐工业的现代化建设开展盐产业前沿技术研究，建立健全技术成果转化平台。

同日 全市首届“我的超级教师”教学技能大赛启动。比赛为期5个月，采取主动报名和单位推荐两种方式参赛。

11日 “南方丝绸之路化石论坛”在自贡举行。论坛围绕西南地区的化石发现和研究历史、化石科考路线、化石保护和利用等展开讨论，并举行“土柱村化石保护站挂牌仪式”和“南方丝绸之路化石科考启动仪式”。国家古生物化石专家委员会、中国古生物学会、中科院古脊椎动物与古人类研究所、中国地质科学院地质研究所的专家学者，西南各省（区、市）古生物专家委员会负责人，西南地区主要高校、科研院所和古生物类博物馆的专家学者等60余人参加论坛。

同日 “自贡、香港地质公园青少年文化交流活动”入选文化部2016年度对港澳文化交流重点项目名单。文化部《关于公布2016年度对港澳文化交流重点项目名单的通知》中，自贡世界地质公园管理处的“自贡、香港地质公园青少年文化交流活动”入选15个项目名单，成为全省唯一入选的项目。

12日 “2016超级女声”四川唱区自贡分站选拔赛在南湖体育中心广场举行。该比赛首次在自贡开展选拔活动，首轮入围的30名选手通过比赛争夺10个进入四川赛区的名额。

13日 第二十二届自贡国际恐龙灯会闭幕。该届灯会历时53天，接待观灯游客206万余人次，门票收入5400万元。闭幕后，灯会灯组首次向社会公开出售。

15日 全市首次命名表彰7户“诚信守法示范企业”。7户企业分别是华西能源、凯茨阀门、东方热能、美乐食品、电力金具、绿茗春和驰宇盐业。

15日至16日 省委常委、省纪委书记王雁飞先后到富顺县中石镇、自流井区纪委、沿滩新城龙湖远达社区和华西能源公司，对党风廉政建设和经济社会发展进行调研。市委书记雷洪金等陪同调研。

16日 资阳市党政代表团到自贡考察。代表团先后到南湖体育中心、川南国际网球中心、川南棋类活动中心和自贡文化展示馆，对体育场馆建设、运营和群众体育文化活动开展情况进行实地考察。市委书记雷洪金，市政协主席潘泽金等陪同考察。

同日 自贡市物流协会挂牌成立。该协会由30多家从事运输、配送等现代物流企业组建，拟在政府部门、物流行业及企业之间搭建交流合作新平台，为会员企业提供政策、技术、信息、市场、项目、融资、培训等方面的服务。省物流协会和市级相关部门及全市近100家企业参加成立大会。

17日 全市首个家庭暴力案例在富顺县人民法院受理。家住富顺县富世镇的一对老年夫妇，因长期受儿子家庭暴力向法院递交《申请人身安全保护令》，成为《中华人民共和国反家庭暴力法》在3月1日生效施行后全市受理的首个案例，也是全省首个父母受子女家暴而申请的人身安全保护令案例。

18日 四川远达集团美乐食品有限公司年产10万吨香辣酱项目建成投用。该项目位于富顺晨光科技园区，始建于2014年10月，占地面积8.67公顷，总投资2.6亿元。

21日 全省2016年一季度重大项目集中开工仪式自贡分会场在大安区和平乡永田村举行。自贡分会场作为全省9个分会场之一，通过视频向成都主会场报告集中开工项目情况。自贡分会场集中开工项目55个，总投资130亿元，年度计划投资45亿元。市委书记雷洪金，市委副书记、市长刘永湘等出席开工仪式。

同日 全市工业工作会在市委会议厅召开。会议总结全市“十二五”期间工业发展工作，安排部署2016年工业工作任务。会议表彰东方锅炉公司、华西能源公司、中昊晨光院公司、大西洋公司、硬合公司、运机公司、川润公司、汇维仕公司、海川实业公司、东方彩钢公司等10户企业为2015年工业综合实力十强企业，并奖励每户企业25万元。市委书记雷洪金，市委副书记、市长刘永湘，市人大常委会主任陈华，市政协主席潘泽金等出席会议。

同日 四川卫生康复职业学院获教育部批准设置临床医学专业。新设临床医学专业修业年限3年，首届学生拟于8月面向全省招生。

22日 大安区太大路34千米+700米处发生一起重大交通事故。一辆车牌为渝C的重型自卸货车与一辆车牌为川C的小型普通客车相撞，造成2死6伤。

24日 市跳水运动学校在2016全国青年跳水冠军赛中获一金一银。其中，队员刁智广获男子双人3米跳板金牌，队员李劲聪获男子双人3米板跳银牌。

24日至26日 汇东幼儿园发生一起诺如病毒感染事件。事件造成20余名幼童出现呕吐、腹泻、头昏、发烧等症状，并先后送医院就诊，未发生重症或死亡病例。

30日 富顺县政府与四川百惠通实业股份有限公司签订富顺百惠通·西部农贸物流联港建设项目投资协议。项目选址富顺县城区以北，总投资约10亿元，占地面积17.33公顷，总建筑面积约30万平方米，计划2016年开工，拟4年建成投用。

31日 “核电设备及安装用低合金钢、不锈钢焊接材料国产化研制”科技成果鉴定会在自贡召开。会上，由上海核工程研究设计院和四川大西洋焊接材料股份有限公司共同研发的14项核电焊材产品通过专家鉴定。该成果属国家16个重大技术专项之一，专家一致认为研制成果填补国内空白、达到国际先进水平，可替代同类进口产品运用于核电项目工程。鉴定会由中国核能行业协会组织，中国工程院院士叶奇蓁、国家核电专家委孙昌基等参加鉴定会并为“核电焊接材料研发中心”揭牌。

是月 富顺县被国家十部（委）批准为全国结合新型城镇化开展支持农民工等人员返乡创业试点县。

是月 全市农村特困人员救助供养新标准发布。新标准从2016年1月1日起实施，其中，分散供养标准提高到300元/月，集中供养标准提高到400元/月。

4月

1日 自贡恐龙在“2016韩国庆南固城恐龙世界博览会”展出。该展出应韩国庆尚南道固城郡恐龙世界博览会组委会邀请，展出时间73天，是自贡恐龙第4次受邀出席该博览会。该次展品共13件，其中董氏大山铺龙、犍为乐山龙、霸王龙等7件展品首次在韩国展出。

同日 西南医科大学附属中医医院富顺分院授牌仪式暨四川省中医药学会心脑血管病专委会第七届学术研讨会在富顺县中医院举行。省中医药科学院、华西医院、第三军医大学大坪医院、第三军医大学西南医院、成都中医药大学附属医院、西南医科大学附属中医医院的教授分别作专题讲座，全省各地市州从事心脑血管专业医务人员200余人参加研讨会。

3日 大安区何市镇发生1起轿车坠河事故。事故缘起2辆车相撞，导致1辆轿车被撞入长滩河中，车上的一家三口1死2伤。

5日 全市贫困村“第一书记”专题培训班在市委党校开班。培训班为期5天，采取“党校+高校”模式和专题讲座、现场参观、经验介绍等方式进行，内容涉及村级集体经济建设、深化土地流转制度改革、休闲观光农业与美丽乡村建设、农民专业合作社的规范化建设与管理、农村基层服务型党组织建设等。全市113个建档立卡贫困村“第一书记”参加培训。

同日 世界旅游小姐定点培训基地授牌仪式在自贡举行。仪式上，世界旅游小姐大赛组委会向自贡市缨美模特培训学校授牌，该校也成为西部地区唯一的“世界旅游小姐”定点培训机构。

6日 全市严肃换届纪律专题集体谈心谈话暨警示教育会议在市委大礼堂召开。会议传达贯彻落实中央、省委关于严肃换届纪律的有关会议精神及规定要求，并组织观看中央组织部拍摄制作的专题警示教育片《镜鉴——湖南衡阳、四川南充“两案”警示录》。市委书记雷洪金出席会议并作专题谈心谈话。

同日 2016年西部送教上门（四川省）青少年足球教练员培训班在自贡举办。培训班由国家体育总局青少年司主办，是全国足球送教活动的一部分。国内6位足球专家为培训班授课，全省21市（州）业余体校或俱乐部教练111人参加培训。

9日 全市首届“我的超级教师”教学技能大赛正式开赛。大赛按学前教育、小学、初中、高中、中职教育5个类别进行比赛，分初赛、复赛、决赛三个阶段进行。初赛设五区两县（含高新区）和市直属学校8个赛区，全市共1060余名教师报名参赛。

12日 自贡在“2016中外知名企业四川行”投资推介会上签约34个项目，投资总金额196.01亿元。从投资规模看：5亿元以上的项目15个，其中10亿元以上的项目6个。总投资6亿元的湖北乾纳航空科技（自贡）航空与燃机零部件制造项目参加“中外企业四川行合作项目签约仪式”集中签约。

13日 市委书记雷洪金会见光大银行成都分行行长史砫一行。双方就光大银行成都分行在自贡设立分支机构以及开展金融合作进行交流。

同日 英中贸易协会中国区执行总裁卫可（Kirk Wilson）率英国企业考察团到自贡考察。考察团围绕航空、电子商务、养老健康等开展考察活动，并在“中外知名企业四川行（自贡）英国代表团座谈会”上与市商务局、教育局、规建局及近10户企业负责人进行交流。

14日 市政府发布《自贡市市本级公共资源交易目录（第一批）》。该目录包括工程类、政府采购类、货物类、服务类、土地矿权类、产权（资产）类以及其他类公共资源，凡列入目录的项目均纳入公共资源交易平台集中交易。

16日 全市“名师课堂”开播。该课堂通过市广电网络电视频道、电信IPTV频道、自贡市教育资源公共服务平台三种方式直播，直播分试播、完善和推广阶段。

17日 自贡瀚宇航空科技有限公司新建航空与燃机关键零部件制造生产线项目动工。该项目位于自贡航空产业园，占地6.67公顷，新建厂房2.8万平方米，总投资2亿元。

19日 自贡7项成果获2015年度四川省科学技术进步奖。其中，东方电气集团东方锅炉股份有限公司与清华大学、神华集团完成的“600兆瓦超临界循环流化床锅炉研制”获科技进步一等奖。

20日 全省现代蜂业暨蜜源植物现场会在自贡召开。与会人员先后参观贡井区“不知火”、葡萄蜜源基地和大安区牛佛镇香花槐蜜源基地，并召开经验交流座谈会。省农业厅、省科协、省蜂业协会及各市县主管部门负责人、蜂产品科研单位、养蜂专合社代表参加会议。

21日 荣县和富顺县列入《四川省页岩气产业发展2016年度实施计划》。该计划拟设立川南地区页岩气综合勘查开发试验区，将长宁—荣县—威远国家级页岩气示范区纳入年度开发计划重点，并将富顺—永川国家级页岩气示范区也纳入开发计划。

24日 市委召开全市领导干部大会，宣布省委关于市委主要领导调整的决定。省委决定：李刚任中共自贡市委委员、常委、书记；免去雷洪金中共自贡市委书记、常委、委员职务，另有任用。雷洪金、李刚分别讲话。市委副书记、市长刘永湘主持会议。市人大常委会主任陈华、市政协主席潘泽金等出席会议。

25 日　市政府与成都外国语学校签订自贡普润校区项目合作备忘录。该项目由成都外国语学校与自贡普润商贸有限公司合作，校区选址自流井区丹阳街普润电商博览城，占地约 23.33 公顷，总投资约 6 亿元，项目一期拟于 2017 年 9 月建成开校，招生规模为 4500 人，涵盖学前教育、义务教育和高中教育。市委副书记、市长刘永湘，成都外国语教育有限公司执行董事、总裁徐明等出席签约仪式。

26 日　市委书记李刚会见中航工业四川航空工业局党组书记、中航工业四川资产管理有限公司董事长赵玉波和中航工业四川航空工业局局长胡元兵一行。双方就共同合作的川南通用航空产业园项目推进情况进行交流。市委副书记、市长刘永湘等参加会见。

同日　2016 年四川（自贡）首届电子商务生态峰会暨阿里巴巴 LBS（网络服务）自贡服务中心启动仪式在汇东大酒店举行。会上，市商务局与阿里巴巴自贡 LBS 服务中心签署《战略合作协议》。阿里巴巴集团高管和市、区（县）相关负责人及电商企业代表等参加峰会。

同日　自贡交警首次向社会公布全市 2015 年 1 月至 2016 年 4 月终身禁驾驾驶人名单。该名单共 18 人，其中因醉酒或饮酒后发生交通事故构成犯罪的有 9 人。

27 日　自贡市与黑山共和国布德瓦市建立友好城市关系会谈暨意向性协议签字仪式在檀木林城市名人酒店举行。双方就推动两市友好交流和务实合作进行探讨，其中自贡彩灯赴布德瓦市办展成为第一个务实性文化经济合作项目。黑山共和国布德瓦市市长什丹·泊泊维奇，市委副书记、市长刘永湘等出席仪式。

同日　自贡通手机公交卡正式启用。该卡以近距离无线通信技术为基础，在具备 NFC 功能的手机上开通公交电子票业务，乘坐公交车可用手机刷卡支付。

28 日　市检察院获“2015 检法系统新媒体经典案例”全国十佳。该院以查办的自贡路政执法领域渎职犯罪窝串案参加“2015 检法系统新媒体经典案例”推荐活动，经过初选、网上公开投票、专家评选三个阶段后获“十佳经典案例奖”，成为全省检法系统唯一进入评选并获表彰的案例。

29 日　市政府与中国科学院天津工业生物技术研究所签订战略合作框架协议。双方拟共同打造产业化试验基地，推进自贡生物科技产业园项目建设。该项目选址板仓工业园区龙乡大道，总投资 5 亿元，建设内容包括生物中间体扩能项目、产业化试验基地和生物科技成果孵化转化中心、引进下游生产性企业等。市委书记李刚，市委副书记、市长刘永湘等出席签约仪式。

同日　全市第十二届乡村旅游节暨仙市古镇第十七届民俗风情节在沿滩区仙市镇启动。

是月　自贡、香港两地青少年文化交流活动在自贡举行。活动期间，香港世界地质公园、香港狮子会何德心小学师生一行 40 余人到绿盛实验学校南湖校区参与大课间活动、体验自贡地方特色美术课，到恐龙博物馆考察侏罗纪古生物化石，并参观燊海井和盐业历史博物馆。

是月　全市 1 县 8 乡（镇）45 村（社区）入选四川省 2015 年度“环境优美示范城镇乡村”拟命名名单。其中，富顺县拟命名“环境优美示范县城”；自流井区东兴寺街道等 8 个街道（乡、镇）拟命名环境优美示范乡（镇）；自流井区钟云山社区等 45 村（社区）拟命名环境优美示范村（社区）。

是月　川南城际铁路自贡至宜宾线环评获批复。该项目总投资 137.8 亿元，工期约 5 年，正线两段的设计时速分别为 250 公里、350 公里。全长 90.1 公里（双线），设车站 5 座，分别为自贡东站、邓关中间站、大观中间站、临港中间站、宜宾东站。

是月　全市一批企业和职工获 2016 年全国及省“五一劳动奖章”“五一劳动奖状”“工人先锋号”称号。获奖的单位和个人分别是自贡市海川实业公司车间操作工唐义勇获全国“五一劳动奖章”；自贡硬质合金公司粉末分厂偏钨酸铵班组获全国“工人先锋号”称号；华西能源工业公司获省“五一劳动奖状”；市第三建筑工程公司班组长张前明和自贡水务集团公司党委书记、董事长阳跃平获省“五一劳动奖章”。

是月　全市 9 个文化和自然遗产保护项目纳入国家“十三五”专项规划。其中，自贡世界地质公园、吉成井盐作坊遗址、燊海井、张伯卿公馆、贡井区老街和牛佛古镇等6个项目纳入国家文化和自然遗产保护利用设施建设专项；荣县图书馆、富顺县图书馆、富顺县文化馆等3个项目纳入全国公共文化设施建设专项。

5月

3日 《自贡凤鸣通用机场总体规划》获民航西南地区管理局批准。该规划内容包括自贡凤鸣通用机场为一类通用机场，近期2025年机场年旅客吞吐量7.4万人次、年飞机起降43925架次，远期2045年机场年旅客吞吐量33万人次、年飞机起降98634架次。

同日 全市“两学一做”学习教育工作会议在市委大礼堂召开。会上，市委书记李刚对全市开展“两学一做”学习教育工作进行动员部署。市委副书记、市长刘永湘，市人大常委会主任陈华，市政协主席潘泽金等出席会议。

同日 全省首个县级国地税联合共建的办税服务厅——荣县国地税联合办税服务厅正式投入使用。该办税服务厅共设置10个窗口，每个窗口同时办理国税和地税业务，为纳税人提供“一站式”纳税服务。

3日至7日 市委书记李刚先后到自流井区、荣县、沿滩区、富顺县、贡井区、大安区和高新区，调研县域经济发展、重大项目建设、企业生产经营、特色产业培育、棚户区改造等工作。

4日 “万企帮万村”自贡精准扶贫行动启动。该行动拟组织全市民营企业、各类商会和其他非公有制经济组织与全市113个省定贫困村和有贫困人口的一般村开展结对帮扶，助推全市贫困村和一般村的贫困户如期脱贫。

同日 全国文化信息共享工程《川盐古道》纪录片开机。该纪录片由市图书馆主创，市盐业历史博物馆和川南影视制作公司联合拍摄，主要记录西南及中南地区盐运文化，展现川盐古道整体面貌和沿线文化多样性。纪录片拟拍摄10集，每集30分钟。

5日 市人大常委会举行立法咨询小组聘任仪式。仪式上，四川理工学院政治学院党总支书记、副院长、教授支果等11人与市人大常委会办公室签署《立法咨询聘任协议》，受聘为市第十六届人大常委会立法咨询小组成员。市人大常委会主任陈华等出席聘任仪式。

5日至6日 省政协副主席陈文华率队到自贡考察。陈文华一行先后实地察看四川旭阳药业公司、四川绿茗春茶业公司、市龙翔包装公司、市天花井食品公司、久大索贝斯日化公司及沃尔玛超市，就全市治理过度包装、促进绿色生产消费情况进行考察，并召开座谈会听取自贡市工作汇报。市委书记李刚、市政协主席潘泽金等陪同考察。

7日 第五届（2016）CCTV全国中小学生英语电视大赛选拔赛暨自贡市首届中小学生英语电视大赛开赛。全市1100名中小学生参加比赛，拟选出150名选手代表自贡参加省级比赛。

8日 由东方锅炉公司自主研制的委内瑞拉中央电厂6号机组600兆瓦亚临界油气对冲炉通过168小时试运行。该发电机组是委内瑞拉最大的发电机组，也是中国首次进入南美市场的600兆瓦等级发电设备，机组锅炉采用东方锅炉的重油低氮燃烧系统，有效解决油气炉振动的世界性难题，打破外国公司长期垄断大型燃油、燃气锅炉格局。

10日 自贡成功申报为全国第四批城市公立医院综合改革联系试点城市。

11日 市委书记李刚会见国家开发银行四川分行行长赵耀中一行。双方就进一步深化金融合作进行交流。市委副书记、市长刘永湘等参加会见。

同日 全市5个文化馆上榜第四次全国文化馆评估定级上等级馆名单。市文化馆、荣县文化馆、富顺县文化馆获评国家一级文化馆，贡井区文化馆、大安区文化馆获评国家三级文化馆。

12日 自贡组团参加第十二届中国（深圳）国际文化产业博览交易会。四川力拓景观科技有限公司的仿真活体智能恐龙和自贡市海天文化股份有限公司的海天彩灯（不二熊猫）2个项目代表自贡参展，“自贡灯会百城行”项目作为重点项目在文博会上进行推介。

同日 富顺籍运动员林雨龙在全国男子拳击锦标赛中获56公斤级铜牌。

同日 富顺县成立全省首支交警自行车巡逻队。该巡逻队由10名交警和10辆警用自行车组成，每辆自行车配备频闪灯和水壶，巡逻范围主要包括支道及背街小巷。

13 日 市政府出台《自贡市促进经济稳定增长和提质增效推进供给侧结构性改革的政策措施》。该政策措施包括加大融资扶持力度、分类推进去产能、推进房地产去库存、降低税负成本、降低水电气和用地成本、降低用工成本、降低制度性交易成本、支持创新和产业转型、帮助企业拓展市场等9个方面共50项，有效期暂定为1年。

同日 “互联网+白酒产业升级发展”学术研讨会在自贡举行。省内外专家学者、知名川酒企业和相关部门负责人近100人出席会议。

同日 荣县2016“大佛文化旅游节”开幕。旅游节包括放生祈福活动、佛文化论坛、佛文化综艺晚会、特色民间民俗文化展演和荣县十大特色餐饮名店名菜评选等活动，并推出5大乡村旅游特色专题和7条乡村旅行精品路线。开幕式上，省乡村旅游协会和广东奥谷组旅投集团、北京安泰环境工程技术有限公司等4户企业，与荣县政府、园区、企业等现场签订合作协议。

16 日 市政府与广东省物流行业协会签署“共建21世纪海上丝绸之路·川贵广—南亚国际物流大通道战略合作”框架协议。按照协议，双方将加强商贸物流合作和通关协作，构建以珠海为海上门户、自贡为大通道内陆节点枢纽的“川贵广—南亚国际物流大通道”。

16 日至 17 日 省委常委、省政协副主席、省总工会主席李登菊率省稳定经济增长专项督导组到自贡督导调研。督导组先后实地走访东方锅炉股份有限公司、自贡硬质合金有限责任公司、海川实业有限公司、中昊晨光化工研究院有限公司等企业和川南城际铁路项目、大西洋焊接产业园、辉腾科技军民两用芳纶Ⅲ复合材料产业化项目等省、市级重大项目现场，对2016年全市稳定经济增长及防汛减灾等工作进行专项督导。市委书记李刚陪同督导并主持工作汇报会，市委副书记、市长刘永湘代表市委、市政府作工作汇报。

18 日 自贡东客站和西客站提升改造项目通过验收。2个项目均属四川省汽车客运站提升改造工程项目，于2015年动工，主要对主体建筑外立面、室内装饰、站务功能、导视系统、信息化建设等项目进行建设改造。

18 日至 19 日 省委、省政府决策咨询委员会主任甘道明率队到自贡调研。甘道明一行先后实地调研海川实业公司、西南（自贡）无水港、南岸科技新区、东兴寺片区综合改造项目现场、久大盐业（集团）公司，了解城市建设、企业发展、棚户区改造、盐业体制改革等情况。市委书记李刚，市委副书记、市长刘永湘等陪同调研。

20 日至 22 日 市县公安机关联合侦破一起特大走私、运输、贩卖毒品案。该案现场缴获麻古4.9公斤、海洛因6.6公斤，并先后抓获犯罪嫌疑人4人，其中，荣县籍男性1人，缅甸籍女性2人，重庆籍男性1人。

23 日 自贡7个省级重大招商引资项目集中开工。7个项目总投资43.7亿元，涉及产业发展、城乡建设、文化旅游等领域。市委书记李刚，市委副书记、市长刘永湘等出席开工仪式。

同日 省人大常委会副主任黄彦蓉率队到自贡调研。黄彦蓉一行先后实地调研釜溪河复合绿道和东兴寺片区改造工程，对城市建设、旧城危旧房和棚户区改造进行现场指导。市委书记李刚、市人大常委会主任陈华等陪同调研。

25 日 市委书记李刚会见深圳华强实业股份有限公司董事长胡新安一行。双方就文化科技创意、高端服务业等领域可能达成的合作事项进行交流。市委副书记、市长刘永湘等参加会见。

同日 自贡生产的航空用聚酰亚胺泡沫材料通过空军装机评审。该材料由自贡中天胜新材料科技有限公司生产，经空军装备部、大运办、空军军事代表局等联合组织的专家评审，正式用于军用大飞机制造。

25 日至 6 月 3 日 四川安益生物科技有限公司与以色列签订多项合作协议。协议包括：与英飞尼迪集团签订共同成立生物领域战略投资基金，用于生物领域的研发、生物技术成果转化、生产等；与特拉维夫大学签订生物领域联合研发、生物技术成果转化合作协议；与Hadasit生物技术公司、希伯来大学签订生物技术转让协议；与丹投资公司签订生物技术投资合作协议。省委副书记、省长尹力，以色列驻成都领事馆总领事蓝天铭等出席签约仪式。

26 日 市政府印发《关于授予2016年度自贡市科学技术奖的决定》。其中，决定授予中昊晨光化工研究院有限公司张建新、东方电气集团东方锅炉股份有限公司杨志忠第九届自贡市科技杰出贡献奖，每人一次性奖励30万元；评定“1000兆瓦超超临界单列高压加热器研制”等45项科技成果为2016年度自贡市科学技术进步奖，评定“一种旋流粉煤燃烧器（ZL200610021753.6）”等16项专利成果为2016年度自贡市专利奖。

27 日至 29 日 自贡市第十四届房交会在南湖体育中心北广场举行。房交会以“生态宜居城、绿色人居梦”为主题，有20家企业参会、26个楼盘参展，共接待观展群众6万人次，现场预订房屋713套间。

29 日 自贡在第四届京交会上举行“川灯耀丝路”主题推介会。推介会由市政府与省商务厅联合主办，主要围绕自贡灯会及自贡彩灯文化产业进行推介。会上，省商务厅与市政府签署《关于加快自贡彩灯对外文化贸易创新发展的框架协议》，四川天煜文化传播有限公司、自贡新亚彩灯文化产业公司等2户国家文化出口重点企业分别与美国节庆制作有限公司、英国朗利特集团签订“密尔沃基中国花灯展”项目和“2016年英国灯展”项目协议。美国、英国、澳大利亚等国的驻华使节、商协机构、企业代表和国内外媒体近200人出席推介会。

同日 全市首个民间公益图书馆正式向市民免费开放。该图书馆位于华商国际城，取名“城市书房”，面积约55平方米，可一次性容纳约40人阅读。

是月 沿滩区发现2座东汉崖墓。2座崖墓位于沿滩镇飞跃村，西临G348，面向釜溪河，背靠山丘，属沿滩区犀牛口大桥施工范围。经省文物考古研究院专家推测，2座崖墓建于东汉时期。

是月 自贡籍运动员董超在德国汉诺威国际射击公开赛中获4枚金牌。该比赛是里约残奥会的重要热身赛，其中3枚金牌属个人项目，1枚金牌属团体项目。

是月 自贡中国玫瑰海项目入选《2016全国优选旅游项目名录》，成为全市唯一入选项目。该项目位于大安区团结镇朝天村，计划总投资2.8亿元，流转土地约333.33公顷，项目建设分三期实施。项目内容包括玫瑰花种植、加工、观光、休闲等。

是月 小井沟水库成功下闸蓄水。该工程位于荣县保华镇，于2012年4月开工建设，总库容1.66亿立方米。工程由水库枢纽工程和输水工程两部分组成，包括1座主坝、7座副坝、30公里输水干渠、6条灌溉支渠、2条双溪水库至长土水厂供水管道。工程设计城市供水量7486万立方米、生态供水量5233万立方米、灌溉及农村人饮水总量5126万立方米，设计供水总量1.78亿立方米。工程设计灌面9706.67公顷。

是月 自贡在第十届中国（武汉）国际园林博览会闭幕式上获多项大奖。首次参展的“自贡园”获园博会室外展园综合奖大奖、室外展园优质工程奖大奖、室外展园植物配置奖大奖、室外展园建筑小品奖大奖、室外展园设计奖优秀奖，另获园博会组织奖、园博会先进单位、园博会展园建设优秀奖及园博会先进个人等奖项。

6月

1 日 全市社会保险费实行统一征收。统一征收后，全市企业职工基本养老保险、城镇职工基本医疗保险、工伤保险、失业保险、生育保险费由各级社保局负责，所有业务均在各级社保局驻政务服务中心窗口办理。

同日 全市县级主要领导干部读书班在市委会议厅开班。该读书班为期4天，以“专题讲座+研讨交流”的方式学习习近平系列新理念新思想新战略，并安排《创新驱动与工业转型发展》《脱贫攻坚与全面小康》《开放合作与招商引资》《项目规划与投资建设》4场专题辅导。市委书记李刚，市委副书记、市长刘永湘，市政协主席潘泽金等出席开班仪式。

4 日至 25 日 2016年四川省首届业余足球联赛分区赛在自贡举行。比赛为期22天，实行交叉淘汰赛。乐山嘉州队、自贡Z1队分获冠、亚军，两支球队将代表川南地区参加全省业余足球联赛总决赛。泸州、宜宾、内江、乐山、自贡五市的10支球队参加比赛。

7日 全市公务用车制度改革方案获省批复。批复同意自贡市公务用车制度改革机构范围、人员范围、改革时限、机要通信及应急用车等车辆保留办法、执法执勤用车保留比例、车辆处置办法、司勤人员安置办法等，明确公务交通补贴标准及层次划分，即：厅（局）级每人每月1690元、县（处）级每人每月1040元、科级每人每月650元、科员及以下（含机关工勤）每人每月500元。

同日 自贡通过国家知识产权试点城市考核验收。市委副书记、市长刘永湘等出席验收工作会议。

12日 2016年四川省库钓冠军赛自贡站总决赛在沿滩区九洪乡举行。比赛由省钓鱼运动协会、自贡体育总会主办，有125支参赛队共250名选手参加比赛。

14日 大安区三多寨镇三多寨村入选2016年中央财政支持传统村落名单，为全省19个入选村落之一，也是全市唯一入选村落。

同日 “2016健康中国行走进自贡”活动启动。该活动是国家卫生计生委于2013年启动开展的一项全国性活动，也是“文明新盐都快乐自贡人”的重大文化活动之一。活动通过健康巡讲、健康咨询、专家义诊、免费散发健康资料等形式进行宣传，引导公众树立健康观念、养成健康行为、提高健康素养。

14日至16日 省人大财经工作座谈会在自贡召开。会议期间，与会人员实地调研板仓工业园区、华西能源、运输集团股份有限公司、釜溪河复合绿道、川南皮革城等。市委副书记、市长刘永湘，市人大常委会主任陈华等领导，省人大常委会财经委、21个市州人大常委会相关负责人参加会议。

15日 电影《盐马帮》首映式在四川理工学院举行。该影片由市委宣传部和成都巴蜀艺田文化传媒有限公司联合摄制，根据自贡作家赵应创作的同名小说改编。电影讲述自流井盐马帮通过盐马古道为滇西抗战前线送盐的故事，是中国首部反映“南丝绸之路”的影视作品，有自贡话、普通话、英语3个版本。

18日 沿滩区第四届九洪西瓜节在九洪乡开幕。西瓜节为期9天，设主会场和分会场，分别开展有西瓜王评比、吃西瓜比赛、幸运转盘、真人CS、摸泥鳅比赛、休闲垂钓等活动及秀美九洪摄影展、乡土风情版画展、“十二生肖”瓜雕展等展出。

19日 板牛路沿滩境内29.2公里处发生一起交通事故。一辆货车与一辆摩托车相撞，事故造成2死1伤。

20日 市委书记李刚拜会东方电气集团公司董事长邹磊。双方就进一步拓宽政企合作领域、深化合作层次及助推东锅公司创新、转型、升级发展进行交流。

20日至25日 段昭南绘魏明伦川剧画展在南湖文化艺术展厅展出。画展展出旅美画家、硅谷美术馆馆长段昭南为著名戏剧家、“巴蜀鬼才”魏明伦的剧作绘制的113幅戏曲人物水墨画。

23日 上海·四川自贡投资推介会在上海举办。推介会推出项目139个，总投资958.28亿元，涵盖航空制造业、汽车零部件制造业、机械设备制造业、生物医药业、现代服务业等领域。会上，市政府与上海红星美凯龙投资有限公司签订战略合作协议。市委副书记、市长刘永湘等出席推介会。

同日 富顺县政府与广州市高新投资管理有限公司签约民办教育项目。根据协议，广州市高新投资管理有限公司拟在富顺县内选址投资建设包括基础教育和高职教育的2所民办学校。项目总投资约10亿元，用地面积约40公顷，建筑面积约30万平方米，建成后容纳1.6万名学生就读。

27日 华西能源公司与土耳其伊兹德密尔能源公司在成都举行土耳其伊兹德密尔1×370兆瓦超临界高效清洁电厂总承包项目合同签字仪式。该项目是华西能源第一个超临界机组总承包项目，合同总金额1.64亿美元（折合人民币约10.88亿元），项目建设周期为31个月。市委书记李刚、伊兹德密尔能源公司首席执行官奥加·奥伊玛克等出席签约仪式。

同日 全市14户企业被国家工商行政管理总局对外公示为2014—2015年度全国“守合同重信用”企业。其中，已在2012—2013年度公示、申请继续公示的企业5户；2014—2015年度首次公示的企业9户，占全省21个市（州）被公示企业的11.54%。

29日 自贡籍歌手甘笠童在2016《中国好声音》四川赛区总决赛中获冠军。

同日 自贡市庆祝中国共产党成立95周年大会在市委大礼堂举行。大会表彰优秀党员101人、优秀党务工作者100人、先进基层党组织100个。市委书记李刚出席大会并讲话，市委副书记、市长刘永湘主持大会，市人大常委会主任陈华、市政协主席潘泽金等出席大会。

30日 川南城际铁路内自泸线（先行开工段）在富顺县古佛镇玉佛村正式施工。该开工段位于富顺县中石镇至泸县段，正线全长16.93公里，其中自贡境内线路长7.84公里，涉及富顺县古佛镇、童寺镇、中石镇。

同日 全市公务用车正式封存。根据自贡市《全面推进公务用车制度改革总体方案》《市级机关公务用车制度改革实施方案》及配套办法，全市拟取消的一般公务用车在原单位就地封存留待处置。

是月 自贡中天胜新材料科技有限公司生产的产品在第四届中国国际新材料产业博览会上获金奖。获奖产品包括聚酰亚胺柔性及刚性泡沫、聚酰亚胺结构件、聚酰亚胺涂层、聚酰亚胺树脂等。

是月 西南首台“后超高端CT”在市第一人民医院投入使用。该设备由美国通用电气医疗集团公司生产，是西南地区医疗机构引进的首台世界最顶尖的影像诊断设备，具有扫描速度快、射线剂量低、图像清晰等特点，能够一次扫描覆盖全身脏器，可对组织成分进行定性、定量分析，对肿瘤等疾病进行早期诊断。

是月 吴玉章故居被命名为“四川省中共党史教育基地”。

7月

1日 2016年全省宜机收酿酒高粱新品种现场观摩暨技术培训会在自贡召开。省农业厅、省农科院水稻高粱研究所、省农技推广总站及各市州相关部门领导、企业代表、专家共140多人参加现场观摩及培训会。

同日 全市提高城乡居民最低生活保障标准。其中，城市低保保障标准从370元/人·月提高到430元/人·月，差额补助水平提高到人均260元/人·月；农村低保保障标准从190元/人·月提高到240元/人·月，定额补助水平提高到150元/人·月。新标准执行后，全市受益城乡低保对象将达172899人。

2日 全国人大常委会原副委员长、全国妇联原主席陈至立到自贡考察文化遗产保护传承工作。陈至立先后实地考察盐业历史博物馆和自贡恐龙博物馆，了解井盐开采科技史和恐龙化石的发掘、保护、研究、展览等情况。省人大常委会副主任黄彦蓉，市委书记李刚，市人大常委会主任陈华等陪同考察。

4日 中华彩灯大世界项目选址东部新城。该项目集彩灯展示、创意研发、灯会贸易、休闲娱乐等功能于一体，采取“政府主导主控，市场参与建设和运营的合作共赢”模式。

同日 自贡行使地方立法权后首次举行地方立法公开听证会。会上，听证人、监督人、草案起草单位说明人、15名听证代表围绕《自贡市集中饮用水水源地保护管理条例（草案）》事项提问题、作说明、提建议。

5日 四川煜峰有限责任公司、意中项目发展协会、意大利斯凯特公司三方签订意大利直升机生产基地项目协议。该项目总投资10亿元，拟于9月开工，建设项目主要包括生产总装车间、机坪、航展商务楼、直升机展厅、地面特种设备、通信导航设施等。项目分两期建设，一期工程年产直升机200架，产值6亿元；二期工程年产直升机400架，产值12亿元。意中项目发展协会主席王馨，意大利斯凯特直升机制造公司董事局主席兼首席执行官米凯莱，四川煜峰有限责任公司执行董事、总经理刘龙君代表合作三方签订合作协议。市委书记李刚，市委副书记、市长刘永湘等出席签约仪式。

5日至10日 2016年全国青少年男子排球精英赛在檀木林体育馆举行。比赛由省排球协会、市体育局主办。天津青年男排、辽宁青年男排、广东青年男排、浙江能源青年男排、湖北青年男排、四川青年男排和自贡一中男排等7支队伍参赛。经过21场比赛，辽宁、浙江、天津队分获比赛前三名。

6日 2016年首届四川职业教育发展高峰论坛暨四川理工学院职业教育发展研究中心成立大会在自贡召开。论坛围绕职业教育发展问题开展交流，并举行四川理工学院职业教育发展研究中心授牌仪式。

同日 贡井区荷园山庄、沿滩区熙园山院被四川旅游标准评定委员会评定为四川省五星级农家乐。

6日至7日 省人大常委会副主任刘道平率省人大常委会执法检查第二组到市开展执法检查。检查组一行先后到春华路空气自动监测站、华润雪花啤酒有限公司、龙潭镇污水处理厂、晨光化工研究院、垃圾焚烧发电厂等地进行执法检查，并听取市政府、市环保局、市城乡管理执法局情况汇报。市委副书记、市长刘永湘，市人大常委会主任陈华等陪同检查。

同日 中国国民党革命委员会自贡市第八次党员代表大会在市委大礼堂举行。

7日 荣县政府与中广核环保产业（深圳）有限公司和佛山市百邦盛陶瓷有限公司签约环保建设项目。分别是荣县旭水河流域生态修复工程项目分三期实施，建设年限3～5年，计划总投资14.07亿元；新型环保陶瓷生产线建设项目总投资约8.5亿元，总占地面积约21.33公顷，年生产能力3300万平方米，项目选址荣县度佳镇果子塘村5组。

同日 富顺县万寿镇发生一起交通事故。一辆电动（货运）三轮轻便摩托车行驶至万寿镇政府门前的下坡路段时，刹车突然失效向坡底急速俯冲，直至侧翻在万寿场社区三岔路口。事故造成2死2伤。

7日至8日 中国民主同盟自贡市第十五次代表大会在市委大礼堂召开。

8日 市委、市政府召开2016年市第一次党政联席会议。会议总结分析上半年全市经济社会发展的重点工作，研究部署第三季度重点工作。市委书记李刚主持会议并讲话，市委副书记、市长刘永湘就做好第三季度重点工作提出要求，市政协主席潘泽金列席会议。

9日至10日 中国民主建国会自贡市第十二次代表大会在市委大礼堂举行。

10日至11日 中国农工民主党自贡市第八次代表大会在市委大礼堂举行。

11日至14日 大安区农村土地承包经营权确权登记成果以全省最高分通过省级验收。专家组通过随机抽查大安区4个镇8个村、8个组、342个界址点、413个地块、198户农户的确权资料，再经资料审查、数据库监测等内容考评，给出94.8分的综合评分，为全省确权登记成果验收获最高分。

12日 省委第九巡视组巡视自贡情况反馈会在市委会议厅召开。会上，省委第九巡视组组长兰崇平代表巡视组向市委班子反馈巡视情况并提出四点意见建议。市委书记李刚主持会议并作表态发言。省委第九巡视组全体成员，市委、市人大常委会、市政府、市政协领导班子成员出席会议。

12日至13日 省政协副主席唐坚到市调研。唐坚先后实地调研吴玉章故居、南湖体育中心市艺术展览厅和富顺文庙，并到四川理工学院营盘校区参观美术学院雕塑作品展厅，听取理工学院相关负责人情况介绍。市委书记李刚、市政协主席潘泽金等参加调研活动。

同日 九三学社自贡市第八次社员代表大会在市委大礼堂举行。

13日至20日 自贡女足参加2016年四川省青少年足球锦标赛获女子甲组冠军和女子乙组第三名。

14日 市工商联（总商会）第十三次会员代表大会在市委大礼堂举行。

同日 全市彩灯行业第一家以集团公司名义登记注册的公司——自贡灯贸集团股份有限公司组建成立。该集团公司前身为自贡灯贸股份有限公司，全新组建后设自贡国韵灯贸有限公司、四川艺思特彩灯文化传播有限公司、自贡艺思特恐龙彩灯科技有限公司、自贡博地景观工程有限公司、四川艺思特会展中心等5家子公司。

15日至19日 自贡体操队参加2016年四川省青少年艺术体操锦标赛获6金3银3铜。

18日 公安机关破获一起省公安厅督办毒品案件。该案缴获毒品麻古4921粒（重456.03克），冰毒569.67克，查获两台涉案车辆和一台制毒工具压片机，抓获犯罪嫌疑人5名、吸毒人员1名。

同日 富顺县公安局破获一起全市首列网络开设赌场案。该案犯罪嫌疑人黄某从2016年1月开始，伙同他人租用富顺县板桥镇新华路刘某某茶馆，租用互联网“重庆时时彩”网络赌博平台，采取自己坐庄，以下注买大小、单双等方式吸引参赌人员赌博，下注赌资累计达100万余元，非法获利近40万元。

18日至25日 自贡市少儿足球队参加省青少年足球锦标赛获丙组冠军。该比赛有18个市州、33支球队、1000余名运动员参赛，自贡队7战全胜获冠军。该足球队由贡井区业余体校和蜀光绿盛实验学校联合组队。

20日 富顺县文体中心正式投入使用。该项目于2014年4月开工建设，占地面积约7.33公顷，建筑面积约2万平方米，总投资约1.6亿元。项目包括体育馆、游泳馆、足球场、篮球场、羽毛球场、网球场、门球场、乒乓球场和休闲广场等综合性体育文化设施。

同日 远达之夜群星演唱会在富顺县文体中心举行。谭维维、钟镇涛、辛晓琪、吉杰等歌手及华阴老腔组合到场演出。

20日至22日 市委书记李刚率队到深圳市开展投资促进活动。活动期间，李刚先后出席广深地区自贡籍企业家座谈会、自贡市2016年广深地区招商对接会，并实地考察深圳华强集团和华侨城集团，向广州、深圳、东莞等地自贡籍企业家推出总投资958.28亿元的项目139个。

20日至26日 庆祝中国共产党成立九十五周年“习近平用典——四川青年书法交流展”自贡巡展在南湖体育中心文化艺术展览厅展出。该展出由共青团省委、省青年联合会主办，作品依据人民日报出版社出版发行的《习近平用典》一书书写的经典名句，内容涉及敬民、为政、立德、修身、劝学、廉政等。

22日 贡井区建设镇（龙都早香柚）被农业部认定为第六批全国一村一品示范镇，成为全市第五个全国一村一品示范镇。

23日 华西能源工业股份有限公司、四川友华科技集团有限公司与蒙古国南戈壁资源有限公司和乌兰巴托布日德房地产公司在成都举行四方战略合作协议签约仪式。涉及蒙古国煤田代管、坑口电力建设、管状煤炭输送带建设、乌兰巴托市棚户区改造等4个项目，标的350多亿元。市委副书记、市长刘永湘出席签约仪式。

25日 G247提档升级工程自贡段项目（飞龙峡旅游快速通道）正式开工建设。该项目由北向南布线，起于自流井区舒坪镇磨刀岭村，止于漆树乡星星村，新建13.076公里一级公路，路基宽22.5米，双向4车道，设计时速80公里，项目总投资5.99亿元。

同日 市委财经领导小组召开会议研究部署经济工作。会议听取全市上半年经济运行及下一步工作措施建议的情况汇报，分析上半年经济运行情况，并就做好下半年经济工作作出部署。市委书记、领导小组组长李刚主持会议并讲话，市委副书记、市长、领导小组副组长刘永湘等出席会议。

同日 中国工程院院士、中国科协常委、中国人民解放军五七一九厂党委书记向巧一行6人到贡井区调研航空产业园规划及建设情况。向巧一行先后实地调研自贡凤鸣通用机场、海川实业公司，听取企业负责人介绍相关情况，并进行座谈交流。座谈会上，海川实业公司与中国人民解放军五七一九厂航利航空公司签署航空高端制造项目战略合作协议。

25日至8月7日 央视《味道》栏目组在自贡拍摄。栏目组先后到盐业历史博物馆、燊海井、富顺县、沿滩区、大安区实地取景，拍摄水煮牛肉、冷吃兔、鲜锅兔、火边子牛肉、富顺豆花、酸菜鱼等代表性盐帮菜制作工艺流程，生姜、辣椒、葱蒜等盐帮菜食材，所拍视频拟于国庆节期间在央视科教频道播出。

28日 自贡市不动产登记局及不动产登记中心正式揭牌并发放首批“不动产权证书”。其中，自贡市不动产登记局牌子加挂在市国土资源局，自贡市不动产登记中心位于檀木林街石头城，不动产登记窗口设立在市政务服务中心。实施不动产统一登记后，市辖区范围内土地、房屋、林地和林木等各类不动产登记，由市不动产登记中心统一办理，核发“不动产权证书”和“不动产登记证明”；不动产统一登记前已经领取的各类不动产权证书继续有效。

30日 凤凰卫视文化产业发展（上海）有限公司置地总负责人、纵横文旅集团总裁邓跃，上海交通大学教育集团干部教育学院、智凤教育院长戚青，北京汽车集团产业投资有限公司高级经理方栋华等一行到自贡考察调研。考察团先后到沿滩新城和南环路实地调研，并就四川省中德交通运输管理职业学院项目和川南汽车产业园项目与市委、市政府达成初步共识。

30 日至 31 日 全国象棋业余棋王赛自贡（川南）分站赛在富顺县举行。富顺代表队王强获男子个人赛冠军，获川南男子业余象棋棋王称号；自贡代表队蔡润清获女子组个人赛冠军，获川南女子业余象棋棋王称号。乐山、泸州、宜宾、内江、自贡等川南五市的60余名棋手参赛。

31 日至 8 月 3 日 联合国教科文组织尼古拉斯佐罗思教授和路易斯阿尔卡拉博士到市考察自贡世界地质公园扩园及中期评估。市委书记李刚，市委副书记、市长刘永湘，国土资源部地质环境司、国家地质公园网络中心、省国土资源厅等相关负责人参加相应活动。扩园后的自贡世界地质公园北起荣县复兴乡，南至荣县金华乡，西达自贡市与乐山市界，东抵大安区三多寨镇，面积 1630.46 平方公里；涵盖4个区县、42个乡镇、450个行政村；新增艾叶古镇、乐德红土地、铁厂镇石笋沟、尖山和飞龙峡、双溪水库、三多寨、土柱村等 11 个地质遗迹点及多个自然和人文景区。

是月 市跳水学校运动员在新加坡全国跳水锦标赛邀请赛上获4金3银2铜。该比赛有8个国家和地区的10支队伍共86名运动员参赛，市跳水学校运动员参加国际C组、初级组比赛。

是月 自泸大件路项目（自贡至泸州港）施工可行性报告获省交通厅审查通过。

是月 荣县被确定为全省农村改革综合试验区。试验为期两年，主要就农村集体产权制度、农业经营制度、农业支持保护制度、城乡发展一体化体制机制、农村社会治理制度和扶贫开发脱贫攻坚体制机制等领域开展综合试验。

是月 狮子山公园建成开放。该公园东邻南苑街，南靠石油花园，西至西苑街，北邻学府丽景小区，总用地约6公顷。公园依山而建，在保留原有山体生态风貌的基础上，栽种有桂花、紫薇、蓝花楹等树木，并拟于年内打造为全市首个安全主题公园。

是月 自贡3名学生在“2016CCTV 全国中小学生英语电视大赛”全国总决赛中获奖。其中，市第二十八中学校曹嘉芮获初中组亚军，市蜀光中学余晓娅获高中组一等奖，市第一中学校罗钦获初中组一等奖。

是月 自贡在全省率先制定出台《自贡市医师不良执业行为积分管理办法（试行）》。该办法对医师不良执业实行记分管理，规定医生在执业过程中违规违纪违法最多记12分，并根据不同记分采取离岗培训、取消处方权、扣发工资、吊销执业证书、追究刑事责任等教育惩戒方式。

是月 微电影《还原真相》《无法逃避》《马桑沟那些事》先后在“CCTV—中国微电影频道”和“CCTV—大众生活频道”播出。三部微电影均由省微电影艺术协会自贡分会与自贡艺胆大文化传播有限公司联合拍摄制作。

8 月

1 日 自贡市第四批院士（专家）工作站授牌仪式在市委会议厅举行。自贡市疾病预防控制中心、自贡硬质合金有限责任公司、自贡市海川实业有限公司分别被授予全市第四批院士（专家）工作站。

同日 市政府门户网站与第三方平台技术合作推出“智慧城市　全景自贡”。该视觉新技术引入720°VR 全景视角，公众可在 PC、手机、苹果产品、VR 虚拟现实设备上点击浏览四区两县及高新区的城市风貌和优美景色。

2 日至 5 日 2016 年大学生化工设计竞赛暨第十届全国大学生化工设计竞赛西南赛区决赛在自贡举行。该比赛由四川大学主办、四川理工学院承办，云、贵、川、渝4省市23所高校的48支参赛队参加。四川理工学院“沙龙”团队在比赛中获特等奖、最佳表现奖，并进入全国总决赛。

3 日 市委书记李刚率队到遂宁市、泸州市学习考察。考察组围绕城市建设和管理、绿色产业和发展环境等主题，先后实地参观遂宁市船山区圣莲岛、河东新区联福农贸市场、中国西部现代物流港和泸州白酒产业园区、泸州港国际集装箱码头、泸州港保税物流中心、泸州金融商业中心等地。市委副书记、市长刘永湘，市政协主席潘泽金及各区县委书记、区县长和市级有关部门主要负责人等参加考察。

同日 自贡组团参加首届中国（成都）智慧产业国际博览会。自贡市智慧城市网络科技有限责任公司、四川金软科技有限公司、四川慧网网络科技有限公司、四川旺万家家政股份有限公司及自贡电信、自贡移动等智慧科技企业参展，推出自贡市智慧城市建设项目，达成意向合作协议10余项。

4日 中央统战部向美籍自贡人王蜀龙颁发抗战胜利70周年纪念章。王蜀龙1942年从蜀光中学高中毕业，1943年在抗日远征军中任上尉译员，1945年转调美国为太平洋开展对日反攻协助美军训练中国空军，同年获美国自由勋章。

同日 全国农行首单一类债置换业务在自贡成功实施。在该单业务中，自贡农行与市、区两级政府及债权、债务人对接，对自流井区、贡井区已纳入“财政部地方政府性债务管理系统”管理且政府负有偿还责任（一类债务）的债务5.44亿元进行置换，实现一类债置换业务首笔提款2.67亿元。

4日至5日 全市重大项目及脱贫攻坚现场推进会召开。与会人员先后实地参观自流井区川南农产品批发市场项目建设现场、荣县过水镇黑林村、大安区楼房湾水库工程建设现场、富顺县万寿镇青山村等四区两县及高新区11个点位。市委书记李刚出席会议并就突出项目争取、深化投融资体制改革、决战脱贫攻坚等工作提出要求，市委副书记、市长刘永湘主持会议，市政协主席潘泽金等出席会议。

4日至10日 自贡代表队在四川省青少年射击锦标赛上获5金4银5铜。

5日 自流井区飞龙峡景区整体开发项目在第二届中国（四川）国际旅游投资大会上正式签约。项目总投资约60亿元，景区规划面积52平方公里。

7日 全市脱贫攻坚领导小组第二次全体会议在市委大礼堂召开。会议总结上半年脱贫攻坚工作情况，部署下半年工作；审议通过市脱贫攻坚领导小组成员调整名单、全市脱贫攻坚目标任务调整方案及贫困对象退出工作方案；审议建立扶贫开发基金、乡村道路建设、劳动保障、医疗救助等脱贫攻坚专项方案。市委书记、市脱贫攻坚领导小组组长李刚主持会议。

10日 西南静脉产业园一期工程建成投产。该项目位于高新区板仓工业园，占地约13.87公顷，总投资5.78亿元，是吉隆集团在西南区域重点打造的循环经济再制造工程基地，项目分三期建设。其中，项目一期总建筑面积1.2万平方米，含4个厂房车间和5000平方米办公楼。

11日至25日 全市出现连续高温天气。日平均气温31.5℃，偏高5.2℃，居历史同期第1高位；自贡、荣县、富顺县日最高气温大于等于35℃的高温日数达12～14天，均居历史同期第1多位。

12日 位于鸿鹤坝的省精细化工研究设计院气体充装站发生爆炸事故。事故造成8人受伤，其中：危重1人、重伤3人、轻伤4人。

12日至19日 自贡代表队在四川省青少年拳击锦标赛上获3金1银2铜。

16日 东方锅炉和中国能源工程股份有限公司在成都举行孟加拉帕亚拉一期超超临界发电厂工程2×660兆瓦锅炉及其配套辅机设备采购合同签字仪式。帕亚拉电站项目总投资约22亿美元，是中国目前在孟加拉最大的投资项目。

17日 中共自贡市委第十一届第十四次全体会议召开。全会决定，中国共产党自贡市第十二次代表大会于2016年11月召开。

同日 蒙古国大呼拉尔女议员阿嘎万鲁布森温度日率队到市考察棚户区改造情况。阿嘎万鲁布森温度日一行先后实地考察自流井区光凤片区改造项目和东兴寺片区改造项目，参观片区规划展览厅，听取全市棚户区改造项目情况介绍，并与四川友华科技集团举行乌拉巴托市棚户区改造项目座谈。

18日至26日 2016全国青少年保龄球锦标赛在自贡举行。该锦标赛由国家体育总局小球运动管理中心、中国保龄球协会主办，分少年组和青年组，设21个单项和5个团体项目。自贡队在少年组的9个项目中获6金6银5铜。湖北、广西、江苏、浙江、山东、河北、广东、四川等地12支队伍共100余名运动员参加比赛。

19日 四川戎春酒业公司在澳大利亚主板（ASX）上市签约仪式在富顺县举行，出售股权工作正式启动。仪式上，四川戎春酒业公司与澳洲金石国际集团、香港盈汇银基金签署战略合作协议。

21日至9月4日 自贡举行首届青少年足球联赛。联赛设置U14和U11两个组别，场地分布在檀木林体育场、丹桂小区、燊海森林、汇东公园的5人制球场。全市4个足球青训俱乐部的12支球队参赛。

23日 省政协副主席、省总工会主席李登菊率队到市就贯彻落实省委十届八次全会精神进行督导。李登菊一行先后考察富顺县东湖镇山林村、旺林堂药业公司、煜峰鞋业公司、华西科技园、安益生物公司，走访慰问贫困户，实地了解企业生产经营情况，并听取自贡市学习贯彻省委十届八次全会精神的情况汇报。市委书记李刚，市委副书记、市长刘永湘，市政协主席潘泽金等陪同督导。

24日 市委书记李刚会见韩国汇维仕株式会社社长刘培根一行。双方就推动政企深度合作、服务地方经济发展进行交流。

25日 市政府与中石化西南油气分公司签署页岩气勘探开发利用战略合作协议。双方将发挥各自优势，保障和推动自贡市页岩气产业高效、健康、可持续发展，力争到2020年建成全省重要的页岩气产业装备基地和川南国家级页岩气试验区利用基地。市委书记李刚出席签约仪式并讲话。市委副书记、市长刘永湘，中石化西南石油局局长、西南油气分公司总经理甘振维代表双方签署战略合作协议。

同日 富顺县人民政府与市盐业历史博物馆举行合作建设自贡盐业历史博物馆狮市分馆项目签约仪式。该项目位于富顺县狮市古镇，馆址建筑面积240平方米，展厅面积200平方米，主要用于传承中国井盐文化和沱江盐运史，展示狮市镇及周边区域的历史民俗文化，集展览、教育、公益演出等功能为一体。

同日 全市7户企业获“四川省2015年度实施卓越绩效模式先进企业”称号。7户企业是自贡自高阀门有限公司、中昊晨光化工研究院有限公司、四川省远达集团富顺县美乐食品有限公司、四川大西洋焊接材料股份有限公司、自贡市贝尔吉教学仪器设备有限公司、四川巴尔农牧集团有限公司、自贡市红泰农化有限公司。

25日至26日 自贡组团参加2016第七届C21城市发展论坛并获5项大奖。5项大奖分别是自贡市获“四川最具投资价值城市”、高新区获“四川绿色发展范例城市”、明君集团获“四川城市发展贡献奖”、高新区高峰乡和自流井区仲权镇分别获“四川最美乡镇”。世界井盐文明旅游目的地——“燊海森林海汤神泉”在C21论坛上举行全球首发仪式。

30日 沿滩区政府与广东天非尼迪新能源科技有限公司签订“年产12万辆欧洲标准低速电动车暨旅游观光车”项目。该项目总投资10亿元，选址沿滩工业园区，占地20公顷，建设工期3年。

31日 全市对外开放工作会议在市委会议厅召开。会上，出台《关于加强招商引资提升开放水平的意见》及相关配套文件。市委书记李刚到会并作重要讲话，市委副书记、市长刘永湘主持会议，市人大常委会主任陈华、市政协主席潘泽金等出席会议。

同日 自贡市第十六届人民政府第九次全体（扩大）会议召开。会议重点总结上半年和部署下半年全市项目及投资工作。市委副书记、市长刘永湘主持并讲话。

是月 自贡市《关于进一步推进创业担保贷款工作的通知》出台。该通知将“小额担保贷款”统一调整为“创业担保贷款”，取消贷款对象户籍限制和贷款行业限制，扩大贷款对象范围，贷款额度统一调整为10万元，并明确对贷款申请人失信行为的惩罚措施。

是月 公安机关与盐政部门查获历年来规模最大的制贩假盐案件。该案件现场共查获饲料添加剂氯化钠22吨，在成都、自贡两地抓获涉案人员10人，其中5人被依法刑拘，1人被取保候审。

是月 全市首条新型光伏太阳能路灯街在沿滩区仙市古镇建成投用。该路灯街位于仙市镇仙沿路，由政府与企业协作共建。整条街安装光伏太阳能路灯20盏，每盏灯由一块光伏板和30瓦LED灯成套组成，均采用12伏低压直流供电。

是月 沿滩区发现1座明代墓葬。该墓葬位于仙市镇百胜村，坐东北向西南，为双棺石砌卷拱墓，两棺墓形制、大小一样，由墓道、墓室门、墓室后龛组成。

是月 全市2个工业园区入选全省新型工业化产业示范基地（第三批）和特色产业基地（第一

批）名单。其中荣县工业园区为省新型工业化产业示范基地（农产品加工），沿滩工业园区为省特色产业基地（节能环保装备）。

9月

1日至2日 市委书记李刚率队到重庆开展投资促进活动。李刚一行先后实地考察重庆申基通用航空有限公司、太极集团有限公司和中国汽车工程研究院股份有限公司等。在重庆金科大酒店举行的招商对接会上，共推出总投资958.28亿元的139个项目，涵盖航空制造业、汽车零部件制造业、机械设备制造业、IT信息业、生物医药业、农业、现代服务业、交通、基础设施等领域，李刚及市级相关部门、区县负责人与30多家在渝企业代表进行对接洽谈。

2日 自贡市首届太极拳锦标赛在檀木林体育馆举行。全市35支代表队305人参赛，其中年龄最大的82岁，最小的13岁。

2日至4日 自贡代表队获四川省第二届城际篮球联赛冠军。该联赛由市体育局、市总工会、富顺县政府主办，乐山、宜宾、内江、泸州、资阳、遂宁、眉山、自贡等8支代表队参加。

6日 自贡市智慧城市大数据中心建成开通。该中心由中国电信四川公司承建，已建成服务管理、数据业务机房面积1700余平方米，核心计算能力达1350核，存储能力408太兆，总内存数12太兆，出口带宽达10千兆。市委副书记、市长刘永湘，中国电信四川公司总经理郑成渝为智慧城市大数据中心揭牌。

同日 四川东方物流有限公司与国网国际工程有限公司在北京正式签署《巴基斯坦默蒂亚里－拉合尔±660千伏直流输电项目物资储运服务协议》。该项目是国家电网公司与巴基斯坦水电部和国家输电公司合作签署的“一带一路”输电项目，其物资运输采用总包形式，东方物流公司中标集装箱国内地面和境外海运业务，实现首次与国家电网公司境外项目合作。

同日 富顺县政府与深圳思恩腾科技有限公司签订螺旋杆菌试剂生产项目框架协议。该项目一期拟占地2公顷，预计投资2.5亿元。

6日至7日 自贡在全省率先举行公务用车网络拍卖。参与首批网络拍卖的公车共86辆，成交68辆。

7日至8日 省委副书记、省长尹力率省川南经济区稳增长工作调研督导组到市调研。尹力一行先后实地考察中天胜新材料科技有限公司、四川煜峰鞋业有限公司、自贡航空产业园、海川实业公司、华西科技园、安益生物科技公司、运输机械集团公司及东兴寺综合改造项目现场，了解企业生产经营情况和稳增长政策落实情况，并在自贡召开川南经济区稳增长和脱贫攻坚工作推进会。副省长刘捷出席工作推进会并讲话。省政府副秘书长罗治平，市委书记李刚，市委副书记、市长刘永湘等参加调研活动。

8日 大型电视问政节目《盐都问政》全新改版后首次直播。30名党代表、人大代表、政协委员、特邀监察员和群众代表组成评审团，由评审团对被问政官员的回答做满意度评判。市委书记李刚，市委副书记、市长刘永湘，市政协主席潘泽金等到现场指导。

同日 自贡籍运动员董超在第15届夏季残奥会上获R1－SH1级男子10米气步枪金牌。这是中国代表团在该届残奥会获得的首金。

9日 自流井区政府与四川巨木投资开发有限责任公司、市商业银行股份有限公司、成都华西能航股权投资基金管理有限公司签订《自贡市自流井区产业投资基金合作协议》。该基金总规模20亿元，是全市首个产业投资引导基金，首期募集资金5亿元。

同日 自流井区义务教育均衡发展以98.5分通过国家督导评估，在全省34个评估认定县（市、区）中排名第一。

10日至11日 全国象棋业余棋王赛自贡（川南）分站赛老年组比赛在大安区举行。大安区代表队王洪贵、舒红，分获男、女冠军，进入四川赛区总决赛。

12日 自贡新版城市形象片——《自贡，一座有盐有味的城市》在央视一套、央视新闻频道午间《新闻30分》并机播出。该形象片涵盖“盐、龙、灯、食”等元素，片长15秒。

13 日 市委书记李刚会见捷克驻成都总领事诺子博。双方就捷克轻型飞机制造项目进展及进一步拓展自贡与捷克的合作进行交流。

14 日 自流井区政府与四川大西洋房地产开发有限责任公司、重庆近贤房地产开发有限公司签约建设自流井工业园区中小企业园项目。该项目总投资 10 亿元，占地约 66.67 公顷，其中项目一期规划面积约 11.87 公顷，建筑面积约 8 万平方米，投资约 3 亿元。

同日 大安区政府与四川绵阳树人教育投资有限公司签约西南旅游职业学院项目。该项目选址自贡东北部新城，总投资 10.5 亿元，项目占地约 66.67 公顷，设计办学规模在籍学生 1.5 万人。

同日 高新区管委会与湖南英祥房地产开发有限公司签订“自贡英祥妇女儿童医院项目”投资合作协议书。该项目拟选址自贡高新区南湖生态城 B-03 地块，占地面积约 6.87 公顷，建筑总面积约 16 万平方米，计划总投资约 10 亿元。

同日 富顺县政府与成都三顶科技有限公司签约三废环保产业园项目。该项目选址自贡晨光科技园区，建设周期 5 年，总占地 20 公顷，总投资 5 亿元。

同日 海外高科技人才走进自贡暨自贡市项目投资与人才引进推介会在檀木林城市名人酒店举行。会上，国家千人计划特聘专家、留德博士吴卫平与自贡运输机械集团签订合作协议。美国、澳大利亚、德国的 3 位专家受聘为自贡首批“海外引才顾问”。

20 日 市委召开常委会会议，研究审议市委、市政府《关于促进县域经济加快发展的二十条意见》和《关于促进自贡国家高新技术产业开发区加快发展的二十条意见》。市委书记李刚主持会议。

同日 东方锅炉公司在欧洲的首个火电项目——波黑斯坦纳瑞（STANARI）火电站项目竣工。该项目是中国和波黑塞族共和国正式建交后的第一个大型基础设施合作项目，也是中国企业在欧洲独立设计和施工的第一个火电总承包项目。波黑塞族共和国总统多迪克、总理茨维亚诺维奇、中国驻波黑大使陈波、英国驻波黑副大使劳森等参加竣工仪式。

21 日至 24 日 自贡组团参展第四届科博会。参展企业包括中昊晨光、硬质合金、中天胜等 16 户企业，展品有大飞机用改性 ptfe 制品及膨化封材料、聚酰亚胺系列材料、碳—石墨材料及制品、便携式智能鼠标、航空航天用各种零配件等高新技术产品 80 余件。展会期间，发布融资需求项目 20 个，技术需求项目 22 个，与市外客商对接洽谈 12 场次。

22 日 自贡 9 月重大产业项目集中开工仪式在沿滩工业集中区举行。共涉及 9 个项目，总投资 13 亿元。

24 日 “中国灯城梦幻田园草雕节”在沿滩区刘山乡开幕。

26 日 首批自贡组装的 SL600 轻型飞机在自贡凤鸣通用机场试飞成功。该飞机为 2 座下单翼轻型飞机，由捷克伊赫拉瓦飞机制造公司与自贡通用飞机制造公司合作生产，专为休闲体验飞行、教练飞行而设计。副省长刘捷宣布首次试飞成功。捷克总统顾问科胡特、市委书记李刚分别致辞。中捷航空工业协会主席虎彼得、捷克驻成都总领事馆总领事诺子博、捷克 Skyleader 集团董事长伊果斯崔提尔、中航工业四川航空工业局党组书记赵玉波等参加首飞仪式。市委副书记、市长刘永湘主持仪式。

同日 富顺县富州大桥（沱江三桥）建成通车。

同日 全国南方再生稻现场观摩交流会在富顺县召开。与会人员先后参观富顺县代寺镇、古佛镇、宝庆乡、骑龙镇、童寺镇等乡镇的再生稻生产情况，并对中稻加再生稻的生产技术进行交流。农业部及福建、河南、湖北、湖南、广西、重庆、江西、云南、贵州、四川等 10 个省、自治区、直辖市的专家和农技推广人员 80 余人参加会议。

同日 自贡市全面启动实施“五证合一、一照一码”登记模式。该模式在整合工商营业执照、组织机构代码证和税务登记证的基础上，将工商、质监、税务、人社、统计五个部门分别核发的不同证照，由工商部门核发加载统一社会信用代码的营业执照。自贡井盐文化企业管理服务有限公司成为首个领取新型营业执照的企业。

27 日 自贡大山铺铁路物流园铁路专用线工程等 50 个重大项目集中开工。50 个项目总投资 182 亿元，涉及基础设施项目 16 个，总投资 92 亿元；

产业发展项目19个，总投资30亿元；民生及社会事业项目12个，总投资46亿元；房地产项目3个，总投资14亿元。其中，大山铺铁路物流园铁路专用线工程项目总投资20亿元。市委书记李刚宣布开工，市委副书记、市长刘永湘主持开工仪式。

28日 自贡彩灯参加“开放的中国：看四川·看世界”外交部全球推介活动。外交部部长王毅，省委书记王东明，省委副书记、省长尹力等巡视自贡彩灯展位。

同日 富顺县引入全国名校衡水一中组建“衡水一中川南分校”。该校选址富顺县城西区，占地约20公顷，建筑面积12万平方米，计划总投资4亿元，拟于2018年9月招收小学生3000人、初中生1500人、普通高中生1000人。学校由富顺县政府与广州高新投资管理有限公司合作举办，采用“甲方投资+乙方自主办学”的模式运行。

同日 四川省第八届精品盆景展在彩灯公园开幕。展览共展出盆景作品500多盆，包含杜鹃、松树、金弹子等川派盆景名贵品种。展出至10月20日结束，其间举行自贡、乐山、宜宾、内江、泸州五市首届花卉园林高峰论坛。

是月 全市重点工作、重大项目实行媒体公示制度。该制度按月（季）在报刊、电视上予以公示，公示内容涉全市经济运行情况、全市重大项目推进及市级领导联系重大项目情况、全市招商引资情况、全市脱贫攻坚抽查情况、全市15件民生大事情况。

是月 自贡作为四川代表团邀请的唯一市州代表参加首届丝绸之路（敦煌）国际文化博览会。参会期间，重点推介自贡灯会“一带一路”百城行活动，并推出文化旅游类重点投资项目69个，投资总额近500亿元。

是月 丹桂大街综合改造工程项目开工。该项目计划总投资1.3亿元，涉及道路设施改造、电力设施改造、景观改造、人行天桥建设等。

10月

2日至5日 自贡市首届全国城际中老年足坛名宿邀请赛在檀木林体育场举行。邀请赛由市体育总会、市足球运动协会主办，也是自贡首次由公司（俱乐部）承办的全国性足球赛事。江苏昆山、南通、丹阳和福建泉州、浙江宁波、江西景德镇及四川宜宾、自贡8个代表队参加比赛。

6日至7日 央视《味道》国庆特别节目播出自贡专辑。该专辑分2集，分别是“最有盐味的中国味”和“自贡盐帮菜如何‘入味’”，内容涉及古法制盐、水煮牛肉、传统泡菜制作、假鱼海椒、牛蹄熊掌和富顺豆花、火鞭子牛肉、冷吃兔等盐帮菜，拍摄地点有燊海井、西秦会馆、临江居（盐商古宅）、富顺县、王爷庙、釜溪河等。

8日至9日 全市脱贫攻坚、镇村一体建设现场推进会暨市脱贫攻坚领导小组第三次会议召开。与会人员先后到富顺县龙万乡五余村，沿滩区仙市镇百胜村、富全镇代寺村，自流井区仲权镇竹元村，荣县双石镇黄家村，贡井区建设镇重滩村和大安区何市镇黄桷村参观脱贫攻坚新进展和镇村一体建设新成果。富顺县、自流井区、沿滩区在大会上作交流发言。市委书记李刚出席会议并讲话。市委副书记、市长刘永湘，市人大常委会主任陈华，市政协主席潘泽金等参加会议。

9日 高新区举行招商引资项目集中签约仪式。共有5个项目签约，总投资约108亿元。市委书记李刚，市委副书记、市长刘永湘等出席签约仪式。

10日 华西能源公司发布公告，拟以现金13.5亿元收购恒力盛泰（厦门）石墨烯科技有限公司15%的股权。收购后，华西能源公司新增石墨烯产品研发、生产、销售业务。

同日 市委巡察机构成立。按照要求，中共自贡市委巡察工作领导小组对全市巡察工作实施全面领导，设立市委巡察工作领导小组办公室，承担市委巡察工作领导小组的日常工作。市委设立4个巡察组，负责对下一级党组织领导班子及其成员以及市委要求巡察的其他单位的党组织领导班子及其成员进行巡察。

13日 朗欣实业“手机生产线”项目开工建设。该项目由安徽省宿州市朗欣实业有限公司投资兴建，位于板仓华融工业园区，占地面积约8000平方米，总投资5.6亿元，主要从事SMT贴片及手机整机生产。

13 日至 14 日 成自铁路预可研初步方案通过中国铁路总公司审查。

14 日 荣县人民政府、荣县大佛文化与自贡灯彩文化产业（集团）有限公司就战略合作“第二十三届自贡国际恐龙灯会重大系列活动·荣县大佛灯会”举行签约仪式。

同日 卫生康复职业教育集团挂牌成立。该集团是由政府、学校、医院、药企、养老机构等共同参与的医卫职教合作平台，首届理事单位 33 家，其中院校 6 家、医疗单位 8 家、企业 18 家、慈善机构 1 家，四川卫生康复职业学院为集团理事长单位。

16 日 富顺县首部方言剧《富顺故事》开机拍摄。该剧由富顺县与四川电视台共同打造，主要围绕富顺的旅游、美食、文化、幸福生活等进行拍摄。电视剧共拍摄 11 集，由富顺籍国家一级演员、著名谐剧表演艺术家沈伐和知名方言明星高木木等领衔主演，拟于 2017 年春节前播放。

18 日 市委书记李刚与四川产业振兴发展投资基金公司董事长赵勇举行会谈。双方就充分发挥四川产业振兴发展投资基金对自贡产业发展的引导、放大作用和政府投资的撬动作用，进一步加强产业资本和地方政府的合作等进行交流。市委副书记、市长刘永湘主持会谈。

同日 市疾病预防控制中心举行院士（专家）工作站揭牌仪式。该工作站于 2016 年 8 月被市委、市政府授予自贡市第四批院士（专家）工作站，成为全省疾控系统首家院士（专家）工作站。中国工程院院士、传染病预防控制国家重点实验室主任徐建国等参加仪式。

19 日 市委、市政府印发《关于实施创新驱动推动工业转型发展的意见》。该意见有效期为 3 年，以突出企业主体作用、坚持创新驱动发展、扩大对外开放合作、加快园区创新发展、优化发展环境 5 个方面作为重点工作。

19 日至 20 日 第三届四川省“治蜀兴川”法治论坛（自贡）在檀木林名人酒店举行。此次论坛由省法学会主办，论坛以“城市建设中的热点法律问题研究”为主题进行交流。

20 日 自贡市工业经济工作会议在市委会议厅举行。会议总结 2016 年前三季度全市工业经济工作，部署实施创新驱动推动工业转型发展及下一步工作。市委书记李刚出席会议并讲话。市委副书记、市长刘永湘主持会议。市人大常委会主任陈华，市政协主席潘泽金等出席。

同日 市政府与美国恒力国际控股公司签署共建自贡“石墨烯产业园”合作备忘录。市委书记李刚，市委副书记、市长刘永湘，环球石墨烯集团有限公司总经理爱德华·陈等出席签约仪式。

21 日 自贡市举行“推进全面从严治党、巩固发展良好政治生态”宣讲会。省纪委副书记李世成进行宣讲，市委书记李刚主持会议并讲话。市委副书记、市长刘永湘，市政协主席潘泽金等出席宣讲会。

22 日 市第四人民医院健康管理中心被授予第六批“全国健康管理示范基地”。

24 日 自贡市纪念中国工农红军长征胜利 80 周年主题文艺晚会在四川理工学院举行。市人大常委会主任陈华、市政协主席潘泽金等观看演出。

25 日至 26 日 省人大常委会副主任曾省权到自贡调研。其间，曾省权到大安区凤凰乡永胜村，走访联系省人大代表、永胜村党总支书记贺光玉，实地调研村组经济社会发展情况，并出席全省市州人大农业农村工作联系会。市委书记李刚、市人大常委会主任陈华等陪同调研。

26 日 全省市州人大农业农村工作联系会在自贡召开。各市州人大常委会负责人就加快建设现代农业示范区、推进精准扶贫和脱贫攻坚等进行经验交流，实地参观考察沿滩区仙市镇幸福美丽新村建设项目、大安区何市镇高庙村乡村旅游发展项目及盐味源农食品有限公司。省人大常委会副主任曾省权、市人大常委会主任陈华等参加会议。

同日 自贡留学人员联谊会成立。该联谊会由市委统战部筹备组建，拟通过搭建归国留学高层次人才集聚创新的载体和平台，为自贡发展服务。

26 日至 27 日 副省长杨洪波率队到自贡调研沱江流域水污染防治工作。杨洪波一行实地调研察看中昊晨光化工研究院、板仓工业园区污水处理厂（一期），并出席全省沱江流域水污染防治攻坚工作会。市委副书记、市长刘永湘作工作汇报，市委书记李刚陪同调研并参会。

27 日 自贡成立全省首个市州民商法学研究会。该研究会以服务地方法治建设和社会经济发展为目标，开展民商法学理论研究，总结民商法律实践经验，搭建民商法理论研究与实践互动交流平台。

28日至30日 自贡参加在成都举行的第五届中法地方政府合作高层论坛。论坛设置自贡展区，集中展示龚扇、扎染、富顺秸秆工艺品、手工剪纸等非物质文化遗产项目。自贡受邀在论坛上作题为“留住历史文化根脉 蓬勃文化产业发展”的主题演讲。市委副书记、市长刘永湘等应邀出席论坛活动。

同日 省体育舞蹈（国标舞）公开赛在市体育馆举行。比赛由省体育舞蹈（国标舞）协会主办，成都、绵阳、雅安、资阳等市的53支队伍近2000人参赛。

29日 《盐业史研究》创刊四十周年座谈会暨多维视野下的中国盐业史研究学术研讨会在自贡召开。中国社会科学院、北京大学、清华大学等单位的70余名学者参会。

29日至31日 自贡龙舟队参加中国龙舟公开赛汉源站比赛获3项冠军。分别是12人组200米直道、500米直道及团体总冠军。

31日 全市第四季度100个重大项目集中开工仪式在自流井区中小企业园建设现场举行。项目总投资369亿元。市委书记李刚，市委副书记、市长刘永湘等出席开工仪式。

是月 自贡汽车南站提升改造工程竣工投用。汽车站配置高压页岩气加气站，是全市第三座页岩气汽车加气子站。

是月 自贡评出首届“健康中国自贡行动——大美医者”。该评选活动由市委宣传部、市精神文明建设办公室、市卫生计生委联合举办。陈军、董利民、代跃荣、何爱国、吕天花、兰祥玉、刘仲材、宋雪丽、谭友果、魏英、余世莉、张丽、钟强被评为首届“大美医者”。

11月

1日 川南“7+1”城市政协联系会在自贡举行。会上，围绕“调整产业结构促进转型升级”主题，泸州、内江、乐山、宜宾、眉山、资阳、南充、自贡8市政协相关负责人进行交流发言。会议期间，参会人员实地调研自贡中天胜新材料科技公司、四川安益生物科技公司、海川实业公司。市委书记李刚、市政协主席潘泽金等参加会议。

同日 小井沟水库干渠正式通水。该通水干渠全长约30公里，从小井沟水库左岸取水后，先后入双溪水库、旭水河、釜溪河，覆盖小井沟灌区、荣县城区和自贡城区。

同日 全市市级城市公立医院取消药品加成。药品实行零差率销售，并同步调整门（急）诊诊查费、住院诊查费、护理费等项目价格，将调增的医疗服务费用纳入医保报销范围。

2日 自贡在“第九届中国西部投资说明会暨经济合作项目签约仪式”上签约25个项目，总投资365.7亿元。

3日至14日 自贡参加在成都举行的第十六届西博会。西博会自贡展馆集中展示项目180个，总投资1414.56亿元。

4日 富顺籍摄影家程玉杨获第11届中国摄影金像奖。金像奖设纪录、艺术和商业三个子项，程玉杨获艺术类奖。

同日 市旅游饭店协会成立。55家会员单位参加成立大会。

5日 浙江大学自贡创新中心获省人力资源和社会保障厅批准设立省级博士后创新实践基地，成为全省25家单位之一。

7日 自贡4户企业被认定为第八批农业产业化省级重点龙头企业。分别是四川牧天食品股份有限公司、四川省洛源食品有限公司、四川大农和农业开发有限公司、荣县阳光农业发展有限公司。

同日 自贡6个村（社区）被确定为第四批中国传统村落。分别是自流井区龙凤山社区、贡井区艾叶镇竹林村、大安区三多寨镇徐家村、沿滩区永安镇鳌头铺社区、荣县墨林乡吕仙村和富顺县富世镇后街社区。

11日至13日 中国共产党自贡市第十二次代表大会召开。会议听取和审查中国共产党自贡市第十一届委员会工作报告；听取和审查中国共产党自贡市第十一届纪律检查委员会工作报告；选举中国共产党自贡市第十二届委员会；选举中国共产党自贡市第十二届纪律检查委员会。在中共自贡市第十二届一次全体会议上，选举李刚、刘永湘、李国贵、王猛、李清、徐其斌、刘敏（女）、刘笑禹、唐杰、张邦举为新一届常委，李刚当选为书记，刘永湘、李国贵当选为副书记。

同日 市第十五届房地产展示交易会在南湖体育中心外广场举行。活动期间，20余家房地产企业参展，涉及楼盘20余个，观展人数约7.5万人次。现场预定房屋608套间，其中非住宅47套间。网上签约164套间，总成交额5441万元。

12日至13日 自贡代表队参加全省首届大众空手道锦标赛获13枚金牌、17枚银牌、7枚铜牌，团体总分排名第一。

17日 自贡市与深圳华强方特集团在成都签订“自贡方特恐龙王国”重大文化旅游项目合作协议。该项目选址大安区东北部新城，占地约66.67公顷，总投资约31亿元。市委书记李刚，市委副书记、市长刘永湘等出席签约仪式。

18日至21日 富顺县合唱节目《沱江恋》在“歌舞中国——第三届全国少数民族电视歌舞汇演”上以综合组第一名获金奖。

22日 市委书记李刚会见省能投集团公司董事长郭勇一行。双方就推动生物质发电、智慧城市、精细化工、分布式能源等全市“十三五”期间重点项目合作进行交流。市委副书记、市长刘永湘主持会谈。

23日 市政府与中国民航飞行学院签署框架合作协议。双方拟在发展飞行培训服务、共建通航产学研用平台等方面开展合作。市委书记李刚，市委副书记、市长刘永湘等出席签约仪式。

同日 “健康自贡”APP正式上线。市民可通过登录该APP浏览医疗卫生及居民健康卡相关资讯，实现网上预约挂号、个人健康档案查询以及便民生活信息查询等。

24日 副省长刘捷率队到自贡调研。刘捷一行先后实地调研久大盐业（集团）舒坪制盐基地、自贡工业泵公司泵阀测试中心、华西能源公司、安益生物公司等企业，了解企业面临的实际困难，并召开工作汇报会。市委书记李刚陪同调研，市委副书记、市长刘永湘作工作汇报。

同日 市伊斯兰教协会成立并召开第一次代表大会。

25日 全市乡镇党委书记培训班在市委党校开班。该培训班采取“党校+高校”模式，培训方式包括专题辅导、经验介绍、案例剖析、讨论交流等。其中，市委党校集中培训1天，浙江大学专家学者授课、现场教学、分组研讨等5天。

26日至27日 中国文物学会会馆专业委员会2016年年会暨第八届（自贡）学术研讨会在盐业历史博物馆举行。全国21家著名会馆的70余名代表参加会议。

27日 至凌晨1时44分，蜀南气矿自贡采气作业区“自2井”累计生产天然气突破50亿立方米，再创四川油气田单井累计产量最高、连续生产时间最长的新纪录。

同日 大西洋公司参与合作的“特种焊接材料制备关键技术与应用”项目在第十届中国产学研合作创新大会上获2016年中国产学研合作创新成果一等奖。

同日 荣县籍选手唐红玉获2016世界旅游皇后中国总决赛冠军。

29日 省政协副主席、省总工会主席李登菊率省委督导组一行到自贡调研。李登菊一行先后实地考察市川力科技公司、自贡金成硬质合金公司，就全市经济社会发展情况进行调研，并到富顺县东湖镇山林村宣讲中共十八届六中全会和省委十届九次全会精神。市委副书记、市长刘永湘等陪同调研。

同日 高新区创建为省知名品牌示范区。

29日至12月2日 市委书记李刚率队赴捷克共和国开展投资促进活动。李刚一行先后参观考察伊赫拉瓦飞机公司、捷克技术大学航空航天学院、F-AIR航校，并拜会捷克总统顾问科胡特及工业和贸易部第一副部长吉里·哈维里塞克。双方就进一步深化合作、开展全方位协作进行洽谈。其间，自贡嘉丰置业公司与捷克鲨鱼飞机公司签订10架鲨鱼两座轻型运动飞机组装销售协议。

30日 全市首部地方实体法规——《自贡市集中式饮用水水源地保护条例》经省第十二届人大常委会第二十九次会议批准通过，从2017年1月1日起施行。

是月 汇园路建成通车。该路东起汇东路西段与汇兴路交叉口，中部上跨内（江）六（盘水）铁路，西接西山路。道路全长790米、宽28米，总投资约9000万元。

12 月

2 日至 4 日 中国盐文化研究中心第八届学术年会在自贡召开。该年会以“盐企与盐文化：教育、创新与国际化”为主题，由四川理工学院主办。

3 日 水涯居棚户区改造工程正式动工。该工程于 2016 年 8 月 8 日启动搬迁动员，涉及房屋征收 247 户。

4 日 自贡选手李熹获“2016 年第八届 CMUC 全国魔术大赛”金奖。该比赛分为预赛、复赛和决赛三个阶段，金奖为大赛最高奖。

5 日 自贡个体工商户钟岗被评为“全国先进个体工商户”并受到国务院总理李克强接见。钟岗是自流井区靓丽饰品店店主，曾就职于供销社，2000 年下岗后开始从事个体经营，热心服饰协会工作，带头帮扶下岗失业人员创业。

6 日 省政协副主席高烽率队到自贡调研。高烽一行先后实地考察自贡凤鸣通用机场项目现场、捷克轻型飞机组装厂房、海川实业公司，就推进全市航空与燃机产业发展进行指导。市委书记李刚、市政协主席潘泽金等陪同调研。

同日 市中级人民法院举行首批入额法官宪法宣誓仪式。仪式上，35 名入额法官面向国旗宣誓。

7 日 富顺县入选第三批国家新型城镇化综合试点地区。

同日 东锅公司发明专利“大型锅炉 SNCR 脱硝枪喷射系统及其使用方法”获“中国专利优秀奖”。

8 日 恒丰银行自贡分行举行开业仪式。该行是第一家入驻自贡的全国性股份制商业银行。

同日 东锅公司员工孔建伟在第十三届高技能人才表彰大会上获“中华技能大奖”，成为全国 30 名获奖者之一。

9 日 “自贡—哈尔滨冰雪嘉年华”冰灯展开幕。该灯展是第 23 届自贡国际恐龙灯会率先推出的重大文化活动，展区占地面积 6000 平方米，以冰灯、雪景为主要素材，投资 3000 万元，由近 100 名哈尔滨冰灯雕刻师使用 5000 吨冰打造，展出近 2000 件冰雕艺术作品。

12 日 贡井区牛尾乡杨进强家庭获“全国文明家庭”表彰并受到习近平等中央领导接见。杨进强家庭长期出资在家乡筑堰坝、修水渠、建村道，帮扶“五保户”并赡养近 100 位老人，热心农村文体活动等公益事业，累计捐助资金 90 万余元，先后获“感动自贡十大人物”和省道德模范等称号。

12 日至 22 日 自贡各区县脱贫攻坚工作通过省级验收考核。

13 日 市政府与国网四川省电力公司举行战略合作协议签署仪式。按照协议，双方拟在自贡电网建设、“十三五”电力规划等方面建立战略合作关系。市委书记李刚，国家电网四川省电力公司总经理、党委副书记石玉东见证签约。市委副书记、市长刘永湘主持签约仪式。

14 日 自贡海天文化股份有限公司获准挂牌“新三板”，成为中国彩灯首家挂牌上市公司。

15 日 乐自高速公路舒坪互通及自流井连接线建成通车。该项目起于乐自高速公路，止于舒坪凯基化工集团路口，线路全长 4 公里，总投资 6.8 亿元，按一级公路标准设计建设，设计时速 60 公里，路幅宽 40 米。

15 日至 18 日 市政协十五届一次会议召开。会议选举游开余为政协自贡市第十五届委员会主席，王孝谦、叶智英（女）、肖光俊、徐武斌、杨玉康、毛碧、杨廷卫为副主席，徐玉华为秘书长，丁琴等 67 人为常务委员。

16 日至 20 日 市第十七届人民代表大会第一次会议召开。会上，谭豹当选为市人大常委会主任，石岷嘉（女）、杨征宇、胡开洪、詹勇、蒲定波、官勇当选为市人大常委会副主任，龚焕楷当选为市人大常委会秘书长，33 人当选为常委会委员；刘永湘当选为市长，王猛、何洪、曾明全、李世宏（女）、龙腾鑫、鲜光鹏、陈张铭当选为副市长。张天智当选为市中级人民法院院长，田丰当选为市人民检察院检察长。

20 日 自贡市东部新城基础教育学校建设项目正式签约。该项目选址大安区东部新城，投资约 6 亿元，占地 20 公顷，建筑面积 10.50 万平方米，办学规模 4000 人以上，建设周期 1.5 年，拟建成十二年制基础教育学校（附设幼儿园），计划 2018 年秋建成投用。市委副书记、市长刘永湘，四川嘉祥实业集团有限公司董事长向克坚等见证签约。

20日至22日 市委书记李刚率队到湖南、广东开展投资促进活动。李刚一行先后考察湖南株洲五矿集团中钨高新材料股份有限公司和深圳粤创控股集团，并在深圳市见证高新区与4户企业举行项目签约仪式。

22日 自贡农村商业银行股份有限公司创立。该行由大安区农村信用合作联社、沿滩区农村信用合作联社和市中新农村信用合作联社以新设合并方式发起设立。市委副书记、市长刘永湘出席创立大会并讲话。

同日 富顺农村商业银行创立大会在县会务中心召开。该行为县农村信用社改制而成，改制前有营业网点60余个，在岗员工425人。

同日 西山路建成通车。该路起于光大街公交集团停车场，止于马吃水立交桥，全长1827米，由过去的双向2车道改为双向4车道，路宽由12米拓宽至24米。

同日 自贡灯会评选出最具人气文创产品。分别为：灯彩佛陶、恐龙秸秆画、灯彩产品《恐龙萌萌》、自贡天车和恐龙骨架、灯彩产品《金鸡唱晓》、灯彩产品《丝路符号》、橄榄核雕《核舟记》及扎染《天音系列》《千年盐都自流井》《车骑出行图》。

23日 市中医院卧龙湖康疗中心开工建设。

26日 自贡2户企业晋升为国家知识产权示范和优势企业。东方电气集团东方锅炉股份有限公司从国家知识产权优势企业晋升为国家知识产权示范企业，四川久大制盐有限责任公司从省知识产权优势企业晋升为国家知识产权优势企业。

27日 自贡市社区大学挂牌成立仪式举行。仪式上，自贡广播电视大学被授牌成立自贡市社区大学，成为全省7个市级社区大学之一。

28日 自贡国家高新区电子信息产业园奠基。该产业园已签约8个项目，总投资116.8亿元。其中，自贡超越科技公司成为首家入驻企业。市委副书记、市长刘永湘出席奠基仪式。

同日 自贡设立扶贫开发基金。该基金规模为4亿元，用于全市四区两县扶贫项目。市商业银行股份有限公司为基金托管银行，实行专户管理。

同日 自贡高新技术产业开发区获批为国家知识产权示范园区。

29日 省委常委、常务副省长王宁率队到自贡调研。王宁一行实地考察自贡航空产业园，参观自贡通用飞机制造公司并主持召开座谈会，听取自贡各方面代表对《省政府工作报告》、省政府工作、省政府班子及成员的意见建议。市委书记李刚陪同调研并参加座谈会，市人大常委会主任谭豹、市政协主席游开余等参会。

同日 市委首轮巡察工作启动。首轮被巡察单位分别是市委农工委（市政府农工办、市扶贫和移民办）、市教育局、市交通运输局和自贡汇东发展股份公司，巡察时间均为1个月。

同日 市盐业历史博物馆被定级为“国家一级博物馆”。

30日 市政府与省国资委在成都举行项目对接暨签约仪式。仪式上，22户中央、省属国有企业分别与市政府及相关区县集中签约38个项目，总投资1370亿元。省人大常委会副主任彭渝，市委书记李刚，省国资委党委书记、主任徐进等出席仪式。市委副书记、市长刘永湘主持签约仪式。

31日 荣县籍选手唐红玉代表中国参加2016世界旅游皇后全球总决赛获冠军。

是月 自贡市设立外国留学生市长奖学金。外国留学生市长奖学金标准为每人每年1万元，覆盖面原则上控制在外国留学生总数的20%以内（每年不超过20人）。

是月 川南城际铁路内自泸线自贡段全线开工。自贡段全长56公里，投资约71亿元，分大安、沿滩和富顺3个标段。

是月 自贡8个镇被列为全省“十三五”特色小城镇发展规划。其中，永安镇被列为旅游休闲型小城镇，黄市镇、留佳镇、李桥镇被列为现代农业型小城镇，舒坪镇、大山铺镇被列为商贸物流型小城镇，艾叶镇被列为文化创意型小城镇，成佳镇被列为科技教育型小城镇。

是年 自（贡）隆（昌）高速沿滩连接线通车。该路段于2015年7月27日开工建设，是成（都）自（贡）泸（州）赤（水）高速公路瓦市互通—自（贡）隆（昌）高速公路沿滩互通连接线的一标段，全长1144.56米，路基宽度30米，设计时速40公里。

是年 自贡一侏罗纪时期的化石被确认为全国首例与恐龙伴生的四足动物巢穴遗迹。

专　文

2016 年全面深化改革综述

2016 年，全市贯彻落实中央、省委改革决策部署，围绕“推动振兴发展、决胜全面小康”主题，坚持目标导向、问题导向、民生导向和责任导向，推进《实施规划》，212 项改革事项全面启动，经济体制、农业农村、国资国企、民生事业、党的建设等 9 个重点领域和关键环节改革取得进展。

一、贯彻中央和省委决策部署，系统推进各项改革

（一）坚持系统谋划，完善改革框架。一是坚持台账管理。编制和实施市委 2016 年《改革工作要点》，对经济体制改革、转变政府职能、统筹城乡发展等 9 个领域、12 个方面的改革事项进行逐一安排部署；制定 2016 年《改革工作台账》，将全市改革工作细分为 198 项改革任务，其中，年内完成 92 项、启动推开 30 项、试点探索 11 项、研究谋划 20 项、持续推进 45 项。二是制订《年度方案上会计划》。对年内拟制订的 43 个专项改革方案以台账方式进行“打表”管理，截至年末，《年度方案上会计划》确定的任务基本完成。三是制订专项方案年度推进计划。各专项小组分别制订年度工作台账、年度方案上会计划，确定改革任务、牵头单位、责任人、进度安排及成果检验形式，与年度工作要点互为补充，形成改革“施工图”。

（二）坚持统筹协调，强化责任落实。一是完善会议机制。把学习中央及省会议精神、审议重要文件和专项改革方案、听取改革事项汇报、解决重大疑难问题、研究重大事项 5 项内容作为市委全面深化改革领导小组会议固定议程，全年召开市委全面深化改革领导小组会议 4 次。二是完善审议机制。全年先后审议通过专项改革方案 30 个，其中，对接制定省级专项改革方案 26 个，自主方案 4 个（政府权责清单动态调整管理、气象环保大气污染防治、餐厨废弃物无害化处理、人才工作述职评议试行办法）。对所有审议通过的专项改革方案，倒排工期、挂图作战，按进度推进。三是完善市委常委领题推动机制。实行重大改革事项组长领办制，针对《年度工作台账》和《年度方案上会审议计划》，逐一确定目标、进度、成果和检验形式，提升专项方案和重大改革事项实际成效的可考性和能见度。按照市委常委会议定事项，市委常委根据各自分管领域的改革工作推进实际，牵头领办 2～3 项自主改革任务，实行进展情况周报制，由市委改革办、市目督办督促实施，确保各项任务有序推进。

（三）坚持规范运行，提高方案质量。一是严格调研制度。各专项小组普遍推行专题调研、基层听证、专家论证、合法性审查和风险评估等工作制度，经济体制、国企科技、农业农村、社会体制、党的建设等专项小组就本领域改革任务推进情况累计开展22次专题调研。二是细化审议流程。明确“部门研究、专项小组审议、改革办审查、领导小组组长批准、领导小组会审议”5个环节流程把关责任，市改革办内部设置对口科室、分管副主任、常务副主任、主任审核4道关口，做到责任明确、严格把关。三是建立中央及省过会方案告知制度。在省委召开全面深化改革会后3天内，通知专项小组和主办部门、责任单位在1周内制订对接计划，1月内完成方案拟制，2月内制定出台具体方案，同时向责任单位发出《中央及省委改革方案告知书》。四是文件快办机制。党委、人大常委会和政府法制工作机构明确专门力量限时完成合法性审查。凡党委全面深化改革领导小组审议，并依法通过党委常委会、政府常务会审定的出台文件，党委办公室、政府办公室都做到快接快办。

二、聚焦聚力突出问题，精准推进重点领域改革

（一）推进经济体制改革。一是供给侧改革稳步推进。围绕融资扶持、去产能、去库存、降成本、补短板和拓市场几大重点任务，出台促进经济稳定增长和提质增效推进供给侧结构性改革50条政策措施。完善价格监管机制，稳定价格水平，全面落实2014年以来取消、停征和减免涉及的收费项目129个，规范和废止不符合规定的价格收费文件35个。二是简政放权力度加大。出台《促进高新区发展二十条》《促进县域经济发展二十条》，界定市区县权责利关系，推进发改、规划、国土、商贸、环保等重点审批权限下放或委托办理。深化投资体制改革，实现“在线审批监管平台”全覆盖运行。推进“放管服”（“放”即简政放权，降低准入门槛。“管”即公正监管，促进公平竞争。“服”即高效服务，营造便利环境。）工作，将第一批45项市级行政审批权限全部下放至区县，对应取消行政审批事项32项。落实行政审批事项“一站式”服务，市投资项目行政审批服务区正式投入运行，向“项目最少、程序最简、办理最快、费用最低、服务最优”转变，实现审批提速达81.3%。实施商事制度改革，由“先证后照”改为“先照后证”，放宽企业登记条件，正式实施工商营业执照、组织机构代码、税务登记证“三证合一、一照一码”登记制度，激发市场活力。三是国有经济布局进一步优化。四川玻璃股份有限公司、自贡炭黑厂等9户企业实施改革重组和破产终结，自贡市公交集团有限责任公司、自贡市燃气有限责任公司、四川大西洋焊接材料股份有限公司等3户企业完善“三项制度”改革方案，探索发展混合所有制经济。全市经营性国有资产实现统一监管，产权转让收入超5亿元。四是投融资体制改革稳步推进。鼓励政府与社会资本合作，建立全市PPP项目储备库，投资规模超过500亿元，总投资达372.8亿元，在城市园林绿化、环卫保洁、居家养老等领域实施政府购买服务。五是科技创新体制实现重点突破。以企业为主体的技术创新平台体系不断完善，新建酿酒生物和节能环保2个产业技术研究院，四川盐产业技术研究院完成工商注册并挂牌。推进面向企业的科技服务体系，创建自贡市知识产权服务中心、知识产权公共服务等6个公共服务平台，引进11家知识产权代理机构，形成园区、企业全覆盖的服务网络体系。

（二）整体推进农业农村改革。一是深化城乡集体建设用地增减挂钩试点。探索农村宅基地有偿使用和退出机制，优化程序、缩短实施周期、放宽安置限制、允许节余指标交易，截至2016年年底实现投资4亿元，完成拆旧复垦266.67公顷，建成农民集中居住区51个。自流井区仲权镇、沿滩区富全镇3个深化挂钩试点项目经省国土资源厅终审验收合格，归还挂钩周转指标128.73公顷。二是构建现代农业发展机制。建设万亩以上的现代农业园区7个，旭水河流域20万亩菜畜、沱江流域30万亩果畜产业带提升扩展。贡井区建设镇（龙都早香柚）成为全国“一村一品”示范镇，富顺永年、自流井尖山园区成为省级现代农业示范园区，荣县省级农村改革综合试验区建设有序推进。新增有机产品1个、绿色食品3个，太源井晒醋成为国家地理标志保护产品。构建新型农业经营体系，全市培育农业产业化企业331个，农业专合社1327个（其中国家级示范社13个、省级示范社37个）、家庭农场1301户。探索创新“财政投入量化折股”机制，纳入全省推广。三是深化农村金融制度改革。将农村土地、农房、设施等7种产权全部纳入抵押融资范围，全域开展农村产权抵押融资和农村土地流转收益保证贷款，截至11月末，全市农村产权抵押融资2.96亿元。全国首创政府与保险公司合作的生猪价格指数保险试点，累计为22万头生猪系上保险绳，保险规模连续多年保持全国第一位。稳步推进农村资金互助组织试点，大安三绿农村资金互助合作社（全省首家）累计向社员发放贷款76笔1977.6万元，新申报沿滩立丰资金互助社为省级试点社。四是深化改革助力脱贫攻坚。出台涉农项目资金整合实施办法，推广“量化折股”模式和财政支农项目资产收益扶贫试点，增加脱贫致富资本；通过动员社会力量参与扶贫，引导7.8亿元各类社会资金参与扶贫开发。截至2016年年底，全市56个贫困村37946人基本达脱贫标准，脱贫村数和人数均超计划完成任务。五是开展农村产权确权工作。全面完成农村土地承包经营权确权登记，全市6个区县均获优秀等级。林权确权颁证98.5%，实现“多权同确、多权同图、多权同系统管理”。

（三）持续推进民生事业改革。一是创新文化体制改革。出台《自贡市推动传统媒体和新兴媒体融合发展专项方案》，为全市传统媒体融入互联网技术、实现转型升级、开展多媒介传播制定科学可行的规划。通过设立公共文化服务政府采购和资助目录、实行文艺院团公司制和股份制改造等改革举措，推动政府部门由办文化向管文化转变。探索建立全市文化资源数据库，传播独具自贡特色和魅力的文化资源和文化遗产。出台《自贡市群众基本文化需求征集和反馈办法》，依照群众需求制定公共文化服务、送文化下基层等文化惠民活动计划。二是均衡配置义务教育资源。通过义务教育学校标准化建设、“扶弱保底”投入保障、中小学校舍安全保障等长效机制，推进教育公平。三是深入推进医药卫生体制改革。公立医院改革加速推进，自贡市成功申报为全国第四批城市公立医院综合改革联系试点城市。城市公立医院全部取消药品加成，县级公立医院累计药品让利患者2840.49万元，基层医疗机构100%实现与上级医疗机构双向转诊。全面完成市级妇幼计生技术资源整合工作，成为全省首个实现市级妇幼保健计划生育技术服务机构整合的市州。全市民营医疗机构服务量达68.42万人次，出院人次比2015年增长4.64%，多元化医疗服务格局逐步建立。四是狠抓生态文明体制改革。出台《生态文明体制改革实施方案》《环境保护督察实施方案》《完善气象环保大气污染防治部门合作机制工作方案》《餐厨废弃物无害化处理实施方案》等4个专项改革方案，开展大气、水、土壤、辐射4大环境污染防治工作，构建起源头严防、过程严管、后果严惩的系统管控机制。加强与周边市的合作，建立威远河—釜溪河流域、越溪河流域水污染联防联控机制。

（四）持续推进社会治理和司法领域改革。全面推进司法体制和社会体制改革。出台《自贡市进一步深化司法体制和社会体制改革实施方案》。一是推进司法责任制改革。印发《自贡市全面开展司法责任制改革实施方案》，全市法院、检察院完成法官、检察官员额遴选工作。二是推进规范刑事诉讼涉案财物管理处置工作。出台《关于进一步规范刑事诉讼涉案财物管理处置工作的意见》《刑事诉讼涉案财物管理场所建设方案》，明确保管场所建设责任和方式。三是推进刑事庭审实质化改革工作。出台《关于积极稳妥推进刑事庭审实质化工作促进以审判为中心的诉讼制度改革的意见（试行）》，确定自流井区、荣县为刑事庭审实质化改革试点区县。推进案件繁简分流系列改革，完善小额程序、速裁程序、简易程序、普通程序相配套的多层次诉讼制度，推进轻微刑事案件快速办理工作，全市适用轻刑快办程序办理案件286件。推进和落实多媒体示证工作，贡井区法院、自流井区法院被确定为刑事案件庭审多媒体示证工作试点法院。四是推进律师参与化解和代理涉法涉诉信访工作。组建以志愿服务、并有3年以上执业经历的律师为主体的刑事案件法律援助律师库，在自贡监狱和市看守所设立法律援助工作站。出台《自贡市律师参与化解和代理涉法涉诉信访工作实施意见》。

（五）推进党建制度和纪检体制改革。一是逐渐形成人才支撑发展格局。出台“十三五”人才发展规划，统筹推进11类专项人才培育计划，完善多层次人才体系。制定《关于深化人才发展体制机制改革推动振兴发展的实施意见》《自贡市高层次人才特殊支持办法》，增强人才区域竞争力。压实“一把手”抓“第一资源”责任，在全国率先推行

“一把手”抓人才工作述职制度，《中国组织人事报》进行头版报道。二是完善服务型党组织建设机制。探索不胜任基层党组织书记处置机制，撤换不合格村党组织书记9人。严格“第一书记”教育管理，新调整“第一书记”28人，强化园区、社会组织、国有企业等领域的党建工作。推进党组织和工作“两个覆盖”，非公企业、社会党组织覆盖率分别达75.64%、73.46%。在全市96个乡镇全面推广乡镇青年人才党支部工作法，探索“互联网+党员教育”新模式，制播“盐都先锋”电视专栏节目、扶贫攻坚“微课堂”等50余期，《龙须村的新支书》《踏过泥泞路更宽》党建专题片入选中央党校党员教育视频素材。三是推进纪律检查体制改革。狠抓“两个责任”落实，市委将党风廉洁建设工作融入全市经济社会发展大局，做到同研究、同部署、同考核。创新推出“纪检+媒体+群众”监督模式，改版升级《盐都问政》栏目，通过电视、手机APP等方式实现全媒体联动直播，累计督促解决群众关心的热点难点问题38个，立案5人，问责46人、问责单位12个。

三、创新运行机制，推动改革工作落实

（一）强化队伍建设，增强改革专业能力。坚持树立正确的改革用人导向，建立优秀改革人才流动机制，提拔交流副县级领导干部3人、科级领导干部10人，招考、抽调工作人员9人，市改革办常务副主任调任市级部门任“一把手”，1名副主任调任区县党委常委，1名副主任和4名工作人员分别到省委办公厅、省委改革办、市委常委办挂职锻炼。1名专项小组副组长、1名联络员、4名区县委深改组组长、3名重点改革任务牵头部门“一把手”被提拔为副厅级领导干部，2名区县委改革办主任调任市级部门“一把手”。

（二）创新督察机制，力促落地落细落成。以定实责任、做实方案、查实进度、考实变量为重点，建立起以模块化运行、滚动式管理、流程化审核、清单化督察和三方联考联评为主要内容的改革工作督察机制。一是强化督察队伍。细化改革办、纪委监察、组织部门和目督机构督察重点，采取全程纪实办法开展实地督察。重点查看党组研究改革工作情况、看改革工作分工负责情况、看干部个人牵头落实改革工作情况等，并纳入对班子的日常分析、述职考核、模型管理。二是创新督察方式。采取督与研、督与评、督与改相结合，以督察实施进度、工作成效、主要经验和突出问题为主要内容，制定专项督察工作清单，以查文件、查实物、查资料、听服务对象直接评述等“四查一听”方式进行逐类督察评估，对77个专项改革方案、30个市级部门和6个区县进行专项督察评估。三是强化结果运行。通过专项督察形成《重点目标任务进展台账》及专项小组、市级部门、县区委3个层面履责情况清单，按完成提升、正在推进、推进滞后3大类别建立工作台账，明确责任和整改时限，向责任单位发出整改督办通知，按进度节点跟踪复查、据实销账。

（三）规范试点示范，增强带动推广实效性。一是统筹试点管理。实行市委领导小组、专项小组、市级部门、市委改革办4级流程化跟踪管理改革试点项目，明确全程指导、督促评估、现场交流、总结深化4项工作任务，确保改革试点实效。2016年，对全市承担的中央、省、市56项改革试点进行梳理（其中，承担中央部署的改革试点5项，省级试点30项，市级试点21项），统筹并联推进。二是规范试点运行。坚持重点改革事项和试点任务“挂图作战”，实行改革试点“四个一”推进机制，即每项改革试点明确“一名牵头领导、一个推进方案、一个部门主抓、一套班子落实”。三是鼓励基层创新。坚持问题导向、目标导向，从基层实际出发，各专项小组和项目组对现行制度和改革方案均无法覆盖的重点难点薄弱点环节进行梳理，依照中央及省改革精神研究提出改革思路，在“政府投入量化折股”“农村公共服务运行维护”“乡村医生养老保障”“村（社区）干部歇职管理”等方面开展探索实践，取得重大成效。“乡村廉租房建设”“深化城乡建设用地增减挂钩”范围从自流井区和沿滩区向全市推广，荣县双石镇探索的量化折股机制在全县推广。

（四）强化宣传交流，营造良好氛围。一是加强信息报送。市委改革办全年向省委改革办报送《自贡改革专报》22篇，其中，《四川改革动态》采用5篇，完成省目标考核任务。《荣县探索建立村（社区）干部“歇职”制度》被《人民日报》内参刊载，得到市委书记肯定性批示。《自贡市创新改革推进落实机制》在四川《每日要情》第167期、《川政晨讯》第179期刊发。二是强化媒体宣传。加强与省、市主要媒体沟通协调，宣传全市改革典型经验。其中，军民融合、“容错”机制、房地产去库存、创新扶贫机制、自流井区服务型经济创新等改革成效经验在《四川日报》刊发报道；《自贡市“双千计划”为转型发展提供人才支撑》在《川政晨讯》刊发，得到省委组织部部长范锐平肯定性批示；“一把手”抓人才工作述职制度在中国人事报头版刊登。三是强化典型选树。深化城乡建设用地增减挂钩、创新职业教育机制、大安区深化知识产权制度改革3篇改革案例，入选《四川改革案例选编（2016）》，增减挂钩改革案例在省委《调查与决策》第6期刊发。向省委改革办推荐全市改革转型发展案例5篇、科技创新改革人物3个。其中，自贡市中天胜新材料科技有限公司董事长程杰被列为四川十大科技创新改革人物候选人之一。

（谢　俊）

2016年脱贫攻坚纪实

2016年，全市聚焦“两不愁、三保障”（到2020年稳定实现农村贫困人口不愁吃、不愁穿，农村贫困人口义务教育、基本医疗、住房安全有保障）、“四个好”（让贫困群众住上好房子、过上好日子、养成好习惯、形成好风气）目标，自加压力确定“前两年集中攻坚，后三年查漏补缺、巩固提升”的减贫目标，落实责任、细化措施，推进脱贫攻坚。经省脱贫攻坚验收考核组抽查核查，省下达的19个贫困村、18809名贫困人口退出全部达标，群众和干部满意度平均达99%，自贡市通过省脱贫攻坚验收考核；经组织第三方机构评估，市自加压力调增的37个贫困村、19578名贫困人口达到“摘帽”脱贫标准。

一、明确责任分工，加压提速攻坚

2016年，全市各级将脱贫攻坚作为压倒一切的政治任务，强化政治责任、时代责任、攻坚意识和为民情怀，推动工作落细落小落实。层层成立由党政主要领导任组长的脱贫攻坚领导小组，并设立办公室，逐级签订目标责任书、立“军令状”，增强责任感、紧迫感。对20个年度扶贫计划确定22个牵头部门，明确主抓与配合责任单位。对脱贫任务逐项列出责任清单，明确责任领导、责任单位、具体责任人，一级盯一级，逐级负责、逐级追责，确保“六个一”（每个贫困村有1名县级联系领导、1个帮扶单位、1个驻村工作组、1名“第一书记”、1名驻村农技员，每一户贫困户有1名结对帮扶干部）帮扶主体工作到位、责任到位。确定“前两年集中攻坚，后三年查漏补缺、巩固提升”的工作目标：2016年计划“摘帽”56个村、脱贫3.8万人，分别比省下达任务增加37个村（提速195%）、2万人（提速104%）；到2017年年底，全面完成摘帽113个贫困村、脱贫7.07万人的减贫任务，消除绝对贫困；到2020年年底，所有贫困人口同步步入全面小康。制定《关于月公示脱贫攻坚工作的实施方案》等，建立督查、晒账、考核、问责等20项制度，确保脱贫攻坚有力、有序推进。挖掘和宣传先进典型，营造干事创业氛围，是年，富顺县骑龙镇龙须村“第一书记”陈林、沿滩区九洪乡白罗村“第一书记”袁祥坤被表彰为“全省优秀共产党员”。开展扶贫移民系统集中警示教育，打牢扶贫干部不想腐、不敢腐、不能腐的思想基础，从源头上防止和杜绝贪污贿赂、挤占挪用、虚报冒领扶贫资金等违纪违法行为。出台《脱贫攻坚问责暂行办法》，规范对区县党委政府9种问责情形和对市级部门（单位）7种问责情形，明确9种问责方式。对大安区牛佛镇祝家村原支部书记周某某截留五保金等典型案例在全市范围内进行通报，倒逼责任落实、措施落地。

二、聚焦脱贫对象，确保“六个精准”

2016年，逐村逐户开展地毯式排查，全面掌握贫困村、贫困户基本情况，做到底数清、家底明，深挖致贫根源，科学编制帮扶规划，落实一户一策、因户施策，提高扶贫精准度。

确保扶贫对象精准。完善扶贫对象动态管理机制，做好国家扶贫管理子系统、“六有”系统维护和更新，动态掌握贫困村与贫困户扶持、发展、增收等情况，强化扶贫数据对接和共享。

确保项目安排精准。分类实施脱贫攻坚行动，在项目规划时充分考虑贫困村实际和贫困户发展意愿，完善并实施20个扶贫专项计划，全域、全产业链规划建设优质柑橘、蔬菜、油茶、高粱、水产等特色产业，推动贫困户稳定增收、稳定脱贫。

确保资金使用精准。制定涉农项目资金整合办法，建立项目储备、项目争取、项目实施“三张清单”，全市年内计划整合脱贫攻坚资金11.25亿元，实际整合12.04亿元投入脱贫攻坚。

确保扶贫措施精准。强化因村因户施策，推行有强有力的村班子、有集体经济发展措施、有产业龙头带动、有规模化支撑产业、有功能配套聚居点、有10万元以上产业发展周转金“贫困村6个有”措施，以及优先扶持产业和就业、优先解决住房、优先改善基础设施、优先医疗救助、优先技能培训和教育帮扶、优先信贷支持、优先纳入低保及惠农政策“贫困户7个优先”政策。

确保驻村帮扶精准。健全“六个一”帮扶机制，明晰帮扶主体责任及相互关系。开展“帮扶能力再造”培训，以扶贫政策、农村工作技巧等为重点，解决好不知怎么帮问题。完善督查、考核、召回等制度，建立群众评议机制，将群众评议结果作为考核和召回的重要依据，确保帮扶的人员、精力和措施“三下沉”。

确保脱贫成效精准。印发《贫困村贫困人口退出工作方案》《2016年度自贡市区县党委和政府脱贫攻坚工作考核实施方案》，市脱贫办多次组成检查组，对全年减贫对象进行抽样筛查，找问题、看差距，列出问题清单，逐一整改落实，建好扶贫项目资金、驻村帮扶、扶贫专项、督查考核“四类台账”，记好收入、支出、发展投入、基础设施投入“四笔账”，强化脱贫过程“痕迹”管理，确保脱贫退出成效的精准。

三、围绕“四个锁定”，创新务实推动

2016年，出台《关于进一步加快脱贫攻坚确保同步全面建成小康社会的实施意见》，围绕“四个锁定”，坚持问题导向、市场导向、民意导向，实施六大重点工程，推进“三化共促”“三区共建”，把脱贫攻坚与促农增收、农业转型升级、新型城镇化、全面深化农村改革深度结合，创新工作思路、完善工作机制，确保精准施策、精准帮扶和精准脱贫。

围绕住房安全有保障，创新“五定四统筹一提速”（定任务、定责任、定范围、定时间、定标准；将易地扶贫搬迁与深化城乡建设用地增减挂钩、新村建设、农村危旧房改造、地质灾害避险搬迁等项目统筹结合；加快易地扶贫搬迁进度，易地扶贫搬迁省下达任务1250户3531人，市下达任务3358户8550人，截至2016年12月底，竣工3226户、8554人，占省下达任务的242.3%）推进机制。出台《关于构建贫困地区县级涉农资金统筹整合机制的意见》《关于统筹整合财政涉农资金集中投入脱贫攻坚的实施意见》，整合项目资金，于2016年12月28日组建4亿元扶贫开发基金，撬动社会、金融和农户投入，放大扶贫投入倍增效应。

围绕不愁吃、不愁穿，创新“三链”（拉长产业链，强化就业链，筑牢保障链）脱贫奔康机制。推广“龙头企业+基地+农户”“公司+家庭寄（代）养”等模式，把有条件的贫困户聚集到产业链上来，实施华西特驱100万头生猪养殖、江苏立华3500万羽一体化养鸡等一批重点产业项目，带动贫困户1.53万户、4.89万人。按年度脱贫人口人均1000元、已脱贫人口人均500元标准，实施到户产业扶持。市扶贫协会在65个乡镇、76个村设立扶贫滚动发展资金3367万元。采取“菜单式”培训贫困人口2220人，举办“点对点”扶贫专场招聘会82场，“定向式”开发公益性岗位1676个，帮助5939名贫困人口就地就业。将农村低保标准提高到260元/人·月并对2016年1~3季度进行补差，确保纳入低保兜底的贫困人口年人均收入达3120元，实现农村低保标准线与国家扶贫标准线“两线合一”。

围绕义务教育有保障，创新“一建一助一贷两

免两补”教育扶贫机制。全年投入1.15亿元开工建设13所公办幼儿园、“全面改薄”42所义务教育薄弱学校；开展“栋梁工程”活动资助，筹资309万元资助应届大学新生1244人；向4597名贫困大学生发放生源地信用助学贷款3478.4万元，全覆盖建档立卡贫困大学生；免除979名学前教育建档立卡贫困儿童保教费121.96万元，免除371名建档立卡贫困中职学生住宿费、课本费、作业本费和技能鉴定费27.56万元；补助义务教育贫困家庭在校非寄宿学生生活费，资助1291名应届大学新生入学，免除15048名中职学生学费，为6407名义务教育贫困学生发放生活补助。

围绕基本医疗有保障，创新“十一免两补一控一体检两提升零付费”医疗扶贫机制。通过医疗优惠政策，累计为10.52万人次贫困人口减免、补助资金1652万元。对贫困人口就诊免收一般诊疗费、免收院内会诊费、免收住院起付线、免费开展白内障复明手术项目、免费艾滋病抗病毒药物和抗结核一线药物治疗、免费开展大型义诊、免费开展健康教育进农村活动、免费提供基本公共卫生服务、免费提供妇幼健康服务、免费实施贫困孕产妇住院分娩服务、免费提供巡回医疗服务；对0~6岁贫困残疾儿童进行手术、康复训练和辅具适配按每人3万元给予补助，对贫困重性精神疾病患者药物治疗费用给予补助；严格控制贫困人口自费药品使用比例；每年免费为贫困人口开展健康体检；提升贫困村卫生室标准化建设、乡镇卫生院规范化建设；从9月12日起，贫困人口在县域内住院医疗费用全额报销，零付费。

（李宗跃）

2016年创建全国文明城市工作综述

2016年是自贡市创建全国文明城市（以下简称“创文”）工作攻坚之年、关键之年，市委作出“三创联动”（创建全国文明城市、创建国家卫生城市、创建省级环保模范城市三项工作联动）部署，把创建全国文明城市工作纳入“三创联动”工作格局，全国文明城市创建科学、有序开展，取得阶段性成效。

一、强化创文体系建设

健全创建工作机制，成立创文工作指挥部，设立创文办和6个工作组（创建全国文明城市指挥部办公室、思想道德建设组、政务环境建设组、法治和社会环境建设组、市场环境建设组、生活和生态环境建设组、长效常态机制建设组），创文办在全市范围内抽调部分干部专职从事创建工作。各区县、市级部门相应成立创文指挥部和工作机构，落实专（兼）职人员，形成党政齐抓、上下协调、条块结合的指挥体系和工作网络。3月28日，召开自贡市创建全国文明城市指挥长会议；4月18日，召开2016年自贡市创建全国文明城市工作推进大会，对全市创文工作进行安排部署，提出创文工作实现“加分升位”的目标。以对标创建、目标分解实现创建工作全覆盖，提出创建工作融入环境、融入工作、融入生活的“三融入”方法论。

二、“十大专项整治行动”扎实推进

2016年，围绕全市经济社会发展和群众关心的热点难点问题，针对全市创建中存在的突出问题和工作短板，在全市范围内开展“十大专项整治行动”：由市城乡管理执法局牵头，开展城市“牛皮癣”专项整治行动；由市城乡管理执法局牵头，开展占道经营专项整治行动；由市住房城乡建设局牵头，开展小区楼道卫生秩序专项整治行动；由市文明办牵头，开展文明劝导专项整治行动；由市住房城乡建设局牵头，开展路面破损专项整治行动；由市交通运输局牵头，开展出租车运营不规范专项整治行动；由市住房城乡建设局牵头，开展建筑工地乱象专项整治行动；由市公安局牵头，开展车辆乱停乱放乱收费专项整治行动；由市食品药品监管局牵头，开展餐馆食品安全卫生专项整治行动；由市文广新局牵头，开展网吧运营不规范专项整治行动。“牛皮癣”广告、占道经营、老旧社区环境专项整治行动初见成效，并向纵深推进。各区县及高新区组建300余人的文明劝导员专职队伍，并组织交警、城管、环卫、治安等队伍兼职参加文明劝导，文明劝导工作实现制度化运行。

三、“十大群众参与活动”广泛开展

2016年，为在全市范围内形成“全民参与创建，全民支持创建”的良好态势，促进创建全国文明城市工作提档升级，组织开展“十大群众参与活动”：由市委宣传部、市文明办、市人力资源社会保障局、市总工会、团市委、市妇联牵头，开展寻找“身边好人”暨第四届自贡市道德模范评选活动；由市委政法委、市委宣传部、市依法治市办牵头，开展“法制记忆·盐都故事”普法行动法治文化作品征集活动；由市教育局、市文明办牵头，开展文明校园创建活动；由市委宣传部、市文明办牵头，开展“五星级文明户”创建评选活动；由市委宣传部、市文明办牵头，开展“文明窗口服务之星”争创评选活动；由市委宣传部、市文明办、市民政局、市总工会、团市委、市妇联牵头，开展首届“盐都公益志愿之星”争创评选活动；由市委宣传部、市文明办、市公安局、市交通运输局牵头，开展争做“盐都文明好司机”评选活动；由市委宣传部、市文明办、市网信办、市妇联牵头，开展2016年寻找“最美家庭”活动；由市委宣传部、市文明办、市文广新局牵头开展“我身边的美丑瞬间”影像作品及“文明新盐都”微视频作品征集活动。通过形式多样的群众性精神文明创建活动，提高全市创文工作的群众知晓率、支持率、参与率和满意度。

四、示范创建稳步推进

按照“市级主管部门牵头、区县党委政府条块结合、谁主管谁负责、属地管理责任制”原则，各区县、各行业、各部门、各单位结合自身工作实际，开展示范单位创建工作。市创文办在层层申报的基础上，采取实地考察的方式，开展“九大类示范创建”示范点、“双十主题”创建活动示范点等各类示范点评选工作，于2016年7月和12月，分别命名31个和30个创建示范点，并组织召开文明单位创建、老旧社区改造、公益广告宣传、商业服务系统文明创建等各类现场推进会，发挥先进引领和示范带动作用，推动创建工作深入开展。

五、创文氛围更加浓厚

市级主流媒体针对2015年的薄弱环节和突出问题，强化措施，务实整改，对标常态宣传于2016年5月达标，网络媒体宣传按要求铺开，社会宣传阵地进一步巩固，宣传载体逐渐丰富。第四季度，全市各新闻媒体集中力量，集中时段，集中版面，全方位、多层次开展舆论宣传，既宣传典型、反映成果，也曝光问题、督促落实，发挥舆论监督作用。市级各网络媒体特别是自贡网、文明网、自贡在线等新闻媒体，加大网上创文舆论宣传，弘扬创文新风，抨击不文明现象。各部门、单位门户网站建立创文和精神文明建设专题板块，加大网上文明传播力度。全市四个区及高新区和市交通、公安、住建等部门加大公益广告宣传，汇集全社会力量，推动创文工作深入开展。

六、三大主题活动周成效显著

为掀起“全民参与创建，全民支持创建”新高潮，于11月21日至12月18日，开展环境秩序整治周、创文集中宣传周、志愿服务劝导周“三大主题周”活动。活动由市直机关工委总牵头，市文明办、市教育局、市公安局、市民政局、市住房城乡建设局、市交通运输局、市水务局、市商务局、市城乡管理执法局9个单位分别牵头组织实施，58个市级机关及机关直属事业单位对口参与创建，抽调人员深入到十大问题集中整治单位和全市重点社区，担任整治协助员、创文宣传员、文明劝导员。在三个活动周期间，牵头部门履行“召集派工、统筹协调”职责，各协助单位落实“定点、定人、定时、定责”要求，合力推进集贸市场、越门占道经营、车辆乱停乱放、城市牛皮癣、不文明行为等问题的整治。

七、文明单位与重点社区结对共建实现双赢

发挥各级文明单位在创建全国文明城市中的示范引领作用，于11月21日全面启动60个市级以上文明单位与60个城市重点社区的结对共建活动。活动中，各文明单位帮助社区参与文明创建，提升群众“四率”（知晓率、参与率、支持率、满意率），其中，市燃气公司拨出3.5万元资金帮扶高新区白果社区整治“牛皮癣”及环境卫生；市政协办落实帮扶经费3万元，帮助自流井区檀木林社区开展创文知识竞赛、文明劝导等；市国土资源局落实帮扶经费3万元，帮助高新区华景社区清运垃圾，安装宣传栏与宣传牌，购买摩托车车罩400个；市卫生计生委落实3万元共建资金，帮助自流井区新民街社区开展创文工作；市检察院出资2.58万元帮扶自流井区新华路社区开展社区整治工作；市委政法委资助高新区西景苑社区2万元帮扶资金用于社区创文工作；市公安局安排2万元资金帮扶高新区邓家坝社区整治“牛皮癣”，设置宣传栏、交通标识，划设停车线等；市城乡管理执法局划拨2万元资金帮扶沿滩区龙湖远大社区制作宣传展板、宣传画册。

八、目标考核突出实效

制定《2016年度创建全国文明城市工作考核办法》，对照测评体系3大版块、12个测评项目、90项测评内容、188条测评标准，通过单位自查自评、考核组实地抽查考核、第三方模拟测评、听取各方综合意见等方式，对6个区县和高新区、34个市级牵头部门、42个责任单位的创建工作按季度进行考核，并把创建考核纳入市委、市政府年度绩效目标考核体系。

（王文静）

自贡市“两学一做”学习教育综述

2016年，市委贯彻落实中央、省委部署要求，成立市“两学一做”（学习党章党规，学习习近平总书记系列重要讲话；做一名合格党员）学习教育协调小组，系统谋划、精心制定全市“1+8+1”实施方案，组织6000多个基层党组织、14.9万名党员，分层分类推进学习教育。坚持高标准完成“规定动作”、严要求创新“自选动作”，每个支部、每名党员全覆盖、严要求，确保学习教育推进有力有序有效，为“推动振兴发展、决胜全面小康”和建设城乡一体繁荣幸福新自贡提供组织保障。

一、“四个突出”抓“两学”，助力学习教育入脑入心

市委始终把抓好党章党规和习近平总书记系列讲话精神学习作为首要任务，摆在最突出位置，率先示范推动。一是突出领导带头示范。市委召开6次中心组会议、3次专题会议传达贯彻中央、省委关于开展“两学一做”学习教育重要部署精神和相关要求，召开县区、部门、行业系统工作推进会23次，分层分类进行安排部署。市委常委带头自学，以普通党员身份参加支部学习、党小组讨论，先后50多次带头下基层、听意见、解难题，并对联系点、联系支部“两学”进行把关。二是突出规定动作集中学习。在学习领会中央、省委规定的必读书目，特别是习近平总书记系列重要讲话和关于指导四川工作的重要指示精神的基础上，各级党组织开展“重温入党历程”主题党日、“对党讲句真心话”“坚定理想信念、明确政治方向”等学习讨论。全市举行领导讲、专家讲3400余场次，开展专题讨论、集中学习2000余场，广大党员撰写心得体会3万余篇。三是突出网络课堂快捷学习。通过建立“两学一做”微网站、“看度·自贡”手机APP和3300个党支部微信群构建起学习教育网络课堂，定期通过盐都先锋公众号、自贡网订阅号等“微”载体，向党员发布学习教育新动态、开展互动交流、在线测验答题，推送市级媒体刊发稿件300余条、省级媒体刊发稿件120余篇，收集建议意见2200余条。同时结合“送党恩、明党史、知党纪”文化下乡活动，制作电子知识卡、网络教育漫画版画2.7万册，刊播公益广告1500余条次，营造良好学习氛围。四是突出先进典型引领示范。组织各级党组织广泛开展党员示范岗、党员示范行动、“我为党旗添光彩”“寻找身边好党员”等活动。结合庆祝中国共产党成立95周年，教育引导广大党员向先进看齐，向受到中央、省市委表彰的106个先进党组织、106名优秀党员和103名优秀党务工作者看齐，提升干事创业能力，自觉投身自贡发展实践。

二、创新方式讲党课，打牢学习教育“学”“做”基础

市委书记李刚带头作部署讲党课，市、县区委常委、基层党组织书记等层层讲专题党课8700余次，各级学习教育迅速开展。一是多层把关夯实党课内容。市委明确要求，各级党员干部要及时上报党课讲稿，由市委组织部、县区委组织部分层审核把关，对不符合要求的讲稿跟踪督促修改完善，评选优秀讲稿100篇，供全市基层党组织观摩学习。二是创新方式灵活讲灵活学。打破讲党课“一对多”“一人讲”传统形式，推行“双向多边”模式讲党课，避免只讲不听、只听不讲，要求各级党员干部不仅要下到基层讲党课，还要到基层听党课，同时邀请基层党组织书记、村社区干部、致富带头人、普通党员等到市直机关、各行业系统为党员干部上党课。三是党性精品课“植入”日常培训。各级党员领导干部既为党性精品课培训的主要对象，在市内1天以上培训班次，“植入”1~2节党性教育精品课。同时，还为精品课程师资库的重要讲师，针对行业系统、学员层级不同特点，围绕修身做人、爱岗敬业等5大模块，精细备课并互动授课。在15个市直部门主办的33期培训班次中，安排党性教育精品课程，示范培训党员干部3000余人次。

三、突出抓党员日常教育管理，夯实学习教育组织基础

做好党员“双找双配套”、整顿软弱涣散基层党组织、党务骨干培训等工作，夯实学习教育基层基础。一是持续做好党员“双找双配套”工作。在党员组织关系集中排查的基础上，以党支部为单位摸清“口袋”党员、长期与党组织失去联系党员情况，理顺组织管理关系，截至2016年12月底，查找取得联系的党员1700余人，推动学习教育全覆盖。二是整顿软弱涣散基层党组织。建立动态管理台账及县级领导干部定点联系帮扶制度，选派67名优秀机关党员干部担任后进党组织“第一书记”，选拔300余名党员担任后进村后备干部，对全市后进村（社区）党组织书记进行轮训。全市共整顿234个软弱涣散党组织。三是狠抓党务骨干培训。举办全市党务骨干培训示范班，培训240余名党务骨干。荣县通过玉章“微课堂”专题培训基层党组织负责人，富顺县依托主管部门对7个行业领域进行针对性辅导。截至2016年年底，市县乡三级联训党务骨干8000余人，实现对基层党组织骨干培训全覆盖。四是创建依托村（社区）党校。全市创建109所村（社区）党校，依托村（社区）党校新平台，办亮“微课堂”“周五党课”“党校微刊”“社区讲堂”，盘活党校软硬件资源，抓好党章党规学习、政策法规教育、实用技能培训、道德文化宣讲等主题主业，开设“两学一做”、严肃换届风气等各类专题党课400余期，发放知识卡、明白卡、技能培训手册8000余份，累计听课2.3万人次。

四、突出问题导向，聚焦整改确保改得彻底

坚持学做结合、学做促改，以解决问题的实际成效取信于民。一是深入基层查摆问题。11名市委常委通过“四会一访”（农村院坝会、社区恳谈会、分管领域座谈会、宣讲辅导会，到生产一线现场访谈）等形式，直接听取干部群众对市委班子、成员的意见建议和群众反映的“四风”（形式主义、官僚主义、享乐主义和奢靡之风）问题260余条，带动各级领导干部到基层集中走访近1万人次，当面征求群众意见1.5万条。二是正风肃纪抓整改。围绕“9+2”突出问题，健全“问题收集、督促整改、公开公示、群众评议”机制，市县乡联动明察暗访，持续抓好“八项规定”落实情况的监督检查，覆盖单位7943个次、整改问题580余个、问责处理126人，全市通报曝光典型案例103件次。33个专项巡查组对109个乡镇（街道）开展严肃换届纪律专项巡察，发现苗头和存疑问题520个，责令限期整改304个。开展治理慵懒散实施效能问责行动，问责处理672名干部。三是全面落实“回头看”。持续巩固党的群众路线教育实践活动和“三严三实”专题教育成果，聚焦“八个常态长效”，开展三项整改“回头看”，市委常委会对涉及的70项整改内容明确由19个牵头单位和32个协办单位联动推进，落实到任务书、时间表和路线图，及时整改，提高群众满意度。

五、强化分类指导，层层压紧压实工作责任

督导组坚持每周2次到基层开展全覆盖巡回督查，督查工作有痕迹、有记录，督查主要采取个别访谈、随机抽查、实地调查等方式交叉进行。一是成立督导机构。市委抽调市民政局、市工商局、市国资委、市非公党工委等相关部门21名干部，成立4个督导组，选派4名县级领导分别担任督导组组长，分别负责区县、市直机关、国有企业、行业、窗口单位的督导。二是“三项制度”增强督导实效性。建立每周例会制度，完善细化情况交流机制，制作时间表和流程图，细化督导任务；坚持定期通气制度，每周五召开通气会，交流工作经验，共商督导问题；严格督导把关制度，督导组坚持对所督导单位的实施意见、计划安排、重点环节和问题短板指导帮助。三是创新“三个五”工作法。每个督导组根据每周督导情况，提出所督导单位5个具体问题、发掘5个特色务实做法、推荐5个好的单位或支部，对好的经验做法及时总结推广。四是加大问题整改通报力度。坚持问题“双通报”制度，对督查中发现的问题，既点名道姓通报问题所在支部，又通报支部所属上级党组织。市级督导组累计开展110余次督导，发现处理问题50个，总结推广典型32个。全市各级党组织共成立420个督导组，分层分类开展督导。

省委督导组对自贡市学习教育给予肯定，省政协副主席、省总工会主席李登菊指出，自贡学习教育领导重视、组织周密、扎实深入、效果明显。全市“两学一做”学习教育主要成效：广大党员、干部思想受到洗礼，行为得到校对；严肃了各级党组织党内生活，提升了党员干部政治素养；认真查找解决问题和不足，赢得群众满意。

（市委组织部）

特　载

推动振兴发展　决胜全面小康
为建设城乡一体繁荣幸福新自贡而努力奋斗

——在中国共产党自贡市第十二次代表大会上的报告

（2016 年 11 月 11 日）

李　刚

中国共产党自贡市第十二次代表大会，是在我市迈入转型发展攻坚时期、全面小康决胜阶段召开的一次重要会议。大会主题是推动振兴发展、决胜全面小康，为建设城乡一体繁荣幸福新自贡而努力奋斗！

一、过去五年工作回顾

市第十一次党代会以来的五年，是自贡直面挑战、奋力前行的五年。在中央、省委坚强领导下，市委认真践行“四个全面”（全面建成小康社会、全面深化改革、全面依法治国、全面从严治党）战略布局，深入实施“三大发展战略”（多点多极支撑发展战略，“两化”互动、统筹城乡发展战略，创新驱动发展战略），持续建设“五个自贡”（产业自贡、生态自贡、文化自贡、创新自贡、幸福自贡），团结带领广大党员干部群众，克难攻坚、拼搏进取，开创了全市经济社会发展新局面。

五年来，经济平稳较快增长，综合实力迈上新台阶。地区生产总值突破千亿大关，预计今年达到 1230 亿元（下同），年均增长 9.7%；全社会固定资产投资总额是前五年的 2.5 倍；社会消费品零售总额年均增长 13.1%；地方公共财政预算收入年均增长 10.7%。国家节能环保装备产业示范基地、国家新材料产业化基地建设积极推进，航空与燃机、生物医药等产业加快发展，工业园区新增承载能力 25 平方公里，工业集中度达到 64.4%。现代物流体系已具雏形，川南电子商务产业园建成省级电子商务基地，自贡世界地质公园荣获“中国最美地质公园”称号，自贡彩灯文化影响力不断提升。成功创建一个国家农业产业化示范基地和三个省级现代农业示范园区。

五年来，基础设施明显改善，城乡建设取得重大进展。成自泸、乐自等四条高速公路建成通车，建成东环线、东盐都大道等城市骨干道路，新改建农村公路 1633 公里，自贡凤鸣通用机场、川南城际铁路自贡段加快建设。小井沟水库初期蓄水，狸狐洞水库等三座中型水库建设进展顺利。中心城区成为“双百城市”，城镇化率提高到48.8%。建成釜溪河绿道等一批生态休闲设施，新增城市公园绿地5513亩，成功创建国家园林城市、省级环境优美示范市。

五年来，改革开放持续深化，发展动力活力不断增强。全面深化改革工作扎实推进，56项中央、省级改革试点顺利开展，行政体制、国资国企、财税金融、农业农村、党的建设等重点领域改革成效明显。建成国家、省级科技创新平台59个，成功创建国家知识产权试点城市、试点园区和国家技术创新工程试点示范市。招商引资累计到位市外资金2800余亿元，与“一带一路”沿线43个国家和地区开展经贸合作。

五年来，民生事业长足进步，群众生活质量明显提升。民生支出累计达到459亿元，是前五年的2.2倍。城乡居民人均可支配收入年均分别增长10.6%、11.4%。城乡居民养老、医疗保险实现整合，“五险合一”(1)顺利实施，完成棚户区改造6.9万户、整治农村危房6.3万户。脱贫攻坚扎实推进，贫困发生率从11.5%下降到1.6%。素质教育深入实施，“两基”工作获国务院表彰，建成四川卫生康复职业学院。基层医疗卫生机构实现全覆盖，建成全国首个地级市三甲疾控中心。建成四级公共文化服务网络，文艺精品不断涌现，全民健身蓬勃开展，成功创建省级文明城市。

五年来，民主法治不断加强，社会大局保持和谐稳定。积极支持人大及其常委会依法履职行权，法律监督和工作监督卓有成效。积极支持政协履行职能，政治协商、民主监督、参政议政水平不断提升。积极推进与各民主党派、工商联、无党派人士合作共事，爱国统一战线进一步巩固和发展。工会、共青团、妇联等群团组织桥梁纽带作用进一步发挥。依法治市扎实推进，在全省首批获得地方立法权，司法公信力进一步提升，一批信访积案有效化解。全面加强党管武装工作，国防动员、后备力量建设和双拥共建成效明显。重特大安全事故有效遏制，食品药品安全稳定可控。

五年来，全面从严治党扎实推进，良好政治生态进一步巩固。党的群众路线教育实践活动、“三严三实”专题教育成果丰硕，“两学一做”学习教育深入开展。牢牢把握意识形态领域工作主导权，思想政治建设成效明显。各级领导班子和干部人才队伍建设进一步加强，选人用人公信度不断提升，“双千计划”(2)深入实施。党建工作责任制逐级落实，在全省率先推行部门党组（党委）“三清单一规则”(3)，基层组织服务功能明显增强，基层党组织战斗堡垒作用和党员先锋模范作用进一步发挥。刚性落实“两个责任”，持之以恒正风肃纪，重拳出击惩贪治腐，探索开展惩防衔接、一体联动(4)工作，“四风”积弊有效整治，严肃查处违纪违法案件1960件，党风廉政建设社会评价指数由全省第20位上升到第9位。

发展历程充满艰辛，成就来之不易。这些成绩的取得，是中央、省委坚强领导的结果，得益于历届市委班子打下的坚实基础，归功于各级党组织、广大党员干部和全市人民的顽强拼搏、共同奋斗。在此，我谨代表中共自贡市第十一届委员会，向全市广大党员和干部群众，向各民主党派、工商联、人民团体和社会各界人士，向离退休老同志，向驻市单位、部队、武警官兵、公安干警，向所有关心支持自贡发展的同志们、朋友们，表示衷心的感谢，并致以崇高的敬意！

在总结成绩的同时，发展和工作中的突出问题更不容回避：发展不足、发展不优是最大现实，体现在城乡统筹力度不够，传统产业优势减弱，新兴产业接续乏力，区域竞争优势不强。开放不够、机制不活是根本制约，主要是外向型经济发展不足，区域吸附能力较弱，一些制约发展的制度瓶颈和软环境问题亟待解决。公共服务不均衡、不优质是突出矛盾，重点是教育、医疗、城乡交通、生态环境等与群众需求和期盼还存在差距，农村公共服务水平偏低，脱贫攻坚任务艰巨。干部的思想观念、作风能力不适应是关键问题，特别是少数党员干部思想保守，守摊子、混日子，不想干事、干不成事。与此同时，少数党组织管党治党主体责任落实不到位，有的地方和单位“四风”问题还时有发生。对此，我们必须保持清醒头脑，坚持问题导向，攻难关、破难题，努力把自贡的事情办好，决不辜负全市人民的重托与期待。

二、建设城乡一体繁荣幸福新自贡的历史使命

自贡是一座有着辉煌历史的城市。从建国后的化工城建设、三线建设到改革开放以来的快速发展，盐都人民以勇立潮头的豪情、披荆斩棘的勇气、坚韧不拔的毅力，书写了恢宏历史篇章。当前，发展接力棒历史性地交到了我们这一茬人手中，面对转型发展的艰巨任务，我们必须勇于担当、锐意进取，毅然扛起重铸老工业城市辉煌、实现全面小康梦想的历史责任。

未来五年，自贡处于宏观环境机遇凸显、内生动能加速释放、综合实力蓄势突破、攻坚克难推车上坎的关键阶段。站在新的历史起点，我们完全可以大有作为，也必须大有作为。当前，全球科技革命和产业变革日新月异，全国经济发展步入新常态，各地普遍面临动力重构、优势再造的新挑战，只要我们把握大势、抢先突破，就能在未来发展中占据制高点，实现“弯道超车”、后发跨越。国家强力推进的“一带一路”、长江经济带、成渝经济区战略在我市叠加，省委、省政府大力支持川南经济区打造新兴增长极，只要我们主动出击、深度融入，就能赢得更加宽广的发展空间，实现借势借力、加快发展。国家建设制造强国，大力支持老工业基地振兴发展，四川列为国家全面创新改革试验区、自由贸易试验区，一揽子产业政策和制度红利逐步释放，只要我们拼抢机遇、创新实干，就能激活内生增长动能，实现转型升级、加速振兴。特别是通过全市上下多年来不懈努力，奠定了坚实发展基础，勤劳智慧的盐都人民追求幸福美好生活、思干思进思发展的愿望十分强烈，为我们提供了不竭动力，只要我们携手同心、开拓奋进，就能汇聚强大正能量，共创发展新局面。

今后五年工作的总体要求是：高举中国特色社会主义伟大旗帜，坚持以马克思列宁主义、毛泽东思想、邓小平理论、“三个代表”重要思想、科学发展观为指导，深入贯彻习近平总书记系列重要讲话精神和治国理政新理念新思想新战略，坚定践行“四个全面”战略布局和“五大发展理念”（创新、协调、绿色、开放、共享的发展理念），认真落实省委“三大发展战略”，紧扣“推动振兴发展、决胜全面小康”主题，突出统筹城乡、转型突破、追赶跨越工作基调，加快建设全国老工业城市转型升级示范区，加快建设西部内陆融入“一带一路”先行区，加快建设独具特色的国际文化旅游目的地，全面从严管党治党，为建设城乡一体繁荣幸福新自贡而努力奋斗。

未来五年的主要目标是地区生产总值突破2000亿元，地方公共财政预算收入突破100亿元，全社会固定资产投资累计突破5000亿元，城乡居民人均可支配收入比2010年翻一番以上。综合经济实力显著增强，生态环境明显改善，群众生活水平大幅提升，社会文明程度显著提高，民主政治不断发展，党的建设全面加强，城乡一体化发展格局基本构建，全面建成小康社会。

围绕实现上述目标，必须牢牢把握“三个加快”发展定位：

加快建设全国老工业城市转型升级示范区，推动老工业城市向现代化城市跨越。转型升级是自贡实现振兴发展、走向现代化的必由之路。要突出产业转型升级，以创新驱动为引领、三产融合为方向、现代园区为载体，推动产业层次向中高端迈进，形成支撑全域快速持续发展的产品群、产业群。突出城乡转型升级，坚持城乡联动、产城相融、园城一体，构建城乡一体新形态，完善城市功能，提升城市品质，全面增强城市吸附力、承载力，培植核心竞争力。突出社会形态转型升级，以人的全面发展为核心，通过公共服务提升、治理结构优化、社会文明培育，不断提升城乡群众的归属感、获得感、幸福感。通过努力，实现自贡向现代产业、现代都市、现代生活为一体的现代化城市跨越，在全国老工业城市中率先突围、走在前列、作出示范。

加快建设西部内陆融入“一带一路”先行区，推动腹地城市向开放前沿跨越。自贡地处西部内陆，但内陆不等于内向，必须敞开大门抓发展。要突出对接“一带一路”国家战略，着力打通对外通道，全面汇入全国骨干路网、长江黄金水道、航空运输网络，与成渝、南贵昆、北部湾等经济区快速连接，实现多式联运、通江达海。积极开拓国际国内两个市场，在自贡制造“走出去”、引进国内外先进要素、开展经济文化贸易合作上先行一步，全面提升外向型经济水平。着力开放倒逼改革，创新体制机制适应国际市场规则，对接企业需求提升政务服务，打造国际化市场化法治化的营商环境。通过努力，实现自贡向内外联动、优进优出、活力迸发的开放前沿跨越，广纳四海英才为自贡所用，广聚天下资源助自贡振兴。

加快建设独具特色的国际文化旅游目的地，推动文化资源大市向文化旅游强市跨越。自贡具有深厚文化底蕴，这不仅是城市软实力，更是城市竞争力。要充分挖掘不可复制的“盐龙灯”文化资源，强化名牌精品和大项目带动，打造串联盐文化遗迹遗存的精品旅游线路，延伸盐疗养生、盐帮美食等旅游链条，建设国际井盐文化博览园；依托世界地质公园品牌和恐龙群窟资源，打造中国的“侏罗纪公园”，建设国际恐龙文化旅游区；通过打造全域灯城、开展国际巡展、发展彩灯智造，全面提升国际影响力和竞争力，建设国际彩灯文化中心。树立全域景区理念，形成全资源整合、全要素调动、全链条延伸的文旅融合发展格局。通过努力，实现自贡向品牌全球化、业态多元化、服务精品化的文化旅游强市跨越，成为历史文化与现代文明交相辉映的魅力都市。

各位代表、同志们，我们坚信，沿着这条路子坚定不移走下去，通过全市上下凝心聚力、不懈奋斗，一座经济繁荣富强、社会安定和谐、文化特色浓郁、生态环境优美、开放包容多元、人民幸福安康的现代化城市，必将在全省发展格局中脱颖而出，必将在西部地区加快崛起。我们这座老工业城市一定会实现振兴发展，焕发出青春活力和时代风采！

三、建设城乡一体繁荣幸福新自贡的主要任务

未来五年，全市上下要坚定践行“五大发展理念”，认真落实省委“三大发展战略”，紧扣“推动振兴发展、决胜全面小康”主题，扭住五大任务，以新常态下的新作为把自贡发展推向新的高度。

（一）坚持“优二兴三”，厚植转型升级新优势

聚焦产业转型升级和经济结构调整，把牢“优二兴三”这个战略抓手，实施先进制造业和现代服务业双轮驱动，加快发展现代农业，形成集聚度高、融合度深、竞争力强的产业发展新优势。

强化工业主支撑。工业是自贡发展的脊梁。我们要把握市场需求，坚持企业主体，以创新驱动为引领、开放合作为路径，打造高端、延伸链条、培植集群，推动工业振兴发展。大力实施工业“633”转型升级行动，推动新兴产业规模化、传统产业高端化、优势产业集群化。加快发展节能环保装备、新材料、航空与燃机、生物医药、电力装备和新能源汽车六大战略性新兴产业，改造提升盐及盐化工、绿色食品加工、纺织服装三大传统产业，重点培育新一代电子信息、石墨烯、页岩气三大潜力产业。推动领军企业跨越式、裂变式发展，加快培育一批百亿企业集团，带动形成一批千亿、500亿、300亿特色产业集群。积极创建省级军民融合示范区，充分发挥装备制造、新材料等产业优势，培育一批“民参军”支柱企业。加强企业家队伍建设，引导企业家树立远大抱负、高远目标，努力培树企业家精神。

强化园区磁场效应，构建“两区多园”发展格局。大力推进自贡国家高新区建设，突出“高”和“新”，发挥主引擎作用，打造区域产业和科技人才高地，引进发展新技术、新业态、新商业模式，建成超千亿研发智造型高新区。突破性建设自贡航空产业园，打造航空与燃机零部件制造、通用飞机研发生产、航空运营维护和体验为特色的航空产业集群，创建国家级经开区。积极创建沿滩、晨光省级园区，统筹推进特色产业园区发展，规划建设高铁产业园和牛佛临港重装产业园。创新园区发展体制机制，以利益共享为纽带促进错位发展，以市场化手段提升运营能力，全面增强园区承载力、吸附力和竞争力。

构建区域服务业中心。抢抓现代服务业综合改革试点机遇，大力发展商贸物流、现代金融、文化旅游、医疗康养等服务业。优化商贸业空间布局，完善中心商圈、商贸集聚区服务功能，发展个性化、多样化、便利化、舒适化商贸业态。加强电商平台建设，推进传统产业电商化改造，开辟自贡产品“走出去”新通道。着力增强物流园区、物流平台、物流企业集聚力，加快构建“三港两园三通道”[5]国际物流体系，打造融入“一带一路”的区域性物流枢纽，创建国家级综合保税区。优化金融生态，促进银行、证券、保险业发展壮大，大力发展金融中介，增强金融服务实体经济能力。依托丰富医疗资源和盐卤资源，打造川南康疗养生养老基地。推动房地产业差异化、多元化健康发展。

坚持文化为魂、旅游搭台、经济唱戏，大力发展文化旅游业，推动单一文旅景点向全域精品景区、门票经济向产业经济转型。深度挖掘“盐龙灯”特色文化资源，大力引进战略投资者和国际运营商，建设卧龙湖国际盐疗养生度假区、恐龙王国主题公园、中华彩灯大世界等一批标志性项目，积极打造国际化文化旅游新坐标。综合开发各类旅游资源，建设一批工业文化、航空文化、红色文化、佛儒文化景区景点，打造文化旅游新名片。强化企业主体，引进和扶持一批文化旅游骨干企业，引导组建产业联盟，提高市场营销水平，增强市场竞争力。发挥文艺院团对文化旅游业的助推作用，加快发展文化演艺市场。依托文化特色和产业优势，搭建展会经贸平台，集聚人气商气，提升城市影响力。

发展特色优质农业。加快构建以现代设施为基础、现代科技为支撑、现代经营为特征、现代服务为保障的现代农业体系。大力推进特色农业基地成片成园成带发展，培育农产品区域性公共品牌和特色品牌。深化农村综合改革，大力引进和培育多元经营主体，发展适度规模经营，促进农业市场化、规模化、集约化、标准化发展。推进农业“接二连三”，积极发展特色农副产品加工业，大力发展都市休闲农业。

（二）坚持交通先行，构建基础支撑新体系

基础设施是统筹城乡发展的重要条件。要突出交通先导地位，统筹推动基础建设，加快形成覆盖城乡、功能配套、支撑有力的基础设施网络，让经济社会发展的“命脉”搏动有力。

建设川渝滇黔重要的综合交通枢纽。加快形成“七纵六横两航一环”(6)立体交通骨干网络。建成川南城际铁路、蓉昆高铁成自段，规划建设乐自城际铁路，形成川南半小时、成渝1小时、贵昆3小时的通达格局。推进北环高速公路及成都至宜宾、内江至南溪高速公路自贡段建设，加快G247、S309等国省干道改造，建设自贡至泸州港快速通道，推进G348改造升级和地面轨道交通建设。全面建成自贡凤鸣通用机场，规划建设荣县、富顺通用机场。实施沱江航道六改四工程，建设牛佛港和李家湾港，提升水运能力。实现市域内国省干道提档升级，乡乡通油路，村村通硬化路，县乡村客运网络全覆盖，形成内畅外达、方便快捷的立体交通网络。

大兴水利设施建设。加强蓄水引调工程建设，完善小井沟水库渠系配套设施，建成狸狐洞、楼房湾、大坡上三座中型水库，加快推进向家坝自贡灌区、小双灌区、长征渠自贡灌区等大中型水利项目。建设中心城区水系连通工程，构建多水源、全市域、互连互通的水网体系，建设碧波过城、湖库连珠的南国水乡。提高城乡供水保障能力，彻底解决农村饮水安全问题，抓好农田水利、防洪减灾工程建设。

提升能源和信息保障能力。坚持保障能源安全与优化能源结构并重，大力支持天然气等资源综合开发利用，积极发展太阳能、生物质能等清洁能源和可再生能源。加快输变电设施建设，完善城市配网，实施农网改造升级，建设新能源汽车充电设施。高水平建设智慧城市，加快“三网”融合(7)，基本建成新一代信息基础设施，推动大数据中心和管理平台建设运营，构建城乡全覆盖的宽带通信网络，实现信息网络互联互通、数据共享。

（三）坚持统筹城乡，建设宜居宜业新家园

坚持高水平规划、精细化建设、法治化人性化管理，构建生产集约高效、生活宜居适度、生态山清水秀的城乡格局，实现城乡同发展共繁荣。

构建全域统筹的城乡形态。强化规划引领，坚持全域统筹，推动“多规合一”。按照城乡一体原则，促进城乡规划、基础设施、产业发展、公共服务、生态环境、市场体系一体化。按照梯次分明、结构合理、功能互补、城乡交融的原则，构建中心城区、县城、重点镇、中心村和聚居点四级现代城镇体系。依托G348交通走廊和釜溪河流域生态走廊，强化主城区集聚辐射作用，提升荣县、富顺县城城市副中心功能，布局建设一批空间优化、规模适度、产镇相融、特色鲜明的组团式城镇群，构建“一主两副多组团”城乡一体新形态。

做优做精中心城市。坚持新区开发和旧城改造并重，推进城市骨架拓展、功能完善、品位提升和能级聚变。集中力量推动以东部新城为重点的新区建设，建设一批城市标志性精品工程，打造一批特色鲜明的主题街区。大力实施城市棚户区改造三年攻坚(8)，注重遗迹遗存保护、历史街区复兴，提升城市业态，丰富城市内涵。提高城市建设管理水平，优先发展公共交通，大力实施缓堵保畅工程，加快建设海绵城市和地下综合管廊，提升城市智能化管理水平，实现城市整洁有序、精致细腻。

建设组团发展的特色镇村。积极打造一批传统商贸型、生态农业型、休闲旅游型、交通枢纽型集镇，突出产业支撑和地域文化，组团式发展。积极推进幸福美丽新村建设，按照“小规模、组团式、微田园、生态化”模式，打破行政区划，建设一批基础设施城镇化、生活服务社区化、生活方式市民化的中心村和新型农村社区，70%以上的行政村建成省级“四好村”（农户住上好房子、过上好日子、养成好习惯、形成好风气的村）。不断完善促进农业转移人口市民化的户籍、公共服务等政策体系。

建设绿色生态的城乡环境。全面践行绿色发展理念，共建人与自然和谐相处的美好家园。扎实开展治气、治水、治土、治乱“四项治理”(9)，深入推进重点流域、重点地区、重点行业、重点企业环境污染整治，建立完善区域污染联防联控机制，实现空气质量逐年改善；加强饮用水水源地保护，强力推进釜溪河流域综合治理，再现一方碧水蓝天。加强资源环境生态红线管控，建立生态保护补偿机制和生态文明绩效评价体系。健全城乡环境综合治理长效机制，扎实开展“绿化城乡、大美盐都”生态落地行动。大力发展循环经济和环保产业，加大环保综合执法力度，确保完成节能减排任务。实施天然林和生态公益林保护工程，森林覆盖率提高到35%以上。

（四）坚持放开放活，增强追赶跨越新动力

开放包容是自贡传统文化的优良基因。必须强化拼抢意识、机遇意识、忧患意识、市场意识，坚持向改革要动力、向开放要活力、向创新要竞争力，着力构建充满活力、富有效率、更加有利于加快发展的体制机制，借势借力、竞合发展，建设现代化的开放前沿。

强化创新驱动。抢抓全面创新改革试验机遇，依托大专院校、科研院所、优势企业，搭建一批国家和省级科技创新平台。发挥企业创新主体作用，全力打造“政产学研用”相结合的技术创新体系，组织实施一批重大科技项目，加大新技术、新产品、新工艺的研发，推动重点产业关键技术实现新突破，打通科技成果向现实生产力转化通道。加强柔性引才引智，培育一批懂科技、懂市场、善经营的复合型创新人才和高端型、领军型、技能型专业人才。构建更加灵活的科研管理机制，探索建立完善科研人员兼职兼薪、在职离岗创业、科技成果入股创办企业等机制，充分调动科技人员创新创业的激情。加强知识产权保护，创建国家知识产权示范城市。

推进改革攻坚。始终坚持问题导向，重点突破制约发展的关键领域和关键环节。扎实推进供给侧结构性改革，有力有序推进“三去一降一补”(10)，优化资源配置，防范金融风险，提高供给体系质量和效率。坚持市场化改革取向，做大做强投融资平台，用活各类金融工具，充分发挥资本市场作用，推动实体经济发展壮大。深化国资国企改革，推动国有企业股权多元化，积极发展混合所有制经济。深化“放管服”改革，实施加快县域经济、高新区发展两个“二十条”(11)，推进扩权强县和扩权强镇。深化民生和社会事业改革，重点在教育体制、医疗卫生体制、社会保障等领域取得实质性突破。统筹推进其他领域改革，不断释放改革活力。

深度开放合作。坚持全域开放，着力构建全方位、立体式、多层次、宽领域的开放格局。突出招商第一要事，强化“一把手”招商、专业化招商，围绕转型发展招大引强、延链补链、无中生有，瞄准领军企业、关联企业、朝阳企业寻求突破，不断提升招商引资的质量和水平。支持鼓励本土企业“走出去”，依托优势产品、特色文化、服务品牌，全面开展跨境合作和交流，做大总量，提高效益。主动对接“一带一路”、长江经济带等国家战略，积极融入成渝经济区、珠三角、长三角等大区域发展，着力构建产业联盟、技术联盟、资本联盟，形成利益共同体。

打造投资热土。把软环境作为发展“生命线”，为各类资源要素跨区域流动、合理配置创造良好条件。建立覆盖全程、高效便捷的企业服务体系，全面推行权力清单、责任清单、负面清单制度，健全企业诉求速决机制，强化“直通车”“绿色通道”等服务举措，推行“定制式”“处方式”等服务方式，规范行政许可，打造“最简流程、最低成本、最高效率”的运行机制。加强事中、事后监管，坚决查处“不作为”“慢作为”“乱作为”，实实在在为企业解难题、办实事。

（五）坚持民生优先，形成共建共享新格局

民生是幸福之基、和谐之本。要加快构建起覆盖城乡、系统完整、保障有力的公共服务体系，着力解决群众最关心、最直接、最现实的问题，让群众对美好生活的向往加快变成现实。

坚决打赢脱贫攻坚硬仗。聚焦“两不愁、三保障”“四个好”[12]目标，前两年集中攻坚，后三年查漏补缺、巩固提升，确保2017年全面完成摘帽脱贫任务。把脱贫攻坚融入“三农”发展全局，与区域发展、幸福美丽新村建设、新型城镇化、社会治理统筹推进。深入推进农村土地集约化、农业产业规模化、农民新居社区化，重点实施新居建设、产业培育、乡村道路、技能培训、公共服务和生态环境保护六大重点工程，形成农民增收致富、农业农村整体水平提升的新格局。坚持政府主导、社会参与、群众主体，强化市场配置资源和政策兜底作用，把贫困户聚集在产业链、保障链上，着力提升贫困群众自主发展能力。严格落实“六个一”帮扶[13]责任，强化督查考核问责，决不让全面小康落下一户一人。

大力发展民生事业。着力推进学前教育普惠发展、义务教育均衡发展、高中教育优质发展、高等教育升级发展，统筹发展特殊教育和终身教育。树立开放办学理念，外引优质资源、内活体制机制，构建主体多元、机制灵活、竞争充分的教育发展格局。支持四川理工学院、四川卫生康复职业学院发展，加快创建自贡职业技术学院。推进健康中国自贡行动，探索全民健康管理模式，全面完成基层医疗机构规范化、标准化建设。深入实施“名医、名科、名院”工程，打造一批区域性优质医疗卫生品牌。实施文化惠民工程，全面提升基层文化设施建设和综合利用水平，积极创作具有时代特征、体现本土特色的文艺精品。广泛开展全民健身运动。做好人口和计划生育服务工作。完善就业创业公共服务体系，强化重点群体就业创业帮扶。扩展居民财产性收入增收渠道，做好城乡中低收入和困难家庭增收工作。推进“五险合一”法定人群全覆盖，提升最低生活保障水平，扩大住房公积金制度覆盖面。完善社会救助体系，统筹发展各类福利事业。

提升社会治理水平。着力完善党委领导、政府负责、社会协同、公众参与、法治保障的社会治理机制，构建全民共建共享的社会治理格局。增强基层组织自治功能，发挥群众主体作用，推动社会管理重心下移。创新社会组织培育机制，鼓励引导各类社会组织参与社会治理。注重源头治理，完善社会矛盾纠纷预警调处机制，引导群众依法行使权利、表达诉求、解决纠纷。全面推进网格化服务管理，完善社会治安立体防控体系，依法打击违法犯罪行为。科学管理、有效使用互联网，维护清朗网络空间。坚决守住社会稳定、安全生产、食品药品安全“三条底线”，营造安定和谐的社会环境。

四、充分凝聚建设城乡一体繁荣幸福新自贡的强大合力

自贡是我们的共同家园，振兴发展是我们的共同追求。我们要凝聚最广泛的共识，汇聚最强大的能量，同心同向共创美好未来。

构筑共同精神家园。积极培育和践行社会主义核心价值观，扎实开展“三创联动”[14]，着力培塑开明开放、创新创造、苦干实干的城市时代精神。培育自尊自信、理性平和、积极向上的社会心态，激发爱自贡、建自贡、兴自贡的强大精神动力。大力开展群众性精神文明创建活动，加强社会公德、职业道德、家庭美德、个人品德教育，净化社会文化环境，提升全市人民思想道德水平。加强社会信用体系建设，健全守信激励和失信惩戒体系。

加强民主法治建设。坚持人民代表大会制度、中国共产党领导的多党合作和政治协商制度，切实加强和改进党对人大、政协工作的领导。积极支持人大及其常委会依法行使职权，进一步增强法律监督和工作监督实效。充分发挥人民政协政治协商、民主监督、参政议政职能作用，不断提高社会主义协商民主的科学性和实效性。扎实推进依法治市，有序推进地方立法，制定一批具有引领性和实效性的地方性法规；深入推进依法决策、依法行政，严格规范行政决策和行政执法行为；深化司法体制改革，强化司法为民，全面推进公正司法、司法公开；强化全民法治信仰，着力构建法治良序。

广泛凝聚智慧力量。不断巩固和发展最广泛

的爱国统一战线，深化同各民主党派、工商联、无党派人士合作共事，全面贯彻党的民族宗教政策，做好港澳台侨和海外统战工作，为推动发展凝聚广泛合力。加强和改进党的群团工作，充分发挥工会、共青团、妇联、残联、科协等群团组织联系群众、服务群众的作用。高度重视离退休干部工作，切实做好关心下一代工作。加强党管武装工作、国防动员和后备力量建设，巩固军政军民团结。

五、全面从严管党治党，为建设城乡一体繁荣幸福新自贡提供坚强保证

推动振兴发展，关键在党，关键在党要管党、从严治党。全市各级党组织要坚定不移把抓好党的建设作为最大政绩，切实担负主体责任，不断提升管党治党水平。

突出思想引领，筑牢忠诚奋进思想根基。坚持把思想政治建设放在首位，深入学习贯彻习近平总书记系列重要讲话精神和治国理政新理念新思想新战略，牢固树立政治意识、大局意识、核心意识、看齐意识，坚定不移维护党中央集中统一领导，任何时候都听党的话、跟党走。深入开展党内集中教育，进一步坚定理想信念，加强党性修养。扎实推进学习型党组织建设，大力弘扬理论联系实际学风，促进党员干部树立新思维、运用新办法、解决新问题。严格履行意识形态工作责任制，把牢主动权、唱响主旋律，形成引领社会、凝聚人心、推动发展的强大精神力量。

严肃党内政治生活，夯实全面从严治党基础。严明党的政治纪律和政治规矩，始终坚守政治信仰，站稳政治立场，把准政治方向，坚决维护党中央权威，不折不扣推动中央、省市委决策部署落地落实。认真贯彻民主集中制，严格落实党委（党组）议事原则和决策程序，把民主讨论、集体决策和明确分工、落实责任结合起来。充分发扬党内民主，健全党内情况通报、反馈制度，拓宽党员参与讨论党内事务、表达意见的渠道，切实保障党员的知情权、参与权、选举权、监督权。严格党的组织生活，用好批评和自我批评武器，使咬耳扯袖、红脸出汗成为常态。

鲜明用人导向，打造务实担当中坚力量。围绕提升领导水平和执政能力，着力建设政治坚定、团结合作、奋发有为、勇担重任的领导班子。坚持好干部标准，鲜明重基层、重实干、重实绩用人导向，着力打造有血性、有境界、有本事、有韧劲的干部队伍，让想干事、能干事的干部有舞台，让不作为、乱作为的干部让位子。优化领导班子结构，选优配强“一把手”和关键岗位干部，注重培养选拔党外干部、女干部和少数民族干部。持续实施年轻干部“壮苗”计划和高层次人才“双千计划”。大规模开展教育培训，推动各级干部思想大解放、能力大提升。坚持严管和厚爱相结合，从严从实加强干部监督管理，强化“一把手”履职情况动态监测；注重对干部的关心激励，宽容失误和试错，旗帜鲜明为担当者担当、为干事创业者撑腰。

强化基层基础，提升基层党组织整体功能。大力加强基层党组织建设，深入实施“盐都先锋”行动，分类推进农村基层、产业园区、国有企业、机关单位、两新组织等党建工作，探索开放式、网络化、多样化党组织活动方式。加强带头人队伍建设，全面提升基层党务工作者专业化水平。推行基层党组织领导下的“一核多元共治”新型村级治理模式[15]，不断提高基层干部报酬，切实提升阵地效能，增强村级集体经济实力和服务功能。加强和改进党员教育管理工作，充分激发全市广大党员在推动振兴发展的生动实践中争做优秀党员、争当干事先锋。

加强党风廉洁建设，营造风清气正政治生态。压紧压实“两个责任”，巩固党风廉洁建设齐抓共管局面。持之以恒正风肃纪，着力整治为官不为和隐形变异“四风”等问题，严肃查处脱贫攻坚等领域侵害群众利益的不正之风，深化盐都问政，推动作风持续好转。健全党内监督体系和权力运行监督制约机制，做到有权必有责、有责要担当、用权受监督、失责必追究。准确运用监督执纪“四种形态”[16]，抓早抓小、动辄则咎，使各项纪律规矩真正成为带电的高压线。坚持无禁区、全覆盖、零容忍，始终保持惩治腐败高压态势，深入推进惩防衔接、一体联动，着力构建不敢腐、不能腐、不想腐的长效机制。

各位代表、同志们，推动振兴发展使命光荣，决胜全面小康责任重大，历史的目光注视着我们，人民的期待鞭策着我们。让我们紧密团结在以习近平同志为核心的党中央周围，在省委坚强领导下，团结带领全市广大党员干部群众，奋勇拼搏、砥砺前行，为建设城乡一体繁荣幸福新自贡而努力奋斗！

名词注解

（1）五险合一：指对养老保险、医疗保险、工伤保险、失业保险、生育保险费实施统一征收和稽核。

（2）双千计划：指自贡市从2014年起，用5年时间在市内培养扶持高层次人才1000名，从市外引进高层次人才1000名。

（3）部门党组（党委）“三清单一规则”：指市级部门党组（党委）职责清单、党组（党委）书记职责清单、党组（党委）书记抓党建职责清单、党组（党委）议事决策指导规则。

（4）惩防衔接、一体联动：指坚持惩治和预防两手抓、两促进，针对腐败易发多发的重点领域和关键环节，通过整合资源、形成合力，变被动惩处为主动防治，变单一措施预防为系统化防治，实现科学有效的源头防腐。

（5）三港两园三通道：三港指西南（自贡）无水港、牛佛港和李家湾港；两园指自流井综合物流园、大山铺铁路物流园；三通道指川贵广（自贡）至南亚、川南（自贡）至北部湾至东南亚、川南（自贡）至楚雄至缅甸至老挝三条国际物流大通道。

（6）七纵六横两航一环：七纵指川南城际铁路内（江）自（贡）泸（州）段、蓉昆高铁成（都）自（贡）段连接川南城际铁路自（贡）宜（宾）段、内（江）昆（明）铁路、成都至宜宾高速公路、内江至南溪公路高速公路、内宜高速公路、G247。六横指乐（山）自（贡）城际铁路、内（江）威（远）荣（昌）高速公路、成（都）自（贡）泸（州）高速公路、乐（山）自（贡）隆（昌）高速公路、自贡至泸州港快速通道、G348。两航指自贡凤鸣通用航空机场以及自贡沱江航运港口。一环指北环高速与现有高速公路网形成的城市外环线。

（7）“三网”融合：指电信网、广播电视网、互联网通过技术改造，实现互联互通、资源共享。

（8）城市棚户区改造三年攻坚：指从2016年至2018年，全市新开工改造城市棚户区34个项目5.3万户，力争用三年时间基本消除成片城市棚户区，改善市民住房条件，提升居住质量。

（9）四项治理：指市委十一届十四次全会提出的实施大气污染治理、水污染治理、土壤污染治理、城乡乱象治理。到2020年全市细颗粒物年均浓度比2015年下降20%以上；力争用三年时间实现釜溪河全面消除劣V类水体，达到水环境功能区标准；到2020年完成土地整理、高标准基本农田建设30万亩以上；通过规划引领、样板示范、分类推动、依法严管，力争两年内实现城乡风貌大提升。

（10）三去一降一补：指去产能、去库存、去杠杆、降成本、补短板。

（11）两个“二十条”：指自贡市制定出台的《关于促进县域经济加快发展的二十条意见》和《关于促进自贡国家高新技术产业开发区加快发展的二十条意见》。

（12）两不愁、三保障、四个好：“两不愁、三保障”指到2020年稳定实现农村贫困人口不愁吃、不愁穿，农村贫困人口义务教育、基本医疗、住房安全有保障；“四个好”指让贫困群众住上好房子、过上好日子、养成好习惯、形成好风气。

（13）“六个一”帮扶：指每个贫困村有1名县级联系领导、1个帮扶单位、1个驻村工作组、1名“第一书记”、1名驻村农技员，每一户贫困户有1名结对帮扶干部。

（14）三创联动：指联动推进创建全国文明城市、国家卫生城市、省级环保模范城市三项工作。

（15）“一核多元共治”新型村级治理模式：指以村党组织为领导核心，村民会议或村民代表会议决策，村民委员会执行，村务监督委员会监督，群团组织、集体经济组织、农民合作组织、社会组织为补充的村级治理新模式。

（16）监督执纪“四种形态”：指党内关系要正常化，批评和自我批评要经常开展，让咬耳扯袖、红脸出汗成为常态；党纪轻处分和组织处理要成为大多数；对严重违纪的重处分、作出重大职务调整应当是少数；严重违纪涉嫌违法立案审查的只能是极极少数。

自贡市人民代表大会常务委员会工作报告

（2016 年 12 月 17 日在自贡市第十七届人民代表大会第一次会议上）

自贡市人大常委会主任　陈　华

过去五年工作回顾

过去的五年，是我市经济社会发展和民主法治建设在克难攻坚、拼搏进取中开创新局面、取得新成就的五年，也是市人大常委会积极作为、务实履职、不断探索创新的五年。五年来，在中共自贡市委坚强领导和省人大常委会关心指导下，市人大常委会认真贯彻党的十八大、十八届三中四中五中六中全会和习近平总书记系列重要讲话精神，全面落实省、市委各项决策部署和市人代会决议决定，依法履行职责，践行“五大发展理念”[1]，服务全市改革发展稳定大局，圆满完成了本届常委会各项工作任务。

五年来，常委会开展视察、执法检查 147 次；召开常委会会议 43 次，作出决议、决定 51 项，制定办法、规定、制度 37 个，形成审议意见 92 份，任免国家机关工作人员 292 人次（任命 177 人次，免职 115 人次）；召开主任会议 77 次，形成意见交办函 51 份；开展调研 113 项，形成调研报告 68 份，为推进我市民主法治建设、促进经济社会平稳健康发展做出了重要贡献。

五年来，常委会突出六个着力依法履职：

一、着力贯彻市委决策，依法行权彰显了新作为

坚持党对人大工作的领导，准确定位主动作为。强化党的意识，坚持把党的领导贯穿依法履职全过程，落实到人大工作各个环节。准确把握人大职能定位，始终围绕全市工作大局谋划和推动人大工作，坚持定期报告工作和重大事项请示报告制度，坚定不移地贯彻落实市委的决策部署，在依法履职行权中，始终与市委同心同向、同频共振。同时，以换届为契机，加强综合协调，全面贯彻落实省委和市委人大工作会议精神，在市委的重视和支持下，全市人大工作和自身建设得到了全面加强。

围绕市委决策部署的落实，科学决定积极作为。坚持人大决定与市委决策有机统一，紧紧围绕全市经济社会发展中带全局性、长远性、根本性重大事项和事关人民群众切身利益重大问题，依法行使决定权。五年来，围绕贯彻市委决策部署，就加快“两化”[2]进程建设“五个自贡”[3]、深入推进依法治市作出决议决定；围绕服务改革发展大局，就十三五规划纲要、财政决算和预算调整、地方政府债务限额作出决议；围绕促进民生改善，就全面推进棚户区改造、加快实施双溪小井沟饮用水源地生态功能区保护和建设规划的议案办理方案作出决定，并跟踪督办，切实把落实市委决策部署与回应人民群众关切、促进经济社会发展与力促民生改善有机统一到重大事项决定权行使上来，使常委会工作围绕中心更加紧密，关注民生更加务实，服务大局更加有效。

围绕市委人事安排的实现，强化意识依法作为。强化人大依法任免与党管干部原则有机统一的意识，既发扬民主依法履职，又坚决贯彻党委意图，力促领导干部队伍建设。五年来，常委会严格实行任前法律知识考试、与组成人员见面、任职表态、颁发任命书、宪法宣誓等制度，依法任免国家机关工作人员 292 人次。同时，切实强化任后监督，依法对市法院和13个政府部门开展了工作评议；坚持每年对市政府秘书长和未列入评议的政府组成部门主要负责人、市法院副院长、市检察院副检察长开展年度履职情况测评，有效促进了被评议单位改进工作，增强了被任命人员和“一府两院”的责任意识、公仆意识和法治意识。

二、着力完善人大职能，全面履职开启了新征程

主动承接地方立法，履新立法工作职能。围绕履新地方立法职能，补齐职能缺位，一方面在加强立法能力建设和系统规范谋划上着力，积极争取，主动承接地方立法权。在市委的关心支持下，新增设了市人大法制委和市人大常委会法工委，新增编的高学历专业人才也迅速调配到位，并如期完成了立法咨询专家小组的组建以及法规草案起草规程和审议审查规程的制定，成为全省首批获得地方立法权的市。另一方面，在立法需求调研和回应群众关切上着力，着眼发挥立法对改革发展的引领和推动作用，突出质量为先立良法，扎实推进立法工作。编制了五年立法规划（草案）以及2016年和2017年立法计划；坚持科学立法、民主立法，在突出地方特色和拓宽开门立法渠道上下功夫，集中民智、体现民意、提高立法质量。2016年度完成了《自贡市地方立法条例》《自贡市集中式饮用水水源地保护条例》立法；实施了《自贡市〈四川省物业管理条例〉实施办法（草案）》第二次审议修改。通过履新立法权，既补齐缺位完善了职能，又强化了人大履职在地方经济社会发展和民主法治建设中的地位和作用。

着眼实化预算监督，强化预算审查职能。围绕实化预算监督，完成了市人大财经委与市人大常委会预工委的职能分设，且制定了预算审查监督办法，建立了预决算审查监督联席会议制度和预算审查咨询专家库等。着力深化“四本预算”[(4)]审查，细化部门预算审查，积极开展预算、决算、预算调整的初步审查，强化对预算执行情况及审计整改落实情况的监督，促进了市人大对预决算审查的制度化。通过市人大常委会预工委的分设，不仅从强化预算审查职能的角度实化了预算监督，而且在推动《预算法》实施中实现了人大预算审查的全口径、参与的全方位、监督的全过程，进一步扎牢了预算管理和监督的制度笼子。

着眼强化主体地位，优化代表联络职能。认真落实党的十八大要求，积极推动并完成了常委会人代工委与常委会代表联络办公室的分设，加强代表联络工作。制定了人代会闭会期间积极发挥市人大代表主体作用的工作意见和加强市人大代表网上履职服务平台建设的意见；修订了市人大代表履职保障和监督暂行办法。着力在调动代表履职积极性上增添措施，在保证代表知情知政上拓宽渠道，在提高议案建议办理质量上下功夫，在丰富代表履职活动上出实招，既增强了代表工作的生机和活力、强化了代表的主体地位和作用，又促进了代表履职的规范化、制度化。

三、着力增强监督实效，服务大局做出了新贡献

聚焦改革创新发展，推动老工业城市全面振兴。把力促改革创新、推动振兴发展作为人大围绕中心，服务大局的第一要务，突出重点，加强对事关经济发展全局性问题的监督，力促经济转型发展。五年来，围绕稳增长、调结构、促投资、增后劲等重点工作，听取和审议国民经济和社会发展计划执行情况、财政预算执行和其他财政收支审计情况、工业经济运行、新型农业经营主体发展、现代服务业发展、高端成长型产业发展等相关工作报告89个；连续五年以促进重大项目建设为重点，对工业发展项目、棚户区改造项目、物流园区项目、重大基础设施建设项目等进展情况开展视察和监督，促进了小井沟水库、釜溪河复合绿道、东盐都大道和成自泸赤、乐自、内威荣、富隆高速公路等重大项目加快建设，如期竣工投运。围绕全面创新改革驱动转型发展等关键问题，对自贡国家高新技术产业开发区建设、科技创新平台建设、创新孵化平台建设、培育发展战略性新兴产业、行政审批制度改革、集体林权制度改革、城乡建设用地增减挂钩改革试点、农村集体资产股份制改革试点等24项工作进行了专题视察和调研，提出了70余条具有前瞻性且切实可行的意见建议和工作要求，对促进科技成果转化、产业结构调整、发展环境优化、发展质量和效益提升、发展方式转变发挥了积极作用。围绕“两化”互动、统筹城乡、建设幸福美丽新村等重点工作，对城乡建设全域规划、农村土地流转、农业转移人口市民化、“宽带乡村”试点工程[(5)]、新农村示范片和综合体建设等22项工作进行专项视察和调研，提出60余条针对性、操作性强的建议。市政府高度重视，积极采纳，出台了一系列政策措施，促进了新型城镇化建设和城乡一体化发展。

聚焦绿色共享发展，推动繁荣幸福新自贡建设。把治理环境，促进绿色发展；改善民生，促进共享发展作为人大服务大局，为民履职的重头戏。五年来，围绕促进资源节约和环境保护，推动形成人与自然和谐发展新格局，对节能减排、大气污染防治、双溪小井沟饮用水源地生态功能区保护和建设、城乡环境综合治理、釜溪河流域综合治理、污水处理设施建设、农业废弃物综合利用等30项工作进行了专项视察和深入调研。督促和支持市政府启动实施了双溪小井沟饮用水源地生态功能区保护和建设控制规划、编制了《釜溪河流域水污染综合治理实施方案（2015—2017）》，出台了《自贡市乡镇生活污水处理设施运行管理的意见》，并跟踪督查，为保障饮水安全、改善空气质量、优化人居环境、提高环保整体水平、促进生态文明建设作出了不懈努力，发挥了持续推动作用。围绕促进民生工程实施和惠民实事办理，推动惠民政策落实到位，对就业优先发展战略实施、义务教育均衡发展、公立医院改革和基层卫生服务体系建设、保障性住房建设、城乡社保体系和社会化养老服务体系建设、中心城区缓堵保畅体系建设、食品药品安全监管体系建设等37项工作进行了专题视察和调研；创新方式，对棚户区改造和脱贫攻坚推进情况开展了专题询问，督促和支持市政府及相关部门对事关基本民生改善的实事好事加大政策支持和资金投入力度，加大抓推进、抓落实的督导力度，努力增进民生福祉，促进了民生投入稳定增长和民生工程、惠民实事如期完成。围绕促进平安自贡建设，推动社会管理创新，对天网工程建设、人防工程、城市地下空间利用、社区矫正等15项工作进行了专题视察，听取和审议市政府相关工作报告，支持市政府制定并实施了《自贡市智慧视频防控体系建设规划（2014—2016）》，有效促进了我市治安防控能力建设和社会管理创新，增强了人民群众的安全保障。

聚焦法治自贡建设，推动依法行政公正司法。把促进依法治市作为人大围绕中心，服务大局的第一责任，切实加强法律监督工作，务实推动法治自贡建设。围绕促进依法行政、建设法治政府，加强了法律法规贯彻实施情况的监督。对食品安全法、消费者权益保护法、消防法、社会保险法、产品质量法、传染病防治法、献血法、四川省农村扶贫开发条例、城镇燃气管理条例、不动产登记暂行条例等26部法律法规贯彻实施情况进行执法检查；对代表法、预算法、防震减灾法、道路交通安全法等13部法律法规贯彻实施情况进行专题调研，听取和审议市政府工作报告，提出建议160余条。同时，理顺并加强了规范性文件备案审查工作，对“一府两院”和区县人大常委会报送的292件规范性文件进行了备案审查，促进了政府及其相关部门依法行政和相关法律法规在我市贯彻实施，维护了法治统一。围绕促进公正司法，切实加强司法监督。听取和审议了市中级人民法院审判执行、刑事审判、民商事审判、行政审判工作和市人民检察院查办和预防职务犯罪、公诉工作、检察诉讼监督、刑事执行检察工作情况报告，对公安监管工作开展专题调研，督促司法和公安机关坚持公正司法、文明规范执法，注重法律效果、社会效果和政治效果的统一，保护公民与法人合法权益，维护法律尊严。围绕促进法治社会建设，对“六五”普法实施情况、医疗纠纷化解机制和人民调解体系建设开展了深入检查，提出意见建议，助推了改进工作。同时，高度重视信访工作，积极妥善处理群众申诉、控告、检举。五年来，受理群众来信来访2609件次，常委会领导包案化解重要信访30件，督促解决了一批群众反映强烈的实际问题。

四、着力拓宽服务平台，代表履职展现了新风采

服务代表履职，提高代表履职能力。高度重视代表履职能力建设。五年来，有计划地组织全市各级人大代表和常委会组成人员参加全国和省市举办的履职培训1000余人次，邀请专家学者专题讲座20余次。免费为代表订送“一报三刊”(6)学习资料，编印发送《要情动态》，提供“一府两院”工作情况的有关资料，通报中央和省市委重大决策部署以及市、区县人大常委会工作情况，搭建市人大代表履职服务网络平台，拓宽代表知情知政渠道，为提高代表履职能力和履行代表职务提供优质的常态化服务。

组织代表履职，增强代表履职活力。高度重视闭会期间代表作用发挥，积极邀请代表列席常委会会议，参加常委会组织的立法调研、执法检查、集中视察。注重发挥人大代表联系群众的特有优势，持续开展“三联系”[(7)]活动、“扶贫攻坚——人大代表再行动”[(8)]主题活动和主任接待日活动，增强了全市人大代表联系服务群众的积极性、主动性和创造性，搭建了党和政府联系群众的桥梁和纽带。五年来，全市各级人大代表走访联系群众17万余人次，收集意见建议1万余条，帮助解决具体困难和实际问题8500余项。2014年6月，部分人大代表调查发现越溪河上游的焦化项目将严重污染小井沟水库，通过积极反映，得到省上支持，停建了该项目，及时遏制了饮用水源地上游重大污染源形成。

支持代表履职，增强代表履职动力。高度重视议案建议办理。修订完善议案建议办理办法，建立议案建议广泛征集机制、公开交办机制、重点办理和督办机制，强化议案建议办理的制度保障。市十六届人大一次会议以来，确定的6件议案，代表提出的493件建议，转交“一府两院”及有关部门办理，并及时向代表反馈，解决和基本解决占91.68%，代表满意和基本满意率100%。同时，扎实开展议案建议办理“回头看”，既促进了双溪小井沟饮用水源地保护、棚户区改造、食品安全监管、养老服务体系建设等议案办理的持续推进和落实，又激发了代表依法履职积极性。

五、着力谋求与时俱进，开拓创新取得了新突破

着眼强化创新意识，在更新理念明确路径上求突破。牢牢把握“推动人民代表大会制度与时俱进”总要求，着力破除人大工作创新难的思想障碍和人大工作就是做样子、走程序的错误认识，推动树立人大工作需要创新、能够创新和应当勇于创新的理念，按照“人大处在民主法治建设第一线”的定位和“一府两院”由人大产生，向人大报告工作，对人大负责，接受人大监督的制度原则，立足宪法和法律赋予的职责，针对存在的薄弱环节，顺应时代要求，强化使命担当，明确创新突破路径，着重在完善和优化职能、创新履职方式、完善议事规则、规范履职程序、细化履职标准、加强跟踪督办、强化结果运用等方面务实开拓、积极创新，在理念和路径的创新突破中推动了人大工作与时俱进。

着眼增强监督实效，在创新方式规范程序上求突破。聚焦增强监督实效，按照科学、可行、管用的原则，务实推进监督方式创新，着眼推动柔性监督向刚性监督拓展，制定了专题询问办法，对事关民生的重大事项开展了专题询问。着眼促进监督事项落地落实，创新了跟踪督办方式和机制，对审议意见的督办探索了“转办—催办—办理—反馈—测评”的跟踪监督新方式；对人代会议案的督办探索了“制定办理方案—审查确定方案—按年度目标办理—每年列入常委会议题不间断跟踪督办”的新方式和新机制，大力延伸监督链条，使监督工作更加有力，更有实效。着眼推动监督工作由虚向实的转变，从规范监督程序入手，制定了“三查（察）”[(9)]工作制度、处理审议意见的规定、加强司法监督工作的办法、预算审查监督办法、政府债务管理监督办法等制度、规定16个，通过履职标准细化、监督内容实化、履职程序制度化规范化，实现了人大监督由程序性向实质性转变的新突破。

着眼提高履职水平，在创新方法完善规则上求突破。坚持在运用细节上求变、运用范围上拓展、方式选择上着力，推进人大工作方法创新和规则完善。围绕提高履职水平，修订了“三会”[(10)]议事规则、任免国家工作人员办法、规范性文件备案审查规定等办法、规则21个，使常委会组成人员议事有规则、工作人员服务有标准，促进了工作规范高效运转；围绕增强人大工作的计划性、指导性和规律性，每年初都超前将常委会全年各项工作以年计划、月安排方式制定时间进度表，落实责任，严密组织实施；围绕提升审议质量，改进审议方式，推行中心发言人制度和审议发言记录签字认可制度，引导每一位组成人员都能紧扣议题发表审议意见；围绕提高建议意见办理质量，改变传统的“文来文往办理”，把走访、沟通作为办理工作的关键环节，推行建议意见督办“四结合四着力”[(11)]新方法，提高了办理质效。在履职方法和规则的创新中实现了全面提升常委会履职水平的新突破。

六、着力提高综合素质，机关建设迈上了新台阶

抓牢思想建设，增强“四个意识”[(12)]。坚持以坚定理想信念为首要任务，以开展党的群众路线教育实践活动、“三严三实”专题教育、“两学一做”学习教育为抓手，着力加强常委会领导班子及机关干部职工思想政治建设。坚持和完善常委会党组集中学习制度、机关周五学习制度、支部定期学习制度和干部教育培训制度，加强对党的十八大、十八届三中四中五中六中全会和习近平总书记系列重要讲话精神以及党章党规和省、市委重要会议精神，国家法律法规、人大业务知识的学习，举办专题学习讲座70余次，组织常委会组成人员、机关干部参加各级各类学习培训400余人次。通过学习教育，党员干部强化了“四个意识”，增强了“四个自信”(13)，坚定了围绕中心、服务大局的政治定力。

抓实作风建设，践行为民履职。认真贯彻落实中央和省、市委改进工作作风、密切联系群众各项规定，常委会组成人员带头深入基层，开展调查研究，联系帮扶贫困群众，助力脱贫攻坚，把联系和服务群众作为人大工作重心。按照全面从严治党要求，落实“两个责任”，抓实党风廉洁建设，开展典型教育、警示教育和反腐倡廉教育，坚持问题导向，查摆突出问题，严格正风肃纪，着力增强班子和队伍的“严”“实”自觉、守纪自觉，常委会机关形成了干事创业、团结奋进、风清气正的良好政治生态。

抓好人大宣传，营造履职氛围。着力构建全方位、深层次、多角度的人大宣传工作格局，注重发挥省市媒体、《自贡人大》刊物、自贡人大网站的宣传阵地作用，广泛宣传人民代表大会制度、改革发展成就、民主法治建设进程、人大工作亮点和代表履职风采，为推进人大工作和民主法治建设营造良好舆论氛围。五年来，人大宣传稿件在国家和省市级媒体刊播近2000篇（条）。同时，加强与区县人大的联系和对换届工作的指导，加强与全国各地人大的工作交流，促进了我市人大工作整体水平的提高。

五年的历程，在探索中前进、在规范中完善、在创新中提高。实践凝炼了我们对做好新形势下人大工作的六点深切体会：

一、坚持党的领导既是人大工作的根本原则，也是把握正确政治方向，做好人大工作的根本保证。

二、坚持围绕中心、服务大局既是人大工作的主题主线，也是紧扣加快发展第一要务，依法履行人大职责的准确定位。

三、坚持以人民为中心、促进民生福祉改善既是人大工作的根本宗旨，也是人大牢记使命、依法履职的出发点和归宿。

四、坚持不断开拓创新既是人大工作的不竭动力，也是人大在履职实践中坚持与时俱进、不断开创工作新局面的使命担当。

五、坚持充分发挥人大代表的主体作用既是人大工作的基本路径，也是发挥人大代表桥梁和纽带作用，在构建同心同向、凝心聚力、共建共享发展格局中人大工作要着力发挥的特有优势。

六、坚持不断加强自身建设既是提高人大工作质效和水平的基本途径，也是着力提高人大班子和队伍综合素质，始终坚持人大工作正确政治方向的关键抓手。

各位代表，过去五年人大常委会工作取得的成绩，是市委坚强领导的结果，也是全体市人大代表、常委会组成人员、市人大各专委会和常委会工作机构共同努力、辛勤工作的结果；得益于省人大常委会的关心指导和市政府及其职能部门、市法院、市检察院的大力支持；得益于历届市人大常委会老领导的悉心帮助和各区县人大常委会的协作配合；也得益于社会各界、全市人民满腔热忱的有序参与。在此，我谨代表市十六届人大常委会，向大家表示衷心感谢！

在总结成绩的同时，我们也清醒地认识到，常委会的工作还有不少差距和不足，主要表现在：立法能力还需进一步提升；审议质量还需进一步提高；监督实效还需进一步增强；常委会联系代表、代表联系群众的渠道还需进一步拓宽；工作制度还需进一步落实。这些都需要在今后的工作中不断加以改进。

对新一届常委会工作和2017年主要任务的建议

市第十二次党代会描绘了未来五年自贡发展的宏伟蓝图，面对新任务和新要求，建议新一届人大常委会工作应把握的总体要求是：高举中国特色社会主义伟大旗帜，坚持以马克思列宁主义、毛泽东思想、邓小平理论、“三个代表”重要思想、科学发展观为指导，全面贯彻党的十八大和十八届三中、四中、五中、六中全会精神，深入贯彻习近平总书记系列重要讲话精神和治国理政新理念新思想新战略，坚定践行“四个全面”(14)战略布局和“五大发展理念”，认真贯彻落实市第十二次党代会精神，紧紧围绕“三个加快、三个跨越”(15)发展定位和“五大任务”(16)，切实履行法定职责，团结动员全市人民，凝心聚力，为推动振兴发展、决胜全面小康，建设城乡一体繁荣幸福新自贡而努力奋斗！

一、增强“四个意识”，认真贯彻市委决策部署

始终坚持党对人大工作的领导，切实增强政治意识、大局意识、核心意识和看齐意识。认真贯彻落实省委和市委人大工作会议精神，准确把握新时期加强人大工作和建设的新任务新要求；把围绕中心、服务大局作为人大工作的主题主线和履职定位，按照市第十二次党代会的决策部署去谋划和推进人大工作，及时将市委决策通过法定程序转化为全市人民的共同意志、行动指南并认真领会、圆满实现市委人事安排意图；要坚持定期报告工作和重大事项请示报告制度，牢牢把握人大工作的正确政治方向。2017 年要围绕全市经济社会发展中带全局性、根本性的重大事项和人民群众普遍关心的热点难点问题依法作出决议决定；优化任免工作流程，依法做好人事任免工作；加强任后监督，对市食品药品监督管理局开展工作评议。

二、注重立法质量，扎实推进科学民主立法

坚持党对立法工作的领导，坚持人大主导立法，牢固树立“立良法行善治”理念，把提高立法质量作为做好地方立法的前提。突出特色，切实增强地方立法的针对性和可操作性。坚持依法立法、科学立法、民主立法，拓展人民群众有序参与立法的途径。加强立法起草、审议、修改、表决的统筹协调，建立立法项目论证制度和立法后评估机制。加快地方立法步伐，发挥立法对改革发展的引领和推动作用。2017 年要完成新一届市人大及其常委会立法规划的编制；着力探索制定公开征集地方立法选题和立法建议办法；继续审议并完成《自贡市〈四川省物业管理条例〉实施办法》和《自贡市井盐文化遗迹保护管理条例》的制定，推进《自贡市违法建设查处管理条例（草案）》的起草和审议。

三、服务振兴发展，切实强化落地落实监督

认真贯彻监督法，突出监督重点、改进监督方式、提高监督实效，力促“一府两院”依法行政、公正司法。在加强工作监督方面，要围绕“推动振兴发展、决胜全面小康”主题，紧扣“统筹城乡、转型突破、追赶跨越”工作基调，突出以“三个加快、三个跨越”和“五大任务”的推进为重点，综合运用多种监督形式，推动市委重大决策、重点部署、重要举措落地落实。在加强法律监督方面，紧紧围绕法治自贡建设，加大执法检查力度，推动法律法规在我市贯彻实施，维护法治统一和权威。完善监督方式，形成专题询问常态化机制，提高专题询问质量；要加强跟踪督办，强化规范性文件备案审查，继续开展工作评议；要探索运用质询、特定问题调查等刚性监督方式，不断增强监督实效。2017 年重点围绕国民经济和社会发展计划执行、重大项目建设、“优二兴三”和招商引资工作、推进财政预算在线监督实施、文化旅游产业发展、脱贫攻坚年度计划落实、棚户区改造实施、中心城区缓堵保畅体系建设、城乡环境和釜溪河综合治理等情况开展工作监督；对律师法等法律法规在我市贯彻实施情况开展执法检查。

四、发挥主体作用，努力提升代表履职能力

深入贯彻代表法，全面落实中央和省市委加强代表工作的要求，加强新任人大代表的履职培训。充分发挥代表联系人民群众履职平台和网络平台作用，使代表更好地反映人民意愿、传递百姓声音、表达群众诉求。组织代表开展集中视察和专题调研，扩大代表对常委会、专门委员会工作的参与，拓宽代表知情知政渠道。落实闭会期间代表履职的组织、激励、保障和监督机制，创新活动方式，丰富活动内容，增强活动实效。完善议案建议办理考核机制，加强跟踪督办，进一步提高办理质量和效率。2017 年重点围绕议案建议办理，对“正在解决”“计划解决”的代表建议开展跟踪督办，推动办理落实和问题解决；建立和完善街道代表联络机制；深化“扶贫攻坚——人大代表再行动”主题活动，更好地发挥人大代表在脱贫攻坚中联系和服务群众的作用。

五、开创履职新局面，不断提高自身素质能力

以坚定理想信念为首要任务，突出思想引领，严抓党性修养，着力增强常委会组成人员和机关干部职工的“四个意识”和“四个自信”，在思想上政治上行动上与党中央保持高度一致。着力落实整治“四风”(17)、改进作风、密切联系群众的各项措施，在深入联系和服务群众中夯实人大履职的民意基础。坚持问题导向，强化主体责任，切实加强党风廉洁建设。落实各项学习和培训制度，着力提高常委会组成人员、机关干部依法履职的素质能力。落实各项履职制度、规定和办法，严格常委会运行机制、议事程序和工作规范，坚持民主集中制，坚持集体行权，不断提高工作质量和水平。发挥常委会党组核心领导作用，夯实管党治党主体责任，落实严肃党内政治生活、巩固良好政治生态的十项措施；严格党内监督，严肃政治纪律和政治规矩，在依法履职中坚定不移地贯彻党的政治路线、思想路线、组织路线、群众路线和省委“六个毫不动摇”[18]的工作要求，牢牢把握人大工作的正确政治方向。重视和落细老干部工作；加强和抓实人大宣传舆论工作；密切与各地人大的联系和交流；加强对基层人大工作的指导和帮助，不断开创人大工作新局面。2017年重点围绕学习贯彻党的十八届六中全会、省委十届九次全会和市第十二次党代会精神，加强机关思想政治建设和理论武装工作；加强党的方针政策、党规党纪、国家法律法规、人大业务知识学习，着力提高用法治思维和法治方式推进人大履职的能力；精准做实脱贫帮扶工作，助力脱贫攻坚；强化制度执行监督，规范机关管理，提高机关运行效率，努力建设为民务实清廉、忠诚干净担当的干部队伍。

各位代表，回顾过去，荣光鉴证誓言，成就辉映历程；展望未来，蓝图集结初心，号角激励前行。让我们紧密团结在以习近平同志为核心的党中央周围，在中共自贡市委的坚强领导下，奋力拼搏、砥砺前行，持续开创人大工作新局面，为推动振兴发展、决胜全面小康，建设城乡一体繁荣幸福新自贡而努力奋斗！

名词注释

（1）五大发展理念：指创新发展的理念、协调发展的理念、绿色发展的理念、开放发展的理念、共享发展的理念。

（2）两化：指新型工业化、新型城镇化。

（3）五个自贡：指产业自贡、生态自贡、文化自贡、创新自贡、幸福自贡。

（4）四本预算：指一般公共预算、政府性基金预算、国有资本经营预算、社会保险基金预算。

（5）“宽带乡村”试点工程：指国家发改委、财政部、工业和信息化部为贯彻落实《“十二五”国家战略性新兴产业发展规划》和《关于印发“宽带中国”战略及实施方案的通知》，加快推动农村地区宽带发展与普及，联合组织实施的“宽带乡村”试点工程。

（6）一报三刊：一报指《人民权力报》；三刊指《中国人大》《民主法制建设》《自贡人大》。

（7）三联系：指市人大常委会主任、副主任、秘书长联系市人大常委会委员，市人大常委会组成人员联系市人大代表，市人大代表联系人民群众。

（8）扶贫攻坚——人大代表再行动：指为发挥人大代表与人民群众联系最紧密、最直接的天然优势，充分调动代表参与扶贫攻坚的积极性，省人大常委会决定在代表中倡导开展“扶贫攻坚——人大代表再行动”活动，号召代表积极投身扶贫攻坚，为全省打赢扶贫攻坚战做出应有贡献。

（9）三查（察）：指视察、执法检查、调查研究。

（10）三会：指市人民代表大会、市人大常委会会议、市人大常委会主任会议。

（11）四结合四着力：指坚持市人大各专门委员会和常委会办事工作机构分工督办与重点难点建议由市人大常委会班子成员牵头重点督办相结合，着力提高重点、难点问题的解决率；坚持市人大组织督办与邀请提议案建议的代表参与督办相结合，着力提高代表的知情率和满意率；坚持全面检查督办回复与逐项查析办理实效相结合，着力督促办理单位和人员提高办理质量；坚持督促办理与参与办理相结合，在督促中积极参与办理，在参与办理中加大督办力度，着力提高代表建议意见的解决率。

（12）四个意识：指政治意识、大局意识、核心意识、看齐意识。

（13）四个自信：指道路自信、理论自信、制度自信和文化自信。

（14）四个全面：指全面建成小康社会、全面深化改革、全面依法治国、全面从严治党。

（15）三个加快、三个跨越：指加快建设全国老工业城市转型升级示范区，推动老工业城市向现代化城市跨越；加快建设西部内陆融入“一带一路”先行区，推动腹地城市向开放前沿跨越；加快建设独具特色的国际文化旅游目的地，推动文化资源大市向文化旅游强市跨越。

（16）五大任务：指优二兴三、交通先行、统筹城乡、放开放活、民生优先五大任务。

（17）四风：指形式主义、官僚主义、享乐主义和奢靡之风。

（18）六个毫不动摇：指毫不动摇保持专注发展战略定力、毫不动摇坚持创新引领转型发展、毫不动摇构建全面改革开放新格局、毫不动摇把法治四川建设推向深入、毫不动摇把以人民为中心的发展思想落到实处、毫不动摇加强和改进新形势下党的建设。

政府工作报告

（2016年12月16日在市第十七届人民代表大会第一次会议上）

自贡市人民政府市长　刘永湘

2016年工作总结及本届政府工作回顾

2016年是本届政府的收官之年，也是“十三五”的开局之年。面对依然严峻复杂的宏观经济形势，市政府在省委、省政府和市委的坚强领导下，在市人大、市政协的监督支持下，紧紧依靠全市人民，始终保持定力、专注发展，统筹稳增长、调结构、促改革、惠民生、防风险，经济社会保持平稳较快发展，主要经济指标达到或超过全省平均水平，全市地区生产总值实现1230亿元、增长7.6%（预计、下同），地方一般公共预算收入实现48.7亿元、增长8.6%。一年来，我们突出抓了八个方面工作：

一、坚持多措并举，经济保持平稳增长

强化政策稳增长，出台推进供给侧结构性改革50条政策措施，将市应急周转金规模增加到3亿元，帮助140多户企业转贷20多亿元，减轻企业负担8.75亿元，商品房销售面积增长17%。着力投资稳增长，聚力推进300个市级重大项目，制定开竣工奖励机制，筛选16个项目重点推动，及时协调解决资金、用地、审批等问题，争取国家专项基金和上级无偿补助资金60亿元，重大项目完成投资386亿元，全社会固定资产投资完成717亿元、增长12.2%。突出工业稳增长，实施企业分类帮扶，支持订货充足企业满负荷生产，帮助企业协调流动资金23.66亿元，促进莱美特镁业等25户停产半停产企业实现复产，企业基本面总体平稳，新增规模以上企业20户，规模以上工业增加值增长8.5%。引导消费稳增长，落实消费促进政策，举办房交会、汽车展、家居建材展等促销活动60余场次，休闲娱乐、健康养老、体育健身等新兴消费快速增长，社会消费品零售总额增长10.5%。

二、着力优化结构，转型升级实现新突破

大力发展五大高端成长型产业，设立了高端产业发展投资基金、战略性新兴产业发展基金和航空产业基金，分产业制定推进方案，航空与燃机产业实现突破，捷克轻型飞机组装试飞，海川航空发动机零部件制造项目竣工投产，意大利斯凯特直升机制造项目成功引进，自贡通用航空产业园加快推进，我市被列为全省三大航空与燃机产业集聚区；节能环保装备制造产业加快向高端化、智能化迈进，新材料、生物医药产业不断壮大，大西洋焊接产业园、新吉隆激光再制造项目基本建成，晨光氟硅新材料产业园、中天胜1万吨特种聚酰亚胺树脂及复合材料产业化项目加快推进，战略性新兴产业产值占比达到29%。机械、盐及盐化工、食品加工等传统产业加快调整改造，产值占比保持在70%以上，西南（自贡）无水港油脂生产线项目建成，8个煤矿实现关闭。现代服务业加快发展，义乌小商品城、中国供销川南国际农贸城运营中心主体竣工，自流井现代综合物流园、大山铺铁路物流园建设有序推进，普润电商产业园建成运营，阿里巴巴、京东区域服务中心落户自贡，金融服务体系进一步健全，恒丰银行、光大银行引进落户；文化旅游业加快发展，第22届自贡国际恐龙灯会成功举办，自贡灯会在33个海外城市成功展出，盐卤浴一期建成运营，特色乡村旅游蓬勃发展，全年旅游综合收入达到283亿元、增长14%。服务业增加值增长8.5%。

三、坚持建管并重，新型城镇化有力推进

重大基础设施建设不断加强，乐自高速自流井连接线、G348富顺绕城线、王贡路建成通车，北环路拓宽改造主体完工，凤鸣通用机场和4条城区高速公路连接线有序推进，川南城际铁路自贡段开工建设。“一大三中”水库加快建设，4个输变电站工程建成投用，城乡4G通信网络和宽带实现全覆盖，智慧城市大数据中心建成运行。城镇建设稳步推进，新型城镇化发展规划、东部新城控制性详规编制完成，东部新城起步区“两纵两横”(1)道路和地下综合管廊开工建设，南岸科技新区“一环两纵三横”(2)路网全面建成，南部、西部、东北部新城基础配套不断完善。棚改三年攻坚强力推进，争取到棚改补助资金24.68亿元、政策性贷款47亿元，实现PPP融资22.3亿元，东兴寺、西山路、光凤片区和大安旧城起步区房屋征收基本完成，安置房建设进展有序，伍家坡等17个棚改项目全面启动，新开工棚户区改造23244户。缓堵保畅综合治理有力推进，西山路、汇园路实现通车，东兴寺大桥立交改造、丹桂大街升级改造基本完成。荣县、富顺县城加快建设，富顺省级宜居宜业县城建设试点启动实施，12个省级试点镇基础设施进一步完善。“三创”(3)联动扎实开展，顺利通过省级卫生城市复审，“六乱”（乱摆摊点、乱设广告、乱搭建、工地乱象、车辆乱停、乱扔垃圾）整治和重点污染源治理深入实施，城市人均公园绿地面积达11.4平方米，全市森林覆盖率达到34.7%，釜溪河水质稳定改善，PM2.5年均浓度下降3.8%。

四、突出产村融合，新农村建设成效明显

现代农业稳步发展，五大特色产业基地加快建设，建成2个省级现代农业示范园区，沿滩、富顺创建为省级农产品质量安全示范县。产业化经营积极推进，新增省级龙头企业4户、农民合作社和家庭农场32个，100万头生猪产业化暨食品加工、3500万羽肉鸡一体化等项目加快实施。农田水利基础建设不断加强，完成病险水库整治22座、整理土地7.5万亩，建成高标准农田7.7万亩，全年粮食总产达到132.8万吨，农业增加值增长3.8%。新农村建设扎实推进，新改建农村道路500公里，建成200个幸福美丽新村。

五、强化创新驱动，发展动力不断增强

科技创新体系不断完善，南岸科技新区孵化园加快建设，20户企业与高校缔结创新共同体，建成全省首个焊接工程技术研究中心，组建设立3个院士专家工作站。新一代核电焊接材料等16项关键技术研发取得突破，运机公司超长管带式输送机等17项重大科技成果实现转化，新增国家高新技术企业3户，高新技术产业产值占比达到30%。军民融合发展步伐加快，航空与燃机、新材料产业“民参军”成效明显，晨光特种工程塑料制品生产等3个项目列入省军工产业重点项目，中天胜聚酰亚胺泡沫产品通过空军装备部装机评审，海川等8户企业成为军品直接供应商，我市被列为全省军民融合发展集聚区。重点领域改革全面深化，农村产权抵押融资试点有序实施，4户企业在新三板挂牌，3户国有困难企业完成破产终结，新增各类市场主体1.5万个，制定公布行政权力清单、责任清单，清理下放行政审批事项45项、取消32项，教育综合改革有序推进，公立医院全部取消药品加成。

六、实施内外联动，对外开放取得重大进展

招商引资强力推进，工作体系更加完善，考核激励力度加大，领导牵头招商、区县主体招商、园区专业招商、部门行业招商格局全面构建，上海、深圳、重庆等专题招商活动成功举办，第十六届西博会项目签约成果丰硕，总投资80亿元的粤创微电子科技产业园、30亿元的石墨烯产业园、31亿元的方特恐龙王国等一批重大产业项目签约引进，新超越集团智能终端产业园、新亚集团手机生产线实现当年签约当年投产，全年引进亿元以上项目115个，到位市外项目资金690亿元、增长34.7%。企业“走出去”步伐加快，东锅、华西能源等企业开拓欧洲、东南亚等“一带一路”市场屡创佳绩。区域合作不断深化，与川南城市在基础共建、污染防治、文化旅游等领域的合作取得新成效。

七、聚力脱贫攻坚，群众生活持续改善

自加压力提速推进脱贫攻坚，确定了“前两年集中攻坚，后三年查漏补缺、巩固提升”的总体要求，建立健全领导联系、驻村蹲点、督查问责、公开晒账等工作机制，整合涉农项目资金9.5亿元，设立4亿元扶贫开发基金，大力推进精准扶贫精准脱贫。“八个一批”(4)脱贫攻坚行动扎实开展，完成易地扶贫搬迁8550人，产业扶贫项目带动1.53万户贫困户增收，实现低保线、扶贫线“两线”合一，56个贫困村达到摘帽标准，3.8万贫困人口脱贫任务基本完成。九大民生工程深入实施，新增城镇就业3.8万人，城镇登记失业率控制在4.1%以内，“五险合一”(5)稳步推进，城乡居民医疗保险制度并轨运行，养老保险和低保保障水平稳步提高，83个老旧小区电力设施改造完成，住房公积金支持3.8万职工改善居住条件，改造农村危房2902户，10件民生实事全部办结。

八、提升公共服务，社会建设全面加强

教育事业协调发展，自流井义务教育基本均衡发展通过国家认定，贡井、富顺通过省级评估，开放办学取得突破，成都外国语学校、嘉祥外国语学校、衡水第一中学相继引进，学前教育三年计划深入实施，新建改建公办幼儿园13所，中德合作职业教育试点全面推进，成功组建卫生康复职业教育集团。医疗卫生服务不断加强，四川卫康院医养结合基地启动实施，卧龙湖康疗中心开工建设，市疾控中心建成全国首个地级市三甲疾控中心。文化事业繁荣发展，纪念红军长征胜利80周年系列活动广泛开展，全民健身活动蔚然成风，富顺文体中心建成投用。社会治理进一步加强，社区标准化建设积极推进，基层治理能力稳步提升；群众权益维护机制不断健全，一批信访突出问题妥善解决；治安防控体系更加完善，社会治安秩序保持良好；安全生产和食品药品安全形势平稳向好，连续12年未发生重特大事故。“双拥”共建、国防动员和民兵预备役工作得到加强。统计、外事、档案、防震减灾、地方志、气象、人防、民族、宗教、侨务、对台、邮政、妇女儿童、老龄和残疾人工作取得新成绩。

各位代表，经过全市上下一年来的艰苦努力，我们不仅较好地完成了预定目标，实现了“十三五”良好开局，也为本届政府工作画上了圆满句号。回顾过去的五年，是宏观形势严峻复杂、发展历程极不平凡的五年，也是全市上下克难奋进、各项事业长足进步的五年。五年来，我们认真贯彻落实各项决策部署，积极适应经济发展新常态，沉着应对各种挑战，深入实施“三大发展战略”（多点多极支撑发展战略，统筹城乡发展战略，创新驱动发展战略），持续建设“五个自贡”（产业自贡、生态自贡、文化自贡、创新自贡、幸福自贡），保持了经济平稳增长和社会稳定的基本面，开创了全市经济社会发展的新局面。

过去的五年，是经济总量跃上台阶、综合实力明显增强的五年。全市地区生产总值年均增长9.7%，跻身全省千亿市州行列；人均生产总值达到4.4万元，是2011年的1.5倍，居全省第四位。地方一般公共预算收入年均增长10.2%；全社会固定资产投资累计完成2920亿元，是上五年的2.5倍。工业加快转型升级，建成国家节能环保装备产业示范基地，航空与燃机产业高点起步，电子信息产业从无到有，老工业城市产业转型迈出坚实步伐；园区发展水平不断提升，新增承载能力25平方公里，产业集中度达到65%。商贸服务业加速提档升级，新兴先导性服务业加快孕育，川南家居城、川南五金城等一批专业市场建成投用，大山铺生活资料和贡舒片区生产资料集聚区集聚效应日益显现，川南汽贸产业园、自流井电子商务集聚区创建为省级现代服务业集聚区。农业农村经济稳步发展，产业化经营水平明显提升。三次产业结构由12.7:58.8:28.5调整为11.4:57.1:31.5。

过去的五年，是基础瓶颈加速突破、发展条件不断优化的五年。交通建设突飞猛进，成自泸、乐自、自隆、内威荣4条高速公路建成通车，县县通高速全面实现，高速公路总里程达235公里，是2011年末的4.4倍，自贡交通边缘化的状况得到极大改变，为构建综合交通枢纽奠定了坚实基础；东环线、东盐都大道等骨干道路建成通车，新改建农村公路1633公里，乡、村通畅率达100%和93%，“成渝两小时、川南一小时、市域半小时”快速通达成为现实。水利建设取得重大突破，全市人民期盼已久的小井沟水库建成蓄水，城市缺水状况得到极大缓解。

过去的五年，是城乡建设强力推进、人居环境显著改善的五年。新一轮城市总规调修全面完成，“一主两副多基点”(6)的新型城镇体系基本建立，城乡统筹、协调发展的空间格局构建形成。新区建设和旧城改造加快推进，中心城区新增建成区面积14.4平方公里，配套功能不断完善，成功迈入“双百”（主城区人口100万人，主城区面积100平方公里）大城市行列，荣县、富顺县城聚居人口超过20万，一批特色小城镇和幸福美丽新村展现新面貌，全市城镇化率达到48.8%、提高6.1个百分点。城乡环境更加优美，釜溪河复合绿道示范段和一批高品质城市公园建成开放，城乡生活污水处理设施实现全覆盖，环境空气质量稳步改善，成功创建国家园林城市和省级环境优美示范市，四区两县全部建成省级环境优美示范县。

过去的五年，是改革开放全面深化、发展活力加快释放的五年。以经济领域为重点的各项改革深入推进，制定出台78项重点改革方案，改革整体框架基本搭建，农村产权制度改革迈出新步伐，深化“双挂钩”试点在全省率先启动并取得积极成效，政府机构改革、事业单位分类改革基本完成，国资国企、投融资、行政审批、教育文化、医疗卫生等领域改革取得新突破。以企业为主体、产学研用相结合的科技创新体系更加完善，国家、省科技创新平台位居全省前列，成功创建国家知识产权试点市、国家技术创新工程省级试点示范市，科技进步对经济增长贡献率提高到54%。经济、文化、科技等领域对外开放全面深化，与通用、普惠、中航工业等国内外知名企业的战略合作不断加强，累计到位市外项目资金2900亿元、年均增长7.5%，70多户企业与“一带一路”沿线43个国家、地区开展经贸合作，签订国际订单和战略合作协议78亿美元，为自贡企业走向国际市场开辟了广阔空间。

过去的五年，是保障体系不断完善、人民福祉日益增多的五年。民生支出突破500亿元、是上五年的2.44倍。社会保障更加有力，城乡居民基本养老保险实现全覆盖，大病医疗保险、机关事业单位养老保险全面实施，养老服务和社会救助体系进一步完善。群众生活水平不断提高，城乡居民人均可支配收入分别达到28578元和13248元、年均增长10.6%和11.4%，恩格尔系数下降到40%，每百户城镇家庭拥有汽车15辆，人均期望寿命提高到76.33岁。社会事业长足进步，一批高品质学校建成投用，“两基”（基本实施九年义务教育，基本扫除青壮年文盲）工作获国务院表彰，自贡卫校创建为四川卫生康复职业学院；医疗卫生服务体系逐步完善，三甲医疗卫生机构达到6所，基层医疗卫生机构标准化水平稳步提升；四级公共文化服务体系进一步健全，文艺创作和群众文化繁荣发展，自贡世界地质公园荣膺“中国最美地质公园”，成功创建省级文明城市。

过去的五年，是作风转变成效明显、政府建设全面加强的五年。党的群众路线教育实践活动、“三严三实”专题教育、“两学一做”学习教育和正风肃纪专项治理扎实开展，“四风”突出问题得到有效遏制，政府机关作风明显转变。认真执行市人大及其常委会的决定决议，自觉接受市人大法律监督、工作监督和市政协民主监督，人大议案、代表建议和政协委员提案办理保持较高质量，与各民主党派、工商联、无党派人士和人民团体的联系更加紧密。法治政府建设扎实推进，行政权力实现依法规范公开运行，重大决策第三方评估机制建立落实，政府决策更加科学民主。廉政建设全面加强，土地出让、工程招投标、政府采购等重点领域制度建设进一步健全，公共资源交易更加规范公开，行政监察和审计监督力度加大，财政预算管理不断加强，部门预算全面公开，“三公”［公务接待、公务用车、因公出国（境）］经费支出逐年下降，公车改革全面完成，始终保持了廉洁高效的政府形象。

各位代表，回顾五年的历程，市政府团结带领全市人民，艰苦奋斗，开拓进取，改革发展取得了可喜成绩。这些成绩的取得，得益于市委的坚强领导，得益于市人大、市政协的监督支持，得益于区县、部门和全体公务人员的共同努力，得益于社会各界的关心帮助，凝聚着全市人民的智慧和心血。在此，我谨代表市政府，向各位人大代表、政协委员，向在各条战线辛勤工作的广大建设者、人民警察、驻市解放军和武警、消防官兵，向各民主党派、人民团体和各界人士，向所有关心支持自贡发展的老领导、同志们、朋友们，表示衷心的感谢并致以崇高的敬意！

在总结成绩的同时，我们清楚地看到，对照今年目标，地区生产总值、社会消费品零售总额、居民收入指标没有完成，个别重大项目没有达到预期进度；对照五年目标，一些指标和项目推进还有较大差距。同时，我们也清醒地看到，经济社会发展和政府工作中还存在突出的矛盾和问题：一是发展后劲明显不足，大项目尤其是重大产业项目支撑乏力，部分传统产业优势减弱，新兴产业处于孕育期，经济增长面临巨大压力。二是发展质量效益不高，产业的结构性矛盾依然突出，低端化特征明显，创新能力整体不强，转变经济增长方式尤为迫切。三是要素集聚能力较弱，对外开放水平不高，区域竞争优势不强，优化发展环境的任务十分艰巨。四是民生改善还存在不少薄弱环节，公共服务供给与群众多元化需求之间存在较大差距，一些群众关心的实际问题没有得到很好解决，改善民生任重道远。五是面对新形势新要求，观念守旧、担当不够、能力不强、作风不实的问题依然不同程度存在。这些都深刻而明确地昭示我们：当前自贡最大的实际仍然是发展不够，最大的制约仍然是创新开放不够，最大的问题仍然是落实不够，最大的短板仍然是民生改善不够，最大的差距仍然是思想解放不够。在今后的工作中，我们必须大力解放思想、锐意开拓，针对矛盾问题，采取有力措施，努力把政府工作做得更好，把经济社会发展提高到新的水平。

今后五年工作总体要求和主要任务

未来五年，是自贡加快转型、动力重构的五年，我们能不能抓住新一轮科技革命和产业变革机遇，推动发展方式的根本转变，实现老工业城市全面振兴，要看这五年；未来五年，是自贡全面开放、潜能迸发的五年，我们能不能主动融入国际国内两个市场，不断拓展发展空间，实现借力借势发展，要看这五年；未来五年，是自贡攻坚破难、追赶跨越的五年，我们能不能在新一轮竞相发展格局中，抢占先机增创优势，实现率先突破加快发展，要看这五年；未来五年，更是自贡决战脱贫攻坚、决胜全面小康的五年，我们能不能打赢脱贫攻坚硬仗，补齐改善民生的最大短板，实现总体小康向全面小康的跨越，要看这五年。使命催人奋进，发展时不我待，只要我们拿出敢于担当的精神、求真务实的作风、只争朝夕的干劲，励精图治，努力拼搏，就一定能开创自贡经济社会发展的崭新局面，推进老工业城市的全面振兴。

今后五年政府工作的总体要求是高举中国特色社会主义伟大旗帜，深入贯彻习近平总书记系列重要讲话精神和治国理政新理念新思想新战略，认真落实省委“三大发展战略”，紧扣推动振兴发展、决胜全面小康主题，突出统筹城乡、转型突破、追赶跨越工作基调，加快建设全国老工业城市转型升级示范区，加快建设西部内陆融入“一带一路”先行区，加快建设独具特色的国际文化旅游目的地，为建设城乡一体繁荣幸福新自贡而努力奋斗。

奋斗目标是到2021年，实现“三突破两翻番两下降”，即：地区生产总值突破2000亿元，地方财政一般公共预算收入突破100亿元，全社会固定资产投资累计突破5000亿元；城乡居民人均可支配收入比2010年翻一番以上；万元GDP综合能耗、污染物排放总量降幅达到省控目标。

在今后工作中，我们将认真贯彻省委“六个毫不动摇”(7)的总体要求，紧紧围绕市第十二次党代会确定的“三个加快”(8)、“三个跨越”(9)和“五大任务”(10)的战略部署，牢牢扭住发展第一要务，始终致力于激发和增添产业支撑力、创新驱动力和要素集聚力，重点在五个方面推动发展突破：

一、大力推进产业现代化，打造结构合理、优势明显的产业体系。围绕加快建设全国老工业城市转型升级示范区，着力“优二兴三”，加快构建以先进制造业和现代服务业为支撑的现代产业体系。做大做强工业主支撑，大力实施“633”转型升级行动，加快发展节能环保装备制造、新材料、航空与燃机、电力装备、生物医药、新能源汽车六大战略性新兴产业，积极培育新一代电子信息、石墨烯、页岩气三大潜力产业，加快改造提升盐及盐化工、食品加工、纺织服装三大传统产业，着力打造产值1000亿装备制造产业、500亿新材料产业和一批100亿级特色产业集群；实施大企业大集团培育计划，加快培育一批100亿、50亿、30亿企业。大力发展现代服务业，着力培育电子商务、现代物流、金融保险、健康养老等新兴先导型服务业，建设自流井现代综合物流园、大山铺铁路物流园，创建国家级综合保税区，培育年交易额超100亿商贸集聚区3个、超50亿专业市场3个、超10亿城市综合体2个，构建区域服务业中心。围绕加快建设独具特色的国际文化旅游目的地，推进“全域景区”建设，依托盐龙灯特色文化资源，着力打造方特恐龙王国、中华彩灯大世界、卧龙湖国际旅游度假区等精品景区，建设具有国际影响力的井盐文化博览园、恐龙文化旅游区和彩灯文化中心；加快培育航空文化、工业文化、佛儒文化等特色旅游，推进航空主题乐园、荣县大佛和富顺文庙文化产业园建设，着力打造一批特色文化景区、历史街区和乡村旅游观光带。积极发展现代农业，推进农业“接二连三”发展，集中成片成园成带发展特色产业，培育一批特色农产品品牌，提升农业产业化经营水平。

二、大力推进交通枢纽化，构建功能配套、支撑有力的基础网络。围绕建设川滇黔渝重要的综合交通枢纽，突出交通先行，加快推进以铁路为重点的交通基础设施建设，建成川南城际铁路、蓉昆高铁成自段、凤鸣通用机场、成宜高速自贡段、北环快速通道、自贡—泸州港公路，推进南溪—内江高速公路自贡段建设，实施国省干道升级改造和沱江航道六改四工程，规划建设乐自城际铁路、城市轨道交通和荣县、富顺通用机场，加快形成“七纵六横两航一环”(11)立体交通网络，实现川南半小时、成渝1小时、贵昆3小时高速通达；完善市域路网，全面建成高速公路、高铁城区连接线，推进中心城区骨干路网建设，加强组团间快速交通联系，新改建农村公路2000公里以上，实现乡乡通油路和村村通硬化路。加强重大水利设施建设，建成狸狐洞、大坡上、楼房湾水库，加快推进双溪灌区、向家坝自贡灌区、长征渠自贡灌区工程，构建多水源、全市域、互连互通的水网体系。加强能源设施、信息网络等基础建设，加快建设智慧城市，全面提升发展的基础保障能力。

三、大力推进城乡一体化，建设绿色生态、宜居宜业的美丽家园。坚持统筹城乡发展，着力优化空间布局，构建城乡协调发展新格局。稳步推进东部新城开发，形成起步区6平方公里综合承载能力；提升南部、东北部、西部新城品质，规划建设一批功能性设施和标志性工程。积极推进旧城复兴，全面完成棚改三年攻坚任务，基本消除成片棚户区，促进旧城生态修复和功能完善。强化城市基础配套，加快海绵城市和地下综合管廊建设，实施缓堵保畅治理工程，优先发展城市公共交通，提高交通通行效率。推动荣县、富顺县城城市副中心发展，提升承载力和集聚力。加快镇村一体发展，打造一批特色小城镇，70%以上的行政村建成省级“四好村”。加强生态环境建设，扎实开展“绿化城乡、大美盐都”生态落地行动，加快建设国家森林城市；实施城市水系连通工程，打造碧波过城、湖库连珠的南国水乡；深入开展“三创”联动，加强城乡环境综合治理，强力推进污染防治，促进环境质量持续改善。

四、大力推进开放国际化，构筑内外联动、充满活力的开放前沿。围绕加快建设西部内陆融入“一带一路”先行区，大力推进放开放活，不断拓展发展新空间，培育发展新动能。加大产业链招商力度，精准对接世界500强、国内500强、行业100强，着力在招大引强上实现新突破，力争到位市外项目资金5000亿元以上。加快“走出去”步伐，引导企业加强国际产能合作，鼓励装备制造、新材料、彩灯等优势企业拓展海外市场，不断提高经济外向度。深入实施创新驱动发展战略，进一步完善科技创新体系，培育建设一批国家、省级创新平台和科技孵化器，培育和引进一批科技领军人才，推动关键技术攻关和成果转化，推进军民深度融合发展，高新技术产业产值占比提高到35%。加大供给侧结构性改革力度，进一步优化产业产品供给结构。深化农业农村、国资国企、投融资、社会事业等领域改革，持续释放发展动力。

五、大力推进服务均等化，建成文明和谐、繁荣幸福的全面小康。坚持民生优先，加大民生投入，深入实施民生工程，办好民生实事，切实增强人民群众获得感。围绕“两不愁、三保障、四个好”(12)目标，深入推进精准扶贫、精准脱贫，大力实施“六大重点工程”，确保2017年全面完成摘帽脱贫任务，坚决打赢脱贫攻坚战。健全公共就业服务体系，推动实现比较充分、更高质量的就业；继续扩大社会保险覆盖面，稳步提高社会保障水平，构建更加公平可持续的社会保障体系。积极培育和践行社会主义核心价值观，广泛开展群众性精神文明创建活动，提高全民思想道德素质。推进文化事业繁荣发展，实施精品文化引领工程，加强文化遗产保护，塑造城市人文精神。协调发展教育、卫生、体育等社会事业，建成一批高品质公共服务设施，加快创建自贡职业技术学院，大力支持创建四川理工大学，全面提升公共服务能力和水平，让发展成果更多地惠及全市人民。

2017 年工作安排

2017 年是新一届政府的开局之年，是实施“十三五”规划的重要一年，也是推进供给侧结构性改革的深化之年。做好明年工作，意义重大。我们将认真贯彻中央、省委经济工作会议和市第十二次党代会精神，牢固树立和贯彻落实五大发展新理念，以稳中求进为工作取向，以提高发展质量和效益为中心，以推进供给侧结构性改革为主线，更加注重扩大有效需求，更加注重产业转型升级，更加注重创新驱动发展，更加注重激发开放活力，全面做好稳增长、促改革、调结构、惠民生、防风险各项工作，努力促进经济平稳健康发展和社会和谐稳定。

主要预期目标：地区生产总值增长 8% 以上，规模以上工业增加值增长 9% 以上，服务业增加值增长 9% 以上，全社会固定资产投资增长 16%，社会消费品零售总额增长 13%，地方一般公共预算收入增长 10%，城镇登记失业率控制在 4.4% 以内，城乡居民可支配收入增长 10% 和 11%，单位地区生产总值能耗降幅完成省下目标。

围绕上述目标，重点抓好七个方面的工作：

一、着力抓投资促消费，推动经济平稳较快增长

加快重大项目建设。继续实施“项目年”，大力推进 120 个市级重大项目建设，确保完成投资 350 亿元。完善项目推进机制，强化重点考核和督查公示，精心组织集中开工、融资对接活动，及时协调解决突出问题，提高项目推进实效。加强项目谋划储备，做好沱江航道六改四等项目前期工作。

积极扩大有效投资。精准对接国家、省预算内资金和专项建设基金等政策支持导向，加强项目编制、整合和申报，推动实施一批政府性工程项目。放宽民间资本市场准入，鼓励支持社会资本兴办学校、医院、养老等公共服务设施，投资园区标准化厂房、污水治理等设施的建设和运营，在交通水利、生态环保、综合管廊、棚户区改造等领域，推出一批政府和社会资本合作项目，促进自贡—泸州港公路、东部新城水系连通等 PPP 项目签约实施。发挥产业发展资金、投资基金导向作用，引导企业投资信心，全年完成工业投资 200 亿元以上。

着力激活市场消费。积极参加惠民购物全川行、川货全国行，组织开展房交会、汽车展、节庆促销活动，激发住房、汽车、家电等大宗商品消费潜力。顺应消费升级趋势，加快培育教育、信息、旅游、文化、康养等消费新热点，创造消费新需求。创新消费方式，鼓励金融机构开发消费信贷产品，支持企业线上线下结合，促进工业品下乡与农产品进城互动。加强消费品和服务市场监管，严厉打击制假售假行为，营造放心消费的良好环境。

二、着力优结构促升级，做大做强产业支撑

推动工业转型升级。加快发展六大战略性新兴产业，推动捷克轻型飞机二期、晨光有机氟新材料产业化、安益生物科技产业园等项目建设，确保瀚宇航空与燃机零部件制造等 15 个项目建成投产；积极培育三大潜力产业，开工建设粤创微电子科技产业园、新亚新能源动力电池及手机生产线、智能终端产业园、石墨烯产业园等项目；加快改造提升传统产业，引导久大等企业把握盐业体制改革机遇，走产销一体发展之路，支持食品企业品牌化经营，提升市场竞争力。加强“两区多园”[13]建设，推进高新区、航空产业园、沿滩食品工业园各 2 平方公里基础设施和标准化厂房建设，加快构建高新区大孵化平台，推动沿滩、富顺、荣县工业园区和航空产业园创建省级园区，启动高铁产业园规划建设，新增园区承载能力 5 平方公里。全年新增规模以上工业企业 20 户。

大力发展现代服务业。强力推进国际旅游目的地建设，开工建设中华彩灯大世界、方特恐龙王国、航空主题乐园，实施釜溪河历史文化长廊、仙市古镇、荣县大佛景区整体打造，高水平办好自贡国际恐龙灯会；坚持农旅结合、文农互动、错位发展，着力打造花香田园等乡村旅游品牌；整合打造精品旅游线路，加强旅游营销，增强自贡旅游吸引力。推动商贸物流业提档升级，加快西南无水港、中国供销川南国际农贸城、大山铺铁路物流园建设，开工建设川南铁路二级口岸和通航客货服务基地，打造华商国际城等重点商圈。积极发展电子商务、金融保险、科技服务、健康养老等新兴服务业，支持普润电子商务基地发展，建设川南跨境电商孵化中心，鼓励发展基金、创投、融资租赁、第三方支付等金融新业态，打造服务业新的增长点。全年新增限上服务业企业30户。

积极发展现代农业。加快现代畜牧业重点县、现代农业重点县和示范县建设，高标准建设7个现代农业示范园区，集中连片发展优质粮油、蔬菜、畜禽、林果、水产五大特色产业基地，加强农产品质量安全监管，打造区域性公共品牌。提升农业产业化发展水平，实施100万头生猪产业化暨食品加工、3500万羽肉鸡一体化等项目，推进农产品加工园区建设，加快培育龙头企业、家庭农场、专合组织等新型经营主体，新增市级重点龙头企业10户以上。

推进产业供给侧改革。鼓励支持企业加强新技术、新产品研发，积极创品牌、提品质，新培育中国驰名商标1件、四川省著名商标5件、四川名牌产品20个；实施智能制造提升行动，抓好东锅、海川、兆强等企业智能制造项目建设，淘汰11户企业落后产能。开展降低实体经济成本行动，落实减税降费政策，帮助降低融资成本，推行工业用地弹性出让、租让结合，减轻企业负担。推进房地产去库存，培育发展住房租赁市场，发挥住房公积金等政策促进作用，满足进城务工人员等新市民住房需求，加大拆迁货币化安置力度，逐步消化存量、引导增量，促进房地产市场平稳健康发展。

大力实施创新驱动发展。完善创新平台体系，建成南岸科技新区孵化园一期、四川理工学院省级大学科技园、海川3D打印技术制造中心，启动中天胜聚酰亚胺、海川航空零部件研发中心建设。加强产学研用协同创新，深化与清华大学、中科院天津生物研究所等高校院所合作，加快锅炉清洁燃烧系列技术等20项重点技术攻关，努力突破一批产业关键共性技术。大力推进科技成果转化，强化知识产权保护，抓好高新区省级科技成果转移转化示范区和知识产权示范园创建，开展科技人员领办创办科技型企业试点，推动核电军工焊接材料等10项重大科技成果产业化，高新技术产业产值达到830亿元。加快军民融合集聚区建设，支持军地共建技术中心，筛选5户重点企业进行民参军培育，新增一批军品直供企业，增强军民融合发展实效。

三、着力夯基础强功能，提升城镇集聚辐射力

加快重大基础建设。突出交通先行，建成自隆高速富顺连接线、内威荣高速荣县连接线，开工建设北环快速通道、成宜高速自贡段、乐自高速贡井连接线、自贡—泸州港公路，启动高铁城区连接线、乐自高速荣县双石连接线建设，实施G348荣竹段、G247提档升级和S213沿滩段等省道改造工程；加快川南城际铁路建设，做好荣县—富顺轻轨、蓉昆高铁成自段开工准备；建成凤鸣通用机场并投入运营。加强水利设施建设，完成狸狐洞、大坡上、楼房湾水库大坝主体工程，做好小井沟水利工程后续工作，开工向家坝自贡灌区一期工程。完善能源、通讯基础网络，建成220千伏琵琶输变电工程，新建和改造城乡电网2100公里，实施天然气分布式能源工程。推动大数据开发利用，加快建设智慧城市。

提升城市建设品质。坚持规划引领，编制全域自贡空间发展战略规划、城镇体系规划，完成东部新城起步区、卧龙湖国际旅游度假区城市设计。推进新区开发，加快建设东部新城“两横两纵”道路，开工建设水系连通示范工程，统筹南部、东北部、西部新城开发。大力实施棚改三年攻坚，加大资金筹集和房屋征收拆迁力度，基本完成东兴寺、西山路、光凤等片区改造，开工釜溪东路等17个片区改造，改造房屋4万户以上。强化城市交通综合治理，加快大安寨、张家沱隧道建设，实施天池山路、光凤路等道路改造，建成城区公共停车场4个，优先发展公共交通，缓解城区交通拥堵。积极开展海绵城市和地下综合管廊试点，建成地下综合管廊5公里。推进富顺省级宜居宜业县城试点，实施好富顺文庙西湖片区综合改造、荣县“三河六岸”生态修复等重点工程。

加快镇村一体建设。编制镇村一体建设示范区规划，突出差异化、特色化发展，加强小城镇基础建设、风貌塑造和产业培育，打造一批商贸型、生态农业型、交通枢纽型、休闲旅游型特色镇，建设示范乡镇6个。

围绕“业兴、家富、人和、村美”，推进幸福美丽新村建设，建成一批特色鲜明、配套完善、环境优美的农民集中居住区和聚居点；继续实施乡村道路改建工程，新改建农村公路500公里，实现通村公路全面硬化，建成省级“四好村”113个。

四、着力大改革大开放，增强经济社会发展活力

推进重点领域改革。以“三权分置”[14]为重点深化农业农村改革，组建土地流转服务公司，进一步放活土地经营权，深入推进“双挂钩”试点，开展农村宅基地有偿使用和退出试点，开展整镇、整村农村集体资产股份合作制改革试点，推广涉农财政资金量化折股到户。深化投融资改革，运用市场化手段做实做强“4+N”[15]国有投融资平台，支持企业通过发行债券、上市融资、股权转让等方式拓展融资渠道，有序实施信用联社改制。推进财税改革，调整完善市、区财政分税体制。深化国资国企改革，完成工业供销总公司、树脂厂破产终结，积极推进大西洋、公交公司、燃气公司混合所有制改革。大力支持民营经济发展，依法保护各种所有制经济财产权益。深化“放管服”改革，落实加快县域经济、高新区发展两个“二十条”[16]意见，开展相对集中行政许可权改革试点。稳步推进教育教学、产教融合改革，完善公立医院管理运行机制，进一步完善分级诊疗制度。

强力推进招商引资。加大产业链招商力度，紧紧围绕航空与燃机等14个产业重点发展方向，包装推出一批重点项目，深化与捷克等国家和中航工业、华侨城集团等企业的精准对接，力促D6轻型飞机、盐都城市客厅等重大项目签约落地。创新招商方式，大力开展以商招商、委托招商、驻外招商，举办系列专题招商活动，引导支持返乡创业，提高招商实效。优化招商环境，完善惠企政策清单库，完善招商项目审批全程代办、涉企投诉快速处理机制，营造亲商安商的投资环境。强化领导、区县、园区、部门招商责任，落实重奖激励机制，凝聚形成强大招商合力。全年引进10亿元以上项目30个，到位市外项目资金800亿元以上。

加快“走出去”步伐。引导节能环保装备制造、新材料、航空与燃机等优势企业抢抓“一带一路”机遇，积极参与国际产能合作，培育壮大跨境产业链。大力发展对外贸易，积极搭建产销对接平台，推进自贡综合保税区创建，深入推进川灯耀丝路、万企出国门等活动，推动智能手机、调味品等“自贡造”产品拓展国际市场，全年进出口贸易总额增长18%。加强与长三角、成渝和泛珠三角等区域的经贸合作，积极推动川南城市交通互联互通，加强旅游开发、污染联防联治等合作，加快区域一体化进程。

五、着力重保护强治理，打造宜居宜业优美环境

推进全域绿化。加强城市绿廊绿道和公园绿地建设，加快实施釜溪河复合绿道城区段、东兴寺滨河景观重点绿化工程，启动建设燊海井山体运动公园、上堰湿地公园，城市建成区绿地率达到35.5%，人均公园绿地面积达到12平方米。抓好乡村绿化、道路绿化和水系绿化，巩固退耕还林、天然林保护成果，严格林地红线管理，新增造林面积2万亩，森林覆盖率达到35%。

强化污染治理。加强集中式饮用水水源地保护，制定水环境生态补偿办法，推进沱江、越溪河流域水环境防治，启动釜溪河流域综合治理工程，建成金鱼河“人工湿地”，基本消除城市黑臭水体，稳步改善釜溪河水质；开工建设东部、东北部新城生活污水处理厂，全面推进工业园区污水处理设施建设，建立乡镇生活污水处理设施运行机制。完善大气重污染应急预警体系，加强汽车尾气、建筑扬尘、秸秆焚烧等重点整治，持续改善城区环境空气质量。制定实施土壤污染防治计划，推广生态健康养殖和绿色高效种植，加快生物天然气试点工程建设，开展工矿废弃地复垦利用试点。

深化“三创联动”。以“三创联动”为抓手，深化城乡环境综合治理，进一步健全联创工作机制，形成全民、全域、全程创建格局。深入开展创建国家文明城市攻坚年行动，精心做好迎国检准备，努力实现“加分升位”。全面推进国家卫生城市创建，扎实开展“五大专项整治”（实施除“四害”、城乡结合部及城中村、集贸市场、食品卫生及公共场所卫生、市容环境卫生五大专项整治），加强卫生细胞培育，推动环境卫生面貌稳定改善。积极启动省级环保模范城市创建工作，编制完成创建规划，实施环境保护治理“六大工程”（水源开发工程、安全饮水工程、江河治理工程、污水治理工程、生态修复工程、城乡节水工程），加大力度治理环境突出问题。推进城市管理体制改革，综合设置市、区县城管机构，提高城市管理水平。

六、着力补短板惠民生，促进社会和谐发展

打赢脱贫攻坚硬仗。大力实施“六大重点工程”(17)和20个扶贫专项计划，积极整合涉农项目资金，用好扶贫开发基金，确保全面完成57个贫困村摘帽、32338人脱贫任务。大力实施产业扶贫“造血”，探索扶贫资金折股分红，推广“龙头企业+基地+农户”“公司+家庭寄代养”模式，将贫困户集聚到产业链上。强化基本保障兜底，实施易地扶贫搬迁7840人，全面落实低保线和脱贫线“两线合一”，大力开展教育、医疗、就业扶贫。积极引导社会力量参与扶贫，形成扶贫开发整体合力。

切实保障改善民生。落实促进就业创业政策，加强大学生等重点群体就业援助，积极开发就业岗位，鼓励创业带动就业，全年新增城镇就业3.2万人。强化社会保障，实施全民参保登记计划，继续推进“五险合一”，扩大省内住院医疗即时结算范围，探索跨省住院医疗即时结算；稳步提高低保补助标准，进一步完善养老服务体系。加强住房保障，稳步扩大住房公积金制度覆盖面。认真谋划办好10件民生实事。

协调发展社会事业。积极推进义务教育均衡发展，确保贡井、富顺通过国家认定、荣县通过省级评估，推动普及高中段教育，建成成都外国语学校普润校区并实现招生，加快衡水第一中学川南分校、嘉祥外国语学校自贡校区建设；普惠发展学前教育，开展向民办幼儿园购买服务试点；大力发展高等教育、职业教育，推进四川理工学院新校区建设，开工建设中国民航飞行学院自贡分院，启动自贡职业技术学院创建工作。实施健康中国自贡行动，加强全民预防保健，加快四川卫生康复职业学院新校区、卧龙湖康疗中心、英祥妇女儿童医院建设，深入实施名医名科名院工程，稳步提升医疗卫生服务能力，加强人口和计划生育服务。完善公共文化服务体系，启动文化艺术中心大剧院建设，鼓励精品文化创作，推动群众文化繁荣发展，广泛开展全民健身活动。完成第三次全国农业普查。加强外事、档案、防震减灾、地方志、气象、人防、民族、宗教、侨务、对台、邮政、妇女儿童、老龄和残疾人等工作。

提升社会治理水平。完善基层治理体系，健全基层综合服务管理平台，增强村（社区）自治功能，提高基层社会治理科学化、法治化水平，完成村（居）换届工作。深入开展“七五”普法，增强全民法治意识。强化社会诚信体系建设，完善公民和社会组织征信平台，健全守信激励和失信惩戒机制，推动形成重信守诺的良好风尚。加强矛盾纠纷排查调处，畅通群众诉求表达渠道，依法维护信访秩序，落实领导接访、干部下访制度，健全信访办理、督查、回访机制，切实化解一批信访积案。加快构建立体化治安防控体系，建设公安武警警务暨反恐训练基地，严厉打击违法犯罪，维护良好的社会治安秩序。健全应急指挥平台，夯实基层应急基础，妥善处置各类突发事件。加强重点领域安全隐患排查整治，保持安全生产形势稳定向好。强化食品药品安全监管。做好国防动员和双拥工作。

七、着力转作风提效能，建设人民满意政府

坚持依法行政。始终把依法行政作为基本准则，制定实施法治政府建设工作方案，严格按照法律法规规定、法定权限行使职责，依法做好政府立法工作，全面落实重大行政决策程序规定，积极开展综合行政执法改革，加强权力行使监管，全面推进法治政府建设。认真执行市人大决议决定，自觉接受市人大及其常委会法律监督、工作监督和市政协民主监督，认真办理人大议案、代表建议和政协提案，主动接受党派监督、新闻舆论监督和社会监督。加强财政预决算、重大决策、重大项目、公共资源配置等信息公开，切实保障群众知情权。

坚持勤政为民。始终把为民造福作为根本追求，认真践行群众路线，常态化开展“走基层”活动，了解群众诉求，关心群众疾苦，不断增进与群众的密切联系。认真落实领导和部门联系区县、乡镇、贫困村和企业制度，广泛开展扶贫帮困、结对帮扶活动，真心实意帮助群众排忧解难，力所能及为群众办好事、办实事。加强和改进政务服务，对面向群众的管理服务事项，最大限度简化办理程序，适宜由区县、乡镇（街道）、村（社区）行使的服务事项，一律下放基层行使，让群众办事更加方便快捷。

坚持务实高效。始终把干事创业作为价值取向，完善工作责任体系，对重点工作、重大项目实行定人、定责、定目标、定进度、定考核“五定”责任制，加强常态化督促检查，定期通报、公开“晒账”，切实提高工作实效。大兴学习调研之风，倡导推行“一线工作法”，引导政府系统干部大力解放思想、创新理念，在实践和实战中锤炼作风、增强才干，不断提高攻坚克难的能力和水平。健全激励约束和问责追究机制，坚决查处行政不作为、慢作为和乱作为行为，切实提高政府执行力。

坚持廉洁行政。始终把崇尚廉洁作为基本要求，认真落实党风廉洁建设主体责任，加强公务员党纪法规教育，坚定理想信念，筑牢政治意识、大局意识、核心意识、看齐意识，使遵规守纪成为自觉行动。健全重点领域和关键环节权力运行的监管制度，严格规范公共资源交易行为，切实提高源头防范水平。加强财政资金管理，严格控制一般性支出，集中财力办大事、保民生、促发展。深化正风肃纪，强化行政监察和审计监督，从严查处各类违纪违法行为，不断提升政府公信力。

各位代表，推动振兴发展、决胜全面小康的宏伟蓝图已经绘就，进军的号角已经吹响，时代呼唤我们创新勇为，人民期盼我们激情担当，使命鞭策我们开拓奋进。让我们紧密团结在以习近平同志为核心的党中央周围，在中共自贡市委的坚强领导下，解放思想、发奋图强，同心同德、真抓实干，为建设城乡一体繁荣幸福新自贡而努力奋斗！

名词注释

（1）两纵两横：指东部新城起步区内两条东西向和两条南北向城市干道，两横指北一路、北二路，两纵指和平大街、龙乡大道。

（2）一环两纵三横：指南岸科技新区路网，一环指外环线；两纵指新华路北延线和东一路北延线；三横指纬一路、纬二路、纬三路。

（3）三创：指创建全国文明城市、国家卫生城市、省级环保模范城市三项工作。

（4）八个一批：指生产发展减少一批、就业增收扶助一批、移民搬迁安置一批、基础条件改善一批、教育扶持提升一批、低保政策兜底一批、医疗救助帮扶一批、财政金融扶持一批。

（5）五险合一：指对养老保险、医疗保险、工伤保险、失业保险、生育保险费实施统一征收和稽核。

（6）一主两副多基点：一主指自贡主城区，两副指荣县城区和富顺城区，多基点指沿G348产城融合发展带布局的多个产城互动发展单元。

（7）六个毫不动摇：省委十届九次全会对未来一个时期全省发展提出的要求，即毫不动摇保持专注发展战略定力、毫不动摇坚持创新引领转型发展，毫不动摇构建全面改革开放新格局、毫不动摇把法治四川建设推向深入、毫不动摇把以人民为中心的发展思想落到实处、毫不动摇加强和改进新形势下党的建设。

（8）三个加快：市第十二次党代会对全市今后五年发展提出的总体定位，即：加快建设全国老工业城市转型升级示范区，加快建设西部内陆融入“一带一路”先行区，加快建设独具特色的国际文化旅游目的地。

（9）三个跨越：市第十二次党代会对全市今后五年发展提出的发展目标，即：推动自贡由老工业城市向现代化城市跨越、腹地城市向开放前沿跨越、文化资源大市向文化旅游强市跨越。

（10）五大任务：市第十二次党代会提出的未来五年建设城乡一体繁荣幸福新自贡的主要任务，即：坚持优二兴三，厚植转型升级新优势；坚持交通先行，构建基础支撑新体系；坚持统筹城乡，建设宜居宜业新家园；坚持放开放活，增强追赶跨越新动力；坚持民生优先，形成共建共享新格局。

（11）七纵六横两航一环：七纵指川南城际铁路内自泸段、蓉昆高铁成自段连接川南城际铁路自宜段、内昆铁路、成都至宜宾高速公路、内江至南溪公路高速公路、内宜高速公路、G247。六横指乐自城际铁路、内威荣高速公路、成自泸高速公路、乐自隆高速公路、自贡至泸州港快速通道、G348。两航指自贡凤鸣通用航空机场以及自贡沱江航运港口。一环指北环高速与现有高速公路网形成的城市外环线。

（12）两不愁、三保障、四个好：“两不愁、三保障”指到2020年稳定实现农村贫困人口不愁吃、不愁穿，农村贫困人口义务教育、基本医疗、住房安全有保障；“四个好”指让贫困群众住上好房子、过上好日子、养成好习惯、形成好风气。

（13）两区多园：两区指自贡国家高新技术产业开发区和航空产业园区，多园指其他区县工业园区或工业集中区。

（14）三权分置：指将农村土地实行所有权、承包权、经营权分置并行的农村产权改革制度。

（15）4＋N：以现有的国投公司、高新投资公司、城投公司和水务集团为主体，将市属相关国有企业及国有资产通过划转、收购、重组等方式，组建形成的国有资本投资运营平台。

（16）两个二十条：指自贡市制定出台的《关于促进县域经济加快发展的二十条意见》和《关于促进自贡国家高新技术产业开发区加快发展的二十条意见》。

（17）六大重点工程：指基础设施、产业发展、教育文化、医疗卫生、社会保障、生态扶贫六大工程。

中国人民政治协商会议
自贡市第十四届委员会常务委员会工作报告

（2016年12月15日在政协自贡市第十五届委员会第一次会议上）

自贡市政协主席　潘泽金

五年工作回顾

政协自贡市第十四届委员会任期的五年，是我市应对各种风险考验，经济总量突破千亿的五年，也是人民政协事业在继承中创新、巩固中发展的五年。五年来，在省政协指导和中共自贡市委领导下，在市人大、市政府的大力支持下，我们团结带领各参加单位和广大政协委员，紧紧围绕党委、政府中心工作，认真履行政治协商、民主监督、参政议政职能，充分发挥协调关系、汇聚力量、建言献策、服务大局作用，为助推“五个自贡”建设和振兴发展做出了应有贡献，续写了自贡政协历史新篇章。

一、牢牢把握方向，共同思想政治基础不断巩固

常委会充分发扬人民政协自我学习、自我教育的优良传统，把思想理论建设摆在政协工作的首位，努力打牢团结奋斗的共同思想政治基础。

统一思想认识。坚持把理论学习、统一思想作为推动政协事业发展的基础性工作，通过政协各类会议、培训活动，及时传达党的十八大，十八届三中、四中、五中、六中全会和省委重要会议精神，组织学习中共中央《关于加强社会主义协商民主建设的意见》等文件和习近平总书记系列重要讲话，深刻领会“四个全面”战略布局和“五大发展理念”，不断增强政治定力；及时组织传达十一届自贡市委历次全会和市第十二次党代会精神，先后组织开展“中国梦”主题教育、全市县级主要领导干部读书班上的讲话等专题学习研讨20余次，引导全市政协组织和政协委员切实把中央和省、市委决策部署转化为履职的自觉行动，始终做到与市委同心同德、同向同行。

凝聚政治共识。成立自贡市人民政协理论与实践研究会，组织我市各领域优秀人才，共同探索推进政协工作理论研究，引导各界深刻认识中国共产党领导的多党合作和政治协商制度的特点和优势，增进对中国特色社会主义的政治思想认同，形成《深化政党协商与政协协商，推进党派协商民主实践》等研究成果80余篇，《政协委员产生退出机制研究》纳入自贡市哲学社会科学规划项目；加强与文艺界的联系和交流，成立自贡市政协书画研究院，抓住纪念毛泽东同志诞辰120周年、邓小平同志110周年诞辰、抗战胜利70周年、红军长征胜利80周年、中国共产党成立95周年和自贡市政协成立60周年等重大契机，举办一系列具有政协特色的活动，回顾党的光辉历程，讴歌党的丰功伟绩，引导参加政协的各党派团体和各界人士，深刻认识中国共产党领导的多党合作和政治协商制度的特点和优势，共同增进对中国特色社会主义的政治思想认同，坚定道路自信、理论自信、制度自信和文化自信。

二、服务振兴发展，政协履职实效明显增强

常委会紧紧围绕全市工作大局谋划和推动工作，努力想大事、议大事、抓大事，围绕“五个自贡”建设和“推动振兴发展，决胜全面小康”履行政协职能。

围绕重大问题多层次协商议政。主动加强政协协商与党政工作的有效衔接，就事关经济社会发展的重大问题，广泛开展民主协商。每年初与市委、市政府商定年度协商计划，明确协商内容，规范协商过程、成果报送、意见处理反馈，先后通过每年全体会议，围绕市政府工作、“法检”两院工作、“十三五”发展规划和年度计划、预算报告等开展整体协商，对委员意见、建议及时整理，转送相关方面，并将采纳情况及时向相应界别和委员反馈；通过常委会议、主席会议和专题会议，围绕大企业大集团培育、小微企业发展、川南区域专业市场建设等重大事项和老工业基地调整改造规划、城市总体规划（2011—2030）等重大决策，组织开展重点协商13次；通过专委会与相关部门，围绕融资平台建设、彩灯产业发展、乡镇生活污水处理、社会管理创新、交通管理工作等开展对口协商16次；围绕食品安全监管体系建设、民营经济发展等组织开展界别协商12次；积极探索协商新形式，召开委员协商座谈会18次，700余人次围绕热点、焦点、难点问题提出建议1400余条。

深入重点领域开展民主监督。坚持把民主评议作为政协民主监督的重要形式抓好抓实，先后对市教育局、市交通运输局、市环保局、市安监局4个单位开展了民主评议。深入调查研究、走访群众，充分掌握实情、了解民意，累计召开座谈会近30次，发放收回调查问卷近4000份，征集对被评议单位意见建议1000余条，经综合整理形成评议意见并督促整改；开展整改情况“回头看”，进一步跟踪督促整改，有效促进了相关单位作风改善、工作改进、效能提升。推荐委员担任相关部门和单位的特约监督员、行风评议员、警风监督员，组织委员参与作风评议、电视问政等监督活动，委员监督作用得到发挥。

紧扣重点课题参政建言。注重科学选题，坚持“抓重点、出精品、显特色”，紧扣全市重大项目建设、重点工作推进和发展环境改善，先后组织开展成自泸高速公路建设、商事制度改革、战略性新兴产业发展、传统产业转型升级和机关效能建设、法官队伍建设等调研视察30余次，有效促进了相关工作开展；围绕社会事业发展和民生改善，先后组织开展了义务教育均衡发展、城市社区管理服务、农村环境保护、户籍制度改革和蓝天行动、民生工程、脱贫攻坚推进情况等调研视察60余次，提出大量富有针对性和可操作性的建议。五年来，形成依法管理宗教事务、农村金融服务体系建设、生物医药产业发展等方面调研报告47篇、视察报告20篇，老旧住宅小区供配电设施设备改造情况等多项调研报告得到党政主要领导肯定和批示，关于我市智慧城市建设情况调研被列为2015年度全市重点调研课题，关于我市义务教育学校食堂建设和经营管理的专题调研报告，推动了相关意见出台，有力促进了学校食堂食品安全水平提升。

着眼热点焦点问题解决加强提案工作。探索推行多方“点题”、政协“破题”的联动选题机制，会同有关部门协商确定《提案参考目录》，引导委员深入基层、深入群众征集提案线索，开展调查研究，提案质量进一步提高；坚持把协商贯穿于提案提出、办理、反馈各环节，坚持并完善了视察督办和市政府、市政协领导督办，部门主要负责人领办重点提案制度，探索建立了常委会民主评议一号提案办理和提案承办较多的单位办理情况定期汇报制度，特别加大了对“老话题”提案的督办力度，提案办理实效进一步提高。五年来，累计确定“规范农村客运市场的建议”等200余件重点提案纳入专题督办，推动解决了一批社会关切和群众关心的热点难点问题。特别是用厚重的盐都文化建设区域中心城市、全力打造国家级节能环保装备研发制造基地、促进灯会经济综合效益持续增长、加快发展电子商务、大力发展“智慧交通”5件“一号提案”，办理实效明显，对推动这些工作深入发展，起到了重要作用。

跟进全市中心工作实施“三大行动”。不断强化有为才能有位，有位更要有为的理念，深入实施同心协力、监督助力、资政增效“三大行动”，发动广大政协委员结合自身事业、立足本职岗位，在经济建设主战场和脱贫攻坚等工作中建功立业。五年来，主席会成员积极参与联系区县、重大项目、重点培育企业工作，围绕联系的13个重大项目建设组织并协调解决推进中的重大问题，指导8户联系企业优化发展思路；常委会议围绕经济社会发展和全面创新改革中的重要方面、重大课题，先后围绕"全面推进依法治市""推动振兴发展，决胜全面小康"等主题组织政协常委开展会前调研和大会发言，为"加快工业转型升级"等发展难题破解提出了大量对策建议，围绕"加快老工业基地调整改造，打造多点多极支撑发展新优势"等选题，多次在省政协常委会上献计献策；专委会和界别小组组织委员，通过调研、协商等形式，参与推动东盐都大道、釜溪河复合绿道等工程建设和全国文明城市创建等中心工作。特别是2014年，为共同应对经济下行压力大、稳增长困难的形势，以"关注企业，助推发展"为主题，开展了为期2个月的集中调研和多场经济界委员代表座谈会，围绕经济企稳回升和转型升级组织学习研讨，共商对策建议，协调解决存在的问题，为我市经济渡难关贡献了政协力量。

三、关注人民福祉，助推民生改善积极有为

常委会把关注民生、履职为民作为工作的出发点和落脚点，积极协助市委、市政府做好顺民意、解民忧、惠民生、暖民心的各项工作。

发挥优势助力脱贫攻坚。主动为市委、市政府排忧解难，充分发挥政协组织的"智库""帮扶""桥梁"优势，全力助推脱贫攻坚。组织开展"我为扶贫攻坚做件事"活动，号召和引导全市政协组织和广大委员，筹集和协调落实资金3500余万元，通过帮助实现"居家就业"、推行"互联网+农业"模式和引导在外成功人士返乡发展"归雁经济"等形式，帮助发展富民产业、建设民生工程、实施医疗救助等。先后为九洪乡九洪村、齐岩村和白庙镇建设村规划了一批种养殖项目，帮助改善水利、交通条件和村两委阵地建设，筹集60余万元捐助贫困学生400余名；积极开展"送法下乡"等活动，为20余名困难居民协调落实公益性就业岗位。2016年，积极参与贡井区白庙镇建设村、旭东村脱贫攻坚工作，制定精准脱贫帮扶措施，组织机关干部挂点帮扶，下派干部脱产驻村工作，落实资金75万元帮助贫困户发展生产、改善生活，帮扶的61户贫困户均可按计划脱贫。

倾听民意促进社会和谐。进一步加强社情民意信息工作，充分发挥政协委员、政协参加单位、区县政协和信息员在社情民意收集中的基础性作用，通过委员协商座谈会等形式汇集民情，为党委政府分析舆情和科学民主决策提供了有益参考。五年来，收集社情民意信息800余条，报送市委、市政府或转相关部门150余条，上报省政协100余条，市委、市政府领导批办19条，省政协采用37条，转报全国政协13条，开展社情民意信息办理情况专题视察4次，推动解决了一批群众关注的热点问题。其中，呼吁职能部门主动介入强力规范小区管理的社情民意信息，市委主要领导批办，市城乡建设住房保障局等相关职能部门高度重视，促成了我市规范物业管理"八条举措"出台，为改善市民生活居住环境贡献了力量。

围绕幸福美丽自贡建设资政建言。充分发挥政协人才荟萃、智力密集的优势，鼓励和引导政协各参加单位和广大政协委员，主动加强对全市改革发展大局中综合性、前瞻性问题的关注、思考和研究，积极搭建平台支持其献计献策。坚持每年召开一次专题资政会，先后围绕生态建设、文化建设、改革创新和新型城镇化建设等主题召开专题资政会4次，近100名委员通过大会发言或书面交流等形式，就创建生态细胞工程、打造盐都风情文化园等方面提出具有针对性和前瞻性的意见建议近500条，对协助党委、政府谋全局、议大事、抓落实，推进科学民主决策发挥了积极作用。同时，借助全会等平台，先后围绕"全面深化改革""着力保障和改善民生，促进社会和谐稳定"等主题组织政协常委及政协各参加单位交流研讨，广泛献计献策，对所提意见建议及时梳理转送相关方面，助推议政成果有效转化。

四、坚持团结民主主题，凝聚智慧力量更加有力

人心是最大的政治。常委会突出团结和民主两大主题，充分发挥人民政协代表性强、联系面广的优势，团结各界，努力凝聚支持改革、参与发展、共建和谐的强大合力。

积极团结党派团体合作共事。充分发挥人民政协作为中国共产党领导的多党合作和政治协商重要机构的作用，主动加强与民主党派、工商联的联系，坚持主席恳谈会制度、市政协秘书长与市级各民主党派工商联秘书长联系会制度、专委会与民主党派工商联联合调研视察制度，为其参政议政搭建有效平台，支持各民主党派、工商联参与全市重大决策的讨论协商及其履行职责的各项活动，与民建自贡市委等党派团体联合开展了智慧城市建设情况等专题调研。五年来，市级各民主党派、工商联提交集体、个人提案260余件（其中5件被确定为“一号提案”），在政协会议作大会发言近100人次，报送社情民意信息300余条，与政协专委会联合开展调研视察近30次，参政议政重要作用得到有效发挥。

深入推进政协组织上下联动。主动争取省政协指导，配合省政协开展了对我市产业园区知识产权保护、红色旅游项目和成自泸高速公路建设、长江上游四川段生态环境保护情况等工作视察和川南城市群建设、大中型水利工程建设、古镇保护与开发、医患纠纷调解机制、增加农民财产性收入等课题调研，其中城市地下管网建设等调研报告得到省委书记王东明批示。积极支持驻市省政协委员通过视察、提案、反映社情民意信息等形式履行职能，组织开展了我市重点交通工程、小井沟水库等重点项目建设情况视察，围绕制约我市改革发展和民生改善的重点问题开展调研，在省政协各次全体会议上提交了支持自贡老工业基地调整改造、呼吁省上给予自贡高新区相关配套政策等提案和社情民意信息近100件，推动了一些重要决策的出台。加强与区县政协的工作联系，支持区县政协通过市政协全会、常委会，以大会发言、提案、反映社情民意等方式，共同为全市发展建言出力。坚持市、区县政协秘书长联席会制度，深入研讨加强和改进协商民主、调研视察、提案等工作的措施和办法，共同提升全市政协工作水平。

广泛开展联谊交流。加强与各族各界联系、沟通和交流，发挥民族宗教和港澳台侨界代表人士作用，助推民族宗教、港澳台侨和外事工作的开展；通过举办全市各界人士新年茶话会、民营企业家迎春联谊会，支持在市外建立自贡商会等方式，团结和鼓励各阶层人士共同致力于自贡改革发展各项事业。主动加强同省内外政协的联系，组织参加或承办全国10省区26城市政协横向联系会、川南“7+1”城市政协工作联系会、全省政协后勤工作川南片区联系会，接待全国政协、省政协和各地政协来我市参观考察70余批800余人次，为宣传推介自贡，吸引外来投资牵线搭桥。

加强文史资料保护利用。立足于存史资政、团结育人，充分发掘自贡厚重的历史文化资源，收集了大量宝贵资料，并组织委员、专家通过视察走访研讨古镇保护利用和非物质文化遗产保护传承，编辑出版了《自贡历史之最》《自贡记忆》（六卷丛书）等，创办了《自贡文史》专刊。《自贡历史之最》获自贡市社科优秀成果二等奖。

五、注重夯实基础，政协履职水平稳步提升

常委会坚持以思想建设、组织建设和制度建设为重点，大力加强自身建设，不断提高政协整体质量和水平。

不断完善工作制度。积极协助市委出台《关于新形势下加强人民政协工作的意见》，认真贯彻落实市委政协工作会议精神，推动了全市政协工作的开展。修订完善常委会工作规则、专委会工作通则等10余项制度和办法，推进政协履职制度化、规范化、程序化建设。出台调研视察工作规则及优秀调研视察成果评选表彰办法，对调研视察成果实行专委会、党组会、主席会、常委会审议“四审制”和跟踪反馈制，有力提升调研视察工作实效。

创新机制激发委员活力。坚持强规范和重激励相结合，出台委员履职管理办法，实名通报委员参加会议活动、提交提案、反映社情民意等履职情况，推动委员“五个一”（提一件高质量的提案、反映一条有价值的社情民意、参加一次调研视察活动、撰写一篇调研报告、为群众办一件实事好事）活动深入开展，促进了委员主体作用有效发挥。实行主席会成员联系委员和委员联系群众制度，积极拓展委员知情明政、参政议政渠道，将委员个体优势转化为整体优势。积极创新工作方式和流程，社情民意信息推行“一事一报”“主席签办”和办理情况视察，创建提交、立案、办理、回复全过程覆盖的网上提案管理系统，对提案办理情况实行网络动态追踪，委员履职实效性不断增强。坚持每年编印《委员履职实例》，树立和宣传典型。探索实行委员任期履职报告制度，对履职不到位的59名委员，提出了在新一届的任职建议，引导委员履职尽责。

强化专委会和界别小组基础性作用。发挥政协界别优势，积极探索按界别特点开展活动的形式，出台了《关于新形势下发挥界别作用的意见》，实行界别召集人制度，落实经费保障，先后支持界别组织开展区县工业园区建设、基层组织建设等视察和房地产企业代表座谈等活动。发挥专委会的专业优势和联络优势，主动加强与党政有关部门的联系沟通；依托专委会与市工商联等方面联合开展了返乡创业情况等多个专题调研。

不断加强政协机关建设。深入开展党的群众路线教育实践活动、“三严三实”专题教育活动和“两学一做”学习教育，政协党员干部政治意识、大局意识、核心意识、看齐意识不断增强。积极推进机关信息化、机关管理服务标准化建设，主动从政协机关内部挖潜改善办公环境和条件，机关服务和后勤保障水平不断提升；加强机关党的建设和党风廉政建设，深入开展治理慵懒散实施效能问责行动，政协机关工作效能不断提升；加强学习型机关建设，坚持专家讲和领导讲相结合、讲形势与讲业务相结合、理论辅导与业务技能提升相结合，先后举办机关“学习讲坛”39期，选送政协委员及机关干部参加各级各类培训227人次，干部职工能力素质不断提升；突出特色加强机关文化建设，常态化开展各类文体活动，丰富干部职工业余文化生活，不断增强机关活力。

注重扩大宣传提升影响力。建立政协宣传“四同步”工作机制和宣传政协好新闻评选激励机制，积极借助主流媒体和政协内刊、门户网站等自身平台，多层面、多角度宣传人民政协性质、地位和作用，展示广大委员风采，为政协事业发展营造良好氛围，创办《自贡政协》内刊，改版《自贡日报》政协专栏并推出专题宣传近20期，在中央、省、市主流媒体刊发新闻稿件1300余篇，自贡政协网站刊发信息3000余条，连续五年被评为全省政协新闻宣传工作先进单位。

五年来，共召开常委会议19次，主席会议69次；开展专题调研47次、重点视察54次，向市委市政府报送调研视察报告67份；收到提案1501件，立案1457件，评选表扬优秀提案142件，编印《优秀提案汇编》4期；收集社情民意信息1284条；编印《自贡政协》19期，编印《自贡文史》8期。

各位委员，过去的五年，我们牢记使命，认真履职，为推动我市经济社会发展做出了积极贡献，十四届市政协常委会的工作取得了新进展、开创了新局面。五年的成绩，得力于中共自贡市委的正确领导，得力于市人大、市政府的大力支持，得力于全市各级政协组织的协作配合，得力于市政协各参加单位和广大政协委员的团结奋斗，得力于社会各界和广大人民群众的积极参与。在此，我代表十四届市政协常委会，向大家表示衷心的感谢和崇高的敬意！

在肯定成绩的同时，我们也清醒地看到工作中还存在不少差距。主要是协商民主的程序有待进一步规范，民主监督力度还有待进一步加强；参政议政质量和水平有待进一步提高，服务和管理委员的措施有待进一步加强。这些都需要我们高度重视、认真研究，并在今后工作中切实加以改进。

主要工作体会

五年来，市政协常委会不断深化对政协工作规律的认识，积累了一些经验和体会，主要有以下几点：

——必须始终坚持和依靠党的领导，确保政协事业发展的正确方向。坚持中国共产党的领导，是人民政协履职尽责、发挥作用的根本保证。五年来，市政协坚决贯彻执行党的路线方针政策，自觉接受中共自贡市委的领导，坚持重大工作主动报告，重要事情及时反映，始终与中共自贡市委同心同德、同向同行，使全市政协工作呈现“党委重视，政府支持，政协主动，部门配合，社会关注”的良好格局。

——必须始终围绕中心服务大局，自觉把政协工作放到全市工作大局中谋划和推进。人民政协事业是中国特色社会主义事业的重要组成部分，只有紧扣党政中心工作，才能发挥应有作用。五年来，市政协始终把推动“五个自贡”建设和振兴发展作为持续动力，坚持党政工作推进到哪里，政协工作就跟进到哪里，自觉围绕市委、市政府各项工作部署落实履行政协职能，积极为改革发展难题破解献计出力，为古老盐都振兴发展贡献了智慧和力量。

——必须始终关切和服务民生，自觉维护广大人民群众的根本利益。以人为本、履职为民是政协工作的出发点和落脚点。五年来，市政协始终坚持政为民所议、言为民所建、策为民所献、力为民所出，坚持把党的群众路线贯穿于政协工作始终，常想群众需要政协做什么，政协能为群众做什么，政协为群众做了什么，经常深入群众访贫问苦，主动反映民情民意，积极跟进脱贫攻坚等关乎民生改善的工作，不断厚植政协工作的社会基础。

——必须持续抓好自身建设，不断提升政协工作的科学化水平。不断强化自身建设是提升政协工作水平的重要途径。五年来，市政协着眼于政协工作的科学发展，认真研究和准确把握政协工作的规律，结合政协工作的特点和职责，既注重继承传统、总结经验，又注重与时俱进、开拓创新，从制度机制入手，不断规范政协履职内容和形式，不断完善和发展具体可行、衔接配套的制度体系，充分发挥各参加单位、各族各界和各方面的作用，有效提高政协协商监督、参政议政的质量和水平。

——必须在传承中探索创新履职方式，持续提升政协各项职能履行质效。人民政协是我国政治体制不可替代的重要组成部分。从事政协工作的同志，无论是政协委员、还是政协干部，都处在坚持和完善中国共产党领导的多党合作和政治协商制度的第一线，处在服务党委、政府工作大局的第一线。五年来，我们积极引导政协各参加单位和广大委员切实增强政协意识，增强中国特色社会主义的道路自信、制度自信、理论自信，坚持在继承中不断更新履职理念，不断丰富履职内容，不断创新履职方式和载体，积极探索履职成果转化方式，以实实在在的业绩体现价值，促使政协工作保持生机与活力。

今后五年的工作建议

今后五年，自贡处于宏观环境机遇凸显、内生动能加速释放、综合实力蓄势突破、攻坚克难推车上坎的关键阶段。在新的五年，市政协要始终高举中国特色社会主义伟大旗帜，坚持以马克思列宁主义、毛泽东思想、邓小平理论、“三个代表”重要思想和科学发展观为指导，深入学习贯彻习近平总书记系列重要讲话精神和治国理政新理念新思想新战略，坚定践行“四个全面”战略布局和“五大发展理念”，认真落实省委“三大发展战略”，紧扣市委“推动振兴发展、决胜全面小康”主题，把握统筹城乡、转型突破、追赶跨越工作基调，紧紧围绕优二兴三、交通先行、城乡一体、放开放活、民生优先战略实施履行政协职能，努力调动一切积极因素，推动全国老工业城市转型升级示范区、西部内陆融入“一带一路”先行区、独具特色的国际文化旅游目的地建设，努力做到协商更有效，监督更有力，建言更精准，团结更广泛，在建设城乡一体繁荣幸福新自贡征程中彰显政协新作为。

一、加强学习，切实强化思想理论建设，不断提高政治把握力

“自我学习、自我教育”历来是人民政协的优良传统，也是提高政协工作科学化水平的根本要求。要把学习贯彻党的十八届六中全会和明年即将召开的党的十九大精神作为当前和今后一个时期重要政治任务，结合“两学一做”不断丰富学习方式，引导政协党员干部和各参加单位、全体政协委员更加自觉地与以习近平同志为核心的党中央保持高度一致，切实把“四个意识”融入履行政协各项职能的具体行动；要持续深入抓好市第十二次党代会精神的学习，通过常委会议、各界人士座谈会、小组活动和视察走访等形式，搭建政协委员、各界人士了解市委、市政府重要战略部署和重点工作推进的广泛平台，通过界别渠道积极做好统一思想、汇聚力量的工作；要不断强化业务学习，抓好统战理论和政协履职知识的学习研讨，紧紧围绕市委各项决议、决定，围绕市委、市政府重大部署，谋划安排好各年度的重点工作，特别是围绕做强产业支撑、夯实交通基础、建设中心城市、深化改革开放和脱贫攻坚等重点工作推进安排调研、视察、评议、资政等活动。

二、紧扣中心，积极践行科学发展新理念，持续助推自贡振兴发展

围绕中心、服务大局，是做好政协工作的根本要求。要紧扣“推动振兴发展，决胜全面小康”，强化政协协商与党委、政府工作的有效衔接，搞好专题协商、对口协商、界别协商、提案办理协商，完善协商成果采纳、落实和反馈机制，不断提高协商成效；紧扣我市“三个加快”（加快建设全国老工业城市转型升改示范区，加快建设西部内陆融入

“一带一路”先行区，加快建设独具特色的国际文化旅游目的地）等发展定位以及教育、医疗卫生、住房、物价、就业等人民群众关心关注的热点、难点问题，充分运用调研、视察、提案等形式，积极协商议政、建言献策、咨政立论；围绕“优二兴三”、交通先行、统筹城乡、放开放活、民生优先战略实施，积极创新工作思路和方式，努力调动和发挥参加单位、政协干部和委员积极性、主动性和创造性，共同为转变发展方式、破解发展难题献计出力。

三、以民为本，主动提高服务群众能力，努力增进民生福祉

要坚持人民政协的人民本性，主动将工作重心向推动民生改善倾斜，调研、视察、走访和社情民意反映，重点关注农民增收、环境改善、社会保障体系建设和食品药品安全等问题，继续组织委员、专家开展文化惠民、义诊和法律援助等活动；主动关注民生疾苦和社会矛盾，广泛收集群众诉求，对重大改革项目和民生建设工程中推进落实不力、群众呼声较高、社会影响较大的问题大胆开展民主监督，充分发挥政协优势做好新形势下群众工作；直接参与民生改善具体工作，围绕做优农业、提升民生保障水平、社会事业发展、创新社会管理等寻求对策建议，主动投身脱贫攻坚等具体工作。

四、坚持团结民主，有序拓展参政议政平台，大力营造合作共事氛围

人民政协是国家治理体系的重要组成部分，要坚持团结民主两大主题，树立正确的统战思维和统战观念，主动加强与民主党派、工商联和无党派人士的联系，坚持商以求同、协以成事，积极搭建协商互动和讨论沟通平台，营造合作共事的良好氛围；进一步加强与各地自贡商会和在外成功人士的沟通联系，鼓励和促成自贡商会与更多城市商会缔结友好，调动各方面力量共同致力于自贡经济发展和社会建设；进一步加强社情民意信息工作，积极探索“请群众走进政协”“让政协深入群众”及网络受理、办理、回复提案的方法途径，不断推进政协工作向基层、网络和新社会阶层延伸；不断加强对区县政协的联系指导，围绕“十三五”规划实施，科学整合区县政协组织力量，合力推动我市经济社会持续健康发展。

五、强化自身建设，着力优化制度机制，努力开拓政协工作新境界

切实强化制度机制建设，不断完善政协履职成果转化制度，健全委员履职的管理、监督、激励和约束机制，持续夯实政协履职基础；强化作风建设，持之以恒落实中央八项规定精神，巩固党的群众路线和“三严三实”专题教育、“两学一做”学习教育成果，加强“两条例一准则”（“两条例”指《中国共产党纪律处分条例》和《中国共产党党内监督条例（试行）》；“一准则”指《中国共产党廉洁自律准则》）学习，着力提升机关干部履职能力；加强专委会建设，密切专委会与对口部门的工作联系，充分发挥专委会在重点课题调研、重点提案督办、联系界别和委员中的基础作用，创新工作思路，不断增强政协组织和政协委员的参政实力和议政活力。

各位委员，同志们，市第十二次党代会胜利召开，宏伟的蓝图已经绘就，奋进的号角已经吹响。让我们继续高举中国特色社会主义伟大旗帜，紧密团结在以习近平同志为核心的党中央周围，在中共自贡市委的坚强领导下，同心同德，敢于担当，开拓创新，务实作为，在建设城乡一体繁荣幸福新自贡的征途中，合力谱写人民政协事业发展新篇章！

市　委

重大决策

【十一届常委会第158次会议】 会议于1月18日召开。会议审议市政府党组《关于报请审议自贡市2016年经济工作思路的建议（送审稿）的请示》，听取副市长张邦举的汇报。会议决定：（一）原则同意市政府党组关于2016年经济工作思路的建议。（二）要按照市委常委会议精神对《自贡市2016年经济工作思路的建议》做进一步修改完善，2016年主要经济指标的计划目标要具体到数据，不再作调整。确定的重点工作，要在市政府工作报告和市计划报告中体现。

【十一届常委会第163次会议】 会议于4月6日召开。会议审议市委组织部《关于审议〈关于认真做好县（区）领导班子换届工作的通知（送审稿）〉的请示》，听取市委常委、市委组织部部长李国贵的汇报。会议决定：同意请示事项。会议要求：一是明确责任。各级党委要肩负起主体责任，党委书记要负第一责任，切实加强对换届工作的领导；各级组织部门对换届工作负直接责任，搞好组织协调，市委组织部要加强指导县（区）换届工作，确保换届取得圆满成功。二是严肃纪律。落实好“九个严禁、九个一律”要求，各级纪检监察和组织部门，要加强协同配合，研究相关监督执纪办法，加强对换届工作的监督检查，确保换届风清气正。三是加强引导。做实做细干部工作，密切关注干部思想动态，加强教育引导。会议传达省委川南经济区发展座谈会议精神。会议要求：一是学习贯彻。各级、各部门要学习省委书记王东明的重要讲话精神，围绕王东明提出的工作要求，结合本地区、本部门实际，拿出具体措施，抓好贯彻落实。二是抓经济发展。省委对抓好经济工作高度重视，这既是经济工作本身重要性所在，也是当前经济发展面临许多不确定性、面临诸多严峻形势所在。各部门要抓紧按照会议对项目投资、产业发展、实体经济、城市建设等方面工作提出的要求，细化工作措施，拿出过硬办法，一个问题一个问题去解决、一个难题一个难题去破解，确保全年各项目标顺利实现。三是抓好脱贫攻坚。脱贫攻坚是补齐全面小康最大短板的硬任务，年初制定的贫困村、贫困人口脱贫任务必须确保完成。要细化落实精准扶贫、精准脱贫各项工作，把“怎么扶”具体化、精细化，把各方面的扶贫资源融合好、各方面的积极性调动起来，发挥好下派工作组结对帮扶干部作用。要加强督促落实，把各项工作抓细抓实抓具体。四是推动好川南经济区相关工作。自贡作为川南经济区联席会的轮值主席方，相关工作将延续到2016年6月，要继续在省协调小组领导下，围绕年初制定方案，协调推动好跨区域重大项目建设、产业协同发展、公共服务一体化、环境治理等工作。

【十一届常委会第166次会议】 会议于5月13日召开。会议听取市委农工委《关于全市脱贫攻坚工作有关情况的报告》。会议要求：一要聚焦精准。这是基础中的基础，要做到“六个精准”（扶贫对象精准、项目安排精准、资金使用精准、措施到户精神、因村派人精准、脱贫成效精准）。相关部门要建好机制、动态管控。二要体现统筹。要与区域发展相结合；与新型城镇化相结合；与民生改善相结合；与社会治理相结合。三要整合资金。要充分整合涉农资金，以财政有效资金撬动市场资源，实现政府引导下，多元主体作用发挥。四要加快提前。按照“三年集中攻坚，两年巩固提升”工作要求做好安排。每月对脱贫攻坚工作进行情况通报，强化联系领导、责任单位、主体责任人的工作要求。会议听取市政府党组《关于自贡市2016年一季度经济运行情况及下一步工作建议的报告》。会议要求：基于全市发展阶段性特征，既要保持追赶跨越态势，千方百计提速发展，立足赶超，苦干实干；又要保持转型发展定力，立足高点起步，突出创新改革，打造经济升级版，全面实现全年目标任务。一要大抓项目，扩大投资强度。要强力推动建设一批项目、招引一批项目、谋划和争取一批项目。对市级重点项目要逐一落实到责任人、责任单位、时间节点，强化项目推进目标责任机制。市委、市政府领导要深度研究项目，带头“跑项目”。二要扭住企业，把工业搞上去。要盘活存量，因企施策。分类梳理企业生产经营状况，列出单子，拿出安排，下真功夫解决问题。要突出创新驱动，推动转型升级，各类企业一定要强化创新驱动，形成高端产品，创新经营方式，充分占领市场；相关部门要加强引导、促进、帮扶企业创新。三要培育消费，打造新的增长点。要推动传统消费提档升级，通过多种方式积极引导，丰富消费业态，形成多层次的商业消费市场；要发展新兴消费，依托自贡市地处成渝经济区及特色文化优势，培育健康养老、文化、旅游消费等热点，发展“互联网+”、电子商务等。四要突出创新改革，增强可持续发展动力。要突破性推进科技创新，依托大专院校、科研院所，强化企业主体，加强科研工作，突出重大技术转移、成果转化，加快形成现实生产力。要创新体制机制，把工作重点放在推动改革落地见效上，在创新创业、投融资体制改革、简政放权、深化农村综合改革等方面实现更大突破。五要深度开放，放大招商引资效应。把扩大开放、招商引资作为第一要事。建立完善招商引资责任机制，发挥区县责任主体、园区专业主体、部门行业主体的主力责任，抓好项目引进、建设，形成更多成果。完善重大招商项目“绿色通道”，深化招商引资的基础性工作，营造优质的发展软环境。六要致力民生，让群众享受更多发展成果。要围绕“提速、可持续”要求，加快完成脱贫攻坚任务，让群众早日过上富足幸福的生活。要加大民生工程实施力度，办好向群众承诺的十件民生实事，尤其要加快推进棚户区改造，农村道路建设等项目。要强化社会治理，高度重视信访维稳工作，确保社会稳定和谐。会议强调：一要突出考核重点，加大经济工作考核权重，对项目推进、招商引资实行单列考核。二要加大督查督办力度，常态督查，对重点工作实行周督查、月通报，严格问责因工作不到位导致的工作进度滞后。会议指出：要实现全面振兴目标，全市党员干部务必做到讲规矩、重团结、抓落实。一要讲规矩。省委书记王东明多次强调，能否做到讲规矩是一个党员干部修养和品德的体现。大家在纪律面前、规定面前、制度面前，务必自觉地执行和服从。特别是工作中涉及重大事项必须向组织报告，绝不能“先斩后奏”。外出开会、出差等，必须按照规定严格履行相关审批手续。关于领导干部请销假制度、重大事项报告制度等各项工作纪律规则要加快完善建立。二要重团结。加强以市委常委会为核心的“四大家”领导集体团队建设至关重要，重要一条就是加强团结。大家一定要真心相待、真诚相见、真情相处，讲大局、讲原则、讲风格，像爱护自己的眼睛一样爱护、维护团结。领导干部既要敢抓敢管、敢于负责，又要互相包容、互相支持，还要着眼全局、关心全局，维护集体领导、维护集体权威，使全市上下、方方面面合心、合拍、合力，不断迈向前进。三要抓落实。省委书记王东明在市厅级主要领导干部读书班上反复强调，为政之道重在实干、贵在落实。大家一定要以落实的成果来检验工作成效，一定要以一心为民的境界操守、事不避难的责任担当、敢为人先的创新创造、持之以恒的实干苦干，推动各项事业取得新的更大成效。

【十一届常委会第168次会议】 会议于6月22日召开。会议传达学习全省预防腐败工作视频会议、全省建立市县党委巡察制度动员部署视频会议精神，听取关于省委省政府对自贡市2015年度党风廉政建设责任制考核结果的分析报告，并研究全市工作。会议指出，要贯彻落实全省预防腐败工作视频会议精神，抓好四件事：一要抓教育。各级党组织一定要把思想政治教育、作风纪律教育放在突出位置，切实增强教育的导向性、经常性、针对性。二要抓制度。制定时间表，各分管领导具体组织，针对项目管理、招投标、政府采购、国有资产经营、土地出让、专项资金管理等重点领域，健全完善严明的制度要求，并抓好落实，接受各方面监督。三要抓责任。要强化“两个责任”（党委负主体责任，纪委负监督责任）落实，尤其要强化督促问题整改，以考核来体现制度落实，确保“两个责任”履行到位。四要抓惩处。坚持惩防并举，用好监督执纪“四种形态”(经常开展批评和自我批评、约谈函询，让“红红脸、出出汗”成为常态；党纪轻处分，组织调整成为违纪处理的大多数；党纪重处分，重大职务调整的成为少数；严重违纪涉嫌违法立案审查的成为极少数)，发挥案件的治本功能，实现以案促治、以案促防。会议指出：建立市县党委巡察制度是实现党内监督全覆盖的务实举措。一是要组建工作机构。市委编办研究，组织部门配合，按照“务实、精简、高效”的原则组建好机构，人员配置一定要选好配强。二是准确把握定位。聚焦全面从严治党，坚持把纪律和规矩挺在前面，紧扣党的“六项纪律”(政治纪律、组织纪律、廉洁纪律、群众纪律、工作纪律、生活纪律)，突出发现问题、形成震慑、优化环境、高效工作。三是注重制度建立和机制创新。建立健全工作制度，创新完善工作机制，加强巡察成果运用，更好地发挥巡察震慑遏制治本作用。会议指出：从省委省政府对自贡市2015年度党风廉政建设责任制考核结果来看，成绩值得肯定，但存在的差距也要正视，要围绕“务实创新、走在前列”的目标，按“问题导向、差距落实”要求补齐短板、让优势更优，实现党风廉政建设工作迈上新台阶。对党风廉政建设和反腐败工作，总体要围绕“形成风清气正、崇廉尚实、干事创业、遵纪守法的政治生态”的目标，坚持党要管党、从严治党，重点在惩贪治腐、正风肃纪、刷新吏治，突出政治性、实效性、创新性，为推动振兴发展、决胜全面小康提供纪律保证。对全市党风廉政建设责任制考核结果排名相对靠后的几个方面，采取有效措施加以整改完善。会议听取全市县级主要领导干部读书班举办及学习传达情况。会议强调：要扩大读书班成果，领导干部要思考如何把想法变成做法，如何形成更多实实在在的作为，围绕要求提升思想认识，落实“五个着力重点”（突出交通先行；着力“优二兴三”；坚持放开放活；做优做精城市；决战决胜脱贫攻坚），推动自贡发展。一是要对市委书记李刚在读书班上作的开班主题报告和市委副书记、市长刘永湘的总结讲话涉及的工作逐项分解细化、逐条落实责任，由市委办、市政府办或目督办行文。二是2016年的目标考核实施办法要对考核的具体事项和分值作出调整，按照“设定底线、鼓励创新、突出争先、注重实绩”的要求，坚持正向激励和先进导向，在体现兼顾公平的同时适度凸显效率、效益。该项工作抓紧研究，充分听取意见，报下次常委会研究。三是进一步完善工作体制。对中央、省委提出的改革要求，市深改领导小组要及时学习，并结合自贡实际在面上传达落实，在点上要解决制约发展的一系列体制性、机制性问题。同时，要通过深化改革和群众诉求倒逼改革。

【十一届常委会第172次（扩大）会议】　会议于7月13日召开。会议传达学习中共中央总书记习近平在庆祝中国共产党成立95周年大会上的重要讲话精神，研究自贡市的贯彻意见。会议要求：（一）把握精髓要义。理解和把握中国共产党的历史贡献，理解和把握党95年的历史经验，理解和把握坚持问题导向、应对重大挑战的艰巨任务，理解和把握“不忘初心、继续前行”的总体目标和“八个不断推向前进”的具体要求。（二）组织学习宣传。系统学、集中学、持久学，学出自信、学出境界、学出作为。一是各级各部门要按照中央通知要求的“五个结合”，把学习贯彻贯穿到“两学一做”学习教育全过程。二是要突出抓好各级领导干部尤其是各级党委（党组）中心组学习。三是宣传部门要专门精细安排，多角度、深层次报道全市各级党组织学习贯彻讲话精神的生动局面。（三）结合实际指导实践。一是要把学习效果体现在坚定理想信念上。牢固树立政治意识、大局意识、核心意识、看齐意识；增强中国特色社会主义道路自信、理论自信、制度自信、文化自信。二是要把学习效果体现在推动重点工作上。要始终专注发展定力，推动自贡振兴发展。三是要把学习效果体现在造福人民群众上。要推进公共服务均等化、优质化，让群众享受到更多发展成果，特别是要抓紧抓实脱贫攻坚。会议传达学习省委常委会会议精神，研究自贡市的贯彻意见。会议要求，落实省委要求，结合自贡实际，要坚持以项目工作统揽经济工作全局，扭住稳定增长、加快发展这个重中之重，强化投资拉动、消费带动、创新驱动，推动全市经济转型发展、加快发展。（一）突破性推进项目建设。一是突出向上争取。市发改委、市财政局要会同有关部门研究，把当前和长远需要争取的、可以争取的政策、项目、资金逐一梳理，8 月中旬前列出清单，落实到市级领导、区县、部门、责任人。市级部门要主动到上级对口部门汇报沟通，争取支持。二是突出向外招引。抓紧出台和完善《关于进一步提高开放水平加强招商引资工作的意见》、招商引资目标考核办法、驻外办事处设立方案等，8 月上旬召开全市对外开放工作会议。三是突出向内挖潜。针对自贡发展实际，必须谋划、生成一批重大项目，由市发改委、市重大项目办牵头，8 月底前要拿出成熟的单子。四是突出向下用力。对于重点项目要实施月督查、季考核，市目督办要将每月进展情况、领导挂包解决问题情况报市委、市政府主要领导和责任领导。（二）突破性推进产业发展。一是以发展机械制造、航空与燃机、节能环保产业推动新兴产业加快发展。快速推进自贡航空产业园建设，确保捷克 2 人座轻型飞机 9 月实现首飞。二是把军民融合作为转型升级突破口。对企业进行分类指导帮扶，实现一企一策，不仅要加快海川、晨光等优势企业发展，同时要加快传统产业改造提升，帮助具有一定基础和潜力的企业恢复正常生产。三是加快新型服务业发展。发展商贸物流业，吸纳各类生产要素。四是以发展工业的思维推动农业发展。按照统筹城乡的理念，把脱贫攻坚与幸福美丽新村、新型城镇化、社会治理结合，促进农业农村发展。（三）突破性推进四区同建。一是加快城市新区建设。按照产城相融、园城一体理念，推进新区建设。同时坚持以棚户区改造为抓手推进旧城改造。二是加快产业园区建设。要明晰功能定位，走“专、精、特”的路子，构筑发展平台，加大招大引强力度。特别是高新区要突出“高”和“新”的特点，高端打造产业环境，培育、引进高端产业群。三是加快文旅景区建设。坚持“全域景区”理念，突出“盐、龙、灯”文化特色，加快推进中华彩灯大世界、恐龙王国公园、盐疗养生国际旅游度假区等重点项目，建设独具特色的国际文化旅游目的地。四是加快新型社区建设。在城市推行网格化管理，在农村推进新居适度集中，完善基础设施，配套公共服务，推行政府职能下延，建设新型社区。加快出台《关于进一步推进县域经济加快发展的意见》和《关于进一步推进高新区加快发展的意见》。（四）突破性推进改革创新。一是始终坚持市场化取向。要充分用好用活市内市外两种资源、两个市场。特别是运用好金融手段推动重大项目建设、重点产业培育、重点企业发展，重点做好产业发展基金、国有投融资平台的建立和运用。二是强化创新驱动。以企业为主体，放大科技基础优势，推进协同创新、技术攻坚、成果转化取得新的更大成效。要从体制机制、物力财力上入手，最大限度支持科技创新。三是优化创新创业环境。推进国家知识产权试点城市建设，完善知识产权管理、保护、服务体系。制定激励科技人员创新创业办法，推进职务发明所有权、科技成果作价入股改革试点。引导、支持农民工返乡创业。（五）突破性补齐民生短板。一是务实推动脱贫攻坚。按“三年全面完成，两年巩固提升”的提速攻坚目标，坚持统筹城乡理念、市场化思维，推动脱贫攻坚。二是提升公共服务水平。按照均衡、优质要求，推动教育、卫生、文化等社会事业加快发展，提升社会保障水平。三是强化社会治理。推动权力下放、职能下移，让基层能够办事、办得了事、便捷办事。要强化法治信仰，以法治思维、法治方式想问题、做事情。

【十一届常委会第 173 次（扩大）会议】 会议于 7 月 19 日召开。省委第一换届考察组组长贾松青传达中央和省委关于市（州）领导班子换届政策、通报本次换届考察的主要任务和方法步骤、强调中央和省委严肃换届纪律要求。会议指出：一要把握要求，清醒认识。市级领导班子、市纪委领导班子换届是全市人民政治生活中的一件大事。做好此次换届工作，事关全市推动振兴发展、决胜全面小康事业成败，事关全市人民群众福祉。要从全局和战略高度，认识换届工作的重大意义，增强政治意识、大局意识、核心意识、看齐意识，以高度的政治责任感和历史使命感，配合省委第一换届考察组和省纪委换届考察组做好考察工作。二要顾全大局，正确对待。要讲大局，正确处理个人利益与全局利益的关系，自觉服从大局、维护大局，做到言行一致、表里如一。要讲党性，以良好的心态正确对待名利权位，正确对待组织安排和工作需要，正确对待个人的进退留转。要端正态度，正确对待干部群众的评议，虚心听取干部群众的意见，把换届考察看作是查找差距、改进工作的契机；看作是增强党性修养、接受组织检验的契机；看作是广泛听取意见、接受干部群众评议的契机；看作是提高自身素质、提升工作水平的契机。要讲纪律，坚决服从组织安排。要带头自觉抵制跑官要官、拉票贿选等违反党的纪律和国家法律的行为。三要客观公正，科学推荐。要本着对组织、对干部、对群众高度负责的态度，讲实话、讲真话，客观公正地评价领导班子和领导干部。在推荐市级领导班子人选时，要着眼党和人民的利益和事业需要，贯彻落实中央、省委的有关要求，从全市经济社会发展大局出发，从选贤任能的愿望出发，着眼于优化领导班子结构，建设坚强有力的领导集体。按照好干部标准，坚持“三重”（重品行、重实干、重公认）用人导向和“三个六”（鲜明“六个重视选用导向”；坚持“六个坚决不能用”原则；落实“六个坚决调整”要求）用人原则，把那些有敢作敢为的血性、有大我无私的境界、有创新创造的本事、有苦干实干的韧劲的干部推荐到领导岗位，为省委选好干部配强班子提供依据。四要严守纪律，做好工作。要严格遵守“九严禁”“六个坚决查处”的纪律要求，绝不触碰纪律的“红线”，以自身的言行践行“三严三实”“两学一做”要求，体现专题教育成效。同时履行换届主体责任，坚决查处拉帮结派、拉票贿选、买官卖官、跑官要官、造谣诬告、干扰换届等违规违纪行为，为换届营造风清气正的环境，并抓好当前工作，确保换届和当前工作两不误、两促进，以一流的作风、一流的业绩赢得组织信任和群众认可。

【十一届常委会第174次（扩大）会议】　会议于7月29日召开。会议传达学习省委十届八次全体会议精神并研究自贡市贯彻意见。会议要求：绿色发展的本质是高质量、可持续的科学发展。一要认识省委十届三次全会后，治蜀兴川所取得的重大成就，始终保持战略定力，坚定实施省委“三大发展战略”（多点多极支撑发展战略；实施“两化”互动、城乡统筹发展战略；实施创新驱动发展战略）。二要认识绿色发展是遵循客观规律、顺应发展大势的必然要求，始终扭住转型发展这个关键，推动发展方式、生产方式、生活方式、治理方式的根本转变，实现持续发展、科学发展。三要认识适应新常态、引领新常态，必须以创新驱动为根本动力，以推动供给侧结构性改革为战略重点，以深化改革和扩大开放为现实路径，抓好项目投资、产业支撑、创新引领、开放合作、消费促进、脱贫攻坚、依法治理和风险防控。会议要求：全市各级各部门要把思想和行动统一到省委决策部署上，从战略全局的高度，领会全会精神实质，增强思想认同和行动自觉，推动省委决策部署在自贡落地生根，要切实抓好以下几项工作：（一）抓好传达学习。一是全市各级党组织要结合“两学一做”学习教育，召开常委会、中心组学习会等，将全会精神传达到基层党员群众。二是宣传部门要专门制定方案，宣传解读全会精神，增强广大党员干部学习贯彻的积极性和主动性，并自觉运用于工作实践。三是抓好各级领导干部的学习，各级领导干部要发挥表率作用，带头学习全会精神，结合工作学、带着问题学，力求学深、学透。各级党委组织部门、党校要把全会精神作为党员干部培训的重要内容。市委中心组学习会要专题学习贯彻省委全会精神。（二）抓好环境治理。当前自贡环境治理尤为紧迫，必须打好水、大气、土壤污染防治三大战役，扭转生态环境被动局面，力争用两到三年时间实现根本性好转。要抓紧制定全市环境治理的总体方案，明确当前和今后一个时期的工作目标、路径、重点和要求。同时抓紧制定釜溪河治理、大气治理两个具体方案，报市政府常务会、市委常委会审定后实施。市人大常委会、市政协要围绕这方面工作，组织开展专题调研，提出工作建议。（三）抓好转型升级。把绿色发展作为加快转型升级的主攻方向，着力“优二兴三”，推动转型发展、加快发展。一是全面淘汰落后产能。全市筛查纳入“十三五”落后产能淘汰的企业有17户，必须在2年内完成，并动态更新淘汰落后产能项目库，倒逼企业改造升级。8 月制定出具体方案专题研究。二是加快工业转型升级。坚持以发展节能环保装备制造、航空与燃机产业为突破口，依托军民融合发展，融入“一带一路”，加快推动工业转型升级。三是大力发展文化旅游业。坚持以文旅兴业、以文旅兴城，打造好“盐、龙、灯”城市名片，突出时代特征和科学内涵。（四）抓好城乡建设。坚持将绿色发展贯穿于城乡规划建设管理全过程，构建科学合理的城镇新型形态。一是做好城乡规划。按照新型城乡形态和优化空间布局的要求，突出规划作为科学发展、依法行政的引领和依据。二是做好城乡环境综合治理。尽快制定具体方案，确保 8 月开始实施。三是打造“盐都水乡”，加快水环境治理，做好自然河道整治修复。四是加大棚户区改造力度。棚户区改造既要着眼提升城市品质，又要加快进度，实现早日完成。五是抓好幸福美丽新村建设。结合脱贫攻坚，按照统筹城乡的理念、城乡一体的要求来加快推动。六是以“三创联动”（全国文明城市、国家卫生城市、省级环保模范城市创建联动）活动为载体，培育市民文明新风尚，倡导绿色文化，树立绿色新风，促使城市大变样、文明大提升、环境大改善。

【十一届常委会第 176 次会议】 会议于 8 月 5 日召开。会议传达省委办公厅《关于学习贯彻王东明同志有关脱贫攻坚指示精神的紧急通知》精神。会议要求：全市各级各部门要按照要求，做好省委书记王东明有关脱贫攻坚重要指示精神的传达学习贯彻，把思想行动统一到省委精神和要求上，把各项部署要求落小、落细、落实，举全市之力打赢脱贫攻坚硬仗。一要强化攻坚意识。要把脱贫攻坚作为当前压倒一切的政治任务，集中精力抓紧干、创新干、冲刺干。二要锁定目标攻坚。按照王东明重要指示精神，结合自贡实际，召集各区县和市级有关部门，再分析再研究，量化目标、强化举措，明晰时间表、路线图，高位推动、取得突破。三要严格督查问责。以铁的制度、铁的纪律保证工作推动，确保各项工作落实落地。目标督查部门和有关项目牵头部门要做好督查工作。市脱贫攻坚领导小组要按照通知要求，到基层、到脱贫攻坚一线开展工作。市委常委要带好头，市级领导要发挥好示范作用，全市各级各部门要以脱贫攻坚为抓手，整体推动全市“三农”工作上台阶。要及时将该《关于学习贯彻王东明同志有关脱贫攻坚指示精神的紧急通知》印送各市委常委、副市长及市人大常委会党组、市政协党组、市级有关部门、各区县党委和政府主要负责人。会议审议市政府党组《关于自贡市 2016 年上半年经济运行情况及下一步工作措施建议的报告》。会议指出，2016 年以来，面对严峻复杂的宏观经济形势和持续加大的经济下行压力，全市上下贯彻落实省委、省政府的决策部署，围绕“推动振兴发展、决胜全面小康”主题，坚持稳中求进，统筹推进稳增长、调结构、促改革和惠民生，全市经济运行呈现总体基本平稳、稳中趋缓的发展态势，但全市一些经济指标与预期目标存在一定差距，个别指标波动明显，经济下行压力仍在加大。会议要求，全市各级各部门要清醒认识、找准差距，以等不起、慢不得、坐不住的紧迫感和责任感，以对自贡未来发展负责、对自贡人民负责的态度，苦干实干、干出成效。一要始终保持专注发展定力。各级各部门要强化责任担当，抓住发展这个第一要务不松手，按照转型发展、开放发展、加快发展的要求，坚持问题导向，攻坚克难，更深、更细、更实地谋划和推动工作。二要做好目标任务细化分解。要立足实际、自加压力、强化举措，逐项细化工作措施，落实目标任务，完善考核激励机制，充分调动干事创业的积极性。三要深化市场化改革。以开放倒逼改革，以供给侧结构性改革以及投融资体制、国有资产经营、农村产权制度、行政审批制度等改革来增强发展动力和活力，提升区域核心竞争力。牵头领导要针对当前的情况和下一步工作做深入研究，解决实际问题。四要切实提升服务效能。要优化工作流程，完善服务举措，规范服务行为，提升政府行政效能。市人大常委会、市政协要围绕这方面的工作，组织开展专题调研，提出工作建议。五要强化工作责任落实。各级各部门既要正确看待面临的形势和压力，更要冷静分析存在的问题，居安思危、未雨绸缪，围绕第三季度全市经济发展务必实现止滑回升的目标，从当前做起、从具体工作做起，力争取得更大更好的工作实效。

【十一届常委会第 181 次会议】 会议于 8 月 24 日召开。会议传达学习全省“两学一做”学习教育工作推进电视电话会议精神并研究自贡市贯彻意见。会议要求：全市各级各部门要按照中央和省委的要求，做深、做实、做细“两学一做”学习教育规定动作，将“两学一做”学习教育更多地体现在“做”上，用心聚力推动各项重点工作落实。一要把规定动作抓实抓细。特别是要把中心组学习、专题党课、“三会一课”等规定动作抓深抓实，促进学习教育全面过硬。安排好第三次专题学习讨论。二要把问题整改抓实抓细。重点以三项整改“回头看”为牵引，针对“旧问题”和“新问题”，纳入台账管理，限时整改落实，实实在在解决问题，实现以改促学、以改促做。三要把督导检查抓实抓细。由组织部门牵头，常态化开展专项督查。同时，要持续抓好集中换届和换届风气纪律监督，确保换届工作风清气正。会议审议市政府党组《关于报请审定〈中共自贡市委自贡市人民政府关于进一步提高开放水平加强招商引资的意见（送审稿）〉的请示》。会议原则同意该请示，按照会议提出的修改意见完善后，由市委、市政府印发实施；并筹备好下周全市对外开放工作会议。会议要求，全市上下要形成“开放决定命运，自闭等于自弃”的共识，把自贡放在全球、全国大格局中去审视，放在区域竞合发展的大趋势中去思考。要不断优化投资环境，不断提供优质服务，形成自贡对内对外开放的新优势，在“请进来”的同时，自贡企业也要坚定不移地“走出去”，在更大范围内寻求资源、市场和其他各类先进的生产要素。要明确重点，形成新的对内对外开放的空间布局，创新对内对外开放的体制机制，营造亲商容商扶商发展环境，打造自贡招商引资和投资促进服务保障新优势。要重奖项目、企业引进者，重用在对全市引资、引才、引智等方面起到关键性作用的人物，形成全党抓招商、全社会重招商的氛围。

【十一届常委会第187次会议】　会议于9月9日召开。会议传达学习省长尹力率队到市督导调研精神并研究贯彻意见。会议要求：贯彻落实省长尹力重要讲话和指示精神，一要清醒认识市情。2016年经济增速高开低走，部分指标波动明显，经济下行压力很大，面对这样的形势没有退路，必须追、必须赶。二要奋战100天，着力稳增长，强化投资拉动、消费带动、创新驱动、开放促动，确保全市全年各项经济指标增速高于全省平均水平，实现提速升位。会议要求抓好几项具体工作：（一）抓紧抓实项目工作。一是开展项目工作专项督导。近两周时间内，市级领导分区域、分行业对市级重点项目落地、进度、运营等逐一开展督导，不仅要查漏补缺，还要系统总结、深度完善。二是以集中开工倒逼项目推动。年内再组织两次项目集中开工，按照计划落实到项目、落实到人头、落实到时间，拿出详细安排，精心组织好。三是向上争取项目资金。由市长牵头，各位常委、副市长分工负责，列出重点事项向上争取。（二）抓紧抓实稳工业稳企业。一是《关于促进工业经济转型发展的意见》及其配套文件要抓紧出台，并召开会议对工业经济作一次研究，务求实效。二是对企业分类施策给予扶持。市政府逐个研究，制定好扶持专项发展规划，突破性给予特殊支持，加快做优做强。要在淘汰落后产能、引导传统企业改造升级的同时，加大新兴产业培育力度。三是设立和运用好发展基金。一方面要运用好战略性新兴产业发展基金、高新技术成果转化基金、双创发展基金、扶贫基金等，发挥好“四两拨千斤”的撬动作用；另一方面要盘活国有资产存量，利用现代企业的经营和管理方式，进一步激活，变资产为资本。四是突破性推动军民融合。建立军民融合企业特殊扶持政策，把中天胜、海川等8户“民参军”企业建设成为支柱产业。（三）抓紧抓实招商引资。一是“走出去”招商引资。区县和园区主要负责人每月要“走出去”4次以上，凸显招商针对性，提高招商命中率。二是打造产业园区，完善各园区功能定位和园区利益分享机制。（四）抓紧抓实城乡建设。在抓好棚户区改造、城乡环境综合治理的同时，要加快推进釜溪河流域综合治理和东部新城建设，在政府主导的前提下，企业作为主体，形成综合推动效应。（五）抓紧抓实脱贫攻坚。一是以易地扶贫搬迁为抓手，全面启动农村聚居点建设，推动农村生产生活方式根本性转变；再深化完善相关规划，结合实际作出年度计划，由点到线到面加快建设，实现城乡同发展共繁荣。二是医疗扶贫要实现“三到人”。实施进村入户巡回体检、实现免费诊疗到人，对贫困户健康情况建立动态信息库、实现健康信息管理到人，设立大病救助基金、实现大病分类救助到人，加快实现住院患者治疗费用、慢性病患者门诊治疗费用自付部分不超过10%，真正为贫困群众办实事。各级纪委、组织、宣传等部门要开展正风肃纪和思想政治工作，营造干事创业环境。各区县和高新区要推动换届工作，加强干部队伍建设，确保大局和谐稳定。会议审议“三创联动”工作情况报告。会议要求：要把开展“三创联动”的过程作为优化发展环境、聚集生产要素、推动经济社会发展过程，要以“一盘棋”意识统筹开展“三创联动”，形成大创建工作格局。一要列单子。目标责任清单要具体、实在，要在量化和细化上下功夫，坚持条块结合，明确目标责任，由各专项创建小组作梳理，三创联动办进行统筹综合。二要补短板。以硬件为主攻方向，用特色性的创建活动引导广大群众参与其中。三要抓投入。在财政预算支出的基础上，运用市场化手段，按照公开、公平、公正原则，依法合规地让社会资本参与进来，为创建工作服务。同时，通过供给侧结构性改革和上级专项资金支持多方争取创建投入。四要重共建。从健全创建工作机制入手，在强化组织领导、工作责任、群众参与上下功夫，以开放的思维、开门的方式，动员各方力量为创建工作添砖加瓦、增光添彩，营造“共建共治、共有共享”的创建氛围。各牵头部门要发挥作用，各专项小组要跟进落实，推进创建工作。会议审议市政府党组《关于报请审定〈中共自贡市委自贡市人民政府关于实施城市棚户区改造三年攻坚的意见（送审稿）〉的请示》。会议原则同意该请示，按照会议提出的修改意见完善后，按程序印发实施。会议要求：要坚定不移地抓好棚户区改造工作，运用各种政策，强化科学规划引领，创新多元投资方式，吸引社会投资。要发挥区县主体作用，坚持市、区县联动，形成合力，分类、分级、分片推进棚户区改造。同时，要引导群众参与，坚持棚改靠民、惠民，最大限度地提高货币化安置率，确保棚户区改造三年攻坚任务完成。

【十一届常委会第189次会议】 会议于9月20日召开。会议审议市政府党组《关于报请审定〈中共自贡市委自贡市人民政府关于促进县域经济发展的二十条意见（送审稿）〉的请示》。会议指出：县域经济活则全市活，县域经济强则全市强。一要按照“放权、放开、放活、让利”要求，通过出台该意见，充分扩权赋能、激发活力，推动县域经济跨越发展。二要以更加开明的理念、开放的胸襟、开阔的思路，推动县域经济发展，提升县域经济综合实力。三要进一步厘清政府与市场的边界，切实解决市、区县“权、责、利”不清晰的问题，打破城乡隔离、条块分割、部门壁垒，支持区县自主发展、创新发展、加快发展，特别是市级各相关职能部门要落实要求。会议原则同意该请示，按照会议提出的修改意见完善后，按程序印发实施，并研究出台相应的实施办法。会议审议市政府党组《关于报请审定〈中共自贡市委自贡市人民政府关于促进自贡国家高新技术产业开发区加快发展的二十条意见（送审稿）〉的请示》。会议要求：高新区要以一流的工作标准、一流的工作作风创造一流的工作业绩，成为全市“推动振兴发展、决胜全面小康”的龙头和引擎。要围绕“高”和“新”做文章，推动产城一体发展、园城深度融合，成为高端产业承载区、现代生活宜居区。各区县、各部门要认识加快高新区发展的战略意义，把高新区发展作为市委、市政府“一号工程”来支持，举全市之力，推动高新区加快转型发展。会议强调：要着力去行政化，加强领导班子队伍建设，凝聚推动发展的团队力量，在精干、高效的前提下，实现去行政化。要坚持市场化运营理念，通过开放增强活力，通过改革增强动力，通过科技创新提高竞争力，要不断盘活人、财、地、物，要不断创新体制机制，要不断提供优质高效的服务，确保高新区始终走在全市前列，引领发展。会议原则同意该请示，按照会议提出的修改意见完善后，按程序印发实施。

【十一届常委会第193次会议】 会议于9月27日召开。会议审议市政府党组《关于报请审定〈自贡市关于深化市属国有企业负责人薪酬制度改革的实施意见〉的请示》。会议要求：要贯彻落实中省有关精神，科学设定薪酬结构，合理确定薪酬水平。要注重规范，按要求确定薪酬待遇，实现薪酬标准适当、结构合理。要体现激励，健全薪酬分配激励机制，建立与企业功能性质相适应的差异化薪酬分配办法，激发竞争活力。会议原则同意该请示，按照会议提出的修改意见完善后，按程序印发实施。会议审议市委农村工作委员会《关于报请审议〈中共自贡市委自贡市人民政府关于进一步加快脱贫攻坚确保同步全面建成小康社会的实施意见

（送审稿）〉的请示》。会议指出：脱贫攻坚的核心问题不仅是要解决阶段性的贫困问题，更是一个区域实现可持续发展的基础问题。该实施意见是全市脱贫攻坚的路线图和任务表，要体现脱贫攻坚工作的总体思路、方法路径和着力重点。要突出几个重点，一要坚持统筹城乡发展理念，以脱贫攻坚为抓手推动农业、农村发展，抓好脱贫攻坚与区域发展、新型城镇化、幸福美丽新村建设、社会治理、深化农村改革等的深度结合。二要把握中央省委新要求、新部署，掌握核心要义、领会精神实质，创新推动脱贫攻坚体制机制，让政策落地，惠及群众。三要明晰脱贫攻坚工作主体内容，分项明确要求、目标、重点和保障措施，做到定性与定量结合，用以指导脱贫攻坚具体实践。会议要求：市级领导、分管领导要带头联系帮扶贫困村，坚持抓点示范、典型引路。要切实增强贫困户自身发展能力，把贫困户聚集在产业链上、聚集在资本链上、聚集在保障链上。要强化各类资源整合，通过体制机制创新，形成合力攻坚、齐抓共管工作格局。要坚持问题导向，务必解决站位不高、谋划不深，上热下冷、说多做少，责任不明、压力不够等问题。会议原则同意该请示，按照会议提出的修改意见完善后，按程序印发实施。

【十一届常委会第196次（扩大）会议】　会议于10月12日召开。会议传达学习省委常委会第200次会议精神，研究自贡市的贯彻意见。会议要求：（一）要坚定目标不动摇。围绕经济发展、脱贫攻坚、民生事业“三大目标”，逐一分解细化、攻坚突破。着力“稳增长”，实现经济增速达到或高于全省平均水平，其余各项指标实现提档升位。要高质量、高标准地完成脱贫攻坚目标，确保56个贫困村“摘帽”、3.8万贫困户脱贫，特别要完成3358户易地扶贫搬迁工作。要对照民生事业目标，重点抓好九大民生工程、十件民生实事，切实抓好棚户区改造、乡村道路建设、乡镇卫生院标准化规范化建设等一系列直接关系群众生产生活的工作。（二）要实施重点工作事项清单管理。目督部门要会同有关部门梳理出重点任务清单、经济指标清单，各级各部门要克服慢作为，真干、实干、拼命干，推动各项工作取得进展。尤其是要突出抓实项目，扩大投资强度；扭住企业，把工业经济搞起来；培育消费，打造经济新增长点；突出创新改革，增强持续发展动力；实施深度开放，提升招商引资实效；狠抓社会治理和民生改善，确保社会安定、稳定，持续增进民生福祉。（三）要及早谋划2017年工作。坚持重点工作项目化，特别是要体现支撑性和精准性。要围绕“三个加快”（加快建设全国老工业城市转型升级示范区，加快建设西部内陆融入“一带一路”先行区，加快建设独具特色的国际文化旅游目的地）的总体定位，精心谋划未来发展，起草好党代会报告，描绘好未来发展蓝图。（四）各级领导干部要在带头抓落实上下功夫，真正“下深水、啃硬骨头”，发挥聪明才智，拿出过硬作风，干出最好业绩，推动各项事业不断前进。会议审议市政府党组《关于报请审定〈中共自贡市委自贡市人民政府关于实施创新驱动推动工业转型发展的意见（送审稿）〉的请示》。会议原则同意该请示，按照会议提出的修改意见完善后，按程序印发实施。会议强调，要把工业转型升级作为重中之重，特别是加大平台建设和科技孵化、金融创新、市场服务的力度，培育壮大全市的高端产业和战略性新兴产业。要加强体制机制创新，切实解决制约工业企业发展的突出问题，以优化环境为基础，进一步推动企业做大做强做优。尤其是要坚持企业主体、市场导向的原则，盘活存量、提升增量，强化科技引领、人才支撑，突出科学规划，推动产业集群、集聚、集约发展，走出老工业城市转型升级的新路子。

【十一届常委会第198次会议】　会议于10月28日召开。会议审议市政府党组《关于报送〈自贡市2016年前三季度经济运行情况及下一步工作措施的建议（送审稿）〉的请示》。会议要求，要围绕经济增速高于全省平均水平、各项指标提档升位的要求，落实重点工作和经济指标“两张清单”，扭住重点、增添措施、全力冲刺，千方百计确保完成全年目标任务。要坚持问题导向、目标导向，对标先进、差距管理，抓好重大项目建设，发挥投资支撑作用，要在传统服务业领域寻求突破提升。要坚持城乡一体、统筹联动，切实提高城乡居民收入，同时解决好下岗职工生活保障和再就业问题。要鼓励“双创”，政府搭建平台、提供服务，有效释放能量、发挥潜能。同时，全市要提前谋划好

2017年工作，做实各项工作的研究和启动。会议强调，要做好2016年脱贫攻坚年度考核工作，确保首战告捷。

【十一届常委会第199次（扩大）会议】 会议于11月1日召开。会议传达学习党的十八届六中全会精神、省委常委会（扩大）会议有关精神并研究自贡市贯彻意见。会议要求：（一）要学习领会六中全会精神，准确全面把握从严治党的重大决策部署。要准确把握党中央治国理政的显著成就，准确把握党中央全面从严治党的宝贵经验，准确把握新形势下全面从严治党的战略考量，准确把握准则、条例的重点内容，准确把握新老准则的有机统一，准确把握全面加强和规范党内政治生活的重大举措，准确把握全面落实党内监督责任的总体部署，准确把握领导干部以身作则、以上率下的重要要求。（二）要加强组织领导，把全市干部群众的思想和行动统一到中央、省委决策部署上。一是市委一班人要带头学习。要逐字逐句研读原文，全面把握、融会贯通，实现学有所得、学有所获、学有所用。由市委宣传部安排，近期市委组织一次中心组专题学习会；筹备县处级主要领导干部读书班，深度学习六中全会精神。二是组织好传达学习。按照中央和省委要求，由市委宣传部牵头，做好总体安排，以市委名义及时下发学习贯彻六中全会精神的通知。各级党组织要抓好学习研讨，结合开展“两学一做”学习教育，丰富学习方式，把全会精神作为党委常委会、中心组学习的重要内容。要突出抓好县处级以上干部培训，推动全会精神进教材、进课堂、进头脑。三是全方位做好宣传舆论引导。要加强正面引导，切实把握主旋律，组织新闻报道，媒体要组织策划，集中推出报道和评论。要搞好宣讲，突出针对性、生动性、思想性，全方位、大力度阐释全会精神，各级领导干部要带头宣讲。要做好网上宣传引导，营造浓厚氛围，推动六中全会精神家喻户晓、入脑入心。（三）要始终坚持从严治党管党，结合自贡实际抓好六中全会精神的贯彻落实。一是坚决维护党的领导核心。要进一步增强“四个意识”特别是核心意识、看齐意识，自觉服从核心、坚决维护核心，更加紧密地团结在以习近平为核心的党中央周围，更加坚定地维护以习近平为核心的党中央权威，更加自觉地在思想上政治上行动上同以习近平为核心的党中央保持高度一致。二是落实全面从严治党主体责任。各级领导干部要带头把抓好党建当作最大的政绩、必须的担当，坚持问题导向，从严抓思想、抓管党、抓执纪、抓作风、抓反腐，推动责任层层落实、压力层层传导，做到真管真严、敢管敢严、长管长严，把严的要求贯彻到管党治党全过程，落实到党的建设各方面。三是严肃党内政治生活。增强党内政治生活的政治性、时代性、原则性、战斗性，突出抓好坚定理想信念、坚持党的基本路线、坚决维护党中央权威、严明党的政治纪律、坚持民主集中制、严格党的组织生活制度、开展批评和自我批评等，形成又有集中又有民主，又有纪律又有自由，又有统一意志又有个人心情舒畅的政治局面。四是强化和严格党内监督。强化自上而下的组织监督、改进自下而上的民主监督，发挥同级相互监督作用，重点解决好党的领导弱化、党的建设缺失、全面从严治党不力，党的观念淡漠、组织涣散、纪律松弛，管党治党宽松软问题，以严和实的精神推动有权必有责、有责要担当，用权受监督、失责必追究常态化。五是抓好当前各项工作。全市要以学习贯彻六中全会精神为契机，振奋精神、铆足干劲，苦干、实干、拼命干，做好年底各项工作冲刺收官，确保完成全年各项目标任务。特别是要坚持问题导向、目标导向，实施差距管理、绩效管理，集中力量抓好项目、抓好产业、抓好企业、抓好民生。要围绕第2次党政联席会议确定的第四季度工作目标和重点抓好落实。对2017年工作的谋划要吃透政策、把准形势，抓早、抓实、抓主动。要抓好换届工作的同时确保社会稳定。

【十一届常委会第200次（扩大）会议】 会议于11月8日召开。会议传达学习省委书记王东明在中央宣讲团十八届六中全会精神报告会上的总结讲话精神并研究自贡市贯彻意见。会议要求：全市要学习王东明总结讲话精神，深入学习贯彻党的十八届六中全会精神、党的十八大以来中央全面从严治党的新要求，特别是要教育引导广大党员干部增强“四个意识”，始终在思想上政治上行动上同以习近平为核心的党中央保持高度一致，推动中央、省委、市委决策部署落地落实。各级各部门要强化理想信念、时代责任、推动能力，铆足干劲、全力冲刺，把第四季度各项工作抓紧抓实抓出成效，奋力完成全年目标任务，确保经济增速达到全省平均水平或以上，各项指标实现提档升位。会议强调：要强化攻坚意识，举全市之力坚决打赢脱贫攻坚这场硬仗。一要千万保持清醒，绝不能掉以轻心。要把脱贫攻坚作为当前压倒一切的政治任务，再鼓干劲、再添举措，把各项措施落细落小，确保全面完成今年脱贫攻坚任务，首战告捷。各级党委“一把手”是第一责任人，分管领导亲自抓，切实发挥好领导示范带动作用。二要坚持问题导向，补齐工作短板。要突出新居建设、产业培育、乡村道路、技能培训、公共服务、生态环境等六项重点工程，以统筹城乡的理念，整体推动全市“三农”工作上新台阶。要切实做好易地扶贫搬迁、贫困群众增收等工作，特别是医疗、教育、科技、信息、文化等农村公共服务，要以区县为主体，强化市级部门职能作用，加快提升整体水平。同时要做好贫困群众技能素质提高、好习惯养成以及农村新风培塑等方面工作。三要严格考核评估，迎接省检国检。各区县主要负责人要按照守土有责的要求，切实担起责任，务必开展好自查，及时查漏补缺。12 月中旬前实现扶贫基金建立运转。

【十二届常委会第 1 次会议】　会议于 11 月 14 日召开。会议学习《中国共产党党组工作条例（试行）》和《四川省贯彻〈中国共产党党组工作条例（试行）〉实施细则》。会议要求：各级党组织要从全面从严治党、制度治党、依规治党的战略高度，认识加强和改进党组工作的重要性和紧迫性，把思想和行动统一到中央精神上来。一要开展条例专题学习。把条例纳入党组（党委）中心组专题讨论学习的范畴，学深学透，引导各级党组准确把握职能定位、正确履行领导职责。二要强化党委对党组工作的领导。各级党委及工作部门要加强对各党组例行报告工作制度的督促、检查、指导。2016 年年底，市委常委会将听取市人大常委会党组、市政府党组、市政协党组、市法院党组、市检察院党组及部分党组的工作报告。三要全面清理规范党组工作。对照条例规定，切实整顿规范党组设立不统一、党组职责不明晰、党组运行不规范、党组规矩不健全、党组履行管党治党不到位等问题。四要强化各级党组政治领导责任。认真履行好把方向、管大局、保落实的职责，发挥党组的领导核心作用，并总结经验和做法，推动整体水平上台阶。会议学习《中共自贡市委工作规则》和《中共自贡市委常委会议事决策规则》，审议市委办公室《关于报请审定〈中共自贡市委督促检查工作规则（试行）（送审稿）〉等三项制度的请示》。会议要求：市委常委班子成员要学习理解《中共自贡市委工作规则》和《中共自贡市委常委会议事决策规则》，认清工作规则的重要作用，使自身的工作和行为符合规则要求。要共同遵守执行，带头按规则议事决策、按规则行事履职，加强协调配合，主动接受监督，提高运用工作规则做好党委工作的能力和水平。会议原则同意该请示，按照会议提出的修改意见完善后，按程序印发实施。会议审议市委办公室、市政府办公室《关于报请审定〈市级各部门贯彻落实市第十二次党代会重大部署责任分工方案（送审稿）〉的请示》。会议原则同意该请示，按照会议提出的修改意见完善后，按程序印发实施。会议要求：全市要学习、领会、把握市第十二次党代会报告的精神实质，既要形成共识，又要注重落实，不断研究新情况，创造性地开展工作。要有突破性的作为，变“要我做”为“我要做”，变“要我做什么”为“我该怎么做”。要解决总体目标和年度目标衔接问题，牵头单位、责任单位、配合单位及有关区县要加强协调配合，狠抓任务的分解细化。要明确责任，加强督促检查，将各项重大部署责任分工落实到领导、部门和地区，落实到具体的方案，形成明晰的推进时间表、路线图以及相应的时间和工作标准，并纳入市委、市政府目标绩效管理，实施全程监控和重点督查。会议听取第十六届中国西部国际博览会自贡参展情况汇报。会议要求：一要加快项目落地，深化合作。抓好西博会上所签协议的跟踪督办，分门别类梳理排序，力争早开工、早投产、早出效益。二要不断总结，学习借鉴先进理念、优秀做法，不断完善提升发展思路和具体措施。三要进一步提升开放合作的质量和水平。从提升开放理念、创新招商方式、加强开放合作组织体系建设、夯实招商引资基础工作、提高服务效能以及发挥企业市场主体作用等方面着手，开创全市开放合作新局面。四要凸显科技、人文优势，形成区域性特色品牌，发展展会经济，实现以展会促交流、以展会谋合作、以展会引投资，提升自贡影响力。会议对加强市委常委班子建设提出要求。会议指出：省委对新一届市委班子寄予厚望，全市干部群众对新一届市委班子充满期待。推动振兴发展、决胜全面小康的历史重任落在市委班子成员肩上，以什么样的精神状态、什么样的创新作为来完成这一使命，必将经受历史的检验。会议要求：（一）要政治坚定。一要强化看齐意识和核心意识。带头自觉向党中央看齐，向党的路线方针政策看齐，坚决拥护核心、维护核心，不折不扣落实中央、省委、市委各项决策部署。二要坚决维护市委权威。市委作出决策，要步调一致，坚决执行到位。三要牢固树立大局观。“推动振兴发展、决胜全面小康，建设城乡一体繁荣幸福新自贡”，就是现阶段的大局，要投身这个大局、服务这个大局、推动这个大局。（二）要创新实干。当前，全市处在一个“推车上坎”的时期，要尽超常之责、用超常之功、成超常之为。一是谋划要深。把握大势、结合实际，创造性开展工作，确保分管的工作打开局面、走在前列。二是勇于担当。要敢抓善管，事事想在前面、干在前面，扭住关键迎难而上、一抓到底。三是舍得付出。要肯吃苦、不怕累，一旦认准的事情要干成、干好。尤其是要始终向一流标准看齐，在本届任期内，干好一批实事、干成几件大事。（三）要精诚团结。懂团结是大智慧，会团结是大本事，真团结是大境界。一要同心同力。充分发挥市委总揽全局、协调各方的领导核心作用，通过市委班子的团结和谐，带动市级几套班子的团结和谐。二要依规守矩。要自觉将自己的工作置于集体领导之下，重大事项要提交班子集体讨论决定，对议定的事情要保证一个声音、一种调子、一致行动。三要容事容人。保持开阔胸襟，坚持平时多沟通，遇事多商量，产生分歧开诚布公，发现问题及时提醒，见到不足相互补台。（四）要严守纪律。一要严守政治纪律。在大是大非面前、在急难险重任务面前、在个人名利得失面前，站稳立场、挺直脊梁、毫不含糊。二要严格遵守工作纪律。对分管领域工作中的“三重一大”等事项，要及时向常委会集体请示报告，不能各行其是。三要严格遵守廉政纪律。要珍惜政治生命、珍惜荣誉名声、珍惜家庭亲情、珍惜自由生活，自觉做勤政廉政的模范。

【十二届常委会第2次（扩大）会议】 会议于11月18日召开。会议传达学习省委十届九次全会精神并研究自贡市贯彻意见。会议要求：全市各级党组织和广大党员干部要坚持把学习宣传贯彻省委全会精神作为当前和今后一个时期的重大政治任务抓紧抓实抓出成效。（一）深刻领会省委全会精神，从政治高度认识和把握加强和改进党内政治生活、严格党内监督。一要深刻领会把握学习贯彻党的十八届六中全会精神的极端重要性。尤其是强化“四个意识”，在维护以习近平为核心的党中央权威上立场坚定、旗帜鲜明。二要深刻领会把握全省工作取得的显著成绩。倍加珍惜取得的成就，进一步坚定发展的信心和决心。三要深刻领会把握全省推进全面从严治党的基本经验。要坚持和运用好“九个结合”，开创从严治党的新局面。四要深刻领会把握全省全面从严治党面临的新形势新任务。“三个不可低估”的判断没有过时，各级党组织务必清醒认识，坚定有力推进全面从严治党。五要深刻领会把握加强和规范党内政治生活、严格党内监督的重大部署。增强党内政治生活的政治性、时代性、原则性、战斗性、实践性，是核心内容。六要深刻领会把握事关四川长远发展的重大问题。“六个毫不动摇”是立足新的形势对四川未来发展作出的前瞻谋划，要在工作中切实践行。各级党委（党组）要及时召开常委会、中心组学习会、职工会等，传达学习省委全会精神，传达到领导班子、传达到基层、传达到广大党员干部。宣传部门要制定方案，结合省委要求，开展宣传宣讲，把全市干部群众的思想和行动统一到全会精神上，推动中央、省委各项决策部署全面落实。（二）准确把握全市党的建设阶段性特征和形势任务，推进全面从严治党。王东明指出，全面从严治党永远在路上，当前党风廉政建设和反腐败斗争形势依然严峻复杂。近年全市从严治党取得明显成效，但要清醒认识基础不牢固，不少方面存在薄弱环节。一要抓思想引领，实现固本培元。一些党员干部思想滑坡、精神懈怠、党性不强，根本原因就在于思想建设没跟上。当前，特别是要学习习近平总书记系列重要讲话精神和治国理政新理念新思想新战略，强化“四个意识”，坚决服从核心、维护核心，更加自觉地在思想上政治上行动上同以习近平为核心的党中央保持高度一致。二要抓严规明矩，强化纪律约束。切实遵守政治纪律、政治规矩，党中央提倡的坚决响应，党中央决定的坚决执行，党中央禁止的坚决不做。对党中央、省委、市委作出的决策部署不能打折扣、不能搞变通。严格执行重大问题请示报告制度。三要抓组织生活，增强日常教育。一方面要严格落实组织生活各项制度，如“三会一课”“民主生活会”“组织生活会”“谈心谈话活动”；另一方面，要不断创新组织生活方式，适应新形势和新变化，增强组织生活的吸引力、实效性、预见性。四要抓权力监督，注重过程防范。健全和完善党委全面监督、纪检专责监督、党的工作部门职能监督、党的基层组织日常监督、党员民主监督，以及社会监督，严格落实巡视巡察制度，实现全覆盖。五要抓惩贪治腐，形成强力震慑。越往后执纪越严，惩贪治腐要坚持无禁区、全覆盖、零容忍，从严查处发生在重点领域、关键环节和群众身边的腐败问题。（三）始终保持专注发展定力，加快推进“推动振兴发展、决胜全面小康”各项事业。一要围绕全年目标，奋力冲刺。针对问题分析研究，实施差距管理，以年初确定的基本目标为导向，再测算、再分解、再强化。二要细化分解市党代会确立的目标做好落实。市委在12月中旬派督导组逐项督查。三要始终扭住重大项目集中攻坚。抓大项目就是抓大发展，抓好项目就是抓科学发展。正在推进的项目务必大力推进；处于成熟期、即将开工的项目务必落实到人头，创造条件加紧开工；需向上和对外争取的项目，务必做深基础工作，争取政策支持，通过扩大开放、招商引资争取市场投资。四要加力加劲做好脱贫攻坚工作。全市脱贫攻坚工作既要按中央、省委要求抓好抓到位，同时要结合农村一系列工作整体提升“三农”工作水平，实现城乡一体发展。特别是要做好查漏补缺，迎接好检查验收、评估检查。五要切实做好社会治理工作，确保社会安定和谐、安全生产。要抓好民生事业、民生实事，要按照年初确定的目标落实，兑现党委、政府的承诺。

【十二届常委会第6次（扩大）会议】　会议于12月29日召开。会议传达学习中央、省委经济工作会议精神，研究自贡市的贯彻意见。会议要求：全市各级各部门要领会把握好中央、省委经济工作会议的精神实质，把思想和行动统一到中央、省委部署要求上，以思想上的高度统一保证行动上的高度自觉；要深刻领会中央和省委对经济新常态下当前经济形势的研判，准确把握好全市发展的总体形势；要深刻领会中央和省委对2017年经济工作的总体要求和工作部署，准确把握自贡发展的着力点和突破口；要深刻领会中央和省委着力保障和改善民生的明确要求，深化推进脱贫攻坚。会议强调：要结合实际贯彻落实中央、省委经济工作会议精神，科学谋划全市2017年经济社会发展的目标思路和重点任务。按照坚持“稳中求进”、又好又快的总体要求，在巩固“稳”的基础上下功夫，多在积蓄“进”的力量上出实招，切实增强工作的前瞻性、预见性、主动性。会议要求：对事关经济社会发展全局的重大问题，要把准方向、突出重点、抓紧抓实。在基础设施建设上，要着力内外“互联互通”，增强承载力和吸附力；在产业培育上，要着力发展高端、特色，力争在2017年实现大突破；在全面创新改革试验上，要着力打好自身发展基础、发挥创新驱动潜能，做好军民融合发展、传统工业改革提升等大文章；在推进新型城镇化建设上，要着力品质提升、功能完善，走出有自贡特色的新路子；在深化改革上，要执行好顶层设计，把精力放在已经出台的专项改革政策落地上，把重心放在突破制约发展的体制机制和推动发展的重大事项上，细化方案、落地落实。会议传达学习省委常委会专题听取各市（州）党委书记和省有关方面党委（工委）书记抓党建工作述职会议、四川省出席党的十九大代表和省第十一次党代会代表选举工作部署及培训会议精神并研究自贡市贯彻意见。会议要求：全市要深刻把握中央、省委关于从严治党、思想建党、制度治党等一系列重大部署，自觉把党建工作摆在全局工作的重要位置来抓。一要深刻把握全面从严管党治党的新形势，找准党建工作的有效抓手和载体，树立全省、全国都叫得响、立得住的党建品牌，全面提升自贡党建工作水平。二要严格落实党建职责，细化明确各级党组织抓党建的“主体责任”、党组织书记的“第一责任”、班子成员的“分工责任”。三要深入推进思想建党，充分发挥老工业城市党建资源，加强党性教育，特别是要发挥党委中心组学习会作用，结合当前重点工作，抓出实效、务实推动。四要着力夯实基层基础，抓基层党的组织和工作覆盖，抓软弱涣散基层党组织整顿，选好配强村（社区）“两委”班子，抓好基层治理。五要抓好正风肃纪、惩贪治腐，同时强化正向激励，营造风清气正的干事创业环境。会议传达学习川南经济区调研座谈会精神并研究自贡市贯彻意见。会议指出：川南经济区调研座谈会议对川南四市的实体经济、开放合作、安全稳定等工作提出明确要求，为2017年的工作指明方向，全市各级各部门要贯彻落实省委、省政府各项部署要求，提高“稳”的责任感，增强“进”的紧迫感，要扭住项目不放，发挥项目投资、创新驱动作用，持续保持稳中求进、好中求稳。特别是要坚持“优二兴三”，在新兴产业培育和传统产业升级改造中双向发力，实现经济的稳定增长。同时，要切实抓好安全稳定工作。

重大活动

【赵耀中一行到市考察】 5月11日，市委书记李刚在檀木林城市名人酒店会见到市调研的国家开发银行四川分行行长赵耀中一行。双方就进一步深化金融合作进行交流。市委副书记、市长刘永湘主持座谈会。

【李登菊到市调研督导】 5月16日至17日，省委常委、省政协副主席、省总工会主席李登菊率省督导组到自贡，对全市稳定经济增长工作进行专项督导。市委书记李刚陪同督导并主持工作汇报会，市委副书记、市长刘永湘代表市委、市政府作工作汇报。8月23日，李登菊率队就自贡市贯彻落实省委十届八次全会精神进行督导。市委书记李刚，市委副书记、市长刘永湘，市政协主席潘泽金等陪同督导。

【甘道明一行到市调研】 5月18日至19日，省委省政府决策咨询委员会主任甘道明率调研组到自贡，调研指导全市经济社会发展。市委书记李刚陪同调研并主持座谈会，市委副书记、市长刘永湘等陪同调研。

【黄彦蓉一行到市调研】 5月23日，省人大常委会副主任黄彦蓉率队实地调研釜溪河复合绿道和东兴寺片区改造工程，对城市建设、旧城危旧房和棚户区改造进行现场指导。市委书记李刚、市人大常委会主任陈华等陪同调研。

【窦志民一行到市调研】 5月24日，成都海关党组书记、关长窦志民到市调研对外经贸工作，并就推进自贡综合保税区申报筹建工作与市委、市政府进行交流。市委书记李刚等出席座谈会。

【胡新安一行到市考察】 5月25日，市委书记李刚在檀木林城市名人酒店会见深圳华强实业股份有限公司董事长、总裁胡新安一行，双方就文化科技创意、高端服务业等领域可能达成的合作事项进行交流。

【赵勇一行到市考察】 5月30日，市委书记李刚在檀木林城市名人酒店与到市考察的四川产业振兴发展投资基金有限公司董事长赵勇举行会谈，双方就四川产业振兴发展投资基金如何助推自贡发展进行交流。10月18日，李刚再次与赵勇举行会谈，就充分发挥四川产业振兴发展投资基金对自贡产业发展的引导、放大作用和政府投资的撬动作用，进一步加强产业资本和地方政府的合作等进行交流。

【陈至立一行到市考察】 7月2日，全国人大常委会原副委员长、全国妇联原主席陈至立到市考察文化遗产保护传承工作。省人大常委会副主任黄彦蓉，市委书记李刚，市人大常委会主任陈华等陪同考察。

【唐坚一行到市调研】 7月13日，省政协副主席唐坚调研自贡市文化事业发展和市政协文史资料相关工作。市委书记李刚，市政协主席潘泽金等参加调研活动。

【杨冬生一行到市调研】 8月4日，省国土资源厅厅长杨冬生到市调研不动产统一登记、盐卤矿山地质环境综合治理、自贡世界地质公园扩园等工作。市委书记李刚等陪同调研。

【唐利民一行到市调研】 8月10日，市委书记李刚陪同省发改委主任唐利民一行对全市重大项目建设、重点产业发展情况进行调研。市委副书记、市长刘永湘主持调研工作座谈会。

【刘培根一行到市考察】 8月24日，市委书记李刚在檀木林城市名人酒店会见韩国汇维仕株式社会社长刘培根一行，双方就推动政企合作、服务地方经济发展进行交流。

【尹力一行到市调研】 9月7日，省委副书记、省长尹力率省川南经济区稳增长工作调研督导组到我市进行督促指导。督导组现场督导全市重点园区、重点企业、重点项目，了解稳增长政策落实情况，并在自贡召开川南经济区稳增长和脱贫攻坚工作推进会。副省长刘捷出席工作推进会并讲话。省政府副秘书长罗治平，市委书记李刚，市委副书记、市长刘永湘等参加调研督导活动。

【诺子博一行到市考察】 9月13日，市委书记李刚在檀木林城市名人酒店会见捷克驻成都总领事诺子博。双方就捷克轻型飞机制造项目进展及进一步拓展自贡与捷克的合作进行交流。

【徐建国一行到市考察】 10月17日，市委书记李刚在汇东大酒店会见中国工程院院士、传染病预防控制国家重点实验室主任徐建国，向徐建国颁发“自贡市荣誉市民”证书。

【曾省权一行到市调研】 10月25日，省人大常委会副主任曾省权到大安区凤凰乡永胜村，走访联系省人大代表、永胜村党总支书记贺光玉，实地调研村组经济社会发展情况。市委书记李刚、市人大常委会主任陈华等陪同调研。

【杨洪波一行到市调研】 10月26日，副省长杨洪波率队到市，实地调研沱江流域水污染防治工作情况。市委书记李刚等陪同调研。

【郭勇一行到市考察】 11月22日，市委书记李刚与省能源投资集团公司董事长郭勇在檀木林城市名人酒店举行会谈。双方就加强信息交流、加深互信了解，进一步推动自贡市“十三五”期间重点项目合作进行交流。市委副书记、市长刘永湘主持会谈。

【刘捷一行到市调研】 11月24日，副省长刘捷率省科技厅、省投资促进局、省发改委等省级相关部门负责人到市调研经济发展情况。市委书记李刚、省科技厅厅长刘东、省投资促进局局长陈光浩、省发改委副主任代永波、省经信委副主任王万锟、四川发展公司董事长王凤朝、省铁投集团董事长孙云、中国五冶集团董事长程并强随同调研并参加工作汇报会。

【高烽一行到市调研】 12月6日，省政协副主席高烽率队到自贡，调研指导航空与燃机产业发展情况。市委书记李刚、市政协主席潘泽金、市政协党组书记游开余等陪同调研。

【王宁一行到市调研】 12月29日，省委常委、常务副省长王宁率队到市开展调研并主持召开座谈会，听取自贡市各方面代表对《省政府工作报告》、省政府工作、省政府班子及成员的意见建议。市委书记李刚、省发改委主任范波、省政府研究室副主任万群、省财政厅副厅长朱华勇随同调研并参加座谈会。

重要会议

【中共自贡市委十一届十二次全体（扩大）会议】 会议于1月20日在市委大礼堂召开。会议贯彻落实党的十八届五中全会和省委十届七次全会精神，传达中央经济工作会议、中央城市工作会议和省委经济工作暨城市工作会议精神，总结2015年工作，安排部署2016年工作；市委书记雷洪金代表市委常委会向全委会作工作报告，安排部署2016年工作；市委副书记、市长刘永湘安排部署2016年经济工作；会议审议通过《中共自贡市委2016年工作要点（送审稿）》。市委副书记谭豹，市委常委王猛、李清、吴丕、黄承伟、李国贵、刘敏、刘笑禹参加会议。

【中共自贡市委十一届十四次全体会议】 会议于8月17日在市委大礼堂召开。会议贯彻落实省委十届八次全会精神，总结上半年工作，安排部署下半年工作；市委书记李刚代表市委常委会向全委会作工作报告；审议通过《中共自贡市委关于推进绿色发展建设美丽自贡的决定（草案）》《中共自贡市委关于召开中国共产党自贡市第十二次代表大会的决议（草案）》《中共自贡市委十一届十四次全体会议公报（草案）》。市委副书记、市长刘永湘，市委副书记谭豹，市委常委王猛、李清、吴丕、黄承伟、李国贵、刘敏、刘笑禹、李红强参加会议。

【中国共产党自贡市第十二次代表大会】 会议于11月10日至13日在市委大礼堂召开。会议应到代表419人，出席开、闭幕式大会的代表411

人。大会审议通过李刚书记代表自贡市第十一届委员会所作的《推动振兴发展、决胜全面小康，为建设城乡一体繁荣幸福新自贡而努力奋斗》和市纪委《尊崇维护党章、全面从严治党，不断开创党风廉洁建设和反腐败斗争新局面》的工作报告；选举产生50名中国共产党自贡市第十二届委员会委员、9名候补委员和29名市纪律检查委员会委员。在中国共产党自贡市第十二届委员会第一次全体会议上，选举新一届市委常委共10人，分别为李刚、刘永湘、李国贵、王猛、李清、徐其斌、刘敏（女）、刘笑禹、唐杰、张邦举。李刚当选为书记，刘永湘、李国贵当选为副书记。

市委办公室工作

【决策服务】 2016年，健全以市委秘书长班子为核心的参谋服务体系，围绕市委决策制定和实施全过程，统筹安排市委常委会议题、市委领导调研主题、信息报送专题和督查督办要点等重点工作。围绕中央、省委重大决策部署，市委“五项重点工作”，先后谋划从严治党、绿色发展、供给侧结构性改革、脱贫攻坚、对外开放等常委会议题和“强化创新驱动推动工业转型升级”等系列专题会议，谋划筹备市委常委会51次，服务推动市委集中研究解决一批经济社会发展的重大问题。

【信息工作】 2016年，围绕市委中心工作和市委主要领导关注重点，有计划、针对性统筹谋划信息，改版《每日要情》；围绕市委中心工作分版块筹划信息收集，增设《市外动态》《工作情况交流》，梳理收集省上重大决策部署、全省各市州动态及全市工作中的特色经验做法，为市委领导全面掌握省情、外情、市情提供第一手资料。创新信息工作机制，印发《关于进一步做好党委信息报送工作的通知》，创新推进综合二室信息室大部制改革，实行AB岗、工作轮换制，建立层层审核机制，整合政研室、目督办、常委办、综合二室、信息室等智力服务资源，建立报省信息会商选题机制，提升报省信息工作水平。向省委报送《自贡信息》700条，省委《每日要情》采用72条，以《四川信息专报》报中央9条，完成省委信息目标任务；定向约稿400余件，电话约稿1000余次，高质量采编信息800余条，编辑《每日要情》《市外动态》《工作情况交流》300余期。

【文稿服务】 2016年，文稿起草坚持准确把握中央、省、市委精神以及市委领导意图，重要文稿发挥“大智力”服务机制作用，整合政研室、常委办、综合二室等资源，围绕主题，形成高质量文稿。总结提炼市委班子在稳增长、创新驱动、脱贫攻坚、绿色发展等方面的新理念、新思路和新观点，组织、参与起草市第十二次党代会报告、市委全委会、工业经济发展情况报告等重要讲话文稿60余篇，审改市委各类综合文稿230余篇。

【目标管理】 2016年，围绕构建目标统揽、责任分明、考核激励的管理机制，优化目标设置，突出重大项目、招商引资、产业经济和脱贫攻坚等重点工作提高考核权重，对特别重大项目、特别重大招商引资产业项目实行重点目标考评，区县重大项目、招商引资工作考核权重分别从8%、5%提高到20.8%、25%；优化目标任务，差异化设置目标考核任务和综合目标考核奖励，奖“优”罚“劣”，激励干部干事创业；优化考评方式，实行台账式、过程式管理，推行“综合台账+专项台账”“过程考评+年终考评”模式，推进全市中心工作。

【督查督办】 2016年，围绕市委中心工作、市委主要领导意图开展督查，对市第十二次党代会、市委全委会、县处级主要领导干部读书班等市委重大决策部署进行分解立项交办，实行一套推进方案、一张任务清单、一个反馈模块、一份进度台账，做到督查到位、协调到位、解决到位、参谋到位。全年印发《督办通知》171期，立项交办事项412项；交办市委书记批示件582件；形成《督查专报》75期，印发《督查工作通报》59期，市委主要领导批示24次。

【创新督查机制】 2016年，修订完善《市委督促检查工作规则（试行）》，建立立项、进展、后续、销账过程管理督查工作机制，围绕市委“推动振兴发展、决胜全面小康”主题主线，突出开展项目工作、经济发展、招商引资、脱贫攻坚、对上争取、“三个联系”六大专项督查，推进市委重大工作部署。建立市县领导月工作交账专报制度，督查事项办结时限提示、滞后事项催办制度，完善督查工作一线化、网络化机制，理顺市目督机构设置，整合目督工作力量，形成大督查、大推进格局，提高市委决策部署落实质效。

【决策与服务机制建设】 2016年，完善党委统筹、各方协调、有序推进的制度体系，强化“市委副秘书长—市委常委”工作机制，统筹市委各项重点工作，重点做好市委党的建设工作、落实市委党风廉政建设主体责任、深化中央“八项规定”“三创联动”等工作。健全市委运行机制，修订完善《中共自贡市委工作规则》《市委常委会议事决策规则》等8个制度，确保市委科学化规范化运行。印发《自贡市依法治市2016年工作要点》，推进依法治市10项重点工作。加强市委应急值班工作，强化规范管理，向市委领导发送突发公共事件短信279条，编辑《一周值班信息综述》42期，推动化解部分社会问题。

【会议活动】 2016年，建立健全“年计划、季安排、月重点、周推进”的会议活动安排机制，统筹协调市四大班子、市委常委活动。围绕市委中心工作，谋划三次产业、县域经济、乡镇经济、脱贫攻坚等专题活动52次，统筹协调全市重要活动15次、省部级领导到市活动31次，全市重要公务接待41次。加强会议制度建设，印发《中共自贡市委会议制度》，完成市第十二次党代会会务工作，召开全市性会议32场次，同比下降3%；承办或指导各类会议300余次，完成各类会议服务工作864场次。

【公文运转】 2016年，提升市委公文运转效率，印发《进一步做好市委文件审核工作切实提高办文效率的意见》《关于进一步明确公文办理工作的通知》，规范公文审核程序，提高办文时效，办理收文2230余份，处理中央、省文件950份，市内文件1280份，审核、印发市委、市委办文件187个；前置审核市委党内规范性文件71件，向省委报送市委规范性文件49件并全部通过审核备案，审核完成市委部门和各区县委报送规范性文件并通过备案93件。

【后勤保障】 2016年，建立健全“大后勤”工作机制，完善市委后勤保障服务。调整健全功能布局，改造市委下派、交流干部周转房及市委会议室2个，完成文书科、防邪办等科室的维修、搬迁。改造市委大院基础设施，新建停车场1个，新增改造绿地近1万平方米，完成市委大院部分道路黑化工程、人防一期维修工程、垃圾库拆除等。创新机关食堂管理，实行指纹打卡系统，提高机关食堂服务质量。执行中央、省、市财经政策纪律，落实公车改革政策，加强资产管理、经费管理、政府采购等工作，确保财政资金规范、安全、有效运行。完善市委大院安保工作网格化管理模式，加强安保队伍能力素质建设，提高市委大院安保工作水平。

【对台交流】 2016年，按照对台湾地区经贸活动、交流活动主体化、项目化、活动化和信息化要求，开展两岸经贸文化交流，加强对台经贸合作，到台湾学习考察现代农业；协调安排台湾地区中华文化总会会长、台中市政府参事等到市参观考察，扩大自贡在台湾的影响力；协调市杂技团演艺有限责任公司到台湾举行演出活动；促成台北市自然发酵养生协会与自贡汇东发展股份有限公司就台湾民俗、美食等项目达成合作协议。市台办被评为全省对台交流、联络工作先进单位。

【密码通信】 2016年，开展基层密码部门标准化和提升工程建设，增强密码通信保障和管理能力，强化应急密码通信实战演练。全年收发办理各类电报6842份，实现“无事故、无差错、无错情”目标。推进电子政务内网建设和管理，完成前期准备工作。市委机要局被评为年度全省党政机要密码系统“保密、优质、高速、无事故”先进单位。

【保密工作】 2016年，通过手机平台、专题讲座等方式开展保密教育，开通“保密观”官方微信号，发送保密警示短信近万条次，培训人员800余人。加强涉密网络监管和涉密人员保密管理，开展机关、单位保密自查自评，组织涉密载体寄递工作保密专项检查及机关、单位互联网门户网站检查工作。开展涉密岗位及涉密人员分类确定工作，登记备案涉密岗位591个、涉密人员755人。

【邪教防控】 2016年，开展无邪教创建活动，利用反邪教宣传阵地、媒体等平台开展反邪教宣传工作，构建多层次反邪教宣传教育工作格局。完善三级防范控制体系和应急处置工作机制，落实重大节假日和敏感时段重点人员防控责任，依法稳妥处置邪教违法犯罪活动，推进涉“诬告滥诉”邪教法轮功人员教育转化工作，实现“三零”“三无”目标。

【干部队伍建设】 2016年，2016年，按照市委部署，开展“两学一做”学习教育活动，抓住“学、做、改、干”四个关键，学习党章党规和习近平总书记系列重要讲话精神，召开“两学一做”学习教育中心组学习5次。抓“两个班子”建设，完善市委秘书长办公会、办公室主任办公会决策机制，规范议事规则和决策程序，保证决策科学化、民主化、制度化。推进机关管理服务标准化试点工作，被国家标准化管理委员会确定为全国第三批社会管理和公共服务综合标准化试点项目单位。提升党委办公室“三服务”工作水平，召开全市党委办公室系统工作培训会、全市党委办公室主任会议，规范会议服务、公文处理、信息报送、公务接待等工作。拓宽干部培养渠道，提拔、上挂、下派、交流、轮岗干部47人。建立干部常态化培训机制，选派44人次参加各类政策学习及业务培训。推进学习型机关建设，坚持学习常态化，实行学习年度、季度、每月安排，围绕中央、省委、市委决策部署等开展专题学习13次，邀请专家和领导授课7次，刊发《学习与思考》12期。

【机关党建】 2016年，加强党风廉政建设，落实“两个责任”和“一岗双责”，出台《中共自贡市委办公室2016年党风廉政建设和反腐败工作意见》。开展扶贫攻坚，印发《市委办公室2016年扶贫攻坚实施方案》，组织各党支部入户调查，因户施策、精准扶贫，落实资金2.53万元，对16户贫困户实施产业、慰问、教育等扶贫。开展困难党员、留守儿童、留守老人等节日慰问活动，慰问现金和物资折合1.7万元。开展创先争优活动，机关第二党支部、市委常委办分别被评为全市先进基层党组织和共产党员示范团队。

（市委办公室）

组织工作

【概况】 2016年年末，全市有中共党员14.9万人。1949年9月及以前入党的141人；35岁以下的党员3.08万人；女党员4.17万人。全市发展党员2478人。全市党政机关干部1.31万人，其中，市厅级干部34人，县级干部814人；市级党政群机关干部3574人。

【“两学一做”学习教育】 2016年，制定全市“1+8+1”实施方案，市委书记带头讲党课，市委中心组开展6次专题学习研讨，各级党组织书记讲专题党课8700余次，带动6000多个基层党组织、14.9万名党员学党章党规、学系列讲话。贴近党员多样化学习需求，创新党课嵌入式教学模式，开办党员党性教育精品课程38期，培训党员2万余人次，省委组织部《四川组工动态》第40期主条刊登介绍；首批建立109所村（社区）党校，3万余人次基层党员在家门口受教育，《四川日报》专题报道。以支部为主体开展“重温入党历程”主题党日、“对党讲句真心话”“寻找身边好党员”活动。开展党员日常教育管理制度“八个专项检查”，寻找“失联”党员1700余人，8.7万人次党员补交党费1300万余元；开展民主生活会、组织生活会、民主评议党员等工作，推动党内政治生活严起来实起来。开展三项整改“回头看”，细化70项整改内容，明确19个牵头单位、32个协办单位责任要求，统筹推进新老问题解决。全市成立420个督导组，推行“双分离、双发现、双通报”等督导工作法，针对性开展巡回督导，确保工作落地见效。制定激励改革创新干事创业的实施意见，建立领导干部重点工作交账、实绩评价等制度，引导党员干部把“学”“做”成效体现到实干快干上。是年，全市先后涌现出市燃气有限责任公司党委等受到中央、省、市表彰的先进党组织106个、优秀共产党员106人、优秀党务工作者103人，评选命名共产党员示范岗、示范团队、示范单位等491个。

【党的建设制度改革】 2016年，先后召开4次市委党的建设制度改革专项小组会议，学习贯彻市委重要会议及全市深化改革领导小组会议精神，推进全面党建制度改革工作。制定《2016年党的建设制度改革重点任务分工》，提出32项改革任务，确定3项市委常委牵头自主改革任务，明确牵头单位、责任人和进度安排。推进党的组织制度体系建设，规范、完善党员领导干部参加双重组织生活会制度和基层党组织“三会一课”制度。推进干部人事制度体系建设，出台《自贡市推进领导干部能上能下实施细则（试行）》和《关于改进和完善县以下党政领导班子和领导干部政绩考核工作的实施办法》等8项制度。推进党的基层组织体系建设，制定《加强产业园区党的建设推动产业园区科学发展加快发展的实施意见》，形成党内激励关怀帮扶机制的指导意见。推进促进人才集聚发展制度体系，制定《自贡市“十三五”人才发展规划》《关于深化人才发展体制机制改革推动振兴发展的实施意见》和《自贡市高层次人才特殊支持办法（试行）》等4项制度。

【市县乡领导班子换届】 2016年，建立换届工作领导小组和办公室。市委常委会多次听取换届进展汇报、研究政策方案，市四家班子及相关部门各司其职、相互配合，确保换届工作有序开展。清理规范人事议题审议（定）事项清单，提升党委、组织部门把关权重。围绕“四个好”目标，召开市第十二次党代会和市十七届人大一次会议、市政协十五届一次会议，选举产生新一届市委、市人大、市政府、市政协领导班子，省委提名人选均高票或全票当选。选优配强党政正职、优化领导班子结构，更大范围、更广领域选优配强换届人选，择优选拔144名“四类人员”（乡镇事业编制人员、村党组织第一书记、优秀村干部、大学生村干部）进入乡镇领导班子；选拔9名“80后”干部、30名省市递进班学员进入县区党政班子，提拔重用基层一线干部74名。换届后县区党政领导班子成员平均年龄43.24岁，乡镇党委领导班子成员平均年龄38.7岁，分别比上一届年轻0.21岁、2.5岁，班子结构得到优化。制定拟提任副县级干部资格预审、市管领导干部践行“三严三实”负面信息预警管理、领导干部德能勤绩廉反向测评等制度办法，对650余名县级领导干部开展反向测评，对31名“差评”干部进行约谈提醒、诫勉谈话。该做法得到省委常委、组织部部长范锐平批示，省委办《每日要情》第163期、省委组织部《组工情况交流》第37期刊登介绍。执行干部选任有关事项报告制度，从严干部选任事前把关。执行“双签字”、全程纪实、离任审计、“六个凡必”等选任监督制度，落实推荐、审查责任，市本级查核干部及代表委员个人有关事项报告800余人。换届过程中，提前排查存疑人员20人，“放下”6人。坚持纪律教育、有效监督、查处问责并重，细化落实“五个责任主体”监督责任31条，约谈县区纪委书记、组织部长16人次。开展换届相关人员纪律教育，专题培训2.2万人次，印送学习资料3.7万册（张），观看“一片一书”近3万人次，专题谈心谈话1.3万人次，4.7万名党员干部签订承诺书。重点督查大会选举等关键环节，市本级组建督查组70个，开展5轮巡回督查、6轮现场督导、4次专项督查，全覆盖督导6个县区“三会”、重点督导12个乡镇“党代会”和47个乡镇“人代会”，发现问题22个，通报不熟悉相关纪律规定等问题干部19人。突出重点情况防控处置，排查5大类30项风险点，制定防控措施21条；设置1418名民情联络员、反馈员，延伸监督触角；组建8个联合协调组，优先办理、立项专办、联合查核涉及换届信访案件19件。

【年轻干部“壮苗”计划】 2016年，围绕市委中心任务实施“1+5”递进培养计划，面向全市机关事业单位遴选确定30名35岁以下副县级年轻后备干部，推进教育、医疗卫生系统人才、党外干部人才、国有企业优秀干部人才递进培养工作。持续推进年轻干部“壮苗”计划，选派17名优秀干部赴杭州、无锡、深圳、重庆驻点招商引资；7名市级部门优秀年轻干部下派担任乡镇党政正职，7名县区优秀年轻干部上挂担任市级部门中层正职，2名急需紧缺专业选调生到乡镇担任领导职务，推进15个市级重点部门与中央、省级部门对口选派干部双向挂职工作。

【干部教育培训】 2016年，举办县级主要领导干部读书班，市委书记李刚作开班主题报告，117名县级主要领导参加学习，凝聚主动服务“推动振兴发展、决胜全面小康”的思想和行动自觉。系统谋划新常态新理念新战略专题培训，实施“中山大学—自贡市现代服务业发展专题研修班”等市级“精品班”17个，带动全市各级培训干部3.2万人次。结合岗位职责和干部成长需要，实施新任副县级领导干部任职培训班、换届后乡镇党委书记、乡镇长培训班，统筹落实换届后干部培训。

【干部监督管理】 2016年，落实干部选任监督，对2015年度干部选任“一报告两评议”测评分值较低的8个单位主要负责人进行提醒约谈，组织90余名新任职干部开展任前承诺。开展“5+1”

专项整治、选人用人专项整治“回头看”，通过省委选人用人专项检查。开展“带病提拔”科级领导干部选任倒查，对5名干部选任过程进行查核。持续整治“三超两乱”，消化超职数干部624人，完成99.8%。出台党政主要负责人“三个不直接分管”工作制度，盯紧“关键少数”。规范信访举报受理查核工作，受理各类信访件58件。录入分析1000余名市管干部集中填报个人有关事项报告，按10%的比例进行抽查。经济责任审计6名“一把手”。

【基层党组织建设】 截至2016年，全市培养村级后备干部2000余人，同年在沿滩区选择7个不同类型的村（社区）完成换届试点。制定村（社区）党组织换届工作方案及工作手册，开展风险排查防控、工作指导和巡回督查，推进全市村（社区）党组织换届工作。探索不胜任基层党组织书记处置机制，撤换不合格村党组织书记9人。严格“第一书记”教育管理，新调整“第一书记”28人，组织113名贫困村“第一书记”到西南大学全员培训。22名大学生村干部转聘为事业单位人员。探索村（社区）干部歇职制度，中组部《组工参阅》刊登介绍。出台《为脱贫攻坚提供坚强组织保障的实施方案》，细化落实5个方面49项措施。开展三级联述联评联考，倒逼各级书记履责践诺。聚焦党建工作短板，以调研摸底、出台意见、开展培训等形式，强化园区、社会组织、国有企业等领域的党建工作。推进党的组织和工作“两个覆盖”，非公企业、社会组织党组织覆盖率分别达75.7%、74.22%，均超省目标。全面整顿234个软弱涣散基层党组织。强化人、财、物保障，调整补充乡镇缺编280余人，村（社区）干部基本报酬增长30%，新（改）建基层活动阵地281个。

【党员队伍建设】 2016年，严把党代表质量关，选举市第十二次党代会党代表419人，提高工人、农民代表比例。注重党员发展质量，在96个乡镇全面推广乡镇青年人才党支部工作法，全年新发展党员2478名。探索“互联网+党员教育”新模式，推进56个基层党组织“素质培育+党性教育”“双育工程”；搭建“两学一做”学习教育手机微信平台，1.5万名党员手机微信实名认证；制播“盐都先锋”电视专栏节目、扶贫攻坚“微课堂”等50余期，《龙须村的新支书》《踏过泥泞路更宽》党建专题片入选中央党校党员教育视频素材。推进1128个村“农民夜校”建设工作。全市投入慰问党费338万余元，慰问生活困难党员、老党员等1.1万余人。

【重点人才工程】 2016年，开展“双千计划”团队及个人调研，全面回访入选对象作用发挥及奖励资金使用管理情况，组织开展第三批评选。2个团队和1人入选四川省2016年“千人计划”，分获200万元、200万元、50万元资助，在全省市州中名列前茅。省委常委、组织部部长范锐平对自贡市“双千计划”工作作出肯定性批示，省委组织部《组工情况交流》第5期刊登介绍自贡市做法。持续推进大学生创新创业“递进扶持工程”，四川理工学院、四川卫生康复学院建成市级大学生创新创业俱乐部；首批筛选35户“双创”典型进行宣传扶持，2人入选首批四川省优秀大学生创业典型，《中国组织人事报》专版报道自贡市做法。发挥高端引领作用，举办“海外高科技人才走进自贡及项目投资推介会”活动，聘请海外引才顾问3人，促成现场合作签约1个。

【人才工作专项述职】 2016年，落实“一把手”抓“第一资源”责任，出台《人才工作专项述职评议办法（试行）》，在全国率先推行“一把手”抓人才工作述职制度，《中国组织人事报》头版报道，在全国学习贯彻《关于深化人才发展体制机制改革的意见》座谈会、全省人才工作会上书面交流自贡经验。

【校地合作】 2016年，编制自贡籍在外优秀人才名册及2016—2017年度重点引才目录，深化与清华大学、同济大学、省“千人计划”专家联谊会等战略合作，组团到国内发达地区、重点高校招才引智。打造创新平台，浙江大学自贡创新中心持续发展，四川理工学院通过省级大学科技园现场评审。

（市委组织部）

宣传工作

【意识形态工作责任制】 2016年，组织召开全市党委（党组）意识形态工作责任座谈会，安排部署新形势下意识形态工作。制定《自贡市贯彻落实党委（党组）意识形态工作责任制实施细则》和《自贡市贯彻落实党委（党组）意识形态工作责任制考核办法》，推进各级党委（党组）落实意识形态工作“一岗双责”。组织督查组对全市各区县和18个重点单位贯彻落实意识形态工作责任进行现场督查，对120余个单位进行书面督查，全面推进责任落实。形成《自贡市关于贯彻落实意识形态工作责任制情况的报告》上报省委。

【中心组学习】 2016年，组织开展全市党委（党组）中心组制度建设督查和党委（党组）中心组“三级三讲”交流，督促各区县和市级各部门建立学习通报、制度和月报告等系列制度。开展述学评学、县处级领导干部理论考试、“盐都大讲堂”等学习活动，推动全市各级党委（党组）中心组联系实际抓学习促工作。市委中心组全年组织集中学习13次。

【理论宣讲】 2016年，开展“讲话精神七进”活动，面向基层、面向群众进行理论宣讲。在全市组织开展中共十八届六中全会精神，省委十届八次、九次全会精神，市委十一届十四次全会精神，市第十二次党代会精神等各类宣讲2000余场次，覆盖人数10万余人次。

【新闻宣传】 2016年，开设《创建全国文明城市　建设幸福美好自贡》《两学一做　高扬党旗》等多个专题专栏，营造全市振兴发展氛围，《自贡日报》刊登相关稿件1000余篇（条），自贡广播电视台刊播相关稿件4200余篇（条），自贡网、自贡晚报、自贡手机报、看度·自贡等市级媒体同步转载转播新闻稿件6000余篇（条）。

【对外宣传】 2016年，举行第22届自贡国际恐龙灯会成都新闻发布会和自贡彩灯点亮“一带一路”启动仪式。利用G20峰会GPFI（成都）会议、第五届中法地方政府合作高层论坛等重大活动全面展示自贡城市形象。设立对外宣传专项资金，加强与中央及省主流媒体战略合作，“千年盐都　恐龙之乡　中国灯城——自贡·一座有盐有味的城市”形象宣传片在央视CCTV-1《新闻30分》播出。全年在中央及省主流媒体刊（播）各类新闻稿件5000余篇条（次）。

【媒体融合发展】 2016年，印发《自贡市推动传统媒体和新兴媒体融合发展专项方案》，为全市传统媒体融入互联网技术、实现转型升级、开展多媒介传播制定科学可行的规划。自贡日报社文迅全媒体采编系统V3.0部分建成使用，自贡广播电视台“看度·自贡”手机客户端成功上线，下载用户与注册用户均突破1万户，月最高点击率超10万人次。

【网络宣传和舆论引导】 2016年，开展中共十八届六中全会等重大会议、重要活动网上宣传，网上刊载相关报道500余条。针对全国“两会”“魏则西事件”等全国全省性重大新闻、热点事件进行舆论引导，组织网评员进行跟帖评论1324条，撰写网评文章84篇。针对市内涉稳、敏感、民生等热点事项，编报《网络舆情专报》79期、《每日网络舆情》85期、舆情信息210条，网络监看信息81条，处理市委主要领导批示29条。

【网络空间治理】 2016年，组织开展“清朗”网络、打击网上暴恐音视频、清理涉疆涉恐有害信息、清理整治网上涉“文化大革命”有害信息等15个专项行动，加强网上舆情监看及对市内重点网站的管理，查处屏蔽各类有害信息280余条。组织召开市委网络安全和信息化领导小组第三次会议，制定重大事项请示报告制度、重要工作督查督办制度、联络员会议制度。组织开展关键信息基础设施网络安全检查工作、国家网络安全宣传周活动。

【思想政治教育】 2016年，开展思想政治工作课题调研，收到调研课题22个。荣县旭阳镇南街社区被中宣部推荐为全国100个宣传思想文化工作示范点之一，中央级、省级媒体宣传报道该社区的经验做法。《树立四个理念　提高新时期宣传思想工作科学化水平》等文章在省委宣传部、省政研会举办的《政工论坛》上发表。

【先进典型教育】 2016年，开展寻找评议“身边好人”暨第四届道德模范评选活动、“黄丝带”爱心送考等活动。市“FM977”爱心公益协会、沿滩龙湖远达社区等4个集体获全省岗位学雷锋先进集体。开展寻找“最美家庭”活动，评选出“最美家庭”和“最美家庭”提名家庭各10户。

【社会主义核心价值观教育】 2016年，举行科技、文化、卫生“三下乡”现场服务暨慰问活动。开展“传播真善美·共筑中国梦”自贡市首届公益广告创作大赛和“城市因我而文明”学雷锋志愿服务活动。在全省“传家风，立家规，树新风”现场交流会上，自贡市作为市州先进代表进行交流发言。市委宣传部获全省2011—2015年法治宣传教育先进集体。

【爱国主义教育】 2016年，印发《自贡市爱国主义教育基地管理办法》。向省委宣传部推荐吴玉章故居申报全国爱国主义教育基地，推荐邓萍故居申报省级爱国主义教育基地。利用中国共产党成立95周年和中国工农红军长征胜利80周年等纪念日，组织全市党员干部、广大群众等到烈士陵园、吴玉章故居、江姐故居等爱国主义教育基地进行祭扫，接受爱国主义教育。

【文化乐民惠民】 2016年，开展以“文明新盐都·快乐自贡人”为主题的系列重大文化活动，举办盐都新年音乐会、2016新春汇报演出和春节期间文化惠民演出、第五届自贡春节联欢会等活动，组团参加第六届川南文化交流展示活动。全年组织主题性文艺演出活动15场次、文化惠民演出1020场次、群众文化展演380余场次。

【重大文艺创作及推广】 2016年，电影《盐马帮》、微电影《红杜鹃》成功首映。现代大型川剧《还我河山》在全省巡演10场、市内展演7场；歌剧《盐神的女儿》市内展演5场。自贡杂技赴新加坡、日本、美国完成3次出访演出任务，外演、商演120场，演出236场次。

【盐都文化传承】 2016年，编制申报东源井、桓侯宫、吉成井盐作坊遗址维修保护及燊海井安全消防工程等9个国家级文物保护项目，到位资金620万元。自贡世界地质公园完成扩园评估工作并提交联合国教科文组织审定。《恐龙文创》《博物馆教育》等3篇论文在第7届联合国教科文组织世界地质公园大会作交流报告。

【文化产业发展】 2016年，启动中华彩灯大世界项目建设，初步拟定深圳华侨城集团为投资业主；自贡方特恐龙王国项目成功签约，该项目占地近67公顷，总投资约31亿元；恐龙欢乐王国公园正式开园。在中宣部组织召开的中华文化走出去四川工作座谈会上，自贡作题为《一盏中国灯·点亮世界园》交流发言，受到中宣部副部长崔玉英肯定。

【文化改革】 2016年，出台《中共自贡市委关于繁荣发展社会主义文艺的意见》《关于加快发展对外文化贸易的实施意见》《自贡市群众基本文化需求征集和反馈办法》。拟定形成《自贡市十三五文化产业发展规划（讨论稿）》。调研形成《自贡市市属专业文艺院团体制改革成果评估报告》。

【全国文明城市创建】 2016年，召开创建全国文明城市指挥长会议和工作推进大会，提出创建工作融入环境、融入工作、融入生活的“三融入”方法，以任务清单、问题清单、负面清单“三个清单”实现创建工作全覆盖。重点开展“十大专项整治行动”（整改农贸市场、整改校园周边环境、整改越门占道经营、整治车辆乱停乱放、整改建筑工地、整治城市“牛皮癣”、整治黑臭水体、整改出租车运营不规范、九大类公共场所文明劝导和整改社区创建）和“十大群众参与活动”，实行年度考核、季度排名，推动创建工作开展。

【志愿服务活动】 2016年，开展“文明窗口服务之星”争创评选活动、首届“盐都公益志愿之星”争创评选活动，筹建“自贡志愿服务网”和“百名专家志愿服务团”，在20个社区建立“社区志愿服务站”，组织开展“暖冬行·爱传递”“志愿自贡·一起来”“共促绿色发展，共建生态自贡”等主题志愿服务活动。

【未成年人思想道德建设】 2016年，开展美德少年寻访活动，全市7名美德少年入选全省美德候选人。组织开展“童眼看四川·最美是家乡”未成年人文艺作品征集活动，收到各类作品2500余幅。开展“少年强·中国梦”主题教育实践活动。开展文明校园创建活动，年底命名20所市级文明校园。

（杨　杰）

统战工作

【提升“凝心聚力”行动】 2016年，组织学习中共十八届四中、五中、六中全会、省委十届八次全会和市第十二次党代会精神，贯彻习近平关于统一战线系列讲话精神、中央、省市委统战工作会议精神和中央《中国共产党统一战线工作条例（试行）》、省委《四川省〈中国共产党统一战线工作条例〉（试行）实施细则》、市委《分工方案》，把统一战线成员思想统一到中央、省市委决策部署上，先后组织政策宣讲、辅导讲座、专题座谈等各种集中学习教育活动20多次，参加人员200多人次。引导支持各民主党派组织开展以“坚持和发展中国特色社会主义”为主题的政治交接学习实践活动，重点进行爱国主义和多党合作传统教育。组织举办以“不忘初心、跟党前行”为主题的自贡统一战线第三届文化艺术节，全市统一战线的14支参赛队、100余名民主党派成员分别参加演讲比赛、征文比赛。加强对非公有制经济人士理想信念教育，先后组织举办以“守法诚信，坚定信心”“学习总书记重要讲话精神·坚定非公有制经济发展信心”等为主题的盐都商人学习座谈会、盐都商人文化沙龙、年轻一代非公有制经济人士井冈山专题培训班等各类教育培训6期，参训非公有制经济代表人士近200人次。组织开展“两学一做”学习教育，成立专门领导小组，制定《实施方案》，聚焦于学，落实于做，检验于效。

【提升“助推发展”行动】　2016年，组织召开《市委2015年工作总结》《2016年工作要点》《中共自贡市委关于建设经济强市的决定》《2015年市政府工作报告》征求党外人士意见会、座谈会、人事安排协商会及党风廉政建设和反腐败工作情况等12次党外人士协商通报会，市级各民主党派、市工商联和无党派代表人士提出意见建议300多条。继续深化各民主党派市委与区县对口合作，把对口合作同精准扶贫相结合，以“盟沿合作”（民盟自贡市委与沿滩区对口合作）、“建自合作”（民建自贡市委与自流井区对口合作）、“建安合作”（民建自贡市委与大安区对口合作）和“九贡合作”（九三学社自贡市委与大安区对口合作）等为载体，累计投入资金300万余元；市工商联（总商会）引导会员企业参与新农村建设，四川锦盛源农牧科技有限公司总投资2.6亿元，在富顺县永年镇洗马村流转土地约67公顷，打造年出栏10万头生猪的规模化智能化养殖核心产业和集采摘、观光、度假、养殖于一体的综合服务园区，全年总产值近1.8亿元。以行业商会、异地商会等为平台，先后组织华西能源、彩灯商会等20余户非公企业参加“2016四川省工商联民营企业‘走出去’推进会”“‘相约盐都共赢未来’2016年自贡国家高新区城市发展推介会”等经贸洽谈活动，支持英祥集团到澳大利亚自营占地2051平方公里的“伊丽莎白”巨型农场等；引导支持返乡兴业产业园区建设，召开全市返乡创业工作推进交流现场会，评选“返乡创业先进集体”17户、“返乡创业先进个人”27人。引导非公有制企业增强发展信心、加快转型升级，先后调研四川红瑞祥置业等130多户非公有制企业，形成《自贡市非公企业发展状况》等调研报告；反映非公有制企业诉求，先后向市委、市政府专题报告彩灯行业“营改增”情况，帮助泰丰集团、雄飞集团等协调解决实际困难。围绕贯彻落实市委对外开放促发展重大决策部署，制定全市统一战线服务对外开放促发展“八条举措”，通过开通“党派直通车”、探索设立招商联络站对接“一带一路”发展等方式，推动全市对外开放发展。

【提升“促进和谐”行动】　2016年，以“同心·自贡专家志愿者服务团”为载体，组织开展送法律、送技术、送医疗等进园区、进企业、进学校、进社区、进养老院、进农村、进寺庙“七进活动”，先后20多次到荣县古文镇柏邻坳村、富顺县琵琶镇石贡村、沿滩工业集中区、板仓工业园区等开展多种形式调研帮扶工作，协调解决困难群众房屋维修、农村道路建设等实际困难10多件，开展送技术、送科技、送医疗等“三下乡”活动20多次，惠及群众近1000人次。引导全市统一战线成员投身精准扶贫、社会公益和民生改善，开展百企联百村、百企助百学、百企扶三老、百名民主党派成员帮扶百名困难群众、百名宗教界代表人士帮扶百名困难儿童、百名党外知识分子帮扶百名困难群众等“六百工程”活动，全市超200对村企结对帮扶，解决实际问题100余个。全年全市非公企业捐资助学资金100万余元，帮扶贫困大学新生320余人。以市光彩事业促进会为载体，引导非公有制经济代表人士等统一战线成员投身精准扶贫，制定《推进“万企帮万村”自贡精准扶贫实施方案》，全市461个民营企业、14个商会与289个村（包括省定贫困村和有贫困人口的一般村），其中163个民营企业、9个商会与113个省定贫困村对接帮扶，投资总额2.56亿元，实现建档立卡贫困村全覆盖。开展“民族团结进步创建”“和谐寺观教堂创建”

活动，选送2名宗教界代表人士参加省社会主义学院的全省宗教界人士读书班，开展四川省民族团结进步创建活动示范单位（第三批）的推荐、申报工作，指导市伊斯兰教协会筹备成立。加强与民宗、教育、公安、国安部门联系，召开宗教工作联席会等2次，开展抵御境外利用宗教进行渗透工作。持续开展精准扶贫，对照“两不愁三保障”“三有”脱贫标准，指导富顺县琵琶镇307户697人的脱贫攻坚工作，重点帮扶琵琶镇石贡村30户、68名贫困户脱贫。

【提升“区域协作”行动】 2016年，引导支持市、区各级统战机关与省内外统一战线部门和社团的联系协作、交流沟通，突出川南经济区统一战线交流合作，逐步建立长效工作机制，促进区域统战工作发展；促进全市各民主党派、工商联与广东、重庆、港澳等统战组织、社团的交流协作，倡导的川南经济区商会工作一体化的举措与实效得到推广。推进“党派直通车”，先后争取民革中央副主委刘家强等党派中央、省委领导到市检查指导工作，为自贡市老工业基地改造、节能环保产业基地建设、国家高新技术产业园区建设等争取支持。组织50余户上海、广州、深圳、东莞的自贡籍在外企业参加市委、市政府在上海、广东召开的大型招商推荐会等；组织沿滩区政府、商会企业等到上海统一企业（中国）投资有限公司总部对接在川兴建第二个产业基地事宜等。以知联会、海联会、统研会等统战社团为平台，开展交流合作，重点围绕川南经济区建设、自贡振兴发展等重大课题进行调研、交流、协作，推动川南区域一体化发展。

【提升“强基固本”行动】 2016年，继续推行市级党员领导干部联系党外代表人士工作制度，明确市委书记李刚等13名市级党员领导干部联系党外人士，每年走访不少于2次，交心谈心1次以上，帮助解决具体问题不少于1个。各区县、各部门按照市委要求，制定中共党员领导干部联系党外代表人士制度，带头结交党外朋友，推动全市多党合作事业可持续发展。建立市党外干部实践锻炼基地，制定《中共自贡市委组织部、中共自贡市委统战部关于建立自贡市党外干部实践锻炼基地的意见》，在自流井区、市发展改革委、高新区管委会等3个单位建立全市首批党外干部实践锻炼基地。调整完善市委统战部职能职责和机构设置，在市委统战部增加“增进共识、加强团结”等职能，新增挂“党外知识分子工作科”等2个科室，在全市5个市级民主党派机关组织宣传部和市工商联机关研究室增挂“参政议政室”牌子，在市直机关工委、高新区管委会、市教育局、市卫生计生委、市文广新局、市科技局、市国资委等市委派出机构或市政府部门党组（党委）内设机构中增挂“统战工作科”牌子。推进协商民主制度化发展，制定《关于加强政党协商的实施意见》（自委办〔2016〕24号），从总体要求、主要内容、基本形式、具体程序保障机制等方面进行制度化构思，为各党派成员参政议政、建言献策提供制度化保障。实施教育培养，以中央、省市社会主义学院为主要平台，采取与省外著名高校联合开班等形式，举办2016年复旦大学—自贡市“发挥优势作用·推动振兴发展”新时期统战工作专题研修班、民主党派基层组织负责人专题培训班等，对100名党派成员进行集中学习教育，选送20人参加中央、省委统战工作专题培训。协助、指导市民革、市民盟、市民建、市农工党、九三学社自贡市委和市工商联（总商会）完成换届工作。酝酿、协商第十五届市政协委员提名工作，推荐217名党外政协委员建议人选和市政协常委会48名非中共组成人选建议名单。

【新阶层代表人士工作】 2016年，开展中介组织、行业协会、新媒体组织、自由职业人员等四类行业新阶层人士调研摸底，重点走访自贡在线、釜溪印象等20多户新媒体企业，初步掌握新阶层人士队伍总体规模、行业分布等基本情况。在市委统战部增设“新的社会阶层人士工作科”，增加1名副科级领导职数，专门从事新阶层代表人士工作；开展新阶层代表人士教育，先后成立自贡市新媒体人士联谊会、自贡留学人员联谊会等统战社团组织，通过召开座谈会、选送参训等方式，培训新闻媒体、律师和会计师等新阶层人士近100人次。落实新社会阶层人士政治和社会待遇，在党外知识分子联谊会、新媒体联谊会等统战社会组织中安排代表人士30多人，安排担任市人大代表9人、市政协委员17人。

【市委征求党外人士意见会】 1月14日，市委2015年工作总结、2016年工作要点和《中共自贡市委关于建设经济强市的决定》征求党外人士意见会在市委101会议室召开。市委副书记谭豹出席会议并讲话。会议由市政协副主席、市委统战部部长肖光俊主持，市委副秘书长舒国兴，各民主党派市委、市工商联秘书长以上负责人，无党派代表人士、非公有制经济代表人士和市委统战部相关领导30余人参加会议。

【市政府征求党外人士意见会】 1月21日，《2015年市政府工作报告》征求党外人士意见会在市政府312会议室召开，市委副书记、市长刘永湘主持会议并讲话。市政协副主席、市委统战部部长肖光俊，市政府秘书长曾嵘，各民主党派市委、市工商联负责人，无党派代表人士和市政府研究室、市委统战部相关领导30余人参加会议。

【党外人士新春座谈会】 2月4日，市委召开党外人士新春座谈会，听取党外人士对市委、市政府工作的意见建议。市委书记雷洪金，市委副书记、市长刘永湘，市人大常委会主任陈华，市政协主席潘泽金，市委副书记谭豹，市委常委、市委秘书长吴丕，市委常委、组织部部长李国贵，市政协副主席、市委统战部部长肖光俊等出席会议。民革市委主委叶智英、民盟市委主委石岷嘉、民建市委主委牟玉昆、农工党市委主委徐武斌、九三学社市委主委罗毅平、市工商联主席王孝谦、无党派代表人士丁立东参加座谈会。

【党风廉政建设和反腐败工作情况党外人士通报会】 2月17日，自贡市2015年党风廉政建设和反腐败工作情况党外人士通报会在市委统战部七楼会议室召开。各民主党派市委、市工商联负责人，无党派代表人士和市纪委、市委统战部相关领导30余人参加会议。会议由市政协副主席、市委统战部部长肖光俊主持。

【全市统战工作会议】 2月19日，2016年全市统战工作会议在市委统战部会议室举行。市委副书记谭豹，市政协副主席、市委统战部部长肖光俊出席会议并讲话。各区县委副书记、统战部部长，高新区管委会，市级有关单位分管或联系统战工作负责同志等70余人参加会议。

【市委与新一届市级民主党派及市工商联领导班子座谈会】 7月19日，市委在市委小会议厅举行与新一届市级民主党派、市工商联领导班子座谈会，市委书记李刚出席会议并讲话。市委常委、常务副市长王猛，市委常委、市纪委书记李清，市委常委、秘书长吴丕，市委常委、组织部部长李国贵，市政协副主席、市委统战部部长肖光俊等出席会议。会议由市委副书记谭豹主持。市委书记李刚从“搞好政治交接，打牢思想政治基础；强化职能作用，更好服务大局；切实加强自身建设，打造一流班子队伍”三个方面希望民主党派在传承上保持风范，在思想上与时俱进，在实践上共创事业；自觉把“推动振兴发展、决胜全面小康”作为共同责任，既建言也要践行，既凝心也要聚力，既协作也要监督；着眼自身能力建设，凸显民主党派进步性、代表性和科学性，以理念的先进性、思想的前瞻性、推动的有效性、服务的实效性，切实提高“五种能力”。

【自贡市新媒体人士联谊会成立暨一届一次理事会】 7月22日，在市委统战部七楼会议室召开自贡市新媒体人士联谊会成立暨一届一次理事会。会议审议通过《联谊会规程》《联谊会会费缴纳和管理办法》等草案，选举产生理事会领导班子。联谊会全体理事向全市新媒体人士发出“维护网络环境，促进和谐发展”的倡议。市政协副主席、市委统战部部长肖光俊出席会议并讲话。市委宣传部副部长李林、统战部副部长李弘明，市党外知识分子联谊会部分领导，市委统战部相关科室负责人及自贡新媒体人士理事等30余人参加会议。

【自贡市统一战线第三届文化艺术节演讲比赛】 9月28日，市统一战线举办“和远杯”第三届文化艺术节系列活动之“不忘初心、跟党前行”演讲比赛。市政协副主席、市委统战部部长肖光俊，民革市委主委、市政协副主席叶智英，民盟市委主委、副市长石岷嘉，农工党市委主委、市政协副主席徐武斌等出席演讲比赛，为获奖者和本次艺术节优秀组织奖的14个单位颁奖。各民主党派市委、市工商联、各区（县）委统战部、四川理工学院、东锅公司及市委统战部干部职工70余人参加。

【杨邦杰一行到市调研】 10月11日至14日，全国人大华侨委副主任、原致公党中央副主席杨邦杰一行莅临自贡，对长江流域古镇文化保护进行专题考察调研。市政协副主席、市委统战部部长肖光俊等陪同调研。

【自贡留学人员联谊会成立】 10月26日，自贡留学人员联谊会成立大会在汇东大酒店召开。会议听取自贡留学人员联谊会筹备情况报告，审议通过《联谊会章程》《联谊会会费缴纳和管理办法》，选举产生第一届理事会领导班子。市委副书记谭豹出席会议并讲话，市政协副主席、市委统战部部长肖光俊等出席会议。

（张 丽）

政策研究

【文稿服务】 2016年，围绕市委“推进振兴发展、决胜全面小康”主题，客观审视市情，起草市第12次党代会报告，发挥参谋作用。坚持寓服务于会议文稿，起草和审核市委主要领导在市委十一届十二次全会、市委十一届十四次全会、市委十二届二次全会和全市县处级主要领导干部读书班、工业经济、全面创新改革、金融工作、“两学一做”学习教育工作等会议文稿200余篇。健全重大文稿联合攻坚机制，提升重要文稿起草质量。组织文稿人员30多人次，参与市党代会、市政协会和市委全委会简报编写等智力服务工作。

【调研工作】 2016年，整合市内资源，统筹区县、部门调研力量，充实特约研究员队伍，与四川理工学院经济管理学院开展战略合作，定期开展工作研讨和课题研究。向外寻求智力支持，通过购买服务与安邦信息咨询公司合作，为市领导提供信息咨询，提高服务决策水平。围绕新型智库建设，推进市决策咨询委员会筹建工作。围绕“十三五”期间全市经济社会发展中的重大问题，指导市级单位开展重点课题研究，形成调研报告，为市委科学决策和决策实施提供依据。是年，全市25个部门形成调研成果26项。

【刊物创办】 2016年，继续创办《学习与调研》，全年出刊12期，推出《领导专稿》《市委委员笔谈》《专题约稿》《调查研究》《时政速递》《科技前沿》《他山之石》等特色栏目，其中专题型约稿“项目推进、城市建设、园区经济、交通建设、产业发展”等文稿反响较好。持续创办《决策参考》，其中《我市城市公交发展中的问题亟待解决》《办好国际恐龙灯会需要解决的重点难点问题》获市委书记李刚重要批示。

（谢 俊）

群众和信访工作

【概况】 2016年，全市（市、区县两级）信访总量1.59万件（人）次，比2015年下降19.2%。其中，来信总量470件次，比2015年下降25.3%；来访总量1.43万人次，比2015年下降15%。

【信访工作“走基层”活动】 2016年，建立完善领导干部接访下访常态化机制，市委办公室、市政府办公室印发《关于进一步加强领导干部定期接待群众来访工作的通知》，规范市、区县党政领导干部定期接访下访。是年，市级领导参加领导接待日48次，接待来访群众94批1608人次，其中5人以上集体访61批1530人次；各区（县）、高新区管委会县级领导参加领导接待日活动1778次，接待来访群众2785批7613人次，其中集体访309批4101人次。全市各级领导干部结合开展“两学一做”主题教育和脱贫攻坚专项行动，下访1.61万人次，参与干部3.03万人次，解决信访问题3862个。坚持基层信访代理制度，全市各区县选聘信访代理员866人，全年代理信访事项2250件次，解决问题1328件次。各级各部门排查各类矛盾纠纷1831件，化解1345件，化解率73.5%。

【信访积案难案攻坚行动】 2016年，坚持市、区（县）两级领导共同包案化解信访积案工作制度，摸排梳理并筛选出30件信访积案，逐案落实市、区（县）包案领导及化解、稳控责任单位、领导和责任人。截至是年年底，30件市领导包案结案29件，结案率96.6%；息诉息访24件，息诉息访率80%。开展省交办信访积案化解工作，市级领导率队到区（县）对个案进行专项督查，制定化解措施，推动信访积案化解。省交办43件信访积案于6月30日前全部办结并录入系统，办结录入率100%；息诉息访40件，息诉息访率93.3%，提前4个月完成省年度目标任务。市自行排查的134件信访积案，全部按时办结并录入系统，办结录入率100%；息诉息访130件，息诉息访率97%。

【信访信息化建设】 2016年，印发《关于进一步加强网上信访工作的意见》（自府信发〔2016〕7号），转发省信访局《四川省网上投诉事项办理规程（试行）》《四川省信访事项办理群众满意度评价工作实施办法（试行）》，规范网上投诉办理工作；启动市、区县两级视频接访系统建设。全年受理网上信访诉求1844件次，比2015年同期上升3.5%。推行群众满意度评价，群众对信访部门的满意率为91.3%，对责任部门满意率为87.6%。

【惠民助民工程】 2016年，实施全市9项民生工程和15件民生大事。全年实施民生工程预算下达总额65.63亿元，占预算下达进度的126.31%，资金实际拨付40.06亿元，资金拨付进度占预算安排比重的133.10%；民生大事预算下达总额49.31亿元，占预算下达进度的127.95%，资金实际拨付25.51亿元，资金拨付进度占预算安排比重的143.81%。开展元旦春节慰问月活动，各级各部门向困难群众和优抚对象送温暖、传爱心。5月，全市各级各部门围绕“为民解难·梦圆小康”主题，集中深入基层，现场接待群众，受理群众诉求，发放宣传资料，主动为群众排忧解难。

（冉康林）

机构编制工作

【保障重点领域机构编制】 2016年，围绕招商引资、金融发展、扶贫攻坚等重点领域的机构编制要求，强化市投资促进局内设机构设置、部门领导配备及编制保障，强化高新区管委会领导力量建设，新设立市投资服务中心、市金融发展促进服务中心、市扶贫移民服务中心、市机关事务服务中心等9个事业机构，核定行政或事业编制69名。重新调整设立4个驻外招商联络机构。为12个市属事业单位增加事业编制121名，保障民生领域机构编制需要。撤并或整合市经济信息中心、市广播电视服务部等11个事业机构，收回事业编制99名。

【推进行政管理体制改革】 2016年，根据市委、市政府强化规划引领、做优城市建设、突出招商第一要事及打造旅游强市等工作需要，提出将市城乡规划建设和住房保障局分设为市规划管理局、市住房和城乡建设局的方案及市投资促进委员会、市旅游发展委员会的组建方案，报省委编办审批。根据中央和省市委关于巡视巡察工作一体化的要求，调整设立市委巡察工作领导小组及办公室，新组建4个市委巡察组，配备各巡察机构工作力量。在市委组织部挂牌设立“中共自贡市委非公有制经济组织和社会组织工作委员会”，明确相关工作职责。按“精简、效能、务实、从严”的原则，调整设立议事协调机构216个。

【行政审批制度改革】 2016年，编制并公告市本级行政权力责任清单6465项，指导各县区编制并公告责任清单3.53万项，建立动态调整管理制度，明晰各单位权力责任。将年度用编计划、限额内行政机构设置的审批权下放各县区，由市委编办备案，对高新区的机构、编制和职数实行高限控制，促进县域经济发展。将便民利民涉及的安全、城管、民政等38项权力，纳入《自贡市扩权强镇授权（委托）行政权力事项参考目录》，各区县结合实际进行优化下放，促进镇域经济发展。

【事业单位改革创新】 2016年，除政策要求暂缓分类的事业单位外，市属事业单位分类批复190个，占应批复机构数的96%，分类工作进度处在各市州前列。调整设立市不动产登记中心，实现市辖区及高新区范围内的不动产统一登记。采用“1+3”跨领域、跨部门整合市质监、市药监两个系统的4个检验检测机构，组建自贡检验检测院，在全省率先实现检验检测资源整合；撤并市科技系统所属的3个事业机构，规范科技服务机构设置。推进市第三人民医院和市图书馆的事业单位法人治理结构建设试点工作。

【机构编制管理监督】 2016年，坚持“两个只减不增”的政策底线，开展控编减编方案执行情况专项督查，将检查情况纳入年度目标绩效考核逗硬奖惩。按“服务发展、保障重点、统筹兼顾”的原则，全年批复安排市级机关事业单位用编计划675人。完成468个机关群团赋码和1706个事业单位统一社会信用代码工作，换证率99.53%。通过“自贡事业单位在线”网站在全市范围内开展事业单位法人年度报告公示，公示率100%。完成事业单位法人公示信息抽查工作，抽查汇东实验学校、市精神卫生中心等10个市属事业单位及42个区属事业单位，抽查合格率 100%。推动政务和公益中文域名注册工作，全市完成中文域名注册单位 2007 个，覆盖率 97.2%。

【调研工作】 2016 年，围绕推进改革的重难点任务专题确定调研课题，印发调研工作方案，形成《自贡市探索推进综合执法改革促进社会事业发展的调研报告》《实行事业单位公共服务清单制度的思考》《依法加强对事业单位登记管理的思考》等 7 篇调研成果。全程参与省委编办《编制结构调整优化的领域和具体途径研究》课题的调查研究工作，独立承担第四部分“自贡市事业编制结构优化调整研究”课题的撰写，为推进机构编制改革提供第一手资料。

（唐崇波）

老干部工作

【工作机制】 2016 年，市委常委会和市政府常务会研究老干部工作 4 次。市委领导多次参加老干部活动，坚持在重要节日走访慰问老干部、听取老干部建议意见。

【老干部网宣工作】 2016 年，组织老干部网宣员学习中央和省市精神，邀请老干部参加情况通报会、座谈会，参观考察全市重点建设项目，鼓励和引导老干部通过网络发表评论和感言的方式宣传自贡。全年老干部发表文章和评论 500 余篇，“老黄牛”微信点击率 3000 余人次，各区县相继建立老干部网络宣传骨干队伍，形成全市老干部网宣工作格局。全市老干部网宣工作在 2016 年全省老干部局处长会上作专题交流。

【老干部志愿服务活动】 2016 年，老干部志愿服务队围绕招商引资、脱贫攻坚和创建全国文明城市 3 项重点工作，开展志愿服务活动。各志愿队为招商引资牵线搭桥，提供招商线索。扶贫帮困队多次到贫困村开展调研帮扶，动员社会各界向贫困村和困难群众献爱心。文明劝导队到街头对不文明现象进行劝导，助力全国文明城市的创建。关爱服务队进养老院、福利院送爱心。建言献策队围绕 3 个主题进行调研，医疗服务队坚持到村、社区送医送诊。

【落实老干部待遇】 2016 年，落实“两项待遇”，优化医疗、养老服务，逐步提高离退休干部医疗待遇，全市 5 名离休干部提高享受正厅级工资、医疗待遇，4 名离休干部享受副厅级工资、医疗待遇，636 名“50.6.30”（1950 年 6 月 30 日前参加革命工作）人员每月增加困难补助 100 元，18 名军队离退休干部纳入市医保对厅级干部的统筹，会同市第一人民医院开展健康送到家活动，举办老干部保健知识系列讲座。各单位组织开展健康休养、游园观灯、钓鱼、桥牌等老干部文体活动。

（市委老干部局）

保密工作

【保密工作会议】 4 月 19 日，市委保密委组织召开市委保密委员会全体（扩大）会议，传达习近平总书记重要讲话精神、省委书记王东明重要指示精神，总结 2015 年全市保密工作，部署 2016 年工作任务。

【制订保密工作计划】 4 月，印发《自贡市 2016 年保密工作要点》《2016 年度区（县）保密工作考评细则》和《2016 年度市级部门保密工作考评细则》在保密法制、监督管理、宣传教育、保密技术等方面进行任务部署。

【保密宣传教育】 2016 年，运用手机保密提醒平台，开展保密常识教育，向全市 1600 多名县（处）级以上领导干部，市级部门办公室主任和重要涉密人员，定期发送保密警示信息，全年发送保密警示短信 12 期。市保密局先后到市委组织部、市招办、自贡监狱、四川理工学院、市经济和信息化委、市卫生计生委、市文广新局等部门、企业组织开展保密知识专题讲座，参训人员累计 1000 余人。组织开展保密宣传资料，“保密观”官方微信号订阅工作。全年征订“十三五”保密宣传资料 340 份，《保密工作》杂志 692 份。

【国家教育考试保密管理】 2016 年，市、区县保密局分别与本级教育、公安、招生等部门联合建立考试保密工作突发事件应急处置机制，加强对高考与中考、研究生考试、国家司法考试、成人高考、自学考试、专业技术职称考试、公务员招考等各类国家统一考试的保密管理。制发《自贡市 2016 年“两考”保密管理工作方案》，就高考和中考期间市、区（县）两级保密部门工作进行部署。2016 年，全市国家教育统一考试保密工作未出现问题。

【保密专项检查】 3 月 10 日至 11 日，市保密局与市邮政管理局组成联合检查组，对全市机要通信企业保密管理工作进行专项检查，就检查中发现的人员管理、制度落实等问题提出整改意见。3 月至 5 月，组织开展全市机关单位互联网门户网站等保密检查，并就有关情况进行通报。5 月至 7 月，组织开展全市机关单位保密管理自查自评，将自查自评工作列入年度绩效目标任务进行督查和考核，强化责任落实，提升全市各机关单位保密管理能力。10 月至 11 月，组织开展涉密资质单位保密专项检查，重点对自贡华实电器、自贡海川公司等 2 家军工配套生产企业保密工作进行抽查。

【基础性保密工作】 2016 年，组织开展涉密岗位及涉密人员分类确定工作，落实涉密人员日常监管。完成市纪委纪检监察专网、市委组织部干部人事档案数字化管理系统、市委机要局电子政务内网等涉密网络建设方案评审、建设实施和现场测评工作。配合四川省涉密网络中心完成对市纪委纪检监察专网分级保护系统现场测评。

（市委保密办）

党史工作

【工作部署】 3 月 7 日，召开全市党史研究室主任会议，传达贯彻全国、全省党史研究室主任会议精神，部署全年党史工作和区县党史“四个一”工作。

【基本著作编撰】 4 月，完成《四川三线建设资料丛书（自贡卷）》的编辑出版工作；11 月，完成《中国共产党自贡执政实录（2015 年卷）》编纂工作，12 月正式出版；12 月完成《中共自贡市委大事记（2016 年）》的资料征集工作。

【载体建设】 2016 年，编纂出版《自贡党史》期刊 4 期。该期刊设本期特稿、风范长存、三线建设、史稿编写、学习体会、史实考证、专题研究等 12 个栏目，向全市机关、企事业单位及学校发行，为自贡地方党史宣传搭建平台。

【党史宣传教育】 6 月，荣县吴玉章故居被命名为“四川省中共党史教育基地”。8 月 3 日，结合该教育基地授牌仪式在吴玉章故居举行党史宣教活动，邀请到会的省委党史研究室副主任江红英为荣县中心组成员作题为《中国共产党的辉煌历程与成功之道》的专题报告。10 月，完成省纪委、省委党史研究室、省地方志办《巴山皓月，蜀水清风——四川革命先辈先烈及历代先贤名人家风家训辑要》、省委党研室《四川革命烈士诗文选析》等书籍编辑的资料报送工作，完成省委党史研究室编纂的《中国共产党四川历史（第三卷 1978—2002）》（征求意见稿）的修改建议。开展自贡党政网党史网页建设，适时更新工作动态、党史人物、党史研究、领导视察等栏目 12 个，推动党史宣传教育。

【党史资政研究】 2016 年，围绕市委“推动振兴发展、决胜全面小康”主题，创办《党史研究专报》，编印《老工业城市振兴发展的若干理论问题》《与时俱进的发展轨迹——改革开放以来历次党代会提出的发展战略思路回顾》《自贡县域经济发展大事回放》3 期，获市委领导批示。

（陈　静）

党校工作

【干部培训】 2016 年，完成新任副县级领导干部培训班、乡镇党委书记培训班、“优秀年轻干部和人才（教育系统）递进培养计划”培训班、市直机关妇女工作者培训班、新生代非公有制经济人士培训班、民主党派基础组织负责人培训班、公务员初任培训班等 16 个主体班培训任务，培训学员 1396 人次；拓展培训领域，与市级相关部门联合开展专题培训班 8 期，培训学员 905 人次。

【教学管理】 2016 年，落实市委《关于加强和改进新形势下党校工作的实施意见》精神，坚持党校课程设置原则，确保党的理论教育和党性教育在教学安排中不低于总课时的 70%。全年围绕学习中共十八届五中、六中全会和习近平总书记系列重要讲话精神，围绕市委“推动振兴发展、决胜全面小康”发展主题和“三个加快”目标定位优化教学布局，开设专题101个，其中新专题48个，占专题数的47.5%。在主体班次教学中探索完善教学新方式，75%的课程采用案例式、体验式、互动式、现场考察、异地教学等教学方式，提高党校教学吸引力。完成2016年级省委党校在职研究生招生工作，参考65人，录取8人。实施对2014级在职研究生的日常管理，严格考勤，严肃考试纪律，确保教学质量。落实《主体班教学管理规程》和《主体班学员管理规程》，执行领导干部加强和改进作风规定，要求主体班学员遵守学风建设“六项制度”“八个不准”和“25不禁令”规定。

【宣讲工作】 2016年，建立“两学一做”学习教育宣讲团，抽调教师担任“省委十届八次全会精神”“党的十八届六中全会精神、省委十届九次全会精神、市第十二次党代会精神”市委宣讲团骨干成员，到机关、企事业单位和基层开展宣讲180多场次。

【课题研究与理论成果】 2016年，申报各类课题25项，立项18项；完成各类课题24项，其中，省委党校课题2项、市社科联规划课题4项、市党校系统课题9项、县级领导干部课题6项、市思想政治研究会课题2项、市法学会课题1项。编辑出版《盐都论坛》4期、《重要成果专报》3期，发表文章79篇，撰写研究报告1篇。获各类成果奖12项，其中，《做好互联网媒体从业人员思想政治工作研究》获省思想政治研究会三等奖。

【队伍建设】 2016年，采取多种形式培养锻炼干部，下派1名干部到基层挂职锻炼；选送教职工参加各级各类培训17人次；全年晋升、调整、交流中层干部11人；补充工作人员5人，其中签约入职硕士研究生1人；青年教师王贵锌参加西南地区市州党校教学联盟青年教师教学竞赛活动获第三名。全年组织党员干部职工下村入户100余人次，送教宣讲4次，筹措资金1万余元制作政策宣传展板10块，帮助荣县新桥镇沙湾村落实项目2个。精准帮扶贫困户10户，成功脱贫2户。

（王贵锌）

接待工作

【概况】 2016年，完成接待任务226批、2572人次，其中二级接待任务1批，部省级领导42批。完成全国人大常委会原副委员长陈至立，国家档案局副局长杨继波，国土资源部原党组成员孟宪来，全国政协副秘书长、民革中央副主席刘家强，捷克总统顾问科胡特，省长尹力及省委第九巡视组、省委换届考察组、川南经济区工作推进现场会、第二十二届自贡国际恐龙灯会开幕式、世界地质公园复评等重要接待任务。市接待办获省委省政府接待办表彰的“全省政务接待工作优秀集体”、市政府表彰的第二十二届自贡国际恐龙灯会“先进单位”等称号。

【第二十二届自贡国际恐龙灯会开幕式接待】 1月21日，第二十二届自贡国际恐龙灯会开幕。省级部门、市州领导、部分驻成都领事、中外客商及媒体记者共289人参加开幕式。

【省委第九巡视组到市开展巡视工作接待】 3月7日至4月8日，省委第九巡视组到市开展巡视工作；3月9日召开巡视工作动员大会和市委专题汇报会；7月12日，省委第九巡视组到市反馈巡视意见。

【陈至立到市调研接待】 7月2日，全国人大常委会原副委员长陈至立到市，考察自贡恐龙博物馆、自贡市盐业历史博物馆。

【省委和省纪委换届考察组到市考察换届工作接待】 7月18日至8月19日，省政协常委、省直属机关工委原常务副书记贾松青率省委换届考察组和省纪委换届考察组到市开展换届考察工作。

【联合国教科文组织世界地质公园扩园评估团到市开展复评工作接待】 7月31日，联合国教科文组织世界地质公园扩园评估团到市参加自贡世界地质公园工作汇报会，考察公园主碑广场和地质公园信息中心、自贡恐龙博物馆、土柱村化石保护站、地质公园合作伙伴鑫龙乡莱农家乐、凉高山硅化木埋藏现场；8月1日考察桑海井制盐现场、自贡市盐业历史博物馆、平桥瀑布、艾叶古镇、地质公园学校（绿盛实验学校南湖校区）、地质公园合作伙伴亘古龙腾科技公司、地质公园合作伙伴灯贸股份公司的生产基地；8月2日考察荣县大佛、石笋沟、绿茗春观光茶园、朱家庙村化石保护站、青龙山恐龙化石群遗址；8月3日召开专家意见反馈会。

【尹力到市调研接待】 9月7日，省长尹力率省稳增长调研督导组到市，调研中天胜新材料科技有限公司、煜峰鞋业有限公司、航空产业园、海川实业公司、安益生物公司、运输机械集团和东兴寺棚改项目；8日召开川南经济工作推进会，副省长刘捷出席会议。

【刘捷出席自贡组装SL600轻型飞机首次试飞仪式接待】 9月26日，副省长刘捷到市，出席自贡组装SL600轻型飞机首次试飞仪式。

（王守安）

人　大

代表大会

【十六届人大七次会议】　会议于2月24日至27日召开。会议听取和审查市政府工作报告；审查市国民经济和社会发展第十三个五年规划纲要草案，市2015年国民经济和社会发展计划执行情况及2016年计划草案的报告，市2015年财政预算执行情况及2016年财政预算草案的报告；听取和审查市人大常委会市法院、市检察院工作报告；审议通过《自贡市地方立法条例》和关于设置市第十六届人民代表大会法制委员会的决定；通过关于接受赵兴明辞去职务请求的决定；补选张天智为市法院院长，刘剑、何永海、宋成文、周朝喜、郭洁、黄如贝、蒋宗涛为市第十六届人民代表大会常务委员会委员；通过市第十六届人民代表大会法制委员会组成人员人选，关于政府工作报告的决议，关于市国民经济和社会发展第十三个五年规划纲要的决议，关于自贡市2015年国民经济和社会发展计划执行情况及2016年计划的决议，关于市2015年财政预算执行情况和2016年财政预算的决议，市人大常委会、市法院、市检察院工作报告的决议。

【十七届人大一次会议】　会议于12月15日至20日召开。会议听取和审查市政府工作报告；审查市2016年国民经济和社会发展计划执行情况及2017年计划草案的报告，市2016年财政预算执行情况和2017年财政预算草案的报告；听取和审查市人大常委会、市法院、市检察院工作报告；选举谭豹为市第十七届人大常委会主任，石岷嘉、杨征宇、胡开洪、詹勇、蒲定波、官勇为人大常委会副主任，龚焕楷为人大常委会秘书长，丁杰等33人为人大常委会委员；选举刘永湘为市政府市长，王猛、何洪、曾明全、李世宏、龙腾鑫、鲜光鹏、陈张铭为副市长；选举张天智为市法院院长，田丰为市检察院检察长；通过市第十七届人民代表大会各专门委员会设置及组成人员人选，关于政府工作报告的决议，关于市2016年国民经济和社会发展计划执行情况及2017年计划的决议，关于市2016年财政预算执行情况和2017年财政预算的决议，市人大常委会、市法院、市人民检察院工作报告的决议；表决测评市十六届人民代表大会第七次会议议案办理情况。

常委会会议

【市十六届人大常委会第三十三次会议】　会议于2月17日召开。会议听取和审议市政府关于《中华人民共和国献血法》和《四川省公民献血条例》贯彻实施情况的报告；审议通过市人大常委会关于提请审议《自贡市地方立法条例（草案）》的议案；审议市人大常委会工作报告（草案），并作决定；审议通过市人大常委会2016年工作要点（草案）和2016年监督工作计划（草案）；听取市人大常委会办公室关于市十六届人大七次会议筹备工作情况及会议方案的报告；通过大会议程（草案）、大会主席团和秘书长名单（草案）、大会列席人员名单（草案）；审议通过市人大常委会关于提请设置市第十六届人民代表大会法制委员会的议案，市人大常委会代表资格审查委员会关于市第十六届人民代表大会个别代表的代表资格审查报告；书面听取和审议市政府关于提请审议将自贡市大安旧城棚户区改造项目二期工程委托代建资金和代建管理费列入市财政年度预算的议案；通过市人大常委会关于同意将偿付自贡市大安旧城棚户区改造项目二期工程贷款本息和代建管理费所需资金列入市财政年度预算的决定（草案）；书面听取和审议相关部门和单位未完成2015年《政府工作报告》主要工作任务的情况说明；书面听取市人大财经委关于市人大常委会第三十二次会议常委会组成人员对市2015年节能工作情况、市2014年度财政审计查出问题整改情况、自贡市“十二五”规划完成情况及“十三五”规划编制情况的审议意见处理结果报告；审议罢免议案，通过关于罢免的决议；审议关于接受辞职的决定（草案）；通过人事任免事项；书面传达省十二届人大四次会议主要精神。

【市十六届人大常委会第三十四次会议】 会议于2月27日召开。会议听取市人大常委会法工委关于立法条例草案的审查结果报告，通过该报告，提请市第十六届人民代表大会第七次会议主席团审查。

【市十六届人大常委会第三十五次会议】 会议于4月27日召开。会议传达十二届全国人大四次会议精神；听取和审议市政府关于《中华人民共和国电力法》《四川省电力设施保护和供用电秩序维护条例》《城镇燃气管理条例》《四川省燃气管理条例》贯彻落实情况的报告，关于提请审议授予“自贡市荣誉市民”称号的议案；审议通过市第十六届人民代表大会常务委员会代表资格审查委员会增补委员名单，《自贡市人大常委会关于市人大专门委员会及常委会工作机构组织起草地方性法规草案的工作规程》《自贡市人大常委会关于市人大专门委员会及常委会工作机构审议审查地方性法规草案工作规程》；书面听取市政府关于市十六届人大常委会第三十次会议对自贡市全面推进棚户区改造情况审议意见的办理情况报告，关于市十六届人大常委会第三十一次会议对《双溪小井沟饮用水源地生态功能区保护和建设控制规划》实施情况审议意见的办理情况报告，关于市十六届人大常委会第三十一次会议对自贡市社会事业重大项目推进情况审议意见的办理情况报告；书面听取市人大教科文卫委关于市人大常委会第三十三次会议常委会组成人员对市贯彻执行《中华人民共和国献血法》和《四川省公民献血条例》情况的审议意见处理结果报告；人事任免事项；书面传达省人大常委会第二十四次会议主要精神。

【市十六届人大常委会第三十六次会议】 会议于6月30日召开。会议听取和审议市政府关于全市贯彻执行《中华人民共和国食品安全法》及议案深化办理情况的报告，市法院关于全市法院行政审判工作情况的报告，市政府关于提请审议批准将自贡市2016年第一批棚户区改造项目政府购买服务资金列入市财政年度预算的议案；审议通过市人大常委会关于县（区）、乡（镇）人民代表大会换届选举时间的决定（草案）；书面听取市政府关于市十六届人大常委会第三十二次会议对自贡市2015年节能工作情况审议意见的办理情况报告，市政府关于市十六届人大常委会第三十二次会议对自贡市2014年财政预算执行和其他财政收支审计工作报告中指出问题的纠正情况和处理结果审议意见的办理情况报告；书面听取市人大财经委关于全市贯彻实施《中华人民共和国电力法》及《四川省电力设施保护和供用电秩序维护条例》情况审议意见的处理情况报告，市人大城环资委关于全市贯彻实施《城镇燃气管理条例》及《四川省燃气管理条例》情况审议意见的处理情况报告，市人大常委会调研组关于全市社会治安防控体系建设情况的调研报告，市人大常委会调研组关于市扶贫项目资金使用管理情况的调研报告；人事任免事项；书面传达省人大常委会第二十五次会议主要精神；听取其他事项。

【市十六届人大常委会第三十七次会议】 会议于7月19日召开。会议审议市政府关于提请审议《自贡市集中式饮用水源地保护管理条例（草案）》的议案；书面听取市人大内司委关于市十六届人大常委会第三十六次会议常委会组成人员对全市法院行政审判工作情况报告审议意见的处理情况报告，市人大教科文卫委关于市十六届人大常委会第三十六次会议常委会组成人员对全市贯彻执行《中华人民共和国食品安全法》及议案深化办理情况报告审议意见的处理情况报告；听取其他事项。

【市十六届人大常委会第三十八次会议】 会议于8月31日至9月1日召开。会议听取市政府关于全市脱贫攻坚工作情况的报告，开展询问；听取和审议市政府关于全市2016年上半年国民经济和社会发展计划执行情况的报告，市政府关于全市2015年财政决算情况和2016年上半年财政预算执行情况的报告，就2015年市本级财政决算作决议；听取市人大财经委关于全市2015年财政决算审查结果的报告和审议市政府关于全市2015年财政预算执行和其他财政收支审计情况的报告；书面听取市人大常委会视察组关于全市2016年上半年国民经济和社会发展计划及财政预算执行情况的视察报告；听取和审议市政府关于2016年市本级财政预算调整情况的报告，作出决定；听取市人大财经委关于市2016年财政预算调整方案的审查报告；听取和审议市政府关于全市棚户区改造实施情况的报告；书面听取市人大常委会视察组关于全市棚户区改造实施情况的视察报告；审议《自贡市集中式饮用水水源地保护管理条例（草案）》《自贡市人大常委会关于政府债务管理的监督办法（试行）（草案）》《自贡市人大常委会预算审查监督办法（试行）（草案）》《自贡市第十六届人民代表大会常务委员会关于自贡市第十七届人民代表大会代表名额分配和选举事项的决定（草案）》；书面听取市政府关于市十六届人大常委会第三十三次会议对《中华人民共和国献血法》和《四川省公民献血条例》贯彻实施情况审议意见的办理情况报告；通过人事任免事项；书面传达省人大常委会第二十七次会议主要精神；听取其他事项。

【市十六届人大常委会第三十九次会议】 会议于9月13日召开。会议审议市人大常委会关于接受辞职的决定（草案）；通过人事任免事项；书面传达全省人大常委会贯彻落实扶贫攻坚决策部署暨“人大代表再行动”现场经验交流会议精神。

【市十六届人大常委会第四十次会议】 会议于10月21日召开。会议书面传达省人大常委会第二十八次会议、省人大常委会专题学习会主要精神；听取和审议市政府关于全市部分重大项目推进情况的报告，关于《双溪小井沟饮用水源地生态功能区保护和建设控制规划》实施情况的报告，关于全市养老服务体系建设工作情况的报告；审议《自贡市集中式饮用水水源地保护管理条例（草案）》；审议《自贡市〈四川省物业管理条例〉实施办法（草案）》的议案，《自贡市人大常委会关于市人大代表履职保障和监督暂行办法（草案）》，市人大常委会代表资格审查委员会关于市第十六届人民代表大会个别代表的代表资格审查报告；书面听取市政府关于市十六届人大常委会第三十五次会议对全市贯彻落实《中华人民共和国电力法》及《四川省电力设施保护和供用电秩序维护条例》情况审议意见的办理情况报告，关于市十六届人大常委会第三十五次会议对全市贯彻落实《城镇燃气管理条例》及《四川省燃气管理条例》情况审议意见的办理情况报告；书面听取市人大财经委关于市人大常委会组成人员对市2016年上半年国民经济和社会发展计划及财政预算执行情况审议意见的处理情况报告，市人大城环资委关于常委会组成人员对全市棚户区改造实施情况审议意见的处理情况报告；通过人事任免事项；听取其他事项。

【市十六届人大常委会第四十一次会议】 会议于11月3日召开。会议听取人事任免事项，审议关于接受曾桂林辞去职务请求的决定（草案）。

【市十六届人大常委会第四十二次会议】 会议于11月22日召开。会议审议自贡市第十七届人民代表大会第一次会议筹备工作情况的报告及相关草案，《自贡市〈四川省物业管理条例〉实施办法（草案）》；听取市人大法制委关于《自贡市〈四川省物业管理条例〉实施办法》修改情况的报告；听取和审议市政府关于2016年市本级财政预算调整方案的报告，市人大财经委关于该方案的审查报告，市政府关于提请审议批准将东兴寺片区综合改造工程政府购买服务项目资金列入市财政年度预算的议案，市人大常委会代表资格审查委员会关于自贡市第十七届人民代表大会代表的代表资格审查报告；书面听取市人大内司委关于市十六届人大常委会第四十次会议常委会组成人员对全市养老服务体系建设工作情况审议意见的处理情况报告，市人大财经委关于市十六届人大常委会第四十次会议常委会组成人员对全市部分重大项目推进情况审议意见的处理情况报告；通过人事任免事项；市人大常委会主任对常委会组成人员开展严肃换届纪律集体谈话，签订承诺书；听取其他事项。

【市十六届人大常委会第四十三次会议】　会议于12月12日召开。会议听取和审议市政府关于2016年节能工作情况的报告关于2015年度市级财政预算执行和其他财政收支审计查出问题整改情况的报告，关于全市中心城区交通缓堵保畅体系建设议案的办理情况报告，关于市十六届人大七次会议代表建议、批评和意见的办理情况报告；听取和审议市人大常委会代表资格审查委员会关于市第十七届人民代表大会个别代表的代表资格审查报告；审议市人大常委会工作报告（草案）和市十七届人大一次会议相关名单（草案），并作出决定；书面听取市政府关于市十六届人大常委会第三十六次会议对全市贯彻执行《中华人民共和国食品安全法》及议案深化办理情况审议意见的办理情况报告，市法院关于市十六届人大常委会第三十六次会议对全市法院行政审判工作情况的审议意见的办理情况报告，市人大常委会法工委关于2016年市人大常委会开展规范性文件备案审查工作情况的报告；书面传达省人大常委会第二十九次会议主要精神；通过人事任免事项；听取其他事项。

【市十七届人大常委会第一次会议】　会议于12月30日召开。会议补选省第十二届人大代表；听取和审议市第十七届人民代表大会常务委员会关于设立代表资格审查委员会的决定（草案），通过该决定；书面传达省人大常委会第三十次会议主要精神；通过人事任免事项；听取其他事项。

主任会议

【市十六届人大常委会第61次主任会议】　会议于1月13日、18日召开。会议听取市政府关于提请审议批准将大安旧城棚户区改造项目二期工程委托代建资金和代建管理费列入市财政年度预算的议案的汇报，市人大常委会办公室关于2016年市人大常委会监督工作计划的汇报，市人大常委会研究室关于市人大常委会工作报告（草案）及2016年工作要点（草案）的汇报，市人大常委会法工委关于自贡市地方立法条例（草案）的说明，市人大常委会办公室关于市十六届人大七次会议建议方案的汇报，市人大常委会工作评议办公室关于对市法院等5个单位开展工作评议的情况和对市人大常委会任命人员个人工作情况测评结果的总结报告，市人大财经委关于市人大常委会第三十二次会议对全市2015年节能工作情况的审议意见的汇报，市人大财经委关于市人大常委会第三十二次会议对全市2014年度财政审计查出问题整改情况的审议意见的汇报；听取市人大财经委关于市人大常委会第三十二次会议对市“十二五”规划完成情况及“十三五”规划编制情况的审议意见的汇报，市人大常委会办公室关于市十六届人大常委会第三十三次会议时间及议程安排建议情况的汇报。

【市十六届人大常委会第62次主任会议】　会议于2月15日召开。会议听取市人大财经委关于市2015年财政预算执行情况及2016年财政预算草案初步方案的初步审查意见，市财政局关于落实市人大财经委2016预算草案报告初审意见的情况报告，市人大教科文卫委关于全市贯彻执行《中华人民共和国献血法》和《四川省公民献血条例》情况的执法检查报告，市人大常委会法工委关于规范性文件备案审查情况的调研报告，市人大常委会关于提请设置市第十六届人民代表大会法制委员会议案的汇报，市人大常委会人代工委关于市第十六届人民代表大会个别代表的代表资格审查报告；听取关于罢免议案的汇报，关于接受辞职决定的汇报，有关人事任免情况的汇报；听取市人大常委会办公室关于市十六届人大常委会第三十三次会议时间及日程安排建议情况的汇报。

【市十六届人大常委会第63次主任会议】　会议于2月24日召开。会议听取市人大常委会办公室关于各代表团推选团长、副团长、代表小组组长、副组长的情况汇报，关于各代表团讨论大会议程草案的情况汇报，关于各代表团酝酿大会主席团和秘书长名单的情况汇报。

【市十六届人大常委会第64次主任会议】　会议于3月16日召开。会议听取市人大常委会法工委关于《自贡市人大及其常委会2016年立法计划（草案）》的说明，关于《自贡市人大常委会立法咨询管理办法（草案）》的说明，关于《自贡市人大常委会关于市人大专门委员会及常委会工作机构起草地方性法规草案的工作规程（草案）》和《自贡市人大常委会关于市人大专门委员会及常委会工作机构审议审查地方性法规草案工作规程（草案）》的说明；听取市人大常委会人代工委关于市十六届人大七次会议议案建议督办任务分解的情况汇报，关于市人大各专委会督办市十六届人大六次会议建议、批评、意见情况测评结果的汇报；听取市人大教科文卫委关于全市贯彻执行《中华人民共和国献血法》和《四川省公民献血条例》情况的审议意见；听取市人大常委会办公室关于市十六届人大常委会第三十五次会议时间及议程安排建议情况的汇报；书面听取2015年被评议市级部门整改落实情况的汇报。

【市十六届人大常委会第65次主任会议】 会议于4月21日召开。会议听取关于全市职业教育发展情况的报告，市人大城环资委关于全市贯彻实施《城镇燃气管理条例》及《四川省燃气管理条例》情况的执法检查报告，市人大财经委关于全市贯彻实施《中华人民共和国电力法》及《四川省电力设施保护和供用电秩序维护条例》情况的执法检查报告，市人大财经委关于《自贡市人大常委会关于对政府债务管理加强监督的办法（试行）（草案）》的汇报，市人大常委会预算工委关于《自贡市人大常委会预算审查监督办法（试行）（草案）》的汇报，市人大常委会法工委关于市人大常委会立法咨询小组成员建议名单的说明；听取市政府关于提请审议授予“自贡市荣誉市民”称号的议案的汇报，审定市人大常委会关于授予“自贡市荣誉市民”称号的决定（草案）；听取市政府、市法院、市人大常委会人代工委有关人事任免情况的汇报，市人大常委会办公室关于市十六届人大常委会第三十五次会议时间及日程安排建议情况的汇报。

【市十六届人大常委会第66次主任会议】 会议于5月26日召开。会议听取关于全市农村集体资产股份制改革试点情况的报告，市人大财经委关于全市贯彻实施《中华人民共和国电力法》及《四川省电力设施保护和供用电秩序维护条例》情况的审议意见，市人大城环资委关于全市贯彻实施《城镇燃气管理条例》及《四川省燃气管理条例》情况的审议意见，市人大常委会办公室关于市十六届人大常委会第三十六次会议时间及议程安排建议情况的汇报；书面听取市人大内司委关于全市医疗纠纷人民调解工作的调研报告。

【市十六届人大常委会第67次主任会议】 会议于6月15日、22日召开。会议听取市政府关于提请审议批准将全市2016年第一批棚户区改造项目政府购买服务资金列入市财政年度预算的议案，关于全市中心城区缓堵保畅体系建设情况的报告；听取市人大常委会视察组关于全市法院行政审判工作情况的视察报告，关于全市贯彻执行《中华人民共和国食品安全法》及议案深化办理情况的视察报告；听取有关人事任免情况的汇报；听取市人大常委会人代工委关于县（区）、乡（镇）人民代表大会换届选举时间的决定（草案）的汇报；听取市人大常委会办公室关于市十六届人大常委会第三十六次会议时间及日程安排建议情况的汇报；书面听取市人大常委会调研组关于全市社会治安防控体系建设情况的调研报告，关于全市扶贫项目资金使用管理情况的调研报告；书面听取市人大财经委关于全市贯彻实施《中华人民共和国电力法》及《四川省电力设施保护和供用电秩序维护条例》情况审议意见的处理情况报告，市人大城环资委关于全市贯彻实施《城镇燃气管理条例》及《四川省燃气管理条例》情况审议意见的处理情况报告。

【市十六届人大常委会第68次主任会议】 会议于7月15日召开。会议听取和审议市法院2016年上半年工作报告，市检察院2016年上半年工作报告，市人大常委会预算工委关于2015年市级部门决算（草案）集中审查情况的报告，市人大常委会法工委关于2016年1—6月规范性文件备案审查工作的报告；听取和审议市政府关于提请审议《自贡市集中式饮用水水源地保护管理条例（草案）》议案的说明，市人大农委关于该草案审查意见的报告；听取和审议市人大财经委关于市2016年财政预算调整方案的审查报告，及市人大常委会关于批准市2016年市本级财政预算调整方案的决议（草案）的汇报，市人大农委关于全市脱贫攻坚推进情况专题询问工作方案（草案）的汇报，市人大常委会关于全市法院行政审判工作情况报告的审议意见，市人大内司委关于市人大常委会组成人员对该审议意见处理情况的报告，市人大常委会关于全市贯彻执行《中华人民共和国食品安全法》及议案深化办理情况报告的审议意见，市人大教科文卫委关于市人大常委会组成人员对该审议意见处理情况的报告，市人大常委会人代工委关于区县、乡镇人大换届选举工作有关情况的汇报，市人大常委会办公室关于市十六届人大常委会第三十七次会议时间、议程及日程安排建议的汇报。

【市十六届人大常委会第69次主任会议】 会议于8月11日、18日、26日召开。会议听取有关人事任免事项，全市国有资产管理及经营情况的报告，市人大财经委关于市2015年财政决算审查结果的报告，市人大常委会关于批准市2015年市本级财政决算的决议（草案）的汇报，市人大常委会视察组关于全市2016年上半年国民经济和社会发展计划及财政预算执行情况的视察报告，市人大常委会调研组关于全市脱贫攻坚开展情况的调研报告，市人大农委关于脱贫攻坚专题询问提问人和问题安排的建议，市人大常委会视察组关于全市棚户区改造实施情况的视察报告，市人大法制委关于《自贡市集中式饮用水水源地保护管理条例（草案）》修改情况的报告，市法院有关人事任免情况的汇报，市人大常委会办公室关于市十六届人大常委会第三十八次会议时间、议程及日程安排建议的汇报；书面听取市人大城环资委关于金鱼河污染治理情况的调研报告，市人大常委会人代工委关于全市县乡人大换届选举工作的调研报告；听取市人大财经委关于《自贡市人大常委会关于对政府债务管理加强监督的办法（试行）（草案）》及《自贡市人大常委会预算审查监督办法（试行）（草案）》的起草说明，市人大常委会人代工委关于市第十七届人大代表名额分配和选举事项的决定（草案）的汇报。

【市十六届人大常委会第70次主任会议】 会议于8月31日召开。会议听取市政府有关人事任免情况的汇报，市人大常委会人代工委有关人事任免情况的汇报。

【市十六届人大常委会第71次主任会议】 会议于9月13日召开。会议听取市人大常委会人代工委关于接受辞职的决定（草案）的汇报，市政府有关人事任免情况的汇报，市人大常委会办公室关于市十六届人大常委会第三十九次会议时间、议程及日程安排建议的汇报。

【市十六届人大常委会第72次主任会议】 会议于9月20日召开。会议听取全市刑事执行检察工作情况的报告，全市科技创新平台建设情况的报告，市十六届人大常委会第三十八次会议关于自贡市2016年上半年国民经济和社会发展计划及财政预算执行情况的审议意见，市人大财经委关于市人大常委会组成人员对该审议意见处理情况的报告，市十六届人大常委会第三十八次会议关于自贡市棚户区改造实施情况的审议意见，及市人大城环资委关于常委会组成人员审议意见处理情况的报告，市人大常委会办公室关于市十六届人大常委会第四十次会议时间及议程安排建议情况的汇报。

【市十六届人大常委会第73次主任会议】 会议于10月19日召开。会议听取全市城乡环境综合治理情况的报告，市人大常委会视察组关于全市养老服务体系建设工作情况、全市部分重大项目推进情况、《双溪小井沟饮用水源地生态功能区保护和建设控制规划》实施情况的视察报告，听取《自贡市〈四川省物业管理条例〉实施办法（草案）》的议案的报告，市人大常委会法工委关于《自贡市集中式饮用水水源地保护管理条例（草案）》审议结果的报告，关于市人大常委会5年（2017—2021年）立法规划（草案）的汇报，关于市人大常委会2017年度立法计划（草案）的汇报，市人大常委会人代工委关于《自贡市人大常委会关于激励和保障市人大代表履职暂行办法的规定（修订草案）》的汇报，关于市第十六届人民代表大会个别代表的代表资格审查报告，有关人事任免情况的汇报，市人大常委会办公室关于市十六届人大常委会第四十次会议时间及日程安排建议情况的汇报。

【市十六届人大常委会第74次主任会议】 会议于11月2日至3日召开。会议听取有关人事任免情况的汇报，市人大常委会人代工委关于接受辞职请求的决定（草案）的汇报，市人大常委会办公室关于市十六届人大常委会第四十一次会议时间及日程安排建议情况的汇报，市检察院关于对市人大代表万继东采取强制措施的报告。

【市十六届人大常委会第75次主任会议】 会议于11月21日召开。会议听取市人大常委会研究室关于市人大常委会工作报告（草案）的汇报，市人大常委会办公室关于市第十七届人民代表大会第一次会议筹备工作情况的报告及换届纪律监督工作方案的汇报，市人大常委会法工委关于调整2016

年立法任务及2017年立法计划的说明，市人大法制委关于《自贡市〈四川省物业管理条例〉实施办法（草案）》修改情况的报告，2016年市本级财政预算调整方案的报告，有关人事任免情况的汇报，市人大常委会人代工委关于市第十七届人民代表大会代表的代表资格审查报告，市十六届人大常委会第四十次会议关于全市养老服务体系建设工作情况的审议意见，市人大内司委关于市人大常委会组成人员对该审议意见处理情况的报告，市十六届人大常委会第四十次会议关于全市部分重大项目推进情况的审议意见，市人大财经委关于市人大常委会组成人员对该审议意见处理情况的报告，市人大常委会办公室关于市十六届人大常委会第四十二次会议时间及日程安排建议情况的汇报；书面听取市人大法制委关于2016年全省人大法制工作会议情况汇报，市人大教科文卫委关于全市历史文化名镇保护情况、全市体育公共设施管理与服务情况的调研报告，市人大城环资委关于全市《不动产登记暂行条例》实施情况的调研报告。

【市十六届人大常委会第76次主任会议】 会议于12月6日召开。会议听取有关人事任免情况的汇报，市人大常委会法工委关于2016年市人大常委会开展规范性文件备案审查工作情况的报告，市人大常委会视察组关于全市2016年节能工作情况的视察报告，关于2015年度市级财政预算执行和其他财政收支审计查出问题整改情况的视察报告，市人大城环资委关于全市中心城区交通缓堵保畅体系建设议案的督办情况报告，市人大常委会人代工委关于市十六届人大七次会议代表建议、批评和意见的督办情况报告，市人大常委会办公室关于市十七届人大一次会议相关名单草案的汇报，市人大常委会办公室关于市十六届人大常委会第四十三次会议时间及日程安排建议情况的汇报。

【市十六届人大常委会第77次主任会议】 会议于12月15日召开。会议听取市十七届人大一次会议大会秘书处关于各代表团推选代表团团长、副团长，代表小组组长、副组长的情况汇报，关于各代表团讨论大会议程草案关于各代表团酝酿大会主席团和秘书长名单草案，关于各代表团酝酿大会计划预算委员会和议案审查委员会名单草案的情况汇报。

【市十七届人大常委会第1次主任会议】 会议于12月29日召开。会议听取市人大人代委关于补选省第十二届人大代表的情况、选举办法（草案）及总监票人、监票人（草案）的汇报，关于市人大常委会关于设立代表资格审查委员会的决定（草案）的汇报，有关人事任免情况的汇报；听取关于市人大常委会机关办公家具购置方案的汇报；听取市人大常委会办公室关于市十七届人大常委会第一次会议时间及议程、日程安排建议情况的汇报；书面听取市人大人代委关于对市十六届人大七次会议代表建议、批评和意见督办情况测评结果的报告。

常委会主要工作

【概况】 2016年，开展视察、执法检查32次；召开常委会会议11次，作出决议决定11项，形成审议意见20份，任免国家机关工作人员102人次（任命60人次，免职42人次）；召开主任会议17次，形成意见交办函13份；开展调研19项，形成调研报告15份；受理群众来信来访219件次，重要信访包案5宗；备案审查规范性文件104件。

【地方立法工作】 2016年，注重立法能力建设，完成立法咨询专家小组组建及法规草案起草规程和审议审查规程的制定。坚持科学立法、民主立法，突出地方特色和拓宽开门立法渠道，全年完成《自贡市地方立法条例》《自贡市集中式饮用水水源地保护条例》立法，实施《自贡市〈四川省物业管理条例〉实施办法（草案）》第二次审议修改。

【出台《自贡市集中式饮用水水源地保护条例》】 10月21日，自贡市第十六届人民代表大会常务委员会第四十次会议审议通过《自贡市集中式饮用水水源地保护条例》（以下简称《保护条例》）。11月30日，四川省第十二届人民代表大会常务委员会第二十九次会议批准通过《保护条例》，2017年1月1日起施行。这是继2016年6月8日起施行《自贡市地方立法条例》后，自贡市制定的首部市州级实体法规，标志着作为全省首批13个地方立法权“扩容”城市之一的自贡在立法工作中已取得阶段性成果。该《保护条例》分5个章节共38条条款对自贡区域内的饮用水水源地保护治理、管理监督、法律责任等进行细化明确，创新性提出“设立保护治理专项资金”“编制专项保护规划”“设置生态缓冲带”等规定举措。

【依法决定重大事项】 2016年，围绕全市国民经济和社会发展、预算调整和换届选举等重大事项，依法作出关于批准2015年市本级财政决算的决议、关于批准2016年市本级财政预算调整方案的决议、关于县（区）、乡（镇）人民代表大会换届选举时间的决定等，发挥市人大及常委会依法决定重大事项对全市改革发展大局的作用。

【工作监督】 2016年，围绕“推动振兴发展、决胜全面小康”主题，听取和审议市政府关于国民经济和社会发展计划执行情况、财政预算执行和其他财政收支审计情况、国有资产管理及经营情况等工作报告；聚焦创新驱动、产业发展、重大项目建设、改革开放等重点，对全市科技创新平台建设、区域经济发展、重大项目建设、农村集体资产股份制改革试点等开展专项视察和调研，督促工作任务的落地落实。

【法律监督】 2016年，对《中华人民共和国献血法》《四川省公民献血条例》《中华人民共和国食品安全法》《城镇燃气管理条例》及《四川省燃气管理条例》《中华人民共和国电力法》及《四川省电力设施保护和供用电秩序维护条例》《四川省扶贫开发条例》开展执法检查，推动相关法律法规在自贡市的贯彻实施。对市法院行政审判工作、市检察院刑事执行检察工作和市医疗纠纷人民调解工作开展视察和调研，促进公正司法。

【为民履职】 2016年，聚焦绿色惠民，对城乡环境综合治理、双溪小井沟饮用水源地生态功能区保护和建设、中心城区交通缓堵保畅体系建设、棚户区改造、金鱼河污染情况开展专项视察和调研；聚焦群众关切，对扶贫项目资金使用管理、全市职业教育发展、养老服务体系建设、社会治安防控体系建设等开展专项视察和调研，对脱贫攻坚开展专题询问。

【代表工作】 2016年，完善人大代表履职服务网络平台建设，制定代表履职保障和监督暂行办法，为提高代表履职能力和履行代表职务提供常态化服务。邀请各级人大代表参加市人大常委会视察、调研、执法检查，对自贡市国民经济和社会发展、“项目年”推进、义务教育均衡发展等进行专题视察和调研，调动代表在“推动振兴发展、决胜全面小康”中的积极性、主动性和创造性。拓宽代表联系服务群众的履职平台，开展“三联系”“扶贫攻坚—人大代表再行动”活动，发挥全市各级人大代表联系服务群众主体作用。

【人大代表议案和建议办理】 2016年，完成市十六届人大七次会议提出的《关于自贡市中心城区交通缓堵保畅体系建设的议案》和代表提出的84件建议办理，代表满意率和基本满意率100%。开展议案、建议办理“回头看”，推进和落实双溪小井沟饮用水源地保护、食品安全监管、养老服务体系建设等议案办理，激发代表履职积极性。

【人大自身建设】 2016年，以坚定理想信念为首要任务，开展“两学一做”学习教育，加强市人大常委会领导班子及机关干部职工思想政治建设，强化党员干部“四个意识”，增强“四个自信”，坚定围绕中心、服务大局的政治定力；按照全面从严治党要求，落实“两个责任”，抓实党风廉洁建设，促进常委会机关形成干事创业、团结奋进、风清气正的政治生态。

（罗常明　周　曼）

政　府

重大决策

【市第十六届人民政府第94次常务会议】 1月14日，市第十六届人民政府第94次常务会议审议《2016年自贡市重大项目计划草案》和《关于2016年自贡市经济工作思路的建议》，报市委审定；同意《关于自贡市大安旧城棚户区改造项目二期工程项目委托代建资金和代建管理费列入市财政年度预算的请示》，报市委审定后提请市人大常委会审议；通过《自贡市行政规范性文件制定和备案规定（送审稿）》《关于表彰自贡市第十五次社会科学优秀成果的请示》和《关于提高监管中心辅警工资及在押人员伙食费标准的请示》；听取市安办《关于2015年全市安全生产工作情况及2016年工作安排的报告》，就当前安全工作提出要求，同意该报告并按程序报市委。

【市第十六届人民政府第95次常务会议】 1月22日，市第十六届人民政府第95次常务会议审查通过《关于吉成井棚改项目有关事项的请示》《关于请求同意华商国际城项目经济技术指标调整的请示》《自贡市智慧城市建设规划》和《自贡市智慧城市建设技术方案》；同意《自贡市工业空间布局拓展规划》，报市委审定。

【市第十六届人民政府第96次常务会议】 2月1日，市第十六届人民政府第96次常务会议审查通过《自贡市国民经济和社会发展第十三个五年规划纲要》、2016年《政府工作报告》和《自贡市2015年国民经济和社会发展计划执行情况与2016年国民经济和社会发展计划草案的报告》《自贡市2015年财政预算执行情况和2016年财政预算草案的报告》及2016年10件民生实事，提交市政府全体会议讨论通过后，报市委审定。

【市第十六届人民政府第97次常务会议】 2月22日，市第十六届人民政府第97次常务会议审查通过《关于请求批准〈汇柴口棚户区改造工程实施方案〉的请示》《关于审定2015年釜溪河流域跨界断面水质超标资金扣缴考核结果的请示》《关于提请审定2015年度安全生产目标考核结果和奖励情况的请示》《关于自贡市高新投资有限公司为四川自贡汇东发展股份有限公司农发行资本金投资款提供2000万元担保的请示》和《关于自贡市高新投资有限公司为四川自贡汇东发展股份有限公司南湖片区棚户区改造项目提供14亿元担保的请示》；同意《关于分类推进事业单位改革后市属事业单位有关财政保障政策的请示》，报市委审定；通过《自贡市政府性债务管理办法》，以市政府名义印发。

【市第十六届人民政府第98次常务会议】 3月7日，市第十六届人民政府第98次常务会议审查通过《自贡市2016年〈政府工作报告〉主要工作任务分解表》《自贡市2016年10件民生实事任务分解表》《自贡市市本级公共资源交易目录（第一批）》《四川省自贡市鸿鹤坝老工业区整体搬迁改造实施方案（修编稿）（2016—2022年）》《关于请求审批〈自贡市大山铺铁路站场及物流园控制性详细规划〉的请示》《关于报送第十一届“自贡市青少年科技创新市长奖”建议名单的请示》《关于审定〈自贡市2015年度大气污染防治工作目标考核结果〉的请示》；同意《关于加快农业现代化建设同步实现全面小康的意见》《关于对2015年工业综合实力十强企业予以奖励的请示》《关于调整优化全市工业园区（集中区）产业定位的请示》《关于授予杜彦坤等4人“自贡市荣誉市民”称号的请示》《关于授予金营中“自贡市荣誉市民”称号的请示》，报市委审定。

【市第十六届人民政府第99次常务会议】

4月1日，市第十六届人民政府第99次常务会议审查通过《关于承办2016年人大议案代表建议及政协提案情况的报告》《关于完善退役士兵安置方式的请示》《关于自贡东部新城道路命名的请示》《关于国有建设用地使用权办理有关事项的请示》；同意《关于2016年度全市机关事业单位编制使用计划的请示》《关于审定〈2016年全市九项民生工程及15件民生大事实施方案（送审稿）〉的请示》，报市委审定；听取学习贯彻省委办公厅《议事纪要》（2016年第3期）精神、推进扶贫工作情况的报告，按要求修改后报市委审定执行。

【市第十六届人民政府第100次常务会议】

4月19日，市第十六届人民政府第100次常务会议审查通过《自贡市促进经济稳定增长和提质增效推进供给侧结构性改革的政策措施》，报市委审定。

【市第十六届人民政府第101次常务会议】

4月25日，市第十六届人民政府第101次常务会议审查通过《关于自贡市2016年一季度经济运行情况及下一步工作建议的报告》，报市委审定；原则同意《关于成都外国语学校自贡普润校区项目有关问题的请示》《关于自贡市人民政府与阿里巴巴签订战略合作协议的请示》《自贡市人民政府中国科学院天津工业生物技术研究所战略合作框架协议》，按要求对两个框架协议作进一步修改完善。

【市第十六届人民政府第102次常务会议】

5月18日，市第十六届人民政府第102次常务会议审议通过《中共自贡市委　自贡市人民政府关于2016年党风廉政建设和反腐败工作的意见（送审稿）》《自贡市市属国有企业负责人履职待遇、业务支出管理办法》《关于命名授牌自贡市第四批院士（专家）工作站的请示》和《关于2016年地方政府债券置换存量债务额度安排建议的请示》，报市委审定；同意《关于报请修改〈自贡市城镇职工基本医疗保险试行办法〉的请示》《关于请求批复区县实施乡镇工作补贴标准和办法的请示》《关于市国有资产经营投资有限责任公司借款给四川长征机床集团有限公司的请示》《关于审批第九届市科技杰出贡献奖拟奖人选和2016年度市科技进步奖、专利奖拟奖项目的请示》《关于自贡市城市建设投资开发有限公司向国家开发银行四川省分行申请第六批专项建设资金的请示》《关于对2015年重大项目推进责任单位进行奖励的请示》《关于对专项建设基金企业投资项目提供承诺的指导意见》和《关于废止〈自贡市农村饮水安全工程管理暂行办法〉的请示》；审查同意招商引资专项资金、服务业发展专项资金2015年收支执行情况及2016年收支计划安排。

【市第十六届人民政府第103次常务会议】

6月7日，市第十六届人民政府第103次常务会议审查通过《关于采取政府购买服务模式实施自贡市2016年第一批棚户区改造项目的请示》，报市委审定后提请市人大常委会批准。同意《2016年自贡市城镇保障性安居工程实施方案》《三台寺地块棚户区改造项目实施方案》《关于贡井区向阳片区棚户区改造项目融资担保有关事宜的请示》《关于2015年及2016年离休干部医药费统筹资金标准的请示》和《自贡市人民政府恒丰银行成都分行关于促进区域经济发展加强银政战略合作备忘录（送审稿）》；审查同意农业专项资金、教育专项资金、宣传文化事业发展资金、市级重大项目前期专项资金、卫生和计划生育专项资金、人才开发专项资金、工业发展专项资金2015年收支执行情况及2016年收支计划安排，要求严格执行专项资金管理使用办法，确保专项资金使用依法合规，提高财政资金使用绩效。

【市第十六届人民政府第104次常务会议】

6月22日，市第十六届人民政府第104次常务会议通过《自贡市人民政府—上海红星美凯龙投资有限公司战略合作协议（送审稿）》和《关于提高城乡居民最低生活保障标准有关问题的请示》；原则同意《自贡市全面推进公务用车制度改革总体方案（送审稿）》《自贡市市级机关公务用车制度改革实施方案（送审稿）》《自贡市市级机关一般公务用车保留车辆编制核定方案（送审稿）》和《关于报送2016年新增地方政府债券安排方案的请示》，报市委审定；同意《关于自贡市2016年地方政府债务限额及市本级财政预算调整方案的报告》，报市委审定后按程序报市人大常委会批准。

【市第十六届人民政府第105次常务会议】

7月8日，市第十六届人民政府第105次常务会议审查同意《关于规范发放市属机关事业单位离退休人员年终一次性慰问金的请示》《2015年度各区县、市政府部门和单位目标绩效综合考评结果及奖金发放建议方案》《2016年度自贡市目标绩效考核实施办法（送审稿）》，报市委审定；同意《自贡市集中式饮用水水源地保护管理条例（草案送审稿）》，以市政府议案提请市人大常委会审议；通过《关于我市中心城区交通缓堵保畅体系建设的议案办理实施方案》《自贡市规划管理技术规定（2016）》《关于请求审批〈自贡市中心城区控规维护方案（2014.10.1—2015.10.31）〉的请示》《关于安排2016年度市区共同投资土地整理项目资金的请示》和《自贡市市级政府性专项资金管理暂行办法（送审稿）》；原则同意《关于将所持有自贡市商业银行股份有限公司股权划转市国有资产经营投资有限责任公司有关问题的请示》，报市委财经领导小组同意后，以市政府党组名义报市委审定；审查同意排污费、旅游发展专项资金、地方水利建设基金、污水处理费、福利彩票公益金等专项资金2015年收支执行情况及2016年收支计划安排，同意市级主要副食品价格调节基金2016年的安排建议；会议听取《关于贯彻落实全省防汛工作紧急电视电话会议精神的情况报告》和《关于四川省科技创新、科技奖励大会暨系统推进全面创新改革试验工作会议精神和贯彻落实会议精神有关情况的报告》，修改完善后以市政府党组名义向市委报告。

【市第十六届人民政府第106次常务会议】

7月25日，市第十六届人民政府第106次常务会议审查通过《自贡市重大行政决策程序规定》《自贡市政府系统公文审核规定（送审稿）》《自贡市人民政府常务会议工作规则（送审稿）》，同意《关于对3户国企负责人2015年度经营业绩考核与奖励有关事项的请示》；听取《关于四川先进制造强省建设推进会精神传达和贯彻落实情况的报告》和关于四川省贯彻落实《法治政府建设实施纲要》电视电话会议精神的情况汇报，要求抓紧拟定自贡市推动制造业加快发展的方案和举措及自贡市法治政府建设实施方案，报市政府审定；审议通过市环保局《关于创建省级环境保护模范城市的报告》、市安办《关于近期习近平等领导同志指示批示精神及下半年工作安排的报告》和市发改委《关于自贡市2016年上半年经济运行情况及下一步工作措施的建议（送审稿）》，以市政府党组名义报市委审定。

【市第十六届人民政府第107次常务会议】

8月8日，市第十六届人民政府第107次常务会议审查同意《关于调整2016年市重大项目计划的请示》《自贡市系统推进全面创新改革试验实施方案（送审稿）》和《自贡市系统推进全面创新改革试验2016年工作计划（送审稿）》，以市政府党组名义报市委审定；同意《自贡市人民政府拟定地方性法规草案和制定规章程序规定》，以市政府令公布；通过《自流井区仲权镇总体规划（2015—2030）》和《自贡航空产业园控制性详细规划》；听取市卫生计生委《关于2016年全国医改工作会等相关会议精神及下一步工作措施的报告》、市政府金融办《关于传达并贯彻落实全省金融精准扶贫会议精神的报告》，并对相关工作提出要求。

【市第十六届人民政府第108次常务会议】

8月19日，市第十六届人民政府第108次常务会议审查同意《关于进一步提高开放水平加强招商引资的意见（代拟稿）》《关于自贡火车南站三货场建设有关问题的请示》《关于自贡市国有资产经营投资有限责任公司公开发行20亿元公司债券的请示》《关于自贡市2015年度市级财政预算执行和其他财政收支的审计工作报告》和《自贡市2015年财政决算及2016年1—6月财政预算执行情况的报告》，以市政府党组名义报市委审定；审查通过《关于建设自贡航空产业园项目相关问题的请示》《关于四川英祥实业集团有限公司"自贡英祥妇女儿童医院"项目的请示》《自流井区荣边镇总体规划修编（2015—2030）》《关于自贡川南工程咨询中心改制及增资扩股相关工作的请示》和《关于自贡市国有资产经营投资有限责任公司为四川长征机床集团有限公司向光大银行股份有限公司成都分行申请贷款提供担保、付息有关问题的请示》。

【市第十六届人民政府第 109 次常务会议】

9 月1 日，市第十六届人民政府第 109 次常务会议决定同意《自贡市人民政府法律顾问管理办法》《关于沿滩区黄市镇幸福路片区棚户区改造项目有关问题的请示》《关于贡井区龙潭镇小水巷棚户区改造项目享受棚改有关政策的请示》和《关于市级城市维护费专项资金 2015 年收支执行情况及 2016 年收支计划安排的请示》；同意《关于实施城市棚户区改造三年攻坚的意见（代拟稿)》，报市委审定；听取市卫生计生委《关于创建国家卫生城市工作情况的报告》，同意开展国家卫生城市（2018—2020 年周期）创建工作，报市委审定。

【市第十六届人民政府第 110 次常务会议】

9 月12 日，市第十六届人民政府第 110 次常务会议审查同意《关于进一步改革开放促进县域经济发展的实施意见》《关于促进自贡国家高新技术产业开发区加快发展的二十条意见（送审稿)》和《关于我市启动机关事业单位养老保险经办工作有关问题的请示》，报市委审定；通过《关于奋战 100 天全力稳增长确保完成全年目标任务的通知》《关于支持四川理工学院大学科技园建设发展政策措施的请示》《关于自贡市高新投资有限公司为四川自贡汇东发展股份有限公司板仓片区棚户区改造及配套基础设施项目提供连带责任保证担保的请示》《关于市国有资产经营投资有限责任公司借款给四川长征机床集团有限公司的请示》《关于延长交警支队经费保障政策的请示》《关于市级垃圾处理费专项资金 2015 年收支执行情况及 2016 年收支计划安排的请示》；听取市统计局《关于进一步加强和改进统计工作的报告》，以市政府党组名义报市委；会议听取《关于帮扶四川泰丰集团有限公司脱困工作情况的报告》，对相关工作提出要求。

【市第十六届人民政府第 111 次常务会议】

9 月22 日，市第十六届人民政府第 111 次常务会议审查同意《关于采取政府购买服务方式实施东部新城 2016 年土地储备项目的请示》《关于引进“COF 载带 + 驱动 IC”等三个电子信息产业项目的请示》《关于进一步加快脱贫攻坚确保同步建成全面小康社会的实施意见（代拟稿)》和《关于实施创新驱动推动工业转型发展的意见（送审稿)》，以市政府党组名义报市委审定；同意《自贡市居民基本医疗保险试行办法》《关于提高农村居民最低生活保障标准有关问题的请示》。

【市第十六届人民政府第 112 次常务会议】

10 月10 日，市第十六届人民政府第 112 次常务会议审查通过《自贡市市属事业单位从在编在岗人员中公开选聘工作人员实施细则（试行)》，以市政府党组名义报市委审定；听取市人防办《关于传达并贯彻落实第七次全省人民防空会议精神的报告》，要求人防办在招商引资、项目建设上作出努力。

【市第十六届人民政府第 113 次常务会议】

10 月14 日，市第十六届人民政府第 113 次常务会议审查同意《关于大安寨综合交通枢纽工程、汇柴口道路工程建设项目采用 PPP 模式建设的请示》《关于采取政府购买服务模式解决东兴寺片区综合改造工程后续融资的请示》《关于西山路片区和大安旧城棚改项目融资的请示》《关于拟引进品牌民办教育集团举办东部新城基础教育学校有关问题的请示》《关于设立自贡市对外宣传专项资金的请示》和《关于“国际盐泉生态城”项目和“明君汽车”项目有关问题的请示》，报市委审定；同意《关于报送〈自贡市《四川省物业管理条例》实施办法（草案送审稿)〉的请示》，以市政府名义提请市人大常委会审议；通过《自贡市 2016 年前三季度经济运行情况及下一步工作措施的建议》，以市政府党组名义报市委审定，并对确保完成年初目标、政府工作报告确定的各项任务及 2016 年县处级主要领导干部读书班明确的重点工作任务提出要求；同意《自贡市人民政府　国网四川省电力公司关于电力助推自贡经济社会发展的战略合作协议》《关于建立自贡市关心下一代基金的请示》《关于投建魏明伦戏剧馆经费的请示》《关于追加 2016 年度招商引资专项经费预算的请示》；审查同意体育彩票公益金、成品油价格和税费改革转移支付专项资金、残疾人就业保障金、应用技术研究与开发专项资金 2015 年收支执行情况及 2016 年收支计划安排；会议还对市政府相关领导临时分工进行明确。

【市第十六届人民政府第 114 次常务会议】

11 月 1 日，市第十六届人民政府第 114 次常务会议审查通过《自贡市社会信用体系建设规划（2016—2020 年)》《关于签订〈四川自贡石墨烯产业化项目投资合作协议书〉的请示》和《自贡方特恐龙王国项目合作协议》，以市政府党组名义报市委审定；同意《关于实施工业用地租赁、弹性年期出让供应有关事项的请示》《关于中国·供销·川南（自贡）农产品电商批发物流园项目产业扶持政策的请示》《关于提请审议〈自贡市人民政府、中国民用航空飞行学院框架合作协议书〉的请示》《自贡市建设工程质量检测中心转企改制实施方案》《关于自贡市川剧艺术中心2016年经费保障意见的请示》。会议对近期工作进行安排部署，要求梳理工作，确保完成年初确定的目标任务；要做好2017年《政府工作报告》起草工作；要提出2017年经济工作建议，尽快列出2017年“四个一批”重大项目清单。

【市第十六届人民政府第115次常务会议】 11月13日，市第十六届人民政府第115次常务会议审议通过《关于自贡市2016年市本级财政预算调整方案的报告》《关于四川卫生康复职业学院新校区综合体建设有关事项的请示》《关于鼓励科技人员创办（领办）科技型企业试点的意见》，以市政府党组名义报市委审定；同意《关于开展民族团结进步模范集体和模范个人表扬工作的请示》《关于拟调整我市企业军转干部“八一”“春节”慰问金标准的请示》；听取市商务局《关于十六届中国西部国际博览会自贡参展情况的报告》，以市政府党组名义报市委。会议对近期和今后一段时期工作进行安排部署：要求按市第十二次党代会提出的工作目标和重点任务，谋划政府工作；要围绕产业转型升级、特色产业培育、交通枢纽建设等内容，组织开展专题调研；要对照第十六届人民政府及2016年年初制定的各项目标任务，做好岁末年初工作。

【市第十六届人民政府第116次常务会议】 12月1日，市第十六届人民政府第116次常务会议审议通过《自贡市2017年经济社会发展思路的建议（送审稿）》《关于设立自贡市高端产业发展投资基金的方案》《关于自贡市人民政府与四川产业振兴发展投资基金有限公司战略合作暨合作设立自贡市航空产业发展基金的请示》《自贡市扶贫开发基金组建方案》《关于采取政府购买服务模式实施自贡市高新区板仓片区棚户区改造及配套基础设施项目的请示》《关于加快推进自贡东部新城基础教育学校建设相关问题的请示》《自贡市法治政府建设工作方案（2016—2020年）（送审稿）》《自贡市2015年度市级财政预算执行和其他财政收支审计查出问题整改情况的报告》《关于报请审议自贡市调整机关事业单位工作人员基本工资标准和增加机关事业单位离休人员离休费三个实施办法的请示》《关于报请审定〈自贡市人民政府关于调整完善市与区分税制财政体制的通知（送审稿）〉的请示》，报市委审定；同意《关于自贡市国有资产经营投资有限责任公司对外提供连带责任保证反担保的请示》《自贡市政府投资非经营性项目代建管理办法（试行）（代拟稿）》；会议传达副省长刘捷到市调研精神和自贡市的贯彻建议，要求与省及相关单位对接，确保工作落实到位。

【市第十六届人民政府第117次常务会议】 12月6日，市第十六届人民政府第117次常务会议审议通过2017年《政府工作报告》《自贡市2016年国民经济和社会发展计划执行情况及2017年计划草案的报告》《自贡市2016年财政预算执行情况和2017年财政预算草案的报告》，以市政府党组名义报市委。会议对当前的几项重要工作进行安排部署：要检查梳理、抓紧完成全年目标任务，做好2016年各项工作任务的扫尾工作；要抓紧谋划2017年工作，开工一批项目，为2017年工作打好基础；要做好2017年元旦、春节期间工作。

【市第十七届人民政府第1次常务会议】 12月20日，市第十七届人民政府第1次常务会议审议通过《关于采取政府购买服务模式实施自贡市2016年第二批棚户区改造项目的请示》，以市政府党组名义报市委审后提请市人大常委会审议；审查同意《关于贡舒片区A3—11地块滞纳金问题处置建议意见的请示》《关于转报〈中昊黑元化工研究设计院有限公司关于将企业改制土地出让金安排用于职工安置的请示〉的请示》《关于协调资金解决四川长征机床集团有限公司在交通银行贷款欠息的紧急请示》《关于设定自贡市现代服务业“财银联动”创新资金的请示》《关于申请组团参加第十六届中国西部国际博览会专项资金的请示》《关于请求免除广告经营收入财政统筹的请示》《关于借款用于北环路拓宽改造工程项目的请示》；会议听取市安监局《关于近五年全市安全生产工作情况及2017年工作计划的报告》、市公安局《关于全市开展禁毒工作情况的报告》、市机关事务管理局《关于传达并贯彻落实全省公共机构节约能源资源工作电视电话会议精神的报告》，并对相关工作提出要求。

【市第十七届人民政府第2次常务会议】 12月28日，市第十七届人民政府第2次常务会议审查同意《自贡市重大招商引资引智项目25条扶持政策（送审稿）》《关于继续执行我市投资项目行政事业性收费（基金）减免政策的请示》《关于拟对中昊黑元化工研究设计院有限公司等11家自贡市2015年度标准化工作先进单位进行奖励的请示》《关于报请审定自贡市基层应急管理示范单位的请示》《关于恳请解决“两室一站”建设和城市主战消防车购置所需费用的请示》《关于恳请解决购置部队公寓房所需经费的请示》《关于自贡圳盈公司要求尽快支付投资回报款的紧急请示》；同意《关于解决市纪委办案业务用房项目建设资金的请示》，以市政府党组名义报市委审定。

重要会议

【市第十六届人民政府第八次全体（扩大）会议】 2月1日，市第十六届人民政府召开第八次全体（扩大）会议。会议讨论修改2016年《政府工作报告》《计划报告》《财政报告》和《十三五规划纲要》及市政府10件民生事实，总结2015年政府工作，分析当前形势，安排部署2016年工作。市政府班子成员、市政府工作部门主要负责人出席会议，市委、市人大常委会、市政协、市纪委、市法院、市检察院、自贡军分区负责人应邀参加会议。

【市第十六届人民政府第九次全体（扩大）会议】 8月31日，市第十六届人民政府召开第九次全体（扩大）会议。会议重点总结上半年投资项目工作情况，分析存在的主要问题，部署冲刺最后4个月、力促投资提速增长相关工作。市政府班子成员、市政府工作部门主要负责人出席会议，市委、市人大常委会、市政协、市纪委、市法院、市检察院、自贡军分区负责人应邀参加会议。

【市第十六届人民政府第十次全体（扩大）会议】 12月6日，市第十六届人民政府召开第十次全体（扩大）会议。会议讨论修改2017年《政府工作报告》《计划报告》《财政报告》，总结2016年政府工作，安排部署岁末年初重点工作。市政府班子成员、市政府工作部门主要负责人出席会议，市委、市人大常委会、市政协、市纪委、市法院、市检察院、自贡军分区负责人应邀参加会议。

【市第六届“携手灯城·龙聚盐都”招商推介会议】 1月22日，由市政府和省投资促进局、四川博览事务局主办的第六届“携手灯城·龙聚盐都”招商推介会在自贡召开。会上推出工业、农业、现代服务业和基础设施等领域项目139个，总投资1000亿元。意中发展协会、中国节能环保集团、中航工业成飞公司和沈飞公司等260余名企业代表参会。市委书记雷洪金，市委副书记、市长刘永湘参加会议。

【全市工业工作会议】 3月21日，全市工业工作会召开，会议总结“十二五”期工业发展工作，安排部署2016年工业工作任务，表彰东方锅炉股份有限公司等2015年工业综合实力十强企业。市委书记雷洪金，市委副书记、市长刘永湘，市人大常委会主任陈华，市政协主席潘泽金等出席会议。

【全市投资促进工作会议】 4月22日，全市投资促进工作会议召开，会议表彰近年投资促进工作中的先进单位和个人，省投资促进局副局长戴绍泉结合全省投资促进工作面临的形势、工作的重点等内容作指导性讲话；市委副书记、市长刘永湘总结近年成绩和问题，对下步工作做安排部署。

【上海·四川自贡投资推介会】 6月23日，上海·四川自贡投资推介会在上海举行，推出项目139个，总投资958.28亿元，涵盖航空制造业、汽车零部件制造业、机械设备制造、生物医药、现代服务业等。会上，市政府与上海红星美凯龙投资有限公司签订战略合作协议。市委副书记、市长刘永湘等出席推介会，90余家国内外知名企业代表及自贡部分企业、市级部门、相关区县负责人参加推介会。

【全市重大项目及脱贫攻坚现场推进会议】 8月4日至5日，全市重大项目及脱贫攻坚现场推进会召开。与会人员先后实地参观自流井川南农品批发市场项目建设现场、荣县过水镇黑林村、大安楼房湾水库、富顺万寿镇青山村等四区两县及高新区11个点位。市委书记李刚，市委副书记、市长刘永湘，市政协主席潘泽金等出席会议。

【全市工业工作现场推进会】 8月11日至12日，市政府召开全市工业工作现场推进会，贯彻落实全省先进制造强省推进会议精神，总结上半年工作，部署下半年工作。与会人员实地考察成都工业经济发展情况，市委副书记、市长刘永湘从稳定企业、发展高端成长产业和新兴产业、强化创新引领、突出招商引进等方面，对全市工业发展进行安排部署。

【川南经济区稳增长和脱贫攻坚工作推进会】 9月7日至8日，川南经济区稳增长工作调研督导会在自贡召开。省委副书记、省长尹力，副省长刘捷，省政府副秘书长罗治平一行先后实地考察中天胜新材料科技有限公司、四川煜峰鞋业有限公司、自贡航空产业园、海川实业公司、华西科技园、安益生物科技公司、自贡运机输送机械有限公司和东兴寺综合改造项目现场，了解企业生产经营情况和稳增长政策落实情况，并召开川南经济区稳增长和脱贫攻坚工作推进会。市委书记李刚，市委副书记、市长刘永湘等参加工作推进会。

【全国南方再生稻现场观摩会在自贡召开】 9月26日，全国南方再生稻现场观摩会在自贡召开。与会人员先后参观富顺县代寺镇、古佛镇等乡镇的再生稻生产情况，并对中稻再生稻的生产技术进行交流。农业部及福建、河南、湖北、湖南等10个省、自治区的专家，农技推广人员参加会议。

【第四季度重大项目集中开工现场会】 10月31日，全市第四季度100个重大项目集中开工现场会在自流井中小企业园建设现场召开。本次开工项目总投资369亿元，主要包括自流井中小企业园、安益生物产业园等项目。市委书记李刚，市委副书记、市长刘永湘等参加现场会。

【中国盐文化研究中心第八届学术年会在自贡召开】 12月2日至4日，中国盐文化研究中心第八届学术年会在自贡召开。年会以“盐企与盐文化——教育、创新与国际化”为主题。会上，山东师范大学齐鲁文化研究院教授燕东生、日本龙谷大学博士生导师竹岁一纪等国内外盐文化研究专家学者，就开展国际盐文化学术研究进行交流。

市政府办公室工作

【文会办理】 2016年，制定《自贡市政府系统公文审核规定》，修改完善《自贡市人民政府常务会议工作规则》，提高公文质量和处理效率，确保市政府重大决策规范高效。全年办理公文1622件，10个工作日办结率92%，提出拟办意见领导采纳率96%，未发生政策性失误和重大文字差错。2016年全省政府系统公文质量考核测评中，自贡市考核成绩在全省市州中排名第二。坚持市政府重大活动周报、日报制度，严格会议审核，强化会议组织，提高会务质量。全年承办市政府全体（扩大）会议3次、市政府党组会10次，市政府常务会26次；组织召开协调会324次，完成重大项目开工、省政府主要领导到市调研等重大活动的协调保障工作。

【督办工作】 2016年，建立主要经济发展指标按月预警预测机制，实现每月监测并通报；按月对九大民生工程及15件民生大事进行跟踪督查；对《政府工作报告》主要工作任务台账、10件民生实事任务台账进行跟踪督查定期通报。对供给侧改革“50条”、县处级领导干部读书班重点工作任务等实施持续跟踪督办；开展大气污染防治、全国第三次农业普查、消防安全、“三创”工作等专项督查。建立督查问责制度，对工作推进不力、进展不快、落实不到位的单位和个人，采取督查、催办、约谈等方式实行联合问责。全年组织现场督查180余次，形成《督查通知》《督查通报》《督查专报》80余期，提出合理化建议200余条。全年组织办理人大议案1件、代表建议83件、政协提案307件，满意和基本满意率均为100%。

【政务信息工作】 2016年，在重点领域创新建立政务公开“责任双推”工作机制和牵头单位季度报告制度，修订政务公开规章制度，出台重要政策文件解读、行政权力依法规范公开运行考评办法，将政务公开纳入政府绩效考核体系，强化政务公开工作督查督办。全年向省政府网站推送重要信息1700余条，在市政府门户网站、官方微博、微信公开政府信息8000余条，办理依申请公开30余件，开展政策文件解读14次，公开意见建议征集6次，配合举办“阳光问政”“行风热线”“一路好心情”等栏目110期。建立重点信息书面约稿制度，健全完善政务信息绩效考评办法，每月“发点球”督查通报进度情况，完善特聘信息员制度。全年印发政务信息季度报送要点4期，省政府刊发信息60条、转报国办5条；编辑政务信息2600余条、舆情信息20余条，编发《每日要情》246期、《政务信息通报》12期。

【电子政务】　2016年，指导企业建设完成智慧城市大数据中心建设并开通运行，建成国家LRA系统自贡市认证注册点。落实电子政务建设项目联审制，审核电子政务建设项目，制定电子政务外网运维规范，市级机关OA协同办公系统、市政府高清视频会议系统有序运转。在全省率先实施政府网站集约化建设，建成市级主站1个，区县子站6个、部门政务频道48个。梳理规范和动态调整管理权力清单，市级15个行权部门调整行政权力76项（含行政许可），其中，取消63项、下放区县11项、调整权力主体2项。开展市县两级行政权力清单清理审核工作，33个市级部门清理公布市级行政权力事项（不含行政许可）5140项。

【调研工作】　2016年，围绕省委的“项目年”工作部署，重点针对省委、省政府供给侧改革相关政策措施，开展调研和分析论证，出台《自贡市促进经济稳定增长和提质增效推进供给侧结构性改革的政策措施》，从融资扶持、去产能、去库存等方面，制订50条改革措施。开展专题调研，征求各方面意见，了解经济社会发展情况，完成《2017年政府工作报告》。拟写省委省政府经济工作专项督查汇报、市政府领导区县读书班讲话、工业工作会讲话等材料，全年撰写审核领导讲话、汇报材料、礼仪性讲话等各类文稿167篇，完成调研报告7篇。

【应急能力建设】　2016年，建成包括应急指挥中心、应急决策中心和应急值守室的市政府综合应急指挥平台，将全市44个市级部门纳入平台常态化运行管理单位，平台获评“2016中国应急管理信息化管理创新奖”。新编《自贡市2016年度地质灾害防灾预案》，修编和备案预案1000余个。升级改造市政府总值守室，完善24小时值守和领导带班制度。统筹开展森林防火、反恐处突等市级应急演练36次，协调处置各类突发事件498起，成功处置“3·31”和顺家苑项目建筑工地坍塌事件等。开展应急知识宣传，编发《自贡应急管理》15期，采用信息45条，“自贡应急”微信公众号推送信息122条，关注和点击30万余人次，向社会发放《自贡公众应急指南》8万余册。

【机关事务管理】　2016年，成立市机关事务服务中心，开展党政机关办公用房清理整改、公务用车改革等专项治理工作。清理办公用房148万平方米，成功创建国家公共机构节能示范单位2家。核定公务用车编制，核减公车297辆。处置各类违规车辆3辆，封存停驶公务用车501辆，完成公车改革中取消车辆的封存停驶和规范公开处置，公开拍卖287辆取消车辆，单车最高溢价率400%，保障国有资产安全和保值增值。

【首批公务用车拍卖】　9月6日至7日，自贡在全省率先举行首批公务用车网络拍卖。参与首批网络拍卖的公车共86辆，成交68辆。网络拍卖历时26小时43分，共338人参与竞价，竞价次数3143次。拍卖成功的68辆车起拍总价159.69万元，成交总价227.63万元，平均溢价率42.54%，单车最高溢价率400%。其中，编号为26号的川C97867竞价次数169次，编号为73号的川CG0625的本田轿车以9.15万元的价格成交，成为本次网络拍卖的“标王”。

（市政府办）

外事工作

【因公出国（境）管理】　2016年，审查、报批因公出国（境）37批90人次，其中，党政干部（公务员及参公管理人员）因公出国（境）11批16人次，全市因公出国（境）团组和人数较2015年有所增加，总人数比2015年上升58.2%，党政干部人数下降30.4%。

【对外交流合作】　2月，实现韩国固城郡政府、议会和自贡市政府代表团互访。推动自贡彩灯、恐龙化石在固城郡展出，邀请韩国固城郡公务员到市进行为期 3 个月的研修。4 月，自贡市与黑山共和国布德瓦市签订建立友好城市关系意向性协议。市卫生计生委组团到德国开展养老护理服务和职业教育学习交流，与蕾娜范集团签订战略合作框架协议。9 月，自贡世界地质公园派员到英国里维耶拉参加第七届联合国教科文组织世界地质公园大会。邀请并接待外国驻成都、重庆（总）领事馆、法国里昂灯光秀组委会及自贡外宾出席灯会开幕式，客人包括波兰、法国、捷克、巴基斯坦、匈牙利，美国、英国、韩国、塞拉利昂、尼泊尔、孟加拉国、老挝 12 个国家。在省外侨办组织下，部分驻成都总领事馆的总领事和领事出席自贡灯会开幕式并考察通用航空工业园、华西能源公司和恐龙博物馆、盐业历史博物馆和桑海井等景点，促进自贡与各领馆派遣国间的友好交往与合作。借助省文化厅、省友协举办“中法地方历史文化遗迹的保护与开发论坛”，宣传自贡发展优势潜力，增强国际影响力。

侨务工作

【搭建引资引智平台】 2 月，与省侨联共同举办首届全球川商返乡发展自贡投资推介会，邀请加拿大、瑞士、美国、巴西、法国、西班牙等国家和中国香港地区的 30 余名川商进行投资考察活动。3 月，与广东省梅州市开展工作交流，组织企业对接洽谈。9 月，在省外侨办支持下，美国、加拿大、俄罗斯、法国、日本等国的 19 名海外高科技人才到自贡，聘请旅美科学家李雨等 3 名海外高科技人才为“自贡市海外引才顾问”，实现自贡柔性引进人才的突破。

【侨务惠民】 2016 年，开展贫困归侨侨眷慰问工作；参加全省海外交流协会第三届理事大会暨第四届四川华侨华人社团联谊大会；全面启动“三侨生”身份认定工作；受理侨务信访，化解矛盾，维护归侨侨眷权益和侨界稳定。

【涵养侨务资源】 2016 年，开展与沿海侨乡城市联系联谊，先后与广东省清远市、浙江省台州市、乐清市建立侨务友好合作关系，加强与广东省江门市、浙江省温州市等地侨务联系，建立自贡市与广东省清远市、江门市和浙江省台州市、温州市、乐清市侨务互访、资源共享、招商引资、文化交流、对外宣传等合作机制。

（市旅游发展委）

气象工作

【业务体系建设】 2016 年，推进观测信息网络智能化升级，完善 3 个国家级自动气象站，新装天气现象仪和雨滴谱自动观测仪；升级完成 8 套多要素自动站，有 102 个自动站覆盖全市乡镇及山洪地质灾害易发区域；提升观测系统技术保障能力，新配 1 辆区域气象站应急维护巡检工程车；提升信息网络支撑能力，升级核心交换机实现双交换互为冷备；推进县级综合业务，开展县级综合观测业务集成平台业务化应用。应用省气象局科研课题成果，修订温度预报流程方法，提高温度预报准确率；借助雷达、卫星、区域自动站等资料，细化短临预报业务流程；参与省气象台、国家气象中心联合项目《基于 MICAPS4 的预报经验智能工具箱》的研发，为预报方法规范化、标准化、集约化提供环境平台，提高气象预报应用中的智能化水平；与西南科技大学开展合作，推动“天气系统及暴雨预报概念模型自动识别研究”，提高预报分析的效率及客观性；争取成都市气象局支持，推进《自贡市城市空气质量预报业务系统》建设。是年，城镇精细化预报质量 06/20 五天综合全省排名为晴雨第 3 名、最高气温第 6 名、最低气温第 4 名。寒潮预报质量 95%，准确预报“7·13”“8·2”等暴雨天气过程，暴雨预警信号命中率 100%。国家级台站、骨干区域自动站、自动土壤水分站业务质量均达目标考核值，居全省中上游水平；现用、备用地面仪器合格率 100%；所有地面基础业务未出现责任性事故。推进小井沟水库标准化人影作业阵地建设，市财政投入 267 万元，在荣县双古镇、观山镇、长山镇和保华镇建设 4 个作业炮点，主体工程于 2016 年年底完成。

【气象服务】 2016 年，完善气象预警信息发布体系，汛前将全市 864 名防汛和地质灾害隐患点责任人的手机号码，全部免费纳入市气象灾害预警信息发布平台。通过手机、声讯、电视、电台、传真、微信、微博、网站和国家突发事件预警信息发布系统等渠道，气象灾害预警信息覆盖全市各级政府部门和相关单位、108个乡镇（街道）、1166个村（社区）、防汛及地质灾害隐患点责任人，覆盖率100%。创新气象防灾减灾融入式发展模式，按“七有标准”，在贡井区筱溪街洞桥社区组织《城市气象防灾减灾基层应急管理示范单元建设》创建工作，解决基层气象灾害防御无机构、无人员、无阵地问题，成功申报省气象局创新工作项目，该社区被纳入全省气象部门5个气象科普示范社区试点建设。完善部门协作联动机制，市气象局与市环保局开展大气污染防治合作；完善森林防（灭）火、改善空气质量和应对突发环境污染等应急联动机制；市气象局与住建部门联合开展暴雨强度公式修订编制和发布工作。围绕农产品气候品质认证与溯源、智慧气象、四川省公共气象服务平台等主要内容，市县举办气象（农信网）信息员培训会5场次，荣县开展示范乡建设气象灾害防御知识培训；“自贡市气象科普文化展厅”正式对外免费开放，全年接待16批次538人次参观。编印赠阅20万册《2016年自贡气象历书》。针对特色农业编制完善再生稻、特种鱼苗、大棚蔬菜、甜橙等气象服务方案，并组织实施。创新开展富顺县东湖镇土桥鱼苗养殖基地鱼苗养殖专业气象监测服务站建设。推进标准化气象灾害防御乡镇和现代农业气象服务示范县建设，富顺县成为四川省唯一入选中国气象局第四批40个全国标准化气象为农服务示范县（市、区）。全年开展资源性增雨、大气污染防治为主的人影作业90余次，发射炮弹535发、新型火箭弹84枚，增加蓄水量1135.5万立方米，经济效益达2072.29万元。为春耕生产、自然灾害趋势分析、防洪抗旱、大气污染防治、地质灾害防治、电力调度等提供专题气象服务。制作发布气候趋势预测、气象专题报告等气候监测预报类产品及农业气象情报、农业气象产量预报等服务产品121期。服务材料被多部门应用采纳50多篇。对2016年强降温雨雪天气、高温伏旱的发生、发展、结束作出准确预报，并在天气网、四川公共气象服务平台跟踪发布相关新闻信息4篇。围绕元旦、春节、清明、五一、端午等节假日和高中考及国际恐龙灯会、春运等重大活动滚动发布专题预报近50期。为自贡通用机场建设和试飞、自贡海绵城市建设等重大项目建设开展专业专项气象服务。

【气象法治建设】　2016年，市气象局与市城管执法、安监部门联合发文，规范空飘气球施放活动管理。制定《防雷减灾体制改革实施方案》和《2016年全面推进防雷减灾体制改革重点任务分解方案》并组织实施。新修订《中共自贡市气象局党组中心组学习制度》和干部学法用法制度。坚持会前学法，提高各级干部法治意识。坚持聘请法律顾问制度，推进气象工作法治化。

（甘　敏）

防震减灾工作

【工作部署】　2016年，完成自贡市防震减灾“十三五”规划编制，印发《关于进一步加强防震减灾工作的通知》（自府办发〔2016〕29号）。6月13日，组织召开全市防震减灾工作联席会议，明确各级政府和市级相关部门、单位2016年度防震减灾工作职责。市防震减灾局牵头完成全省防震减灾工作考核参评工作，印发《自贡市2016年度防震减灾工作考核评分标准》，细化分解目标任务。市政府在2016年全省防震减灾工作考核中获优秀等次。

【项目建设】　2016年，完成国家地震烈度速报与预警项目自贡境内27个台站勘选任务，协助省地震局完成内江、泸州、宜宾等地项目台站勘选。大安区大山铺深井地震综合观测台站完成地质钻井、取岩芯和井下套管安装工程，荣县长山地震综合观测台站完成地质钻井和观测房土建工程，富顺县防震减灾综合能力建设项目完成验收，建成动物宏观观测点1个，总计投入80万余元。

【地震监测预报】　2016年，开展远程网络维护和野外仪器维修40次，地震监测仪器设备正常运转率98.6%，实现监测数据中断率不超过5%，未发生野外台站遭重大破坏和仪器设备运行异常中断或擅自终止事件。全年分析处理自贡行政区域内地震172次，其中，0～0.9级地震57次，1.0～

1.9级地震102次，2.0～2.9级地震13次，最大地震是2016年3月31日23时16分荣县长山镇和12月27日13时39分荣县双石镇发生的2.4级地震；记录自贡邻近的内江市威远县至资中县地区地震4007次，其中，0～0.9级地震681次，1.0～1.9级地震2948次，2.0～2.9级地震376次，3.0～3.9级2次。编报地震观测报告12期，发送震情快报信息53条，实现自贡行政区内2级以上地震无漏记，市内3.0级以上地震、省内5级以上地震及时通报。开展震情监视跟踪工作，制定并实施《自贡市2016年度短临震情跟踪方案》，坚持震情趋势分析会商制度，组织宏观异常核查，全年开展野外宏观异常调查核实工作5次，召开各类会商会75次，形成半年、年度地震趋势意见报告2份，科学研判自贡地区地震活动趋势。开展页岩气开采诱发地震活动监测，规划布设7个流动监测台对荣县双石镇、沿滩区兴隆镇页岩气勘探压裂过程进行跟踪监测。2016年度地震日常分析预报工作获全省防震减灾系统评比第三名，自贡地区地震趋势研究报告获优秀等次。

【防震减灾宣传教育】 2016年，制定并实施《关于做好2016年防震减灾宣传工作的通知》（自震〔2016〕6号），以“人人参与防震减灾 建设幸福安全自贡”为主题，开展各类宣传活动120场次，设置主题展板1400余张，发放宣传资料13种20多万份，开展知识讲座9场次，接受群众现场咨询4500余人次，组织参加2016年全省防震减灾法制知识竞赛和宣传作品评选，获全省“参赛人数第一名”“作品得票数第一名”和优秀组织奖。新增防震减灾示范学校和社区6个，打造宣传示范样板1个，建设防震减灾宣传走廊1个。全市防震减灾示范学校、示范社区、示范村总数达41个。在市政府网站集约化平台开设防震减灾专题页面，开展防震减灾网络宣传。

【震害防御】 2016年，推进简政放权放管结合工作，公示防震减灾权力清单（清理保留行政权力24项，其中行政许可1项，行政处罚8项，行政检查5项，行政强制2项，行政确认1项，行政奖励1项，其他行政权力6项）和责任清单，巩固深化“一清理三减少”成果。落实抗震设防要求监管，市防震减灾局联合市城乡规划建设和住房保障局转发《贯彻实施〈中国地震动参数区划图〉（GB18306—2015）〈建筑抗震设计规范〉（GB50011—2010）2016局部修订的通知》的通知》（自震〔2016〕26号），就全市贯彻执行国家第五代地震动参数区划图提出要求。

【地震应急救援】 2016年，完成自贡市第7次地震应急预案的修订和备案工作，备案应急预案1000件，市级和各区县级地震应急预案分别汇编成8册。完成地震现场图像采集传输系统的采购、安装、调试和运用工作，完善市地震应急指挥中心功能。开展地震应急演练，指导市抗震救灾指挥部成员单位、全市防震减灾科普示范学校及高新区明珠社区、高新区丹桂幼儿园、市外国语学校、市电信职业中学、自贡电信公司等单位组织开展地震应急疏散演练110场次，参演人数约10万人。妥善处置“12·27”重庆荣昌M4.8级地震波及影响自贡震感强烈事件，实施震情跟踪监测，科学研判地震活动趋势，做好震情信息报告，加强网络舆情跟踪和宣传引导，及时澄清不实报道和传闻，安定民心，维护社会稳定。

（许 艳）

政　协

全体会议

【十四届五次会议】　会议于2月23日至26日召开，353名政协委员和100余名列席人员参加会议。会议听取并审议政协自贡市第十四届委员会常务委员会工作报告和关于十四届四次会议以来提案工作情况的报告；列席自贡市第十六届人民代表大会第七次会议，听取并讨论市政府工作报告，讨论计划报告、财政报告；听取并讨论市法院、市检察院工作报告；通过政协自贡市第十四届委员会提案委员会关于十四届五次会议提案审查情况的报告；通过政协自贡市第十四届委员会第五次会议决议；补选王炜伟、邹崇霞（女）、陈金洪、郑智辉为十四届市政协常委；听取市委书记雷洪金讲话；9名政协委员分别代表不同界别和市政协专门委员会作大会发言。

【十五届一次会议】　会议于12月15日至18日召开，358名政协委员和117名列席人员参加会议。会议听取和审议政协自贡市第十四届委员会常务委员会工作报告；听取和审议政协自贡市第十四届委员会常务委员会关于提案工作情况的报告；列席自贡市第十七届人民代表大会第一次会议，听取和讨论政府工作报告及计划、预算报告；听取和讨论市中级人民法院、市人民检察院工作报告；通过政协自贡市第十五届委员会第一次会议提案审查委员会关于政协自贡市第十五届委员会第一次会议提案审查情况的报告；通过政协自贡市第十五届委员会第一次会议决议。大会选举游开余为政协自贡市第十五届委员会主席，王孝谦、叶智英、肖光俊、徐武斌、杨玉康、毛碧、杨廷卫为政协自贡市第十五届委员会副主席，徐玉华为政协自贡市第十五届委员会秘书长；选举产生67名政协自贡市第十五届委员会常务委员。会议收到提案322件，立案316件。市委书记李刚出席会议并讲话。

常委会议

【十四届十六次常委会议】　会议于1月19日召开。会议审议通过关于召开政协自贡市第十四届委员会第五次会议的决定，政协自贡市第十四届委员会第五次会议议程（草案）、日程、大会执行主席及各次大会主持人名单，政协自贡市第十四届委员会第五次会议秘书长、副秘书长名单，政协自贡市第十四届委员会常务委员会关于授权主席会议审议十四届十六次常委会议未尽事宜的决定，政协自贡市第十四届委员会常务委员会工作报告及报告人，政协自贡市第十四届委员会常务委员会关于十四届四次会议以来提案工作情况的报告及报告人，政协自贡市委员会2016年工作要点，有关人事事项。会上，市政协主席、副主席作年度述职，并进行考核测评。

【十四届十七次常委会议】　会议于6月21日召开。会议围绕“推动振兴发展，决胜全面小康”主题进行大会发言，经分组讨论后，审议通过市政协经济委员会《关于我市生物医药产业发展情况的调研报告》、市政协教科文委《关于我市民营机械制造企业科技创新发展情况的调研报告》、市政协外联委《关于我市盐帮菜发展情况的调研报告》、市政协人资环委《关于进一步扩大我市住房公积金制度覆盖面的调研报告》、市政协农业委《关于我市培育发展家庭农场情况的调研报告》。审议通过《政协自贡市委员会委员履职工作规则（试行）》及相关人事事项。会议对2015年度优秀提案、提案工作先进单位、先进个人进行表彰，传达学习市委书记李刚及市委副书记、市长刘永湘在全市县处级主要领导干部读书班上的讲话精神。

【十四届十八次常委会议】 会议于9月23日召开。会议听取市政府副市长、市公安局局长何洪代表市政府所作的2016年1—8月经济社会运行情况的通报，听取市公安局对市政协十四届五次会议1号提案办理工作和市人力资源社会保障局提案办理工作情况的汇报；会议围绕“推动振兴发展，建设幸福美丽新盐都”主题进行大会发言。会上，市政协十四届五次会议1号提案单位及委员代表就提案办理工作进行大会发言；民主评议市政协十四届五次会议1号提案办理工作。会议审议通过市政协法制群团委员会《关于我市创业促就业工作情况的调研报告》以及相关人事事项。

【十四届十九次常委会议】 会议于11月29日召开。会议听取市政府关于市政协十四届五次会议以来提案办理情况的通报、市纪委（市监察局）2016年全市党风廉洁建设和反腐败工作情况的通报及市政协各专委会工作总结报告（书面），审议通过《关于召开政协自贡市第十五届委员会第一次会议的决定》及会议所涉相关事项。会议听取市政协主席、党组书记、副主席年度述职（书面），进行考核测评；审议通过相关人事事项。

主席会议

【十四届五十八次主席会议】 会议于1月12日召开。会议审议通过市政协十四届十六次常委会议方案、关于召开政协自贡市第十四届委员会第五次会议的决定（草案）和政协自贡市第十四届委员会第五次会议议程（草案）、日程（草案）、大会执行主席及各次大会主持人名单、邀请参加开闭幕大会及列席人员范围、主席台就座人员范围，审议通过政协自贡市第十四届委员会第五次会议秘书长、副秘书长名单（草案）和关于授权主席会议审议十四届十六次常委会议未尽事宜的决定（草案），审议通过2016年市政协常委会议主题及大会发言安排和政协自贡市第十四届委员会常务委员会工作报告（审议稿）及建议报告人、政协自贡市第十四届委员会常务委员会关于十四届四次会议以来提案工作情况的报告（审议稿）及建议报告人、政协自贡市委员会2016年工作要点（审议稿）。会议就市政协领导班子成员工作分工调整以及有关人事事项进行研究。

【十四届五十九次主席会议】 会议于1月18日召开。会议就《自贡市中级人民法院工作报告（征求意见稿）》和《自贡市人民检察院工作报告（征求意见稿）》进行专题协商。审议通过有关人事事项。

【十四届六十次主席会议】 会议于2月25日召开。会议审议政协自贡市第十四届委员会常务委员候选人建议名单和政协自贡市第十四届委员会第五次会议选举办法（草案），总监票员、监票员、总计票员建议名单及政协自贡市委员会提案委员会关于十四届五次会议提案审查情况的报告（草案）、政协自贡市第十四届委员会第五次会议决议（草案）。

【十四届六十一次主席会议】 会议于2月26日召开。会议听取市政协十四届五次会议委员小组讨论情况的汇报。审议通过补选政协自贡市第十四届委员会常务委员候选人名单，政协自贡市第十四届委员会第五次会议选举办法（草案）、总监票员、监票员、总计票员建议名单，政协自贡市委员会提案委员会关于十四届五次会议提案审查情况的报告（草案），政协自贡市第十四届委员会第五次会议决议（草案）。

【十四届六十二次主席会议】 会议于3月4日召开。会议传达学习《中国共产党巡视工作条例》《中共四川省委巡视工作实施办法》和全市县乡换届工作暨组织部长会议精神，审议《中共自贡市政协党组关于报审贯彻落实〈中共自贡市委关于新形势下进一步加强和改进人民政协工作的意见〉任务分工（代拟稿）的请示》《政协自贡市委员会关于贯彻落实〈中共自贡市委关于新形势下进一步加强和改进人民政协工作的意见〉的责任分解》《自贡市政协学习文史委员会关于编辑出版〈自贡记忆〉系列丛书方案》。

【十四届六十三次主席会议】 会议于3月22日召开。会议研究市政协2016年宣传信息暨人民政协理论与实践研究会工作会议方案及《关于评选2015年度全市政协优秀调研报告获奖建议名单》，学习传达中央办公厅印发的《党委（党组）意识形态工作责任制实施办法》和四川省委办公厅印发的《四川省贯彻落实党委（党组）意识形态工作责任制实施细则》，书面传达川南七市政协工作联系会第二十七次会议精神。

【十四届六十四次主席会议】 会议于6月8日召开。会议传达学习市委书记李刚，市委副书记、市长刘永湘在全市县处级主要领导干部读书班上的讲话精神，开展落实管党治党责任暨党风廉政建设主体责任集体谈话，审议通过市政协十四届十七次常委会议方案、《政协自贡市委员会委员履职工作规则（试行）（草案）》《政协自贡市委员会调研视察工作规则》《政协自贡市委员会提案审查工作规则》《关于表扬2015年度优秀提案、提案工作先进单位、先进个人方案》，审议市政协经济委《关于我市生物医药产业发展情况的调研报告》、市政协教科文委《关于我市民营机械制造企业科技创新发展情况的调研报告》、市政协外联委《关于我市盐帮菜发展情况的调研报告》、市政协人资环委《关于进一步扩大我市住房公积金制度覆盖面情况的调研报告》、市政协农业委《关于我市培育发展家庭农场情况的调研报告》及相关人事事项，书面传达省政协十一届十四次常委会议、全国9省（区）25城市政协横向联席会第33次会议相关精神。

【十四届六十五次主席会议】 会议于9月2日召开。会议传达学习省委十届八次全会精神、市委十一届十四次全会精神、全市对外开放工作会议精神和《中共自贡市委组织部关于转发〈中共四川省委组织部关于结合巡视对成都等9个市（州）和人力资源社会保障厅等7个省直单位选人用人工作检查情况的通报〉的通知》文件精神。审议通过市政协十四届十八次常委会议方案，审议市政协法制群团委员会《关于我市创业促就业工作情况的调研报告》及相关人事事项，听取市政协机关搬迁相关工作情况汇报，书面传达全省政协港澳台侨和外事工作座谈会、省政协川南片区后勤工作会议精神。

【十四届六十六次主席会议】 会议于9月12日召开。会议专题研究《自贡记忆》（丛书）编辑出版工作，对出版相关事项作出决定。

【十四届六十七次主席会议】 会议于10月24日召开。会议专题传达学习省政协“我为扶贫攻坚做件事”工作推进现场会议精神。会上，市委组织部通报市委、市政府、市政协相关人事事项。

【十四届六十八次主席会议】 会议于10月28日召开。会议围绕小井沟水库建设推进开展专题协商。市政府及相关职能部门通报小井沟水库建设情况。

【十四届六十九次主席会议】 会议于11月28日召开。会议审议通过政协自贡市第十五届委员会参加单位、委员名额和人选名单（草案），审议通过召开政协自贡市第十四届委员会第十九次常委会会议相关事项和召开政协自贡市第十五届委员会第一次会议相关事项，书面传达有关会议精神。

主要工作

【提案工作】 2016年，向党政部门征集提案选题，听取各方面意见，协商确定《提案参考目录》。健全提案工作制度，出台《提案审查工作细则》，完善提案工作运行机制。全年收集提案350件，立案340件。其中，市级各民主党派、工商联、各人民团体和市政协专门委员会集体提案28件，委员个人或联名提案322件。按分级负责、归口办理原则，市政协将立案提案送交市委、市政府所属的43个部门（单位）办理。截至2016年年底，立案提案全部办结。其中，所提问题已解决或采纳的（A类提案）239件，占70.29%；列入计划逐步解决的（B类提案）89件，占26.18%；留作参考的（C类提案）12件，占3.53%。提案者表示满意的327件，占96.18%；基本满意的13件，占3.82%。深化重点提案协商督办，坚持市领导督办和部门负责人领办重要提案制度，召开重点提案办理协商会议，对部分单位承办的重点提案办理工作进行视察督办，民主评议1号提案办理情况，听取提案承办大户对办理工作的情况汇报。召开提案协商和提案督办会议，会同市政府办公室联合督办提案工作。对2016年优秀提案、提案工作先进单位及先进个人进行表彰，编印《优秀提案汇编》。

【政治协商】 2016年，通过市政协全委会围绕“一府两院”、计划、预算报告和“十三五”规划等开展整体协商，与会委员提出成立返乡兴业服务中心等意见建议50余条，多数建议被采纳；通过市政协主席会议对市委2016年工作安排、2016年财政预算草案等内容进行重点协商，通过市政协常委会议围绕“推动振兴发展，决胜全面小康”等主题进行专题协商，提出意见建议30余条，供市委、市政府决策参考；通过市政协相关专委会，与市公安局交警支队开展对口协商，围绕缓堵保畅、停车收费等方面提出意见建议，得到交管部门重视和采纳。组织召开委员协商座谈会9次，近100名委员围绕绿色发展等主题，提出意见、建议200余条，供相关职能部门决策参考。

【调研工作】 2016年，组织开展专题调研7项，形成调研报告7份。围绕全市经济社会发展，选定重点课题，对全市医药产业发展、民营机械制造业科技创新、就业工作、餐饮业发展、住房公积金扩面工作、农业产业和环境治理等方面进行调研，形成《关于我市生物医药产业发展情况的调研报告》《关于我市民营机械制造企业科技创新发展情况的调研报告》《关于我市创业促进就业工作情况的调研报告》《关于我市盐帮菜发展情况的调研报告》《关于进一步扩大我市住房公积金制度覆盖面的调研报告》《关于我市培育发展家庭农场情况的调研报告》《关于长江上游自贡段生态环境保护情况的调研报告》。

【考察工作】 2016年，先后到华西能源、运机集团、川力公司等企业和“十三五”重大储备项目现场开展视察，围绕财政支持中小企业发展、民营机械企业科技创新和重大项目储备提出意见建议；先后多次到富顺县、荣县、贡井区等区县，开展家庭农场培育发展、油茶种植基地建设等专题视察活动，提出意见建议；开展棚户区改造推进、创业促进就业、脱贫攻坚和“推进绿色发展，建设美丽自贡”环境治理等专题视察，提出合理化建议30余条，为推动经济转型升级献策建言。

【开展民主评议】 2016年，发挥民主评议在履行民主监督职能中的作用，组织开展民主评议市安监局工作“回头看”，促进民主评议整改工作落到实处。

【反映社情民意】 2016年，发挥政协委员、参加单位、区县政协和信息员的基础性作用，通过选题策划会和委员协商座谈会等形式收集社情民意信息，整理印送市委、市政府及相关部门15期，上报省政协14条，转报全国政协3条，为党委政府汇集分析舆情和科学民主决策提供参考。

【文史工作】 2016年，编印《自贡文史》2期；组织专门力量编撰出版《自贡记忆》系列丛书6卷。组织委员和专家到大安区牛佛镇，开展古镇保护利用工作视察，为古镇保护利用献计献策。依托市政协书画研究院，组织开展“纪念中国共产党成立95周年”“纪念红军长征胜利80周年”书画展、“引玉·丙申六人书画展”及“自贡·南充精品书画展”等，传递弘扬传统、共推发展的正能量。

【自身建设】 2016年，市政协党组定期举行党组中心组理论学习会，组织开展“两学一做”学习教育，贯彻党的路线方针政策和省、市委重要决策部署，执行和落实年度协商计划，推动经济社会发展。坚持主席会成员联系常委和委员制度，出台《委员履职工作规则》和《调研视察工作规则》，编印《委员履职实例》，规范、激励委员积极主动履行职能。为驻区县市政协委员知情明政、建言献策创造条件，提升智慧凝聚的广泛性。组织政协机关学习讲坛9次，先后选送53名干部职工参加各级各类培训，安排70余名干部到基层参与联系服务。坚持常委学习日活动，先后组织开展市委书记李刚在全市县级主要领导干部读书班上的讲话和“转型升级与智能制造”等专题学习，提升政协委员和政协干部履职能力。

其他工作

【省政协调研组到市调研教育科普“双创”工作】 2月24日至25日，省政协副主席、省工商联主席陈放率省政协调研组，到自贡市开展以教育领域为重点的科普助推“双创”工作专项调研。调研组一行先后到富顺县华英实验学校和四川理工学院“创新创业科技园”了解情况，听取自贡市有关工作情况汇报。市政协主席潘泽金、副主席牟玉昆陪同调研。

【全市政协宣传信息暨人民政协理论与实践研究会工作会议】 会议于4月13日召开。会议传达学习2015年度全省政协新闻宣传工作联席会议、省政协理论与实践研究会工作会议精神；对2015年度全市政协优秀调研视察报告、新闻宣传及反映社情民意信息工作先进、市政协理论与实践研究会优秀论文进行表彰。会上，7人分别就政协新闻宣传、反映社情民意信息及政协理论与实践研究工作做交流发言。市政协主席潘泽金出席会议并讲话。市政协秘书长徐玉华主持会议。

【参加川南“7+1”市政协工作联席会议】 6月17日，市政协主席潘泽金率队到泸州市参加川南“7+1”市政协工作联席会议，围绕“赤水河流域脱贫致富”主题建言献策。

【唐坚到市调研文化事业发展及政协文史资料工作】 7月12日至13日，省政协副主席唐坚率队对自贡市文化事业发展及政协文史资料相关工作开展调研。调研组一行先后到吴玉章故居、南湖体育中心市艺术展览厅、富顺文庙、四川理工学院实地调研，并听取有关情况汇报。市政协主席潘泽金、副主席常玉华等参加调研。

【期刊编辑】 2016年，市政协分别围绕十四届五次会议、“决胜全面小康”“推动振兴发展，建设幸福美丽新盐都”等主题，出刊发行第18至20期《自贡政协》内刊；围绕本土文化挖掘出刊《自贡文史》2期。

（陈学华）

纪检监察

概　述

2016年，市委贯彻落实党中央和省委全面从严治党决策部署，带头履行管党治党政治责任，全市全面从严治党取得阶段性成果，党风廉政建设群众满意度指数达85.09分，全省排名第8位，创历史新高。全市党风廉政建设和反腐败工作在实践探索中创新突破，13项工作得到省委、省纪委肯定，其中，“惩防衔接、一体联动”工作得到省委书记王东明肯定，村（社区）干部“歇职”管理做法得到省委常委、省纪委书记王雁飞肯定性批示，开展盐都问政、创新信访办理等经验做法在全省作大会交流。

主要会议和活动

【十一届市纪委六次全会】　会议于2月2日召开。会议传达学习十八届中央纪委六次全会、十届省纪委五次全会精神，总结2015年全市党风廉政建设和反腐败工作，安排部署2016年全市党风廉政建设和反腐败工作任务。市委书记雷洪金出席会议并讲话。市委常委、市人大常委会、市政府、市政协领导和24名市纪委委员出席会议。全会审议通过李清代表市纪委常委会作的《坚持全面从严治党，忠诚履行党章职责，深入推进党风廉政建设和反腐败斗争》工作报告。76名区县（市级部门）党委（党组）主要负责人向全会述责述廉，并开展质询和测评。

【王雁飞到市调研】　3月15日至16日，省委常委、省纪委书记王雁飞到市调研经济社会发展和党风廉政建设工作情况。王雁飞先后实地调研富顺县中石镇、自流井区纪委机关、沿滩新城远达龙湖社区、华西能源公司等地，听取意见建议，提出工作要求。王雁飞对自贡市基层党风廉政建设、解决群众身边不正之风和腐败问题、发挥纪委委员作用等方面工作情况给予肯定。省纪委常委罗智波随同调研，市委书记雷洪金，市委常委、市纪委书记李清陪同调研。

【开展行政权力依法规范公开运行工作督查】　4月11日至15日，市监察局会同市政府办公室、市政府法制办、市政府电子政务办、市政务服务中心组成联合督察组，对全市行政权力依法规范公开运行工作进行现场督查。督查组先后召开会议10余次，约谈单位51个，督促补录办件600余件，处置报警件24个。

【开展专项巡察】　4月14日至5月15日，全市组织33个专项巡察组，对全市109个乡镇、街道开展“严肃换届纪律、查处损害群众利益不正之风和腐败问题，营造基层良好政治生态”专项巡察，发现问题520个，清查、清退违规资金409万元，立案调查38人，纪律处分14人，移送司法机关7人。

【省委巡视组向市委班子反馈巡视情况】　7月12日，省委第九巡视组组长兰崇平一行到自贡市向市委班子反馈巡视情况，市委书记李刚主持会议并作表态发言。市委、市人大、市政府、市政协领导班子成员出席会议，市法院院长、市检察院检察长、市纪委监察局领导班子成员、市委组织部领导班子成员及部分市党代表列席会议。

【全媒体直播《盐都问政》】 9月8日，由市纪委、市委宣传部、市监察局主办，自贡广播电视台承办的大型电视问政节目《盐都问政》，在全新改版后，首次通过电视、电台、手机客户端、网络等全媒体平台进行直播。节目采取现场问政互动的形式，由主持人、问政评论员、媒体观察员和被问政嘉宾共同完成，30名党代表、人大代表、政协委员、特邀监察员和群众代表组成评审团，由评审团对被问政官员的回答做满意度评判。市委书记李刚，市委副书记、市长刘永湘，市政协主席潘泽金和部分市委常委及市人大常委会领导参与现场听政，省纪委常委、省监察厅副厅长贾瑞云到现场指导。节目聚焦基层单位财务管理、农村土地增减挂钩、困难救济等7个备受群众关注的“苍蝇”式腐败问题，对6名县级干部、20名科级干部进行质询问政。

【市委巡察工作领导小组第一次会议】 会议于10月21日由市委书记李刚主持召开。会议听取审议首轮巡察情况和近期巡察工作重点，研究部署下一阶段全市巡察工作。李刚指出，巡察工作是当前和今后一个时期推进全面从严治党向基层延伸的抓手，必须高度重视、统筹谋划、精心组织、有力推进。市委常委、市纪委书记李清，市委常委、组织部部长李国贵等参加会议。

【十二届市纪委一次全会】 会议于11月13日召开。会议选举产生十二届市纪委常务委员会委员、书记、副书记。李清当选为中国共产党自贡市第十二届纪律检查委员会书记；倪勇、龚作真、张永红当选为中国共产党自贡市第十二届纪律检查委员会副书记；李清、倪勇、龚作真、张永红、阮佳望、曾德培、李雁梅、程世晋、明登勇9人当选为第十二届市纪委常委。会议由李清主持。会议应到市纪委委员29人，实到28人，符合规定人数。新当选的市纪委书记李清代表市纪委常委班子向全市党员和群众作承诺发言。

【市委巡察机构成立暨巡察工作动员部署会】 会议于12月28日召开。会议贯彻落实中央和省委关于建立市县党委巡察制度开展巡察工作的有关决策部署和指示精神，安排部署全市巡察工作。市委书记、市委巡察工作领导小组组长李刚出席会议，并为市委巡察工作领导小组办公室授牌。会上，李刚作强调讲话；市委常委、市纪委书记、市委巡察工作领导小组第一副组长李清通报全市巡察工作开展情况，安排部署全市巡察工作和十二届市委首轮巡察工作。市委常委、组织部部长、市委巡察工作领导小组副组长刘敏主持会议。会议宣布市编委《关于设置市委巡察机构工作有关事项的批复》。市委巡察干部代表在会上作表态发言。

【开展党风廉政建设“双责约谈”】 12月28日，市委书记李刚，市委常委、市纪委书记李清对自流井区委、区纪委，市交通局、市水务局、市卫计委等单位党组和纪检组进行党风廉政建设“双责约谈”，督促其落实管党治党政治责任。

【启动首轮巡察工作】 12月29日，全市启动十二届市委首轮巡察工作。市委四个巡察组分别进驻市委农工委、市教育局、市交通运输局、自贡汇东发展股份公司开展为期1个月的常规巡察。

作风建设

【“四风”治理】 2016年，巩固深化“9+2”突出问题专项治理成果，查处私设小金库、违规公款旅游等突出问题，开展三项整改“回头看”。坚持明察暗访常态化、专项督查全覆盖，针对重要节点，全市组织暗访组检查单位1707个次，发现问题314个，问责处理48人，纪律处分44人，通报曝光典型案例30件37人。撤销廉政账户5个，近4.5万名党员干部作出拒收不送红包礼金承诺，41人主动上交红包礼金17万余元。

【基层不正之风和腐败治理】 2016年，全市查处发生在群众身边的违纪案件516件，比2015年上升38.33%，对问题反映较多的区县、乡镇发函督办。健全党风廉政建设社会评价反馈问题边评边议边整改机制，督促整改突出问题1211个。创新“纪检+媒体+群众”监督模式，改版升级《盐都问政》，问政156个单位、106人，解决群众反映强烈的突出问题60个，问责12个单位、46人，立案处理5人。推行机关干部“差评”、村组干部“歇职”等制度，解决“为官不为”。自贡市村干部“歇职”管理的做法得到省委常委、省纪委书记王雁飞肯定性批示。

【营造干事创业环境】 2016年，制定《关于强化监督执纪问责营造良好发展环境的实施意见》《关于充分调动干部积极性激励改革创新干事创业的实施意见》，坚持“三宽容、七区分”，落实容错纠错机制，支持改革者、鼓励实干者、宽容失误者。

案件查办

【概况】 2016年，全市各级纪检监察机关共处置问题线索1695件，立案609件，处分559人，比2015年分别增长49.85%、36.2%、26.2%。其中，立案审查县处级干部28人、乡科级干部80人，公开曝光138起。市、区县纪委派驻纪检组立案59件，比2015年增长56.52%。乡镇纪委立案347件，比2015年增长39.9%，消除执纪审查“空白点”。把违反政治纪律作为执纪审查重点，立案审查18件。坚持惩处与保护并重，查处诬告陷害行为，为487名党员干部澄清是非。成建制参与省纪委4起重大腐败案件查办工作，挽回经济损失5000余万元。

【规范执纪审查】 2016年，健全反腐败协调小组工作职责及议事规则、案件协调暂行办法，强化统一指挥、协调督办。完善执纪审查工作考核办法，创新信访公开办理、申报领办等机制，健全问题线索台账管理、跟踪督查等制度。执行审查工作纪律和安全规定，实现执纪审查零违纪、零事故。推进市级新执纪审查场所和警示教育基地建设。

腐败预防

【践行“四种形态”】 2016年，制定《执纪审查适用“四种形态”疑难重大问题专业讨论工作规程》《关于对党员领导干部进行诫勉的工作规程》，坚持抓早抓小、综合施治。完善与组织部门、司法机关和执法单位案件通报、协商等机制。是年，全市谈话函询或要求在民主生活会上作说明1186人次，党纪轻处分或组织处理624人，党纪重处分或重大职务调整93人，开除党籍并移送司法机关11人，分别占“四种形态”的61.96%、32.60%、4.86%、0.58%。

【推进惩防衔接与一体联动】 2016年，运用“双一四四”工作模式，围绕脱贫攻坚、富民惠民等重点领域环节，立项治理突出问题64个，发出预防腐败建议书428份，督促落实整改措施400余项、建立完善制度357个；开展预警纠错1200余次。推进省、市预防腐败创新项目。

【完善权力运行监督制度】 2016年，针对重点领域、重点人群、关键环节，加强权力运行监督制约。推动健全党委（党组）工作规则、“三重一大”决策机制、议事决策指导规则，督促落实一把手“三个不直接分管”（党政正职不直接分管财务、干部人事、工程建设）规定和末位表态制度。推进纪委加强对同级党委及班子成员监督试点。

【开展廉洁教育】 2016年，推进思想理论、法纪、警示、先进典型“四项教育”，分层分级组织党员干部阅读《忏悔录》、旁听典型案件公开庭审、观看警示教育专题片、参观法纪教育基地和聆听身边勤廉故事，对149名新任和交流县级领导干部开展廉政谈话，举办廉政教育大讲堂180余场。推动廉政文化上舞台、进灯会、入漫画，增强吸引力、感染力。开展“传家风、立家规、树新风”系列活动，制作吴玉章家规家训专题片，弘扬优良家风。强化党风廉政建设宣传引导，中央、省级媒体共刊播全市稿件188篇次，其中中央级89篇次。

执法监察

【坚持联席会议制度】 2016年，召开行政权力（下文简称行权）管理部门联席会议12次，协调解决行权网上运行工作中的难点问题20余个。市监察局与市政府办公室等部门组织召开全市推进行权公开运行工作会，对行权监察平台工作进行部署。

【行权运行督查】 2016年，市监察局与市级有关部门组成专项督查组开展行权运行平台督查94次，发现和处理平台问题254个，点名通报行权单位36个，约谈行权单位主要负责人66人次，立案调查2人，处分1人。对行权事项不上网运行、监察点风险点设置不齐、预警报警次数较多和当月办件量为零的单位进行书面督查，函询行权单位102次，督促行权部门处理报警事项289个。

【行权运行通报与考核】 2016年，围绕行权平台运行，健全书面函询、提醒约谈和问责追责等机制。坚持每月与市政务服务中心联合印发《关于行政权力依法规范公开运行工作有关问题的通报》，对存在行权网上运行率低、行权网上办件量少等问题的区县和行权部门进行点名通报。出台《自贡市行政权力依法规范公开运行工作考核办法》《自贡市行政权力依法规范公开运行考核标准》，强化考核结果运用。

巡察工作

【推动巡视反馈问题整改】 2016年，配合省委第九巡视组巡视联络工作，市四大班子及成员主动接受巡视监督。制定巡视反馈问题整改方案，由市级领导班子成员牵头进行整改落实。省委巡视组转办件40件全部办结，立案处理县处级干部12人、乡科级及以下干部11人。

【开展巡察监督】 2016年，坚持先行先试，探索全市党风廉政建设巡察工作，对自流井区、市公交集团开展常规巡察，发现问题30个，移交问题线索7件；对109个乡镇（街道）开展专项巡察，发现问题520个，清查、清退违规资金409万元，立案调查38人，纪律处分14人，移送司法机关7人。

【推进市县党委巡察】 2016年，落实《四川省市（州）、县（市、区）党委巡察工作办法》，成立市委巡察办和4个巡察组，落实编制23个，配备巡察机构领导班子，充实巡察干部队伍。制定巡察工作五年规划和2017年度计划，建立市委巡察工作制度和运行机制。启动实施十二届市委首轮巡察，开展区县党委巡察工作试点。

（邓　毅）

民主党派·工商联

民革自贡市委

【概况】 2016年年末，民革自贡市委有基层组织23个（基层委员会2个，总支部3个，支部18个），有党员461人。党员中有省、市、区（县）人大代表、政协委员137人次，其中，人大代表39人次，政协委员98人次。在人大代表中，有省人大代表1人，市人大常委2人，区、县人大常委8人；在政协委员中，有省政协委员3人，市政协常委5人，区、县政协常委16人。

【“一先三优”表彰会】 5月19日，民革自贡市委在市教育局教师培训中心举行“一先三优”表彰大会。大会总结民革自贡市第七届委员会五年间开展的各项活动和各基层组织及党员取得的成绩。会议表彰5个先进支部、25名优秀党务工作者、26名优秀党员、32名优秀参政议政工作者。民革市委领导班子、委员、各基层组织负责人，自贡中山学校领导和受表彰的优秀个人共80余人参加会议。

【全委（扩大）会议】 6月24日，民革自贡市委在市委统战部七楼会议室召开七届十五次全委（扩大）会议，民革市委委员、各基层组织负责人参加会议。会议学习中共自贡市委书记李刚，市委副书记、市长刘永湘在全市县级主要领导干部读书班上的讲话；讨论通过《民革自贡市第七届委员会工作报告（征求意见稿）》《民革自贡市第八次党员大会选举办法（草案）》，第八届委员会委员候选人建议名单和主委、副主委、秘书长候选人建议名单，第八次党员代表大会代表名单（草案）和第八次党员代表大会日程（草案）。

【第八次党员代表大会】 7月6日至7日，民革自贡市第八次党员代表大会在中共自贡市委大礼堂举行。民革自贡市委21个基层组织的138名党员代表参加大会。会议审议民革自贡市第七届委员会工作报告，选举产生民革自贡市第八届委员会委员17人，审议并通过大会《决议》。在八届一次全会上，推选叶智英为民革自贡市第八届委员会主任委员，周朝喜、郭连、王瑛、胡立为副主任委员；任命缪建飞为秘书长。

【举办孙中山诞辰150周年系列纪念活动】 9月2日至6日，民革自贡市委举办2016年“观故居，走多党合作之路”基层组织负责人主题教育学习实践活动，到南京拜谒中山陵，组织参观王昆仑故居和上海宋庆龄故居，加强党史教育和爱国主义教育。10月27日，民革自贡市委会召开纪念孙中山先生诞辰150周年座谈会暨2016年度理论研讨会，会议表彰2016年度理论研讨优秀论文，其中，一等奖4篇、二等奖8篇、三等奖20篇、特别奖1篇，特别奖论文和一等奖论文的获奖作者作大会交流发言。11月12日，民革自贡市委联合中国邮政自贡分公司，在东方广场举行纪念孙中山先生诞辰150周年邮票首发仪式。市政协副主席、民革市委主委叶智英在仪式上致辞并与中国邮政集团公司自贡分公司总经理胡波共同为“孙中山诞辰150周年”纪念邮票揭幕。该纪念邮票一套4枚，内容分别是孙中山故居纪念馆、孙中山像、中山公园中山堂和中山纪念中学。举办纪念孙中山诞辰150周年美术作品展览，推荐4幅优秀书画作品参加民革中央举办的“天下为公——纪念孙中山诞辰150周年美术作品展览”，1幅作品入选民革中央展览。

【参政议政】 2月，在市政协十四届五次会议上，民革自贡市委提交集体提案6件、个人提案61件。在被列为重点提案的39件提案中，民革自贡市委提交10件。民革自贡市委提交的集体提案《关于新常态下深入实施我市项目推动工作的建议》《关于对我市精准扶贫工作的几点建议》和1名民革自贡市委党员的1件个人提案被列为市领导督办重点提案，占市领导督办案的1/4；民革自贡市委提交的2件集体提案《关于大力发展休闲农业经济的建议》和《关于修建川南旅游集散中心的建议》和3人4件个人提案被列为市级有关部门（单位）主要负责人领办重点提案，超该类重点提案的1/4。12月，在市政协十五届一次会议上，民革自贡市委提交集体提案4件、个人提案37件。其中，提交的集体提案《关于突出重点，集中力量，全力打造盐龙灯旅游城市名片的建议》被列为市政协一号提案；在市政协十五届一次全会上作《加快川南城际铁路建设，拉动我市经济第二增长极》的大会发言；在市委、市政府主要领导与委员代表座谈会上作《关于加强市级各民主党派和工商联建设的建议》的座谈发言。围绕市委、市政府重点工作，完成《关于自贡市农业供给侧结构性改革与质量安全的调研报告》《关于我市城际铁路建设的调研报告》。在市政协十四届五次全会、市政协十八次常委会上，民革自贡市委分别作《关于加强我市律师队伍建设的建议意见》《关于自贡市农业供给侧结构性改革与农产品质量安全的建议》的交流发言。协助民革省委开展川南城市群城际铁路自贡段建设规划及推进城际铁路项目有关情况的调研，形成《加快川南城际铁路建设　拉动我市经济第二增长极》的调研报告。是年，参加《中共自贡市委第十二次党代会工作报告》《政府工作报告》、自贡市重要人事协商会、自贡市社会养老情况通报会、《自贡市十三五规划纲要》等各种协商会、通报会25人次，提出意见、建议40余条。全年有9名民革党员被聘为各级各类特约员、监督员，分别参加民主监督、正风肃纪等工作，提出意见、建议50余条。

【宣传工作】 2016年，民革自贡市委向民革中央、民革省委、市政协、市委统战部等报送信息300余条，其中，《团结报》采用2条，团结网采用4条，民革中央网站采用23条，《四川政协报》采用4条，四川政协网采用46条，《自贡日报》采用6条，自贡电视台采用5条，民革省委和市委统战部采纳100余条。报送社情民意16条，其中，《关于推行疫苗加贴温控标签制度的建议》被民革中央采纳。全年出版《自贡民革》4期。

【社会服务】 2016年，民革自贡市委和各基层组织，开展义诊、咨询活动，坚持送文化、科技、卫生“三下乡”等社会服务活动。“自贡同心·专家志愿者服务团”社会法律分团开展法律进社区、进乡镇、进课堂活动；民革自贡市委富顺县总支连续21年开展春节前“三下乡”活动，活动基本覆盖全县所有乡镇；民革自贡市委贡井区总支连续10余年帮扶长土镇敬老院并慰问老人等。全年累计开展义诊、咨询服务2200人次，发放资料3600余份，捐赠年画1000余幅、春联600余幅。民革自贡市委、大安区总支在世界读书日和重阳节联合开展送图书、体育健身器材到社会福利机构的活动；富顺县基层委员会、大安区总支、机关支部等基层支部组织党员看望慰问抗战远征军老兵。富顺县基层委员会、荣县总支、贡井区总支、法制支部、四川卫生康复职业学院支部等基层支部，开展脱贫攻坚和扶贫助困工作。是年，2名民革党员获市十大扶贫之星称号，3家民革党员企业获市十大扶贫企业称号。全年累计帮扶脱贫攻坚困难群众240余人，资助金额50万余元。

【办学成果】 2016年，民革自贡市委坚持党派办学理念，开办有26个大专、本科班，在校学生567人，其中，专科340人，本科227人；2个成人高考补习班，在校生124人；开办各类短期培训班（包括小学升初中入学考前集训班、小学升初中、初中升高中衔接班等）9个，共446人；为困难学生提供助学金6579元，免除学杂费7650元。

【组织建设】 2016年，根据新修订的《民革章程》，民革自贡市委成立自流井区基层委员会、富顺县基层委员会、贡井区总支委员会一、二支部，民革自贡市委大安区总支委员会暨下属一、二支部召开换届大会。全年新发展党员26人，其中，女性13人，硕士研究生2人，本科19人。举办第十六期新党员培训会。全年选送 30 余名党员参加在北京大学、清华大学、复旦大学、中央社会主义学院、国家行政学院、省社会主义学院、民革省委等的培训学习。是年，民革党员中新提拔任正县级职务 1 人、副县级职务 3 人、科级职务 2 人。

【年度荣誉】 2016 年，在市政协十四届四次会议优秀提案、提案工作单位及先进个人表彰中，民革自贡市委 1 件集体提案《用法治思维和法治方式推动法治政府建设》、7 名党员的 7 件个人提案被评为优秀提案，约占全部优秀提案的 15%；民革自贡市委被评为提案工作先进单位；5 名党员被评为提案工作先进个人，占全部先进个人的 1/6。驻会副主委王瑛获“民革全国机关工作先进个人”称号。党员李爽乐获全国三八红旗手和首届“健康四川——大美医者”称号；党员王生力获自贡市对口支援荥经县灾后恢复重建先进个人称号；党员李成被四川省教育体制改革领导小组办公室确定为四川省教育综合改革评估专家；党员缪建飞的书法作品入展由民革中央、中央文史研究馆、中国美术家协会主办的“天下为公——纪念孙中山先生诞辰 150 周年美术作品展览”，获四川省硬笔书法家协会年度硬笔书法创作成就奖；党员杨楠主持的《三镜联合同期微创治疗胆囊结石合并胆总管结石的临床应用研究》科研项目获 2016 年自贡市重点科技项目。

（徐 昇）

民盟自贡市委

【概况】 2016 年，全市共发展新盟员 39 人，发展率 5.9%。截至 2016 年年底，全市共有盟员 697 人，平均年龄 54.8 岁；具有高级职称的盟员 319 人，占 45.8%，中上层人士 686 人，占 98.4%；自贡民盟下属 32 个基层组织，其中，1 个基层委员会、5 个总支委员会、26 个支部委员会；盟员中有 1 名全国人大代表，1 名省人大代表，16 名市人大代表，1 名省政协委员，24 名市政协委员；自贡民盟担任县处级领导职务的盟员 17 人，担任科级领导职务的 39 人。

【第十五次代表大会】 7 月 7 日至 8 日，中国民主同盟自贡市第十五次代表大会在市委礼堂召开。民盟自贡市委主委石岷嘉主持大会，民盟自贡市委副主委张力致开幕词，市政协副主席、农工党自贡市委主委徐武斌代表市级各民主党派、工商联致贺词。民盟自贡市委第十三届委员会主委石岷嘉作题为《集智聚力，有思有行，为推动振兴发展、决胜全面小康而努力奋斗》的工作报告。会议选举丁杰、王武、石岷嘉、冯弟权、伍恒峰、刘尧洪、李茂梅、吴平、何德华、汪晓东、张进、陈明尧、林平、罗林、罗昕、钟丽、卿安元、黄昌林、曹泽均、黎晓莉、潘明 21 人为民盟自贡市第十四届委员会委员。民盟自贡市委副主委何德华主持闭幕大会。会议通过《民盟自贡市第十五次代表大会决议》，新当选的民盟自贡市委主委石岷嘉致闭幕词。

【第十三届八次全委（扩大）会议】 2 月 1 日，民盟自贡市委召开十三届八次全委（扩大）会议。会议对市管干部及民盟市委领导班子进行测评，组织学习中共十八届五中全会精神，听取题为《主动适应新常态　奋力前行促发展》的工作报告，通报《民盟自贡市委各基层组织、专委会 2015 年目标任务完成情况》，表彰 2015 年度社会服务工作先进集体。

【第十三届十次全委会议】 6 月 12 日，民盟自贡市委召开十三届十次全委会议。会议由民盟自贡市委主委石岷嘉主持。会议讨论通过《民盟自贡市第十四届委员会委员候选人名单》，讨论通过《民盟自贡市第十三届委员会工作报告（征求意见稿）》，讨论通过《中国民主同盟自贡市第十五次代表大会议程（草案）》，学习中共自贡市委书记李刚在全市县级主要领导干部读书班上的讲话精神。

【第十四届一次全委会议】 7 月 8 日，民盟自贡市委召开第十四届委员会第一次全委会议。会议选举石岷嘉为民盟自贡市第十四届委员会主任委员，选举何德华、丁杰、钟丽、曹泽均为副主任委员，任命罗昕为秘书长。

【第十四届二次主委会议】 8 月 29 日，民盟自贡市委召开十四届二次主委会议。会议学习习总书记“七一”讲话精神；讨论民盟自贡市第十四届委员会专委会设置及人员构成；讨论决定各专委会组成人员名单；对民盟自贡市第十四届委员会领导班子、秘书长的工作进行分工；对民盟市委机关联络员作新的分工安排；讨论决定《自贡民盟70年》更名为《自贡民盟志（1945—2015）》；听取“一号提案”《关于自贡市大力发展智慧交通的建议》办理情况以及后续跟进情况汇报；审批新盟员。

【第十四届三次主委会议】 10月21日，民盟自贡市委召开十四届三次主委会议。会议学习中共中央总书记习近平关于扶贫的重要讲话精神；讨论决定自贡民盟新一届市政协委员候选人建议人选；讨论决定民盟市委在市政协第十五届委员会第一次全体会议上的大会发言稿；讨论决定民盟市委在市政协第十五届委员会第一次全体会议提交的集体提案。

【第十四届四次主委会议】 12月9日，民盟自贡市委召开十四届四次主委会议。会议集中学习中共十八届六中全会、民盟十一届五中全会、市第十二次党代会精神；会议研究召开自贡民盟组织工作会议的具体事项；会议讨论确定民盟自贡市十四届二次全委（扩大）会议召开的时间、地点、会议内容及各项议程；会议讨论通过徐茂怡等23人加入中国民主同盟；会议听取《自贡民盟志》编写进度的汇报。

【参加自贡统一战线第三届文化艺术节】 9月29日，民盟自贡市委参加“中国梦·盐都情”自贡统一战线第三届文化艺术节“不忘初心、跟党前行”演讲比赛，自贡蜀光支部副主委曾晴婕、四川理工学院委员会周白玉获一等奖，沿滩区支部蒲翠联获二等奖，江姐中学支部陈其惠获三等奖。“我为推动振兴发展献良策”征文活动中，民盟市委报送征文16篇，其中，3篇获一等奖，3篇获二等奖，2篇获三等奖。

【参加2016四川民盟教育论坛】 10月25日，民盟自贡市委参加2016四川民盟教育论坛。论坛上，民盟自贡市委推荐的3篇论文获二等奖，1篇获三等奖，3篇获优秀奖。

【宣传工作】 2016年，民盟自贡市委向各级报送宣传信息、盟员风采50余条（篇），民盟四川省委网站采用12条（篇），《四川民盟》采用8条（篇），《自贡统一战线》采用32条（篇），市政协网站采用30条（篇），《自贡政协》采用12条（篇）。民盟自贡市委获民盟中央颁发的《群言》杂志优秀发行奖。民盟自贡市委创建“盐都盟声”公众微信号。12月20日召开的四川民盟思想宣传工作会上，张进、张伟平获四川民盟2016年度思想宣传工作先进个人。

【组织建设】 1月22日，民盟自流井区总支在自流井区会议中心召开换届大会。会议听取和审议《凝心聚力抓建设　同向同行促发展　为实现中华民族伟大复兴的中国梦而努力奋斗》工作报告；选举石磊、冯弟权、刘世坤、杨祚彬、张志强、张德荣、郑常翎、钟丽、曹泽均、缪永忠、黎晓莉组成民盟自流井区总支第六届委员会，曹泽均任主任委员，冯弟权、黎晓莉、缪永忠、刘世坤任副主任委员。12月28日，在民盟四川省十一届七次全委（扩大）会议上，民盟自贡市委被民盟四川省委表彰为“组织建设工作先进集体”“盟务工作先进集体”。

【参政议政】 2016年，民盟自贡市委完成中共自贡市委下达的调研课题《关于我市生物医药产业发展的调研报告》，完成民盟省委下达的调研课题《关于高校科技成果转化的调研报告》。各基层组织及专委会完成《大安区妇女信访维权调研报告》《关于学校绩效管理的调研报告》《关于事业保险参保缴费情况的调研报告》等调研报告19篇。9月14日，民盟自贡市委到荣县铁厂镇山王村和绿茗春公司开展精准扶贫调研，形成《产业融合发展助推精准扶贫——荣县铁厂镇山王村脱贫攻坚探索实践调研报告》。是年，民盟自贡市委被民盟省委表彰为“2016年度调查研究先进集体”、被市政协表彰为“2015年度优秀调研视察报告三等奖”。在市政协十四届五次全会上，民盟市委提交《关于自贡大力发展“智慧交通”的建议》《关于贯彻绿色发展理念，大力整治自贡雾霾的建议》《关于我市古盐道保护开发的建议》《关于我市职业教育技能培训与产业发展的建议》《关于优化城市功能布局建设畅通自贡的建议》5件集体提案，担任政协委员的盟员提交个人及联名提案31件。其中，集体提案《关于自贡大力发展“智慧交通”的建议》被市政协列为“一号提案”，《关于优化城市功能布局建设畅通自贡的建议》被列为重点督办提案。在市政协十五届一次全会上，民盟市委提交《关于推动我市生物医药产业发展的建议》《关于推动高校科技成果转化的建议》《关于落实“全面二孩”政策大力发展学前教育的建议》《关于开展清理废旧枯井消除安全隐患的建议》《关于我市公共交通事业发展的建议》5件集体提案，担任市人大代表的盟员提交意见建议17件，担任市政协委员的盟员提交个人及联名提案35件。全年收到各基层组织及专委会的社情民意信息182条，其中，《通过限制三级医院本部扩张等方式解决医疗资源配置不均衡问题》《新农合资金安全问题应引起高度重视》《关于规范农村客运运输市场的建议》《建议及时防范一二线城市房价继续跳涨》4条社情民意信息被省政协及省委统战部采用；《建议多举措化解当前实体经济面临的困难和问题》《关于推进脱贫攻坚工作的几点建议》《国庆期间各级政府要做好重点景区安防工作》《对习总书记在“科技三会”上讲话的反映》等12条社情民意信息被民盟省委采用；《关于规范我市公交站名的建议》《关于尽早启动建设自贡市人民政府英文官网的建议》被市政协采用，呈报给市领导批示。《以区域影像协同服务为抓手，积极推进我省分级医疗的建议》作为民盟省委集体提案提交省政协大会。黎明被民盟四川省委表彰为“2016年度反映社情民意信息先进个人”。担任省、市、区三级各类特邀监察员、监督员、检察员、人民陪审员的盟员22人，累计参加各类监督活动40余人次。

【社会服务】 5月21日，民盟自贡市委在荣县留佳镇开展送医下乡义诊活动，为200余名留佳镇居民进行白内障、糖尿病、高血压、心脏病、牙病等多种疾病筛查，发放96册、价值3000多元的《新农村卫生健康手册》。10月25日，文艺支部盟员到“盟沿合作”的沿滩区刘山乡立志村进行文化扶贫。民盟市委主委石岷嘉等多次到自流井区舒坪镇狮湾村蹲点督导脱贫攻坚工作，为3户贫困户落实帮扶养猪养鸡增收事宜，落实将原有村级道路拓宽至4.5米，对路面进行硬化。

【“盟沿合作”】 1月29日，民盟市委主委石岷嘉率民盟市委23个基层支部负责人到“盟沿合作”的沿滩区九洪乡，对民盟市委各基层支部结对帮扶的23户困难群众进行慰问。11月25日，到沿滩区联络镇调研并慰问贫困户，为联络镇高滩村和胡桥村10户贫困户送去价值近3000元的物品。12月26日，主委石岷嘉一行到沿滩区兴隆镇光辉村调研新一轮“盟沿合作”定点帮村工作规划，开启新一轮“盟沿合作”。全年为沿滩区九洪乡石塔山村修公路争取专项资金50万元，完善文体广场、村阵地建设，改善石塔山村发展环境。

【“黄丝带”帮教行动】 6月24日，民盟自贡市委同市禁毒委、市文广新局、市公安局在市公安局监管中心强制隔离戒毒所举办“青春无毒·中国梦‘6·26’国际禁毒日文艺展演”活动。市强制隔离戒毒所260余名戒毒人员及家属100余人观看演出。市歌舞曲艺演艺有限责任公司、市杂技团演艺有限责任公司的艺术家与戒毒人员同台表演独唱、歌舞、小品、杂技、诗朗诵、合唱等节目。

（黎　明）

民建自贡市委

【概况】 截至2016年年底，民建自贡市委辖1个基层委员会，4个总支，17个支部。全年发展会员35人，发展率5.58%，净增率4.47%。平均年龄42岁，其中女会员14人，中高级职称9人，大专及以上文化30人，经济界人士34人。全市民建会员中有市人大代表20人、市政协委员35人；区县人大代表22人、区县政协委员92人；新进入市级部门领导班子1人，新进入区县领导班子2人。年末全市会员总数655人，其中，经济界会员占91%，担任各级经济实体业主、高管人员115人。

【参政议政】 2016年，以全市招商引资工作为重点开展调研，向市委、市政府提交《关于提升我市招商引资质量与有效性的调研报告》。在2月召开的市政协十四届五次全会和12月召开的市政协十五届一次全会上，提交集体提案7件，分别作题为《关于进一步加快建设航空产业园的建议》《关于提升我市招商引资质量与有效性的建议》的大会发言。在年度内的市委常委会和专题资政会上，作《完善县域金融体系　进一步支撑我市县域发展》等2次会议发言。在市“两会”上，民建自贡市委中的政协委员和人大代表提交提案及建议意见102件，其中，市政协会上个人及联名提案82件。2件集体提案和5件个人提案被列为市政协十四届五次全会市领导和专委会督办的重点提案。

《“五年规划”重编制更要重实施》《地方工业信贷持续负增长需高度重视》等2篇社情民意被民建中央采用；《扶贫攻坚应重视并引导社会组织参与》《3D打印技术普及应用的三大风险》等2篇社情民意被民建省委采用。

【理论研究】 2016年，组织撰写理论文章10余篇，完成民建省委下达的年度理论研究课题《加强制度能力建设，有效提升政党协商水平》。理论文章《加强法律监督，全面推进依法治国——对人民检察院工作的几点建议》入选民建省委成果集。收集整理民建市委参政议政工作及理论研究成果，印制《民建自贡市委参政议政及理论研究成果汇编》。

【民建市委第十二次代表大会】 会议于7月9日至10日在市委大礼堂召开，180名市民建代表参加大会。省政协副主席、民建省委主委陈文华，市政协主席潘泽金，中共自贡市委副书记谭豹，市人大常委会副主任王建威，副市长马宏等到会祝贺。民建自贡市第十一届委员会主委牟玉昆作《凝聚共识 汇聚力量 为推动振兴发展、决胜全面小康做出新贡献》报告。陈文华代表民建省委致贺词。谭豹代表中共自贡市委致贺词，民建省委副主委、民建成都市委主委仰协代表省内各地市州组织致贺词，市九三学社主委罗毅平代表各民主党派市委、市工商联致贺词。民建省委副主委郝士权，市政协副主席刘俊熙，市政协副主席、中共自贡市委统战部部长肖光俊及市级各民主党派、工商联负责人，省内11个市州民建组织、市内相关单位和部门、各区县党委及统战部负责人出席会议。会议选举产生民建自贡市第十二届委员会，王孝谦任主委，宋元刚、钟永平、张碧辉、杨荣春任副主委，决定黄慧为秘书长。选举市委委员19人（暂缺1人）。

【民建自贡市委成立60周年纪念大会】 会议于7月9日在市委大礼堂召开。省政协副主席、民建省委主委陈文华，市政协主席潘泽金，中共自贡市委副书记谭豹，市人大常委会副主任王建威，副市长马宏等到会祝贺。民建自贡市第十一届委员会主委牟玉昆作《回顾光辉历程 继承优良传统 为决胜全面小康建设经济强市做出新的贡献》主题讲话。会议对民建自贡市委自流井区三支部等5个先进基层组织和彭吉泽等60名优秀民建会员进行表彰。民建省委副主委郝士权，市政协副主席刘俊熙，市政协副主席、中共自贡市委统战部部长肖光俊，市级各民主党派、工商联负责人，省内11个市州民建组织、市内相关单位和部门、各区县党委及统战部负责人出席会议。

【会员培训】 2016年，先后选派55名民建市委班子成员、全市民建基层负责人及骨干成员参加民建中央、民建省委和省委统战部、市委组织部等组织的调训班、研修班和基层支部主任培训班的学习。联合市内其他民主党派与市委统战部共同举办2016年自贡市党外中青年干部培训班，选派10名骨干会员参加学习。首次在市社会主义学院举办1期新会员培训班，对68名新会员进行集中培训。

【基层组织换届】 1月8日，民建富顺总支换届产生第二届总支委员会，张灿任总支部主委，邓超、王玉兰、徐艳任总支部副主委。

【精准扶贫】 2016年，落实扶贫资金300万余元，制定帮扶村建档立卡贫困户的脱贫计划。联合市相关部门举办“精准扶贫——红花郎在行动”义卖公益活动，募集精准扶贫资金40万元。各区县民建基层组织及自贡华燃公司等25户民建会员企业，通过产业帮扶、就业帮扶、捐赠帮扶、智力帮扶等形式，投入资金231.49万元，帮扶贫困村12个，贫困户283户，贫困人口1565人。四川绿茗春茶叶公司投入165万元，帮扶荣县铁厂镇山王村、黑观音村的56户贫困户，发展生态茶园15.4公顷；四川升拓检测公司、自贡帅旗房地产公司等14户企业捐助扶残敬老、公益事业等投入22万元，帮扶五保户、困难群体1015人。

【开展社会公益活动】 2016年，向122名贫困大学新生提供助学金29万元。组织企业家俱乐部对全市特殊教育学校开展捐赠，看望慰问残疾儿童123人，赠送价值1万多元的乒乓球台、液晶电视、全自动洗衣机等文体用品和生活用品。深化“建安合作”“建自合作”，争取民建省委和思源工程基金会支持，落实第二轮水利设施建设定点帮扶资金65万元，帮助盐井村新建2公里排灌渠道，解决当地旱片死角农业用水困难。

【服务会员企业发展】 2016年，组织会员企业与乐山商行自贡分行、沿滩区信用联社、大安区信用联社等5家金融机构衔接沟通，促成32户企业授信贷款、融资担保3.98亿元，比2015年增加1810万元。组织会员企业家赴郎酒集团参观考察，为会员企业久诚商贸公司与郎酒集团友好合作搭建平台。调研富顺片区韦业集团、沿滩工业集中区民建企业产业园蜀都锻业制造公司等9户会员企业，协调解决企业发展中的突出难题7件（次），为企业建言献策12条（次）。全年先后3次组织企业高管31人（次）参加市工商联举办的“法律面对面——危机中的财富安全”“互联网+”主题讲座和民建省委举办的“人民币汇率制度改革与国际化研究”主题报告会。

【对外交流】 2016年，参加民建内江市委承办的川西南民建组织片区会议。与民建内蒙古乌海市委、民建遵义市委、民建雅安市委、民建绵阳市委、民建宜宾市委等省内外民建组织开展工作交流活动。

【获奖情况】 2016年，民建市委被民建中央表彰为全国社会服务工作先进集体。在民建四川省委各项评比中，民建自贡市委的会务工作和组织工作、宣传工作、参政议政工作、社会服务工作、机关工作等1个综合、5个单项均获先进，对外宣传工作和反映社情民意工作获二等奖。会员宋元刚被民建中央评为全国社会服务工作先进个人；荣县总支部被民建省委评为全省社会服务先进集体，3名会员被评为全省社会服务先进个人；1名会员被民建省委评为反映社情民意工作先进个人。1件集体提案和10件个人（含联名）提案被表彰为市政协十四届四次全会优秀提案，5名会员被表彰为提案工作先进个人。2名会员分别被市政协评选为2015年度新闻宣传工作优秀通讯员、新闻宣传工作先进个人。2名会员分别被市政协评选为2015年度反映社情民意信息工作先进个人、优秀通讯员。在市委统战部第三届艺术节的征文、演讲比赛活动中，10名会员分获征文比赛二、三等奖和优秀奖；2名会员分别代表民建市委和东锅公司获朗诵比赛二、三等奖。

（古若愚）

农工民主党自贡市委

【概况】 截至2016年年底，农工民主党自贡市委辖县级委员会1个，基层组织24个（2个基层委员会、1个总支委员会和21个支部）。年末全市有农工民主党党员523人，其中，博士4人、硕士12人，大学276人，正高级职称31人、副高级职称202人、中级职称216人，医卫界272人、人资环界62人、教育界75人、科技界63人，平均年龄55岁。有省、市、县人大代表、政协委员118人次，担任市级特邀检察员、监察员、审计员、教育督导员和行风监督员10人。

【思想建设】 2016年，组织开展中共十八大和十八届三中、四中、五中、六中全会精神、全国“两会”精神，习近平总书记系列重要讲话精神，中央统战工作会议精神，《中国共产党统一战线工作条例（试行）》《关于加强政党协商的实施意见》等专题学习。承办农工民主党中央“走进基层、贴近党员，培育和践行社会主义核心价值观”百场主题宣讲活动，组织机关全体干部和基层组织领导班子成员到成都、泸州参加宣讲活动；举办市委委员、基层组织领导班子成员等骨干党员培训班。在全市农工党员中开展农工民主党中央网站《文化广场》栏目征稿活动，农工民主党四川省委成立60周年系列纪念活动，自贡市统一战线第三届文化艺术节活动；被省级以上媒体采用稿件151篇次。在全市统战工作“五大行动”（“凝心聚力”行动、“助推发展”行动、“促进和谐”行动、“区域协作”行动、“强基固本”行动）活动中，农工民主党自贡市委的《凝聚思想共识　坚持传薪续火　投身统一战线凝心聚力行动》被评为凝心聚力行动先进典型。提交《加强协商制度建设，全面推进民主党派协商民主实践》《完善平台　突出界别　推进民主党派履行参政党职能》等理论调研成果4篇。推荐优秀理论文章参加四川社科联成果申报。在市政协第三次理论研讨会论文征集活动中，《加强协商制度建设　全面推进民主党派协商民主实践》获二等奖，该文被农工民主党中央评为2016年理论研究优秀论文三等奖，并在《前进论坛》2016年第6期刊发。

【参政议政】 2016年，农工民主党自贡市委提交的社情民意信息《建议高度重视自贡市民外购车辆情况》《加强脱贫工作与低保工作的衔接　确保政策兜底推进》被市政协采用，《关于调整城镇职工基本医疗保险起付线标准的建议意见》《加强脱贫工作与低保工作的衔接　确保政策兜底推进》被市政协转报省政协，《关于在精准扶贫工作中实现"户户有安全饮用水"的建议》被农工民主党四川省委采用。在省"两会"上，农工民主党自贡市委2名省政协委员和1名省人大代表提交个人提案6件、建议10件。在市政协十四届五次全会上，农工民主党自贡市委作《促进环境服务业发展》的大会发言，党员黄琳明作《防治慢病倡导健康生活》的大会发言，提交《全力推进城市公立医院改革　服务我市经济社会发展》等集体提案4件、委员个人或联名提案30件；在市十六届人大七次全会上提交建议12件；农工民主党自贡市委集体提案《关于全力推进城市公立医院改革　服务我市经济社会发展的建议》被确定为市卫生计生委领办的重要提案；个人提案《关于拓宽乡村公路满足农村运输需要的建议》《关于充分发挥地下通道作用，保障行人安全的建议》，联名提案《关于加强公厕规划管理　提升城市品位的建议》被确定为市政协专门委员会督办重要提案。在市政协十五届一次会议和市十七届人大一次会议上，向市政协全会提交集体提案9件、个人提案27件，向市人大全会提交建议17件；作《关于加强计划生育特殊家庭帮扶的建议》的大会发言，"农工党·九三学社"界别就市政府工作、市法院和市检察院工作提出建议40余条，在市政协全会小组讨论会上提出意见建议29条次，在市人大全会小组讨论会上提出意见建议15条次。围绕农工民主党中央重点课题和自贡产业发展、县域经济发展、项目建设等重大问题开展调研，参与农工民主党中央健康扶贫调研、新媒体调查、重特大疾病医疗救助政策实施情况调查活动，在农工民主党四川省委组织的重点调研中，农工民主党自贡市委提交4篇调研报告。开展土壤污染防治、计划生育特殊家庭帮扶、基层环保基础设施建设、《中华人民共和国大气污染防治法》贯彻、社会养老服务业发展等调研，完成调研报告8篇。农工民主党自贡市委领导班子参加中共自贡市委2016年工作要点、反腐败、社会养老工作、政府工作报告和中共自贡市第十二次党代会工作报告等征求意见会、情况通报会6次，参加城镇职工医保起付线调整听证会、"盐都问政"等3次，提出建议、意见40余条。

【组织建设】　2016年，制定农工民主党自贡市委第八届委员会主委、副主委、秘书长工作分工和联系基层组织制度；完善专委会工作机制；建立农工民主党自贡市委医药卫生、人口资源、科技经济、教育文化、社会服务、老龄三胞妇女6个专门委员会，明确各专委会职能职责，以市委委员、基层组织骨干党员为主体配备人员。推荐使用6名县级领导干部、3名正科级领导干部、7名副科级领导干部。推荐安排市、区县人大代表、政协委员118人次，农工民主党自贡市委主委当选市政协副主席，7名党员当选市政协常委，2名党员当选市人大常委会委员，1名党员被任命为市政协专委会副主任。指导全市各级农工民主党组织开展"两学一做""三严三实"等学习活动；推荐23人次参加省级以上培训，21人参加市级培训；开展3次骨干党员培训、1次新党员培训。出台《农工党自贡市委基层组织考核办法（试行)》，对基层组织思想建设、组织建设、参政议政、社会服务等进行规范和指导。

【市农工民主党第八次代表大会】　7月10日至11日，中国农工民主党四川省自贡市第八次代表大会在市委大礼堂召开。省政协副主席、农工民主党四川省委主委王正荣，市政协主席潘泽金，中共自贡市委副书记谭豹，市人大常委会副主任胡开洪，副市长唐杰，市政协副主席、市委统战部部长肖光俊，市政协副主席常玉华，农工民主党四川省委驻会副主委张庆文等到会指导。146名党员代表出席大会。大会选举产生农工民主党自贡市第八届委员会19名委员。在农工党自贡市第八届一次全委会上，选举徐武斌为主任委员，邓昭红、张新高、李世超、李秀英为副主任委员；任命龚贵明为秘书长。会上，编印发行《弘扬优良传统、建设幸福自贡——农工党自贡市第七届委员会工作回眸》《农工党自贡市第八次代表大会专辑》。

【社会服务】　2016年，农工民主党自贡市委与市防震减灾局、农工民主党大安区总支开展"医疗暨安全扶贫下乡活动""中国环境与健康宣传周""国际科学与和平周"等义诊活动4次，各基层组织分别开展各类健康教育知识讲座、应急培训50余次，到基层开展医疗卫生服务67次，受益1万余人，发放宣传资料8万余份。农工民主党党员在贡井区龙潭镇、沿滩区仙市镇等开展西瓜、蔬菜的嫁接栽培技术推广及水肥一体化技术示范，面积1330余公顷；在沿滩区九洪乡九洪村开展秋季脱毒马铃薯新品种示范约14公顷；帮助四川贡山贡水桑葚制品有限责任公司解决产品品质提升、杀菌工艺等难题；参加市人大组织的信访案件处理，帮助参与“非法集资”的百姓开展维权法律服务活动，为自流井区火车站拆迁、老街拆迁、光大街光凤片区拆迁等提供法律服务。组织农工民主党党员对因交通事故受伤致残的聋哑人陈学英捐助3000元；组织农工民主党党员为刘宁静不幸患上白血病的孩子捐资8200元。

【精准扶贫】 2016年，市农工民主党定点帮扶大安区庙坝镇九房村，开展“三联三服务”［市级领导、市级部门（单位）联系区县、联系乡镇街道、联系村（社区）和服务发展、服务基层、服务群众工作］活动，落实5万元村卫生室建设资金和30万元交通建设资金；为困难群众送去价值1500元的生活物资及慰问金；与市防震减灾局开展医疗暨安全扶贫下乡活动，开展健康扶贫工作调研，提出贫困户因病致贫具体帮扶方案；到16户贫困户家中实地察看群众身体健康、生产生活情况，到九房村藤椒种植基地、党员养羊示范户、规模养鸡贫困户等了解产业发展情况，并召开精准扶贫工作推进座谈会。在“百名民主党派成员帮扶百名困难群众”活动中，为贫困户送去3000余元扶贫物资，为学校、敬老院送去价值5000余元文具和生活用品。农工民主党沿滩区支部安排1.15万元资金用于贫困村建档立卡和生产发展，贡井区基层委向莲花镇花马石村11户贫困户送去8800元生活、生产物资，协调16.5万元资金帮助沿滩区九洪乡白罗村开展脱毒马铃薯新品种示范和贫困户整修鱼塘和龙虾养殖田等产业项目，组织市农工民主党党员捐资5000元用于沿滩区黄市镇水井沟村贫困户的生产发展，农工民主党大安区总支为5名贫困户发放区域内就医再补偿金额2649元。

【获奖情况】 2016年，在农工民主党四川省委举行的全省市级组织年度考评工作中，农工民主党自贡市委获评“2016年度综合先进集体”和2016年度参政议政、组织管理、思想建设、社会宣传、机关建设工作5项单项先进集体。在全市统一战线“我为推动振兴发展献良策”征文活动中，市农工民主党选送文章中2篇获二等奖、7篇获三等奖、13篇获优秀奖，1名农工民主党党员在“不忘初心、跟党前行”演讲比赛中获二等奖。在2015年度全市政协反映社情民意信息工作评比中，农工民主党自贡市委被评为先进集体，2人被评为先进个人，1人被评为优秀信息员。在2015年度全市政协新闻宣传工作评比中，3人被评为优秀通讯员。

（张智敏）

九三学社自贡市委

【概况】 2016年，九三学社自贡市委发展新社员23人，其中硕博士6人。截至是年年底，全市有社员481人，其中具有中高级职称448人，占93%。主委陈张铭当选为自贡市第十七届人民政府副市长，2名社员提拔为副县级干部，3名青年社员作为民主党派后备干部安排到乡镇任职。全市社员中担任市人大代表的7人，其中常委1人；担任市政协委员的21人，其中常委6人；担任区县人大代表的14人，其中常委3人；担任区县政协委员的34人，其中常委10人。

【第八届社员代表大会】 7月12日至13日，召开九三学社自贡市第八届社员代表大会，选举产生九三学社自贡市第八届委员会和领导班子，由任晓宁等17人组成第八届委员会，选举陈张铭为主任委员，罗天蔚、肖堃、梅珍旗、彭龑为副主任委员，任命张微为秘书长。

【参政议政】 2016年，在市人大十六届七次、十七届一次会议和市政协十四届五次、十五届一次会议上，全市九三社员提建议12件、提案79件。其中，集体提案8件，个人和联名提案71件；被列入市领导督办重要提案3件，市级有关部门（单位）主要负责人领办重要提案3件，市政协专门委员会督办重要提案2件。20名社员被聘为特约检察员、监察员、审计员、教育督导员等社会监督员，1名社员被聘为“盐都问政”节目问政评论员。全年报送社情民意12条，市政协采纳2条，省政协采纳1条。

【统战理论研究】 2016年，5名社员获全市政协宣传信息暨人民政协理论工作表彰。4名社员的理论研讨论文被收录在《自贡市人民政协理论与实践研究会》（2015年度）中，占论文总数的20%。2篇论文入选第二次全国青年论坛论文集。《规范新媒体管理　建设意识形态认同话语体系》选录省委统战部内参，发表在《四川统一战线》。在自贡市统一战线第三届文化艺术节上，全市社员提交征文26篇，获奖7篇。

【专题调研】 2016年，社市委形成《加快生物医药产业培育　催生自贡经济发展新动能》《提升公共服务质效　增进人民群众福祉》《以中国灯城建设为目标　加快全面决胜小康步伐》等40多篇调研报告和理论研究文章。完成社省委下达的《农村社区治理与服务业发展》课题调研。

【“九三人”微信公众号开通】 2016年，率先在全市民主党派中开通微信公众平台——“九三人”公众号，报道九三学社相关新闻、社市委和各基层组织最新动态，宣传先进典型。

【精准扶贫】 2016年，社市委把贡井区牛尾乡骑龙村，沿滩区刘山乡云丰村、利民村、回龙村、宏光村，富顺县富和乡吴山村，荣县鼎新镇红胜村等贫困户作为重点帮扶对象。为吴山村争取到80万元资金加厚村道1公里、硬化便民路2.8公里、新修便民路1.5公里，帮助3户贫困户完成危房改造。为沿滩区刘山乡50余户贫困户提供就业机会，单户创收3万元左右。在荣县鼎新镇红胜村无偿为贫困户提供农资近2万元，慰问贡井区牛尾乡骑龙村10户建档立卡贫困户，送去价值0.5万元的生活必需品。

【科研成果与荣誉】 2016年，以东锅公司支社、四川理工学院委员会社员为主的科研人员共发表论文70余篇，获各类科研成果奖35项。全年社员获专利9项。启动“九文科技合作”项目，帮助彩灯文化产业科研创新。东锅公司支社社员杨志忠获自贡市第九届科技杰出贡献奖，获奖金30万元。胡显权等9位社员获2016年度自贡市科学技术奖，王文君获2016年四川省“循环经济十大创新人物”称号，被聘为中国节能协会节能咨询专家、对外经济贸易大学来华留学生创新实践导师。陈晓霞获社省委第二届青年论坛十佳青年。

【“九贡合作”】 2016年，创新推进“九贡合作”，组织专家到自贡三中、贡井小学进行航模表演，普及航空知识。参加“自贡市2016年‘依法维权·为民解难’群众工作市级机关现场服务活动”。组织社内专家医生开展医疗卫生服务义诊活动。

（杨　翔）

工商联

【思想政治引导】 2016年，学习贯彻习近平3月4日在全国政协民建、工商联界委员联组会上的重要讲话精神，宣传贯彻全市县级主要领导干部读书班和市第十二次党代会精神，制发相关贯彻意见。继续开展以“守法诚信、坚定信心”为重点的非公有制经济人士理想信念教育实践活动。举办主题盐都商人沙龙活动；召开理想信念教育实践活动暨宣传教育工作推进会；组织部分年轻企业家开展理想信念教育座谈，参加井冈山红色文化专题培训；组织区县工商联、商会人员及非公有制经济人士赴遵义、赤水进行革命传统教育活动。

【第十三次会员代表大会】 7月14日，召开市工商联（总商会）第十三次会员代表大会，选举产生新一届领导班子和领导机构。但积忠当选为市工商联第十三届执委会主席（市总商会第十三届会长），选举产生18名常务副主席或副主席、16名市总商会副会长，选举产生第十三届常委会委员36人、第十三届执委会委员113人。

【宣传教育工作】 2016年，新建网站，编发信息400余条；出版会刊《盐都商界》2期；编发“新盐商”微信公众号33期。全年在《人民政协报》《中华工商时报》和市内主流媒体、省工商联杂志及网站等刊用各类信息稿件近300条。弘扬新盐商精神，牵头编撰《自贡百年商会》（下卷）。联合举办自贡市年轻一代非公人士理想信念培训班；组织100余名企业家赴浙江大学等高校参加专题培训。是年，市工商联被评为2016年全省工商联系统宣传教育工作先进单位。

【第四届“十佳会员企业和优秀会员企业”评选表彰】 2016年，在各区（县）工商联、各直属会员企业、行业商会、异地商会、异籍商会推荐基础上，经市工商联、市总商会评选领导小组审核评审，评出第四届“十佳会员企业”10户和“优秀会员企业”17户。

【参政议政】 2016年，围绕全市“推动振兴发展、决胜全面小康”主题，开展全市非公企业发展状况、新型政商关系、年轻一代企业家思想政治工作等专题调研。就市“十三五”规划建议和纲要、政府工作报告、创新驱动实施意见等方面提出意见建议。全年提交集体提案3件，其中2件作为市政府领导督办和市级有关部门（单位）主要负责人领办的重要提案；与九三学社自贡市委联合提出的《关于发展我市电子商务的建议》被评为优秀提案。在市政协大会上作“推动返乡创业、共建经济强市”，“加快发展非公经济、助推自贡振兴发展”发言。《大力推动返乡兴业促进我市经济社会发展》调研报告获2015年度市政协优秀调研成果二等奖。报送社情民意及非公有制经济人士意见建议20余件。市工商联获市政协十四届四次会议提案工作先进单位。

【“万企帮万村”精准扶贫行动】 2016年，开展“万企帮万村”精准扶贫行动。是年，全市465个民营企业、14个商会与289个村（包括省定贫困村和有贫困人口的一般村），其中165个民营企业、10个商会与113个省定贫困村对接帮扶，投资总额3.05亿元，实现建档立卡贫困村全覆盖。

【招商引资】 2016年，组织广东、上海两地商会共60余户会员企业参加自贡市大型招商推荐活动；组织自贡北京商会7户企业参与市委书记李刚考察北京座谈；到上海、浙江、福建、广东等地招商引资和调研。9月，拜访统一企业（中国）公司总部并推介自贡。12月，组织12名企业家赴贵州六盘水市考察交流；参加浙江四川商会“创新创业”发展研讨会，强化与浙江企业对接。在自贡北京商会、自贡上海商会成立招商引资联络处。

【搭建交流合作平台】 2016年，组织会员参加四川省第二十五届西博会、川南品牌博览会推介会。协助举办车展4次。引导会员参与“一带一路”建设，组织参加有关推进会；支持彩灯商会到国外办灯会。开展银企合作，与市商行签订战略合作协议；组织20余户企业与南充商业银行座谈。由自贡上海商会牵头合作建立的“四川自贡节能环保装备制造创业投资基金”通过省发展改革委审批。举办“新盐商”新春座谈会；协助做好返乡创业园区建设，召开返乡创业工作现场推进会；与市政协开展返乡兴业视察活动。与广东省江门市工商联签订友好商会协议。

【组织建设】 2016年，召开经验交流和工作推进会，继续推动“五好县级工商联”建设。全市县级工商联全部实现“一建五有”，沿滩区率先实现乡镇商会全覆盖；2个区县工商联被新确认为2016年全省“五好”县级工商联；3个工商联通过省工商联复查。指导房地产商会、五金机电行业商会、青年商会等完成换届。完善异地商会规章制度的建立，开展异地商会换届准备工作，成立浙江商会和上海商会筹备组。

【构建和谐劳动关系】 2016年，帮助企业维权，协调解决会员企业工程项目收款问题；及时向市委、市政府反映企业的困难、问题。开展和谐劳动关系建设，参加市“协调劳动关系三方会议”，推荐全市30户企业参加全国关于非公有制企业劳动关系监测调查工作试点。联合举办“2016年全市民营企业招聘周”活动。

【年度荣誉】 2016年，全市有3个区县工商联、8个基层商会分别获省工商联“2013—2016年度县级工商联先进单位”和“2013—2016年度先进商会”。市工商联获省工商联“2013—2016年度综合先进集体”。

（王朝阳）

群团·社团

市总工会

【概况】 2016年年末，全市有基层工会5904个，其中，独立基层工会5276个、联合基层工会628个。全市工会会员累计114.26万人。工会建会率和职工入会率分别为93%和98.5%。

【第十六届五次全体（扩大）会议】 3月24日，市总工会第十六届五次全体（扩大）会议召开，市委常委、组织部部长、市总工会主席李国贵出席会议并讲话。会议免去邹崇霞、王朝华、李宁、李平、杨建华、李志宗、杨书其等7人的市总工会第十六届委员会委员职务，增补荀芳、郭晓玲2人为市总工会第十六届委员会委员，替补沈焰林、王丽、张伟、伍刚等4人为市总工会第十六届委员会委员。会议免去姚志鲲、王秀英、邹崇霞等3人的市总工会第十六届常务委员会委员职务，选举荀芳、郭晓玲、沈焰林等3人为市总工会第十六届常务委员会委员。

【第十六届六次全体（扩大）会议】 12月14日，市总工会第十六届六次全体（扩大）会议召开，市委副书记、市总工会主席李国贵出席会议并讲话。会议免去王平、江义权、牟云川、张伟、余泓、沈焰林、林镭、程永学等8人的市总工会第十六届委员会委员职务，免去江义权的市总工会第十六届经费审查委员会委员职务，增补何秀英为市总工会第十六届委员会委员，替补韦莉、王晓兰、艾仁章、艾世庆、刘亮、宋国强、胡伟峰、赖远驰等8人为市总工会第十六届委员会委员，替补艾仁章为市总工会第十六届经费审查委员会委员。会议免去江义权、牟云川、沈焰林等3人的市总工会第十六届委员会常务委员职务，选举孙博、宋国强、赖远驰等3人为市总工会第十六届委员会常务委员。会议免去牟云川市总工会第十六届委员会副主席职务，选举宋国强为市总工会第十六届委员会副主席。

【主题劳动竞赛】 2016年，推进“工业强市做贡献，创新发展立新功”“中国梦、劳动美、争跨越”“推动振兴发展、决胜全面小康”等主题劳动竞赛，全市开展劳动竞赛单位2100个，竞赛项目290个，规模以上工业企业参与面95%以上，参与职工12.52万人（次），节约创造经济效益2.5亿元。重点开展第十二届全市职工技能大赛，督促指导企业、区县开展初赛、复赛。第十二届全市职工技能大赛涉及建筑、旅游、制造业、农业等行业21个项目、23个工种，参与职工16.3万人（次），参与面90%以上，命名15名“盐都工匠”和8名“服务明星”。推进“六个一”活动，企业参与面90%，参与职工5.2万人（次），创经济效益0.9亿元；参与提合理化建议活动职工5.2万人（次），提合理化建议9944条，采纳实施5378条，节约创造价值6.2亿元。第八届职工合理化建议和技术创新成果发布26条，节约创造效益1.5亿元。开展“五一先锋·巾帼建功行动”等劳动竞赛活动，各级工会女职工组织开展岗位练兵技术比赛820场次，参与人数6.5万人次。

【“劳模创新工作室”工作】 2016年，以“五化五强”班组为载体，推动“工人先锋号”“劳模创新工作室”“首席员工”和劳模服务管理工作。开展全市“金牌工人”“首席技师”“首席员工”命名工作，共命名783人，师带徒443对。指导、服务和督促14个全国、省、市级劳模创新工作室工作，发挥引领作用。全年14个劳模创新工作室完成7项重大项目研发，开发新产品9个，培训技能人才1.47万人（次），攻克技术难题107项，取得技术革新602项，职工发明创造项目41项，创经济价值20亿元。

【劳模工作】 2016年，组织开展全国、全省五一劳动奖的推荐、评选、表彰工作。开展全市劳模关爱周活动，全市各级工会走访慰问各级劳模692人，发放春节慰问金等80.69万元，召开劳模座谈会5场次，为劳模解决实际困难和问题诉求20次。组织289名全国、省劳模免费体检，组织400名市级困难劳模免费体检。为省部级、市级困难劳模发放生活补贴金12.86万元，慰问生病住院和去世的省部级劳模13人。组织开展劳模宣传月活动，全市各级工会共召开劳模座谈会18场，劳模事迹报告会6场，新闻宣传报道劳模先进事迹25次，走访慰问各级劳模和先进人物1500人次。组织全市各级劳动模范参加全国总工会、省总工会外出疗休养活动，自筹资金组织82名市级劳模分2批到井冈山、延安疗休养。

【维护职工权益】 2016年，贯彻落实《中共自贡市委关于全面推进依法治市的决定》，健全完善市总工会与市人大、市政府及市级有关部门的沟通协调机制。代表职工参与公交车调价和职工住院起付线价格调整听证会，提出建议并获采纳；参与制定修改涉及职工利益的规范性文件2件。利用农民工返乡、返工等时段及工会招聘会、惠民帮扶进社区等活动进行普法宣传。参与法律“七进”（进机关、进乡村、进社区、进企业、进学校、进单位、进宗教活动场所）工作，开展全市工会系统职工维权知识竞赛，全市举办预赛、复赛80余场，参与职工近万人。开展“走基层、送法律、惠民生”三百行动，开展送法下基层讲座咨询200余场，参与职工3万余人，收集侵害职工权益线索120条，维权68件（次）。开展全市工会系统劳动保护和维权知识培训，120名基层工会干部参训。开展职工维权律师团建设，聘请2名自贡籍律师为市总工会驻京驻成都特聘职工维权律师。市本级办理职工维权案件46件，挽回经济损失321.36万元，发放法律援助金及律师办案补贴14.21万元。开展“教育培训强基础，隐患排查保安康”安康杯竞赛活动，全市参与企业566户，参与班组9961个，参与职工17.93万人。完成规模以上企业职业病防治专项集体合同工作，签订专项集体合同企业89户，涉及职工2.75万人。参与安全生产检查19次，提出事故隐患和职业危害整改数26件，整改18件，处理工伤事故8件。组织开展“女职工维权行动月”活动，全市7个区县工会、14个企业的100余名“5·1玫瑰女职工志愿者”和女工干部参加活动，开展12场（次）集中宣传和1场（次）法律宣传，参加维权月活动的女职工5960人，发放宣传资料1万余份，为200余名职工（农民工）义务就诊，为50余名职工（农民工）提供法律咨询。

【推动企业民主管理制度建设】 2016年，在全省各市（州）中率先出台《自贡市创新企事业单位民主管理制度改革方案》，编印《自贡市创新企事业单位民主管理制度工作指南》，调整完善市厂务公开领导小组成员单位和组成人员，召开全市厂务公开领导小组成员单位联席会议，开展“互动话公开，交流促民主”、厂务公开民主管理宣传月、厂务公开民主管理示范单位创建、优秀职工代表提案评选等“四大活动”，完成市总工会牵头的8项改革工作任务。2016年年末，全市国有、集体及控股企业职代会建制率95%以上，事业单位职代会建制率93%，规模以上已建工会非公有制企业职代会建制率90.26%，股份制企业职工董事、职工监事建制率90%以上。

【推进企业职工工资集体协商】 2016年，华西能源工业股份有限公司等4户企业获评省级模范劳动关系和谐企业，评比命名35个“自贡市非公有制企业工资集体协商典型示范单位”。开展企业工资集体协商“集中要约行动月”活动和区域（行业）性工资集体协商工作，组织135户企业的2100名职工参加省工资集体协商职工满意度调查测评。落实全市集体协商专兼职指导员队伍建设，为开展工资集体协商工作奠定基础。是年，全市已建工会企业签订（含续签）工资集体协商合同2618份，区域性、行业性合同242份，覆盖职工34万余人，已建工会企业工资集体协商制度覆盖面达

94.8%。推进女职工权益保护专项集体合同的签订，全市签订女职工专项集体合同2758份，覆盖企业1.06万家，覆盖女职工10.86万人，占已签集体合同的100%。

【促进职工队伍稳定】 2016年，构建工会大调解机制，完善工会劳动争议调解和劳动法律监督组织建设，年末全市有工会劳动争议调解组织3928个，有劳动法律监督组织3929个。完善劳动关系预防、预警、调处机制和职工诉求表达机制，市本级受理劳动争议案件5件，调解成功3件。参与劳动人事争议仲裁委员会“三方驻会”工作，参与案件审理2次。全年接受“12351”法律维权热线咨询745人（次），收到职工来信4件，接待职工来访369人（次），其中，集体来访4次。

【推进帮扶工作项目化】 2016年，指导昊华鸿鹤化工有限责任公司、四川长征机床集团有限责任公司等5家企业编制项目申报书，获省总工会供给侧结构性改革困难职工帮扶专项资金139万元。

【“四季送”活动】 2016年，开展“工会就业援助月”“春风行动”等“春送岗位”活动，组织招聘会12场，提供就业岗位1.29万个，组织培训1201人，发放宣传资料1.14万份，为102人提供劳动维权服务和法律援助。开展“夏送清凉”活动，市总工会筹资50万元购置清凉物品，走访慰问职工1.02万人；全市各级工会筹集慰问资金151.78万元，走访企业（基层）439户，开展监督检查活动362次，走访慰问职工2.65万人（次），其中慰问受灾职工100人（次），发放防暑降温用品价值120.78万元。开展“金秋助学”活动，筹集资金261.52万元对1409名建档困难职工（农民工）子女进行资助，其中，大学新生921人、204.2万元；高中（中专）新生241人、24.1万元；初中、小学新生160人、6.4万元；孤儿大学生3人、1.32万元；市总工会追踪帮扶在校贫困大学生84人，发放追踪帮扶资金25.2万元。为15名大学新生发放火车票补助3000元。开展“冬送温暖”活动，市总工会筹集送温暖资金357万元，带动全市各级工会筹集资金800万余元，对全市1.63万户近4万名建档困难职工开展走访慰问活动。

【困难职工帮扶工作】 2016年，加强困难职工帮扶中心（站、点）规范化建设，依托群团组织社会服务中心平台，构建救助、维权、服务三位一体的帮扶工作格局。全市111个乡镇（街道）全部建站，其中，建成23个示范站、88个市级达标站。依托工会帮扶中心或协议中介机构，帮助2729名下岗失业人员（农民工）实现再就业，完成政府民生工程全年目标任务的101.07%。依托市、区（县）工会困难职工帮扶中心，接待职工群众2108人（次），为1586名符合条件的困难职工发放医疗救助、生活救助和意外灾害救助资金164.63万元，人均帮扶金额1038元，超人均300元至1000元的目标任务，其中40%以上帮扶对象属于供给侧结构性改革影响较大企业的困难职工。全年资助大学新生921人中，50%以上属于受供给侧结构性改革影响较大企业的困难职工子女。办理工会爱心乘车卡、电力卡、粮油卡工等各类爱心卡5907张，涉及资金95.31万元。开展女职工大病互助保险工作，参保女职工1.19万人，参保资金150万元，赔付124人，赔付金额143万元；开展“女职工关爱行动”活动，安排资金34.96万元为437名建档的单亲、患重病、停产企业女职工、女农民工进行免费体检；安排资金2万元为10名建档困难女职工进行帮扶慰问。

【职工创业扶持】 2016年，实施工会创业贴息小额贷款项目。以精准帮扶对象为重点，为9名有创业意愿和创业能力但缺乏资金支持的下岗失业人员（农民工）贴息8.74万元，发放贷款64万元，撬动小额贷款300万余元，带动就业58人。

【职工思想文化建设】 2016年，以创建全国文明城市为契机，成立自贡市职工志愿服务支队，开展职工帮扶、文化服务等志愿服务活动，推进全市职工志愿服务工作的制度化、规范化、常态化、实效化。选树省级职工（农民工）文化驿站典型2个，命名市级职工（农民工）文化驿站示范点2个，创建全国职工书屋示范点2个、省级职工书屋2个，命名市级职工书屋示范点8个，选树四川省职工教育培训示范点1个。开展职工（农民工）文化驿站建设工作，四川运输机械集团股份有限公司工会、四川大西洋集团有限责任公司工会被省总工会命名为2016年全省职工（农民工）文化驿站示范点。

【基层工会建设】 2016年，开展基层工会规范化建设工作，命名一批“自贡市规范化建设示范工会”和“自贡市乡镇（街道）、社区示范工会”，创建7个省级“乡镇（街道）、社区示范工会”。加大基层工会资金支持力度，向区县总工会和高新区工会划拨乡镇（街道）、社区工会专项经费补助137.52万元，首次对全市工业园区（开发区）工会和“自贡市规范化建设示范工会”划拨专项工作经费补助26.5万元，推动基层工会健康运转和激发工作活力。

（荀　芳　林　楠）

团市委

【开展社会主义核心价值观教育】　2016年，利用“5·4”等重要节点，开展“我的中国梦”等社会主义核心价值观主题教育。发布时政微博微信66条，累计阅读量3.65万次。组织开展最美团干评选活动，单条点击阅读量微博平台1.56万人，微信平台2.85万人。“@自贡共青团”发布微博文章1万余条，累计阅读量1340万余人，其中16个话题破百万阅读量。“青年之声”平台浏览量达1194万人次，服务青年1.65万人。新媒体和“青年之声”工作均获团省委单项考核特等奖。

【助推全国文明城市创建】　2016年，开展文明劝导、环保植绿、缓堵保畅等主题志愿服务活动490余次，参与志愿者8600余人次。小井沟水利工程青年突击队等10个集体被评定为省级青年文明号。

【助力脱贫攻坚】　2016年，开展农村青年致富带头人培训13期，培训480人，帮助青年转移就业64名。购买“盐都·阳光助学”项目，助学100名贫困学生。为贫困村和学校捐赠青少年图书1万册，在4个贫困村和学校持续开展“流动青少年宫”活动。全年开展青年干部、教师培训21期。通过协力网络，凝聚社会组织力量助力扶贫，成果汇编成《脱贫攻坚　协力同行》画册。全市青年开展公益扶贫行动及项目20余个，服务贫困户1.3万人。

【促进青年创新创业】　2016年，募集SYE导师志愿者168人，15个项目获免息免担保免抵押创业贷款135万元。协调四川理工学院和四川卫生康复职业学院建成2个大学生创新创业俱乐部。开展微软青年创业信息技能培训，培训有电子商务方向创业意愿的农村青年1500人。募集“逐梦计划”见习岗位749个，142名在川大学生完成见习。

【服务青少年成长成才】　2016年，指导区县创建星级留守学生之家50所，申报第二批“童伴计划”公益项目试点村6个。“我要上大学”项目帮扶大学新生25人，累计资助金额12.5万元。富顺县、荣县完成重点青少年群体服务管理和预防犯罪工作第三轮推进区县自查自评工作。沿滩区青少年宫探索建立青少年心理咨询室。开展青少年法治宣传教育活动128场，覆盖青少年4.2万人次。

【基层组织建设】　2016年，完成团员注册志愿者9.45万人。新成立自贡市金融团工委，新增“小个专”团组织103个。新建青少年综合服务平台（青年之家）41所。推进团干部直接联系青年“1+100”工作制度建设，全市393名团干部对口联系青年2.06万人，开展线上互动活动1935次，线下活动946次。开展“两学一做”学习教育，组织开展“不忘初心，做合格党员”大讨论活动。

【青年社会组织协力网络建设】　6月，自贡市青年志愿者协会向省协力公益发展中心承接起自贡市青年社会组织协力网络并召开成立大会，成为全省首批承接此项目的市州，也是唯一由青志协承接此项目的市州，吸纳24家公益社会组织作为创始成员单位。该项目组织开展社会调研2次，座谈会2次，外出交流1次，收集问题及诉求16个，在扶贫攻坚、爱心助学、疏堵保畅等领域助力社会发展。8月，团市委组织6家协力网络单位负责人和4个志愿服务项目到成都参加“天府公益周暨中国青年志愿服务项目大赛”，2个项目受邀为大赛路演项目，自流井区检察院“失足未成年人帮教”项目获四川赛区金奖，贡井区希望公益服务中心“盐途U你”项目获四川赛区银奖，金奖项目推报参加全国大赛。

【“盐都·阳光助学”项目】　2016年，团市委发起成立贫困留守学生关爱项目——“盐都·阳光助学”项目，该项目由灵犀社会工作服务中心具体实施。项目扶助对象确定为贫困户家庭的留守学生，分经济物质帮扶和心灵关爱两个部分。项目全年培训入户志愿者30人，入户调查105户，采集

126名受助学生基本信息，确定资助学生100人，其中，为98名受助学生建立档案，由固定志愿者进行定期电话或入户回访；79名受助学生寻得资助人并签订爱心协议书，发放助学款2.83万元。

（团市委）

市妇联

【深化妇联改革】 2016年，从3个方面全面深化全市妇联改革：开展村（社区）妇代会改建试点工作，市妇联联合市委组织部、市民政局印发《关于在第十届村（社区）党组织和村（居）民委员会换届选举中全面推进妇女进“两委”和加强基层妇女组织建设的通知》，编印《改建工作指导手册》，为改建工作提供组织保障和程序保障；坚持“党建带妇建”，市妇联联合市直机关工委出台《关于进一步加强机关妇女组织建设的通知》，64个市级单位按要求强化妇女组织，举办首期市直机关妇女工作者培训班，60名妇女工作者参加培训；拓展“新经济、新社会”组织中的妇女组织建设，2016年在四川振鹏·丽鹰鞋业等建立企业妇委会，为产业园区妇女组织创建作出探索。

【助推脱贫攻坚】 2016年，全市各级妇联累计整合各类扶贫资金127.44万元，助力脱贫攻坚。实施“情暖妇幼”春节慰问等活动，其中，发放慰问物资80.4万元，慰问困难群众700余户；争取资金30万元，救助30名“两癌”贫困妇女；募集“春蕾计划”助学款6.04万元，帮助98名贫困学生完成学业。

【助推全国文明城市创建】 2016年，市妇联创新实施“让家长与孩子共同成长”“幸福成长·爱满家”“快乐牵手·成长相伴”等一批妇女儿童素质提升项目，继续推进“紫薇花”家庭微公益项目、“巾帼志愿者家庭联盟”和“新女性、新生活、新家园”等项目实施，为提升城市文化品质注入公益能量。评选出20名市“三八红旗手”和10个市“三八红旗集体”，树立榜样，发挥示范带动作用。组织实施家庭教育“五个一”系列活动，组织开展150场“母亲课堂”公益讲座，完成2个省级、10个市级示范社区家长学校创建工作。结合“走基层　送温暖”活动，在贡井区贡井街老街子社区开展“创建文明城市进社区　巾帼在行动”志愿服务活动。

【推进“紫薇花”家庭微公益项目】 2016年，市妇联继续推进“紫薇花家庭微公益”项目（以家庭为单位做公益的志愿服务模式），通过父母“带着孩子做公益”，以“公益家风”带动“社会新风”，以家庭为单位践行社会主义核心价值观，达到“帮扶困难人群、促进家庭和睦、改善社会风气、创新社会治理”的目的，助力社会和谐发展。以社区（村）为支点，以“五助五坊”为活动载体服务基层特殊人群；通过成立“巾帼家庭志愿联盟”，组建覆盖广泛的各类服务支队，推广家庭志愿活动，带动更多家庭加入巾帼公益队伍。10月，在成都举行的四川省巾帼志愿服务工作推进会暨巾帼志愿服务工作培训班推进会上，市妇联以《传播志愿理念　汇聚巾帼力量》为题就自贡市巾帼志愿服务工作做交流发言。“紫薇花家庭微公益项目”再次入围由中央宣传部、中央文明办等部门联合开展的2016年“四个100”先进典型活动中100个最佳志愿服务项目候选项目。截至2016年年末，招募巾帼志愿者家庭559户1301人，组织开展活动700余次，派出巾帼志愿者3900余人次，服务妇女、老人和儿童等1.1万人次。

【推进“新家园、新女性、新生活”项目】 2016年，市妇联继续在沿滩区板仓社区、荣县双石镇金台村、长冲村等地实施“新家园、新女性、新生活”项目，重点通过实施“五子、五提升”活动（换好脑子，提升思想意识；当好学子，提升素质修养；谋好路子，提升发展能力；教好孩子，提升家庭教育；过好日子，提升生活品质），通过“学习培训—实践体验—引领提升”系统工程，提升“女新市民”综合素质，助力城市文明建设。项目实施后，所在社区实现“三下降、两增强”（邻里纠纷下降30%，妇女维权和家庭纠纷下降35%，小区社会治安案件下降30%；农转非居民的自信心得到增强，政府工作得到群众的支持力度增强）。省社科院对该项目进行专题调研和评估，认为该项目具有“低成本、造血式、普适性”的特点，开创妇联组织参与社会创新治理的新路。项目以《自贡聚居区农民城市融入探索和实践》为题，作为成功案例纳入《2016年四川城镇化发展报告》，被省委政策研究室内参《调查与决策》采用、《中国妇女报》头版头条进行专题报道、“蓉城女性网”等进行转载。截至2016年年底，“三新”项目开展家庭教育、就业技能、公益主题等各类特色活动100余次，服务群众1万余人次。

【关爱留守儿童】 2016年，举办第三届“让爱回家·守护成长——援助留守儿童父母返乡就业创业”招聘会，有85家企业提供制造类、餐饮服务类、零售类、综合类等各类就业岗位2074个，近2500人进场求职，达成就业意向335人，提供现场就业创业指导、政策咨询1200人次，发放创业就业、家庭教育宣传资料及学习用品3600份。通过搭建留守儿童家长创业就业信息库和家庭教育信息库“两个平台”，实施就业创业技能培训和家庭教育知识培训“两个培训”，实现为地方经济发展服务和引导农民工返乡减少儿童留守现象“两个目标”。省妇联主席吴旭在市妇联《让爱回家 守护成长》简报上批示：“办公室请转成专报报全国妇联和省委”。市妇联关爱留守儿童工作信息被省委办公厅《四川信息专报》采用。

【推动“两纲”实施】 2016年，深入实施《中国妇女发展纲要（2011—2020年）》和《中国儿童发展纲要（2011—2020年）》（简称“两纲”），改善妇女儿童生存环境：将“两纲”工作纳入对各区县和成员单位的综合目标绩效考核体系，落实“两纲”工作政府主体责任，全市妇女发展纲要105项主要目标中，可达标率93.3%，全市儿童发展纲要83项主要目标中，可达标率100%；指导区县妇儿工委加强自身建设，针对重难点指标和问题，开展专题调研；探索建立反家暴联动工作机制，加快性别意识纳入决策主流步伐，探索建立政策法规性别平等评估咨询机制。

【为妇女儿童办实事】 2016年，市妇联整合各类社会资源折合人民币392.2万元，用于关爱特殊困难群体、服务妇女儿童。开展各类活动629次，服务妇女儿童4.92万人次，发放资料26万余份。

【推进维权工作】 2016年，健全四级妇女维权网络，纵向围绕“12338”维权热线，打造维权的信息阵地，建立信息员队伍1500余人，妇女儿童维权志愿者队伍650余人。探索推动婚姻家庭纠纷“三调联动”（人民调解、行政调解、司法调解联动）机制，协调司法行政机关落实婚姻家庭纠纷个案补贴。推进信访工作，化解矛盾纠纷，全市妇联系统全年共接待信访312件，比2015年增加16件，办理率100%。其中市妇联接待信访112件，较2015年增加27件，办理率100%。推进以《中华人民共和国反家庭暴力法》为主的维权普法宣传活动，组织30场巾帼维权大讲堂反家暴主题讲座。成立自贡市反家庭暴力庇护中心，建立部门反家暴联动机制，推进公安、法院等部门依法出具“告诫书”、发放“人身安全保护令”等。推进女童安全救助行动，全年对存在安全隐患的1513名3～14周岁女童建立结对卡，遏制女童性侵害案件的发生。

【“三八”妇女维权周法治宣传活动】 2016年，以“反对家庭暴力 构建和谐家庭”为主题，开展第17个“三八”妇女维权宣传周活动。市县两级40余个部门发放资料和宣传品2万余份，接受各类咨询400余次，开展义诊60余人次。邀请市巾帼维权女律师服务团律师进行《中华人民共和国反家庭暴力法》专题讲座，推动新法实施，引导妇女依法维权。

【家庭教育工作】 2016年，以“凝聚社会正能量·弘扬盐都好家风”为主题，组织实施“五个一”系列活动，即表扬一批盐都“最美家庭”、举办一场家庭文化艺术作品展、编印一本盐都好家风书籍、制作一万套盐都好家训书签、举办一百场“母亲课堂”家庭教育讲座，推进社会主义核心价值观教育进家庭。

【寻找“最美家庭”活动】 2016年，市妇联联合市委宣传部、市文明办、市网信办在全市开展以“家风力量·幸福守望”为主题的“向幸福出发”——寻找“最美家庭”活动，评选出杨进强等2016年度自贡市“最美家庭”10户、李军等2016年度自贡市“最美家庭”提名家庭10户。其中，杨进强家庭获全国“最美家庭”称号，是全市家庭首次获该奖项；杨荣峰家庭获第十届全国“五好文明家庭”，在人民大会堂接受颁奖；钟义萍家庭、郑家梅家庭被评选为四川省“最美家庭”。市妇联获省寻找“最美家庭”活动先进集体。

【“最美家风”展出活动】 2016年，为庆祝第23个"5·15"国际家庭日，市妇联、市文联在南湖体育中心艺术展厅举办为期一周的盐都"最美家风"书画摄影艺术作品展。该展出围绕"孝爱亲和廉"主题，征集到700余幅家庭书画摄影作品，其中展出作品105幅，从不同视角展现盐都家庭的时代风貌和价值追求。

【推进网络媒体宣传】 2016年，市妇联推进"一微一网一平台"建设，组建170余人的网络宣传队伍。全市妇联工作在《中国妇女报》、人民网、搜狐网、中国女性网、省委督查室《决策督查情况》《2016年四川城镇化发展报告》、省妇联《四川妇女》《自贡日报》等国家、省级、市级媒体上交流宣传报道56次，其中，《中国妇女报》头版报道2次，《自贡日报》头版报道5次。各类信息被省委办公室、省妇联、市委办公室采用129条。市妇联"紫薇花开"微信公众号被评为"四川妇联系统政务新媒体影响力十佳"。

【组织建设】 2016年，以"巩固、延伸、拓展、提高"为工作要求，在20个村、社区开展基层组织"示范"创建活动，实现有阵地、有牌子、有人员、有经费、有活动的目标。制定《自贡市妇联2016年—2018年妇女干部培训规划》，分类别分批次对全市各级女干部、妇联干部、市妇女代表大会代表、市妇联执委会委员开展培训。出台《自贡市妇女代表大会代表任期制度》《自贡市妇女联合会执行委员会委员工作制度》，将传统的"一次性会议代表（执委）"变为"履行一届代表（执委）职责，联系一方妇女群众的常任制代表（执委）"，引领妇女代表和妇联执委开展履职活动。推进村（社区）"妇女之家"建设，做到"五亮六进家"（亮牌子标识、亮组织架构、亮工作职责、亮干部身份、亮活动内容；维权维稳工作进家、创业就业指导进家、教育培训课堂进家、帮扶救助项目进家、关爱服务行动进家、健康文化活动进家）。村、社区妇女组织和"妇女之家"组建率100%。

（市妇联）

市科协

【创新科普载体】 1月，高新区丹桂街明珠社区（全国科普示范社区）建成全市首个社区科普体验馆并投入使用，免费向社区群众开放。科普示范社区发挥示范引领作用，创新工作内容，开展贴近社区群众的特色科普活动，提升科普示范社区的品牌效益。

【第31届青少年科技创新大赛】 2月，全市75所学校的12.8万名学生参加市第31届青少年科技创新大赛，参赛作品获省级大赛奖项60项，其中一等奖3项、二等奖17项、三等奖40项，有2项科技创意作品经省推荐参加全国大赛。

【学术交流】 4月，开展2015年度优秀学术活动申报评选工作，共收到活动项目33个，经市科协评审，对《材料科学与工程专业本科人才培养研讨会》等12个优秀项目予以通报表扬。市科协所属团体围绕"推动振兴发展、决胜全面小康"主题，结合全市社会经济发展中的热点难点问题和重点科技工作，开展不同层次、不同形式的学术活动150余次。

【"金桥工程"与"四技服务"】 4月，确立"日产5000～10000吨水泥窑余热锅炉自主研发与产业化"等15个项目为市级重点"金桥工程"项目，项目实施后预计年创产值20.90亿元，年增利润1.22亿元，年增税收5662.6万元。是年，上报省级"金桥工程"项目15个，均被省科协立项。截至2016年年底，全市学会和企事业科协完成"四技"技术合同登记35份，完成合同登记额51.82万元。

【院士（专家）工作站建设】 4月，修订完善《自贡市院士（专家）工作站实施办法》（自委办〔2016〕15号）；8月，举行自贡市第四批院士（专家）工作站授牌仪式，中国工程院院士谭建荣等3名院士专家应邀出席仪式，市委、市政府领导为自贡硬质合金有限责任公司等3家建站单位授牌，并为项目的首席专家颁发聘书。是年，推荐自贡市海川实业有限公司申报省级院士（专家）工作站，推荐四川理工学院入选全国100家示范院士（专家）工作站；完成自贡市第五批院士（专家）工作站评审工作，东方电气集团东方锅炉股份有限公司和四川大农和农业开发有限公司2家单位被确定为自贡市第五批院士（专家）工作站建站单位。

【推动《纲要》实施】 5月，完成《自贡市全民科学素质行动计划纲要实施方案（2016—2020年）》的起草工作。根据纲要要求，以四大重点人群和六大基础设施工程建设为重点，结合全市创建全国文明城市工作，推动纲要实施工作。11月，中国流动科技馆自贡第二次巡展在荣县举行启动仪式。

【科普宣传活动】 2016年，举办品牌科普活动和主题科普活动4次。全市科普活动中，发放各类宣传单、科普知识小册子和科普宣传挂图6.38万份，送科技下乡20场次，举办实用技术培训28场，举办科普讲座30场，推广应用新技术、新品种37项，接待科技咨询群众6109人，印发科技光碟540张，受益群众10.5万人次。

【深化“讲、比”活动】 11月，在全市企事业单位中开展以“节能减排”为主题的“讲理想、比贡献”活动，全市有82个企事业单位的7200余名科技人员参加，提出合理化建议1963条，被采纳1440条。是年，全市3户企业被评为省“讲、比”活动先进集体，1个院士（专家）工作站被评为省“讲、比”活动创新团队，3人获省“讲、比”活动创新标兵称号，2人获省“讲、比”活动优秀组织者称号。

【实施基层科普行动计划】 2016年，争取中国科协、财政部“基层科普行动计划”项目7个，获奖补资金125万元；争取省科协、省财政厅“基层科普行动计划”项目8个，获奖补资金64万元；争取省科协、省财政厅科普经费90万元。全年在全市乡镇、街道建成不锈钢标准科普画廊和电子显示屏36个，完成3年建成100个的目标；建成“银会合作”服务站10个、示范基地1个。截至是年年底，全市“银会合作”贷款共1320笔，贷款额1.51亿元，其中为19笔1073万元贷款贴息6万元，促进一批特色农业产业化协会和全市农业区域化发展。

（周　洁）

市文联

【开展“深入生活、扎根人民”主题实践活动】 2016年，全市文联系统344名文艺工作者在基层乡镇、文化站、社区（村）、学校、军营、警营等109个联系点开展结对帮扶、文艺辅导、交流展示、创作采风等活动160余场次，辅导群众万余人。开展“颂党恩、明党史、知党纪”100名书画家送书画活动，到13个乡镇、7个警营、5所学校和3个社区开展“送书画、送春联”活动50余次，送字画春联6000余幅，拍摄全家福近200套。180余人到基层乡镇、文化站、贫困村、学校、军营等地文艺辅导40多场次。是年，先后开展“走向大众　传承经典”——四川美术馆馆藏作品巡回展、“翰墨飘香”汕头·自贡书画联展、“三星堆—德阳自贡书画作品联展”、“魏剧丹青——段昭南绘魏明伦川剧画展”、“德阳·自贡水彩画联展”、“寻源—阿坝行水彩写生展走进自贡”等省级作品展。广东、汕头、北京、山西、江苏、淮安及美国硅谷美术馆和文艺界100余人到自贡进行交流。组织创作采风10余次，主办“川南文艺风”——川南四市音乐创作交流活动；组织“法治记忆·盐都故事”创作采风活动、“重走长征路”川南四市文学、摄影创作交流活动。

【文艺惠民扶贫工作】 2016年，确定大安区团结镇朝天寺村等10个贫困村为文艺惠民扶贫联系点，组织10个文艺家协会和3个区县文联到贫困村开展文艺惠民扶贫工作，组织专场文艺演出11场，开展文艺辅导23次，辅导文艺工作者70余人次。

【文艺创作】 2016年，开展纪念红军长征胜利80周年微电影《红杜鹃》的创作拍摄，于11月在央视微电影频道播出。编辑出版《自贡记忆》系列丛书，美术作品《李冰父子与都江堰》《辛亥革命·荣县首义》《抗战中的盐都》入选全国、省重大题材美术作品创作工程，在国家博物馆和省美术馆展出。继续打磨《川盐古道中国画创作工程》等37项重点文艺作品。电影《盐马帮》拍摄完成并进行全国展播，法治微电影《不能丢下你》在央视播出，获“2016中国（盐亭）国际女性微电影年度大展”最佳影片奖。出版评论集《灿烂星空——自贡当代作家评传》《盐香风韵》《井盐古道》、长篇小说《草草儿》、民间文学《自贡民间工匠》《话说袍哥》、诗集《纸蝴蝶》《六弦琴》等。全年共42件作品及59人次获省级以上奖励。

【打造品牌文化活动】 2016年，持续打造“自贡文化艺术讲坛”；开展近30场次的精品艺术展览，接待观众10万余人次；先后举办“中秋诗会”、《蜀南文学》年度笔会及年度小说评奖、第八届“‘翰墨缘·自贡情’当代名家作品展”、第四届“中国彩灯创意设计作品展”、第五届“自贡市原创音乐会”、“自贡市书法新人新作展”，组织开展“川南文艺风”——川南四市创作采风交流活动。

【协学会和基层文联建设】 2016年，规范协学会管理，印发《自贡市文艺家协学会管理办法》。完成市舞协、市曲协、市剧协、市影视家协会换届工作。荣县成功举办四川省第十二届漫画双年展，富顺县举办陈铨学术研讨会。

（罗先荣）

市社科联

【思想理论建设】 2016年，坚持以学习习近平总书记系列重要讲话精神为主线，开展理论研讨和普及工作。市社科联与市委宣传部联合举办学习习近平总书记在哲学社会科学工作座谈会上的讲话精神研讨会，全市相关单位负责人和专家代表40多人参加，7位参会人员在会上交流发言。在会刊《社科天地》设立“学习习近平总书记系列重要讲话精神”专栏，刊载理论文章14篇。

【课题立项和成果评审】 2016年，围绕全市“推动振兴发展、决胜全面小康”主题和“三个加快”发展目标，制定并发布《自贡市哲学社会科学研究2016年规划课题指南》，确立《自贡市加快建设西部内陆融入一带一路先行区研究》等10个重大课题和《群众路线与自贡市党的基层组织建设研究》等24个重点课题，引领全市社会科学课题研究方向。开展自贡市第十六次社科优秀成果奖评奖，评出获奖成果50项，其中，一等奖3项，二等奖8项，三等奖39项。

【推动新型智库建设】 6月7日，市社科联与四川理工学院经济学院联合建立校地合作平台“产业转型与创新研究中心”，通过课题研究、人才培养与交流、成果转化等形式开展合作，构建创新驱动产业转型升级理论体系，探索创新驱动产业转型升级的实现路径与对策建议，打造川南乃至全省的重要智囊库。7月6日，市社科联与四川理工学院人文学院高等教育研究所联合建立“职业教育发展研究中心”，主要开展职业教育发展状况的诊断调研及职业教育相关的知识、技能培训活动，培养和造就高素质技能型人才，构建人才结构合理、特色优势突出、符合全市发展的职业教育体系。12月2日，市社科联与市委宣传部、四川理工学院马克思主义院校建立“中国化马克思主义与传统文化研究中心”，该中心是自贡市社科研究、政府决策参考和高校学科建设、课题研究及人才培养的重要依托平台。12月13日，市社科联与四川理工学院音乐学院联合建立“民族民间音乐舞蹈研究中心”，主要开展地方性、民俗类音乐舞蹈研究。

【四川省首届职业教育发展高峰论坛】 7月6日，市社科联与四川理工学院联合召开四川省首届职业教育发展高峰论坛。省教育厅原副厅长、省职业教育与成人教育学会会长姜树林，市委常委、市委宣传部部长刘敏，四川理工学院党委书记汪明义，四川理工学院院长庹先国，四川理工学院副院长刘康和市社科联副主席蒋明等出席活动。会上，省内外职业教育领域的数位专家就职业教育发展问题做大会发言。

【出台《自贡市哲学社会科学研究基地管理办法》】 2016年，制定《自贡市哲学社会科学研究基地管理办法》。该办法拟通过研究基地的研究活动，实现跨部门、跨学科的联合攻关，形成社会科学的整体性研究合力，成为党委、政府决策的“思想库”“智囊团”。

【社科普及工作】 2016年，开展市级社科普及基地建设，命名5家单位为全市第二批“社会科学普及示范基地”，分别是自贡市孝道文化科普基地、自贡市群众钢琴文化普及基地、自贡市地方特色文化对外传播普及基地、自贡市知识产权教育普及基地、自贡市民俗灯彩文化创意科普基地。

【队伍建设】 2016年，录用2名公益岗位的大学毕业生，公开招考引进1名工作人员，充实市社科联机关人员力量。与省内外市州社科联开展交流学习，接待绵阳市区县社科联和科普示范基地负责人一行20人到市参观考察，就学术研究、成果评奖、社科普及、社团建设、办刊工作等进行交流和探讨。组织48名社科理论骨干，参加“南开大学——自贡理论社科骨干培训班”，提高全市社科干部的宣传文化理论素养和实际工作能力。组织全市区县社科联相关人员到攀枝花参加全省基层社科联工作培训，围绕社科研究、人文讲坛、社科工作宣传、规划评奖、科普活动、基地建设等开展交流。成立全市首家民办社科研究机构——自贡市爱贝儿孝道文化研究院。该研究院是全省首家孝道文化民办综合性研究机构，标志自贡市在社会科学研究、文明城市创建、未成年人教育等方面实现新的突破。

（李　兰）

市侨联

【节日座谈联谊会】 1月22日，市侨联同市外事侨务和旅游局召开全市侨务工作暨侨界迎春座谈会。市委常委、组织部部长李国贵，市政协副主席王孝谦等出席会议，市人大城环资委、市政协外联委、民革自贡市委、市侨联、市外事侨务和旅游局及各区县、企业侨联组织和侨务部门、侨商协会、归侨侨眷代表等70余人参会。6月2日，市侨联组织侨界代表参观自贡盐业历史博物馆举办的“留住乡愁，中国美丽乡村”文化展并召开端午座谈会，就加强侨联和侨商会建设，搭建侨界平台及发挥侨力建言献策。9月9日，召开市侨联第六届十三次全委（扩大）会议暨中秋联谊会，组织侨界代表学习中央、省市精神，研究换届筹备工作相关事宜。

【走基层侨爱心活动】 1月27日，富顺侨联联合县文联开展“春联进侨家、春联进民居、春联进农屋”送春联进社区活动，10名书法家协会会员为群众送出900余幅春联。春节前夕，慰问困难及重点侨眷20余人，发放慰问金和慰问品1万元。4月8日，富顺县侨联举行“关注农村教育，侨心送教进镇乡”活动，邀请县实验小学优秀骨干教师到偏远学校进行公开示范课教学。5月23日，富顺籍旅居加拿大侨胞黄显淑开展“侨心助学孤儿”活动，资助富顺县福善镇、飞龙镇贫困孤儿10人，资助资金5000元。10月25日，富顺侨联组织邀请富顺大生堂医院、富顺侨兴医院的医务人员，到板桥镇贫困村——张坝村开展送医下乡义诊活动。

【侨务招商活动】 2月24日至25日，由省侨联和市政府主办，市侨联、市投资促进局、市外事侨务和旅游局承办“首届川商发展大会——自贡行”活动，美国、巴西等10个国家和地区的近40名川籍企业家到市考察，并召开自贡投资推介会。省侨联党组书记、主席刘以勤，市委副书记、市长刘永湘等出席会议，市侨联、市发改委、市投资促进局、市商务局、四区两县相关部门等近200人参加会议，会议推介项目139个，总投资额918亿元。8月31日至9月2日，市侨联同市外事侨务和旅游局到广东省梅州市开展侨务招商活动，参观考察当地侨资企业生产经营情况，推介自贡招商项目。

【刘以勤到市调研】 5月11日，省侨联党组书记、主席刘以勤一行到市调研侨资企业生产经营情况并指导自贡市侨联和侨商协会工作。刘以勤一行参加自贡侨资企业座谈会，听取自贡市侨资企业经营情况汇报，实地了调研自贡鸿山集团、阿细食品有限公司和缨美模特艺术培训学校等侨资企业。

【文化交流活动】 3月，美籍华人黄大清，再次出资邀请美国芝加哥退休教授琳达为荣县中学学生上课1个月，为中学生营造英语交流环境和氛围，提高学生的英语口语水平。5月，市侨联动员市内书法美术艺术家和爱好者参加“第三届世界华侨华人美术书法展”，选送书法美术作品17幅推荐报送省侨联。6月20日至25日，在南湖体育中心文化艺术展厅举行“魏剧丹青——段昭南绘魏明伦川剧画展”，旅美戏剧画家、美国文化艺术学会主席、硅谷美术馆馆长段昭南，著名戏剧家“巴蜀鬼才”魏明伦及江苏省侨联和侨商会代表受邀出席。7月18日至29日，市侨联协调自贡籍旅美侨胞沈晓凤带领未成年儿女回乡举办“美语俱乐部”，开展“花开不重样、一花一世界——美语俱乐部扎染手作会”“一座桥，连着你连着我——主题交流会”等活动，营造双语环境，增进美国华裔少年对家乡及同胞的感情，活动吸引200余人次内地小朋友参与。8月，接待蜀光中学学子、美籍华人王蜀龙及家人回乡探访，市委统战部向王蜀龙颁发抗战胜利70周年纪念章。

【出席欧华联会】 8月23日至9月1日，市侨联派人随省侨联出访团出席斯洛伐克的欧华联会，并访问捷克和波兰，加强与欧洲特别是东欧地区侨团的联系，促进在经贸、科技、文化、旅游等方面开展交流与合作。

（市侨联）

市残联

【出台《加快推进残疾人小康进程的实施意见》】 6月30日，自贡市在全省市州中率先出台《自贡市人民政府关于加快推进残疾人小康进程的实施意见》（自府发〔2016〕19号）。富顺县、荣县、沿滩区、贡井区、大安区和自流井区相继出台本地实施意见。

【残疾人服务设施建设】 2016年，推进自贡市残疾人康复中心建设，完成项目可行性研究、土地预审、规划选址、环境影响评价、节能评估、挂网招标等工作，主体工程计划2017年2月开工建设。该项目是2015年中央预算内投资新建项目，项目业主为市残联，建设工期2年，建设地址位于高新区南湖绿盛分校对面C－41部分地段。项目总投资2500万元，资金来源为中央补助资金1000万元和地方配套资金1500万元，按二级康复中心标准建设，总建筑面积8000平方米，康复业务用房总建筑面积6800平方米，其余1200平方米主要为辅助用房。指导推进自流井区、贡井区、大安区、沿滩区和荣县残疾人综合服务（托养）中心工程建设，2017年将陆续建成并投入使用。

【实施残疾人民生工程】 2016年，超额完成8项民生工程年度任务。其中，资助全市2.57万名重度残疾人护理费用，占任务的123.49%；为9832名贫困残疾人适配急需的辅助器具，占任务的546.22%；救助贫困家庭重度听力残疾儿童64人，占任务的156.09%；帮助3.25万名城乡残疾人实现居家灵活就业，占任务的159.53%；帮助7422名农村贫困残疾人改善生产生活条件，占任务的195.3%；救助贫困家庭脑瘫儿童230人，占任务的115%；实施残疾人家庭无障碍改造746户，占省下达任务的245%，占市下达任务的184.7%。

【残疾人就业保障金征收】 7月，市财政局、市地税局、市残联联合印发《自贡市残疾人就业保障金征收使用管理实施细则》。执行《自贡市按比例安置残疾人就业实施办法》，开展企业安置残疾人审核认定工作，全年审核200多家单位和企业安置残疾人就业，其中市级机关事业企业单位104家。督促安置残疾人就业的机关企事业单位依法征收残疾人就业保障金，全年征收3158万元，比2015年增加644万元。

【“量体裁衣”式残疾人服务工作】 2016年，采取强化市、县（区）两级“量服”工作培训，纳入目标考核、半年数据分析等举措，确保年度目标任务全面完成。持证残疾人落实覆盖率和手持终端使用录入率均100%，超年度任务2个百分点；入户调研“一人一策”服务达100%，需求精准度99.75%，落实精准度99.67%，均超额完成省下达任务。确定自流井区为2016年全市“开放量服”工作试点区县，全面完成试点工作任务。9月13日，在富顺县举行的全省“智慧量服”数据分析会上，省残联党组书记、理事长毛大付对自贡市开展的“量服”工作给予肯定性评价。

【农村贫困残疾人精准扶贫】 2016年，按“应纳尽纳”原则，将符合条件的11101名农村贫困残疾人纳入建档立卡扶贫对象，实施动态管理，为其中2679名建档立卡贫困扶贫对象发放生活费补贴。开展农村贫困残疾人实用技术培训，培训残疾人2500人次。创建市级残疾人就业创业示范基地20个、残疾人就业创业示范户20个，奖励扶持资金16万元，带动扶持300名残疾人就业创业、增加收入。市残联与中国银行自贡支行对口帮扶贡井区莲花镇，通过项目和资金方式帮扶122户356人建档立卡贫困户实现脱贫。

【残疾人康复工作】 2016年，实施贫困残疾人白内障复明免费手术715例；实施国家“彩金”助听器康复项目，为114名听力残疾人免费配发助听器；继续实施“七彩梦行动计划”孤独症儿童康复项目，为45名孤独症患儿提供系统的康复训练；继续实施智残康复救助项目，为90名智力残疾儿童实施康复训练。在富顺县开展残疾人辅助器具适配全覆盖试点工作，为残疾人提供辅助器具5841件套。开展残疾人证核发工作，全市办理第二代残疾人证7.48万人，占残疾人总数的33%。

【残疾人教育工作】 2016年，开展残疾考生上线录取工作，全年上线残疾考生24人，录取24人。市残联会同市财政局、市教育局、市民政局出台《自贡市资助残疾学生和困难残疾人子女助学实施办法》，该办法从2016年9月开始实施。全年争取到彩票公益金助学（学前教育）项目资助85名残疾儿童，共25.5万元。

【残疾人就业工作】 1月，市残联与市人社局联合开展就业援助月活动，全市发放各类政策宣传资料2万余份，登记就业年龄段失业的残疾人员2356人，走访贫困残疾人家庭2250户，组织残疾人专场招聘会19场，帮助残疾登记失业人员实现就业358人。组织18人参加盲人保健按摩师培训并取得中级技能资格证书，就业率100%；组织2人参加全国盲人医疗按摩人员考试。

【董超在第15届残奥会上夺首金】 9月8日，在巴西里约热内卢第15届残奥会开赛第一天，自贡市输送的国家级运动员董超在R1－SH1男子10米步枪比赛中以205.8环的成绩为中国体育代表团赢得首金，并打破奥运会赛事会纪录，市委、市政府向中国体育代表团和董超发去贺电。9月30日，市委书记李刚在檀木林城市名人酒店会见董超及家人。

【组织参加省市第二届残疾人文化艺术节】 9月12日，主题为“感恩奋进、绽放梦想”的自贡市第二届残疾人文化艺术节在富顺县文体中心举行。全市各区县7个代表团、170名选手参加艺术节活动，参赛节目32个、参评作品109幅（件）。组团参加11月中旬在西昌市举办的四川省第二届残疾人文化艺术节，自贡市获优秀组织一等奖和1个金奖、4个银奖、6个铜奖、5个优秀奖。

【全国助残日活动】 4月23日，市残联、市民政局牵头，市慈善总会和多家公益组织及机构参与公益捐赠，为15名脑瘫儿童捐赠便携式轮椅及一批学习用品，价值20万元。5月12日，副市长马宏带队慰问市儿童福利院、市花园家特殊特训康复中心和市特殊教育学校的孤残儿童，慰问孤残儿童91人，送慰问金（品）折合7280元。5月13日，举办第26次全国助残日“我的梦”演讲比赛，11名残疾人参与比赛，评出一等奖2人、二等奖3人、三等奖6人。

（何兴春）

市红十字会

【博爱送万家活动】 2016年，组织开展“博爱送万家活动”，投入资金10.81万元，其中：省红十字会划拨物资5.46万元，市红十字会筹集资金1.77万元，区县红十字会累计投入资金3.58万元。活动受益家庭623户，受益群众1869人。市红十字会与市关工委到市儿童福利院慰问特殊家庭，副市长、市红十字会会长石岷嘉带队走访慰问自流井区舒坪镇狮湾村特困家庭；各级红十字会与卫生部门配合，结合精准扶贫和“三联三服务”工作对困难家庭进行慰问。

【“三献”工作】 2月26日，全市无偿献血工作宣传会议在市中心血站召开。11月26日，市红十字会在华商国际城开展大型造血干细胞志愿者行动启动仪式，宣布自贡建立造血干细胞采集长效机制，活动当天采集血样265份，并设立捐献器官遗体宣传点，为全市无偿献血、造血干细胞、人体器官和遗体捐献工作奠定基础。

【救助工作】 8月26日，由市红十字会和自贡光明医院联合主办的捐资助学金发放仪式在光明医院会议室举行，向13位家庭困难的大学新生发放爱心助学金2.6万元，市政协副主席牟玉昆，四川利华光明医院管理集团董事长、总经理、光明医院院长胡先其等参加颁发仪式。2016年，市红十字会向省红十字会申请人道救助资金13万余元，资助特困群众8人；向中国红十字基金会小天使基金申报大病患儿资料15份，获得批准5人，获取资助15万元。

【卫生救护培训】 1月15日，市红十字会邀请市中医院名中医鄢路洲到沿滩区九洪乡九洪中学开展养生专题讲座，向该校教职工讲解疾病预防知识和养生方法，增强疾病预防意识。4月15日至5月10日，市红十字会与市安监局在高新区学苑街、荣县望佳镇、富顺县东湖镇和贡井区建设镇、艾叶镇等8个乡镇（街道）举办应急救护知识与技能培训班，参训人员1000余人，培训合格救护人员800

余人。市红十字会到富顺县发展和改革局、沿滩区刘山中学等机关事业单位，为干部职工及学生开展急救知识讲座。全年培训急救证书班合格学员852人，普及急救培训班学员3084人。

【志愿救援队伍建设】 5月11日，市红十字会在江姐中学举行“自贡市红十字应急救援志愿队”授旗及“自贡市红十字青少年应急救护培训示范学校”授牌活动。

【对外交流活动】 8月1日至7日，澳门“分享爱·青春行”生活体验团一行到沿滩区八斗澳门红十字博爱小学开展活动。27名澳门青少年与当地12名小学生结对子，深入农户家体验农村生活，加深两地学生的友谊，促进共同成长进步。中国红十字会总会对外联络部港澳台处、澳门红十字会青少年志愿服务部、省红十字会组宣部及市红十字会相关人员参加活动。

（市红十字会）

市消费者协会

【“12315”体系建设】 2016年，完成自贡市“12315”指挥中心升级改造，实现市工商局“12315”与全市三区四所及五个维权点的视频现场调解。全市累计建成“一会两站”1173个、“五进”维权服务站99个、青少年和老年消费维权基地8个。参加“2015年四川最美维权人物”评选活动，扩大“12315”品牌的社会影响力。指导各级消费者权益保护委员会开展工作，确保市区县消费者权益保护委员会的办事机构、编制、人员、经费四落实。

【消费维权成果】 2016年，全市“12315”平台受理消费者咨询8533件、投诉1370件、举报56件，调解成功率98%。深化“12315”指挥中心数据运用，及时反映消费维权的重点、问题和趋势，发布消费警示12期。编印《老年消费维权实用手册》2000本并免费发放。全市各级消费者权益保护委员会调解处理消费纠纷944件，为消费者挽回经济损失141.5万元。

（市消费者协会）

市关工委

【学习贯彻省市委会议精神】 7月，市委召开关心下一代工作会议，学习贯彻省委关工会议精神和省委办公厅、省政府办公厅印发的《四川省关心下一代工作委员会工作规则》，安排部署全市关心下一代工作，市委书记李刚出席会议并讲话。市委将“切实加强关心下一代工作”写入党代会报告，列入市重点工作目标任务，划拨400万元建立关爱基金。

【青少年思想道德教育】 2016年，以纪念中共成立95周年、中国工农红军长征胜利80周年为契机，通过组织“两史”宣讲、观看爱国题材电影、参观红色教育基地、寻访身边优秀党员、学唱爱党爱国歌曲等活动，引导青少年了解历史，爱党爱国。注重青少年法治宣传教育，全市各级关工委开展各类宣讲报告900余场次，受教育青少年15万余人。把思想道德教育同社会实践结合，组织近2000名青少年开展“铭记两史，践行三爱”夏令营活动。推动青少年心理健康教育，市关工委邀请市五医院院长、精神卫生专家谭友果为“五老”（老干部、老战士、老教师、老专家、老模范）骨干作题为《青少年心理健康问题的识别和预防》的辅导报告，贡井区关工委联合区教育局对全区110余名政教干部开展学校心理辅导教师专项培训；市关工委联合市精神文明办建立市级未成年人心理成长指导中心，加强学校心理辅导室建设，落实心理辅导专职教师，开设心理教育课程，对学生进行常态化心理健康教育；联合市教育局编辑《青少年心理健康教育实用读本》，成为基层“五老”、广大教师和家长的指导用书；在全市中小学校组织心理健康教育月活动，开展心理健康教育宣传、知识讲座、心理咨询、主题班会等。全市各级关工委参与社会创新治理，推进“三结合”教育。其中，荣县在组织上实行学校关工委和乡镇、村（社区）关工委常务副主任交叉任职，推动学校、家庭、社会关爱教育力量大融合；自流井区通过教师评价、家庭评价、社区评价、学生自评和互评等多元化方式对学生全面了解，促进学生养成良好道德修养和行为习惯；市关工委文教报告团成员刘廷荣在自贡电台、自贡晚报持续开办“婴幼儿早教”专题节目。各级关工委网吧义务监督团队采取常规监督与重点监督相结合、监督检查与教育疏导相结合等方式，对未成年人上网进行义务监督。是年，全市700余名“五老”网吧义务监督员对全市267所网吧累计开展监督检查9000余人次，帮教违规上网未成年人539人次。

【关爱帮扶困境青少年】 2016年，联合市委统战部、市教育局等单位开展“栋梁工程——家乡助你上大学”爱心助学活动，全年筹资977万元，帮助贫困大学新生3820人；配合市就业局开展青年技能培训1348人，帮助失业和就业困难青年实现就业174人，实施创业培训3888人；各级关工委坚持对集中供养和散居抚养孤儿开展心理疏导、义诊义教等关爱活动，对事实孤儿开展调查摸底和关爱帮扶活动；市政法关工委发挥协调指导作用，建立预防未成年人违法犯罪调研协调组、未成年人法庭人民陪审员组、青少年权益维护组、校园周边治安巡逻队、未成年人法律援助团等各具特色的专业小组，推动法治关爱工作；市政法关工委与市司法局、团市委联合印发《动员组织“老政法”和青年志愿者队伍参与社区矫正工作实施方案》，组织一批“老政法”开展社区矫正和帮教工作；全市各级关工委配合民政、教育、公安等部门全面开展农村留守儿童及困境儿童的摸排调查；配合市妇联开展“农村女童安全救助”行动，对全市存在安全隐患的3800多名3～14周岁女童建立结对卡，发放《儿童防性侵》画册，开展以“女童性安全”为主题的家庭教育活动；联合团市委开展“暖冬行动”，为困境儿童提供价值6万元的御寒物资。截至2016年年底，全市5383名“五失”青少年中有4644人得到转化、入学、就业和健康成长，总转化率83.41%（其中失足转化299人，占总数的86.67%；失学除特殊原因外重新入学404人，占总数的100%；促进就业2817人，占总数的82.10%；失亲帮扶543人，帮扶率100%；失管转化581人，占总数的90.78%）。

【“关工”品牌创建】 截至2016年年底，全市有1135个社区（村）达到“五无两有”（青少年无辍学、无新增犯罪、无吸毒贩毒、无网瘾、无不孝子女，有文化、有技术）创建目标要求，占总数的86.6%。市关心下一代公益联盟发展到78个成员单位，“977”爱心公益协会连续五年开展“爱心送考”公益活动，全年组织200多辆爱心送考车把1000多名参加“两考”（高考、中考）的困难学生送到考场。富顺县的青春期性知识教育和防性侵教育品牌在富顺一中成功实践，逐步向全县学校推广。到荣县周末活动室学习的学生达187人，县关工委将活动室的经验做法推广到留守学生之家、农村书屋等阵地。市关工委先后划拨17万元专项资金支持区县打造品牌示范点。自流井区六中法制教育基地组织开展“两学、三讲、五活动”11场次，累计2000余名师生受到教育，基地校近4年未发生一起治安案件和刑事案件。沿滩新城龙湖远达社区青少年活动中心创造性开设“道德银行”，将青少年思想道德教育以“道德币”的形式具体化、形象化，可存储可支取。大安区打造“凉高山社区四点半课堂”，从制度管理、集中培训、跟踪建档、监管纪律等方面规范志愿服务活动。全市各条战线累计形成有一定影响力的“关工”品牌或示范点41个。

【自身建设】 2016年，开展第二轮创建“六好关工委组织、四好五老志愿者”活动。是年，市关工委执行主任邱德峰，“五老”志愿者王正国、宋淑芳、朱邦谊获全省关心下一代工作突出贡献奖，市关工委顾问张文照获全省关心下一代工作荣誉奖，富顺县赵化镇关工委执行主任田荣渊获省第四届“关爱明天十佳五老”提名奖。截至2016年年底，市关工委2次获全国先进集体、3次获全省先进集体，先后有194个关工委组织、333名“五老”获全国、全省、全市先进集体、先进个人。全市有“六好”关工委组织3026个，占总数的71.2%。

（邱海燕）

法　治

政法委及综治工作

【服务经济发展】　2016年，全市政法系统贯彻落实省、市委政法委关于《进一步发挥政法工作保障服务经济发展重要职能的指导意见》，关注结构调整、经济运行中出现的新情况新问题，正确处理依法办案与预判风险、平等保护与利益平衡、坚守法律底线与运用法治智慧的关系。打击涉众型经济犯罪，查办经济犯罪案件242起、涉案金额4.7亿元，挽回经济损失7126.7万元；审结金融借款、民间借贷3299件，涉案标的额28.92亿元；查办职务犯罪83件110人，维护经济金融秩序。推进“法律七进”，为重大项目建设提供专项法律服务281件次，为企业开展“法律体检”57场次，预警预防各种风险隐患。建立疑难案件会商制度，依法慎重使用查封、扣押、冻结等强制措施，妥善处理鸿化、久大、川玻、长征等涉企涉众重大疑难案件，保护企业生产力。

【维护政治安全】　2016年，开展对各类重点人员的教育转化、分化化解工作，搜集掌握相关反渗透反颠覆的线索70条，一一落地核查，消除隐患；侦破国家安全类案件28件，比2015年增长21%。坚持先发制敌、止于未发的原则，持续加强对涉恐人员、涉恐要素管控，强化街面巡逻和重点目标单位安全检查，提高对社会面的控制力和震慑力。加强“涉疆”反恐维稳预防处置工作，建立跨区域的应急联动机制和专业处突队伍。全面推进防范控制、教育转化、精准打击、警示教育等各项重点工作，最大限度挤压各类邪教活动空间。全年查处各类邪教案件14起，查获各类邪教人员14人，查缴“法轮功”邪教组织宣传品292件。

【维护社会稳定】　2016年，坚持抓源头防范和重要节点相结合，全年开展重大事项稳定风险评估229件，对“棚户区改造”、川南城际铁路、向家坝灌区一期工程等重大项目进行风险评估，预防化解一批不稳定隐患。坚持滚动排查、定期研判、重要情报信息和紧急情况及时通报的信息传递共享机制，排查突出不稳定因素1362件，处置一批苗头性、倾向性涉稳问题，化解率90.5%。持续开展进京非访问题整治，全市到省进京“非访”32人次，比2015年下降53%，妥善化解省交办的43件信访积案。健全和运行重要敏感时段维稳工作机制，加强指挥调度、应急处置，确保中共十八届六中全会、G20峰会、G20央行行长成都峰会、省市“两会”等重大敏感节点期间的安全稳定。是年，全市无暴力恐怖事件、群体性事件和重大恶性事件发生。

【“平安自贡”建设】　2016年，全市共立刑事案件1.23万件，比2015年下降15.88%；共立治安案件9810件，比2015年上升3.83%。批捕各类刑事犯罪嫌疑人1073人，起诉1918人。审结刑事案件1462件，判处犯罪分子2026人。全年共发命案12件，破案12件，破案率100%。抓“六张防控网”建设，形成社会面治安、乡镇（街道）、村（社区）、治安重点、单位内保安全、信息网络、科技防控等防范工作机制。截至是年年底，全市划分网格1993个，配备专兼职网格员1986人；受理事件35.2万件，办结事件33.1万件，办结率

94%，网格化平台活跃度、事件办理总量等居于全省前列。推进以“雪亮”工程为重点的农村社会治安防控体系建设，2016 年全市规划建设“雪亮”工程村 173 个，占任务的 109.5%。在富顺县、荣县的县城周边规划连片实施“雪亮”工程，形成县城周边“雪亮”工程与县城“天网”工程无缝覆盖。开展寄递物流清理整顿，全面落实寄递物流安全管理“三个 100%”，强化全行业监督检查。运用“四川寄递 e 通”APP 软件，实现寄递物流轨迹化、流程化管理。全年累计完成快递业务投递量 1185.25 万件，比 2015 年增长 151.92%，快递服务业无重大安全事故发生。依靠和拓展大调解体系平台，完善“医疗、交通肇事、劳资纠纷”一站式调解服务品牌，化解矛盾纠纷 1.6 万余件，化解率 98.3%。推行“随手调”模式化解录入矛盾纠纷 4551 件，比 2015 年增长 2.8 倍，保持全省先进行列。荣县双石镇矛盾纠纷源头发现化解机制建设项目被列为省级试点创新项目。在 2016 年全省平安建设群众满意度测评中，自贡市在全省各市州的排名首次上升至第 2 位。

【司法体制改革】 2016 年，按“借鉴经验，完善政策，全面实施，统筹推进”的思路，推进规范刑事诉讼涉案财物管理处置、刑事庭审实质化改革、司法责任制改革等三项重点改革，稳步推进公安改革、司法行政改革和律师制度改革，完善律师参与化解和代理涉法涉诉信访案件机制。出台《关于进一步规范刑事诉讼涉案财物管理处置工作的意见》《自贡市刑事诉讼涉案财物管理场所建设方案》。在荣县、自流井区启动刑事庭审实质化改革试点，发挥庭审对侦查、起诉程序的制约和引导作用。完成全市法官、检察官入额遴选工作，全市 199 名法官、156 名检察官进入员额。推进两年内基本解决执行难工作，2016 年全市法院执行收案 8598 件，结案 8318 件，结案率 96.74%；执行到位标的金额 16.13 亿元，执行案件比 2015 年上升 59.7%。

【政法队伍建设】 2016 年，开展“两学一做”学习教育，组织全市政法系统学习贯彻中共十八届六中全会精神、市第十二次党代会精神等，引导政法干警增强党性修养，严格纪律要求，永葆政治本色。持续治理“三难六案”，会同市纪委建立政法系统领导干部违纪案件信息沟通等机制，选聘 23 名市级作风监督员，全年查处政法系统违纪违法案件 9 件 9 人。执行《领导干部干预司法活动、插手具体案件处理、通报和责任追究规定》《司法机关内部人员过问案件的记录和责任追究规定》，支持法院和检察院依法独立公正行使审判权、检察权，支持政法各单位依照宪法法律独立负责、协调一致开展工作。加强政法机关“两微一端”和门户网站建设，策划开展“法治基层行”“送法下乡”宣传活动，举办“法治记忆·盐都故事”优秀文化作品征集和展出活动，举办《百姓看法》《盐都警方》《盐都检察》等栏目，传播弘扬政法工作的正能量。坚持重大敏感案事件依法处理、舆论引导、社会面管控“三同步”，及时处置一批涉警舆情。在全省率先全部建成区县法学会。推进全市专业法学会建设，相继成立行政法学研究会、知识产权法学研究会和民商法学研究会。承办第三届“治蜀兴川”法治论坛（自贡）、全省法学会系统培训会等重大活动。全年有 105 个集体、135 人次分别获中央、省级表彰。维稳综治政法宣传、法学研究工作被评为全省先进，铁路护路工作被评为全省一等奖。

（陶大艳）

法治政府建设

【落实《法治政府建设实施纲要》】 2016 年，贯彻中共中央、国务院印发的《法治政府建设实施纲要（2015—2020 年）》，7 月启动《自贡市法治政府建设工作方案（2016—2020 年）》（以下简称《市工作方案》）的起草工作，对照 8 个方面任务，细化拟定全市 155 项具体工作措施，明确各项工作的牵头单位和配合单位、时间进度、可检验的成果形式等。10 月，根据《四川省法治政府建设实施方案（2016—2020 年）》，对《市工作方案》进行修改完善，将 155 项具体工作措施整合为 113 项，对相关任务、时间进度等内容进行调整修改，并以市委、市政府文件印发实施。

【清理调整权责清单】 2016 年，出台《自贡市权责清单动态调整管理办法》，根据办法对市卫生计生委等15个部门的76项行政权力进行动态调整，取消64项、下放区县10项、调整行政权力主体2项。完成行政权力责任清单编制工作，涉及40个单位6465项权力责任，于11月通过市政府门户网站分两批向社会进行公告。

【启动政府立法工作】 2016年，出台《自贡市人民政府拟定地方性法规草案和制定规章程序规定》，明确地方性法规草案拟定和规章制定程序及相关工作机制，明确政府立法要通过政府网站、媒体、报纸和召开听证会、座谈会、沟通会、论证会等多种途径和方式公开征集公众及专家学者意见。按市人大常委会2016年立法计划，3月全面启动地方性法规草案起草工作，完成《自贡市集中式饮用水水源地保护管理条例》《自贡市〈四川省物业管理条例〉实施办法》两部地方性法规草案的起草工作，并按程序提请市人大常委会审议。12月5日，《自贡市集中式饮用水水源地保护管理条例》由市人大常委会公布。

【完善行政决策机制】 2016年，制定《自贡市重大行政决策程序规定》，明确将合法性审查作为行政决策的必经程序。是年，市政府法制机构开展合法性审查101件，其中，审查通过98件、审查修改完善3件。全年未发生重大行政决策事项审查不合法或未按合法性审查意见修改完善即提请市政府审议的情况。8月，出台《自贡市人民政府法律顾问管理办法》，完善法律顾问选聘方式，新增法律顾问动态调整、绩效考评、分歧意见听证等机制，健全法律顾问工作台账和意见反馈等制度。全年法律顾问参与市政府决策事项审查15人次，参加立法论证5人次，参加行政复议案件讨论60余人次，代理行政诉讼案件13件。

【规范性文件管理】 2月，修订发布《自贡市行政规范性文件制定和备案规定》，对规范性文件的组织与起草、审查与决定、公布与备案、管理与监督等作出规定，并于9月由市政府法制办牵头，开展行政规范性文件监督管理专项检查，集中对10个市级部门、2个区县政府和10个区级部门进行抽查，规范性文件“三统一”（统一登记、统一备案、统一公布）和有效期制度得到落实。全年市政府向国务院、省政府和省人大常委会、市人大常委会报送政府规章备案1件，向省政府、市人大常委会报送规范性文件备案13件；市政府收到区县政府报送备案的规范性文件13件，收到市级部门报送备案的规范性文件10件，经市政府法制办审查，全部合格并予登记备案。

【规范执法行为】 2016年，市政府办公室印发《自贡市建立健全行政执法系列制度实施方案》，规范各级各部门行政执法行为，强化行政执法监督，探索建立执法全过程记录制度、行政执法公示制度、重大执法决定法制审核制度、行政执法过错责任追究制度等4项制度，并推进“双随机一公开”（即行政执法部门在实施行政检查时随机抽取检查对象，随机选派执法检查人员，及时公布查处结果）工作和行政许可、行政处罚“双公示”制度。开展行政执法主体和执法人员清理，对行政执法人员和聘用履行行政执法职责的合同工、临时工进行清理，全面实行行政执法人员持证上岗和资格管理制度，杜绝不具备行政执法资格的人员行使执法权。经清理确认，全市共有353个行政执法主体和7571名执法人员。

【改进复议应诉制度】 2016年，建立健全市行政复议委员会工作制度和机制；建立行政复议案卷评查制度，提高行政复议案件办理质量及档案管理水平；建立行政复议、应诉案件分析制度，针对案件中反映出的典型问题，就规范具体行政行为向区县政府和市级部门提出意见和建议。执行行政机关负责人出庭应诉规定，履行应诉职责，把行政机关负责人出庭应诉情况纳入依法行政责任考评范围，支持人民法院依法受理行政案件，执行人民法院作出的生效判决和裁定，回应司法建议。市政府行政复议应诉机构全年办理行政复议案件29件、行政诉讼案件13件。

【完善工作推进机制】 2016年，将自贡市依法行政工作领导小组更名为自贡市法治政府建设工作领导小组，由市长任组长，定期召开领导小组会议，研究部署依法行政工作；印发2016年度法治政府建设工作安排。坚持市政府常务会议会前学法制度，全年进行会前学法16次。根据省法治政府示范创建单位工作安排，印发《关于继续推进法治政府示范创建活动的通知》，召开示范创建工作会议，要求各示范创建单位将创建活动纳入重要议事日程，与法治政府建设各项工作统筹安排、整体推进。参加“四川省十个法治政府建设事件”评选活动，挖掘具有典型意义的法治政府建设事件，展现法治政府建设新成果，“自贡市深化投资项目行政审批制度改革典型事件”入围20件候选事件，并在省政府法制办组织的专家评审会上作现场陈述。

（市政府法制办）

公 安

【概况】 2016年，全市破刑事案件4624起，刑拘1993人，提请逮捕1073人，直诉1042人；受理治安案件9810起，查处治安案件8296起，治安处罚3888人。

【维稳工作】 2016年，全市公安机关编发《涉稳信息》226期，搜集掌握线索或情况4950条。完成十八届六中全会、各级“两会”、第二十二届国际恐龙灯会、G20峰会、世界航线大会、西博会等重大安保维稳工作。全年接报各类邪教案件23起，立案9起，破案9起；查获各类邪教违法人员14人，查缴邪教宣传品2479件。处置本地有害信息1000余条，通报省外市级网安部门网上有害信息1700余条，编报《网安信息》147期。接待群众来信来访995件次，受理290件次，办结279件次，办结率96.21%，依法打击处理信访违法人员104人次，其中，刑事拘留1人次、行政拘留103人次。开展特警、武警联合武装巡逻，推进反恐防暴基础工作，强化重点目标单位安全检查，落实防范责任，防止暴恐事件发生。

【惩罚黑恶和涉枪犯罪】 2016年，全市一审判决九类涉恶犯罪人员418人，起诉涉枪犯罪嫌疑人72人。

【惩罚严重暴力犯罪】 2016年，全市发命案12件，破案12件，破案率100%，继续保持命案全破。

【惩罚经济犯罪】 2016年，立经济案242件，破经济案152件，抓获作案成员197人，挽回经济损失7126.7万元。

【惩罚侵财犯罪】 2016立侵财案1.13万件，破侵财案3857件，抓获犯罪嫌疑人1003人。

【惩罚毒品犯罪】 2016年，立毒品案246件，破毒品案237件，缴获各类毒品15.3855千克，抓获毒品犯罪嫌疑人285人。成功破获“邱善林贩卖毒品案”，缴获毒品海洛因6.6千克、麻古4.9千克，为建市以来最大毒品案。查处涉毒行政案1286件、吸毒人员1781人，强制戒毒525人。

【惩罚“黄赌”违法犯罪】 2016年，受理“黄赌”刑事案94件，破获86件，抓获184人；受理“黄赌”行政案367件，查处371件，行政处罚1593人；收缴赌资1430万余元，取缔赌博游戏室77家，收缴、销毁赌博游戏机511台。

【深化公安改革】 2016年，全市公安机关围绕“防控风险、服务发展，破解难题、补齐短板”总要求，依靠科技支撑、改革驱动，全面深化公安改革。按照《自贡市全面深化公安改革工作实施方案》，确定全市公安机关2016年4大重点16小项改革项目任务清单，试点开展派出所绩效考核和执法视音频监督管理机制改革，优化警务运行和执法权力管理运行机制。全面放开城镇落户条件，启动居民身份证异地受理互办工作，受理互联网网上户政业务咨询等。至是年底，办理农村居民转为城镇居民6.35万人、外地迁入城镇居民9184人、农村居民转移落户3195人，解决无户人员4000余人。落实公安部28条、省公安厅22条、市公安局16条助推发展服务群众的措施。建成并投入使用互联网交通安全综合服务平台，实现群众网上办理机动车业务、驾驶证业务等10大类130多项业务，实施跨省异地缴纳交通违法罚款等。按照“做精机关、做专警种、做实基层”思路，整合市公安局党委办、信访处、反恐处、警卫处，在沿滩区、荣县试点刑侦警种负责城区刑案侦破工作，激发队伍活力，提升警务效能。

【网格管控】 截至2016年年底，全市社会面划分为370余个网格，建成城乡社区警务室230余个，配备社区（驻村）民警280余人、协警1120余人；建成治保会1960个、治保小组6670个，治保队员达1.51万人、治安联防队员1.27万人。

【群防组织建设】 截至2016年年底，全市建立专业巡逻队363个、人员1896人，义务群防队788个，人员6369人，建立低保巡逻队227个、人员2750人，建成内保群防组织630个、保安1460余人。

【防控设施建设】　2016年，推进城市公共视频建设，新建高清探头2200个、治安卡口500个，建成小区监控系统81个、内保单位报警监控系统873个。

【推进“一标三实”与“双清”工作】　截至2016年年底，采集标准地址185.18万个，实有房屋119.64万套、实有单位8.38万家、实有人口232.67万人，服务实战成效198（2016年）件。

【火灾隐患整治】　2016年，检查单位场所1.09万家，整改火灾隐患4107处，下发责令改正通知书3935份，下发处罚决定书331份，罚款108.48万元，临时查封132家，责令“三停”120家，重点解决一批突出火灾隐患，全市连续16年无较大以上亡人火灾事故。

【道路交通安全治理】　2016年，以道路交通安全综合治理长效机制建设年为契机，强化事故信息研判分析和隐患排查。坚持信息排查清理，落实集中抄告制度，全年清理抄告重点车辆、驾驶人交通安全信息1.6万余条。将“马吃水立交桥环岛”等8处隐患报市安委会。开展专项行动70余次，查处各类交通违法行为56万余起。

【行业场所安全管理】　2016年，排查寄递物流企业620家次，排查涉爆涉危单位1530家次、涉爆人员896人次，整改隐患1190处。加强监所和内部管理，全年未发生安全事故。

【队伍建设】　2016年，全市公安机关牢固树立“队伍建设既是根本，又是保障”理念，从政治建警、素质强警、从优待警、警规束警、形象立警等方面加强公安队伍建设。开展全市公安干警理想信念教育，带头讲政治、懂规矩、守纪律、做表率。组织全市公安机关深入学习贯彻中共十八届六中全会、省委十届九次全会和市第十二次党代会精神和《中国共产党廉洁自律准则》《中国共产党纪律处分条例》和《中纪委六次全会决定》，学习践行“两学一做”优秀党员领导干部先进事迹，学习买买提江．托乎尼牙孜等全国公安机关先进典型。制定教育训练标准、等级，强化教育训练，全年组织开展实战化训练69期2160人次、专业训练42期1765人次、练兵比武活动30余场次，取得全省特巡警比武团体第四名，夺得全省警体运动会田径赛团体第一名。落实职业荣誉制度，建成警史馆、荣誉室、荣誉墙、光荣榜等荣誉展示平台103个，组织入警宣誓、授衔、退役等仪式16场132人次。制定全市公安队伍风险防控评估办法，落实对队伍苗头性、倾向性问题的预知、预判、预警和预防工作。落实一岗双责，强化权力运行监督，严查违法违纪行为，全年立案查处民警违纪案件7起7人，立案待查1起。利用报刊、电视、宣传栏、宣传灯箱、网络、公安微博、微信、微电影等平台，全方位传播警营正能量。全年在中央、省、市级新闻媒体发稿4489篇，制作播出自贡日报《盐都卫士》专版及《自贡警方》电视专栏710期，发布微博1.35万条，微信公众平台推送信息70期750余条。

（市公安局）

检　察

【构建经济社会发展服务机制】　2016年，出台《关于充分发挥法律监督职能精准有力服务经济建设优化干事创业发展软环境的意见》，率先在全省建立查办职务犯罪案件经济影响风险评估机制，开展经济影响风险评估15件次。妥善办理川盐自贡分公司原经理王某某涉嫌贪污、受贿1000万余元案，促进全市盐业系统改革发展。围绕新农村建设、保障性安居工程、重大水利设施等政府投资重点领域，查办贪污、挪用、私分政府投资资金的职务犯罪7人。与金融机构“检银共建”，会签《打击金融领域犯罪共促经济发展工作协议》，起诉破坏市场经济秩序犯罪38人。与雄飞集团、荣县明峰陶业有限公司等60余家非公有制企业实现检企共建，到企业走访40余次，提供法律咨询服务150余次，协调解决制约企业发展难题60余个。围绕服务和保障脱贫攻坚，出台《关于加强查办和预防扶贫领域职务犯罪有关工作协作的意见》，率先在全省开展查办扶贫领域职务犯罪专项行动，查办贪污、挪用扶贫资金等职务犯罪27件43人，工作经验被省检察院推广。针对严重侵害农民群众利益的案件，开展法治宣传和警示教育活动11场次。开展脱贫攻坚对口帮扶，引进扶贫建设项目投资3000余万元，协助解决问题45个。引进华润集团、福建以晴集团到荣县来牟镇与政府、企业达成8亿元~10亿元投资合作意向。

【惩罚刑事犯罪】 2016年，批捕各类刑事犯罪嫌疑人1067人，起诉1937人，分别比2015年下降10%和上升1.15%。惩罚故意杀人、绑架、“两抢一盗”、诈骗等严重暴力犯罪和多发性犯罪，批捕496人，起诉699人。惩治电信网络诈骗、集资诈骗、非法吸收公众存款等涉众型经济犯罪，批捕8人，起诉18人。

【化解社会矛盾】 2016年，对无逮捕必要的，决定不批捕374人；对犯罪情节轻微的，决定不起诉112人。对不需要继续羁押的10名犯罪嫌疑人建议释放或变更强制措施。拓展诉求渠道，依法妥善处理控告申诉举报203件。邀请人大代表、政协委员、人民监督员等参与公开审查、公开答复15次，将律师相关信息进行公示，供信访人、申诉人选择，化解群众信访矛盾10件次。富顺县检察院通过省检察院“全国文明接待示范窗口”的复查验收。

【保障特殊群体合法权益】 2016年，市、县（区）两级检察院实现未成年人专门办案机构全覆盖，对39名未成年人不捕、不诉，到中小学开展普法宣讲20余场次。贡井区检察院、富顺县检察院与当地中小学共建未成年人维权工作点，自流井区检察院被评为全国青少年维权岗。支持农民工起诉拖欠工资案件6件，涉案金额20万余元，对48名生活困难的刑事被害人及近亲属提供救助，发放救助金22.76万元。对精神病人强制医疗监督，纠正强制医疗执行不当或违法2人。

【规范办案程序】 2016年，制定《刑事诉讼涉案财物信息公开实施细则（试行）》，强化刑事诉讼涉案财物信息公开的主动性、规范性和有效性，全年公开涉案财物信息37件，涉案款900万余元、涉案物品40件，4名涉案当事人家属和2名律师辩护人查询扣押涉案财物的信息。完善刑事诉讼二审案件办理流程监控工作。实施检察委员会规范化建设，荣县检察院被评为全省检察委员会规范化建设示范单位。

【查处职务犯罪】 2016年，立案查办职务犯罪案件83件110人，分别比2015年下降19.42%和7.56%。其中，大案74件，县处级以上要案7人，分别比2015年下降26%和46.15%，为国家挽回经济损失1.8亿元，立案查办达州市委原副书记易某涉嫌受贿1000余万元案、荣县原副县长荣某英涉嫌受贿60余万元案、市国土局副局长李某国涉嫌受贿100余万元案等一批有影响的职务犯罪大要案。

【职务犯罪预防】 2016年，创新职务犯罪约谈、预防诫告等工作方式，重点打造廉政警示教育基地、预防职务犯罪“五进”宣讲、职务犯罪预防宣传3个品牌。组建职务犯罪预防宣讲团，依托廉政警示教育基地，开展法治宣传和教育警示活动67场次。市检察院及自流井区检察院、贡井区检察院、大安区检察院与本级扶贫部门签订针对涉农扶贫领域的共同预防协议，针对涉农领域职务犯罪进行专题预防8次。

【刑事诉讼监督】 2016年，监督侦查机关立案48件，监督撤案26件，纠正侦查活动违法情形42件次；追加逮捕26人，追加起诉41人。对刑事判决、裁定提出抗诉17件，提出书面纠正违法16件次。成立《刑事拘留检察监督信息化机制路径研究》课题组，成功申报最高人民检察院、市社科联重点课题，并通过最高人民检察院结项。

【刑事执行监督】 2016年，向监管机关提出书面纠正违法意见70件，纠正70件。开展交付执行检察专项活动，发现4人未被交付执行，全部予以纠正。开展财产刑执行监督专项活动，监督立案执行6人72.2万元。开展刑罚变更执行、监管执法、社区矫正监督，纠正各类违法212件。富顺县检察院审查的“付起义非法行医案”获2016年度全国羁押必要性审查精品案件。

【民事审判和行政诉讼活动监督】 2016年，开展“基层民行检察工作推进年”和“执行案款集中清理工作”专项活动，受理各类民事行政检察监督案件130件，提出再审检察建议17件，办理执行监督案件19件，办理审判活动中违法情形监督案件20件。市检察院办理的宁波伊司达洁具有限公司虚假诉讼案被最高人民检察院作为加强产权司法保护典型案例发布。

【接受监督】 2016年，接受人大及其常委会监督，报告规范司法行为专项整治、诉讼监督、检察改革等重大工作情况21次。向政协通报工作。

邀请人大代表、政协委员视察调研、参与执法检查等活动1640人次。推进人民监督员制度改革，人民监督员监督案件4件4人，参与监督讯问职务犯罪嫌疑人、查封、扣押财物等71人次。在自贡电视台开播《盐都检察》电视栏目，构建检务公开网上、网下立体格局。市县两级检察院门户网站全年访问量20万余次，编发微信、微博2500余条，公开案件程序性信息2949人、重要案件信息234条，法律文书公开1335份。查办的自贡市路政执法渎职犯罪窝串案，获“2015检法系统新媒体十佳经典案例”。

【完善内部监管机制】 2016年，健全以办案质量为中心的绩效管理考评机制。推进案件管理机制改革，确立以系统巡查为主、人工管理为辅的监控措施。沿滩区检察院被最高人民检察院确定为全省三个案件管理工作联系点之一，沿滩区检察院案件管理办公室被评为省青年文明号。开展规范司法行为专项整治，对已有制度执行情况开展“回头看”，建立完善15项机制制度，规范司法行为。

【推进司法体制改革和检察改革】 2016年，推进以司法责任制为核心的检察改革，重点实施人员分类管理、司法责任制改革工作，遴选员额制检察官156人。按“谁办案谁负责、谁决定谁负责”的要求，配套制定办案监督、业务考评、执法档案等管理办法。深化以审判为中心的诉讼制度改革，健全命案、重特大毒品案件提前介入侦查和引导取证机制，规范退回补充侦查，完善办案情况评析通报等制度。审查诉前案件事实、证据，排除非法证据，防止冤假错案。推动庭审实质化，实施重大案件庭审多媒体示证，推动“四类人员”（证人、鉴定人、侦查人员、有专门知识的人）出庭。

【队伍建设】 2016年，建立跟踪问效督察机制，组织开展对涉案款物、办案安全等检务督察和专项检查32次。完善检察人员廉政警示教育机制，落实《“五小情形”情况说明制度》，开展约谈提醒14人次，批评教育27人次。组织开展案管、侦监、民行等业务培训和岗位练兵活动30余场次。有7名干警在全国、全省检察机关技能竞赛中获“标兵”“办案能手”等称号，获全省检察机关各业务条线竞赛十佳，得奖数位居全省前列。市检察院成功创建全省最佳文明单位，协助省检察院完成《中国检察文化史》撰写，丰富《检察文艺报》创作，20余部检察文艺作品获省级以上奖项。微电影《不能丢下你》在中国（盐亭）国际女性微电影年度大展中获“年度最佳影片”“最佳剪辑”两项大奖。

【基层基础工作】 2016年，强化检察机关经费保障、科技装备、基础设施和后勤保障工作，市检察院被表彰为全国检察机关检务保障先进集体，自流井区检察院被评为全国先进基层检察院。实现信息化与检察工作融合，办结各类检察技术案件462件，进行司法鉴定并出具各类文书387件，全市8个点接入全省远程视频讯问系统，自流井区检察院成功创建全省检察机关科技强检示范院。

（曾 探）

法 院

【概况】 2016年，全市法院受理案件2.86万件，办结2.73万件，结案率95.49%。其中，市法院受理案件3153件，办结3096件，结案率98.19%。

【构建服务机制】 2016年，制发《关于充分发挥审判职能 为我市“推动振兴发展、决胜全面小康”提供优质司法服务和保障的意见》，处理依法办案与预判风险、平等保护与利益平衡、坚守法律底线与运用法律智慧解决实际问题“三个关系”，实现防控风险、服务发展的目标。市法院与人民银行自贡中心支行合作，协同保护金融债权，服务金融生态环境建设。挂牌设立破产与清算审判庭，依法运用破产清算、重整及和解等制度，服务产业转型升级。挂牌设立知识产权审判庭，开展知识产权保护前瞻调研与法律宣传，助推创新发展。挂牌设立环境资源审判庭，建立环境资源案件“三合一”审判机制，市法院与市环保局开展定期联系协作，服务绿色发展。建立研判、预警、防范、化解发展风险的工作机制，为党委政府重大政策出台、重大项目推进、重大事件处理等提供法律意见和司法服务。

【刑事审判】 2016年，打击严重暴力犯罪、常见多发性犯罪，开展积压贪污贿赂案件专项审判，审理赵仕国、吴国超集资诈骗案等涉众型经济犯罪案件，营造平安稳定的社会环境。全年审结刑事案件1712件，判处犯罪分子2026人。

【民商事审判】 2016年，依法审理房地产、建筑工程、买卖合同等商事案件，化解人身损害、道交事故、教育医疗等涉民生纠纷，维护市场经济秩序。全年审结民商事案件1.48万件，涉案标的额75.69亿元，其中一审金融借款、民间借贷案件3229件。

【行政审判】 2016年，审结行政案件272件，审查行政非诉案件183件。市法院报送的2015年度行政案件司法审查报告，得到市四大班子主要领导和市委常委、政法委书记肯定性批示，并由市政府向全市行政机关全文转发。全市行政机关负责人出庭应诉率88.05%，排名全省前列。

【执行工作】 2016年，全面启动“两年内基本解决执行难”工作。市委政法委在全省率先就解决执行难召开执行工作联席会议，市委常委会专题研究基本解决执行难工作，市依法治市领导小组出台《关于“两年内基本解决执行难”工作的意见》，形成全市基本解决执行难工作格局。在全省法院“人大代表见证执行推动解决执行难”专项活动中，自贡市执行工作得到省人大代表肯定。省委政法委、省法院向全省转发自贡执行工作经验。是年，全市法院执结案件8380件，执行到位标的金额16.13亿元。

【矛盾纠纷化解】 2016年，启动市法院诉讼服务中心提档升级工作，探索推进律师参与代理和化解涉诉信访。市法院与市司法局、市律师协会合作，选定10个律师事务所的40名优秀律师入驻市法院诉讼服务中心，每周三定期开展信访接访化解等相关工作。全市法院民商事案件调撤率61.04%。

【基层审判服务】 2016年，在巡回审判联系点“全市乡镇全覆盖”基础上，市法院在板仓工业园区新设巡回审判联系点，完善以人民法庭为中心、巡回审判联系点为纽带的基层司法工作体系，全市法院累计巡回审判案件3500余件。打造以诉讼服务中心为“第一课堂”、审判法庭为“中心课堂”、人民法庭为“巡回课堂”的法治宣传“三个课堂”，开展《中华人民共和国反家庭暴力法》、“世界环境日”等普法宣传，传递司法正能量。

【审判改革】 2016年，开展司法责任制改革。完成全市法院首批员额法官遴选工作，省法官检察官遴选委员会遴选出199名优秀法官入额。完成审判（执行）团队人员编制配备工作，制定办案团队运行管理实施意见，落实“让审理者裁判、由裁判者负责”的工作机制。开展案件、机构、人员等调研测算，落实司法人员分类管理和职业保障改革，为人财物省级统管改革做准备。完善“大审管”工作格局，巩固提升案件质效。全市法院案件服判息诉率93.41%。以审判流程、庭审活动、裁判文书、执行信息等公开平台建设为载体，推进司法公开。在全省法院2016年度工作考评中，市法院审判管理、长期未结案件清理化解、裁判文书上网和司法统计4项工作均获全省一等奖。

（陈精伟　黄　懿）

司法行政

【律师法律服务】 2016年，市司法局会同市中院、市检察院、市公安局联合召开全市律师工作会议，研究部署新形势下全市律师工作。接受市政协对全市2013—2016年贯彻执行《中华人民共和国律师法》有关情况的视察。组织指导市律师协会党总支在律师行业全面开展“两学一做”学习教育。与市中院、市检察院共同建立律师参与化解和代理涉法涉诉信访案件制度，参与接待上访群众30次。是年，全市律师担任法律顾问950家，提供诉讼代理3890件、非诉讼代理750件；提供基层法律服务1640件。

【公证服务】 2016年，开展公证案件质量评查及公证行业“执业为民、便民惠民”活动，重点评查公证机构及从业人员执业情况、案件质量、内部管理等内容。推行公证服务“窗口式”办理模式，实行“一站式接待、一次性告知、一条龙服务”。是年，全市办理公证案件1.82万件。

【司法鉴定工作】 2016年，开展司法鉴定行业规范化建设活动，自查整改规范化建设问题18项，接受省司法厅规范化建设专项检查组检查获好评。持续推进资质认定工作，2家机构通过省质量技术监督局监督检查并获B类机构认定，四川联立司法鉴定中心新增法医物证司法鉴定项目（DNA），原法医毒物鉴定、痕迹司法鉴定项目通过省级资质认定。印制“自贡市司法鉴定便民服务卡”5000份，发放“四川省司法鉴定机构和司法鉴定人名册”180册，督促四川桑海司法鉴定所与市司法鉴定协会完成脱钩分离工作，在四川联立司法鉴定中心试点启动全省业务管理应用系统建设工作。组织开展司法鉴定业务培训6场、158人次。是年，全市接受委托司法鉴定案件3061件。

【法律援助】　2016年，新建市司法局公共法律服务中心，整合律师、公证、司法鉴定、法律援助服务力量，接待各类法律咨询3200余人次、接待处理热线电话289人次，直接办理公证案件2066件、受理法律援助案件130件，提供司法考试事务接待服务269人次，妥善处理自贡市亚洲美容美发院58名员工讨薪、温州商城“烂尾楼”等两起群访事件，受到司法部、省司法厅及市委、市政府领导肯定。参与“三八”维权周、群众工作月、“三下乡”等活动，争取国家彩票公益基金法律援助项目10万元，办结彩票公益基金法律援助案件68件。开展岁末年初为农民工讨薪法律援助专项活动，受理民工讨薪案件20件、涉及金额96万余元。是年，全市新建乡镇规范化法律援助工作站6个，提供法律援助2.05万件次，完成年度法律援助民生工程目标任务的136.35%，市司法局法律援助中心被司法部授予“全国法律援助工作先进集体”称号。

【社会矫正工作】　2016年，开展全市社区矫正工作督导检查，检查县级社区矫正机构7个、抽查乡镇（街道）司法所27个。全面运行社区矫正定位管理系统，配发管理终端119部、定位终端902部。执行省财政厅、省司法厅《关于进一步加强社区矫正经费保障工作的意见》，全市按社区服刑人员每人每年不低于1400元的标准落实财政预算资金320万元。继续推进政府购买社区矫正公共服务，购买公共服务岗位39个、购买公共服务项目200余个。是年，全市新接收社区服刑人员1047人，期满解除矫正1135人，仍在矫1321人，再犯罪3人（再犯罪率0.12%）。

【人民调解工作】　2016年，开展“人民调解规范化建设年”工作，融入“多元化矛盾纠纷解决机制”，全面落实“三三调”（在纠纷处理的案前、庭前、庭审三个阶段，实行三个“三结合”）、“随手调”等制度，围绕重要节点开展矛盾纠纷集中排查调解处理1715次，预防各类纠纷1491件，化解群体上访20件1585人。开展医疗、道路交通纠纷等行业性、专业性调解，配备专业性、行业性人民调解员352人。是年，全市各类人民调解组织调解处理矛盾纠纷6950件，调解成功率98.52%，防止民事转刑事1件4人，防止群体性上访27件1684人。

【安置帮教工作】　2016年，构建市、县（区）、乡镇（街道）三级安置帮教网络，推进安置帮教信息化建设，全市重点帮教对象接送率100%，一般帮教对象接送率82%。推进刑满释放人员过渡性安置基地建设，新建县级安置基地2个、乡镇级安置基地1个。是年，全市共衔接刑满释放人员2769人（含解除社区矫正服刑人员1382人），安置2716人（安置率98%），帮教2767人（帮教率99.93%），无重新违法犯罪。

【基层司法所规范化建设】　2016年，全面清理司法所业务用房建设使用情况，完成第一批32个基层司法所规范化建设，严格《司法所外观及室内标识规范》统一办公场所，配齐办公设施，健全工作制度。全市1个司法所获评“全国先进司法所”、2人获评“全国模范司法所长”。

（杨　冰）

仲　裁

【概况】　2016年，受理仲裁案件40起，涉案标的额1.4亿元。案件的调解和解率、快速结案率和自动履行率分别为70.3%、86.2%和80.6%，均比2015年有提高。

【办案质量建设】　2016年，修订《仲裁暂行规则》和《仲裁员守则》，完善和规范案件受理、审理制度和仲裁程序。实行督办单和庭审旁听制度，发现并纠正办案过程中出现的问题，确保案件审理公平公正。对裁决书、调解书实行评审制度，发现并纠正仲裁审理中出现的错误和瑕疵，完善文书质量。发挥专家咨询委员会作用，对重大、疑难案件召开研讨会议，为仲裁庭提供咨询意见。设立立案窗口，引进智能化设施，增强服务功能，打造“自贡仲裁”的窗口形象。

（马昌泉　熊　娟）

武　装

自贡军分区

【开训动员】　1月4日，自贡军分区组织召开2016年开训动员大会。会议要求重点围绕新常态下任务牵引、按纲施训、改进作风、确保安全等方面开展年度军事训练工作。

【冬季野营拉练】　1月5日，自贡军分区组织首长机关带人武部冬季野外拉练，军分区现役干部、战士参加，拉练动用指挥车、运兵车及各类保障车辆，携带望远镜、指北针、地图、铱星卫星电话、对讲机等各型装具，拉动距离60公里，其中摩托化机动45公里，徒步行军15公里。2月，各区县人武部陆续组织带民兵分队的野外拉练。通过拉练锻炼部队适应冬季作战能力，掀起实战化训练新热潮。

【落实优待政策】　1月11日，落实服兵役激励措施，督促并检查各区县发放光荣军属牌、入伍通知书和大学生入伍奖励金等情况，确保各项措施落实到位。

【中央军委工作组到市调研】　2月1日至2日，中央军委国防动员部工作组检查调研自贡军分区春节前工作，对贯彻习近平系列重要讲话精神及军委决策部署情况、部队安全管理、战备执勤训练、年度工作筹划、节日期间党风廉政建设等进行检查调研。工作组一行对自贡军分区全面工作，特别是打牢应急、战备、安全工作基础给予肯定，对抓好节前战备教育、节日战备值班和官兵职工物质文化生活等提出要求。

【民兵培训】　3月3日，自贡军分区组织全市专武干部开展民兵情报信息和整组业务培训。培训采取电视电话会议的形式组织，各人武部军事科干部职工和所属专武干部参加。培训会主要梳理总结2015年民兵情报信息工作总体情况，部署兵役登记及年度民兵整组工作任务，集中学习相关法规政策和业务知识。

【条令学习月活动】　3月，自贡军分区开展“条令学习月”活动。重点围绕条令法纪意识、规章制度落实、部队管理标准、军人军车形象等方面，组织学习条令法规，熟悉法规内容、增强法纪意识；组织军容军风军纪检查、队列训练、内务评比竞赛等系列活动，规范举止行为和日常养成，做到令行禁止、军容严整。

【省军区工作组到市调研】　4月7日，省军区首长率工作组到自贡军分区检查调研工作。工作组抽查民兵综合应急连紧急拉动，对安全管理与保密等工作情况进行检查，与官兵进行座谈。工作组对各项工作特别对应急应战准备给予肯定，就下一步安全稳定和思想教育等工作提出要求。

【首长机关训练】　4月上旬，自贡军分区组织首长机关军事训练。按大纲规定的内容和标准，采取集中授课与分组实施相结合、理论讲解与实际操作相结合的方式，重点对作战标图、识图用图、军用文书、信息保密和轻武器操作等科目进行训练，同时组织作战值班业务培训。

【民兵整组】　4月，自贡军分区开展民兵整组工作，以乡镇（街道）为单位集中点验所属基干民兵；指导各人武部集中应急队伍全体人员，以区县为单位进行带任务背景的集中点验和预案演练；

通过活动现场悬挂、摆放国防教育和征兵宣传展板，实现整顿组织、锻炼队伍与国防教育、征兵宣传结合。

【征兵宣传】 6月，全市各区县征兵办集中开展征兵宣传“五个一”系列活动，即进行一次征兵业务培训、发送一条征兵宣传短信、印制一批征兵宣传单和征兵宣传海报、宣传车到社区村组和人口密集场所进行一次征兵宣传、乡镇街道开设征兵宣传站进行一次征兵宣传。市征兵办联合市教育局，在全市高中阶段以上学校全面展开征兵政策宣传和现场报名。通过设置宣传标语、观看宣传视频、发放政策传单、互动答疑释惑、填写摸底调查表等形式，向毕业班学生宣讲兵役登记流程、参军优惠政策等。

【武器装备仓库军警民联防机制】 9月13日，自贡军分区正式建立市民兵武器装备仓库军警民联防机制。按“军警联防、实用有效”原则，协调市武警支队、市消防支队、四区人武部、自流井区公安分局“110”建立军警民应急联防机制，在重大节日、“两会”等特殊时期组织军警民联防应急演练。通过机制的建立和运转，确保市民兵武器装备仓库绝对安全。

【年终军事训练考核】 12月6日至7日，自贡军分区分别组织军分区机关和人武部官兵4个课目、7个项目年度军事训练考核，参考人员总体考核成绩优良。

（自贡军分区）

武警自贡市支队

【概况】 2016年，支队各级按照总队、支队党委的总体部署，坚持以习近平建军治军系列重要思想为指导，以强军目标为统领，围绕建设全面过硬一流队伍，科学谋发展，用力打基础，反复抓落实，部队全面建设取得丰硕成果。是年，支队被总队表彰为“安全工作先进单位”，连续34年实现执勤无事故单位，被总部表彰为连续20年实现“三无”（无行政事故、无执勤事故、无案件）单位。

【政治思想建设】 2016年，推进“三项重大学习教育”，学习习近平系列重要讲话和中共十八届六中全会精神，集中开展改革强军主题教育、“两学一做”学习教育研讨交流，官兵维护核心、看齐追随意志坚定。落实“四课”制度，组织政治教员评比竞赛和“指导员之家”活动，提升教员队伍素质。一中队指导员康道杰被总队评为优秀“四会”政治教员。规范落实“四个建立”制度，开展“强军故事会”、党员宣誓践诺、纪念“七一”“八一”、长征胜利80周年和文艺小分队巡演等系列文化活动，完成支队网上史馆、实体荣誉室改建。

【多样化任务】 2016年，组织“卫士－16”演习，特勤排、应急班对抗训练，教练员集训、勤训轮换、首长机关训练和军事比武竞赛，开展“争当做创”活动，提升部队实战化训练水平。支队坚持战斗力标准抓训练、坚守自贡国际恐龙灯会安保一线等事迹在中央电视台军事频道、武警网络电视台报道。开展执勤安全教育整顿和勤务鉴定活动，成功处置多起影响目标安全事件。完成自贡国际恐龙灯会安保、春运执勤、设卡清查、长途押解、联勤武装巡逻等临时勤务。三中队被总队表彰为基层建设标兵中队，一中队、勤务中队、教导队被总队评为“基层建设先进单位”。

【安全工作】 2016年，认真落实安全工作“八个规范”要求，开展“学法规、用法规”“条令法规学习日”“百日安全竞赛”活动。开展“三库”清理、枪弹排查和风气整治等活动，5次组织车勤队伍和私家车干部专题警示教育，8次组织重大活动、大项任务、重要敏感时段安全风险评估，排查治理隐患31处。投入经费102万元完成营区安防设施建设。支队连续20年被总部表彰为“安全工作先进单位”。

【基层建设】 2016年，组织机关“三办”培训、周三夜校学习、基层干部轮训和《习主席关于武警部队建设发展战略思想学习纲要（2016年版）》、党小组长培训，提升各级干部按纲要抓建设的能力。坚持按“五步法”科学制订《按纲建队计划》，用“五用”规范部队建设秩序，制定《精准帮建计划》《一队一策方案》，落实“常委包队、部门结对、股队挂钩、末位整治”帮建措施，夯实基层建设基础。支队《注重解决突出问题，提高基层干部精准抓建能力》的经验做法被总队转发。开展“双争”“争当做创”评比活动，集中组织“挂星”“挂旗”仪式，营造部队创先争优氛围。

【后勤综合保障】 2016年，修订完善《经费资产管理规定》《物资集中采购管理办法》，组织财务大清查“回头看”“六个行业风气”审计问题清查整治，规范经费物资管理。组织军械员、驾驶员、炊事员培训，“一组五队”实兵实装拉动演练，增强后勤战备和应急保障力量建设。严格“1126”和“6211”保障模式，坚持落实食物验收、留验和食谱审批制度，提升伙食管理水平。推进机关公寓房和富顺县中队新营房附属设施建设。

【开展拥政爱民活动】 2016年，注重发挥部队优势，组织开展拥政爱民工作，参加创建全国文明城市、双拥模范城活动。组织官兵义务献血8000多毫升，义务植树200多棵，慰问孤寡老人10人次，捐资助学5万元，开展便民活动4次并清运垃圾10余吨，举办国防知识讲座2场。全年没有发生警民纠纷问题。

【安全保卫任务】 1月1日，担负元旦节日城市武装巡逻勤务；1月21日至3月13日，担负第二十二届国际恐龙灯会安保任务；2月8日至13日，担负自贡市主城区城市武装巡逻勤务；2月9日至3月5日，担负自贡火车站春运执勤任务；3月3日至31日，担负全国“两会”期间和三月敏感期安保备勤任务；4月27日至28日，担负省委书记王东明考察自贡期间住地警卫勤务；4月30日至5月2日，担负自贡市主城区城市武装巡逻勤务；5月13日至19日，担负荣县“大佛旅游文化节”安保勤务；7月2日，担负全国人大原副委员长、全国妇联原主席陈至立一行住地警卫、专车守卫和机动备勤任务；7月21日至24日，担负G20财长和央行行长会议期间重要路口武装设卡和城市武装巡逻勤务；9月2日至6日，参加市公安局组织的“G20峰会期间”巡逻设卡勤务；9月6日至7日，担负省长尹力到自贡检查调研期间住地警卫勤务；9月15日至17日，担负自贡市“中秋节”城市武装巡逻勤务；9月17日，担负自贡市新兵起运现场安保勤务；9月25日，担负红花郎巨星演唱会安保勤务；10月1日至7日，协助公安机关担负联勤武装巡逻勤务；12月14日至18日，担负“两会”期间城市武装巡逻勤务。

【武装押解勤务】 4月8日，协助自贡监狱干警将多名罪犯转押至成都锦江监狱；5月12日，协助自贡市看守所将多名罪犯押解至雷马屏监狱；6月29日，协助自贡监狱干警将多名罪犯由成都火车东站转押至自贡监狱；9月6日，协助自贡市看守所干警将多名罪犯押解至金堂监狱；9月27日，担负自贡市看守所犯人外出就医时押解勤务；10月11日，协助自贡市看守所干警将多名罪犯押解至雅安监狱；10月13日，担负自贡市看守所犯人外出就医时押解勤务；11月22日，协助自贡市看守所干警将多名罪犯押解至金堂监狱；12月27日，协助自贡监狱干警将多名罪犯押解至眉州监狱。

【上级领导检查指导工作】 7月30日，省总队司令员朱文祥带工作组到自贡支队突击检查；8月10日至11日，省总队副司令员李俊国带工作组到自贡支队进行正规化执勤等级评定交叉检查；12月15日至16日，省总队副司令员费德军率工作组到自贡支队进行装备大点验；12月23日，省总队政治部主任顾鹏率工作组到自贡支队检查指导。

【地方领导检查指导工作】 2月1日，市委书记雷洪金率市春节慰问团到支队慰问官兵；3月10日，副市长兼市公安局局长马宏出席支队党委四届十一次全体（扩大）会议；7月29日，市委书记李刚率慰问团到自贡支队教导队看望慰问支队官兵；9月1日，市委常委、政法委书记刘笑禹率工作组，到自贡支队看望慰问一线执勤官兵。

【年度荣誉】 2016年，市武警支队被武警总部表彰为预防事故案件工作先进单位，连续20年获该项荣誉；被武警省总队表彰为“安全工作先进单位”。三中队被武警省总队评为“基层建设标兵中队”，一中队、勤务中队、教导队被武警省总队评为“基层建设先进单位”，三中队及2人立省总队三等功，1人被武警省总队表彰为“优秀参谋”，12人被武警省总队表彰为“优秀机关干部”，11人被武警省总队表彰为“优秀基层干部”。

（彭俊杰　李　盛）

人民防空

【工作部署】 2016年，市委常委会、市政府常务会听取全市贯彻第七次全国和全省人民防空会议精神工作汇报，市政府、自贡军分区联合召开全市人民防空会议。制定《自贡市人民防空建设发展“十三五”规划》，市委、市政府和自贡军分区联合印发《关于深入推进人民防空改革发展的实施意见》。市政府审议通过《自贡市人民防空建设规划(2011—2030)》并正式实施。

【平战结合建设】 2016年，开发利用各类人防工事19余万平方米，为社会累计提供就业岗位500多个，提供车位2800余个。管理和巡查人防通道，清理各类城市“牛皮癣”70多处。是年，维护管理8.1万平方米公共人防工程，启动江姐中学人防工程和主城区干道人防工程改造项目。

【组织指挥建设】 5月12日，在市电子信息职业技术学校举行“2016年度防空防灾应急疏散演练”。7月，建成全市四区人防机动小型（应急）指挥所并交付使用，全面完成机动指挥所规划建设任务。新安装8台防空警报器，全市170台警报器按时、按规定信号统一鸣响，全市“9·18”警报试鸣，实现100%鸣响率。建成5个达标疏散地域，全面完成51个达标疏散地域规划建设任务。

【专业队伍建设】 2016年，按照《人防训练与考核大纲》要求，编制印发《2016年度人防训练工作计划》。4—5月，结合民兵演练，完成全市人防专业队组训工作。市人防机动指挥通信分队完成“2016年社会治安综合实战演练”机动通信保障任务。11—12月，组织全市人防系统开展野外应急通信保障实战化训练和跨区域应急通信拉练，提升全市人防系统协同化与实战化水平。

【行政审批工作】 2016年，取消“中型及以下单建人防工程、防空地下室施工图设计文件”两事项的行政审批。全面清理人防公共服务事项及其申报材料涉及的中介服务事项，简化优化人防公共服务事项流程。全年审核新建民用建筑修建防空地下室4件，面积3.12万平方米；办理易地建设审批、防空地下室竣工备案、防空地下室施工图备案及补建8件；办理人防易地建设收费55件，收取人防易地建设费2818.2万元。

【标准化建设】 2016年，结合全市机关管理服务标准化建设，探索和构建“标准+风控+平台”的“岗位廉政风险防控信息化工作平台”。该平台于7月建成并投入试运行，实现业务网络全覆盖、行权自动监督制约、所办业务留痕可查、各环节廉政风险预警监控的各项功能。

【宣传教育】 2016年，开展人防知识“进校园”活动，全年完成1万名以上中学生和4000名以上大中专学生及党校、行政院校学员防空防灾知识教育。全市人防系统利用街道、社区宣传阵地，开展“3·1”国际民防日和“9·18”警报试鸣日宣传教育活动。全年发放各类人防知识读本2.5万本，宣传单3.6万份，宣传布袋8000个，摆放人防宣传展板296块，悬挂横幅、条幅60余幅，接受群众咨询800余次。在《自贡日报》《自贡晚报》开辟专栏，全方位报道市人防体系建设。

（周小婕）

消　防

【综合训演】 2016年，组织开展全市新兵运动会及灭火救援专业士兵职业技能鉴定工作，完成基层指挥员、攻坚班组队员轮训考评工作。组织参与自贡市2016年综合应急救援演练、公交车燃烧事故处置等实战演练。组建7支不同类型灾害事故救援突击队，制定灭火救援预案200余份，开展大型商场灭火救援演练8次、抗洪抢险演练1次、全勤指挥部实地拉动演练1次。全年接出警4121次，营救疏散被困人员8017人，抢救财产价值5730.1万元。完成第二十二届自贡国际恐龙灯会、自贡“3·31”深井救援、“G20”杭州峰会等急难险重任务。

【后勤保障】 2016年，出台《武警自贡市消防支队干部离任固定资产移交管理办法（试行）》《武警自贡市消防支队资金安全管理规定（暂行）》等规章制度。消防经费实现历史性突破，比2015年增长9%。新建、在建消防站2个，新增各类消防车10辆，新增器材3300余件（套），消防车总数达58辆。投入580万余元对机关视频会议室、官兵食堂、营门及特勤队营区环境进行升级改造。完成小型训练基地、公寓房、“两室一站”建设和机关执法办案场所改造等。

【安全责任制落实】 2016年，市政府召开消防工作会，逐级签订消防工作责任书，落实“谁主管、谁负责”消防工作机制，将消防工作纳入全市经济社会发展总体规划、政府目标绩效考核和社会管理综合治理内容。组织召开4次消防安全委员会联席会议，出台《自贡市2016年消防工作意见》《关于构建全市火灾防控综合治理体系的实施意见》等文件。将消防安全网格化纳入综治平台，初步编制形成“十三五”消防规划。大安区和大市场、沿滩区保险公司综合大楼等2起政府挂牌督办的重大火灾隐患成功销案。

【执法监督与宣传】 2016年，开展重大节假日、自贡国际恐龙灯会专项检查、建筑消防设施和居民住宅小区消防安全专项治理、冬春火灾防控、夏季消防检查等专项整治活动，检查单位场所1.18万家，发现督促整改火灾隐患4420处，制发责令改正通知书4173份，制发处罚决定书372份，罚款117.35万元，临时查封131家，责令“三停”（停产、停业、停止施工）127家。50%的乡镇（街道）实现消防规范化管理，60%的市级重点单位集中区域建立消防安全联防协助组织，388家重点单位、168个社区建立微型消防站，安装独立式感烟报警器2000余个。全年开展集中宣传20余次，消防培训126场，队站开放446次，在各级各类新闻媒体上稿107余篇；通过微博、微信、电视、报刊、短信等媒体发布消防安全提示80万条次，播放警示教育片1158次。

（唐春雨）

环境保护

概　述

2016年，全市以改善环境质量为核心，以“生态自贡”建设为主抓手，狠抓污染防治、总量减排等重点工作，集中力量解决一批突出环境问题，遏制生态环境质量恶化趋势，大气、水环境质量等公众关心的环境问题有所改善。是年，全市空气质量达标天数223天，空气质量为“优”的天数比2015年增加31天，重度污染天数比2015年减少18天。全年空气质量考核指标可吸入颗粒物（PM10）年均浓度99.4微克/立方米，比2015年下降3.1微克/立方米；细颗粒物（PM2.5）年均值为73.2微克/立方米，与2015年持平。地表水13个监测断面达标率30.8%，比2015年同期上升15.4个百分点，总体水质由中度污染转为轻度污染，重度污染水质（劣Ⅴ类）比2015年同期下降23.1个百分点。釜溪河水系总体水质为中度污染，较2015年有所好转；越溪河自贡段平均水质为“良”，较2015年有明显好转；沱江自贡段平均水质为轻度污染，较2015年无明显变化。

大气环境保护

【大气环境保护机制】　2016年，出台《自贡市2016年度大气污染防治实施方案》，成立自贡市大气污染防治工作领导小组，每月召开大气污染防治工作会议，按季召开川南片区大气污染防治联席会议。市委市政府领导多次专题听取工作汇报，多次批示要求加强大气污染防治工作。

【建立完善工作机制】　2016年，制定《自贡市大气污染防治目标任务考核办法》，印发《自贡市大气污染防治2016年目标任务分解表》《自贡市2016年城市建成区燃煤小锅炉淘汰方案》和《自贡市今冬明春大气污染防治工作方案》等。建立加油站、储油库、油罐车、老旧车辆、在建工地、夜宵摊点、运渣车辆、煤矿企业、餐饮企业、燃煤锅炉、石材加工厂、商砼企业、挥发性有机物排放源、工业废气排放源等污染源清单及部门工作台账，实行动态更新。根据《四川省重污染天气应急预案编制指南》，开展《自贡市重污染天气应急预案》修订工作。开展应急响应和空气质量监测预警，实时发布AQI（空气质量指数）日报数据，对外发布城市环境空气质量预报，全年启动重污染天气Ⅲ级（黄色）预警4次，预警发布率100%。建立完善环境空气自动监测质量管理体系，组织开展环境空气质量监测专项检查，形成通报并督促整改落实，确保空气质量自动监测系统正常稳定运行。

【燃煤小锅炉整治】　2016年，全市淘汰燃煤小锅炉14台，其中建成区内燃煤锅炉7台、其他区域7台。2014—2016年，累计淘汰建成区燃煤小锅炉39台，完成建成区内10蒸吨以下燃煤锅炉淘汰75%的阶段性任务。按照污染物减量替代原则，将主要污染物总量控制作为新建燃煤锅炉项目环评审批的前置条件，规定城区建设项目必须以天然气等清洁能源为燃料。全年建成区内未新增10蒸吨及以下的燃煤锅炉。

【工业烟粉尘治理】　2016年，督促全市28

户砖瓦行业企业实施提标改造工程。贡井区桥头宏预砖厂、自贡市锦鑫建材有限公司2户企业除尘设施升级改造工程进入设备调试阶段。督促所有大型堆场工业企业进行燃料、原料、产品堆场扬尘控制，90%以上的堆场均按要求进行扬尘控制。

【工业挥发性有机物治理】 2016年，组织召开全市挥发性有机物（VOCs）调查培训会议，启动VOCs污染源调查和VOCs污染企业核查工作，开展部门面源挥发性有机物填报和工商业点源企业填报。完成1个油库、7个恢复经营加油站、51辆油罐车的油气回收治理工作。

【秸秆禁烧和综合利用】 2016年，划定秸秆禁烧区，将58个乡镇（街道）纳入禁烧范围。建立市、区县、乡镇（街道）、村（社区）四级责任体系，层层分解落实秸秆禁烧责任。印发《自贡市露天禁烧管理办法》《川南地区农作物秸秆禁烧工作方案》，开展夏季和秋季禁烧专项行动，通报140处焚烧问题。推进秸秆综合利用，全年秸秆综合利用总量125.4万吨，综合利用率82.1%。

【建筑工地扬尘污染控制】 2016年，制定《建筑工地乱象专项整治行动实施方案》，建立建筑工地清单制度、跟踪督办制度和日常检查问题台账，与施工单位签订《文明施工责任书》，对未达硬件设施标准或扬尘管控措施落实不好的单位，一律不予核发施工许可证。采取视频监控和日常巡查、突击检查相结合的方式，对全市在建项目进行拉网式检查。全年组织各类检查187次，出动678人次，现场整改问题522个，发出限期整改通知书45份，对2个项目实施行政处罚，对54个整改不力项目的负责人进行约谈，施工现场基本达到“五个100%”（工地沙土100%覆盖、工地路面100%硬化、出工地车辆100%冲洗车轮、拆除房屋的工地100%洒水压尘、暂时不开发的空地100%绿化）标准。

【道路扬尘污染控制】 2016年，城区主要街道及重要支道每天实施早晚2次大扫，白天全天候巡回保洁；实施机械化清扫，对主要街道实行每天4次洒水降尘；成立街道冲洗专业队伍5支，配备专用车辆6台，每天对主街大道进行轮流冲洗。是年，城市道路机械化清扫率81%以上，较2015年提高17.5%。开展道路巡查执法，全年巡查发现车辆沿途洒落、带泥上路情况100余起，现场制止80起，责令清除洒落及带泥路面痕迹65处。

声环境保护

【两考“禁噪”工作】 2016年，召开市教育局、市公安局、市住建局、市文广新局、市城管执法局、市招办等部门及全市环保系统参加的全市“两考”禁噪工作会，发放“两考”禁噪宣传单1.5万份，报送政务信息2期、简报1期，在环保网上公开禁噪工作信息。“两考”期间，落实“12369”电话值守和考点周围的值守巡查，对重点产噪的工业企业噪声进行分片区排查和宣传。

【噪声污染执法检查】 2016年，实施部门联动，对噪声反映强烈的歌舞厅等场所进行专项整治；市环保局牵头组织相关部门对反映强烈的重点地段及重点区域（自流井片区）进行夜间督查。

水环境保护

【饮用水源保护】 2016年，完成市县及乡镇饮用水源地的评估，对2015年度评估中存在的问题进行整改；开展小井沟水库饮用水水源保护区划定工作；实施荣县来牟镇、观山镇、铁厂镇、复兴乡4个乡镇集中式饮用水源地环境专项整治项目；督促乡镇对饮用水源整治项目进行预验收；督促不达标饮用水源所在乡镇编制饮用水源达标方案并备案。

【废水污染治理】 2016年，开展跨界断面水质超标资金扣缴工作，全年扣缴各区县499.2万元；制定《自贡市釜溪河流域水环境生态补偿办法（试行）》。实施生活污水治理，建成1个城镇污水处理厂（沿滩区生活污水处理厂）、3个乡镇生活污水处理设施。

自然生态保护

【划定生态红线保护区】 2016年，启动省级、市级生态红线划定工作，将金花桫椤省级自然保护区、自贡世界地质公园、镇溪河南方鲇翘嘴鲌国家级水产种质资源保护区和自贡市双溪水库一、二级保护区列为省级生态红线保护范围。

【生态单元建设】 2016年，指导区县开展生态区县、生态乡镇、生态村创建工作。自流井区、贡井区推进省级生态区创建，自流井区印发《自流井区生态区建设实施方案》，贡井区组织人员到宜宾县考察学习生态县创建工作。截至是年年底，全市累计建成省级、市级生态村379个，占全市行政村的33.6%；建成省级生态乡镇21个，占全市乡镇的19.4%。结合省级环保模范城市、国家园林城市、国家卫生城市、生态文明建设等指标要求，在尽可能反映全市生态系统主要特征的前提下，依据生态系统区域性的特点，确定绩效综合评价指标29个，编制出台《生态自贡建设绩效综合评价指标体系》。

环境管理

【双随机抽查工作】 2016年，按《省环境执法总队关于加强全省环境监察移动执法系统应用工作的通知》（川环监发〔2016〕9号）和《自贡市污染源日常监管随机抽查制度落实方案》（自环办发〔2015〕74号）要求，全市移动执法系统建设全部完成，市本级完成移动执法系统平台的部署。年末，全市环境监察系统在编在岗人员50人，“双随机”（随机抽取执法人员、随机抽取执法对象）执法人员37人，监察系统配备PDA移动执法终端53台，污染源1120家（重点污染源133家，一般污染源981家，特殊监管对象6家）。全年完成“双随机”系统派发任务462件，其他执法任务142件，现场检查发现8起环境违法行为，均立案调查。

【远程在线实时监控】 2016年，对23户安装自动监控系统的企业51台（套）设备和10台视频监控设备进行每日在线监控，明确专人负责，落实“日调阅、周分析、月通报”等制度，对发现的传输异常情况和超标情况进行通报。完成自贡金星化工有限公司和自贡能投华西环保发电有限公司新增的烟气在线监控设备、富顺玉洁家纺有限公司废水在线监控设备、自贡市天源水务有限责任公司废水在线监控设备的安装及验收工作；荣县驰宇盐化有限责任公司废气在线监控设备、5家城镇污水处理厂新增总磷在线监控设备完成调试和联通工作，进入试运行环节。

【环保专项执法检查】 2016年，组织开展钢铁、平板玻璃、水泥、城镇污水处理厂及煤炭等重点行业的执法检查，查处水泥行业企业1户、城镇污水处理厂3户、乡镇污水处理站2户，发送专项行动工作简报6期。市环境保护局和市公安局联合开展打击涉危险废物环境违法犯罪行为专项行动，检查危险废物产生企业141户，对1户违反危险废物管理企业进行立案查处。对区县危险废物产生单位进行督查，下发《监察通知书》。全年立案调查18件危险废物环境违法案件，罚款29.5万元。

【核与辐射安全监管】 2016年，重点排查治理辖区内32家涉放射源核及Ⅱ类射线装置辐射企业的安全隐患；对现役放射源实施安全管理，要求放射源使用单位必须安排专人值守，落实放射源“六防”（防火、防水、防盗、防丢失、防破坏、防射线泄露）措施；督促废弃放射源及时收贮，彻底消除安全隐患。开展核与辐射监督检查，落实核技术利用单位的辐射安全主体责任和安全文化素养，合法合规调解移动基站纠纷，督促核技术应用单位完善和落实核与辐射安全管理措施，开展辐射工作人员培训，提升安全管理水平。实施对全市核与辐射单位日常监管，根据属地管理原则，市环保局对省环保厅核发“辐射安全许可证”的核技术利用单位进行现场检查，各区县环保局对市环保局核发“辐射安全许可证”的核技术利用单位进行现场检查，重点检查相关单位是否具备辐射安全许可证、核技术应用项目的环境影响评价报批手续办理情况、“三同时”（防治污染的设施与主体工程同时设计、同时施工、同时投产）制度落实情况、是否进行项目竣工环境保护验收、辐射安全防护措施是否到位有效、辐射安全管理制度是否建立并完善、辐射操作人员及管理人员是否经过省环保厅上岗培训等。

【环境信访】 2016年，全市环保系统办理各类信访投诉781件，均按时办结。建立“一把手”负总责，分管领导具体抓，重大信访“一把手”亲自抓的工作机制。落实信访投诉辖区负责制，完善信访处理工作程序，落实环境应急和信访投诉值班制度，及时调查处理群众投诉，回应群众诉求，按时收集上报信访月报、季报。通过严格执行环评制度和“三同时”制度、加大老污染源企业的监督管理、限期整改发现问题、依法严厉查处环境违法行为、及时排查污染隐患等方式减少环境矛盾发生。

【环保执法】 2016年，全市立案查处违法行为112起，比2015年上升80%，下达行政处罚决定书79起，其中，执结案件53起、移交法院强制执行4起、组织听证会3起、下达限制生产决定书4份和停产整治决定书1份，向公安机关移送行政拘留案件2起，行政处罚金额425.57万元。

【环境应急管理】 2016年，全市完成123户企业的应急预案备案工作。组织开展4次突发环境事件应急演练。落实环境应急专家库常态化管理，建立环境应急物资储备信息库。定期开展环境风险隐患专项执法检查，实施对风险源企业的管控。妥善处置1起一般性突发环境事件。依法公开《自贡市环境保护局突发环境事件应急预案》《2016年度突发环境事件应对情况》《辖区企业突发环境事件风险等级划分情况》《辖区企业突发环境应急预案备案情况》等环境应急管理信息。

【污染物排放许可证核发】 2016年，按《四川省排污许可证管理暂行办法》，严格对排污许可证申报资料进行审核，市本级发放排污许可证160份。

【建设项目环境影响评价审批】 2016年，市本级审批建设项目34个（含7个核技术利用项目），其中，编制报告书5个、报告表18个、登记表11个。新建项目总投资约100亿元，其中环保投资1.3亿元，没有新上高污染、高耗能、严重破坏环境的项目。建立重大项目环境影响评价审批绿色通道，为四川卫生康复职业学院新校区建设项目、晨光科慕氟橡胶技改项目等一批重大项目进行技术指导和环境影响评价服务。采取召开座谈会、约见谈话等形式，对环境影响评价中介机构实施日常监管。

【建设项目竣工验收】 2016年，开展对企业建设项目竣工验收的技术指导和服务工作，全年环保验收企业建设项目96个，其中，报告书项目8个、报告表项目64个、登记表24个，完成率100%。

【农村环境管理】 2016年，实施农团乡、李桥镇、永年镇、万寿镇、赵化镇、琵琶镇、三多寨镇、牛佛镇等8个乡镇农村环境连片治理项目，内容包括生活污水收集处理设施、生物隔离带、垃圾分类收集池、沼气池、水源保护警示牌（桩）等建设。开展全市农村污染源调查，对全市96个乡镇农业面源、生活源、工业源及乡镇污水处理厂的相关环保设施与措施落实情况进行详细调查。

环境监测

【监测能力建设】 2016年，结合《大气污染防治行动计划》《水污染防治行动计划》和土壤污染防治工作“三大环境战役”的实施，组织开展土壤、重金属、VOCs等监测项目能力建设。增加环境监测人员编制，配置环境监测相关专业人员或专业技术人才。全年投入69万元，购置颗粒物比对监测设备、大气采样设备，提升环境空气质量监测能力。投入100万余元购置ICP、原子荧光等大型仪器，新增烷基汞等监测项目，提升水质环境监测能力。

【空气质量监测】 2016年，按环境空气质量新标准要求，利用空气自动监测系统对全市范围进行二氧化硫（SO_2）、二氧化氮（NO_2）、可吸入颗粒物（PM10）、细颗粒物（PM2.5）、臭氧（O_3）、一氧化碳（CO）6项指标每天24小时连续监测，监测数据按要求进行日报、周报、月报、季报、年报。是年，自贡市主城区环境空气质量达标天数223天，其中“优”65天，“良”158天；不达标天数143天，其中轻度污染73天，中度污染48天，重度污染20天，严重污染2天。与2015年比较，达标天数减少10天，空气质量为“优”的天数增加31天，严重污染天数增加2天，重污染天数减少16天。

【酸雨监测】 2016年，按《酸沉降监测技术规范》（HJ/T165－2004）要求，对pH（酸碱度）、电导率、降雨量、硫酸根离子、硝酸根离子5项必测项目及氟、氯、铵、钙、镁、钠、钾7项选测项目进行分析，落实月报、季报、年报等数据报送工作。是年，全市6个降水测点采集246个样品，降水pH平均值为5.39，总体评价为轻酸雨区。pH范围为4.19～7.89，酸雨率28.5%。其中，城区降水pH平均值5.80，酸雨率17.7%；郊区降水pH平均值5.09，酸雨率44.4%。

【地表水水质监测】 2016年，每月对流经市境的沱江、釜溪河、旭水河、威远河及岷江越溪河的13个国家、省级、市级控断面进行取样分析监测。沱江自贡段脚仙村、李家湾、釜沱口前、怀德渡口断面水质均为轻度污染（Ⅳ类），未达标，主要污染物均为总磷。与2015年比较，各断面水质均无明显变化。全年釜溪河流域7个断面达标率42.9%，总体水质为中度污染，主要污染物为总磷、化学需氧量、氨氮。与2015年相比，邓关、长土河、入沱江把口断面水质明显好转；雷公滩断面水质有所好转；双河口、碳研所断面水质无明显变化；廖家堰断面水质有所变差。越溪河自贡段平均水质为“良”，较2015年有所好转，其中黄龙桥断面水质为轻度污染（Ⅳ类），主要污染物为化学需氧量、氨氮、高锰酸盐指数；两河口断面水质为“良”（Ⅲ类），达标。

【城市集中式生活饮用水源地水质监测】 2016年，每月对市级集中式生活饮用水源地水质进行监测，每季度完成县（区）所在地集中式生活饮用水源地水质监测，每半年完成乡镇饮用水水源地水质监测。是年，市级、县（区）级集中式生活饮用水源地水质达到《地表水环境质量标准》（GB3838—2002）规定的Ⅲ类水质要求；乡镇集中式饮用水水源地水质达标率较低，上、下半年达标率分别为40.7%和54.2%。

【噪声监测】 2016年，完成每季度城市功能区噪声监测及一年一次城市区域噪声监测、一年一次交通干线噪声监测任务。是年，全市各功能区噪声昼间达标率在75.0%～95.0%区间，夜间达标率在80.0%～100%区间，全市昼间达标率85.0%，夜间达标率88.3%，夜间达标率稍好于昼间达标率。全市昼间平均等效声级56.2分贝，处于55.1～60.0分贝区间，全市区域声环境质量等级为三级，声环境质量一般。全市交通噪声平均等效声级68.1分贝，声环境质量等级为二级（较好）。

【重点工业污染源监督性监测】 2016年，对全市国控、省控、市控污染源开展监督性监测，对已安装在线监控设备的企业进行比对监测，为环境管理和污染防治提供科学依据。建立环境监测与环境执法协同联动机制，全年开展“测管协同”性的执法监测70余次，查处和曝光一批违法违规企业。

（陈畅唱）

国土资源管理

国土资源规划

【综合规划】 2016年，报省国土资源厅批准用地34个批次，总面积820.76公顷，占省下达计划的144%。开展规划调整完善及永久基本农田划定，优化用地结构。全年开展局部调整规划11次，面积752公顷，供应重大项目用地180.2公顷，保障自贡凤鸣通用机场、通用航空零部件制造、四川卫生康复职业学院、自贡成都嘉祥外国语学校、中华彩灯大世界等重大项目用地。

【专项规划】 2016年，推进深化土地增减挂钩改革试点，全年深化土地增减挂钩试点集中区安置项目完成拆旧复垦270余公顷，建成农民集中居住区51个，安置农户1674户7414人；全市货币化安置项目完成复垦验收13.8公顷，支付农户指标收购价款4000万余元；自流井区仲权镇、沿滩区富全镇在全市率先开展深化土地增减挂钩试点集中区安置项目，其中4个项目完成验收，归还挂钩周转指标142.53公顷。

土地资源管理

【建设用地】 2016年，省政府批准自贡市农用地转征收项目40宗，总面积781.50公顷，其中耕地406.69公顷，保障自贡航空零部件制造项目、西南自贡无水港、自贡市中天胜新材料科技有限公司万吨特种聚酰亚胺树脂及复合材料产业化等项目建设用地。

【耕地保护】 2016年，落实最严格的耕地保护制度，层层压实耕地保护责任，开展耕地保护补偿基金试点和耕地破坏程度鉴定，确保全市耕地保有量18.72万公顷和基本农田保护面积15.89万公顷不减少。推进全域永久基本农田划定工作，优化用地结构布局；投资1.29亿元实施土地整理项目8个，实现新增耕地446.67公顷。全年完成高标准基本农田建设面积4960公顷，超省下达目标任务553公顷。开展土壤污染防治，制定并落实《耕地破坏程度鉴定暂行办法》《土壤污染防治实施方案》等。

【土地市场】 2016年，实施土地供应全程监管和营销策划，全市土地市场逐步回暖。全年依法供应各类用地58宗195.54公顷，比2015年增长58.23%；土地价款34.90亿元，比2015年增长166.34%；划拨土地58宗，面积183.11公顷，比2015年增长103.25%。

【农村土地交易】 2016年，制定《自贡市农村产权流转交易平台运行方案》《自贡市农村产权流转交易管理办法》等文件，搭建市、区、乡三级农村产权流转交易平台，全市通过农村产权交易平台完成4宗土地承包经营权流转交易，面积42.73公顷，成交金额约508万元。

地籍管理

【证书核发】 截至2016年年底，全市农村集体土地建设用地使用权证、农村宅基地使用权证发证率均100%，农村集体土地所有权证发证率

100%。全年办理国有土地证1.78万本（截至不动产统一登记开始）。

【抵押登记】 2016年，土地抵押登记142宗，抵押面积456.70公顷，抵押金额41.46亿元。

地质矿产资源管理

【矿山监测检查】 2016年，全面完成2015年度113个应开展矿山储量动态监测的矿山储量年报的评审、备案工作；完成全市149个矿产开发利用企业的年度检查（简称“年检”），对各区县矿山企业年检情况进行实地抽查合格后，在全国矿业权年检信息报备系统中报送年检结果；完成全市2宗探矿权的矿产资源勘查年度检查和直报工作。

【矿业管理】 2016年，办理3宗（次）矿山企业申请抵押备案登记资格审查，并转报省国土资源厅办理抵押备案登记手续。依法提请上报注销煤矿采矿许可证2个、上报清退关闭煤矿企业剩余采矿权价款1个。编制完成《自贡市历史遗留工矿废弃地复垦利用试点专项规划（2016—2020年）》并通过省国土资源厅专家评审，工矿废弃地复垦利用试点有序推进。

地质环境管理

【地质灾害防治】 2016年，成立自贡市地质灾害应急指挥部，建立健全市、县、乡、村地灾防治体系，印发《自贡市2016年度地质灾害防治预案》《关于开展2016年地质灾害防范汛前排查工作的通知》等30余个指导性文件，开展3次地质灾害隐患拉网式大排查，排查出地灾隐患点468个，发放“地质灾害防治工作明白卡”470余份、“地质灾害防灾避险明白卡”1200余份，逐点制定防灾应急预案和防灾预案表，落实防灾责任单位、责任人和监测人员。

【地灾工程治理】 2016年，投资700万余元，完成地灾避险搬迁35户，完成沿滩区永安镇、富顺县长滩镇滑坡地灾治理项目3个及排危除险工程项目4个。

执法与监察

【工作机制】 2016年，印发《自贡市国土资源违法行为报告制度》，将日常执法监察与土地变更调查相结合，全年开展动态巡查250余次，巡查面积153.33公顷，重点区域巡查覆盖率100%，制止苗头性违法行为30余起。

【案件查处】 2016年，全市发现各类土地违法36件（是年发生27件，以前隐漏9件），涉及土地面积12.98公顷，其中耕地面积4.52公顷。立案27件，结案27件，其中没收构、建筑物面积171.19平方米，收回土地面积5.13公顷（耕地1.82公顷），罚没款57.49万元。

（雷　洁）

城乡建设和管理

概　述

2016年，全市城乡建设围绕市委、市政府总体部署，加快推进全市新型城镇化发展，统筹推进城乡规划、建设、管理和住房保障各项工作，城乡建设事业保持健康发展的良好势头，为全市经济社会平稳较快发展发挥基础性作用。

规划管理水平全面提升。一是高水平开展规划编制。按照“全域覆盖、全局统筹、多规衔接”的总体目标，统筹推进自贡市全域规划体系的编制工作。完成《统筹城乡加快城乡一体建设》《加快推进镇村一体建设》等课题研究，启动《全域自贡空间发展战略规划》《东部新城高铁经济区控制性详规》《海绵城市建设总体规划》编制及《风景名胜区总体规划》修编和东部新城起步区、卧龙湖旅游度假区等城市设计，编制完成《自贡市新型城镇化发展规划》《自贡市富荣产城廊道发展带建设规划》《自贡市东部新城控制性详细规划》《地下综合管廊建设规划》《自贡公井古城保护建设规划》等7个重点规划。二是严格规划监管实施，依法行政，严格按照批准的城乡规划指导城乡建设，确保城乡规划实施不走样。按“五不准、五必建”的要求，做好建设项目规划执行的监督检查和跟踪管理。三是强化规划落实。按照“全域规划、圈层管理”原则，根据总体规划确定的全市建设用地范围和要求，依法做好城市规划管理工作。延伸触角，开展城乡结合部管控研究，加强镇（乡）、村建设项目和临时建设的规划管理。加强对规划管理程序的研究和创新改进，改进农房建设规划管理程序，更新管理理念和管理方式，管控城乡规划的实施。

城镇建设水平不断提高。一是加大城乡建设投资力度。围绕大抓项目、抓大项目，推动城市基础设施配套、综合功能完善和环境品质提升，全年完成城乡建设固定资产投资245亿元，比2015年增长11.36%。二是强化项目运营储备。建立健全城乡建设系统重大项目库、“十三五”首批城建PPP项目包、“十三五”城乡建设系统重大项目库，提高项目成熟度。全年包装重大招商项目10个，通过PPP、股权融资等方式落实招商引资项目7个，到位资金5.83亿元。拓宽投融资渠道，发挥市城市建设投资开发有限公司投融资平台作用，强化项目前期运营策划，最大限度争取中央、省补助资金和银行贷款资金，引导社会资本融入城市建设，确保重点项目资金的有效供给。全年包装并报送自贡市东部新城综合管廊建设工程等3个项目，总投资24.25亿元。三是狠抓重大项目建设。西山路、汇园路实现年内通车，完成东兴寺“两桥”和道路建设，东部新城“两纵两横”道路和地下综合管廊加快推进，釜溪河复合绿道城区连接段、天池山路、大安寨隧道、张家沱隧道等项目开工建设，东兴寺片区、西山光凤片区、大安旧城片区、贡井公井古城等旧城综合改造和汇柴口古盐道保护项目有序实施。四是推进百镇建设。全年累计完成市政基础建设投资6.35亿元，占年度目标任务的103.1%；公共服务设施建设投资0.37亿元，占年度目标任务的370%；产业发展投资11亿元，占年度目标任务的103.8%；就近就地吸纳人口6938人，占年度目标任务的103.6%；辐射带动全市基础设施建设投资10.77亿元，占年度目标任务的105.6%；辐射带动全市就地就近吸纳农业人口1.33万人，占年度目标任务的106.8%。

房地产业和建筑业平稳健康发展。一是综合运用各种政策和市场工具，引导房地产投资和消费，成功举办春秋两季房地产交易会，促进房地产市场健康发展。全年完成房地产投资额123.8亿元，商品房销售面积累计完成286.48万平方米，房地产业实现税收10.09亿元。二是提升建筑业管理水平。整顿规范建筑市场，开展工程质量治理2年行动，制定和落实促进建筑业转型升级的措施，扶持企业做大做强。全年房地产市场新开工面积278.2万平方米，竣工面积396.61万平方米。全年完成建筑业总产值220亿元。

城乡人居环境得到改善。一是全力推进棚户区改造。坚持“改造一片旧区、复兴一片街区、造福一片百姓”的基本取向，审慎推进棚户区改造，启动棚户区改造“三年攻坚”。全年新启动实施棚户区改造3.25万套，开工2.32万套，货币化安置5414户，棚户区改造完成投资22.39亿元。二是加快保障性住房建设。健全住房保障制度，强化保障房建设分配公正、公平、公开，累计基本建成保障性住房1.45万套，竣工6100套，发放租赁补贴1.08万户，全年保障性住房建设投资完成9.7亿元。三是着力打造优美城乡环境。全年完成园林绿化项目建设投资5.5亿，城市绿地总量4012公顷，建成区绿地率35.4%，城市绿化覆盖率40.5%，城市人均公园绿地面积11.4平方米。四是切实改善居民生活环境。完成20条背街小巷综合整治，建成绿化健身小广场5个、公共停车位1500个，累计实施5个老旧小区综合整治和78个老旧小区电力设施改造。

行政管理更加规范。一是深化行政审批制度改革。结合市政务中心并联审批制度完善和VIP服务体系建立，强化并优化与相关职能部门的衔接关系，探索由“物理集中”到“流程再造”的本质转变；健全各项制度，将项目建设审批时限由原来的103天压缩为20天，提速80.58%，承诺时限办结率和群众满意率均保持100%。二是全面开展行政权力清理。市住建局根据省级行政权力下放及市委编办、市法制办要求，多次对工作职责和职权进行清理，梳理行政权力7大类651项，制定和公开权力清单，下放行政权力7项。三是规范行政执法行为。严格落实行政执法责任制，规范和优化案件审查。四是推动系统学法用法。全面总结“六五”普法活动，制定建设系统“七五”普法规划，谋划2016—2020年法治政府建设工作，成功创建省级学法用法示范机关。

城乡规划

【专项规划编制】 2016年，完成《自贡市城乡规划建设和住房保障事业“十三五”规划》方案编制；编制完成《自贡市新型城镇化中长期规划》；组织编制《自贡市海绵城市建设总体规划》《自贡市地下综合管廊建设专项规划》。落实市委、市政府“做精做美城市、尊重山水格局、保山护水、显山露水”的理念，编制完成《自贡市东部新城控制性详细规划》，并经专家论证会审议通过。

【全域规划数字信息平台建设】 2016年，实施自贡全域规划数字信息平台建设，推进数据入库标准化处理、系统开发、数据录入等工作，完成系统平台的订制研发、调试运行，以城市控制性详细规划为核心的城市规划数据完成标准化处理和入库运行。

【重点项目规划服务】 2016年，围绕重大项目建设，开展规划选址论证和前期研究，完成汇柴口及张家沱道路工程方案、大安寨隧道、汇柴口消防应急通道设计等工程研究；完成市政务服务中心和公共资源中心、市房地产交易中心、市规划展示中心、四川卫生康复职业学院新校区项目、四川理工学院新校区项目选址工作。启动《卧龙湖国际旅游区城市设计》编制工作。围绕重大招商引资，与华侨城集团、深圳华强集团等对接，做好规划解释和服务工作。围绕“优二兴三”、推动园区建设发展，编制完成《自贡市工业空间布局拓展规划》，编制完成《自贡市大山铺铁路站场及物流园控制性详细规划》《自贡航空产业园控制性详细规划》并经市政府批准。贯彻“十三五”规划精神，融合产城发展，编制完成《自贡市富荣产城走廊建设规划》，并经专家论证会审议通过。办理市人大常委会议案，组织编制《自贡市中心城区缓堵保畅体系建设规划》，从疏解旧城功能、优化用地布局、完善路网结构、打通断头路、改造交通节点、建设公共停车场点、实施街区制路网建设等方面，规划缓堵保畅硬件建设。

【编制历史文化街区保护规划】 2016年，编制完成《公井古城保护规划》《凉高山老街历史文化街区保护规划》；围绕棚改3年攻坚计划，编制完成大安旧城地块马冲口大西洋片区、中华路西段、公井伍家坡片区、建设路片区等棚户区改造城市设计；启动《自贡市风景名胜区总体规划修编》编制工作。

【规划日常管理工作】 2016年，组织召开市规划委员会3次，专家论证会7次，对各级各类规划的编制和调修进行审查把关。按城市规划和全市土地供应计划安排，下达经营性地块和划拨用地地块规划条件50个，推动城市新区开发建设和旧城改造。

【规划编制及审查工作】 2016年，协调配合中航工业集团，做好自贡凤鸣通用机场建设工作；完成对南湖生态城片区控制性规划局部调整方案的审查和专家论证；完成对《自贡市中心城区控规维护方案（2014.10.1—2015.10.31）》的报送审批工作，启动《自贡市中心城区控规维护方案（2015.11.1—2016.10.31）》编制工作。

市政建设

【市政设施日常养护】 2016年，全市中心城区沥青黑化道路6.14万平方米，整治砼路面1.32万平方米，维修人行道3.81万平方米，新安盲道砖6300平方米，改造修补盲道3866平方米；更换照明供电线路电缆9354米，维修路灯3945盏。背街小巷路面硬化3205平方米，更换路灯195套，维修路灯722盏。完成贡井S207道路改造、四川理工学院营盘校区道路改造、火车站站前广场改造。全年市政设施完好率96%以上，道路完好率98%以上，路灯完好率98%以上，亮灯率99%以上。

【市政设施精细化管理】 2016年，管控和规范全市中心城区道路占用挖掘行为，全年审批80件次，审批开挖、占用面积1.16万平方米。坚持对城区市政设施维护管理情况进行不定期巡查和专项督查，开展创建全国文明城市和创建省级卫生城市专项督查2次，不定期巡查5次，印发创建全国文明城市和创建省级卫生城市工作专项通报1次。督促背街小巷和市政道路管护工作，确保市政设施完好率达标。召开城市桥梁基础数据库系统操作培训会，开展对全市城市桥梁维护、运营的指导和监督，明确各区县城市桥梁责任单位和责任人，提升城市桥梁信息化管理水平，完善城市桥梁“一桥一档”制度，确保城市桥梁安全运行。

【民生整治项目】 2016年，投资约1300万元，完成年度计划内和计划外各15条背街小巷整治任务。指导全市燃气老旧管网改造9.6公里。投资约194万元完成对四川理工学院营盘校区道路黑化，黑化面积约3200平方米；投入约780万元对贡井区S207马吃水至虎头桥段道路进行改造，铺筑改性沥青砼面层3.67万平方米；投资103万元对火车站站前广场道路进行黑化。

【南国灯城园外灯组建设】 截至2016年1月15日，按市委办、市政府办印发的《第二十二届自贡国际恐龙灯会工作方案》，完成所有园外灯组建设和维修任务，共投入261.65万元，新建5个灯组，维修13个灯组，城区重要节点亮化10处。

【燃气管理工作】 2016年，市人大常委会对全市贯彻实施《城镇燃气管理条例》《四川省燃气管理条例》进行执法检查；配合省人大常委会法工委及省住房城乡建设厅调研组到市开展《四川省燃气管理条例（修订草案）》立法调研；重新启动办理全市燃气经营许可及现场考评。采取政府购买服务方式与市天然气企业管理协会签订服务合同，委托其组织专家组对申报燃气企业进行专家评审。组织开展城镇燃气安全专项整治行动，开展对重点燃气企业和重要部位的安全检查，实施违法经营处罚，下达《关于责令自贡华科工业气体有限公司立即停止违法经营行为的通知》。指导全市燃气老旧管网改造工作，完成燃气老旧管网改造9.6公里。督促各区、县燃气主管部门及燃气企业修订应急预案和开展应急演练，指导市燃气有限责任公司组织

“交叉地带管网燃气泄漏处置实战演练”。印发《关于开展全市燃气经营企业安全检查及动态考核的通知》，针对检查发现的问题，举办“安全生产管理培训班”。委托市城市规划设计研究院编制《自贡市城市燃气工程专项规划》初稿及现状图。

村镇建设

【推进百镇建设】 2016年，按突出重点、分类推进、示范带动原则，继续实施12个省级百镇试点镇建设。将百镇建设与四好村建设相结合，出台《关于加快推进镇村一体发展的实施意见》。通过以镇带村，以村反镇，探索镇村一体、产镇相融、特色凸显的统筹城乡发展路径。自流井区仲权镇结合飞龙峡旅游景区的打造，发展休闲花卉培育基地和泥鳅养殖基地。荣县长山镇注重生态转型，从传统的污染型工业向陶罐、药品等商贸型产业发展。贡井区五宝镇发挥传统优势，主推花生、水产、水豆等特色农业。贡井区成佳镇结合航空产业园发展，打造航空特色小镇。累计完成基础市政建设投资6.35亿元，占年度目标任务的103.1%；公共服务设施建设投资0.37亿元，占年度目标任务的370%；产业发展投资11亿元，占年度目标任务的103.8%；就近就地吸纳人口6938人，占年度目标任务的103.6%；辐射带动全市基础设施建设投资10.77亿元，占年度目标任务的105.6%；辐射带动全市就地就近吸纳农业人口1.33万人，占年度目标任务的106.8%。

【实施农村危房改造】 2016年，出台《自贡市城乡建设扶贫专项2016年工作计划》和《脱贫攻坚（农村危房改造）专项工作方案》，按照危房改造新政策、新标准，制作建档立卡贫困户农村危房改造标准图集，免费发放农户使用。截至2016年年底，省下达的6433户农村危房改造全部开工，竣工4885户，其中建档立卡贫困户竣工3637户，超省下达目标任务25%，并通过省住房城乡建设厅组织的农村危房改造交叉检查和住房城乡建设部组织的全国农村危房改造交叉检查。

【传统村落与名镇保护】 2016年，成功申报6个国家级传统村落（自流井区龙凤山社区、贡井区艾叶镇竹林村、大安区三多寨徐家村、沿滩区永安镇鳌头铺社区、荣县墨林乡吕仙村、富顺县后街社区），对原有的7个国家级传统村落（艾叶镇李家桥社区、牛佛镇王爷庙社区、仙市镇仙滩社区、三多寨镇三多寨村、长滩镇长滩坝社区、赵化镇培村社区、狮市镇狮子滩社区）300万元建设资金使用情况开展巡查督查，各传统村落建设有序推进。

棚户区改造

【概况】 2016年，全市新开工改造城镇危旧房棚户区（含修建安置住房、货币安置和改扩建）23244套（户），其中，新开工改造城市棚户区（含城中村）18087户，小城镇危旧房棚户区4657户，国有工矿棚户区改造500户。棚户区改造货币化安置5178户；基本建成保障性住房和棚户区改造安置住房14516套，竣工6100套。全年争取中央、省城镇保障性安居工程建设补助资金9.98亿元，棚户区改造全年完成投资22.39亿元。

【骑坳井地块棚户区改造项目】 2016年，采取“同时公告、分步招标”的方式确定该棚户区改造项目实施业主。项目位于自流井区道生灏以南、自由路以西，总占地面积7.15公顷，改造片区内居民住户和企业692户、建筑面积7.27万平方米，其中，住宅576户，面积2.68万平方米；非住宅23户，面积3.89万平方米；营业房93户，面积0.7万平方米。项目总投资4.53亿元。

【贡井区建设路片区棚户区改造项目】 2016年，启动实施该项目。项目位于和杨片区范围，占地面积36.47公顷，改造范围涉及居民955户、建筑面积7.62万平方米，其中，需拆除重建房屋814户、建筑面积6.63万平方米。项目总投资5.39亿元。

【金钩湾地块棚户区改造项目】 2016年，启动实施该项目。项目位于自流井区光大街以南，市公交公司露水湾场站以南，临张家沱棚改项目，涉及改造户数795户、面积4.34万平方米。项目总投资3.12亿元。

房地产开发与管理

【概况】 2016年，全市房地产投资完成123.8亿元，比2015年下降1%。全市商品房网签销售面积286.48万平方米，比2015年增长15.43%；销售面积233.8万平方米，销售收入实现111.98亿元，分别增长20%、24%；全市商品房销售均价4790元/平方米，比2015年增长2.9%，其中，住宅销售均价4449元/平方米，与2015年持平。房地产业实现税收10.09亿元，比2015年下降28.77%。全市房地产市场新开工面积278.2万平方米，比2015年下降12%；竣工面积396.61万平方米，比2015年增长152.2%；房屋施工面积973.18万平方米，比2015年下降8%。

【房交会】 2016年，举办“生态宜居城、绿色人居梦”为主题的第十四届房地产展示交易会，全市20家开发企业、多家银行及经纪机构和全市部分精品楼盘参展，提供有住宅、专业性和投资性的商业综合体和专业市场等交易种类，商品房网上签约196套，成交金额8782.47万元。举办“碧水青山、筑梦家园”为主题的第十五届房地产展示交易会，全市20家开发企业25个楼盘参展（其中商业综合体和专业市场3家），3家银行机构及7个政府部门现场开展政策咨询。该届房交会商品房网上签约164套，成交金额5441万元。

【出台房地产市场相关政策】 2016年，市政府印发《自贡市促进经济稳定增长和提质增效推进供给侧结构性改革的政策措施》，主要针对推进房地产去库存制定“调整居民家庭购房财政补贴政策”“加大深化城乡建设用地增减挂钩改革试点推进力度”“加大房屋拆迁货币化安置力度”“充分发挥住房公积金去库存作用”“支持符合条件的开发项目规划调整”等政策措施，促进全市房地产市场平稳健康发展。

【房地产企业及从业人员管理】 2016年年末，全市房地产开发企业130家，其中，一级资质企业5家，二级资质企业28家，三级资质企业84家，四级资质企业11家，暂定级企业2家。备案的房地产中介机构31家，其中，经纪机构（含分支机构）21家，评估机构10家。全年房地产经纪从业人员初始注册、续期注册、变更注册33人次，评估师初始注册2人次，变更1人次，续期2人次。

建筑业

【政策扶持与资质管理】 2016年，集中开展上门服务18批，为75家建筑企业宣传国家建筑业发展新政策，对企业资质升级、增项、拓展业务等进行指导。市和各区县政府安排资金160万余元，专项用于扶持企业做大做强、创优质工程业绩。清理退返各类保证金2亿元，减轻企业负担。全年组织完成95家总承包企业和83家专业承包企业资质换证，其中，19家企业实现资质增项，1家企业施工总承包二级资质升为一级资质，1家企业2项专业承包二级资质升为一级资质，8家企业施工总承包三级资质升为二级资质。是年末，全市有建筑业企业319家，其中，总承包一级资质企业11家，专业承包一级资质企业2家；全市有注册建造师3236人，各类岗位管理人员5300余人，持证上岗生产操作人员1.1万余人，建筑业从业人员13万余人。

【规范建筑市场秩序】 2016年，开展工程质量治理2年行动，对全市房屋建筑和市政基础设施建设工程实施拉网式检查，惩罚“三包一挂”（违法发包、转包、分包和挂靠）行为。全年组织专项检查61次，检查工程项目123个，制发质量安全隐患整改通知书和市场行为限期整改通知书151份，实施信用惩戒2起，对1个项目进行复检并立案查处。开展建筑施工企业动态核查，核查企业17家（含省外企业1家），合格8家，将不合格的9家列入2017年度重点监督企业。严把招投标、行政审批、施工图审查、施工许可、施工现场管理和工程竣工验收备案等环节，实施项目审批后跟踪管理，保证建筑施工质量和安全。全年建筑工程报建率、施工图审查率、工程质量监督率、应招标工程招标率、工程质量合格率均100%。开展拖欠工程款和民工工资清理工作，接待上访民工67批547人次，协调解决拖欠工程款6000余万元，其中民工工资2230万元，涉及47家企业、38个工程项目、96个施工班组的1750余名民工。

【行业发展】 2016年，全市完成建筑业总产值242.31亿元，比2015年增长19.7%；实现增加值67.36亿元，比2015年增长8.1%，建筑业增加值占全市GDP的比重达5.46%。完成省外产值26.1亿元，成建制组织劳务输出5.4万人，实现劳务收入6.9亿元；新建建筑施工阶段节能标准执行率100%，推广使用新型墙体材料25万立方米，使用率85%以上，推广运用预拌混凝土220万立方米、预拌砂浆30万吨、散装水泥108万吨，预拌混凝土、预拌砂浆使用率分别超过96%、92%，水泥散装率66.2%。培训农民工7200人，完成职业技能鉴定610人。

【施工现场管理】 2016年，重点开展建筑工地扬尘污染防治，坚持“六必须、六不准”（必须打围作业、必须硬化道路、必须设置冲洗设施、必须湿法作业、必须配齐保洁人员、必须定时清扫施工现场；不准车辆带泥出门、不准高空抛撒建渣、不准现场搅拌混凝土、不准场地积水、不准现场焚烧废弃物、不准现场堆放未覆盖的裸土）和“五个100%”（土地沙土100%覆盖、工地路面100%硬化、出工地车辆100%冲洗车轮、拆除房屋的土地100%洒水压尘、暂时不开发的空地100%绿化）要求，全面推行绿色施工。全年组织各类检查192次，参加人员678人次，现场整改问题522个，发出限期整改通知书45份，对54个整改不力的项目负责人进行约谈，对2个项目实施行政处罚。加强建筑工地食堂管理，保证农民工食品卫生安全。加强建筑工程现场文明施工管理，在全市67个在建项目施工现场安装视频监控系统，完善现场巡查、视频监控、网络管理相结合的质量安全监督管理体系，确保工程质量和安全。开展宁静利废专项行动和蓝天行动，以“工地噪声、扬尘控制”和“标准化管理”为重点，巩固城乡环境综合治理成果。

园林绿化

【规划编审】 2016年，按“生态自贡”要求，编制完成市园林绿化“十三五”规划。全年办理釜溪河复合绿道城区连接段、郊野段、东兴寺文创公园等公共绿化方案审查4件；办理小区附属绿化方案审查5件，工业附属绿化方案审查2件，商业附属绿化方案审查1件；办理小区附属绿化指标联审8件。

【项目建设】 2016年，完成卧龙湖湿地公园、南湖公园西大门交叉口交通组织和绿化景观优化工程，推进釜溪河复合绿道城区连接段和郊野段、盐都植物园、社区小广场、西山路等绿化工程建设。新建自流井区大来井社区绿化小广场、磨子井（东锅医院）社区绿化小广场、五星街珍珠寺社区（尚义灏）绿化小广场、石岗井社区绿化小广场、大黄桶社区绿化小广场、大灰包社区绿化小广场等社区绿化小广场6个。全年完成园林绿化投资5.5亿元。年末城市绿地总量4012公顷，建成区绿地率35.4%，城市绿化覆盖率40.5%，城市人均公园绿地面积11.4平方米。

【绿化管护】 2016年，实施城市公园、城市主街大道、重要景观节点等绿地景观养护管理，重点对东盐都大道、东环线道路等重要绿地进行管护，实行每周一查、每月一报的检查考核机制。落实城市主要街道、重要节点、公园、广场等节日鲜花摆放任务，全市节假日摆放鲜花400余万盆。开展“12319数字化城管”案件办理，协调、解决园林绿化工作的热点、难点问题。推进黑臭水体治理，11月29日开工建设釜溪河复合绿道城区连接段工程，至年底完成500米土路床施工；开工建设郊野段（仙市古镇—沿滩城区）工程和东兴寺滨河文创公园工程。基本完成东兴寺路、西山路城市道路绿化建设，基本完成丹桂大街绿化改造，推进乐（山）自（贡）高速公路舒坪连接线道路绿化、北环路一桥至东大家俱城的道路绿化。实施城市公园绿地建设，卧龙湖湿地公园一期、南湖公园西大门交叉口绿化景观工程竣工；推进盐都植物园、燊海湖公园等绿化建设，启动中华彩灯大世界、方特恐龙王国公园、燊海井山体运动公园等绿化项目策划和方案设计。组织开展城区义务植树活动。

【“自贡园”参展国际园林博览会】 2015年10月至2016年5月，“自贡园”在第十届中国（武汉）国际园林博览会展出。该园凭借文化性、生态性、节约性，在园博会117个展园中获园博会室外展园综合奖、室外展园优质工程奖、室外展园植物配置奖、室外展园建筑小品奖、室外展园设计奖优秀奖，市政府被住房城乡建设部授予组织奖、市住房城乡建设局被授予先进单位、市园林局被授予展园建设优秀奖。闭展后的“自贡园”在武汉园博园内作为城市公园永久保留。

（市住房城乡建设局）

环境卫生

【城乡环境综合治理】 2016年，制定《自贡市城乡环境综合治理十三五规划》《城市清洁行动实施意见》《农村垃圾治理行动方案》《自贡市深入治理城乡“六乱”提升城乡环境质量专项治理工作实施方案》并组织实施。落实清扫保洁、洒水降尘工作机制，城区19条街道实现24小时保洁，城市生活垃圾实现日产日清。建立大气污染防治应急预案，控制扬尘污染，全年城区主街大道每天坚持3~4次的洒水降尘，特殊时段6次洒水降尘。规范治理占道经营3万余个，取缔5000余个；清除“牛皮癣”46万余处；清理卫生死角2.6万吨；清理各类户外广告、宣传牌1.2万块。巩固“户定点、组分类、村收集、镇（乡）运输、市（县）处理”的农村生活垃圾收集运输处理机制建设成果，全年新建垃圾池1200个，改建600个；建成乡镇垃圾压缩中转站5座，出台《自贡市推进农村垃圾治理实施方案》，92%以上的村庄农村生活垃圾得到处置。全年纳入全省环境优美示范创建的4个乡镇（街道）、20个村庄（社区）完成迎检准备工作。

【开展“三创联动”】 2016年，把创建全国文明城市、国家卫生城市和省级环保模范城市与城乡环境综合治理工作和城市管理工作同安排、同部署、同检查、同推进，成立5个专项督导小组开展月综合检查12次，开展专项检查120余次，发现问题624个，发出各类通报35期，全部问题得到整改。高新区对照全市创建全国文明城市标准开展各项治理、对照督查的问题限时整改、对照薄弱环节加强整治、对照各迎检点做好防控预案；自流井区新增更换街面环卫基础设施，提高街面容貌秩序；贡井区拆除S305、盐都大道、S207等沿线乱设置的牌匾标识，改善城市空间环境。

【环卫设施建设与运营】 2016年，推进重大项目建设，富顺县二环路、代寺镇、赵化镇、石道乡、安溪镇，荣县长山镇城乡生活垃圾压缩中转站建成投运；推进自流井区、大安区、高新区垃圾压缩中转站建设；自贡市生活垃圾填埋场封场项目一期工程完工；自贡市餐厨垃圾处理迁扩建项目启动“PPP”建设模式；完成13座公厕（4座旅游公厕）建设任务。全年争取省级城乡环境综合治理专项资金1430万元，用于贡井区龙潭镇污水厂管网延伸、荣县双古镇污水管网工程、富顺县童寺镇污水管网完善工程、荣县长山镇环境基础设施建设等4个工程。全年无一起因环卫设施运行或故障而导致的安全生产事故，处理城市生活垃圾25.6万吨、渗滤液13.7万立方米、餐厨垃圾1.6万吨、医疗废弃物675吨，城市生活垃圾无害化处理率96%，医疗废弃物无害化处置率97%，城市建成区主街大道道路机械化清扫率81%，餐厨垃圾无害化处理率36%。

【垃圾分类处置】 2016年，开展餐厨废弃物无害化处理改革试点，出台《自贡市餐厨垃圾管理办法》，提高全市餐厨垃圾无害化、减量化、资源化处理水平，遏制“地沟油”“垃圾猪”等再次回流到餐桌。推进建筑垃圾综合治理，落实产生、运输、消纳3个重点环节的审批许可和执法监管，推广建筑垃圾资源化处置利用，设置建筑垃圾资源化处置企业1个，开展建筑垃圾消纳场风险排查。推进12个小区垃圾分类试点工作，推动城市生活垃圾分类收集处置项目建设。

【莲花垃圾填埋场封场一期主体工程完工】 8月31日，市重大项目莲花垃圾填埋场封场一期主体工程完工并通过竣工验收。该项目被列为国家长江中上游流域污染综合治理项目，一期总投资888万元，占地4.5万平方米，于2015年11月27日开工建设。项目完成填埋场周边垃圾堆体整治，封场覆盖与防渗系统、填埋气体导排与处理系统、渗滤液导排与处理系统、雨洪水导排系统等建设。

【环卫市场化运作】 2016年，采取政企分开、管干分离的监管模式推进环卫市场化作业。全市四区两县和高新区环卫清扫保洁作业市场化面积339万平方米，占环卫作业总面积的30%。

城乡管理

【基层基础工作】 2016年，制定《自贡市城乡管理行政执法局开展法治宣传教育第七个五年规划（2016—2020年）的实施意见》，制定《自贡市城市管理行政执法局执法监督管理考核办法》《行政执法全过程记录》等6项制度。倡导“721”工作法（让70%的问题用服务手段解决，20%的问题用管理手段解决，10%的问题用执法手段解决），变末端执法为源头治理，做到执法与服务相结合，突出服务为先。开展执法信息化建设，完成城区新增区域的地图增补和数据普查需求调研，启动“市民通”公共服务平台APP和微信公众号开发。坚持月度通报排名、末位提醒约谈、定期案件分析制度，提升案件处置能力。全年受理案件18.5万件，处置率98.63%，按期处置率92.52%。在沿滩区仙市镇、沿滩镇试点建立城镇综合执法管理中心，实现消防、公安、交警、工商、城管综合执法一体化。完善乱搭乱建治理源头发现、制止的监控体系，形成治违高压态势。

【执法监督】 2016年，依托第三方巡查人员，坚持每天开展对执法人员再监督。采取党内监督、人大监督、政协民主监督、行政监督、社会和舆论监督等方式，构建全方位监督体系。全年印发对执法人员的监督通报8期，发现履职问题142个，涉及人数179人，采取批评教育和扣罚工资绩效等方式对当事人进行处罚。受理社会投诉执法人员9件，整改率100%，办结率100%。是年，受理简易程序案件1307件，查处1307件；一般程序案件167件，查处167件；治理扬尘污染问题1000余个、噪声扰民问题900余个、油烟污染问题1000余个。

【宣传工作】 2016年，在自贡电视台、自贡电台、《自贡日报》等主流媒体开展以《四川省城乡环境综合治理条例》、依法行政等内容的专版宣传，与四川新闻网、四川经济网、中国经济网等网络媒体合作开展宣传。全年《自贡日报》开展专版宣传16期；报类媒体发出宣传稿件1148篇，网络媒体发出宣传稿件934篇。组织参加省、市组织的法律知识培训讲座1次，订阅民主法制建设、法律汇编等各类普法读本、刊物200余册，举办专家讲座10次。

（市城乡管理执法局）

交通运输

交通基础设施建设

【概况】 截至2016年年底，全市公路总里程6537公里，其中，高速公路235公里，一级公路111公里，二级公路176公里，三级公路314公里，四级公路4547公里，等外级公路1154公里，公路密度为149.82公里/百平方公里，基本形成“市域半小时、川南1小时、成渝2小时”交通圈。全市汽车客运站83个，其中，一级站2个、二级站6个、四级及以下站75个；全市营运车辆19248辆，其中，客车1268辆、货车15620辆、城市公交车924辆、出租汽车1436辆。全市通航总路程497.54公里，其中，五级航道12公里、六级航道110.15公里、七级航道375.39公里；全市码头108个，营运船舶311艘。全年完成公路、水运固定资产投资47.73亿元，比2015年增长3.8%，连续5年保持在40亿元以上。全年争取农村公路改善提升工程、通村硬化路、撤并建制村通硬化路工程、公路安保工程等部、省补助资金3.3亿元。乐自高速公路自流井舒坪连接线、王贡路路面改造工程、S305富顺绕城线改造工程、富顺沱江三桥建成通车，北环路拓宽改建工程主体完工；G247改建工程开工建设，推进沱江二桥、赵化大桥及自隆高速公路富顺连接线等4条高速公路连接线建设；自贡至泸州港公路工程可行性方案获省交通运输厅批复，项目初步设计和PPP实施方案编制完成；启动成都至宜宾高速公路、内江至南溪高速公路前期工作；沱江航道升级改造工程与中国交通建设股份公司天津航道局有限公司签订合作框架协议，确定项目前期工作业主。

【脱贫攻坚】 2016年，围绕全市113个贫困村交通现状，结合全市农村公路建设实际，制定《自贡市交通扶贫攻坚专项方案》和《自贡市乡村道路两年攻坚实施方案》，提出2016—2017年实现村村通硬化路和新改建农村公路1000公里的建设目标。2016年，56个贫困村新建村道249.2公里，实现56个贫困村通硬化路。

【民生工程】 2016年，以“四好农村路”（建好、管好、护好、运营好农村公路）建设为主，推进农村公路改善提升、农村客运等民生工程建设。全年完成农村公路建设389.3公里，完成投资4.12亿元，占民生工程目标任务的299.5%，其中，县乡道完成160.2公里，占目标任务的200.3%；通村硬化路完成229.1公里，占目标任务的458.2%。建成渡改公路桥4座、渡改人行桥1座，国家及省干线公路路面使用性能指数86.5，新增通客车建制村26个。

【G247自贡境内改建工程】 7月25日，G247自贡境内改建工程开工建设。该工程起于贡井区艾叶镇檬坳村，止于自流井区漆树乡星星村自贡至宜宾界，路线全长25.71公里，总投资9.4亿元。工程一阶段先期实施飞龙峡旅游快速通道建设，路线全长13.08公里，投资6亿元，按双向四车道一级公路标准建设，路基宽22.50米。

【富顺沱江三桥建成通车】 9月26日，富顺县举行沱江三桥市政桥梁主体工程交工验收大会，标志沱江三桥（富州大桥）正式建成通车。沱江三桥（富州大桥）位于富顺二环路晨光段，连通富世镇和东湖镇，横跨沱江。桥梁于2014年7月开工建设，全长665.5米，桥宽26.5米，是全市地方公路建设中第一座预应力混凝土变截面连续钢构桥。该桥东连S305富顺绕城段和成自泸高速公路，北接晨光工业园区及富顺二环路和自隆高速公路，为富顺县城过境公路和高速公路交通环线中重点工程。该桥建成通车为扩展县城向东、向南发展空间，构建通往成渝等地快速通道发挥作用。

【乐自高速公路自流井区舒坪互通及连接线通车】 12月15日，乐（山）自（贡）高速公路自流井区舒坪互通及连接线正式通车。乐自高速公路自流井区舒坪互通距贡井区桥头互通7.6公里，距沿滩区永安枢纽互通8.2公里，采用B型单喇叭立交式，设A、B、C、D、E共5条匝道，全长3.46公里，设5进10出匝道收费站1处。乐自高速公路自流井区连接线是全市高速公路城区连接线的重要组成部分，项目起于乐自高速公路自流井区舒坪互通E匝道止点，由南向北展线，止于贡井区长征大道大坡村，路线全长8.5公里，按一级公路标准设计建设，设计速度60公里/小时，路幅宽40米，2014年6月开工建设。

【北环路拓宽改造工程主体完工】 2016年年底，北环路拓宽改造工程主体完工。该工程全长6公里，设计为一级公路，采用沥青混凝土路面，路宽30米；工程于2015年8月开工建设。

客货运输

【公路运输】 2016年，完成公路客运量4851.42万人次、客运周转量15.97亿人公里，货运量5049.43万吨、货物周转量56.04亿吨公里；完成城市公共交通客运总量2.39亿人次。“春运”期间，全市道路旅客运输966.45万人次，开行班次22.17万班，其中加班9344班，输送民工5.96万人次。

【水路运输】 2016年，完成水路客运量102万人次、客运周转量636万人公里，货运量224万吨、货物周转量4019万吨公里。全年投放客、渡船舶168艘、运输航线23条，安全运送旅客27.72万人次，比2015年上升10.31%。

【道路运输管理】 2016年，全市新增客运班线5条和客车8台，延续经营（含报废更新）26条线路和客车36台；实施道路客运+互联网行动，开展翔宇定制、城际专车、机场专车、高铁站专车等定制服务；启动长途客运接驳运输试点，对符合接驳运输条件的四川省汽车运输自贡集团富顺振兴有限公司、富顺县神驹运业有限公司、荣县华益运业有限公司等3家运输企业，试点开行14条长途客运线路，涉及75辆客运车辆；大山铺汽车客运站、贡井西客站、沿滩区南站3个县级客运站提升改造工程竣工验收，新建成5个乡镇客运站、20个村级招呼站。推进危险货物运输电子运单系统试点工作，全市15家道路危险货物运输企业全部使用电子运单，全市危险货物运输企业签发危险货物电子运单8424趟次，完成危险货物运输量12.50万吨，电子运单使用率91.63%。建成道路运输车辆动态监督市级监管中心，实现对8200余台重点营运车辆24小时不间断监管。对全市3个有小件快运服务的客运站开展检查29次，全部落实托运物品“100%开箱验视、100%实名托运、100%通过X光机检测”。推动汽车客运联网售票系统和道路运输WIFI覆盖建设工作，符合条件的5个三级以上汽车客运站实现联网售票，符合条件的8个三级以上汽车客运站、48辆旅游客车、127辆高速直达客车和超长客车实现WIFI全覆盖。创新驾驶员培训服务模式，全市23所驾校提供“计时培训、计时收费、先陪后费”服务，覆盖率100%。规范客车租赁管理，依法办理4个汽车租赁公司的租赁车辆备案手续。开展争创客运精品线、最美客车、最美客运站、最美驾驶员等创建活动，全年推选出“最美汽车客运站”1个，道路客运“最美司机”48人，城市公交“最美精品线”6条，城市公交“最美司机”8人，出租汽车“最美司机”20人，机动车驾驶员培训“最美驾校”2个，机动车驾驶员培训“最美教练”18人。

【城市公交服务】 2016年，推进公交优先发展，新增公交线路1条，调整优化线路79条次，新增（更换）高级公交车275辆，其中新能源公交车156辆。指导城市公共交通运营单位建立安全预防责任体系。推进城市客运安全标准化，落实安全预防，狠抓谨慎驾驶和防御性驾驶，实化员工安全管理，提升企业安全管理水平，建设“安全公交”。深化出租汽车行业改革的政策研究储备，完成出租汽车行业改革专题调研，形成《自贡市四城区出租汽车行业调查报告》《关于自贡市出租汽车行业信访突出问题的调研报告》《自贡市出租汽车行业的突出问题及对策建议》《自贡市出租汽车行业维稳处置应急预案》。

【法治交通建设】 2016年，制定《加强交通运输行政执法队伍建设的意见》和《自贡市交通运输行政执法队伍建设工作方案》，对交通运输行政执法人员主体资格进行全面清理，完成160名协管员换证和16名新协管员资格审查、培训考试及颁证工作。在全市交通运输系统开展以弘扬宪法精神、推动振兴发展为主题的法治宣传日系列宣传活动和法治宣传“五个一”（下发一份文件，召开一个会议，印制一份公开信，开展一次法治下基层活动，制作一个普法用品）活动。落实“两集中，两到位”（一个行政机关的审批事项向一个处室集中、行政审批处室向行政审批服务中心集中，保障进驻行政审批服务中心的审批事项到位、审批权限到位）及“放管服”要求，清理规范行政权力。全年受理办结行政审批服务事项3.31万件，按时办结率、承诺办结率、现场办结率和群众评议率、评议满意率均100%。

【行业改革】 2016年，推进运政执法管理模式改革，将市运政执法支队所属4个执法大队分别与自流井区、贡井区、大安区、沿滩区四城区运管所合署办公，由四城区运管所统一管理，充实基层执法队伍。探索路产路权管理模式改革，建立公路路政和公路养护联合巡查联勤机制。推进质量监督权下发，将县道及以下农村公路项目和小型水运工程项目的质量监督权下放至荣县和富顺县。稳妥推进出租汽车行业改革，完成出租汽车行业改革专题调研，起草《自贡市深化改革推进出租汽车行业健康发展的实施意见（征求意见稿）》。

【行政执法】 2016年，加强和改进对公路水路运输、旅游客运、出租汽车、维修车辆、驾驶培训等源头监管，规范市场秩序。全年出动执法人员4.44万人次，检查车辆（船舶）5.65万辆（艘），实施行政处罚2533起。执行工程质量标准和规程，对全市交通重点在建工程开展全面质量监督检查。

【平安交通建设】 2016年，采取完善责任体系、推进依法治安、夯实基层基础、着力教育培训、强化专项活（行）动和专项整治、突出隐患排查治理、深化打非治违等措施，防范和遏制重特大安全事故，全市交通运输生产安全事故死亡人数控制率低于市政府考核目标，未发生较大及以上事故，其中，水上交通、交通建设和公路养护未发生死亡事故，交通运输行业其他领域未发生安全事故。做好高速公路建设、出租汽车行业管理和深化改革、公路系统遗留难题等重点领域、重点人群信访工作，坚持依法分类处理信访诉求，推进行业社会治安综合治理和反恐防范工作。全年受理各类信访件128件，基本化解自隆高速公路被征地农民社保问题，多次维护出租汽车行业稳定，保障行业和谐稳定发展。

【汽车客运站提升改造】 5月18日，自贡东客站和西客站提升改造项目通过验收。2个项目均属四川省汽车客运站提升改造工程项目，于2015年动工，主要对主体建筑外立面、室内装饰、站务功能、导视系统、信息化建设等项目进行建设改造。其中，东客站为原址改造“二改一”提升改造工程，项目总投资1600万元，改造后站房和辅助用房建筑面积1.93万平方米，站前广场6187平方米，营运停车场2.1万平方米；西客站为二级站局部完善提升改造工程，项目总投资800万元，改造后主站房建筑面积6593平方米，站前广场2976平方米，营运停车场7063平方米。

【新开公交专线】 2月27日，贡井到“花海”公交专线正式开通，每周六、周日每天安排11个班次，其中上午4班，下午7班。专线车从16路起点站始发，经鹅儿沟、荣新贡院、贡兴路、夏洞寺、马吃水、自贡军分区、川南农贸市场、大岩洞、市疾控中心、公交大厦、南湖体育中心、板仓孵化园、蓝天科技、华西能源、东方物流后，直行复合绿道西站，并经龙乡大道直达“花海”釜溪河大桥（复合绿道东站）返回。3月1日，汇东枢纽站到“花海”专线车正式开通，开行时间为3月1日至6月30日的每周六、周日和节假日（下雨天除外）9：00至18：00，班次按每20分钟或每班载客50人以上发放。专线车从汇东枢纽站始发，途经交通苑、南湖公馆、板仓孵化、复合绿道（花海）西段，终点站为复合绿道（花海）东站。3 月 7 日，板仓东区定制专线公交正式开通，26 路、401 路作为公交定制线分别从贡井老城区、自流井老城区开行至板仓工业园区东区，为园区企业职工上下班提供个性化服务。8 月 1 日，贡井至沿滩新城定制公交线试运行，从贡井（16 路起点站）—鹅儿沟—荣新贡院—自贡西客站—川南五金城—普润博览城—西苑街南延线（经汇南路）—蜀光绿盛实验学校南湖校区—南湖领御—汇南路中段—泰丰国际城（南湖公园南门）—汇东实验学校南湖校区—两湖大桥—恒大绿洲—恒大商城—龙湖公园—创兴城—君豪御园（嘻哈乐园）往返，共 18 个站点。9 月 18 日，自贡公交首次开通 2 条师生公交直通车，每天运行 9 班，分别从翰林尚都、华商国际城发往老城区，专门服务檀木林小学和塘坎上小学的师生。其中，翰林尚都发车线路途经宏发小区、市舞蹈学校、理工学院、新美国际商城、兴达数码广场、广电大厦等 6 个站点；华商国际城发车线路途经汇北路招呼站、南湖国际社区、公交大厦、客运总站、市政府等 5 个站点。

【新开直达客运班线】 9 月 15 日，自贡至成都东站直达客运班线开通。该线路采取双向对发班模式，两站发车时间均为 9：30 和 15：30，市民可乘该班线直达班车在成都东站换乘高铁和动车出行。

行业管理

【公路养护管理】 2016 年，推进公路日常养护和病害治理。全年养护工程总投资 1.25 亿元，其中，完成大修工程 10.33 公里，投资 3597 万元；中修工程 7.58 公里，投资 660 万元；小修保养投资 8130.74 万元；预防性养护 22.53 公里，投资 80 万元。全年国道、省道平均好路率 95.31%，县道平均好路率 35.3%，专用道平均好路率 42.05%。落实桥梁养护管理，建立健全公路桥梁技术档案，做到一桥一卡；坚持经常性检查与突击性检查相结合，对全市特殊桥梁（特大型、大型、特殊结构的桥梁）进行检查；完成国道及省道干线危桥整治 1 座、农村公路危桥整治 7 座。严格收费公路管理，督促落实国家鲜活农副产品运输绿色通道政策及重大节假日小型客车免收通行费政策，设置开通专用绿色通道，做到“应收不免、应免不收”。

【公路路政管理】 2016 年，坚持以 S305 线为主的干线公路全天候全路域巡查，做到路政巡查工作制度化、规范化、常态化。推进路域环境专项治理，对公路两侧建设控制区乱象、“非公路标志”、占道、抛洒、污染公路等违法违规行为进行集中整治，实现干线公路“畅、洁、绿、美、安”。全年出动巡查执法人员 7700 余人次，出动执法车 2060 余车次，拆除非交通标志 150 余块，查处违规违章加水洗车修车点 18 处，清除路障 1420 余处，规范涉路建筑施工场地 32 处，治理车辆抛洒、污染公路 1580 余车次。发挥全市国家站、省级站和流动站三级治超监控网络体系作用，坚持 24 小时不间断监测，严格执法标准，坚持卸载放行，遏制全市货运车辆严重超限运输行为。全年出动超限执法人员 1.76 万人次，检测货运车辆 20.24 万辆，其中，超限车 1385 辆（卸载 1100 辆，卸载货物 2920.34 吨），超限率 0.69%。

（市交通运输局）

水　务

水利工程

【小井沟水利工程】　2016 年，小井沟水利枢纽工程基本完工，完成年度投资 4.66 亿元。该工程 5 月下闸蓄水，11 月开始向双溪水库输水。

【向家坝灌区工程】　2016 年，向家坝灌区一期工程可行性研究报告通过水利部水利规划设计总院审查，进入修改完善阶段及水利部待审批环节。

【双溪水库灌区工程】　2016 年，双溪水库灌区工程项目可行性研究报告编制完成并报送省水利厅审查。项目概算总投资 6.98 亿元。

【中心城区水系规划】　2016 年，该规划通过省水利厅批复审查。项目概算总投资 138.91 亿元，建设期限为 2013—2030 年，拟在自贡市中心城区约 140 平方公里范围内通过新建宜昆河、农印河、宜陈河、宜家河等 8 条输水工程和整治维修釜溪河、威远河、旭水河等 6 道自然河道，构建布局合理、循环通畅、蓄泄兼筹的河湖库水网体系。

【中型水利工程】　2016 年，狸狐洞水库完成年度投资 5125 万元，完成进场公路、管理用房等前期临建工程，枢纽工程完成导流洞施工；楼房湾水库完成年度投资 1.23 亿元，枢纽工程完成放水放空洞（导流洞）、溢洪道施工，完成大坝填筑；大坡上水库完成年度投资 1.05 亿元，完成进场公路、管理用房等前期临建工程，枢纽工程完成放水放空洞（导流洞）及进出口明渠施工。

【城镇防洪堤工程】　2016 年，荣县双古镇、大安威远河城区中小河流防洪治理项目完工，东兴寺堤防工程、富顺县城区 E2 段堤防工程和荣县旭阳镇中小河流治理工程有序推进。

城乡供水

【城市供水】　2016 年，全市总供水量和售水量分别达 8661 万立方米和 6315 万立方米。城市供水能力（含市中心城区、荣县城区、富顺县城区）达 38.2 万立方米/日。市中心城区、荣县城区、富顺县城区城市自来水普及率分别达 99.9%、98%、100%，城市居民饮用水达标率 100%。是年，完成沿滩水厂二期工程建设。

【农村供水】　2016 年，投资 1500 万元，完成 28 处集中供水工程、538 处分散供水工程，巩固提升 6.29 万名农村居民饮水安全，其中建卡贫困人口 1.48 万人。

水务管理

【水生态修复】　2016 年，实施釜溪河流域综合治理清水行动，全方位、全流域治污。全年完成釜溪河河面漂浮物打捞 5 万吨，综合治理水土流失面积 100 平方公里。

【水务执法】　2016 年，组织开展全市水务综合检查行动 574 次，查处釜溪河建设临时钢栈桥违规涉河建设行为。协助完成省水利厅执法总队牵头开展的执法案卷评查工作。

【制定《自贡市集中式饮用水水源地保护条例》】 2016年，由市水务局组织起草的《自贡市集中式饮用水水源地保护条例》，经省第十二届人民代表大会常务委员会第二十九次会议批准通过，拟于2017年1月1日施行。该条例是继2016年6月8日起施行《自贡市地方立法条例》后，自贡市制定的首部市州级实体法规。

【民生水利建设】 2016年，完成富顺县中央小型农田水利重点县建设项目，沿滩区、荣县省级小型农田水利重点县建设项目，整治山坪塘723处、石河堰42处、提灌站51处，新建蓄水池920口、渠道261公里，整治改造渠道211公里，渠道清淤795公里。实现新增灌溉面积766.67公顷，占项目计划新增灌溉面积的115%。

水土保持

【水土流失综合治理】 2016年，全市完成水土流失治理任务100平方公里，完成水系绿化8公里。

【水保项目】 2016年，完成大安区坡耕地项目（新店镇）主体工程建设，项目总投资1250万元；完成国家农业综合开发水土保持项目主体工程建设，项目总投资898万元，其中，富顺县307.5万元、荣县307.5万元、沿滩区283万元。

防汛抗旱

【工作布置】 4月中旬，召开防汛工作会议，对全年的防汛工作进行安排部署；4月下旬，在《自贡日报》公告全市各行政辖区和主要江河、重点水利工程防汛责任人名单，强化责任人防汛意识，接受社会和群众监督。

【工作监督】 2016年，汛前督促区县和相关部门储备、落实各类机动抢险船只104艘和防汛抢险草袋、砂石料、救生衣等物资。全市组建防汛应急抢险队伍178支、抢险人员7470人。5月1日到10月15日，组织开展24小时防汛值班，密切监视水情、雨情，及时准确传递信息，确保汛情、政令畅通。强降雨天气出现后，对江河洪水进行预测分析，及时预警，组织开展抗洪抢险救灾工作，全年未出现重大汛情。

（徐颖熠）

邮政·信息化

邮政管理

【概况】 2016年，全市快递法人企业从年初15家增至年末18家，备案分支机构从129家增至294家，区域分拨中心增至5家；快递品牌26个，全市邮政行业从业人数2638人。全年市内邮政企业和快递企业累计完成邮政业务总量4.48亿元，比2015年增长42.62%；累计完成业务收入3.91亿元，增长25.70%。快递企业累计完成快递业务量1185.25万件，增长151.92%；累计完成快递业务收入1.12亿元，增长54.06%；快递业务投递量2597.75万件，增长83.14%。

【惠民工程】 2016年，实施“快递向下”工程，推动建设村邮电商服务站303个，创新开展快递下乡进村。推动快件进校园工程，新设立3家校园快递超市；推动快递进社区工程，推广设立6家小区快递服务站；推动快递进乡镇工程，新设立1家同城快递公司和50家乡镇快递超市。推广应用智能快件箱，实现快递投递智能化。全市智能快件箱由市邮政公司、日日顺公司铺设，有86个住宅小区和45家单位设立139组共计10008个格口的智能快件箱，解决快件“最后100米”妥投问题。

【行业监管】 2016年，建立市级由市邮政管理局牵头、市交通运输局配合，县级邮政管理统一归口区县交通运输局负责的工作机制，初步实现寄递物流安全管理责任无缝衔接。探索县级监管长效机制，已获国家邮政局批准设立富顺邮政管理局、荣县邮政管理局（全省5个县获批）。将寄递渠道清理整顿纳入综治目标考核，在全省率先出台《自贡市寄递物流清理整顿工作考核细则》。全年新增安检机9台，占全市安检机总数的82%，确保全市出港件100%过机安检。组织全市13家品牌企业参加安检机技能知识现场培训，提升“安检关”技术操作水平。全市刻制验视章、验证章2924枚，验讫章321枚。寄递E通录入寄递点390个，快递操作人员1351人，采集邮件、快件信息49.7万条。采取专项检查、多部门“横向联动、纵向对接”联合检查等方式，组织检查164次，先后对12家品牌快递企业配备与使用X光安检机问题，制发责令改正通知书17份；对未执行收寄验视制度、安全设备使用不符合国家或行业标准的6家企业进行处罚，处罚金额3.8万元。通过寄递渠道协助破获案件7起，查获违禁卡片、书籍、光碟等55份及诈骗信件200余封，查获毒品6.77千克，查获自制弹药482发、汽步枪1支，查获违禁和假冒香烟1969条。召开全行业清理整顿专题工作会10次，与全市寄递企业签订寄递渠道专项整治责任书；开展无证照快递网点清理整顿工作，清理整顿无证照快递网点727家。在全省范围内首次推出“单建共享”模式推动邮政快递企业进社区、进校园、进乡村布局设点，提供合法化、规范化、标准化服务。率先在全省出台《自贡市邮件、快件实名收寄操作规程》，规范寄递过程。印发《关于开展寄递渠道安全专项整治的通告》和《四川省寄递物流企业责任告知书》《关于加强二十国集团（G20）峰会期间寄递物品安全管理的通告》各2000份、《快递安全宣传手册》1.5万本，宣传单1000份；利用自贡电视台、自贡广播电台、

《自贡晚报》、自贡网和微信公众号等新闻媒介进行寄递安全宣传27次。

【行业队伍建设】 2016年，开展4批次职业鉴定考试，鉴定快递员262人次；先后组织法纪警示教育活动、邮政业统计工作培训、行业综合能力提升培训等各类培训教育活动13次，679人次参加培训。6月15日，以检验突发交通事故处置、快件积压处置与消防器材使用为目标，举办第三届邮政快递行业突发事件应急处置演练。8月，率先在全省开展邮政综合业务技能竞赛；9月，开展第二届快递业务技能竞赛。开展2016年度星级快递服务网点评定工作，评选出五星级网点1家、四星级网点2家、三星级网点4家；开展文明行业创建工作，全市邮政快递行业4人被市委宣传部、市文明办和市邮政管理局联合授予2016年自贡市“文明窗口服务之星”称号；圆通、中通、申通3家品牌快递企业下属网点成功申报市青年文明号。

（王　波）

邮政业务

【概况】 2016年，全市邮政业务累计实现收入2.82亿元，比2015年增长13.63%，列全省第7位，比2015年上升5位；全员劳动生产率24.81万元，比2015年增长15.83%。

【设施建设】 2016年，对全市40个邮政网点进行升级改造。是年末，全市ATM/CRS保有量237台，较2015年增加25台，网点ATM/CRS平均保有量高于全省平均水平，亿元网点ATM/CRS覆盖率96.49%。对市本级城市投递部和处理中心场地进行扩能改造，完成荣县处理中心、龙都揽投部、荣县投递部、大安投递部和檀木林投递部改造；外包13条邮路及转运分拣部分业务，提升邮件处理能力；网运生产区域实行监控全覆盖，确保邮件安全；新增、更新邮运车辆6台。推进信息化建设，投资357万元对网点营运设备进行更新，对市县局域网进行升级改造。建立集中智能管控平台，对39个网点安防设施加强管理，对市本级投递部消防系统埋地管网进行整修改造。全市累计签约智能包裹柜208台，其中启用168台。

【服务地方经济社会发展】 2016年，打造恐龙、灯会、大佛文化、四川理工学院校园等主题邮局，发行“全民阅读”等特种邮票，发布“仙市古镇”纪念封，服务地方旅游经济，传播自贡文化。开展关爱留守儿童活动，履行普遍服务；依托邮政农村电商，开展“造血式”精准扶贫，累计建成便民服务站1054个、村邮电商服务站304个，邮乐网上线地方农特产品300余种。

（徐　鹏）

信息化建设

【通信基础设施建设】 2016年，全市共完成通信网络基础设施建设投资5.4亿元，新建光纤（光缆）4567皮长公里，完成改、扩建基站2443个，其中4G基站2252个，互联网出口总带宽达460G，电信业务总量完成41.2亿元，比2015年增长45.8%。推进“宽带乡村”项目建设，到2016年年底，全市1024个行政村通光纤，其中113个贫困村全部实现光纤覆盖，城区、乡镇和光纤通达村实现100兆宽带接入能力。

【智慧城市建设规划】 2016年，编制《自贡市智慧城市建设规划》和《自贡市智慧城市建设技术方案》，市政府第95次常务会审议通过该规划。分解落实2016年全市智慧城市建设工作任务，重点协调推进交通运行监测与应急指挥系统（二期）工程、教育音视频应用与管理系统平台、卫生人口健康信息平台等信息化项目建设。

【推进信息化与工业化融合】 2016年，组织开展企业信息化项目申报省级工业发展资金支持，全市有3个项目获专项资金200万元。推进荣县驰宇盐化真空制盐管理信息化平台、川润股份公司设计制造一体化及互联网+管理项目、自贡蜀都锻业制造有限公司川南锻造中心信息化管理系统升级及综合管理平台、四川煜峰鞋业有限责任公司鞋帽制造管理信息化项目等12个重点信息化项目建设，实现办公无纸化、管理网络化、生产过程控制自动化，提升企业综合管理水平。发挥市级工业发展资金的引导作用，全年安排100万元用于企业两化融合项目补助，有7个项目获资金支持。

【“互联网＋制造”行动】 2016年，围绕全市五大高端成长型产业发展，以特色园区、行业龙头企业为载体，在工业制造领域开展“设备换芯”“生产换线”、关键岗位“机器换人”智能制造试点示范，重点推进华西能源工业股份有限公司、四川大西洋焊接材料股份有限公司等企业的智能制造示范项目建设。华西能源工业股份有限公司“数字化车间”智能管控系统全面投入运行，帮助企业提高产品质量和劳动生产率、减轻工人劳动强度、降低生产成本、加强安全生产管理等。推进四川大西洋焊接材料股份有限公司公司智能工厂建设。

（罗胜强）

【大数据中心建设】 2016年，推进“智慧城市”大数据中心建设。首期建成服务管理、数据业务机房面积1700余平方米，核心计算能力达1350核，存储能力408太兆，总内存数12太兆，出口带宽达10千兆，满足未来5年至10年全市“智慧城市”建设规划需要，成为自贡数据交换和数据处理的核心枢纽，为政府提供决策数据支撑。

【公共视频监控系统建设】 2016年，公共视频监控系统建设项目总体建设前端视频监控点位1359个，视频监控图像总计3011路，实现人、地、物、事、网络、组织等各类相关信息、应用系统一体化集成和联动，提升政府职能部门工作效率，为城市社会、经济、政治发展和城市管理提供支撑与服务。新建乡村监控摄像头，纳入公安、交通、环卫、民政等已有公共监控资源，实现社会和单位的公共区域视频监控统一管理、调度。

（电信自贡分公司）

电　信

【概况】 2016年，围绕“智慧城市”建设，实施城市智能化项目；推进“宽带乡村”建设，加快农村信息化进程。全年在“智慧城市”和“宽带乡村”项目建设中投资3.83亿元，实施“智慧城市”大数据中心建设、公共视频监控建设、“雪亮工程”、居家养老、精准扶贫、政务ITV等信息化项目，促进自贡经济发展。

【“宽带乡村”建设】 2016年，全市累计完成农村通信基础设施建设投入1.3亿元，新建宽带乡村304个，完成率105%，在建11个。年末，全市1024个行政村实现光纤通达，为信息教育、智能用电、医保卡联网使用和光纤电视普及提供技术支撑。结合“宽带乡村”建设，组织实施“精准扶贫美丽乡村卡信息化扶贫”项目，以信息化服务方式进村入户、改善民生。实施“互联网＋”战略，为扶贫对象免费提供“农技宝”“益农社”“翼支付”“天虎云商”“农村淘宝”等信息化应用。其中，为特定贫困对象每月提供免费通话；为较困难扶贫对象免费提供光猫、机顶盒、摄像头等设备，让扶贫对象每月免费看电视，免费用视频通话；对有一定文化基础和劳动能力的扶贫对象，提供就业岗位并免费开展基础电商平台使用等培训，优先录取扶贫对象为电信厅店直销员。

【网络运营服务】 2016年，自贡骨干城域网出口带宽在原有160G的基础上扩容200G，总带宽达360G。全面启动全市MSE优化，提升网络运行质量。投资1.2亿元，建设4G无线网络，并利用800兆基站建设，实现无线网络覆盖率99%，为4G上网、物联网使用夯实基础。

（电信自贡分公司）

移动通信

【概况】 2016年，中国移动自贡分公司下设11个生产职能管理部门和6个区县分公司，有员工614人。全年实现财务收入8.36亿元，完成投资2.64亿元，实现本地入库税收1885万元，客户规模超138万户，累计解决就业1000人次。

【基础网络建设】 截至2016年年底，基站规模4447个，实现97%自然村的网络覆盖；PTN高速光纤网络接入全市各行政、企事业单位，并100%覆盖到行政村；有移动电话用户138万户，小区宽带用户超17万户，政企专线6000条。累计投入2.1亿元建设“中西部地区中小城市基础网络完善工程”。结合国家“互联网＋”战略，围绕“互联网＋民生”重点，上线自贡“和生活”平台，超20.8万人次使用。

【社会服务】 2016年，承担富顺交警、富顺教育云平台、高新天网、荣县天网等9个信息化项目建设；打造安全通信网络，配合市公安局开展“伪基站”打击行动；开展“3·15”客户体验活动和“5·17”服务日活动；对口精准开展荣县烟坡村和四合厂村信息扶贫工作。全年培育技术类、业务类、管理类等创新成果11项，产出科技成果6项，QC成果21项。

（中国移动自贡分公司）

联合通信

【业务绩效】 2016年，主营业务收入累计完成1.72亿元。完成毛利1.1亿元，全省排名第10位。开展“四包一清单”下放与运用，初步实现公司网格毛利管控体系。

【网络建设】 截至2016年，累计开通4G基站1125个，3G基站815个。推进光纤改造二期及宽带建设工程，接入网宽带端口17.35万个，其中光纤到户端口11.95万个，100兆以上端口占68.87%。重点区域4G网络质量由良转优。

（王 玮）

综合经济管理

发展和改革

【投资和重大项目建设】 2016年，实施“项目年”活动，全社会固定资产投资709.84亿元，比2015年增长11.1%；投资率57.5%，比2015年提高1.7个百分点。推进重大项目建设，筛选16个特别重大项目由市级领导联系督导，300个重大项目完成投资超400亿元，占全社会固定资产投资的56%。创新投融资方式，实施东部新城生态示范区、富顺县和荣县污水处理厂等“PPP”项目，民间投资493.7亿元，比2015年增长12.2%；争取到位国家专项基金和上级无偿补助资金60亿元；增强土地保障能力，落实8个省重点推进和重点支持项目用地指标597公顷。

【产业结构转型升级】 2016年，设立高端产业发展投资基金、战略性新兴产业发展基金和航空产业基金，支持工业企业转型升级，全年规模以上工业增加值增长8.5%。重点帮扶稳定实体经济，25户企业成功恢复生产，累计为140户企业提供应急转贷资金20亿元以上；培育新兴产业，推进航空产业园建设，捷克轻型飞机组装项目实现首飞，海川航空发动机零部件制造项目竣工投产，中天胜特种聚酰亚胺及复合材料产业化、耐锐德特种工程塑料等项目顺利推进，大西洋焊接产业园、新吉隆激光再制造项目基本建成；培育企业成长，20户企业成为规模以上企业，新增4户企业在“新三板”成功挂牌；荣县、沿滩工业园区分别创建为省新型工业化产业示范基地和省特色产业基地，新增承载能力5平方公里，实现主营业务收入1100亿元。推进省级现代服务业综合改革试点，发展新兴先导型服务业，完成服务业增加值388.06亿元，比2015年增长8.3%。发展商贸物流业，启动川南建材市场升级改造，义乌小商品城主体竣工，推进美吉特家居建材科技博览城等建设；发展电子商务，出台促进电子商务八条措施，推进自流井电商集聚区、普润电商博览城建设，引进成立阿里巴巴LBS自贡服务中心，开展全市商业街区免费WIFI覆盖；发展文化娱乐、健康养老等新兴业态。全面落实扶持农业各项政策，完成农业增加值136.13亿元，比2015年增长4.0%；粮食生产获丰收，总产132.8万吨。稳定发展畜牧业，新改扩建畜禽标准化养殖小区（场）35个，猪、牛、羊分别出栏217万头、4.6万头和115万只。发展现代农业，自流井区尖山现代循环农业示范园区、富顺县永年现代农业综合园区创建为省级示范园区；提升农业产业化水平，推进100万头生猪产业化暨食品加工等项目建设，实施龙头企业技改扩能项目25个，新增省级龙头企业4户、农民合作社和家庭农场32个。

【推进重大基础设施建设】 2016年，实施川渝滇黔综合交通枢纽建设，G247自贡境改建工程、自隆高速公路富顺连接线、内威荣高速公路荣县城区连接线、成自泸赤高速公路瓦市互通沿滩连接线等干线公路加快推进，乐自高速公路自流井连接线、北环路拓宽改造工程等项目主体完工，川南城际铁路自贡段开工建设，推进蓉昆高铁成自段、成仁宜高速公路、北环快速通道、自贡至泸州港公路等前期工作；凤鸣通用机场建设有序推进；东兴寺大桥立交改造基本完成、铁路桥拓宽改造顺利推进。实施农田水利工程建设，建成高标准农田 5130 余公顷，小井沟水利工程建成蓄水，狸狐洞、大坡上、楼房湾 3 个中型水库加快建设，启动东部新城水系连通示范工程、向家坝灌区工程前期工作。统筹推进信息、能源、供水等基础设施建设。

【深化行政审批制度改革】 2016 年，四川省投资项目在线审批监管平台建成，所有非涉密投资项目的审批、核准、备案至竣工验收全过程的行政审批事项全部纳入在线平台办理。清理优化行政权力事项，发布市发改委（含粮食、物价）行政权力清单 87 项（行政处罚 73 项，行政强制 3 项，行政确认 1 项，行政检查 4 项，行政奖励 1 项，其他行政权力 5 项），对应编制责任清单。设立市投资项目审批服务专区，提速审批保一线，推行“三六四五”服务工作机制，实现办理流程“三阶段”、办理平台“六合一”、办理服务“四统一”、办理效果“五个最”，项目审批时间缩短到 34 个工作日，比原 148 天提速 78%。

【推动科技创新】 2016 年，推进双创活动，搭建创新平台，建成全省首个焊接工程技术研究中心，成立四川省矿山尾渣资源化利用工程实验室，四川盐产业技术研究院获批省级产业技术研究院，9 户企业被新认定为市级中小企业研发机构。推动实施超长距离管状带式输送机关键技术研究应用产业化、高温型氟橡胶耐磨涂料的研发与应用等 17 项重点成果转化项目。提升科技创新能力，中昊晨光有机氟单体及高性能氟聚合物产业化新技术开发项目获国家科技进步二等奖，东锅公司600 兆瓦超临界循环流化床锅炉研制获省科技进步一等奖。全市高新技术企业累计61 户，高新技术产业产值超 800 亿元。

【推进其他领域改革创新】 2016 年，推进 56 项国家级和省级改革试点任务，启动全面创新改革试验工作。在全国率先开展深化增减挂钩改革试点，开展农村产权抵押融资、农村合作金融等改革试点，全面完成农村土地确权登记，完善市、区、乡三级农村产权交易平台，实现土地流转交易 3 宗。稳妥推进国企改革，市树脂厂资产处置完毕，百货公司、公路运输公司、标准件厂等 3 户企业实现破产终结。实施金融体制改革，启动市商业银行更名工作，稳步推进自贡农村商业银行组建工作，引进恒丰银行和光大银行进驻自贡市。推进社会事业改革，成功申报为全国第四批城市公立医院综合改革联系试点城市，实施均衡义务教育资源改革，提前完成全市不动产统一登记改革，稳步实施公车制度改革。

（彭吉泽）

国有资产监管

【概况】 截至 2016 年年末，纳入市国资委国有资产统计报表汇编范围的 57 户企业，资产总额 437.67 亿元，负债总额 198.52 亿元，归属于母公司所有者权益总额 208.22 亿元，年末国有资产总量 207.74 亿元，国有资本保值增值率 101.22%，实现营业总收入 37.85 亿元，利润总额 3.12 亿元，归属于母公司所有者的净利润 2.34 亿元，上缴税费总额 2.69 亿元。市国资委监管企业 6 户（大西洋焊接材料股份公司、市公交公司、市燃气公司、市国有资本投资运营公司、自贡高新国有资本投资运营公司、自贡水务集团）资产总额 362.48 亿元，负债总额 152.84 亿元；归属于母公司所有者权益总额 178.71 亿元。市国资委非监管和区县监管企业资产总额 75.19 亿元，负债总额 45.67 亿元，归属于母公司所有者权益总额 29.52 亿元。年末，全市国有企业国有资本及权益总额 178.71 亿元，国有资本保值增值率 101.10%。

【国有资产监管体系建设】 截至 2016 年，陆续出台《自贡市产权交易管理暂行办法》《自贡市市属国有企业负责人履职待遇、业务支出管理办法》《关于市属国有企业功能界定与分类监管的指导意见（试行）》《自贡市市属国有企业负责人薪酬管理暂行办法》《自贡市市属国有企业负责人薪酬管理监督检查暂行办法》等规范性文件，修订《自贡市国家出资企业担保管理办法》和《自贡市市属国有企业负责人经营业绩考核办法》，累计制定国有资产监管制度 100 余项，以管资本为主的国有资产监管体系得到完善。

【指导企业融资】 2016 年，指导监管企业通过发行私募债、中期票据、专项建设基金等方式，向上争取低成本资金 21.79 亿元，促进城市基础设等项目建设。

【产权基础调查】 2016年，完成2015年度60户纳入省国资委汇编范围的企业国有资产的统计分析，对全市93户国有及国有控股、参股企业经营性国有资产进行调查摸底，为推进企业国有资产统一监管提供基础依据。

【出资人审批管理】 2016年，审批市保安公司国有产权转让项目、市公交公司富顺驾校股权转让等6项，完成交易5项。办理企业担保审批、备案27件，担保金额38.48亿元。办理评估备案4项，评估增值4.33亿元，增值率144.16%；监管企业评估核准2项，净资产评估值1.15亿元。指导市国有资本投资运营公司、市燃气公司、市公交公司及大西洋集团公司修订完善《公司章程》。

【国有资本经营预算编制】 2016年，编制市级国有企业国有资本年度经营预算建议草案，市国有资本投资运营公司等5户监管企业纳入预算，全年国有资本收益1162.11万元。

【企业负责人经营业绩考核】 2016年，出台《关于深化自贡市市属国有企业负责人薪酬制度改革的实施意见》等一系列制度和有关细则，修订完善国有企业经营业绩考核办法，规范国有企业领导人员履职待遇和业务支出管理，根据企业功能实施差异化薪酬考核。

【监事会监督】 2016年，通过外派监事会对企业重大事项决策、重大项目建设开展年度监督检查和动态监测，对四川大西洋集团公司出现的3551万元应收账款经营风险重大事项开展跟踪调查，帮助企业化解风险。坚持“离任必审、破产清算必审、重大事项必审”原则，对市公交公司、市商业银行、市东碳综合开发公司等企业开展经济责任审计，规范企业经营行为。

【推进国企重大产业项目】 2016年，市国资委系统企业国有投资类项目完成固定资产投资3.4亿元，超年度任务13%。其中，大西洋焊接产业园项目完成投资1.17亿元，超年度投资计划29.47%，累计完成投资逾9亿元，一期工程项目完成设备安装并实现供电供水。市政府与省国资委建立战略合作关系，引进央企、省属国企支持参与全市重大项目建设；22户企业与自贡市签订战略合作协议或项目合作协议，涉及38个项目，总投资1370亿元。

【国有及国有控股工业企业经济运行情况】 2016年年末，全市统计范围内的国有及国有控股工业企业21户，占全市539户入统企业的3.9%。是年，全市国有及国有控股工业企业完成工业总产值比2015年下降7.5%，占全市入统企业的10.3%；实现主营业务收入187.33亿元，比2015年下降8.5%，占全市入统企业的10.6%；利润亏损2.65亿元，比2015年减亏0.96亿元。

（高建红　金继红　汪桂林）

统　计

【统计调查工作】 2016年，完成国民经济综合统计、国民经济核算、工业统计、农经统计、建设领域统计、贸经统计、人口和就业统计、能源和环境统计、社会和科技统计、服务业统计、城乡住户调查、县级经济统计监测、社会经济调查工作、“三新”统计等各项统计监测任务，数据质量得到提高。

【统计分析】 2016年，按月对经济指标进行定期监测，分析研判全市主要经济运行情况，找准问题，提出建议，全年撰写统计分析62篇、统计信息200余条；建立主要经济指标月度预警预测制度，提供《预警预测专报》15期，多篇“统计专报”得到市委市政府领导的批示和重视。

【创新开发统计产品】 2016年，完善《自贡统计年鉴》《统计信息月刊》《统计专报》《产业自贡》，创新编印《工业生产快报卡片》《自贡市统计工作与经济指标解读》，市统计局与市发改委联合编印《固定资产投资和重大项目月刊》，市统计局与市经济和信息化委联合编印《自贡新型工业化进程监测》，市统计局与市商务局联合编印《自贡服务业发展动态》等产品，全方位满足社会各界对统计产品的需求。

【开展全面小康进程监测】 2016年，根据《四川省全面建设小康社会统计监测方案》，收集汇总2000—2015年全市全面建设小康社会的指标数据，对全面建设小康社会进展情况进行测算和分析，撰写《自贡市全面建设小康社会统计监测报告(2015)》。

【特色统计监测】 2016年，推进“两化”（城镇化和工业化）互动、建设“五个自贡”（产业自贡、生态自贡、文化自贡、创新自贡、幸福自贡）统计监测，市级领导联系的重点企业和特重大项目统计监测，以及战略性新兴产业、新材料产业、农业产业化调查等统计调查工作，探索建立生态文明建设统计监测指标体系，为市委市政府领导决策提供科学依据。

【社情民意调查】 2016年，先后开展2015年度市级部门党风政风行风和乡镇（街道）党风廉政建设群众满意度社会评价调查、2015年度全市卫生计生系统政风行风群众满意度调查、2015年度市级党委、政府机关和区县党委、政府目标绩效管理社会评价问卷调查、2015年度汇东地区社会治安安全感、公安工作群众满意度调查、2015年全市深化投资项目行政审批制度改革推进情况评估、2016年进一步推进简政放权放管结合加快政府职能转变工作推进情况满意度调查、2016年全省平安建设现场问卷调查等，为市委、市政府考评提供决策参考。

【统计改革】 2016年，配合开展“五证合一、一照一码”登记制度改革工作，促进部门间信息共建共享。组织实施全市农业分季核算制度，开展农业核算制度改革。先行先试开展文化产业法人单位全面统计调查试点工作。组织开展“三新”（新产业、新业态、新商业模式）专项统计、城市综合体、“四众”（众创、众包、众扶、众筹）等重点领域的专项调查。

【农业普查】 2016年，推进第三次全国农业普查工作。通过制定农业普查方案、明确时间表和任务图、倒排工期、挂图作战等措施，推进全市第三次全国农业普查各项准备工作，做到机构、人员、经费、措施、业务等“五落实”。

【人口变动调查】 2016年，推进人口变动调查工作，全市各区县完成调查小区图的绘制、调查小区有关数据的摸底工作。

【一套表和联网直报工作】 2016年，推行数据在线预审和监管工作，完善《自贡市统计局联网直报平台日志监管制度》《自贡市联网直报平台日志监管台账》，每月建立数据修改痕迹、数据异动台账，落实每日平台日志备案。开展统计数据关联性审核，对企业上报数据进行预审查询，对数据异常、波动过大现象进行核查、纠错，降低数据差错率。开展重点企业核查、数据异动检查等数据质量核查行动，启动全市统计数据质量管理年专项活动。

【基本单位名录库规范化建设】 2016，市政府办公室印发《关于成立自贡市基本单位名录库建设领导小组的通知》（自府办函〔2016〕48号），成立基本单位名录库建设领导小组及办公室，领导小组成员单位包括市编办、民政、工商、地税、国税、质监、经信、商务、住建、交通、教育、卫生、财政、目督办、统计等15个单位。建立行政登记资料、统计资料报送和共享的长效机制，实现名录库资源共建共享。

【统计法治建设】 2016年，市委常委会、市政府常务会多次学习、专题研究贯彻落实中央及省领导对统计造假、弄虚作假作出的重要指示批示精神，市委书记李刚和市委副书记、市长刘永湘等先后对统计工作作出批示。开展“法律七进”送法进基层活动，组织送法进企业和送法进乡村活动。在自贡统计信息网设立“统计上失信企业公示”专栏。举办第七届“中国统计开放日”农业普查福到农家主题活动，为普查实施营造舆论环境和法治环境。开展统计巡查、执法检查，查处统计违法行为。

【统计信息化建设】 2016年，开展应急恢复系统和数字档案室建设等统计信息化建设。改造市及各区县视频会议系统，增加单片微型计算机设备，升级购置视频会议终端，改造照明系统，增加摄像头。硬件防火墙实现更新换代。乡镇（街道）入统计专网。

（市统计局）

价　格

【居民消费价格总水平达预期目标】 2016年，全市价格总水平基本稳定，全年居民消费价格总水平比2015年上涨2.1%，实现省下达的3%预期调控目标。

【价格监测分析和预警】 2016年，在45个市级价格监测网点基础上，增加劳动力价格监测直报点12个，形成市、区（县）两级价格监测网络体系。全年向国家和省报送各类监测报表203期、各类动态预测分析资料12期，完成简报、信息和调研报告25份。重点对肉、蛋、粮、油及相关主副食品市场价格开展调查分析预测预警，落实定期会商和定期公布价格监测数据及分析报告制度，为各级政府和部门掌握市场动态、制定监管措施、出台重大决策提供依据。

【价格调控】 2016年，印发《自贡市人民政府关于进一步深化价格改革切实加强价格监管的实施意见》（自府发〔2016〕20号），确定价格改革目标、任务及措施。统一公布2016年粮食最低收购价格，保持市场粮价基本稳定。制定保障生猪生产供应稳定猪肉市场价格工作方案、应急预案和调控措施，出台《关于保障生猪生产供应稳定猪肉市场价格的通知》（自发改发〔2016〕209号），加强全市生猪价格调控监管。停征价格调节基金，安排主要副食品价格调节基金2700万余元，支持农业产业化建设和农副产品供产销对接项目、主要副食品储备费息补贴、市本级放心粮油工程配套建设等；开展天然气价格调节金征收扫尾工作，核算补贴公交燃气补贴、老年人免费乘车和61路公交车年度运营亏损共364万元，对基金余额222.57万元全部转交市财政，专项用于城市公交事业发展。

【推进资源环境供给侧价格改革】 2016年，全面实施城市居民生活用水用气阶梯价格制度，合理调整城市污水处理收费标准，完成国家和省发展改革委部署的改革任务。落实工商业电价降价政策，为全市工商业企业用户减少电费7600万余元。落实非居民用天然气降价政策，为全市非居民用天然气用户减少气费9000万余元；开展燃气经营企业输配价格调查摸底，加强天然气输配价格监管，清理整顿“四无”天然气经营公司加价转供天然气问题和推进具备条件的天然气大用户“转供”改“直供”，减少中间环节，降低企业用气成本。实现宾馆饭店用水与工业企业用水同价政策。先后放开非居民和特种行业用水销售价格、水电气工程安装及检查维修价格、非居民用天然气销售价格；下放和调整与行业资质审批、经营准入直接相关的城市公交、出租车、道路班车客运价格定价管理权限，指导相关部门做好城市公交、出租车、道路班车客运价格管理工作；建立城市居民生活用水销售价格与上游原水价格、水资源费联动机制。核定自隆高速等公路通行收费标准和多品种食用盐销售价格，延长成自泸赤、乐自高速公路和省道305线收费期限。

【规范收费管理】 2016年，重点对涉企物流运输成本、制度性交易成本的道路损失补偿费、事故车辆拖车费、煤矿在用设备安全检测费、数字认证费、进出口环节经营性收费等开展清理规范和调整工作，开展涉企收费政策落实情况督查工作，累计减少企业和社会负担约5200万元。执行国家和省明令取消、停征和免征的行政事业性收费政策，将原对小微企业免征的18项行政事业性收费的免征范围扩大到所有企业和个人，减轻企业负担。全面实行收费目录清单管理制度和收费公示制度，公布《四川省行政事业性收费目录（2016）》和《四川省涉企行政事业性收费目录（2016）》清单，实行动态调整；构建有效的收费监管方式，建立收费单位情况和收支年度报告台账制度；全面清理自2000年开始的全市经营服务性收费项目和标准的文件，废止20个停车场收费文件，规范和废止不符合规定的定价收费文件35个，下放定价管理权限8项。继续推进医疗服务价格改革，制定和调整全市公立医院新增部分医疗项目价格，启动市级公立医院取消药品加成价格补偿方案测算和调整修改完善医疗服务价格工作。实施教育收费管理，规范学前教育收费行为，严格审批保教费收费标准，稳定各级各类公办学校学费和住宿费标准，规范民办学校学费及住宿费收费标准。修订完善前期物业服务和保障性住房物业服务收费标准，出台自贡市《关于高新区前期物业服务和保障性住房物业服务政府指导价及相关事项的通知》。

【成本调查和监审服务】 2016年，开展农产品成本调查，落实对粮食、生猪、化肥等调查数据的收集、分类、上机、汇总、审核、分析、报送工作，专项调查农户生猪养殖成本等情况，分析和预测主要农产品成本变动情况。开展成本监审，确保价格决策科学性，先后对市澍昇废弃物回收有限公司餐厨垃圾收运定价成本、沿滩区第五期经济适用房定价成本、贡井燃气储配站运营定期成本进行监审，核减企业上报成本600万余元。全年完成价格认定案件547件，标的金额658.5万元，涉案机动车辆、林木、电器、电缆、假冒烟酒等各类资产，为纪检、司法、行政机关办理案件提供重要价格依据。

【价格监督检查】 2016年，重点开展旅游景区、停车收费、中介服务机构收费、粮食和药品价格的专项检查。开展明码示范建设，完善东方广场"明码标价示范街"、五星千盛广场"明码实价示范店"工作。启动价格诚信建设试点示范工作，在民营医院、民用水、电、气安装维修行业开展价格信用基本评价，制定全市价格诚信建设试点示范工作实施细则，初步完成试点行业信用等级评价。启动应对价格异常波动应急机制，及时开展检查告诫，避免市场价格异常波动。在"3·15""5·8"期间，分别开展以"依法治价""倡导价格诚信，反对价格欺诈"为主题的普法宣传活动，扩大价格执法、维权影响力。受理群众价格举报，畅通群众诉求渠道，全年共处理群众投诉举报和咨询518件，办结率100%。

（彭吉泽）

工商行政管理

【商事制度改革】 2016年年初，在全市实施企业经营范围登记改革试点、登记权限下放等登记制度便利化措施，具有本地特色用语的"麻辣烫""鲜锅兔"等获营业执照的经营范围，2841户企业自主选择在市工商局或区（县）工商局工商窗口登记，方便企业根据市场变化把握商机。降低创设企业的制度性交易成本，激发创业创新活力。9月25日，与全省同步全面实施"五证合一"。11月29日，先于全省颁发统筹工商执照、税务登记证、社会保险登记证"三证整合"的个体营业执照。全年新办各类企业4009户，注册资本135.87亿元。其中，内资企业4004户，比2015年增加22%；外资企业5户，比2015年增长66.6%。新发展个体工商户1.09万户，比2015年增长18.3%；新发展私营企业3589户，比2015年增长25.5%；新发展农村专业合作社179户，比2015年增长9%。

【市场主体信息公示】 2016年，推进年报工作，企业和农村专业合作社、个体工商户年报率分别达99.11%、99.2%、99.21%，均在全省名列前茅，受到省工商局通报表扬。截至2016年，全市工商部门通过国家企业信用信息公示系统（四川）公示年报企业5.36万户次，公示企业及时信息5146条，公示企业注册登记、备案信息1.50万条，公示动产抵押登记信息372条，公示股权出质登记信息520条，公示行政处罚信息232条；其他部门通过信息平台公示信息63条。累计访问量60万余人次，查询量34万人次。

【经营异常名录管理】 2016年，实施企业经营异常名录和严重违法失信企业名单管理，截至年底列入经营异常名录的企业2742户，移出339户，对5户失信企业实施联合惩戒。出台《自贡市经营异常企业分类监管办法》，填补对被列入经营异常名录企业在被公示期间如何监管和服务的空白。

【服务企业融资】 2016年，发挥动产抵押、商标权质押、股权出质等企业融资帮扶措施，帮助各类市场主体融资93.5亿元。其中，办理股权出质登记160件，股权出质金额27.35亿元，担保债权51.03亿元；办理动产抵押登记175件，抵押物价值18.77亿元，实现借贷款11.86亿元；办理商标质押登记，贷款0.05亿元；搭建银协合作、银企合作平台，帮助个体私营企业会员融资贷款1021笔，贷款资金30.56亿元。

【实施商标战略】 2016年，开展四川省商标示范城市建设工作。编制《自贡市十三五商标发展规划》，加强商标专用权保护，提升"自贡造"产品质量和市场竞争力。是年，商标注册总量6270件，其中，培育驰名商标1件、著名商标11件、知名商标14件，新增国内商标注册674件、国际商标注册2件。

【流通领域商品质量监管】 2016年，在全国率先推行流通领域商品质量抽检"双随机"模式，规范流通领域商品质量监管工作。全年完成商品抽检550个批次，比2015年增长近4倍，对其中63个不合格批次立案52件。开展流通领域农资抽检119个批次，查处农资案件39件。落实省政府大气污染防治工作部署，开展成品油商品质量抽检90个批次，查处不合格成品油案件4件。

【网络市场监管】 2016年，按照线上线下一体化监管思路，开展网络市场监管专项行动，检查网站、网店1179个（次），责令整改网站14个（次），查处网络违法案件60件，比2015年增长315%，提请关闭网站1个。

【市场秩序监管】 2016年，开展“红盾春雷行动”“清理规范民间融资中介公司”“虚假违法广告整治”“红盾网剑”“红盾护农”等专项行动，整治扰乱市场秩序、危害消费安全、影响区域经济发展的突出问题，重点查处商业贿赂、强制交易等不正当竞争行为和假冒伪劣、仿冒侵权、虚假宣传等商业欺诈行为，维护公平、公正的市场经济秩序。全年查处各类违法违章案件3768件，其中，立案412件，案值1360万元；捣毁制假窝点16个；移送司法机关案件4件。全年监测各类广告2675条次，立案查处广告违法案件98件。联合政法、综治、公安、宣传、教育等部门开展无传销城市创建工作，驱散传销人员65人（次），捣毁传销窝点7个，全市4区2县及高新区创建为无传销区（县）。在全省“红盾春雷行动2016”评比中，自贡市获1个全省先进集体、4名先进个人，1件案件入选“十大典型案件”。

（市工商局）

质量技术监督

【质量管理】 2016年年初，组织召开全市质量工作会和质量强市工作联席会议，安排部署年度全市质量工作，制订出台贯彻实施质量发展纲要年度计划。完成省政府对市政府2015年度质量工作考核迎检，考核结果为B等级，考核得分排名全省第四。组织实施第二届自贡市政府质量奖评定工作，除首届获奖4户企业参与复评外，有10户企业新申报市政府质量奖评选。引导规模以上工业企业推行首席质量官制度，全年有3户企业获证书3张，全市共有22户企业获首席质量官证书23张。开展企业质量诚信体系建设，建立质量信用“红黑名单”，组织14户企业发布企业信用质量报告。按季对全市产品质量状况进行分析，形成6篇产品质量分析报告。

【标准化工作】 2016年，推动全市机关管理服务标准化建设，编辑印发《标准参考范本》，审查52家机关单位“标准化建设相关信息统计表”，完成全市推行机关管理服务标准化标志设计，对区县政府和市级部门开展20余次标准化建设培训。国家级社会管理与公共服务标准化项目——自贡市机关管理服务标准化建设试点项目获国家标准化管理委员会同意立项；高新工业园区申报的国家级节能环保装备标准化试点项目获工信部和国家标准化管理委员会批准建设；贡井大头菜、沿滩蔬菜种植2个省级农业标准化项目获批建设；九红科技、旺万家2个省级服务业标准化项目获批建设。推动九洪西瓜等2个省级标准化示范项目建设，荣县农村公共服务运行维护、荣县蔬菜标准化示范区2个国家级标准化试点项目通过考核验收。按照《四川省企业标准自我声明公开管理办法》，组织实施企业产品标准备案改革工作，有15户企业的22个执行标准进行自我声明公开。

【计量管理】 2016年，开展“计量惠民生、诚信和谐”双十工程，与11个单位签订诚信计量承诺书，组织开展加油机、出租车计价器、水电气表、集贸市场交易衡器、社区乡镇卫生院血压计等5类计量器具监督抽查，强检计量器具受检率100%。组织定限量省级监督抽查，完成食品、化妆品两大类限制商品过度包装省级监督专项抽查，抽查20户生产企业共86批次产品，合格率86%；完成食品、水泥、化工、电线电缆四类产品定量包装商品净含量省级监督专项抽查，共抽查生产企业42户，抽查产品100批次，净含量合格94批次，净含量平均抽样合格率94%。完成3家企事业单位15项社会公用计量标准考核，完成2家计量授权项目的考核等计量行政许可事项。对检验检测机构资质认定与获证机构实施管理，完成全市39个检验检测机构资质认定，对9户获证企业认证过程实施现场跟踪。实施3C认证产品监督检查，巡查6家3C获证企业，对电动童车等6类玩具产品的3C标识进行执法检查，发现问题3起，责令整改3起。

【品牌建设】 2016年，制订质量品牌建设2016—2020年行动计划。组织东锅、晨光院、大西洋、美乐等4户企业申报第四届四川质量奖集体奖项，推荐晨光院1名职工申报第四届四川质量奖个人奖项。组织67户企业共90个（项）产品（服务）申报第十二届四川名牌，其中，16户企业共

16个产品新申报为第十二届四川名牌。组织1户企业（贝尔吉）申报省级中小学质量教育基地。在中央电视台·中国品牌建设促进会举办的“2016年中国品牌价值评价信息发布会”上，自贡市国家地理标志保护产品“富顺香辣酱”品牌价值由2015年的53亿元升至62.31亿元，“自贡冷吃兔”获品牌价值33.66亿元。协调推进“自贡冷吃兔”旅游观光产业园建设，指导8个获批地理标志产品专用标志的运用，全市使用地理标志产品专用标志的企业13户。与获批国家地理标志保护产品前相比，2016年，“自贡火边子牛肉”产值由1.9亿元升到3.4亿元，“富顺香辣酱”产值由1.6亿元升至6亿元，“自贡冷吃兔”产值由7000万元增至1.4亿元，全市国家地理标志保护产品带动旅游业、畜牧业间接增加收入上亿元。

【特种设备安全监管】 2016年，确定46户重点危险源企业，签订安全责任书100%。开展电梯安全监管大会战、油气输送管道隐患整治攻坚战和燃煤锅炉节能减排攻坚战“三大战役”。开展大型游乐设施、涉氨制冷、建设工程起重机械、气瓶充装检验单位等4次专项整治行动。全年巡检单位1311家次，检查设备3451台套，发出安全检查指令书71份，排除隐患42起（其中重大隐患5起）。制定《自贡市老旧电梯改造实施方案》和《老旧电梯评估作业指导书》，完成全市15台老旧住宅电梯评估工作。组织开展川港马吃水CNG加气站管道泄露、嘻哈乐园大型游乐设施伤人事故、恒大名都电梯关人事故等3次应急演练。对“8·12自贡市精晨气瓶检验检测有限责任公司气瓶爆炸事故”组织事故调查，续报事故调查情况5次，形成事故技术分析报告和事故调查报告，报请市政府审定后完结事故处理。

【检验检测能力建设】 2016年，经市委编办批复，组建自贡检验检测院。该院整合市质检所、市计量所、市食品药品检验检测中心（市药品医疗器械不良反应监测中心）和市流量计量公正站，主要承担产品、食品、药品、化妆品、包装材料等检验检测工作，打造“立足自贡、服务川南、领先全川、辐射云贵”的检验检测技术机构。

【打假治劣】 2016年，建立完善行政执法“双随机一公开”工作机制，开展“质检利剑”行动，完成农资、建材、重点消费品、校服、塑胶跑道等22个专项执法，立案13起（涉案金额270万余元），其中办结12起，移交公安机关1起。

（袁 媛）

食品药品监管

【重大活动】 1月29日，召开全市食品药品监管暨“双创”（创建全国文明城市和国家卫生城市）工作会。2月3日，副市长未也带领市食品药品监管局、市商务局、市工商局等部门负责人，检查春节前食品药品安全。3月11日，省食品药品监管局副巡视员郑强一行到大安区牛佛食品药品监管所调研标准化建设工作。3月14日，省食品药品监管局食品总监张海峰率队调研富顺县学校食品安全工作。6月8日，召开2016年第二次市食品药品安委会全体（扩大）会议。7月10日至16日，自贡市食品药品监管能力提升精品培训班在国家行政学院举办，市委、市人大、市政府、市政协领导及市食品药品安委会部分成员单位负责人等参加。8月，川南地区首家高值药品直送（简称“DTP”）药房在自贡正式运营。9月2日，自贡市创建全国文明城市食品安全专项整治示范现场会在高新区召开。9月14日，省食品药品监管局督查组对自贡市中秋、国庆节前食品药品安全进行督导检查。9月22日，副市长未也率领检查组到食品药品生产经营单位，检查指导中秋国庆节前食品药品安全工作。10月13日，省食品药品监督稽查总队总队长王振平一行到自贡市开展稽查执法调研督查工作。

【推动产业发展】 1月14日，市食品药品监管局、市质量技术监督局、四川理工学院三方签署《食品药品安全战略合作框架协议》，搭建产学研合作平台。4月8日，市食品药品监管局就推动四川安益生物有限公司与四川理工学院等高校、中科院天津工业生物研究所等科研院所合作，帮助企业破解发展难题开展调研。9月5日，市食品药品监管局组织人员到四川久大索贝斯日化有限责任公司调研化妆品招商引资项目。10月11日，市食品药品监管局、太极集团自贡公司、四川溯源研成科技有限公司就自贡市医药第三方物流园项目及太极集团与久大索贝斯合作项目进行座谈。10月25日，市食品药品监管局与太极集团就太极集团投资自贡大健康产业中的四川卫生康复职业学院综合体项目、药品生产、医药物流园建设、健康盐产品开发应用及市场化、参与医疗机构改革及药房托管等5个领域的合作交换意见，达成太极集团公司对自贡盐产品开发应用及市场化进行投资的合作意向。是年，全市食品药品行业完成招商引资3200万元，占年度目标任务的213%。

【专项整治】 2016年，开展农药、兽用抗菌药、渔药、生猪屠宰、“瘦肉精”、生鲜乳、农资打假、畜产品8个专项整治行动，查处问题105起，责令整改61起。开展“四品一械”专项整治25项，立案查处食品药品违法案件1326件，结案1061件，罚没金额493万元，比2015年增长23%。贯彻实施食品药品“两法衔接”（行政执法与刑事司法衔接）工作办法，召开联席会议2次，移送公安机关案件13件。其中，在富顺县某农贸市场内查获假药“复方哮喘灵胶囊”和“杨氏伸筋壮骨胶囊”，当事人唐某构成销售假药罪，被依法判处有期徒刑1年，缓刑2年，并处罚金3000元；在全市开展严厉查处餐饮服务环节违法添加罂粟壳等非食用物质专项行动，富顺县查获某自助火锅城火锅底料（红锅）非法添加那可丁、罂粟碱物质，5人被刑事拘留，2人被批准逮捕；自流井区查获淘宝网上销售“三无”减肥食品，在全国18个省市开展协查。开展保护老年消费者合法权益专项行动，查处侵害老年消费者合法权益案件43件，罚没金额29.7万元；受理老年消费者投诉64件，成功调解63件，调解成功率98%，为老年消费者挽回经济损失69.96万元。

【抽验工作】 2016年，全市主要农产品例行监测、监督抽检总体合格率99%。其中，抽检蔬、果、茶、菌等种植业产品375个，合格率99.2%；抽检肉、蛋、奶、蜂等畜产品320个，合格率98.8%；监测水产品50批次，合格率100%；监督抽检23类4218批次食品，合格率97.08%。针对牛肉水分、兽药残留、腌腊制品亚硝酸盐含量、火锅底料罂粟壳、罗丹明B、白酒甜蜜素和甲醇含量等快检6036批次，发现呈阳性118批。

【风险防控】 2016年，落实食品药品风险研判制度，每季度召开风险研判会。制订《食品安全风险监测方案》，为全市开展婴幼儿配方食品坂崎杆菌专项抽检提供依据和技术支撑。落实哨点医院管理，主动开展食源性疾病监测工作，早发现、早预警食源性疾病的发病及流行趋势。科学处置自流井区第四幼儿园及汇东幼儿园诺如病毒疫情、永年中学细菌性食物中毒、荣县玉章中学食堂学生就餐呕吐、沿滩区联络镇八一村6人饮酒后出现不适等食品药品突发事件及舆情19件，处置重点舆情80余条。

【“明厨亮灶”】 截至2016年，全市共打造透明厨房、隔断厨房、视频厨房等2445所，实施“明厨亮灶”餐饮服务单位总数2960个，占全市餐饮服务单位的56.30%，其中，全市学校食堂“明厨亮灶”完成率87.46%（城区97.83%），特大型、大型餐饮服务单位完成100%。建成市级、自流井区、荣县食品安全信息监管指挥中心。投入5903.5万元新建改建学校食堂，其中，投入2279万元新建学校食堂13个，投入3294.5万元改建和更新42所学校食堂设施设备。全年完工并投入使用的学校食堂30个。

【基层所建设】 2016年，新建成基层监管所14个，打造规范化监管所7个。实施干部队伍培训，制定《2016年度食品药品监管教育培训工作方案》，采取以会代训与国家行政学院等专业人才培训机构、高等院校联合培训等方式，分层分类组织精品培训、专题培训和业务技能培训，全年培训6000人次。

【重大活动保障】 2016年，完成第22届自贡国际灯贸会、春节及市十七届人大一次会议和市政协十五届一次会议等重大活动期间的餐饮服务食品安全保障工作任务。

【食品安全示范县创建】 2016年，按“以点带面、整体推进、全面提升”的思路，推动全市食品药品安全示范县（沿滩区）创建工作。创建活动坚持严厉打击与规范引导相结合，以强化监管、提质增效、服务发展、保障民生为目标，全面构筑城镇到乡村、农田到餐桌、检测室到医院的食品安全防线。是年，全市食品安全示范县（沿滩区）创建取得成功。

【不良反应监测】 2016年，全市共监督涉药单位上报药品不良反应病例报告1987例、药物滥用监测报告330份、医疗器械不良事件监测346例；开展食品安全监督抽检4218批次，检出问题样品104个（批）次，合格率97.08%。

【行政审批】 2016年，办理视频药品行政许可及服务事项3000余件，所有办理事项现场办结率、按时办结率均100%。

【《自贡市食品药品违法行为举报奖励办法》施行】 1月1日起，《自贡市食品药品违法行为举报奖励办法》正式施行。该办法共7章35条，内容包括奖励条件、举报奖励范围、举报奖励标准、奖励程序、监督管理等。办法规定：公民、法人和其他组织可通过书信、电子邮件、电话、传真、走访等方式检举、揭发食品药品违法行为和违法线索。食品药品执法部门根据举报证据与违法事实查证结果，给予举报人从100元至30万元不等的奖励，超过30万元的，由食品药品安全委员会办公室上报同级政府审定。

（万绮丽）

审　计

【审计成果】 2016年，市审计局完成49个审计项目，查出主要问题金额120371万元（违规金额42851万元，损失浪费金额98万元，管理不规范金额77422万元）；审计发现非金额计量问题45个；损益收支不实35867万元；审计期间整改金额1395万元。审计处理处罚98625万元，其中，应上缴财政金额18331万元、应减少财政拨款或补贴15164万元、应归还原渠道资金162万元、应缴纳其他资金1350万元、应调账处理金额63618万元。审计促进整改落实问题资金52302万元，其中，为财政增收节支9035万元，缴纳其他资金1267万元，调账处理金额41850万元；审计后挽回（避免）损失1730万元；核减政府投资额15192万元。提出审计建议146条，被采纳47条，提交审计报告和专项审计调查报告、信息243篇；审计移送处理事项12项，移送处理人员25人；向社会公告审计工作报告和单项审计结果9篇。

【重大政策措施落实情况跟踪审计】 2016年，按每个季度确定一个主攻方向、聚焦一个重点方面开展重大政策措施落实情况跟踪审计，助推全市稳增长等各项政策措施落实和“项目推进年”重大项目建设，促进盘活各类财政资金2亿元。

【民生资金审计】 2016年，以棚户区改造及配套基础设施建设项目、保障性住房分配和管理情况为审计重点，组织开展对全市6个区（县）保障性安居工程跟踪审计，检查全市27个安居工程项目建设管理情况，延伸调查91个村、224户农村危房改造家庭，查出违纪违规金额1.18亿元。组织对荣县、富顺县医疗保险基金情况开展审计，围绕医保政策制度落实、医保改革措施推进和基金管理使用等方面揭示问题，促进医保经办机构落实医保政策，强化医保基金管理。

【扶贫资金审计】 2016年，开展农村扶贫资金专项审计调查，重点关注精准扶贫、精准脱贫政策的落实，跟踪审计自流井区扶贫工作情况、专项审计调查沿滩区扶贫资金管理使用情况。

【财税审计】 2016年，围绕促进深化部门预算改革和加强财政预决算管理、防范财政运行风险、提高财政资金使用绩效，先后完成市本级财政预算执行审计、市本级财政决算（草案）编制审计、市地税局税收征管情况审计及市财政局、市交通局、市体育局、市交警支队、市住建局、市四医院等7个市级部门预算执行审计。

【投资审计“三转”工作】 2016年，推进投资审计“三转”（转思路、转职能、转方式），市政府出台《关于进一步加强和改进政府投资建设项目审计工作的通知》，明确政府投资审计监督的重点和方法。组织召开全市投资审计“三转”工作推进会暨投资领域党风廉政建设会议，落实投资审计“三转”要求；制定《自贡市政府投资建设项目购买社会审计服务管理办法》，通过政府采购方式招标建立“自贡市政府投资建设项目审计社会中介机构备选库”，招录12家造价咨询机构和3家会计师事务所，规范审计机关购买社会服务行为。全年完成各类投资审计项目12个，审计核减投资额1.52亿元；持续开展对口支援荥经县地震灾后恢复重建项目跟踪审计。

【经济责任审计监督】 2016年，围绕权力运行制约和监督、党风廉政建设、领导干部依法履职、推进经济社会发展等，对4个市级部门（单位）领导开展经济责任审计，查出主要问题金额15625万元，其中，被审计领导干部应承担主管责任金额7515万元，应承担领导责任金额8110万元。

【推进反腐倡廉】 2016年，全市审计机关加强与纪委监察等相关部门的协作配合，选派20人次审计人员参加巡察、“正风肃纪”专项检查，配合纪律审查、提供信息咨询等工作。全年通过审计移送纪检监察机关、司法机关、主管部门等违纪违法问题线索12件，移送处理人员25人。

【审计信息化建设和运用】 2016年，推进以大数据运用为核心的审计信息化建设，投入近140万元搭建大数据审计分析平台，建立全市地税联网审计系统，成立全市审计系统数据分析团队，建成数据仓库，拓展数据分析、对比的运用深度和广度，并在全市保障性安居工程跟踪审计、医保基金审计、经济责任审计中运用。

【改善审计履职环境】 2016年，组织市、县两级审计机关对各级各部门制发的涉及审计工作的制度规定进行全面清理，共退出各类与审计法定职责无关的、可能影响依法独立进行审计监督的议事协调机构94个、工作7项。强化审计结果运用，市政府办公室连续3年向各被审计单位印发“审计整改清单”，落实审计整改措施。首次在市人大常委会的审议前测评中，获市人大常委会对审计工作100%的满意度。

（杨　瑶）

安全生产监管

【概况】 2016年，全市发生事故826起，事故死亡194人，事故受伤986人，事故造成直接经济损失1018万元，比2015年分别上升1.47%、6.01%、0.72%、6.96%。生产经营性事故死亡91人，其中，道路运输死亡75人，建筑行业死亡7人，工贸行业死亡6人，化工行业死亡1人，其他行业死亡2人。安全事故死亡控制率3.2%，低于省下达的事故控制率（10%）6.8个百分点，较大事故、重特大事故为零，完成省安委会办公室提出的“重特大事故零控制，生产安全事故死亡人数控制率和较大安全事故起数控制率小于10%”的目标任务，全市安全生产形势总体平稳。

【完善安全生产责任体系】 2016年，在实施《自贡市安全生产“党政同责”暂行规定》《自贡市安全生产警示和约谈制度》等规章制度的基础上，配套出台《自贡市企业安全生产“黑名单”管理制度》《自贡市安全生产重大事故隐患整治挂牌督办制度》等规范性文件，明确各级各部门安全生产监管职责，推进安全生产法治化建设。市、县、乡、村逐级签订安全生产工作目标和任务书，全市高危行业规模以上企业责任书签订率100%，拓展安全生产“四级五覆盖”和规模以上企业“五落实五到位”成果，全市96个乡镇、12个街道办事处及5个工业园区、275个社区、1067个行政村均落实专（兼）职安全管理人员，打通安全生产责任体系延伸至基层的“最后一公里”。

【煤矿业安全整治】 2016年，推进煤炭行业化解过剩产能，全年计划关闭7个煤矿，化解煤炭过剩产能55万吨，实际关闭8个煤矿，化解煤炭过剩产能64万吨。实施煤矿安全质量标准化、机械化、信息化建设，在产煤矿全面完成安全治理标准化三级达标和“六大系统”建设任务，8个高瓦斯矿井严格落实瓦斯防治措施，1个Ⅰ级、2个Ⅱ级水患矿井落实水害防治工作，督促煤矿企业履行“五长五科五队”配备等主体责任。年内全市煤矿安全事故保持“零发生”。

【危险化学品和烟花爆竹安全专项治理】 2016年，累计出动检查人员3769人次，对全市18个危化品重大危险源、2600余家危化品单位和烟花爆竹企业开展拉网式检查，排查并整治各类安全隐患1628项，隐患按期整改率100%，对203家单位、1094名责任人实施行政处罚，3名责任人被移送司法机关处理。推进油气管道安全隐患整治攻坚，5月全面完成28处油气长输管线隐患整治任务，实现“三年任务两年完成”目标。

【道路交通安全综合整治】 2016年，以“平安交通”建设为主线，通过在线监控、设点检查等方式，实施道路交通安全管控，公安交警等部门对7座以上客车、危化品运输等重点车辆做到逢车必检、检必登记、检必上车，累计查处交通违法行为

9.68万起，行政拘留60人。深化“双超”（超载、超速）整治，超限率控制在3%以内，未发生一起因“双超”导致的较大及以上事故。

【建筑施工领域专项整治】 2016年，突出防范深基坑、高边坡、起重机械、脚手架、模板支撑垮塌和高处坠落、触电、物体打击等事故高发风险点，集中开展专项整治，累计检查在建建筑面积780万余平方米，责令3个在建工地停工整顿，建筑施工领域实现事故起数和死亡人数“双下降”。

【消防安全管控】 2016年，重点对“三合一”“多合一”场所和商场、市场、学校、医院、宾馆、酒店等人员密集场所的消防安全进行检查，多部门联合开展对老旧居民住宅、高层建筑、城乡结合部等重点区域的消防安全专项整治，累计检查各类公共安全单位2864家次，排查火灾隐患4645处，责令35家单位停业整顿，对6名责任人依法行政拘留，全市未发生较大火灾或有影响力的消防事故，消防安全形势总体稳定。

【电梯安全专项整治】 2016年，实施电梯安全监管，重点突出居民小区、医院、学校、宾馆、商场、车站等人员密集场所电梯运行安全，特别是居民小区故障率较高的老旧电梯，累计出动执法人员1026人次，检查电梯使用单位196家次，发出特种设备安全监察指令书135份，电梯运行安全总体稳定。

【安全生产监察执法】 2016年，全市安全生产监察执法系统对275家企业开展执法检查，发现隐患922条，整改922条，发出现场检查记录278份、限期整改指令115份、现场处理措施决定书14份、整改复查意见书115份。立案查处（一般行政处罚案）14起，给予行政处罚15.23万元，收缴罚款15.23万元。

【安全宣传教育】 2016年，全市把安全生产法律法规宣传作为年度普法依法治理工作重点，并列入年度考核目标。以安全生产月为契机，开展安全生产“大讲堂”“安全生产宣传咨询日”“安全生产天府行——新《中华人民共和国安全生产法》执法亮剑行”、安全文化和安全法治进基层、“三寻找”先进典型巡回宣讲等活动，在《自贡日报》、自贡电视台、自贡广播电台等主流媒体开展专栏专版等，加大安全生产宣传普及力度，全年累计举办各类宣传活动168场次，发放各类宣传资料3.5万份，开展专版专栏137期（次），辐射群众23万余人次。落实省安全监管局关于安全生产培训“按纲培训、分类施教、统一教材、统一标准”和考试工作“教考分离、按标建设、统一题库、统一机考”的要求，累计培训企业负责人及管理人员1000余人次、特种作业人员3000余人次、其他从业人员5000余人次，提高从业人员安全生产意识和技能。将应急救护培训纳入安全社区建设内容，重点培训社区居民心肺复苏、创伤救护等核心技术及常见急症、意外伤害、突发事件的处置要领等实用安全知识，累计组织26个安全社区建设单位开展专项培训63次，培训群众6500余人次。

【安全社区建设】 2016年，将安全社区建设纳入民生工程予以考核和推进，形成“党委领导、政府负责、安办牵头、部门协作、多元参与、联合共建”的安全社区建设工作机制，采取跟踪督导和定点帮扶等方式，推动安全社区创建。截至是年年末，建成省级安全社区8个，成功备案省级安全社区12个、国家级安全社区2个，惠及群众22万余人。

【隐患排查信息系统推广应用】 2016年，通过典型引路、分步推进的方式，推进隐患排查治理信息系统的推广应用工作，全市有2174家企业端用户通过信息系统上报安全隐患3959项，企业基本信息填报率92.01%，制度上传率73.66%，隐患排查覆盖率70.13%，一般隐患、重大隐患按期整改率均100%，全面完成省定目标任务。

【安全生产领域失信惩戒】 2016年，落实安全生产“黑名单”制度，将生产经营企业与安全生产中介机构纳入监管范围，实施“事中事后监管”，明确惩戒条件、信息采集、审核录入、信息公布和删除等要求，确保企业“一处失信、处处受限”。截至是年年底，全市无企业被列入安全生产“黑名单”。

【推进“互联网+安全监管”】 截至2016年，全市有客车、校车、危化品运输车、出租车等6900余辆重点车辆安装GPS动态监控装置，137个在建工地加装塔吊安全监控和现场视频监控，8个高瓦斯矿井、17处危化品重大危险源全部实现在线监控，重点行业领域基本实现“数字化、网络化、可视化、智慧化”。通过在线监控平台处置各类非法违规行为1300余起，化解重大事故险情32起。

【提升安全生产应急救援能力】 2016年，推动建立政企衔接的安全生产应急救援体系，完善政府应急预案，严把企业应急预案备案关，全市烟花爆竹批发企业和危险化学品生产经营企业应急救援预案备案率保持100%。在汛期、高温季节等重点时段组织开展应急救援演练，全年累计开展消防、道路交通、水上交通、防汛抢险等各类应急救援演练380余次，参与单位3200余家、人员12.6万人。

（市安监局）

行政审批管理

【深化投资项目行政审批制度改革】 2016年，推进“放管服”工作，全面梳理汇总各区县（含高新区管委会）提出下放的投资项目审批权、行政许可权、人事权、财政支配权等135项，下放第一批45项市级行政审批等权限至区县。逐项清理2002年至2016年国务院印发《关于第二批取消152项中央指定地方实施行政审批事项的决定》等16个文件，全市对应取消32项行政审批事项。全面清理公共服务事项和行政审批中介前置条件，印发《自贡市简化优化公共服务流程方便基层群众办事创业工作方案》，逐项编制公共服务事项清单目录和办事指南；清理行政审批中介前置条件216项（取消48项，调整为后置和改为申请人自行提供的13项，保留155项）。推进供给侧改革工作，在市政务服务中心专门设立“自贡市促进经济稳定增长和提质增效推进供给侧结构性改革的政策措施办理窗口”，市级15个牵头部门33大项56小项的供给侧结构性改革政策措施全部纳入办理窗口统一受理。编制形成“要件清单”和“办理事项流程图”，实行“三个三”工作模式（“三个一”，即一本要件清单、一套流程图、一张联系人表；“三固定”，即固定工作人员、固定受理地点、固定办理单格式；“三统一”，即统一咨询查阅、统一工作台账、统一受理取件）。全年受理供给侧改革政策申请229件，接受群众咨询274人次；为48名大学生创业提供企业设立登记服务。开展行政权力运行系统的监察工作，专人监察效能数据，督促相关区县、窗口办结即将超时件26次，视频监控发现各级政务服务工作人员违反工作纪律9次，通知相关部门予以处理。累计在线值守5.24万小时，平均每窗口工作日值守7.16小时，网上办理行政审批和公共服务事项1882件。

【构建“保姆式”项目审批机制】 2016年，市投资项目行政审批服务区投入运行，开发并试运行自贡市投资项目行政审批平台，该平台将项目立项、用地、建设三个阶段的审批事项纳入网上办理。根据新流程编印《自贡市投资项目行政审批“三六四五”服务工作手册》，自贡瀚宇航空科技有限公司通用航空零部件制造项目等93个项目按新流程办理建设审批事项，审批提速81.3%。自贡市深化投资项目行政审批制度改革获四川省法治政府建设典型事件，并作经验交流发言。落实专人为凤鸣机场和农产品电商物流园等16个项目审批提供“一对一”服务。分别组织市住建局、市人防办、市环保局、市消防支队等相关审批部门召开专题会议为通用航空产业园区和成都外国语学校自贡普润校区等项目协调解决审批问题35个，推动项目建设进度。深化项目领（代）办服务，市、区县政务服务中心、工业园区管委会全年新建或续建项目187个，直接服务项目建设150余次，协调解决问题100余个，并联审批41个项目。组织住建、国土、环保等市级部门到航空产业园、自流井工业园区等开展“审批直通车”进园区活动，为园区项目提供上门服务，实行“一企一策”。

【创新政务服务方式】 2016年，市政务服务中心与市目督办印发《关于对全市2016年度“两集中两到位”改革落实情况进行专项督查的通知》，重点对明进暗不进、两头受理、多头办理的进驻部门进行专项督查，最大限度减少审批层级。全年市政务服务中心办理行政审批（服务）事项1255万件，行政审批服务事项承诺提速65.22%，实际平均办结时间0.75个工作日，办理提速97.32%，提前办结率99.85%，按时办结率99.94%、现场办结率100%。开展特色服务，评选表彰市不动产登记中心和市公积金中心为2015年度特色窗口，促进窗口服务水平的提高；推行上门办理、预约办理、自助办理、网上服务、延时服务、委托代办等服务方式。全年市政务服务中心各窗口开展延时服务693人（次），休息日预约服务112次，上门服务39次；深化“局长（主任）进大厅”活动，31个窗口部门的局长（主任）分别到窗口开展服务群众活动，接待办事单位698个、办事群众1556人次、办件1056件。推进政务服务体系向基层延伸，开展逢场天送便民服务下乡、集中办公服务等个性化、差异化服务，提高为民服务水平。全年各区县受理、办结各类政务服务事项380万件，其中咨询件3229件。全过程跟踪监督2015年完成升级达标的54个乡镇（街道）便民服务中心、200个村（社区）便民服务室的升级达标补助资金的分配、拨付、使用效果。

【规范交易行为】 2016年，助推公务用车制度改革工作，协助市机关事务管理局完成市级单位公务用车制度改革取消车辆（共4批次）网络拍卖，成交282辆，成交总价969万余元。推进诚信体系建设，印发《自贡市公共资源交易诚信体系建设管理办法》，执行省公共资源交易诚信管理办法，完善公共资源交易市场主体执业信用记录。全年完成项目交易289个，总交易金额200.37亿元。其中，土地使用权出让项目40个，交易金额26.84亿元，溢价6.56亿元，溢价率32.32%；工程建设项目135个，交易金额26.02亿元，节约资金5.95亿元，节约率18.61%；政府采购项目108个，交易金额1.21亿元，节约资金0.23亿元，节约率15.8%；完成进场交易“PPP”项目6个，政府投资额146.30亿元。

（王姝婧）

市场管理

【资产经营】 2016年，国有农贸市场店面出租率99.5%，摊位出租率97.5%，实现事业收入850万元，与2015年持平；市场水费、电费、卫生费收支平衡。年末全市国有农贸市场总资产1.19亿元，总负债2367万元，资产负债率19.93%。

【设施建设】 2016年，实施大型修缮项目2个、较大隐患整治项目6个、零星维修项目500余项次，累计投入维修改造资金40万余元。结合旧城棚户区改造，编制完成五星街农贸市场、马冲口农贸市场、大高路农贸市场改造建设方案。

【环境卫生整治】 2016年，开展市场环境卫生集中整治1500人次，清理卫生死角80处，清理垃圾25吨，清理阴阳沟淤泥3吨，疏通阴阳沟2000余米，铲除市场“千脚泥”2吨，清理“牛皮癣”及乱张贴3400余处，清洗宰杀墙面污垢1000平方米，新增垃圾箱、果皮箱40个，市场卫生规范化率90%以上。

【交易秩序治理】 2016年，开展“六乱”（乱扔垃圾、乱贴广告、乱摆摊点、乱停车辆、工地乱象、乱搭建）治理，取缔乱摆乱放占道经营摊点300个，拆除乱搭乱建摊点20个、棚架15处，取缔游摊小贩850人次，规范安置经营摊点1500个；整顿市场出入口及周边车辆停放600辆，设置市场摩托车临时停车点1处。

【“四害”防治】 2016年，开展市场“四害”消杀活动4次，累计投放灭蝇药2000包、灭蟑螂药1800包、灭鼠药2400包，投药覆盖率95%以上，防治措施符合国家有关标准和规范要求，灭蝇、灭蟑螂、灭鼠单项达标并验收合格。

【市场安全生产】 2016年，层层签订安全目标责任书，坚持重点市场24小时值班和交接班制度。张贴安全警示标语、制作宣传横幅20条；参加省级消防培训1人，开展用电知识培训1次、消防安全培训3次；组织综合性安全检查4次、用电安全专项检查2次、防汛安全专项检查2次，整改安全隐患8处，整改率100%，市场年内未发生安全责任事故。

【市场食品安全】 2016年，落实《集贸市场食品卫生管理规范》，开展经营证照和“三防”（防鼠、防蝇、防尘）设施检查；坚持食品卫生入场检查和登记备案制度，保证进场食品安全；开展日常巡查，落实节假日值班制度，坚持值班巡查记录，确保市场食品卫生安全。

（杨 勃）

住房公积金管理

【公积金归集】 2016年，出台《自贡市政府办公室关于进一步扩大住房公积金制度覆盖面的实施意见》《关于开展机关事业单位编外人员全面建立住房公积金制度的通知》等文件，推进住房公积金向城镇稳定就业新市民覆盖，支持就（创）业大学生、农民工、个体工商户建立公积金制度。全年公积金新建制单位 154 个，比 2015 年增长 12.41%；新建制 1 万余人，比 2015 年增长 20.64%；新增归集住房公积金 16.29 亿元，比 2015 年增长 14.47%，完成年度任务的 145.44%。全市累计归集公积金破 100 亿元。

【公积金使用】 2016 年，为 4769 户职工家庭发放贷款 14.96 亿元，比 2015 年增长 20.04%；为 4.14 万名职工办理公积金提取 11.48 亿元；个人贷款率 97.24%，资金使用率 98.6%。推进公积金异地贷款，试点开展夫妻离异后变更住房公积金贷款业务，提高特殊群体住房消费能力。全年注入房地产市场支持职工住房消费资金 23.27 亿元，拉动住房消费 64.9 万平方米，资金消费 30.58 亿元，为全市房地产去库存贡献 1/3 份额，公积金住房贡献率 143%。全年划出廉租房建设补充资金 1.14 亿元，占全市保障性安居工程建设项目财政预算资金的 79%，支持 700 余户低收入家庭改善住房条件。

【内控制度建设】 2016 年，成立市住房公积金内部控制建设工作领导小组，制定内部控制建设实施方案，开展内部控制基础性评价，健全完善内部控制制度。创新建立月度稽核和季度稽核同推进、网上稽核和现场抽查相结合的内部稽核审计方式，将稽核审计结果与目标绩效挂钩。全市公积金稽核审计工作得到省住房城乡建设厅肯定，并在全省公积金系统大会上作经验交流。梳理公积金廉政风险点，细化、实化廉政风险防控措施。采取技术甄别、联网核查、稽核检查等措施，全年共防范 22 名职工骗提公积金 43 万元。

【资金管理】 2016 年，坚持月、季、年资金预算和运营分析制度，科学安排资金使用，合理调控资金余额，保障资金需求，防范资金流动性风险。调节贷款投放进度，促进贷款收益最大化。统筹调剂全市住房公积金资金，提高资金使用效率，全年增值收益 1.03 亿元，存量资金平均收益率 4.14%。为保障公积金资金日常使用需求，避免提前支取定期存款造成大额利息损失，采用存单质押借款方式融资 2.09 亿元，缓解资金流动性紧缺问题。

【信息化建设】 2016 年，初步建成网站、网上业务大厅、短信系统、“12329”服务热线、微信、微博、自助终端、手机 APP 等八位一体的公积金综合服务平台，开展上线测试。作为全国十二家之一、四川省唯一试点单位，自贡市住房公积金管理中心完成异地转移接续平台测试，并向国家住房公积金管理中心监管司提交测试报告。落实市政府关于网站集约化建设要求，确定新建网站的内容设置和页面布局，丰富、完善网站内容，为群众提供便捷的“一站式”网络服务。

（李学全）

工　业

综　述

2016年，坚持稳中求进工作总基调，树立“转型才能更好发展、后发也要高点起步”的理念，突出“稳增长、调结构、促转型、增后劲”工作主线，加快高端产业和新兴产业培育发展，全市工业经济运行总体平稳、稳中趋好。是年，全市规模以上工业完成现价总产值1862.3亿元，比2015年增长8.5%；完成规模以上工业增加值495.4亿元，比2015年增长8.5%；主营业务收入完成1764.6亿元，比2015年增长6.3%；全市工业园区新增承载能力5平方公里；战略性新兴产业增加值占比达28.9%；完成工业投资158.09亿元，比2015年增长10.4%；规模以上工业企业管理系统信息化率68%。

强力推进项目建设，产业发展后劲增强。全市60个重大工业项目完成投资40亿元，海川实业公司航空发动机零部件制造等15个项目建成投产，盛世锦荣公司中药制造生产线等16个项目开工建设，大西洋焊接产业园等38个在建项目进展顺利。争取国家、省级工业发展各类专项资金支持，累计获项目资金7771万元。市本级工业发展资金安排1000万元支持技术改造和转型升级项目。实施开工和竣工工业项目补助政策，对固定资产投资1000万元以上的一季度新开工竣工项目予以补助。

狠抓企业培育，市场主体竞争力提高。实施大企业大集团、小巨人、成长型、专精特新和小微企业培育计划；对全市65户停产半停产企业进行分类帮扶处置，大业高容等25户企业恢复生产，新增产值11.3亿元；全年新增规模以上工业企业44户。落实推进供给侧结构性改革政策，市工业应急周转金规模增加到3亿元，帮助164户企业转贷21.6亿元，减轻企业负担8.75亿元；建立企业家奖励机制，市本级工业发展资金安排250万元，对东锅公司等10户综合实力十强工业企业进行奖励；开展对小微工业企业厂房租赁补贴和发放补助券工作，避免趋势性的惯性下滑。

突出园区功能效应，发挥工业主战场作用。出台全市工业园区产业定位指导意见，差异化推进园区发展。食品工业园新选址通过市政府审定，荣县工业园区被认定为四川省新型工业化产业示范基地，沿滩工业园区被认定为四川省特色产业示范基地，全市建成一个国家级新型工业化示范基地、3个省级新型工业化示范基地（特色基地）。推进通用航空产业园建设，形成2平方公里承载能力，自贡市被列为全省三大航空与燃机产业集聚区。新开工板仓东五路等园区基础设施项目10个，完成投资7.8亿元；高新区孵化器（二期）主体工程完工，自流井工业园区高校毕业生创业孵化基地被认定为省级大学生创新创业园；在市级工业发展资金中首次切块设立300万元园区发展资金。实施园区工业用地弹性出让政策，开展园区闲置厂房和土地清理，提高园区土地集约节约利用水平，全年盘活闲置厂房近12万平方米。全市工业园区新增承载能力5平方公里，主营业务收入突破1100亿元，产业集中度达66%。

坚持创新驱动，推动绿色低碳循环发展。出台《关于实施创新驱动推动工业转型发展的意见》，明确创新驱动发展目标任务，细化突出企业主体作用、坚持创新驱动发展、扩大对外开放合作、加快园区创新发展、着力优化发展环境等重点工作和扶持政策。推动全市公共创新平台建设，开展企业技术中心评价。与中科院天津工业生物所签订战略合作框架协议，推进浙江大学自贡创新中心与自贡市中皓化工有限公司、四川理工学院与机一装备公司对接，加强与电子科技大学等院校联系。化解产能过剩，淘汰落后产能，收集、审查并上报2016年淘汰落后和过剩产能计划11个。

加强招商引资，扩大对外开放合作。组织企业参加经贸洽谈会，开展形式多样的经贸系列活动。中天胜公司参展的产品获第四届中国国际新材料产业博览会金奖；举办第二届川南名优特新商品交易会暨电商年货节，132户企业集中展示“自贡造”各类商品。瞄准国内外知名企业招大引强，COF载带+驱动IC（覆晶薄膜）、智能终端产业园、新能源动力电池和手机生产线等电子信息项目相继签约落户自贡。围绕五大高端成长型产业，挖掘包装储备一批重大项目，深入接洽和对接东锅公司转型升级与配套发展项目、承接中国建材集团国际工程公司项目、两个通用航空项目。抢抓“一带一路”新机遇，助力企业开拓新市场，拓展与沿线国家经济合作，华西能源等企业签订海外合同金额13.93亿美元。支持军民融合产业发展，东方锅炉公司等2户企业列入省50户军民融合型大企业大集团，海川实业公司等2户企业列入省50户军民融合创新成长型企业。

推进智慧城市建设，促进信息化与工业化深度融合。加强信息基础设施建设，全年“宽带乡村”试点工程实现300个村光纤通达，实现行政村通宽带35个。推进荣县驰宇盐化真空制盐管理信息化平台等12个重点信息化项目建设；编制完成《自贡市智慧城市建设规划》《自贡市智慧城市建设技术方案》；实现行政权力依法规范公开运行平台等3个非涉密信息系统迁入智慧城市大数据中心云平台；推进华西能源公司、大西洋公司、东锅公司等企业的智能制造项目建设。推进信息服务业业务拓展，全年完成电信业务总量41亿元，比2015年增长44%。

工业规模及结构

【工业规模】 2016年，全市规模以上工业企业539户，完成工业总产值（现行价格，下同）1862.3亿元，比2015年增长8.5%；实现工业增加值495.4亿元，比2015年增长8.5%，增速高于全省0.6个百分点；实现工业销售产值（现行价格，下同）1832.1亿元，居全省第7位，比2015年增长6.2%；产销率98.4%，高于全省1.5个百分点；实现主营业务收入1764.6亿元，比2015年增长6.3%；实现利润总额62.2亿元，比2015年下降3.4%。其中，大中型企业95户，占全市规模以上工业企业总数的17.6%，完成总产值796.5亿元，占全市规模以上工业企业总产值的42.8%，比2015年增长6.3%，实现销售产值783.8亿元，产销率98.4%；小微企业444户，占全市规模以上工业企业总数的82.4%，完成总产值1065.8亿元，占全市规模以上工业企业总产值的57.2%，比2015年增长10.2%，实现销售产值1048.3亿元，产销率98.4%。

【轻重结构】 2016年，轻工业完成总产值428.33亿元，占全市规模以上工业企业总产值的23.0%，比2015年增长12.9%；实现增加值比2015年增长11.6%；实现销售产值比2015年增长12.9%。重工业完成总产值1433.97亿元，占全市规模以上工业企业总产值的77.0%，比2015年增长7.2%；实现增加值比2015年增长7.2%；实现销售产值比2015年增长6.8%。

【行业结构】 2016年，全市规模以上机械产业企业205户，占全市规模以上工业企业总数的38.0%；完成总产值848.38亿元，占全市规模以上工业企业总产值的45.6%，比2015年增长6.3%。全市规模以上盐化产业企业51户，占全市规模以上工业企业总数的9.5%；完成总产值219.92亿元，占全市规模以上工业企业总产值的11.8%，比2015年增长13.2%。全市规模以上食品产业企业86户，占全市规模以上工业企业总数的16.0%；完成总产值245.93亿元，占全市规模以上工业企业总产值的13.2%，比2015年增长

11.7%。全市规模以上新材料产业企业 25 户，占全市规模以上工业企业总数的 4.6%；完成总产值 122.87 亿元，占全市规模以上工业企业总产值的 6.6%，比 2015 年增长 5.9%。

【战略性新兴产业结构】 2016 年，全市规模以上战略性新兴产业中，节能环保产业 49 户，完成总产值 305.11 亿元、比 2015 年增长 1.7%，实现增加值 88.48 亿元、比 2015 年增长 1.5%；新材料产业 25 户，完成总产值 122.87 亿元、比 2015 年增长 5.9%，实现增加值 33.91 亿元、比 2015 年增长 2.7%；高端制造业 3 户，完成总产值 10.57 亿元、比 2015 年增长 14.2%，实现增加值 2.96 亿元、比 2015 年增长 12.7%；生物医药企业 11 户，完成总产值 63.58 亿元、比 2015 年增长 23.7%，实现增加值 17.93 亿元、比 2015 年增长 19.8%。

【区县属工业产值结构】 2016 年，自流井区完成工业总产值 201.9 亿元，对全市工业总产值的贡献率 10.8%，规模以上工业增加值增速 2.9%，居全市第 7 位。贡井区完成工业总产值 340.5 亿元，对全市的贡献率 18.3%，规模以上工业增加值增速 12.1%，居全市第 2 位。大安区完成工业总产值 435.7 亿元，对全市的贡献率 23.4%，规模以上工业增加值增速 8.0%，居全市第 6 位。沿滩区完成工业总产值 182.8 亿元，对全市的贡献率 9.8%，规模以上工业增加值增速 15.6%，居全市第 1 位。荣县完成工业总产值 225.2 亿元，对全市的贡献率 12.1%，规模以上工业增加值增速 11.1%，居全市第 3 位。富顺县完成工业总产值 283.8 亿元，对全市的贡献率 15.2%，规模以上工业增加值增速 11.1%，居全市第 3 位。高新区完成工业总产值 192.4 亿元，对全市的贡献率 10.3%，规模以上工业增加值增速 11.0%，居全市第 5 位。

工业投资

【概况】 2016 年，完成工业投资 158.09 亿元，比 2015 年增长 10.4%，为省下达目标任务的 105.4%；完成更新改造投资 122.03 亿元，比 2015 年增长 14.3%，为省下达目标任务的 101.7%。完成经济和信息化系统归口投资 173.23 亿元，比 2015 年增长 14.5%，为市下达经济和信息化系统归口目标任务的 100.7%。

【重大项目】 2016 年，全市实施重大工业项目 60 个，总投资 163.7 亿元，完成年度投资 38.4 亿元，为年度计划的 96%，其中 13 个项目列入省经济和信息化委员会 500 个重点工业及技改项目。13 个项目中，4 个项目列入省领导联系的 56 个重大产业项目范围，总投资 66.5 亿元，完成年度投资 4.1 亿元，占年度计划的 77.4%；其他 9 个省经济和信息化委员会重点工业及技改项目总投资 26.8 亿元，完成年度投资 8.5 亿元，占年度计划的 106.3%。大西洋焊接产业园、凯茨阀门工业园等 38 个在建项目进展顺利，西南静脉产业园、海川实业公司航空发动机零部件制造等 15 个项目建成投产；盛世锦荣公司中药制造生产线、天健生物铁皮石斛种苗培育及种植科研试验基地等 16 个项目开工建设。

【项目管理】 2016 年，按“储备一批、新开一批、建设一批、竣工一批”的思路，建立完善技术改造项目库，省、市、县、企业四级联动整体推进项目建设。争取国家、省级各类专项工业发展资金支持；市本级工业发展资金安排 1000 万元支持 2016 年开工、在建和竣工且符合产业政策的技术改造和转型升级项目；继续实施开工和竣工工业项目补助政策，对总投资 1000 万元以上的季度新开工竣工项目予以补助。坚持“项目申报和项目管理并重”，对项目扶持及项目建设的全过程实施管理，做到项目申报与项目建设、项目申报与项目验收“两个结合”。

【项目申报】 2016 年，聚焦“633”产业项目，围绕新技术、新工艺、新设备、新材料，实施工业强基工程、产品提质增效行动，推动企业技术改造项目申报，全年向上级争取到财政专项资金 7771 万元。

机械装备产业

【概况】 2016 年，全市机械装备企业贯彻落实《中国制造 2025》规划，坚持以转型升级为中心，重点突出创新和项目建设，推动发展节能环保装备、航空与燃机、新能源汽车等高端成长型产业产品。是年，全市机械装备制造业规模以上企业完成工业总产值848.38亿元，比2015年增长6.3%；工业增加值233.30亿元，比2015年增长5.5%；利润总额29.37亿元，比2015年下降8.0%。生产制造电站锅炉10.40万蒸发量吨，比2015年下降5.6%；金属切削机床3390台，比2015年增长6.8%。机械装备产业规模、效益、就业人员、资产总额等主要经济指标均排在全市工业各行业之首。

【科技创新】 到2016年年末，全市机械装备企业建有国家级企业技术中心1个、省级企业技术中心11个、市级企业技术中心19个，省级工程技术研究中心1个。实施新型高压氢气无油润滑压缩机研发、ZBG化工流程泵工业产品设计、600兆瓦循环流化床锅炉大板梁研制、四川大西洋焊接材料股份有限公司技术中心创新能力提升建设、压缩机鼓风机用磁性液体密封研发、日产5000～10000吨水泥窑余热锅炉自主研发与产业化等15个省技术创新计划项目；实施300兆瓦电站尾部烟气余热回收装置开发、大型塔式起重机研制及产业化、高效节能1000兆瓦超超临界单列高压加热器、石油天然气大型管道中频加热弯等5个省重大技术装备创新研制和产业化专项。

【重点项目】 2016年，全市机械装备企业实施市级以上重点项目23个，占全市工业类重点项目的38.3%，计划总投资78.6亿元，完成年度投资14.9亿元。四川省自贡市海川实业有限公司航空发动机零部件制造项目、四川省自贡工业泵有限责任公司节能高效工业泵零部件新型铸造生产线项目、四川久龙钢结构有限公司脱硫锅炉配件生产线建设项目、自贡川瑞锅炉制造有限公司A级生物质节能高效锅炉制造迁建工程、四川道学机械制造有限公司机械设备制造等7个项目建成或竣工投产。

【重点企业】 2016年，东方电气集团东方锅炉股份有限公司、华西能源工业股份有限公司、四川省自贡运输机械集团股份有限公司、四川川润股份有限公司等4家四川省重大技术装备重点企业完成工业总产值163.29亿元。

盐化产业

【概况】 2016年，全市盐化产业规模以上工业企业51户，完成现价工业总产值219.92亿元，比2015年增长13.2%；实现主营业务收入208.59亿元，比2015年增长17.2%；实现利润总额4.44亿元，比2015年增长42.1%。

【重点项目建设】 2016年，中昊晨光院有机氟新材料产业化项目中，等离子裂解F23减排CO_2技术改造项目建成投产；2500吨聚偏氟乙烯树脂项目启动前期准备工作，进入环评批复阶段。实施四川辉腾科技有限公司军民两用芳纶Ⅲ复合材料产业化项目相关技术研发，完成芳纶“1313”沉析纤维洗涤设备和溶剂回收系统的管道、电、气安装及调试。四川耐锐德特种工程塑料有限公司特种工程塑料制品项目基本完成主体工程建设，进入安装调试设备和生产线环节。自贡中天胜新材料科技有限公司1万吨/年特种聚酰亚胺树脂及复合材料产业化项目完成小批量泡沫材料生产，通过总装备部海军承制资格单位现场审查。中昊黑元化工研究设计院有限公司功能性特种炭黑材料——多用途高着色炭黑及浆料产业化装置，完成项目一期工程。

【盐业改革】 2016年，全市盐业生产企业适应盐业体制改革，通过品牌、资本、网络等形式与各方合作，扩大市场份额。四川自贡驰宇盐品有限公司实施技术创新和技术改造，与四川理工学院、成都理工大学等院校合作研发高品质盐产品。四川久大盐业（集团）公司借助外力建立销售渠道，通过整合资源、加大投入、强化质量和标准化管理、实施资本重组、优化资本结构、打造盐产业发展平台等措施，扩大规模、抢占市场。

【创新及品牌】 截至2016年，中昊晨光化工研究院建有国家级企业技术中心，四川久大集团有中国盐行业唯一的国家认定企业技术中心；全市盐化企业拥有“自流井”牌精制盐，“鹤”牌纯碱、烧碱、氯化铵4个中国名牌产品，晨光牌氟橡胶、聚四氟乙烯树脂、黑元牌炭黑等9个四川省名牌产品。自贡市裕丰化肥厂复合微生物肥料研究及应用列入2016年省经信委企业技术创新专项。

新材料产业

【概况】　2016年，自贡国家新材料高新技术产业化基地被科技部批复为国家新材料高新技术产业化基地，被科技部、商务部联合认定为新材料国家科技兴贸创新基地。是年，全市新材料产业规模以上企业实现工业总产值122.87亿元，比2015年增长5.9%；实现工业增加值33.91亿元，比2015年增长2.7%。

【科技创新】　截至2016年，以中昊晨光化工研究院有限公司、自贡中天胜新材料科技有限公司等企业为依托，重点开展军品用新材料研究。氟聚合物、芳纶纤维、聚苯硫醚树脂合成及纺长丝、等离子体法制备富勒烯、含氟聚酰亚胺、硬质合金深加工、特种焊接材料等一批关键技术达到或接近国际先进水平，拥有一批自主知识产权。全市初步形成以企业为主体、科研院所和高校为依托的新材料产学研创新体系，拥有综合性理工大学（四川理工学院）1所，国家级科研院所2个，省、市科研院所3个，国家工程技术研究中心3个，省级工程技术研究中心5个，国家企业技术中心3个，省级企业技术中心4个，省级重点实验室4个等一批科技创新平台。

【重点项目】　2016年，新材料企业实施市级以上重点项目8个，完成年度投资5.27亿元。自贡国家高新区创新孵化及大西洋焊接产业园厂房主体工程基本竣工，辅助用房开工建设；中橡集团炭黑工业研究设计院功能性特种炭黑材料——多用途高着色炭黑及浆料产业化装置项目、中昊晨光化工研究院有限公司有机氟新材料产业化项目、自贡中天胜新材料科技有限公司特种聚酰亚胺树脂及复合材料产业化项目和四川辉腾科技有限公司军民两用芳纶Ⅲ复合材料产业化项目等进展顺利；自贡硬质合金有限责任公司高性能耐磨硬质合金精加工项目和自贡市海航高新材料研究院高新材料项目竣工，并投入试生产。

【重点企业】　截至2016年，全市新材料产业形成以自贡硬质合金有限责任公司、四川大西洋焊接材料股份有限公司为龙头的金属及复合材料产业群，以中昊晨光化工研究院有限公司、自贡中天胜新材料科技有限公司、四川辉腾科技股份有限公司为龙头的高分子合成材料产业群，以中橡集团炭黑工业研究设计院、自贡东新电碳股份公司为龙头的新型碳材料产业群，以四川久大盐业（集团）公司、四川省精细化工设计研究院为龙头的精细化工新材料产业群。

战略性新兴产业

【概况】　2016年，全市规模以上战略性新兴产业完成工业总产值502亿元，比2015年增长5.3%，其中，节能环保产业305.11亿元，比2015年增长1.7%；新材料产业122.87亿元，比2015年增长5.9%；生物医药产业63.58亿元，比2015年增长23.7%；高端装备制造产业10.57亿元，比2015年增长14.2%。战略性新兴产业增加值占规模以上工业增加值的28.9%。

【节能环保产业】　2016年，编制印发《自贡市节能环保装备产业发展“十三五”规划》，研究制定年度重点工作方案，稳步推进高新区国家级高端装备制造业（节能环保装备制造）标准化试点工作，提升全市节能环保产业话语权，提高国家节能环保装备产业示范基地影响力。实施东方电气集团东方锅炉股份有限公司1000兆瓦超超临界单列高压加热器、燃煤烟气多种污染物综合减排技术等省级重大关键技术攻关，推进华西能源工业股份有限公司低排放余热高效节能锅炉产业化、四川新吉隆环保科技有限公司激光再制造项目生产线等重点项目建设。是年，节能环保产业实现工业总产值305.11亿元，比2015年增长1.7%；增加值88.48亿元，比2015年增长1.5%。

【生物医药产业】　2016年，重点发展现代中药、化学新药、生物农业等，重点培育发展四川安益生物科技有限公司、四川旭阳药业有限责任公司、四川省旺林堂药业有限公司等一批生物制药企业，并在一批关键核心技术上实现突破。四川省旺林堂药业有限公司整体迁建等重点项目竣工投产，四川旭阳药业有限责任公司现代中药园项目建设加快推进。是年，全市生物医药产业实现工业总产值

63.58 亿元，比 2015 年增长 23.7%；增加值 17.93 亿元，比 2015 年增长 19.8%。

【高端装备制造产业】 2016 年，依托四川省自贡市海川实业有限公司、四川省自贡运输机械集团股份有限公司等骨干龙头企业，打造燃气轮机、节能型运输机械制造等优势产品，加快实施四川省自贡市海川实业有限公司 FT4000 燃机制造生产线建设、自贡凤鸣通用机场、捷克轻型飞机制造、瀚宇航空与燃机零部件制造等重点项目，加快推进川南通用航空产业园建设，打造省级航空与燃机产业集聚区，促进全市高端装备制造产业发展。是年，全市高端装备制造产业实现工业总产值 10.57 亿元，比 2015 年增长 14.2%；增加值 2.96 亿元，比 2015 年增长 12.7%。

农产品加工业

【概况】 2016 年，全市规模以上食品产业实现总产值 245.93 亿元，比 2015 年增长 11.7%；完成工业增加值 67.63 亿元，比 2015 年增长 10.4%。年末全市规模以上农产品加工企业 85 户，占全市规模以上工业企业的 15.77%，规模以上农产品加工行业从业人员超 2 万人，形成以肉副食品、白酒饮料、茶叶调味品、果蔬笋竹、粮油加工五大类为主的食品加工业，为全市工业经济重要支柱产业。是年，全市食品行业企业争取省、市产业扶贫、技改支持、创新驱动及中心企业提升发展能力等各类专项资金支持 636 万元。

【企业发展】 2016 年，四川牧天食品有限公司在新三板挂牌上市，为全市第一家主营肉制品加工的上市企业，开发的“盐帮厨子”系列冷吃兔、冷吃牛肉等休闲食品辐射国内外品牌连锁超市。

【调研服务】 2016 年，开展白酒产业调查摸底，全市有 6 户规模以上企业，47 户有证企业，上 100 户小作坊白酒生产企业。启动富顺县长滩白酒产业园项目前期论证及规划工作。开展 2015 年全省农产品加工业年度统计。组织全市 40 户企业填报企业基本情况及经营情况年报。

【规划编制】 2016 年，编制完成全市食品产业“十三五”规划，确定“十三五”发展方向及目标：立足于特色资源和比较优势，依靠科技进步，实施品牌战略，促进农副食品加工业特色化、品牌化、绿色化发展，逐渐向精深加工转型；以肉副食品加工及制造、白酒饮料调味品制造、粮油加工等行业为重点，推进食品加工企业向“高、精、特、新、配”发展，培育壮大龙头企业，促进食品加工企业集聚化布局、区域化经营、集群化发展，拓宽延伸产业和产品链，做大做强食品加工业；到 2020 年，食品加工业主营业务收入达 400 亿元。

【资金争取】 2016 年，全市食品行业企业争取省、市产业扶贫、技改支持、创新驱动及中心企业提升发展能力等各类专项资金 636 万元，其中单项产业扶贫资金 150 万元。

【市场开拓】 2016 年，13 户企业参加省内外各类展会 7 次，签订销售合同 2350 万余元，发展经销商 65 家。四川芭夯餐饮管理公司、自贡侯大妈食品有限公司参加 2016 年第十届东亚国际食品交易博览会，发展经销商和合作单位 6 家，签订意向合同金额 20 万元。泰福“大头菜”、美乐“香辣酱”参加 2016 年农产品加工业投资贸易洽谈会，签订协议合同 75 万元。自贡市泰福农副产品加工厂、自贡市自然香大头菜加工厂、四川红茅烧酒业有限公司、四川四方酥食品有限公司、四川盐帮集食品有限公司等 5 户企业参加省经信委主办的“2016 首届四川国际电子商务博览会”，达成合作意向客商 50 余家。四川巴尔农牧集团有限公司参加（海南）国际热带农副产品冬季交易会，与四川思念食品有限公司签订冻猪肉销售合同 1500 吨，合同金额 2250 万元。

【食品安全】 2016 年，开展全市食品安全生产宣传周系列活动，组织 9 户酒类企业参加全国食品安全宣传周“四川省经信委主题日活动全省食品工业企业诚信体系建设培训班”，学习企业诚信管理体系标准建立和运行相关知识。

【创新发展】 2016 年，搭建食品行业创新能力建设平台，四川省远达集团富顺县美乐食品有限公司、四川大农和农业发展有限公司、四川硒游笈农业科技有限公司、自贡百味斋食品有限公司分别与四川理工学院、浙江大学自贡创新中心签订合作协议，四川理工学院与浙江大学自贡创新中心签订战略合作协议，利用现有人才、技术、硬件设施等资源，通过交流合作，促进全市食品行业技术发展。

【项目建设】　2016年，自贡百味斋食品股份有限公司全自动火锅生产线升级改建项目，四川省远达集团富顺县美乐食品有限公司美乐香辣酱及其系列产品生产基地迁建项目，四川度佳古井酒业集团有限公司白酒等量升级改造等项目顺利推进。

航空与燃机产业

【科技创新】　截至2016年，全市拥有航空与燃机国家级高新技术企业1户，省级企业技术中心1个。深化军工企业与科研院所、国属省属军工企业合作，研发燃气轮机叶片、飞机发动机叶片、航空与燃机关键零部件等一批具有国际国内竞争力的重点新产品和多项领先技术。以四川省自贡市海川实业股份有限公司等企业为依托，重点开展航空发动机叶片应用领域军品研制。

【重点项目建设】　2016年，通过市内企业强强联合或引进外地实力企业，促进航空与燃机产业集群化发展。四川省自贡市海川实业有限公司航空发动机零部件制造项目建成投产；自贡瀚宇航空科技有限公司航空与燃机零部件制造项目完成投资2亿元，厂房钢构吊装及部分附属设施等厂房基础设施建设完成部分生产设备订购；自贡通用飞机制造有限公司捷克轻型飞机制造项目完成投资6000万元，建成3500平方米组装车间，组装完成首批2架SL600型2人座轻型飞机，并于9月26日成功首飞。推进航空产业园区项目建设，机场1200米标准跑道、捷克SL600型轻型飞机制造、自贡瀚宇航空科技有限公司航空与燃机零部件制造项目等3个在建项目进展顺利；中国民航飞行学院自贡分院项目成功签订框架合作协议，启动实施训练基地平场等工作。

工业园区

【概况】　2016年，全市园区规模以上工业企业实现工业总产值1259.73亿元，工业增加值352.25亿元，利润总额43.88亿元，主营业务收入1177.45亿元，工业园区产值占全市规模以上工业的比重达67.64%；园区新增承载能力5.42平方公里，累计承载能力达51.42平方公里，新开工工业项目31个，新竣工投产项目27个，园区规模以上工业企业282户。

【特色园区建设】　2016年，出台《自贡市工业园区（集中区）产业定位》（自府办发〔2016〕3号），全市各园区围绕主导产业和重点发展领域，开展产业链招商和集群招商，打造按产业门类集中发展、按产业链条集聚发展的工业园区（集中区）。高新技术开发区、沿滩工业园区、自流井工业园区、荣县工业园区均建立大学生创新创业基地，自贡航空产业园、大西洋焊接产业园、自贡食品工业园、华西科技园、电力产业园、晨光科技园等特色园区推进有序，高新区南岸科技新区“一环两纵三横”道路骨架基本形成，孵化园二期项目建设按期完成。园区内初步形成锅炉及容器、高分子合成材料、有色金属新材料、焊接新材料、食用盐及调味品等产业集群。

【创新发展机制】　2016年，继续贯彻落实省委2015年15号文件和省委办2015年41号文件精神，逐步推行“政区合一”，将经济事务权限下放到各园区管委会，让企业在园区内享受“直通车”服务，提升园区服务功能。推行园区市场化开发模式，按照“政企分开、政资分开”原则，推动园区由政府主导向市场主导转变。探索完善“管委会+公司”的开发模式，推广政府和社会资本合作（PPP）的开发模式，创新园区产城联动开发模式等。开展省级示范基地建设，荣县工业园区（农产品加工）获批为四川省新型工业化产业示范基地，沿滩工业园区（节能环保装备）获批为四川省特色产业基地。完成晨光园区、荣县工业园区、沿滩工业园区、自贡航空产业园等省级园区申报工作。

【创新目标考核】　2016年，围绕增强园区承载能力、产出能力、创新能力、纳税能力、就业能力要求，建立目标考核指标体系，配套建立月督查、季通报、半年现场会拉练、年度考核奖惩的推进机制，推动园区各项能力建设和全市工业主战场的发展。

【推动项目建设】 2016年，捷克轻型飞机制造项目、自贡瀚宇航空科技有限公司航空与燃机零部件制造项目、航空发动机高温涡轮盘生产线、自贡市海航高新材料研究院高新材料项目、四川金牛智能机械有限公司智能停车设备生产线等重点工业项目开工建设，总投资超28亿元；四川大禹大型集装箱船舶及脱硫机械密封扩建项目、富洲电力杆塔生产线、自贡华气化学制品项目、自贡川瑞锅炉、自贡牧尚畜牧设备有限责任公司畜牧设备生产线、四川蓝天之星环保科技有限公司环保机械设备生产线等项目竣工投产。

【融资服务】 2016年，建立和完善园区税收分成补偿机制、土地成本补偿机制和规费补偿机制；建立和做大园区投融资公司、信用担保公司，增强融资能力；探索园区业主制投资、合作融资、“以商补园”等多元化园区建设发展新模式，破解资金制约瓶颈；争取省级财政产业园区引导资金3650万元，设立300万元的市级财政园区产业发展引导资金，专项用于园区规划、孵化、创新等公共服务平台建设；自贡高新区通过“园保贷”为刀刀爽等5户企业新增流动资金贷款2050万元；发挥政府融资对接协调职能，通过市级工业应急周转金累计办理156家企业218笔转贷业务，金额20.67亿元。

电力生产和供应

【电力生产】 2016年，全市发电量2.74亿千瓦时。其中，国网四川省富顺县供电有限责任公司水电装机容量3.16万千瓦，全年发电量2.13亿千瓦时；自贡市垃圾焚烧电厂火电装机容量2.4万千瓦，全年发电量0.61亿千瓦时。

【电力供应】 2016年，全市用电量35.11亿千瓦时，比2015年增长9.43%，其中，工业用电量16.15亿千瓦时，比2015年增长2.41%。20户主要工业企业主网用电量6.58亿千瓦时，比2015年下降0.29%。落实直购电扶持政策，保留中昊晨光化工研究院有限公司等12户企业直购电政策，新增富源化工公司进入全省直购电试点范围，全年为企业减少电费支出约2360万元。

【电网建设与发展】 2016年，国网四川省电力公司与市政府签订战略合作协议，共同推进自贡电网建设。完成“十三五”电网规划修编，确立在“十三五”期间，投入约23亿元，新建（扩建）变电容量约116万千伏安、输电线路约1200公里，建成“以500千伏为支撑、220千伏为骨干、110千伏及以下配电网络分布合理”的自贡电网。开展东边湾等4个35千伏及以上输变电工程前期工作，新开工向华线等3个输变电项目，投产新桥等3个输变电工程，完成110条线路、30座变电站的大修技改，完成80%的220千伏、50%的110千伏线路标准化整治工作。城网绝缘化率100%，拉手率92%；改造完成83个老旧住宅小区供配电设施，其中，自流井区40个、沿滩区4个、高新区管委会34个、荣县5个，惠及群众10多万人。220千伏天成变电站、4个110千伏线路单项工程获“国网输变电优质工程”，220千伏琵琶变电站在建工程获省电力公司2016年“安全管理流动红旗”。

（罗胜强）

【国网自贡供电公司概况】 该公司属四川省电力公司特二型企业，担负自贡市四区两县和内江市威远县部分区域电能供应、电网建设和运行管理任务。公司本部设11个职能部室、7个业务支撑和实施机构、1个直管县公司、1个全资分公司、1个控股县公司。

【企业经营管理】 2016年，国网自贡供电公司售电量29.63亿千瓦时，比2015年增加9.21%；线损率9.37%；完成投资6亿元；流动资产周转率487.27次。开展“效益提升年”活动，可控成本比2015年下降9.02%。提升电网经济运行管理水平，计划检修执行率提升8%，线路停电次数下降10%；带电作业1730次，比2015年增加15%，减少损失电量310万千瓦时；停运轻载主变46台（次），节约成本30余万元。落实对口帮扶措施82项，提升富顺县公司管理水平。加大亏损企业治理力度，荣州公司减亏572万元。创建全川首个“图数治理五星级供电所”，配电运检精益管理在系统内发挥示范作用。

【依法治企】 2016年，公司加大关键领域、重点环节监督和管控，完成专项审计23项，项目竣工决算审计1069个，提出审计建议228条。理顺集体企业“三会一层”法人治理结构，健全管理制度56项。公司28名省、市、区县三级人大代表、政协委员积极参政议政，促使《自贡市〈四川省物业管理条例〉实施办法》纳入立法。

【企业安全生产】 2016年，国网自贡供电公司理顺配网调控职责界面和业务流程，实现配网调控管理全覆盖。优化违章负面清单管理及退出机制，淘汰6家不合格分包商。探索“互联网+安全”模式，建立12个“日管控”微信群。制定“农村意外人身事件处理办法”，排查整治跨“高速、铁路、房屋、池塘”线路隐患，管控农村用电安全。开展“富顺县大面积停电”等演练16场次，提升应急处置能力。成功应对夏季负荷屡创历史新高的严峻挑战，“白+黑”“5+2”特巡、测温和故障抢修7790次。是年，公司被授予自贡市“119消防先进单位”、被评为“2016年度国家安全人民防线建设先进单位”，获省电力公司年度“安全生产先进单位”称号。截至年末，连续安全生产4488天。

【供电服务】 2016年，开展“电网+”专项行动，建立园区服务站和固定办公点7个，“定制化”服务580次。新增代收网点412个，完善10分钟缴费圈建设。“掌上川电APP”注册13.58万户，改善客户体验。成功应对夏季负荷屡创新高的严峻挑战，全天候特巡、测温和事故抢修7790次，电能替代7000万千瓦时，建成成自泸高速富顺服务区充电站2座。全面完成三年改造204个老旧小区电网目标任务，惠及民众超50万人。国网自贡供电公司与市水务集团、市燃气公司试点推进“三表合一”建设。完成“自贡灯会”等115次重大保电任务。

（邹　庆）

天然气和成品油供应

【天然气供应】 2016年，全市天然气供应量4.30亿立方米，比2015年增长7.56%。其中，工业用气1.35亿立方米，比2015年增长1.08%。

【成品油供应】 2016年，全市成品油销售量38.41万吨，比2015年增长9.64%。其中，汽油19.27万吨，比2015年增长18.69%；柴油18.97万吨，比2015年增长0.99%。

（罗胜强）

【市燃气有限责任公司】 截至2016年年底，公司资产总额5.08亿元，拥有总储气能力18万立方米的加压储气球罐站2座，配气站12座，维修服务站5座，CNG加气站3座，形成适应工业生产和城市生活供气的主干环状输配管网近1000公里，供气范围覆盖自流井区、大安区、贡井区、沿滩区及高新区。全年天然气销售量1.36亿立方米；新发展居民用户28616户，商业用户323户，完成室内燃气设施改造15889户；投资1619万元，新建、改造主干管网12.1公里。全年实现千人负伤率为零，企业内重伤、死亡事故为零，重大设备事故为零，重大安全、火灾事故为零，重大环保事故为零的安全生产目标。

（曹　畅）

工业节能环保

【淘汰落后产能】 2016年，组织区县开展收集、审查上报年内淘汰落后和过剩产能计划，加强督查，保证淘汰落后产能计划稳步推进。将省级淘汰落后产能切块补助资金45万元划转相关区县和企业，对按时完成淘汰任务的企业进行资金配套补助（共安排100万元专项资金予以支持），帮助企业安置职工、化解债务。全年完成11户企业落后产能淘汰，超省分配计划7户。

【节能绩效】 2016年，全市工业增加值能耗降至0.769 tce（吨标准煤），全省排名第一，较2015年降低8.33%，超省下达目标任务5.33%。对列入省经信委、省发改委等7个部门调整后的“千户企业”中的全市39户企业2015年度节能量完成情况进行检查、现场核查、考核和考核结果上报，39户重点用能单位“十二五”期节能量目标任务为32.21万吨标准煤。截至2015年，完成节能量55.77万吨标准煤，占节能量目标任务的173.15%。组织开展全市工业企业配电变压器现状调查，制定《自贡市配电变压器能效提升实施方案》并组织实施。

【节能监察】 2016年，开展节能管理制度、淘汰落后机电设备、单位产品能耗限额标准执行情况、水泥差别电价预监察、电机变压器能效提升和燃煤工业锅炉能效提升等6个专项节能监察工作，涉及35户企业、76个项目。完成4户煤炭企业的节能监察任务；配合省节能监察中心对中昊晨光化工研究院有限公司、能投华西环保发电有限公司及高新投资有限公司开展固定资产投资项目能评制度执行情况的专项监察。对东方电气集团东方锅炉有限公司成都、自贡、德阳地区的相关业务人员进行《四川省节能监察办法》《四川省节能监察标准》等内容培训。

企业改革

【集体企业改革改制】 2016年1月21日，鸿兴公司向市法院申请破产，市法院于2016年2月1日受理破产并指定市方圆会计师事务所有限公司为破产管理人，依法开展破产清算工作。协调推动原改制企业市高压阀门公司转供气“工改民”改造工作。

（罗胜强）

【整合组建四大国有资本投资运营公司】 2016年，开展全市国有企业摸底调研，初步掌握全市国有企业的资产状况、负债状况及分布状况。按“以管资本为主改革国有资产监管体制”要求，以现有的市国有资本投资运营公司、自贡高新国有资本投资运营公司、市城市建设投资开发公司和自贡水务集团为主体，组建4个集投资、持股管理、资本运作、资产经营为一体的国有资本投资运营公司，形成市属国有资本投资运营企业“4+N”发展格局。

（高建红　金继红　汪桂林）

企业上市

【概况】 2016年，拓宽企业上市融资渠道，主动与全国股份转让系统公司（北京）等交易市场管理机构对接，向外推介自贡市上市培育企业，邀请知名券商到市考察调研，对企业进行专题培训和“一对一”业务洽谈。是年，自贡市川力科技公司、四川威鹏电缆制造股份有限公司、自贡市海天文化公司、四川升拓检测技术股份有限公司、四川牧天食品股份有限公司5家企业在全国中小企业股份转让系统（新三板）挂牌上市。

【上市企业培育】 2016年，确定培育企业的基本条件：完成股份制改造前期基础工作或者对实施股份制改造主观意愿强烈、积极性较高的企业；成长性较好，企业产品在市场中处于领先地位的“专精特新”企业。经过筛选，确定自贡市川力科技公司、四川威鹏电缆制造股份有限公司、自贡市海天文化公司、四川升拓检测技术股份有限公司、四川牧天食品股份有限公司、四川省自贡运输机械集团股份有限公司、四川省自贡市海川实业有限公司等26户企业为培育企业。

【上市指导服务】 2016年，协调会计、审计、法律、证券、创投、财务、上市公司、主管部门等各类服务资源向培育企业倾斜，促进企业建立现代企业制度，确保企业顺利上市。

优势企业与名优特产品

【优势企业概况】 2016年，全市主营业务收入超10亿元企业46户，其中，100亿元以上企业1户；10亿元~30亿元企业45户；“十三五”首批省级“专精特新”中小企业80户。

【政策引导】 2016年，为拥有省级以上名牌产品、中国驰名商标和四川省著名商标的企业通过各种渠道争取专项资金，在生产要素保障上给予重点倾斜，对首次获四川名牌产品、中国驰名商标和四川省著名商标称号的企业给予补助，对牵头参与修制订国家、行业标准和采用国际标准的企业给予补助。组织企业参加四川省工业企业品牌培育和先进质量管理方法培训，组织企业参加中国工业企业质量信誉承诺活动，指导企业加强品牌建设，建立和完善品牌培育管理体系，开展品牌培育管理体系试点企业认定，促进企业发挥中国驰名商标、四川省著名商标的作用，开展四川地方标准立项工作，推进企业全面质量管理。

【名牌创建】　2016 年，开展第十二届四川名牌培育申报工作，四川省富兴电力金具制造有限公司等 14 户企业的 14 个产品新创四川名牌，全市共有 62 个第十二届四川名牌产品。组织四川大西洋焊接材料股份有限公司等 14 户企业的产品申报《2016 年四川省优质产品目录》。市经信委、市科技局、市住建局联合举办四川家兴塑胶公司生产的埋地钢塑复合缠绕排水管材新产品推广会。

【推进实施商标战略】　2016 年，加强商标战略体系建设，继续实施“个十百千”（一个市州重点联系一个园区、一个商标工作人员重点联系十户企业、一个市州重点培育百户企业、一个市州储备千户市场主体）工程，完善“三主双融合，两增一并重”商标战略实施工作格局，制定《自贡市工商系统十三五商标发展规划》，印发《自贡市商标战略 2016 年实施计划》；深化四川省商标战略示范城市建设，制定《自贡市实施商标战略实施示范区（县）、示范乡镇（社区）、示范村、示范园区、示范企业工作方案》，3 个乡镇、2 个村、2 个园区、6 户企业被确定为市级示范单位。实施商标专用权保护，开展打击侵犯知识产权和制售假冒伪劣商品工作及维护中国制造海外形象“清风行动”，打击侵犯注册商标专用权子行动。开展商标品牌培育，指导商标国际注册，新增国际注册商标 2 件，四川大西洋焊接材料股份有限公司等 5 户企业的商标为新认定的四川省著名商标，全市累计有中国驰名商标 10 件、四川省著名商标 61 件、自贡市知名商标 156 件。

2016 年度自贡市新增四川省著名商标一览表

序号	企业名称	商标名称	商标
1	四川英祥实业集团有限公司	英祥及图	
2	自贡市俊鸿鞋业有限公司	华锦春及图	
3	四川大西洋焊接材料股份有限公司	大西洋及图	
4	自贡市华刚硬质合金新材料有限公司	恐龙 + 拼音 + 图形	
5	四川川润股份有限公司	图形	

（罗胜强）

农 业

概 述

2016年，全市农村居民人均可支配收入13192元、比2015年增长9.1%，农业增加值136.13亿元、比2015年增长4%，实现农民增收、农业增效目标。

脱贫攻坚首战告捷。2016年，按照“两年集中攻坚，三年查漏补缺、巩固提升”要求，聚焦“两不愁、三保障”“四个好”目标，实施精准扶贫、精准脱贫。全市通过省脱贫攻坚验收考核，省下达的19个贫困村、18809名贫困人口全部达标退出，群众和干部满意度平均达99%，完成全国扶贫开发业务管理子系统数据审核校正工作；市自加压力调增的37个贫困村、19578名贫困人口达到“摘帽”脱贫标准，分别比省下达任务增加195%、104%。易地扶贫搬迁竣工3226户、8554人，占省下任务的242.3%。一是建章立制，强责推动。逐级成立脱贫攻坚领导小组，逐级签订目标责任书，将任务分解到村、到户、到人，制定20余项工作制度，出台考核办法、问责办法，强化督查、晒账、考核和问责，保证工作有力、推进有序。二是突出重点，创新推动。印发《关于进一步加快脱贫攻坚确保同步全面建成小康社会的实施意见》，对脱贫攻坚进行全面部署、系统安排。创新产业、就业、改革“三链”脱贫奔康模式，聚集1.53万户、4.89万人到产业链，新增贫困人口就业5939人，在贫困村率先开展改革试点，释放改革红利。创新“一建一助一贷两免两补”教育扶贫机制、“十一免两补一控一体检两提升零付费”医疗扶贫机制，确保贫困人口义务教育、基本医疗有保障。三是强化整合，统筹推动。将脱贫攻坚与促农增收、新型城镇化、农村改革等深度结合，印发《关于构建贫困地区县级涉农资金统筹整合机制的意见》《关于统筹整合财政涉农资金集中投入脱贫攻坚的实施意见》，组建4亿元扶贫开发基金，撬动各类投入支持脱贫攻坚。全年计划整合脱贫攻坚资金11.25亿元，实际整合12.04亿元。

农业农村转型加快。强化项目支撑，编制实施《自贡市2016年农业农村发展支撑项目计划》，年度完成投资82亿元。强化推介招引，组织企业外出参展，推出45个、总投资54.2亿元的农业招引项目，签约项目11个、总投资5.32亿元，签约采购贸易协议78个、总金额4.35亿元。强化园区建设，新发展特色农林水产基地2133.33公顷，自贡环城乡村旅游、1.33万公顷菜畜（旭水河沿岸）、2万公顷果畜（越溪河、自荣路至富顺）等3个产业带初具规模，贡井区建设镇（龙都早香柚）成为全国“一村一品”示范镇，富顺县永年、自流井区尖山园区成为省级现代农业示范园区，启动自贡现代农业园区规划工作。强化主体培育，农民合作组织1370户，新增165户；家庭农场1789户，新增740户；新增省级重点龙头企业4户、省级农民合作社示范社15个、省级示范家庭农场11个。强化融合发展，加快建设荣县、富顺县、自流井区农产品加工物流园区，实施龙头企业技改扩能项目30个，完成投资16亿元。开展荣县农民增收新产业新业态省级试点。“太源井”晒醋成为国家地理标志保护产品，新增有机产品1个、绿色食品3个、四川省著名商标2件，启动农产品区域性公共品牌创建。

新村建设加速推进。投入各类资金11.4亿元，推进幸福美丽新村建设。全面实施"三建四改"工程，推动160个新建和84个续建幸福美丽新村建设，200个村基本建成幸福美丽新村。新建（改建）村组道318.9千米、入户道123.8千米，乡镇通畅率100%、建制村通畅率94.56%。建设排污管网462.1千米、垃圾设施204个、公厕18座，安装路灯964盏。建成文化活动广场59个、"1+6"村级公共服务活动中心98个。建成农村廉租房639户。制定全市"四好村"创建活动实施方案，明确创建重点，通过开展领导联系、召开示范现场会等形式，深入推动全市创建活动。建成省级"四好村"15个、市级"四好村"113个。

农村改革纵深推进。坚持创新驱动、改革推动，围绕要素激活、提质强能，加大探索、试点、推广力度。全面完成土地承包经营权、林权、集体土地所有权和使用权、农房产权确权登记，全市各区县承包地确权工作获得省级优秀。颁发水利工程所有权和使用权证书2.2万处。设立风险补偿金及风险分担机制，实现农村产权抵押融资358笔4.47亿元。建成3个省级农村资金互助合作社，完成7个集体资产股份化试点，财政生产性项目资金及专业合作社扶持资金全部实现折股量化。完善农村产权流转交易平台，建立土地流转准入和风险防范制度，流转承包地3.07万公顷（流转率22%）、林地4346.67公顷（流转率4.4%）。实施深化城乡建设用地增减挂钩，实现投资4亿元，拆旧复垦270公顷，建成农民集中居住区51个、住房1674套，探索出农村宅基地有偿退出机制。全面推行并规范完善基层政务、村务和财务公开；建立内容、形式、程序、结果公布、责任追究"五统一"决策机制，形成"2111+10"民主治理基本构架；构建起"6411"网格化工作机制，农村网格建成1070个。

统筹城乡综合配套改革

【深化农村产权制度改革】 2016年，完成市、区县不动产登记局（中心）机构职能整合，推进"多权同确"，探索出"并地确权"模式，累计完成土地承包经营权确权21.4万公顷，全市各区县获省验收优秀等级；林权确权55.35万户9.76万公顷，纠错2440宗216.93公顷。大安区建立"两证一社"（经济林木〈果〉权证、林地经营权流转证、村级农民互助担保合作社）、森林资源资产评估和森林资源资产收储等制度，发放经济林木（果）权证4本73.33公顷。完成全市范围内宗地统一编码工作，累积颁发集体土地所有权证1.93万个，集体建设用地使用证2535个，宅基地使用证82.80万个。不动产统一登记"停旧发新"，成为省内首个实现房产登记、交易一体的市州。全市区县分别确定1个村、组（社区）试点，全部完成清资核产等基础工作，荣县双石镇金台村成立全市首个农村集体资产经营管理股份有限责任公司，注册资金2373万元，集体参股四川巴尔农牧业集团有限公司进行经营管理。深化城乡集体建设用地增减挂钩试点，探索农村宅基地有偿使用和退出机制，优化程序、缩短实施周期、灵活变更、放宽安置限制、允许节余指标交易，实现投资4亿元，拆旧复垦270公顷，建成农民集中居住区51个、住房1674套。建立农村承包土地流转机制，制订《自贡市农村土地承包经营权流转交易运作程序》《农村土地承包经营权流转交易工作制度》，建立土地流转准入制度，全市累计实现农村承包地流转土地3.07万公顷，流转率22%。完成市、区县、乡镇三级农村产权流转交易平台和延伸至村的四级信息体系建设，农村产权流转交易体系实现与成都农交所联网运行，制定《农村产权流转交易网络平台操作手册》和流转交易风险防控机制，完成4宗42.73公顷土地承包经营权流转交易，成交额508万元。

【构建现代农业发展机制】 截至2016年，形成以粮油、饲料、茶叶、肉类、白酒及饮料、调味品、果蔬等为主导的10多个门类的现代化农产品加工体系，全市农产品加工龙头企业341户，年利润14.9亿元，上缴税金2.6亿元，解决就业3.9万人。其中，销售收入超10亿元的1户、超5亿元的2户、超1亿元的18户。百味斋食品、天健生物科技、牧天食品3户龙头企业在新三板上市。采取一三产业融合方式，发展农产品仓储配送、冷链物流、电子商务等服务业，发展创意农业、信息农业、休闲农业、康旅农业，以“南环花卉、北环农耕、飞龙生态、古镇风情”为重点，开发38条旅游线路，实现休闲农业与乡村旅游综合收入53.7亿元。建设特色产业基地，高标准规划建设4.67万公顷果蔬和100万头生猪、3500万羽肉鸡养殖基地，启动20平方千米现代农业综合园建设，扩（创）建8个省级现代农业示范园、5个农产品电商物流园，提升优质粮油、畜禽、水产、果蔬、茶桑、花卉等区域性特色效益农产品品质。落实财政资金、金融信贷、工商税务扶持，制定示范家庭农场、农民专业合作社示范社等评选及监测办法，出台并落实对适度规模经营和兴办农业小企业的奖补政策，全市产业化组织3.53万个。健全公益性农技推广体系，全市农业技术推广机构270个，覆盖农技、种子、土肥、植保、农机、水产、畜牧、农产品质量安全检验检测等技术推广和监管各环节，推动农业科技集成创新、产业基地和品牌建设、农业机械推广。培育经营性农业服务主体，发展植保、种子生产销售、农机作业等社会化服务组织，鼓励市场化经营性服务，支持农民专业合作社、涉农企业、农业产业化经营组织等，开展产前、产中和产后生产经营服务。

【深化农村金融制度改革】 2016年，制定《自贡市农村金融改革实施方案》《金融服务“三农”实施意见》等文件。是年末，全市涉农金融机构在农村地区设立银行卡助农取款服务点3171个，全市金融机构涉农贷款余额30.73亿元，小额贷款公司农业贷款余额2.5亿元。全域开展农村产权抵押融资试点，将农村土地、农房、设施等7种产权全部纳入抵押融资范围，建立农村产权评估体系，壮大农业融资担保平台，扩大农业保险种类和覆盖面，全市区县分别设立300万元~500万元风险补偿基金，全域开展农村产权抵押融资和农村土地流转收益保证贷款，全市农村产权累计实现抵押融资358笔4.47亿元，发放扶贫小额信贷1562.25万元，支农再贷款1.59亿元。坚持政策性与经营性结合，规范担保行为，提升担保能力和水平，推动市农业融资担保公司注册资本金增加到2亿元，在保余额8.3亿元。在全国首创政府与保险公司合作的生猪价格指数保险，累计为22万头生猪系上保险绳，规模连续多年保持全国第一位。出台《扩大农村资金互助社试点的意见》，坚守社员制、封闭性、不追求过高回报的政策底线，不片面追求发展速度和资金规模，预防和化解各种风险，第一批试点的大安三绿农村资金互助合作社（全省首家），累计向社员发放贷款76笔1977.6万元；第二批试点的沿滩立丰资金互助社运转顺利；第三批试点的荣县东奇资金互助社进入筹备阶段。

【创新插花式扶贫长效机制】 2016年，整合各方脱贫攻坚资源，通过释放农村资产价值，让广大贫困户获得更多自主发展的脱贫致富资本；通过整合放大财政资金效应，出台涉农项目资金整合实施办法，推广“量化折股”模式和财政支农项目资产收益扶贫试点，增加脱贫致富资本；通过动员社会力量参与扶贫，引导7.8亿元各类社会资金参与扶贫开发，在51个乡镇、52个村设立扶贫滚动发展基金2809万元，各类募捐筹资7161.25万元，110个产业示范单位“百村”帮扶5208户1.59万名贫困人口。提出全市摘帽脱贫“两年集中攻坚、三年查漏补缺巩固提升”提速加压目标，2016年计划“摘帽”56个村、脱贫3.8万人，分别是省下任务的2.95倍、2.02倍。经省脱贫攻坚验收考核组验收考核，全面完成省下达的19个贫困村摘帽、18809名贫困人口脱贫目标。扩大脱贫攻坚效应，把脱贫攻坚与农业转型升级深度结合，培育自贡优势特色效益主导产业，打造聚集贫困人员脱贫致富产业链；把脱贫攻坚与新型城镇化深度结合，建设幸福美丽新村和农村新型社区；把脱贫攻坚与全面深化农村改革深度结合，让广大农民群众，尤其是贫困群众分享更多的改革发展红利。完善工作推进机制，实行季度党政联席会研究重大问题、季度现场推进会比拼借鉴，实行领导带头抓贫困村摘帽示范；完善帮扶助推机制，修订完善“六个一”帮扶单位、驻村干部职能职责和管理办法，开展“帮扶能力再造”培训；完善加压传导机制，每个月在市内主流媒体公开晒账加压，建立常态化领导蹲点督导、目标管理部门和脱贫攻坚综合部门专项督查、暗访抽查相结合的督导通报制度；完善问责制度，加大市委市政府对脱贫攻坚综合目标考核权重，单独考核区县和有贫困村任务的乡镇，实行末位诫勉谈话；制定脱贫攻坚问责暂行办法，明确16

种问责情形、9种问责方式以及从重或从轻情形，形成脱贫攻坚高压态势。

【脱贫攻坚工作通过省级验收考核】 12月12日至22日，自贡各区县脱贫攻坚工作通过省级验收考核。省考核验收组采取进村入户走访、实地查看、电话访谈、查阅资料、问卷调查、座谈、听汇报等方式，对全市四区两县脱贫攻坚工作进行验收考核，共随机抽取22个乡镇、24个村、114户贫困户、3571名贫困人口。考核组一致认为，省下达给自贡的19个贫困村退出、18809名贫困人口脱贫全部达标。其中，自流井区1066名脱贫人口通过验收，贡井区1864名脱贫人口通过验收，大安区4个退出贫困村、3073名脱贫人口通过验收，沿滩区4个退出贫困村、3329名脱贫人口通过验收，荣县6个退出贫困村、3798名脱贫人口通过验收，富顺县5个退出贫困村、5679名脱贫人口通过验收。

【健全城乡一体化发展机制】 2016年，完善多规融合全域规划，统筹谋划市域城镇、产业、基础设施、公共服务、文化、生态和安全“七大体系”，全域全链条布局产业，完成全市县（区）域新村建设总体规划调修和96个乡镇、300余个新村（聚居点）规划编制，建立和完善政府组织、部门合作、专家咨询、公众参与、规划委员会决策的小城镇规划决策机制，完善市、区县、乡镇三级规划管理体系，实施乡镇专职规划员管理制度，建立起动态规划监测机制。完善镇域发展机制，深化扩权强镇改革，市级试点扩大到39个镇，实行扩权事项目录清单管理，动态管理分类考核，委托下放的行政权力事项由原来的66项调整规范为38项，原下放至试点镇的58项事务性权力收回由相关责任部门继续履行，增强镇域发展活力。顺应农村分化、农民分工、居住分级特点，差异化配套实用基础设施和公共服务，引导农民自愿选择小城镇、新农村综合体、新村聚居点、新农家大院“四级居住”，累计建成场镇新居160万平方米、新农村综合体26个、新村聚居点180个、新农家大院232个，建成幸福美丽新村398个，农村社区135个。创新农村基础设施建管投机制，拟制《统筹城乡加快城乡一体建设的意见》，将连接川南、融入成渝、通江达海的对外大通道与覆盖全域、城乡互通的市域交通网络体系同规划、同建设，构建川渝滇黔重要综合交通枢纽。统一管理城乡供水资源，实施城乡燃气一体化建设，完善市域电网，推进通信网络和城乡防灾抗灾体系全域覆盖，构建城乡一体的市政基础设施体系。创新城乡基本公共服务均等化机制，以东方物流、三辰实业、四川北部湾港投资等28家重点物流企业为基础，推进区域配送中心和配送网点建设，加强城乡市场对接，完善城乡市场体系；统筹城乡劳动就业，取消地域、户籍、行业等对农村劳动力进城就业限制，健全覆盖城乡的就业服务体系；合理配置城乡教育资源，在学校布局、合格学校建设、师资力量配置等方面向农村倾斜；推进基层医疗机构标准化建设，推进城乡医疗卫生机构对口支援，解决农村医疗设施缺乏和技术服务水平低的问题；统筹城乡文化建设，每个行政村建设文化活动室、农家书屋和体育设施；构建城乡一体的社会保障体系，探索社会保险制度跨地区、跨城乡衔接和转移机制，健全城镇职工、城镇居民基本医疗和新型农村合作医疗三项医保制度，推进基本医疗保障城乡统筹管理；完善以城乡低保、五保供养、自然灾害灾民救助为基础，以临时救助、社会互助、优惠政策为补充，以医疗、教育、住房、司法等专项救助为配套的城乡社会救助体系。

【健全农村社会治理机制】 2016年，推进农村基层党建制度创新，印发《深入推进基层服务型党组织建设的实施意见》，选育“政治功能强、服务功能强”的“双强”型农村基层党组织，制定21条后进村党组织筛查标准，分类转化327个后进村，推进党的组织和工作向产业集中地覆盖、向农民工集中地延伸，及时足额发放村干部工作补贴和养老保险补助，村党组织工作经费平均3.2万元/年，服务群众专项经费平均5万元/年。实施“好书记培育工程”，从致富带头人、外出务工经商人员、生产一线业务骨干中选拔优秀人才进入村（社区）“两委”班子。全面推行并规范完善基层党务公开、政务公开、村务公开和财务公开制度，扩大党员群众知情权、参与权、选择权和监督权。坚持把大学生村干部作为新农村建设骨干力量和党政干部队伍后备人才、各行各业优秀人才的重要来源，加强教育管理和能力培养，2012—2016年期间，全市选拔19名大学生村干部进入县级部门和乡镇领导班子，考录为乡镇公务员和基层事业单位人员

673人，上百人自主创业发展创业项目80余个。规范基层自治程序和民主选举程序，严把民主决策关，建立决策内容、决策形式、决策程序、决策结果公布、民主决策责任追究“五统一”决策机制，保障村（居）民自主权。以“2111+10”（2：“两委”职责清单，111：1个机制、1本台账、1个公约；10：10大制度）模式形成民主治理基本构架，推行“四议两公开”制度，累计建成县级社区服务指导中心7个、乡镇社区服务中心110个、村居社区服务站1277个、农村服务站997个。严把民主监督关，健全村（居）务监督制度，保障村、社区级事务在阳光下运作。构建网格化服务管理机制，把网格作为社会服务管理基本单元，通过规范化的管理模式创新、标准化的工作流程再造和电子信息化的手段运用，改善社会服务、回应群众期待、倒逼政府职能转变，形成“6411”网格化工作机制（6大基础信息库、4级联动平台、1套闭合流程、1个服务平台），全市农村网格1070个，实现市、县（区）、乡镇（街道）和村（社区）四级网格化信息系统全覆盖。

【推进荣县省级农村改革综合试验区建设】 2016年，从深化农村集体产权制度改革、加快构建新型农业经营体系、健全农业支持保护制度、健全城乡发展一体化体制机制、加强和创新农村社会治理、创新扶贫开发脱贫攻坚体制机制等6个方面改革创新，荣县双石镇金台村集体资产管理公司将经营性资产和资源股权量化到该村集体成员，开展农民财产性收入改革试点；推进荣县度佳镇农村水利管理体制改革试点；开通“川汇味网”“供销E站”等电子商务平台建设试点；出台《荣县农业生产设施信息目录》，解决农民融资法律授权不足、经营分散和监管难、农业经营风险高、评估无据等问题；创新开展信用保证保险贷款，实行财政、银行、保险公司按照20%、25%和55%的比例分摊风险。

（李宗跃）

种植业

【概况】 2016年，全市粮食播种面积21.67万公顷，创建绿色高产高效示范片34个，粮食单产增长1.2%，全年粮食总产134.6万吨、比2015年增长1.5%，创历史新高。截至2016年年底，建成6.67万公顷果菜茶产业基地，发展柑橘、蔬菜、茶叶标准化示范基地27个，创建农业部园艺作物标准化示范园2个。全年水果产量31万吨，比2015年增长5.5%；蔬菜产量204万吨，比2015年增长2.0%；茶叶产量1.1万吨，比2015年增长6.4%。

【全省转变植保服务方式暨稻水象甲防控现场会在自贡召开】 4月6日，省农业厅在自贡市召开全省转变植保服务方式暨稻水象甲防控现场会。省农业厅副厅长牟锦毅、农业部种植业管理司植保植检处副处长黄绍哲、副市长杨征宇等领导，全省21个市州和60个现代植保示范县、46个政府购买植保病虫防治公共服务示范县、45个稻水象甲发生县的植保植检站站长和30个植保专业合作社负责人共200余人参加会议。参会人员先后参观富顺县水稻秧田带药移栽现场、柑橘病虫绿色防控示范现场、雨燕植保专业合作社（转变植保服务方式现场）。会上，富顺县、三台县、泸县作大会交流发言，省植检站、植保站领导和专家分别就稻水象甲监测与阻截防控、植保新技术、现代植保示范县建设和政府购买植保病虫害防治公共服务等进行专题培训。

【全国再生稻现场观摩交流会在自贡召开】 9月26日，全国南方再生稻现场观摩交流会在自贡召开。全国农技推广中心粮食处、省农技推广总站负责人及福建、河南、湖北等10个省（市）的领导、专家共80余人参加观摩交流会。与会人员参观富顺县代寺镇李子村、古佛镇玉佛村、宝庆乡铁炉村3个再生稻核心示范片及童寺镇等10余个村的再生稻生产示范情况。市政府副秘书长宋国强、省农技推广总站副站长蒋凡分别在交流会上代表市政府、省农业厅致辞；富顺县就全县再生稻生产发展情况进行经验交流汇报；省农科院研究员徐富贤就《再生稻高产的物质基础、鉴定方法与栽培技术》、中国水稻研究所研究员方福平就《池塘种稻研究与示范》、云南大学讲师张石来就《多年生稻技术介绍》分别做专题学术讲座。

畜牧业

【概况】 2016年，推进“种养结合、畜牧优先、集中连片、特色精品”的现代畜牧业发展战略，加快全市生猪、肉奶牛、川南黑山羊、禽兔等四大优质畜禽产业基地建设，畜牧经济克服牛奶、肉羊、鸡蛋价格低迷的不利态势，保持稳步发展。全年肉、蛋、奶产量分别达30万吨、5.6万吨、1.7万吨，比2015年分别增长4.2%、3.7%、3.0%；畜牧业重大项目完成投资1.06亿元，占年度目标任务的106%；畜牧业产值比2015年增长10.4%，农民人均畜牧业可支配收入增加90元。

【实施100万头生猪产业化生态循环经济暨食品加工综合项目】 2016年，引进四川德康集团通过“公司+家庭农场”模式，推行“寄（代）养”产业化利益联结机制，即由公司提供种猪给农户进行自繁自养，按照“统一规划布局、统一培训指导、统一物料供应、统一防疫治疗、统一生产管理、统一回收商品猪”的六统一方式组织生产。整个生产过程中，农户只需缴纳一定的保证金，种猪、饲料、兽药等均采取记账方式，出栏合格商品猪农户即得到“寄（代）养”费。是年，出台项目家庭农场建设管理办法和推进工作措施，解决推进过程中的资金、电力和土地问题，全市发展养猪家庭农场202户。

【实施3500万羽肉鸡一体化项目】 2016年，引进江苏立华牧业股份有限公司到大安区开展3500万羽肉鸡一体化项目建设，通过采用“银—政—企—农户”四方合作及“公司+合作社+农户”发展模式，带动农户发展肉鸡养殖，该模式具有投资少、风险小、见效快、收益时间长的特点，适宜农户（特别是贫困户）一家一户发展养殖。是年，该项目饲料厂和交易平台选址大安区何市镇，第一种鸡场和孵化中心开工建设，在大安区发展肉鸡代养户160户、建成鸡棚231条、出栏肉鸡550万羽。

【生猪价格指数保险试点】 2016年，在实施传统生猪养殖政策性保险的基础上，探索建立生猪目标价格制度，完善农业政策性保险体系，开展生猪价格指数保险试点，实现生猪业自然、疫病和市场风险防控的全覆盖。11月出台《自贡市生猪价格指数试点工作意见》，年内初始保险价格指数为14.7元/公斤，全年市内承保生猪8.2万头，保费收入642万元。

【全省蜜源植物现场会在自贡召开】 4月19日至20日，由省蜂业学会主办、市农牧业局承办的全省蜜源植物现场会在自贡召开。省农业厅、省科协、各市（州）畜牧站和蜂产品加工企业共90余人参会。全体参会代表现场参观贡井区金子山果业专业合作社和自贡市牛佛养蜂专业合作社两个基地，并进行交流座谈。该会议为自贡市承办的首次省级蜜蜂会议。

【动物防疫】 2016年，全市重大动物疫病群体免疫密度达95%以上，免疫抗体合格率70%以上，动物防疫工作在全省21个市州中保持上游水平。在全省春防交叉检查中，全市免疫抗体平均合格率98.25%，排名全省第一；在全省秋防交叉检查中，全市免疫抗体平均合格率91.80%，排名全省第五。

【饲料兽药及畜禽定点屠宰】 2016年，推进兽用抗菌药专项整治，畜产品药残抽样检测250份，合格率100%；全市查处饲料兽药违法案件17起，罚没金额1.67万元，查处率100%；饲料及饲料添加剂总产量43.92万吨，饲料产品质量合格率100%。生猪定点屠宰检疫及肉品品质检验开展面达100%，定点屠宰场病死猪无害化处理率100%；继续开展全市生猪定点屠宰清理整顿，城区屠宰企业5家整合为2家，取缔整合乡镇小型屠宰企业30余家。

（曾荣耀）

林 业

【概况】 2016年年末，全市营造林6690公顷，年内新增森林面积4373.33公顷（含“四旁”树586.67公顷）；年内森林蓄积增加10.6万立方米，累计达566.9万立方米；年末森林覆盖率（含“四旁”树的覆盖率）34.67%，比2015年提高1个百分点。年末林地保有量11.34万公顷。

【林产业】 2016年年末，全市木质原料林2.23万公顷，竹基地3.05万公顷，以木本油料和特色干果为主体的特色经济林4.87万公顷。荣县被列为全国100个油茶示范林基地建设县，荣县油茶被国家工商总局核准注册为“国家地理标志证明商标”。年内完成林业固定资产投资9.98亿元，实现林业总产值46.5亿元，农民人均从林业中获收入1235元。

【民生工程】 2016年，管护国有林3920公顷，巩固退耕还林成果2.06万公顷，兑现集体公益林生态效益补偿面积2.03万公顷。完成巩固退耕还林成果后续产业种植项目5186.67公顷、养殖项目19.43万平方米。

【生态旅游】 2016年，重点发展以飞龙峡森林公园、荣县高石梯森林公园、富顺县青山岭森林公园等森林旅游为主体的生态观光休闲游。全年实现林业旅游与休闲服务产值10.99亿元，较2015年增长27.94%。

【集体林权制度改革】 2016年，在大安区探索建立“两证一社”（经济林木〈果〉权证、林地经营权流转证、村级农民互助担保合作社）、森林资源资产评估和森林资源资产收储等制度，颁发经济林木（果）权证4本，面积73.33公顷。公益林全部纳入保险范围，商品林在林农自愿的基础上应保尽保。保险公司为年初雪灾受损林农赔付1490万元。

【国有林场改革】 2016年，贯彻落实中央和省委、省政府关于国有林场改革的决策部署，编制完成《自贡市国有林场改革实施方案》，获省国有林场和林区改革领导小组批复同意，市委、市政府联合行文（自委发〔2016〕39号）印发市内两县组织实施。是年，荣县、富顺县国有林场均划定为公益一类事业单位。

【森林资源保护】 2016年，坚持“打防结合”，组织开展“林地行动”“森林火灾案件侦破查处专项行动”“打击破坏野生动物资源违法犯罪专项行动”“严厉打击非法占用林地等涉林违法犯罪专项行动”“天目-16禁种铲毒行动”，维护森林资源安全和林区稳定。实行林地用途管制，全市办理占用、征收林地67宗，面积223.78公顷，为川南城际铁路等重大工程项目服务。

【应急管理】 2016年，坚持和完善“党政同责”等森林防火责任制度，完成38个重点林区乡镇“六有”建设任务。是年，全市森林防火机构共接到野外火情报警125次，发生森林火灾8起，其中，一般森林火灾7起、较大森林火灾1起；火场过火总面积7.1公顷，受害森林总面积4.07公顷，森林火灾损失率0.039‰，控制在省下达指标内。全市未发生重特大森林火灾，没发生人员伤亡事故。开展松材线虫病防控工作，采取设置诱木、释放肿腿蜂、化学防治、伐除枯死松木等综合防治措施，在年内秋季普查中，富顺县8个疫点中的3个疫点未发现疫情，松材线虫病得到控制。年内全市林业有害生物成灾面积76.53公顷，成灾率0.32‰，控制在省下达成灾率3‰以下的指标内。

【林产品质量安全监测站建设】 2月，全市首家林产品质量安全监测站在荣县开工建设。该监测站建成后，主要对竹笋类、森林蔬菜类、干果类、木本粮油类等可食性林产品的农药残留、重金属含量、产地环境等指标进行检测。

（张　涛）

水产业

【概况】 2016年，全市鱼种投放量1.62万吨；水产品产量6.79万吨、比2015年增长4.8%，产值15.95亿元、比2015年增长4.3%；渔政执法案件办结率100%；渔业船舶登记、检验率95%。推进渔业船舶“三证合一”管理，规范安全监管，全年未发生渔业船舶安全责任事故。

【渔政管理】 2016年，严格执行禁渔期制度，打击非法捕捞行为，落实春季禁渔管理工作，全市共人工增殖放流234万尾，渔业资源得到保护，春季禁渔秩序稳定。规范水产种质资源保护区基础设施建设和日常运行管理，加大富顺县镇溪河南方鲇翘嘴鲌国家级水产种质资源保护区保护力度。

【水产品质量安全】 2016年，开展水产养殖业主食品安全和法纪宣传，落实水产投入品、生产环节和产地准出监管，实施水产品质量专项整治。全年监督检测水产品206个样、合格率100%，完成风险监测360个批次；新申报农业部健康养殖示范场4个，复核检查农业部健康养殖示范场1个。

农村经营管理

【农村土地承包经营权确权登记】　2016年，全面完成自2013年启动的全市农村土地承包经营权确权登记工作，6个区县相继通过省级专家组检查验收，确权登记成果均达优秀等级，全市平均得分93.5分，排名全省市州第二位，在广元市召开的全省深化农村改革助推精准扶贫现场推进会暨农村土地确权登记工作总结会上，自贡市被省政府表彰为全省农村土地承包经营权确权登记工作市级先进单位，沿滩区被省政府表彰为县级先进单位。截至2016年年底，除自流井区红旗乡、高峰乡、大安区凤凰乡及部分区县的村组属城市规划区或水库建设移民区暂缓确权外，全市96个乡镇，已完成确权登记93个，确权登记率96.9%；确权登记村1099个，占97.3%；确权登记组12907个，占95.1%；确权登记农户60.73万户，占应确权农户91.1%。确权调绘地块755.37万块，面积21.51万公顷。

【农村土地承包经营权流转】　2016年，贯彻落实中央、省市《关于进一步引导农村土地经营权有序流转发展农业适度规模经营的意见》，出台鼓励新型农业经营主体规模化流转土地经营权政策，促进全市农村土地经营权规范有序流转。截至2016年年底，全市农村流转土地面积4.05万公顷，流转率29.1%，比2015年年底增加1.28万公顷，流转率提高9.1%，其中2公顷以上规模流转1.20万公顷，占29.6%。签订土地规范化流转合同6.87万份，面积2.75万公顷，占土地流转总面积的67.9%。

【农民专业合作社及家庭农场建设】　2016年，市政府印发《关于培育和发展家庭农场的实施意见》（自府办发〔2016〕42号）和《自贡市促进经济增长和提质增效推进供给侧结构性改革政策措施》（自府发〔2016〕11号），对家庭农场、农民专业合作社等新型农业经营主体实行一系列补助政策和优惠措施，促进家庭农场及农民专业合作社发展。全年新增家庭农场747家、农民专业合作社136个，分别比2015年增长71.2%和10.4%；新增创建国家级示范社2个、省级示范社15个，省级示范家庭农场11家。截至2016年年底，全市家庭农场累计1796家，其中省级示范家庭农场17家；农民专业合作社累计1445个，其中国家级农民示范社累计15个、省级示范社47个。

【农村集体资产股份制改革】　2016年，扩大农村集体资产股份制改革试点范围，全市6个区县选择7个村组进行探索试点，探索出3种基本模式：农村集体资产规范化管理提升模式，荣县高山镇利用“三资”管理软件，建立起全镇所辖村组集体资产规范化、电子信息化管理系统，每个农户通过身份证可在终端触摸屏查询本村组的资产及分配使用情况；财政资金量化入股模式，荣县双石镇金台村采取“公司＋合作社”的运作模式，发展生猪产业，壮大村集体经济，对参加合作社的农户颁发股权证，实现村民变“股东”，提高农民的财产性收入水平；扶贫帮困长效模式，把产业扶贫资金量化到贫困户，组织贫困户抱团组建合作社，以“合作社＋贫困户”的组织形式发展种养殖业，变输血式扶贫为造血性帮扶，建立起扶贫帮困的产业脱贫长效模式。

【休闲农业】　截至2016年年底，全市建成各类采摘园、休闲园、休闲农庄、主题公园180余个，形成环城40公里休闲农业产业带，自流井区“尖山葡萄采摘”、贡井区“塔罗科血橙采摘”、大安区“雁溪谷”、沿滩区“梦幻田园”“西苑山院”“百胜生态体验”、荣县“荣国故事”“铁厂生态茶园”等一批休闲农业品牌知名度提升，建成自流井区荣边镇尖山村、贡井区建设镇固胜村、沿滩区仙市镇箭口村及百胜村等休闲农业园区4个，创建省级示范农业主题公园2个，自贡“中国玫瑰海”入选全国优选旅游项目名录。

农业行政管理

【农业综合执法】　2016年，全面实施电子联网出具“动物检疫合格证明”，产地检疫畜禽506.7万头（只），屠宰检疫畜禽372.61万头

（只），检出染疫猪295头、禽兔1885只，分别在运输环节、屠宰环节完成瘦肉精抽检4359条和5.76万条。全市出动执法人员1.03万人次，监督检查屠宰场1101个次、农贸市场及超市1103个次、养殖场4670个次、仓储场所366个次、加工场所132个次、诊疗机构151个次，共办理农牧业违法案件116件，没收生猪16头、种子158公斤、农药69.9公斤、饲料800公斤、饲料包装袋2162个，收缴地笼211条，放生各类鱼220余公斤，没收违法所得3030元，罚款21.39万元，挽回经济损失12万元。

【农产品质量安全监管】 2016年，开展禁限用农药、兽用抗菌药、“三鱼两药”“瘦肉精”、生鲜乳、农资打假、畜产品质量安全、生猪屠宰“扫雷”等专项整治行动，农产品质量省例行抽检总体合格率99.2%。推进省级农产品质量安全监管示范县创建，富顺县、沿滩区被认定为第四批四川省农产品质量安全监管示范县。

【农业行政审批】 2016年，继续实施送法进村、农民法治培训、农资生产经营人员和执法人员培训，开展农业法治宣传1350人次，发放宣传资料11.71万份，培训人员5690人次。推进行政审批制度改革，制作市县两级《行政权力清单》《行政权力责任清单》，出台《自贡市农牧业局行政许可标准》，行政审批（服务）事项减少到13项，减少50%，审批事项及时办结率100%、群众满意度100%，行政审批改革成果于4月15日在全省农业系统深化政风行风建设视频会议上交流。

农业科技

【科技机构】 2016年，全市有各类农业科技人员1611人，其中，编制内人员1596人、编制外人员15人。农业科技人员中有研究员20人、高级职称129人、中级职称529人、初级职称795人。

【农业科技推广】 2016年，“高粱+再生高粱”高产高效栽培技术研究与应用项目获市政府科技进步二等奖，贡豆24、渝豆9号通过四川省和重庆市新品种审定，全年引进农业良种45个、推广技术28项，示范推广农业优质高产生产技术17.33万公顷，建成“中稻+再生稻”“高粱+再生高粱”“玉米—大豆”带状复合种植、秋冬马铃薯四大优势特色粮油产业基地8.67万公顷。实施川南黑山羊高繁系和肥羔系选育，建立濒临灭绝的四川麻鸭保种核心群，为开发利用奠定基础。组织培训新型农民1264人、基层农技人员知识更新1035人。

名优特产

【“三品一标”认证】 2016年，认证或复查换证“三品一标”（无公害农产品、绿色农产品、有机农产品）62个，全市累计达200个。

【参加第十四届中国国际农产品交易会】 2016年，组织泰福大头菜、大农和等龙头企业10余户及龙须淡口大头菜、大农和粮油、贡富笋竹、长滩红心柚等系列产品30余个，参加在云南省昆明市举办的第十四届中国国际农产品交易会。交易会期间，组织参加采购商专场、四川农产品品牌推介会、贸易洽谈、展示展销、高端论坛等20场次品牌活动，接待农业部、省农业厅各级领导及客商、观众20万余人，自贡特优新农产品受到当地市民和组委会青睐和好评。泰福农副产品加工厂参展的龙须淡口大头菜获组织会金奖（全省共8件）。

农业机械

【农村机电提灌】 2016年，市财政安排农村机电提灌站维修改造补助资金200万元，修复改造机电提灌设备3764台/3.48万千瓦，其中修复提灌站1012处/1031台/3.58万千瓦、改造提灌站183处/191台/6671.8千瓦，新增提水设备1159台/6592千瓦（新增提灌站47处/47台/1981千瓦）。全年新增控灌面积1.34万公顷，组织提水6010.4万立方米，灌溉8.03万公顷次。

【农机化发展】 2016年，全市组织购机4079台（套），兑付中央补贴资金304.48万元，受益农户3983户，兑付地方累加补贴资金13.40万元。全市农机装备总动力128.18万千瓦，比2015年增长 7.1%，全市耕种收综合机械化水平达 46.0%。机耕作业面积 19.99 万公顷次，机播作业面积 9520 公顷次，机收作业面积 5.43 万公顷次。开展水稻全程机械化示范 156.67 公顷、玉米农机化生产示范 6.67 公顷、马铃薯全程机械化示范 30 公顷、油菜全程机械化示范 40 公顷。荣县佳诚农机服务专业合作社 2016 年度被评为省级示范社。

农村新能源

【概况】 截至 2016 年年底，全市拥有沼气用户 20.1 万户，沼气工程 53 处，农村沼气村级服务网点 240 个。

【全国首批特大型生物天然气试点工程】 2016 年，推进 2 处特大型生物天然气工程建设，项目建成后主要用于发展当地循环生态农业、规模化畜禽养殖、生物能源开发利用和改善农村人居环境等。

（曾荣耀）

商　贸

服务业管理

【概况】　2016年，全市服务业增加值388.06亿元，比2015年增长8.3%，低于全省平均增速0.8个百分点，总量排名全省市州第10，增速排名全省市州第14。高出全市GDP增速0.6个百分点，高出工业增加值增速0.2个百分点，服务业占全市生产总值（GDP）比重为31.4%，比2015年增加0.7个百分点。服务业增加值对全市经济增长的贡献率33.2%，拉动经济增长2.6个百分点。全市服务业完成税收41.18亿元，增长3.42%，增速比2015年提升2.2个百分点；服务业税收占比57.16%，比2015年提升0.16个百分点。全市社会消费品零售总额555.81亿元，比2015年增长10.8%，增速列全省市州第16位，其中，城镇市场实现零售额429.02亿元，比2015年增长10.7%；乡村市场实现零售额126.79亿元，比2015年增长11.0%。全年服务业投资472.27亿元，增长11.2%，服务业固定资产投资占全市固定资产投资66.53%，服务业重大项目投资127.19亿元，占全市重大项目投资的33.24%。

【规划编制】　2016年，开展《自贡市城市商业网点规划（2016—2030）》调修，优化全市商业业态。启动《自贡市农产品市场体系建设研究报告》课题，打造现代农产品市场体系。印发《关于中心城区便民店建设实施方案》，推进社区便民店示范试点建设。完成《自贡市服务业集聚区规划》《自贡市电子商务调查与规划》《“十三五”物流业发展规划》及《构建同城配送信息化平台和体系课题研究》等编制工作。

【物流规划】　2016年编制的《自贡市现代物流“十三五”发展规划（2016—2020）》明确，到2020年形成“一港两园三通道四中心五节点”（一港：西南自贡无水港；两园：大山铺物流园、舒坪物流园；三通道：川贵广—南亚物流通道、川南自贡—北部湾—东南亚国际大通道、川南自贡—昆明—缅老泰物流大通道；四中心：保税物流中心、川南电商快递物流中心、川南城市共配物流中心、通用航空物流中心；五节点：贡井、沿滩、富顺、荣县、高新）的空间布局。

【行业改革】　2016年，以省级服务业综合改革试点为依托，在川南首设4000万元“财银联动”创新资金，破解企业融资难问题。全年组织开展电商培训23场次，参训约4500人次，主办系列赛事，推广普及“互联网+”理念。成立市物流与口岸办，建立自贡物流电商研究院，组建市物流协会和市特色产品营销协会。制作完成自贡市服务业综合改革宣传片，配合央视《味·道》栏目和深圳卫视《宅人·食堂》栏目摄制盐帮美食专题片。

【商贸活动】　2016年，开展第二届川南名优特新产品交易会、第七届盐都美食文化节、第七届川南“现代生活·时尚汽车展”等为主的“惠民购物全川行”活动32场次，覆盖企业2500余家，成交额超11亿元。组织自贡名优特新企业开展“川货全国行”活动7场次，签订购销合同金额1.25亿元，火边子牛肉、冷吃兔、牛佛烘肘、豆花蘸水等自贡特色产品受到参展地市民的喜欢。以“万企出国门”为载体，组织企业拓展国际市场，全市100余户企业参与国际国内知名展会活动73场次，签订合同及意向性合同3.36亿美元。

商贸网点

【专业市场】　2016年，推动全市专业市场体系建设，川南建材市场（二期）项目、川南国际农贸城项目启动建设，川南家居城二期（义乌小商品市场）、川南汽贸产业园、美吉特·荣县家居建材科技博览城项目顺利推进。

【特色商业街区】　2016年，完成自流井东方广场、贡井平桥熙街、高新区华商国际城商业街区3条市级特色商业街区打造及评定。

【物流园区】　2016年，全市社会物流总额2328亿元，比2011年增加827亿元；物流业增加值66亿元，比2011年增加32亿元。全市有物流经营市场主体1000余家，规模以上物流企业20余家，物流从业人员1.5万人。是年，全市货运运输总量5243万吨，比2015年增长7.2%。全市快递企业快递业务量完成1267.65万件，比2015年增长162%；完成快件投递量2793.2万件，比2015年增长92.6%；申通、圆通、顺丰、百世汇通、京东在自贡成立川南转运中心，在东方物流、三辰实业、四川北部湾港投资、晟铁物流、悍马物流、南方凯路等28家重点物流企业中，有国家A级物流企业3户、省重点联系企业4户。

【服务业企业】　截至2016年年底，全市有规模以上服务业企业174户。其中，自流井区26户、贡井区11户、大安区21户、沿滩区8户、荣县21户、富顺县26户、高新区61户。

批发零售贸易业

【企业数量】　2016年年末，全市限额以上商贸单位384户，比2015年净增6户。

【行业规模】　2016年，全市批发业实现社会消费品零售额49.11亿元，比2015年增长9.5%；零售业实现零售额429.69亿元，比2015年增长10.9%。全市批发和零售业实现增加值75.96亿元，比2015年增长5.2%。

【第二届川南名优特新商品交易会】　1月26日至31日，第二届川南名优特新商品交易会在华商国际城举办。交易会是第22届自贡国际恐龙灯会经贸交易会重要经贸活动之一，参展产品包括自贡荣经县名优特新各类商品，涵盖工业产品、调味饮品、林业产品、果蔬产品、酒类产品、禽蛋产品、加工产品、鲜活产品及旅游产品等1000余类，参展企业132家，有50万余人次参观选购，实现销售总额7300万余元。

餐饮业和住宿业

【概况】　2016年，全市餐饮业实现零售额70.44亿元，比2015年增长12.0%；住宿业实现零售额2.54亿元，比2015年增长9.9%。全市餐饮和住宿业实现增加值36.62亿元，比2015年增长6.6%。

【拍摄盐帮菜专题片】　2016年，开展盐帮菜发展情况专题调研。邀请中央电视台科教频道（CCTV-10）《味·道》栏目摄制组一行到自贡，对盐帮美食进行半个月的专题拍摄，节目在国庆期间播出。

电子商务

【概况】　2016年年末，全市电商应用企业约3000户，各平台网店数9000余家，全年网购人数约70万人。电商从业人数2000余人。全市电子商务交易额破500亿元；

【电商企业发展】　2016年，继续实施《自贡市促进电商发展的八条措施》，全市新增电商企业约100家，全市网络买卖比由4∶1变为2∶1。引进阿里巴巴LBS（自贡）中心，全市新增32家跨境电商工业企业，总数达78家。

（市商务局）

【农村电子商务】　2016年，培育荣县恒鑫供销电子商务有限公司、四川汇民创意农业投资有限公司、自贡桃花源农产品种植专业合作社等3家电子商务市场主体。是年底，全市电子商务市场主体在乡镇、村建立电子商务服务站点 32 个，并利用第三方平台发展 40 余家专业合作社和企业开展网上销售业务，全年销售额 1850 万余元。

（王应琛）

【“全企入网”首期培训暨年度电子商务高峰论坛】 2 月 27 日至 28 日，由市商务局、市工商联主办，中国电商协会网络营销推广中心、自贡市电商协会等协办，汇丰石业、单仁资讯等承办的自贡市“全企入网”首期培训暨年度电子商务高峰论坛在城市名人酒店顺利举行。来自市内的 210 余家企事业单位 330 余名负责人参加活动。该次活动围绕帮助传统企业解答在战略转型中曾普遍存在的问题和困惑，指导传统企业如何借助互联网转型，利用网络平台和电子商务开拓市场，进一步提高企业知名度和市场占有率。峰会特邀深圳、东莞、武汉、成都等地的成功企业家及互联网营销专家现身说法，深入探讨在互联网时代如何率领企业做大做强，实现企业二次飞跃等问题。其中深圳广视通陈飞、广东百华花边赖世军、自贡汇丰石业阳忠锋、单仁资讯周旻等做专题演讲。

个体经营

【概况】 2016 年，全市新发展个体工商户 1.09 万户，比 2015 年增长 18.31%。年末个体工商户 7.76 万户，比 2015 年年末增长 2.5%。全市新发展私营企业 3589 户，比 2015 年增长 25.49%；年末有私营企业 1.99 万户，比 2015 年年末增长 1.63%。全市新发展农村专业合作社 179 户，比 2015 年增长 9.15%；年末有农村专业合作社 1414 户，比 2015 年末增长 9.1%。

【非公党（团）建工作】 12 月 28 日，市委组织部、省工商局及市政府联合为全市 30 户非公经济组织新建党组织进行集中授牌。全年组建“小个专”党组织 192 个、团组织 134 个，建立“小个专”非公经济组织党（团）示范组织 15 个。

【助推小微企业发展】 2016 年，推动“个转企”工作，80 户个体户升级为企业。1 户个体工商户被表彰为全国先进个体工商户。命名 7 户民营企业为首批自贡市“诚信守法示范企业”，推荐 5 户企业为四川省 2016 年度“诚信守法示范企业”的创建企业。

（市工商局）

供销合作

【概况】 2016 年，全市供销系统经营服务总额 76.8 亿元，完成全年任务的 100.52%；实现销售 41 亿元，完成全年任务的 100.49%；消费品零售总额 21.2 亿元，完成全年任务的 101.15%；农资供应总额 4.3 亿元，与 2015 年持平；农副产品收购 19.4 亿元，完成全年任务的 100.51%。

【土地托管】 2016 年，全市供销系统采取资金入股或资产入股方式，在荣县、大安区、贡井区先行试点，组建土地托管市场主体 3 个。通过在农资供应和机耕、机播、机防、机收、储藏、销售等经营环节采取全托管或半托管方式，全市实现土地托管面积 3466.67 公顷。

【项目建设】 2016 年，牢固树立全民招商理念，大招商、招大商。全年包装重大项目 2 个，完成全年任务 100%；提供项目线索 10 条，完成全年任务 125%；到位资金 1 亿元，完成全年任务 500%。引进中国供销集团下属企业中农联控股有限公司携手打造中国供销·川南农产品电商批发物流园，项目占地 32.67 公顷，总投资 28 亿元。该项目建成后，预计实现年交易额 60 亿元，带动实现年综合利税 1 亿元，创造就业岗位近万个。截至是年底，该项目完成投资 1.4 亿元，完成年度目标任务的 127.3%。

【探索建立农村资金互助社】 2016 年，组建大安区三绿农村资金互助合作社和沿滩区立丰农村资金互助合作社，入社社员 321 户，入社社员股金 1200 万元，全年提供贷款 110 笔 2520.9 万元，2 家合作社未发生不良贷款。

【精准扶贫】 2016 年，依托供销社组织和服务优势，率先在大安区探索建立起“供销社 + 合作社 + 村两委 + 贫困户”的脱贫攻坚新模式，提高农业组织化程度。截至是年底，全市 113 个贫困村建立 90 个农民专业合作社，开展可持续产业扶贫。

【社有企业改革】 2016年，以社有资产保值增值、增强企业发展活力为核心，重点实施四川戎春酒业有限公司股份制改造；坚持走开放办社路子，发展社有企业6户；推进同全国供销总社社有企业合作，同中农联控股有限公司携手打造中国供销·川南国际农贸城。

（王应琛）

粮　油

【粮油购销】 2016年，全市入统企业累计收购粮食31.22万吨，完成省下达目标任务的164.32%，较2015年增长27.89%；销售粮食42.01万吨，完成省下达目标任务的116.69%，较2015年增长6.41%；全年从市（省）外采购粮油39.9万吨，较2015年增长20.84%。

【项目建设】 2016年，开工建设两个粮油仓储设施建设项目，完成入统投资5060万元；投资324.13万元完成粮油质量检验机构项目的检验室改造和质量追溯体系建设；自贡北部湾油脂工业有限公司建成筒仓7.5万吨，建成30个容量4.84万吨油罐。

【落实惠农政策】 2016年，投资245万元，建成农户科学储粮小粮仓6080个，为农户减损粮食304吨以上，减少农户储粮损失83.9万元。启动2016年中籼稻最低收购价执行预案，全市4个委托收储库点按最低收购价收购稻谷1.34万吨，助农增收500万元以上。

【储备粮油管理】 2016年，自贡市获新增省级储备稻谷计划5000吨。组织开展地方储备粮油轮换，全年完成3.05万吨地方储备粮、1639.4吨地方储备油轮换任务。

【放心粮油工程】 2016年，全市各放心粮油工程实施单位建成2个标准化配送中心、15个放心粮油示范店、12个乡村粮油超市和连锁店及3330余公顷优质订单基地。组织6户企业30个粮油产品参加首届西部金穗粮油产品科技创新与产销衔接会，签订产销协议金额45万元。

【粮食流通市场监管】 2016年，先后组织开展夏秋粮食收购、最低最高库存政策落实、政策性粮食销售出库等监督检查196次，出动执法人员725人次，检查企业和经营户848个次，行政处罚24件，其中责令改正15件、警告9件。出动执法人员56人次，对全市4个最低收购价稻谷委托收储库点开展专项检查，实现最低收购价收购稻谷1.34万吨。协助省交叉检查组完成全市19个库点共202个仓间及中储粮库点的普查工作。全年开展质量监测样品510个，其中库存粮油质量检验监测样品116个，大小春收获粮油质量调查检测样品304个。

【粮食科技应用】 至2016年年末，全市准低温储粮能力达2.85万吨，应用粮情测控技术实现仓容18.47万吨，环流熏蒸储粮仓容14.88万吨，机械通风储粮仓容20.47万吨。全年检查粮油25万吨，"一符四无粮油"达100%，以机械通风、粮情测控、环流熏蒸和准低温为主的科学储粮比例达98.8%。

【粮油价格】 2016年，全市年平均实际中等收购价格：小麦2.46元/公斤，中籼稻2.70元/公斤，玉米1.91元/公斤，油菜籽4.44元/公斤。全年平均实际中等销售价格：小麦2.45元/公斤，中籼稻2.62元/公斤，玉米2.02元/公斤。全年平均实际零售价格：特一小麦粉4.73元/公斤，特等中籼米4.36元/公斤，四级菜籽油15.83元/公斤。

（彭吉泽）

烟草专卖

【卷烟营销】 2016年，推动四川卷烟品牌培育和网络建设服务升级工作。全年销售卷烟7.58万箱（5万支/箱），完成年度总销目标；全年实现销售收入20.15亿元；实现税利6.2亿元，比2015年增长6.51%。

【专卖管理】 2016年，开展"边界非烟整治""铁拳2016""天府金叶""校园周边"等专项行动，全年查处涉烟违法案件1638起，查获违法卷烟1042.8万支，案值697.2万元。依托"四家"联合打假协作机制，集中打击涉烟违法犯罪，结案2起百万元以上网络案件，刑拘24人，逮捕

13人，判刑13人；侦办未结涉刑案件11起，其中“12·24”生产、销售假冒伪劣产品案被列为公安部督办案件。

【公益事业】 2016年，投入扶贫捐赠资金99.05万元，其中幸福美丽新村建设64.9万元，常规捐赠34.15万元。推进精准扶贫，为4个贫困村修建道路、新建路灯、扶持产业。

（市烟草专卖局）

对外贸易与经济合作

进出口贸易

【概况】 2016年，全市完成进出口3.93亿美元，排名全省市州第8位，比2015年下降19.75%，完成省政府下达全年目标任务的74.22%。其中，出口2.25亿美元，排名全省市州第9位，比2015年下降15.53%；进口1.68亿美元，排名全省市州第6位，比2015年下降24.76%。全年新增外贸备案企业数72户，有外贸进出口实绩的企业104户，较2015年增加4户。

【外贸活动】 2016年，在第四届“京交会”上，成功举办“川灯耀丝路”主题推介会，市政府与省商务厅签订《关于加快自贡彩灯对外文化贸易创新发展的框架协议》，由部、省、市联合向全球推介自贡彩灯，计划于“十三五”期间在全球100座城市举办100场次灯展，带动100户企业“走出去”，实现对外文化贸易1亿美元。争取到省商务厅推荐市内彩灯企业参加外交部与省政府组织的“开放的中国：看四川·看世界”全球推介活动，获外交部及各国驻华外交官赞誉。全年新增彩灯文化贸易出口备案企业23户，备案企业累计91户，比2015年增长33.82%；新增有出口实绩的企业10户，有出口实绩企业达32户，比2015年增长14.28%；实现对外文化贸易出口2177万美元，比2015年增长29.7%。11户彩灯企业在美国、英国等10个国家30个城市办展35场次，比2015年增长52.17%。自贡出口彩灯文化产品质量安全示范区创建为省级出口工业产品质量安全示范区。全年组织73户次企业参加“广交会”“加拿大GPS全球石油展”“汉诺威工业博览会”等境内外展会和境外市场考察活动，签订合同及意向性合同3.36亿美元。

外商投资与对外经济技术合作

【概况】 2016年，全市实际到位外资1030万美元。新签境外工程承包合同额4.37亿美元，完成营业额1500万美元；新增境外投资企业4户，总投资额约380万美元。

【合作项目】 2016年，华西能源工业股份有限公司与土耳其、老挝、蒙古等“一带一路”沿线国家签署总计62.16亿美元的项目合约或合作协议。四川川润动力设备有限公司的“印度日产10000吨水泥余热发电锅炉项目”执行完毕，带动出口1500万美元。华西能源工业股份有限公司、东方锅炉（集团）有限公司等4户企业被列为“‘一带一路’251三年行动计划2016年度优势企业”。“华西能源工业股份有限公司带动进出口的燃煤发电项目”等2个项目被列为“‘一带一路’251三年行动计划2016年度重点项目”。

（市商务局）

招商引资

【概况】 2016年，全市到位市外项目资金696.55亿元，比2015年增长36%，其中，到位省外项目资金 321.05 亿元，比 2015 年增长 8.6%；到位市外项目资金形成固定资产 334.89 亿元，比 2015 年增长 10.8%。全市新签约招商引资重大项目 117 个，比 2015 年增长 154.15%；总投资额 660.61 亿元，比 2015 年增长 154.15%。

【机制建设】 2016 年，市委市政府成立对外开放领导小组，健全领导体系和工作体系。高规格召开全市对外开放工作会议，进行全面动员、总体部署。在综合目标绩效考核中大幅度提高招商引资分值和权重，配套制定相应的考核奖励办法。市本级投资促进部门增加 1 个领导职数、6 名行政编制和 8 名事业编制，增设 3 个科室、1 个下属事业单位（投资服务中心）。各区县恢复单设招商机构，编制、人员、经费先后全部到位，新增招商工作人员 126 人。在全市范围内选派干部 17 人，派驻上海、重庆、深圳、杭州 4 地，面向重点区域、重点产业开展驻点招商。

【项目推进】 2016 年，全市围绕高端成长型产业发展，引进航空与燃机、电子信息、文化旅游等产业。电子信息产业“从无到有”，落户 80 亿元的“COF 载带 + 驱动 IC”（覆晶薄膜）项目，为打造川南最大的智能终端生产基地奠定基础。航空产业落户有意大利斯凯特直升机生产基地、民航飞行培训学院项目，捷克 SL600 型两座轻型飞机实现首飞。落户方特恐龙王国公园等旅游项目，盐卤浴等旅游项目开门迎客；“自贡灯会”内引外拓，引进哈尔滨冰灯，在国内外城市举办各类展出 200 余场。传统优势产业落户有总投资 30 亿元的石墨烯产业项目、31 亿元的天非尼迪低速电动汽车项目等。

【招商活动】 2016 年，强化“一把手”招商，全年市级领导带队开展投资促进活动 20 余次。其中，市委书记李刚，市委副书记、市长刘永湘分别外出带队招商 9 次、7 次。区县、园区、部门主要领导带队招商 300 余次。参与“西博会”“科博会”等大型节会活动，到北京、广州、深圳、上海、重庆等地举办小型招商对接会 10 余场。全年在省级活动平台签约项目 90 个，总投资 690 亿元，其中，在第十六届西博会上，集中签约项目 25 个，总投资 366 亿元，签约金额创历史新高。

【基础工作】 2016 年，市委、市政府制定《加强招商引资提升开放水平的意见》，出台支持高新区和区县加快发展两个“20 条意见”和《重大招商引资引智项目 25 条扶持政策》等，构建新的招商引资政策框架体系。对项目实行分类管理，按一、二、三产业和基础设施项目分类编制《自贡市招商引资重点推出项目册》，收录项目 180 多个，总投资 1500 亿元。重新编制《自贡籍在外优秀人士名册》，收录商界、政界、学术界优秀人才 339 人。

【第六届“携手灯城·龙聚盐都”招商推介会】 1 月 22 日，由市政府和省投资促进局、四川博览事务局主办的第六届“携手灯城·龙聚盐都”招商推介会在英祥锦江国际大酒店举行。推介会共推出工业、农业、现代服务业、基础设施、交通及社会事业等领域项目 139 个，总投资额约 1000 亿元。会上，南航通用航空有限公司副总飞行师黄伟军、中关村通用航空产业联盟秘书长董永胜、北京航空航天大学通用航空产业研究中心主任高远洋等专家作专题演讲。意中项目发展协会、中国节能环保集团、中航工业成都飞机工业（集团）有限责任公司、中航工业沈阳飞机工业（集团）有限责任公司、意大利埃尔速德轻型直升机研发生产公司、中车长春轨道客车股份有限公司、联控科技集团有限公司、三菱重工、日立电梯等 260 余名企业代表参会。市委书记雷洪金，市委副书记、市长刘永湘等出席推介会。

（孙力宾）

海　关

【通关改革】 2016 年，根据风险参数审定四川汇维仕公司对苯二甲酸进口价格 6 票，补税 64.5 万元。依托外贸企业座谈会、税政调研等平台，根据企业实际进出口需求推广海关通关模式改革。5 月起，简化报关单随附单证，企业免于提交非必要单证。6 月起，东方锅炉股份有限公司适用集中汇总征税模式，通过先放行后征税缓解企业资金压力，提升通关效率。9 月，成都海关自贡办事处同四川汇维仕、内江巨腾等企业签订《“信任通关”合作备忘录》，启动“信任通关”改革。

【服务综合保税区申报工作】 2016年，成都海关自贡办事处每月派员参加市级综合保税区申报工作联系会议，立足海关职能提出合理化建议；开展综合保税区政策收集整理工作，向地方政府报送5期综合保税区政策解读简报；注重在企业调研过程中宣传自贡市拟申请综合保税区信息，搜集储备项目资源。

【税政调研】 2016年，发放收集《成都海关驻自贡办事处2016年进出口调研表》，了解企业全年生产经营和外贸进出口情况，科学制定年度税收预测数，选定30家调研企业形成《2016年自贡办税政调研企业名单》。召集辖区内12家重点企业开展年度外贸进出口企业座谈会，开展税政调研50余次，宣讲“全域通”、海关通关一体化、无纸化通关等通关模式的优势及便利，征集企业口岸查验、货物运输、归类等各类通关疑难问题，摸清企业生产经营情况和外贸进出口流程，为帮助企业享受改革“红利”打基础。

【提升报关率】 2016年，制订调研计划，统计分析上半年进出口值超1000万元的17家企业形成调研清单，采取“一对一”调研、多家企业集中座谈、贸易公司电话联系等形式，收集企业报关情况，宣讲成都海关支持四川外贸回稳向好的20条措施、通关一体化、“信任通关”等海关优惠政策，提升企业属地报关率。

【落实优惠政策】 2016年，审批减免税66份，审批货值1553万美元，减免税款2042万元。四川理工学院等享受科教减免优惠政策，东方锅炉股份有限公司等享受重大技术装备优惠政策。根据估价系统类似货物价格资料，确定四川汇维仕公司23票乙二醇实际结算价格，审定3票价格，退税156万元；办理加工贸易手册11份，备案总值2.96亿美元。

（曾晓旭）

旅　游

概　述

2016年，全市紧扣“推动振兴发展、决胜全面小康，为建设城乡一体繁荣幸福新自贡而努力奋斗”主题，加快建设独具特色的国际文化旅游目的地，促进旅游经济持续健康发展。全市旅游总收入283.69亿元，比2015年增长14.17%；接待游客3153.97万人次，比2015年增长17.01%；旅游固定资产投资完成9.81亿元，比2015年增长63.5%。

旅游景点

【概况】 自贡是中国历史文化名城、中国优秀旅游城市、世界地质公园，有亿万年恐龙奇观、两千年井盐文化、八百年彩灯风采3种特色旅游资源。主要景区景点有自贡恐龙博物馆、荣县大佛、盐业历史博物馆、中国彩灯博物馆、燊海古井、自贡灯会等。截至2016年年末，全市拥有AAAA级景区2个（恐龙博物馆、荣县大佛），AAA级景区2个（彩灯博物馆、盐业历史博物馆），AA级景区5个（双溪湖风景区、七星湖休闲度假区、飞龙峡风景区、吴玉章故居、艾叶古镇）。

【井盐文化】 自贡是世界井盐之都，有近2000年的井盐生产史，井盐文化源远流长，井盐文化旅游资源丰富，遍布自贡市的古盐井、古镇古街、行帮会馆建筑等盐史文物代表着中国辉煌的古代文明。

【恐龙化石】 自贡是亚洲恐龙王国，自贡地区已发现170余处恐龙化石点，其中“大山铺恐龙化石点”是世界上最集中、最完整的恐龙化石遗址，自贡恐龙博物馆是世界三大田野恐龙博物馆之一，也是中国旅游胜地40佳之一。

【自贡灯会】 自贡是中国彩灯之城。自贡灯会有800多年的历史，是国家旅游局向海外推出的中国最具影响的大型民俗节庆活动之一，被誉为“天下第一灯”。

【红色旅游】 自贡是红色旅游之地，江姐故居、渣滓洞影视拍摄基地、卢德铭故居、邓萍故居、吴玉章故居、荣县军政府旧址等形成一条红色旅游环线。

【乡村旅游】 主要旅游景点有釜溪河复合绿道、仙市镇百胜村慢餐文化园、富顺豆花文化产业园等。

旅游项目与基础设施建设

【项目建设】 2016年，自贡方特恐龙王国项目成功签约；卧龙湖国际盐泉生态城盐卤浴项目一期“燊海森林·海汤神泉”开业投入运营；大安区雁溪谷生态农业观光园项目建成开放；自贡中国玫瑰海项目一期66.67公顷土建工程基本完成；沿滩区刘山乡的彩灯文化创意园制定初步规划方案；富顺豆花文化村完成部分主体建筑和沿河苗圃打造，进入沿河步行道路铺设；荣县双石镇金台村国家级乡村旅游示范区项目基本建成，乡村酒店主体工程、酒店接待中心主体工程、生态停车场等主要项目完工，启动教堂主体装修及花园绿化工程建设。

【旅游基础设施建设】 2016年，引导社会资金投入1.5亿元，重点对自流井区仲权镇食全食美特色农庄、尖山飞龙峡景区、自驾游营地服务体验及附属设施等乡村旅游基础设施建设项目进行升级完善。投入补助资金118万元，在全市景区及乡村旅游沿线新建和改建旅游厕所20座。争取省级旅游发展专项资金30万元，提升恐龙博物馆、荣县大佛景区信息化平台建设水平。

【“海汤神泉”项目开业】 10月1日，“海汤神泉”旅游项目开业投入运营。该项目位于高新区卧龙湖国际旅游度假区，占地面积9万平方米，总投资70亿元，分两期建设。其中，项目一期建成面积3万平方米，日接待能力5000人，分室内休闲娱乐泡池与室外风情景观康疗泡池两部分。

【自流井区飞龙峡景区整体开发项目签约】 8月5日，自流井区飞龙峡景区整体开发项目在第二届中国（四川）国际旅游投资大会上正式签约。该项目由自流井区巨木投资公司、中城建第十九工程局集团公司、四川自贡汇东发展股份有限公司、四川大西洋集团有限公司投资开发，总投资约60亿元，景区规划面积52平方公里，由12个旅游项目组成。项目分三期开发建设：第一期开发尖山片区，主要有中华龙乐园、湿地花语、巴蜀小镇项目；第二期开发仲权片区和农团片区，主要有蜀麓田园、汽车营地、龙马农庄、生态康养示范基地项目；第三期开发飞龙峡片区，主要有神秘谷、云中部落、禅修道谷、龙峡论坛项目。

【自贡方特恐龙王国项目签约】 11月7日，自贡市与深圳华强方特集团在成都签订“自贡方特恐龙王国”重大文化旅游项目合作协议。该项目选址大安区东北部新城，占地约66.67公顷，总投资约31亿元，拟以恐龙文化为主题，借助现代科技展示手段，尤其是虚拟现实（VR）和增强虚拟现实（AR）技术，演绎和重现侏罗纪时代恐龙奇观，打造集参与性、互动性、体验性于一体的国际化大型恐龙主题公园。市委书记李刚，市委副书记、市长刘永湘等出席签约仪式。

旅游扶贫与旅游活动

【旅游扶贫工作】 2016年，建立旅游扶贫工作机制，实施旅游扶贫示范建设工程、乡村旅游基础设施建设工程、乡村旅游宣传营销提升工程，以旅游专项扶贫助推全市扶贫攻坚工作。启动荣县雷音乡旅游+产业规划编制，落实帮扶资金7.5万元，帮扶雷音乡40户贫困户脱贫。

【旅游活动概况】 2016年，举办“幸福自贡、市民家乡游”为主题的乡村旅游活动和民俗风情活动，依托仙市古镇民俗风情节举办2016年度全市乡村旅游节。沿滩区形成“信步沿滩·美过周末”系列乡村旅游活动品牌，富顺县开展“美丽富顺——寻找醉美乡村”为主题的十大乡村旅游节庆活动，大安区举办雁溪谷首届康乃馨生态旅游节，自流井区举办飞龙峡桃花生态旅游节，荣县举办大佛文化旅游节，贡井区举办七星湖乡村旅游节和首届白庙香橙采摘月活动，丰富自贡市川南近郊游产品。

【永安镇首届郁金香乡村旅游节】 3月2日，沿滩区永安镇首届郁金香乡村旅游节在该镇云龙村开幕。该旅游节核心景区有郁金香100万株、名贵花草200万株及其他若干配套景观景点，并融入自贡盐文化、龙文化等元素。旅游节期间举行观音湖景区形象代言人选拔大赛、手机摄影比赛及本地民俗传统文化狮灯、牛儿灯、柳棍表演，草编工艺品、竹编工艺品、特色农产品展销等。

【第十二届乡村旅游节暨仙市古镇第十七届民俗风情节】 4月29日，全市第十二届乡村旅游节暨仙市古镇第十七届民俗风情节在沿滩区仙市镇启动。该活动是“5·19中国旅游日”纪念活动的组成部分，活动至5月10日结束。内容包括独轮车运盐比赛、版画体验及作品展示展销、民俗体验、集体订婚仪式、金桥寺庙会、自贡本地歌手原创展演、花轿巡游、木偶童真、草莓采摘、休闲垂钓等13种。旅游节在古镇游、乡村游的基础上，首次引入“蝴蝶展”、“牧童短笛”草编、本地歌手原创展演等活动。旅游节期间共吸引市内外游客5.3万人次，实现旅游综合收入近1400万元。

【荣县大佛文化旅游节】 5月13日至5月19日，2016荣县大佛文化旅游节在荣县大佛寺举行。此次活动成功开创“四个首次”：一是举行佛文化论坛，海峡两岸佛文化专家围绕荣县大佛文化深度研讨，首次从佛文化理论体系上奠定荣县大佛的佛祖地位；二是以佛为媒，文化搭台，经贸唱戏，首次成功签署大佛景区票务合作等5个文化经贸意向协议，合作资金达7.9亿元；三是创新办节方式，以“大佛文化旅游节+乡村旅游体验”的模式，首次成功推出7条精品乡村旅游线路和五大特色旅游产品；四是充分利用电视、网络、微信、微博平台，首次尝试全媒体旅游营销推介模式，“荣县微报”点击率突破200万人次。大佛文化旅游节共吸引游客近10万人次，实现旅游综合收入1000多万元，创五年来的历史新高。

【中国灯城梦幻田园草雕节】 9月24日，“中国灯城梦幻田园草雕节”在沿滩区刘山乡开幕。该草雕节以“田园美景，草雕神韵”为主题，总投资800万余元，布展面积约30公顷，设置“迎宾区”“童真区”“农耕区”“浪漫区”四大主题区域，有45组368件草雕作品。草雕节历时50天，至11月13日闭幕。

【参加中国金牌旅游小吃评选活动】 2月24日，檀木林城市名人酒店“板栗饼”在“2015年中国金牌旅游小吃评选活动”四川赛区获“四川金牌旅游小吃”称号。

行业管理

【旅游市场管理】 2016年，组织开展规范旅行社及分支机构备案专项行动、打击虚假旅游广告、规范使用国家旅游局推荐旅游合同及旅游团队电子行程单使用情况等检查。联合公安、消防、质监、安监、药监、交通等部门开展“第二十二届国际恐龙灯会”“永安观音湖首届郁金香旅游节”“17届飞龙峡桃花节”“第十二届乡村文化旅游节”“荣县大佛文化旅游节”“雁溪谷康乃馨旅游节”等重大旅游节庆、旅游旺季综合整治行动。联合物价部门开展A级景区价格检查，联合工商部门开展店招店牌宣传、老年人权益保护检查，市旅游执法支队单独组织8次旅游市场专项整治检查。全年出动旅游执法检查车辆70余台（次），出动联合检查人员400余人（次），检查旅行社及分支机构、星级饭店、旅游景区、星级农家乐、旅游车公司216家（次），检查旅游包车30余（台）次，检查导游IC卡183（个）次，对星级饭店、旅行社和景区、星级农家乐旅游执法监督覆盖面达100%。查处取缔成都青年旅行社、衣加衣公益协会违规在自贡设点宣传、招徕、组织旅游业务，联合市运管处查处雅安清新旅行社违规使用无资质旅游车运营行为，纠正规范2家异地旅行社在自贡违规宣传经营行为，完成国家旅游局交办涉旅乱象案件1件、省旅游执法总队转办案件4件。

【旅游安全管理】 截至2016年，连续保持11年无重大旅游安全责任事故发生。全年组织开展安全执法检查23次，出动检查人员137人，检查企业53家。其中联合市公安、消防、交通、食药监、安监、质监、工商等部门检查6次，出动联合检查人员46人，检查涉旅企业23家。检查出不规范操作及安全隐患25个，督促企业完善安全标识49处、张贴安全标语14幅。恐龙博物馆组织开展全市旅游安全应急培训及演练，指导涉旅企业开展安全应急培训及演练活动15次。全市重点旅游企业开展应急演练达100%。

【旅游纠纷调解】 2016年，受理群众旅游咨询和游客投诉136件，旅游投诉立案件结案率100%。全年为游客挽回经济损失8.1万元。

【旅游质量管理】 2016年，完善旅游标准化协调机制，开展旅游标准等级评定、年度复核工作，推动旅游标准化示范企业创建。开展旅游标准化人才专题培训。开展旅游星级饭店、A级景区、星级农家乐（乡村酒店）年度复核和评定性复核，新评定沿滩熙园山院等8家星级农家乐（乡村酒店）。实施旅游饭店监管，落实饭店安全及应急管理，开展日常检查和登记，排查安全隐患；完成第12届旅游饭店职工技能竞赛。全年新增2家国内旅行社和2家国际社（春秋旅行社、神州旅行社），完成自贡熊猫青年旅行社更名，注销1家旅行社和2家旅行社分社；新增或变更旅行社服务网点备案共82个。截至2016年，全市有注册旅行社21家，旅行社分社18个，服务网点136个。完成2015年度导游年审培训工作；开展2016年度导游资格审核和巡考工作；开展导游证新办、导游转社业务服务，全年办理导游证IC卡27个（次）。

【乡村旅游工作】 2016年，指导区县实现乡村旅游提质增效，引导星级农家乐（乡村酒店）创建，指导沿滩熙园山院、贡井荷园度假山庄成功评定五星级农家乐；指导釜溪河复合绿道、仙市百胜村乡村旅游客栈、贡井区建设镇等乡村旅游精品线路建设；指导并协助各区、县开展乡村旅游专题培训工作；组织开展乡村旅游节会活动等。

【旅游人才工作】 2016年，制订年度旅游人才培训计划，开展2015年度导游年审培训工作、乡村旅游电子商务培训班、互联网+电子商务培训、旅游商品展销、旅游安全应急培训等。指导培育并设立市旅游饭店协会，举办旅游饭店职工技能培训及第十二届旅游饭店职工技能竞赛。

（市旅游发展委）

财政·税务

财　政

【财政收支】　2016年，全市地方一般公共预算收入48.76亿元，同口径比2015年增长8.08%（自然增长8.77%）。全市一般公共预算支出179.82亿元，增长3.72%。全市政府性基金预算收入42.96亿元，增长100.56%；政府性基金预算支出50.13亿元，增长72.16%。全市国有资本经营预算收入1579万元；国有资本经营预算支出1295万元。全市一般公共预算民生保障支出120.94亿元，较2015年增加3.14亿元，占一般公共预算支出的67.26%。全市财政总收入133.61亿元，比2015年增长25.57%。全市社会保险基金预算收入96.09亿元；社会保险基金预算支出107.78亿元。

【支持经济发展】　2016年，落实稳增长和提质增效推进供给侧结构性改革50条、置换债券优先清偿政府对企业欠款等一系列政策，支持经济稳定增长和供给侧结构改革。转变财政支持产业发展方式，发挥财政资金引导撬动作用，筹集资金建立规模为20亿元的航空产业发展基金、20亿元的高端产业投资基金，引导带动社会资本投资兴业；落实金融互动政策，及时兑现财政奖补资金1859万元，带动金融资本对实体经济贷款投放。落实奖补资金150万元兑现上市企业奖励。研判财政政策走势和资金安排取向，帮助区县和主管部门申报项目，争取各类项目资金，全年分配下达中央及省产业发展资金2.91亿元。安排资金5.3亿元，推进新村基础设施建设及新农村成片推进示范项目建设；提供融资担保近8亿元，促进农业产业化发展。安排1000万元用于购房补贴；安排财政资金7.34亿元用于棚户区改造和保障性住房建设，5340万元用于自贡航空产业园建设，2907万元用于保障水利工程；安排资金5634万元用于高标准农田建设项目。推广政府与社会资本合作（PPP）模式，全市37个项目进入全省“PPP”项目库，估算总投资365亿元；东部新城生态示范一期工程正式实施，力推大安寨综合交通枢纽及汇柴口道路工程建设项目、自贡至泸州港公路工程等一批“PPP”项目，涉及投资约128亿元。

【支持国有企业改革】　2016年，支持大西洋焊接产业园项目建设，连续5年从国有资本收益中安排资金1503万元（2016年安排451万元）支持大西洋焊接产业园项目建设。完成市标准件总厂破产企业财产转让价款抵扣工作。开展自贡川玻（集团）有限责任公司、自贡长征置业总公司、市盐泉粮油发展有限公司、市五谷粮油有限公司等国有企业职工家属区“三供一业”分离移交工作。筹措资金830万元，解决50户企业737名国有企业退休教师“补差”资金。完成煤炭行业化解过剩产能任务，安排资金5731万元，关闭煤矿8座，化解过剩产能64万吨；安排资金2700万元，清算关闭2014年计划内和超计划煤矿10座。

【推进重大项目建设】　2016年，强化政府性投资项目基本建设资金管理，全年支付基建资金5.72亿元，推进城市新区、高标准农田、小城镇建设、狸狐洞水库、地质灾害综合治理、小井沟水利工程、川南城际铁路等重大项目建设。争取上级补助资金4.42亿元，涉及水利设施、城乡建设、农林发展、节能环保、国土资源、文化体育、教育支出、医疗卫生、社会保障、公共安全等支出。

【财政收入管理】 2016年，坚持财税库银联席会议制度，全面落实“营改增”及小微企业税收优惠等结构性减税政策，推动涉税信息交换与共享平台建设，实行以票控税、先税后证、先税后款、先税后验、先纳税后申报的税收联合控管。继续完善罚没物资、财政票据等管理制度；严格执行国家普遍性降费政策，完善非税收入项目管理库。强化非税收入征缴措施，明晰非税收入范围，加大各类资源资产类非税收入的征管力度；继续完善缴款方式，强化收费基金目录动态监控，对执收单位的开票、收款及非税资金解缴实时跟踪与监控，加强专户资金、经营服务性收费、代收代管资金审核与拨付管理，统筹非税增收潜力。严格执行申领、审核、缴销制度，加强财政票据基础管理，制定票据操作规程，规范使用财政票据，严堵票据管理漏洞。

【支持脱贫攻坚】 2016年，全市各级财政部门完善和落实财政扶贫资金精准扶持机制，出台扶贫资金到村到户操作办法，全面建成县级教育扶贫救助、县级卫生扶贫救助、4亿元的扶贫开发等基金，整合财政涉农资金8亿元，集中投入脱贫攻坚。探索建立资产收益扶贫模式，为贫困户开辟新的增收渠道。

【保障和改善民生】 2016年，坚持民生优先，全市民生支出实现120.96亿元，占公共预算支出的比重为67.37%。9项民生工程和15件民生实事财政投入超额完成年初计划。实施积极的就业创业政策，支持帮助就业困难人员等重点群体。调整完善城乡义务教育保障机制，完善家庭经济困难学生资助政策体系，推动各类教育事业全面发展。推进机关事业单位养老保险制度改革，提高企业和机关事业单位退休人员基本养老金水平。支持发放低保对象特殊生活补贴，提高低保对象收入水平，提前实现部分低保兜底对象“两线合一”。支持完善困难群众基本生活保障和残疾人福利补贴制度。落实县级公立医院全面取消药品加成财政补偿政策，全额代缴贫困人口参加基本医保个人缴费。

【推进财税体制改革】 2016年，出台《自贡市深化财税体制改革总体方案》，明确到2020年的15项任务完成14项。落实全口径预算管理，完整编制“四本预算”并报市人代会审查。出台完善市区财政体制调整方案，夯实底部经济基础，调动区级发展经济积极性。规范事业单位管理，出台分类推进事业单位改革后市属事业单位财政保障政策，促进事业单位从“养人”向“办事”转变。出台市级政府性专项资金管理办法，规范财政专项资金管理。深化预算管理制度改革，启动2017—2019年部门支出规划编制；全面公开预决算信息，市级实现公开范围和公开内容全覆盖。深化预算绩效管理改革，把资金量较大、代表性较强、社会关注度高的财政资金纳入评价范围，强化评价结果运用，提高资金使用绩效。

【财政监督检查】 2016年，出台重大行政决策程序规定；推进权力公开透明运行，清理规范权责清单；组织开展扶贫资金、政府采购执行情况、非税收入收缴、严肃财经纪律等专项检查，查处纠正违纪违规问题；出台“1+8”内部控制制度，建立起事前防范、事中控制、事后监督的内控体系。出台《自贡市政府性债务管理办法》，建立“1+N”政府债务管理制度体系；继续开展“偿债、清欠、解困、搞活”专项工作，全年偿付企业欠款26.9亿元，缓解企业困难，清收部分欠税。组织开展行政事业单位国有资产清查，摸清家底，建立财政收入信息深度共享机制，推进事业单位分类改革，全面规范县乡财政管理，完善乡镇财政管理考核机制。建立市财政局内部控制委员会及办事机构，制定《自贡市财政局内部控制基本制度》，构建财政内控机制构架。开展扶贫资金、城乡医疗救助资金、农村义务教育薄弱学校改造补助资金、会计信息质量、非税收入、预决算公开情况、“小金库”及滥发钱物、财政项目支出绩效、财政内部监督等专项监督检查，严肃财经纪律。

【政府采购管理】 2016年，汇编印发《政府采购法规宣传手册》3000册。对教育、卫生等行业和市级预算单位开展政府采购政策培训，受众1000人次。依法审核发布政府采购信息1769条，网上抽取评审专家640人次，开展现场监督125次，协助处置质疑52件次，受理投诉2件，承办纪检转办举报4件，维护政府采购“三公一诚信”。对代理机构50个政府采购项目进行绩效评价。

（王丽玫）

国家税务

【税收收入】 2016年，全市国税系统组织税收收入37.39亿元，比2015年增长23.36%，增收7.08亿元。落实各项税收优惠政策，全市办理税收减免7.21亿元，其中，高新技术企业减免1.11亿元、促进残疾人就业减免1851万元、其他减免5.91亿元。全年办理出口退（免）税1.47亿元。

【税收改革】 2016年，全面推开建筑业、房地产业、金融业和生活服务业“四大行业”营业税改征增值税改革试点，税制转换实现平稳过渡。全年累计完成“四大行业”营改增收入5.56亿元，占总收入的14.87%。推进税收征管体制改革，拟订《自贡市深化国税、地税征管体制改革实施方案》，创建国税、地税合作县级示范区，在荣县、富顺县、沿滩区建成国税、地税联合办税服务厅，在全省率先实现“一窗一人一机双系统”的办税服务新模式。荣县被国家税务总局授予“全国百佳国税地税合作县级示范区”称号。推进“三证合一”“五证合一”商事登记制度改革，提高市场准入便利化程度。贡井区国税局实施征管服务现代化改革试点。

【税收征管】 2016年，落实《全国税收征管规范（1.2版）》《国家税务局　地方税务局合作工作规范》，推进国税、地税信息交换共享平台建设，联合开展第三方涉税信息采集及应用，全年联合从第三方采集涉税信息2.88万条，联合公告214户欠税纳税人信息。落实银行、房地产、食品等重点行业和增值税发票电子底账异常数据等重点事项风险管理，强化风险分析应对，全年完成456户次风险应对任务，查补入库税款及滞纳金1.01亿元，风险应对入库收入占税收收入的3.14%。“数据分析一点通”项目被评为2016年度全省十大优秀风险管理项目。夯实税种管理基础，推行增值税发票管理新系统，全年累计推行9345户。加强消费税管理，完成消费税纳税人涉税信息采集工作。加强企业所得税管理，企业所得税汇算清缴面达100%，企业所得税预缴率77.26%，超过省地税局考核指标5.26个百分点，全年累计入库企业所得税5.62亿元，比2015年增长6.44%。落实《全国税务机关出口退（免）税管理工作规范（1.1版）》，全年累计办理出口退（免）税1.47亿元。落实新修订的《车辆购置税征收管理办法》，规范办税流程，健全内控机制，提升管理质效。

【纳税服务】 2016年，以“改革·合作”为主题，持续开展“便民办税春风行动”。推进办税服务厅规范化、标准化建设，完善办税服务厅应急预案，整合办税服务资源，全市新增办税窗口29个，新增代开发票窗口数11个，新增一线服务工作人员28人。与市地税局联办纳税人学堂，举办各类培训35期，培训纳税人6115户次。稳步推行纳税信用评价及应用工作，落实纳税信用激励及惩戒机制。推进“税金贷”“出口退税贷”，全年为109户中小微企业授信5.52亿元，68户中小微企业申办贷款4.09亿元。与市商业银行、华西能源等4户大企业签署税收服务遵从协定，促进税企合作共赢。强化国际税收管理，向全市63户大企业发布居民赴美国、俄罗斯、印度、蒙古等国家和中国香港地区投资的税收指南，为大企业“走出去”保驾护航。是年，纳税人满意度测评居全省第13位，市国税局获省国税局“便民办税春风行动”先进单位。

【依法治税】 2016年，开展法治税务示范基地创建工作，高新区国税局创建为“四川省国税系统法治税务示范基地”。落实执法责任制，开展疑点核查，全年清理核查完结18种类型264条疑点问题。加强稽查送审案件审核审理，强化个案程序性和实体性审查，对个别疑难问题开展政策研讨和集体会审，全年完成8件重大税务案件审理工作，其中3件移送公安机关。建立5名法律人才团队，聘请常年法律顾问，形成系统内部法制机构与法律人才团队、法律顾问相结合，优势互补的法律服务辅助决策机制。强化税务稽查，推行案件项目制管理，实施工单式检查，注重查前预案分析和查后稽查建议，以“9·16”专案为重点，开展打虚打骗专项工作，加强国税地税联合稽查、税警协作，营造多部门联合协作稽查工作环境。全年全市国税稽查系统组织企业自查216户，开展重点检查101户，累计组织入库稽查收入7137万元，稽查查补入库率，发票协查选票准确率、协查按期回复率均100%。

（潘响铃）

地方税务

【地税收入】 2016 年，全市地税系统组织总收入 36.58 亿元，同口径比 2015 年增长 9.67%。其中，税收收入 33.85 亿元，同口径比 2015 年增长 11.9%；完成基金附加收入 2.69 亿元，扣除停征的主副食品价格调控基金和农网还贷基金，比 2015 年增长 16.98%；组织地方级税收收入 22.07 亿元，同口径比 2015 年增长 10.67%，超年度任务 0.37 亿元，

【税收改革】 2016 年，按“机关实体化、机构扁平化、管理专业化”工作思路，创新实施“3+1”改革模式（建立现代税收服务中心、现代税收风险管理控制中心、现代税收支撑保障中心“三大中心”，构建独立运行闭环监督“一个机制”），推动税收管理“三轮”驱动，实现“三个全面”（全面发挥税收职能作用、全面消除税收风险、全面提升地税人幸福指数）目标。市地税局党组印发实施《关于全面推进税收现代化改革的实施方案 1.0 版》，全面启动改革试点工作。全面落实“营改增”，于 5 月 1 日成功开具首笔增值税代征及增值税发票代开业务，标志着市地税局全面完成“营改增”工作任务。全市地税系统累计向全市国税系统移交纳税人信息 2.11 万户，代开增值税发票 1.1 万份，代征增值税 0.2 亿元。实施资源税从价计征改革，制定《自贡市全面推进资源税改革重点工作进度表》，全面调查自贡地区相关品目资源情况、企业经营状况、税费负担状况、资源价格水平，测算税费综合负担率。以荣县国税、地税合作为试点，推进合作示范区建设。荣县被国家税务总局授予“全国百佳国税地税合作县级示范区”称号。

【纳税服务】 2016 年，推进“便民办税春风行动”，全面升级“全市通办”涉税事项，实现包括申报纳税、优惠办理等 10 大类 124 项涉税业务全覆盖，构建“管理分区域，服务不分区”纳税服务新格局。建设电子税务新生态，推进网上办税和“自助办税”，网上申报比例达 90% 以上，稳步推广手机 APP 等移动互联办税应用、二维码扫描办税指南一次性告知和微信公众平台办税动态查询。推进国税地税合作县级示范区建设，在全省首先推出“一厅一窗一人一机”国税地税业务“一窗通办”模式，打造国税地税合作“荣县模式”，实现办税服务一窗化、共管共治协同化、信息共享联通化、人员互派常态化，初步探索出一条具有自贡特色的国税地税合作新道路。深化“银税互动”，截至 2016 年年底，全市 13 家金融机构共向 109 户授信企业发放贷款 93 笔，贷款金额 5.52 亿元。市地税局“12366”呼叫中心开通各区（县）远程人工座席，受理纳税人电话诉求 5377 条，现场咨询 84 条，网上服务厅咨询 230 条，远程帮助纳税人 380 余户次，刊发《12366 热线要情》12 期，回访纳税人满意度达 100%。推进网上申报工作，全市可开通网上办税服务厅申报缴税的纳税人达 6335 户，企业纳税人网上可申报率 90% 以上。举办各类专题培训 37 期，培训纳税人 2200 余人次。市地税与国税系统联合开展纳税人信用等级评定，共 3544 户纯管户参评，评出 A 类纳税信用等级企业 75 户（国税地税系统评定出 A 级纳税人 284 户）。

【依法治税】 2016 年，推进简政放权，取消市本级非行政许可审批事项 128 项和税务行政许可项目 3 项，下放行政审批事项 9 项。组织开展税收执法督察，扩大税收执法督察外延，确定 43 个重点督察项目，打造“大督察”工作格局。推进全国税收普法教育示范基地创建，筹建“自贡盐税史陈列馆”并作为全省唯一项目推荐到司法部、国家税务总局参加法制教育基地评选。全市地税稽查系统推进稽查专项改革，实施国税地税联合稽查，打击涉税违法行为，查补收入 1.37 亿元。

【税收惠民】 2016 年，落实供给侧结构性改革减税政策。全年减免各项税金 6.48 亿元，占全市税收收入总量的 19.14%；促进小微企业发展减免税金 0.42 亿元；为西部大开发企业减免税 0.72 亿元；改善民生、鼓励高新技术、促进企业转型升级等减免税 4.07 亿元。

【地税文化建设】 2016 年，继续推进全市地税文化建设，通过拍摄地税形象宣传片、《自贡地税之歌》MV、微电影《大厂》、创办《盐都税务》电子刊物等方式，搭建地税文化展示平台。筹建“粲税文化陈列馆”，打造地税文化展示阵地，展现品牌效应。

（郑　耘）

金融·保险·证券

综　述

2016年，全市除人行市中心支行和自贡银监分局2家金融主管和监管机构外，有18家银行业金融机构，全市银行业金融机构营业网点528个，从业人员6001人；融资性担保公司17家，从业人员141人；小额贷款公司14家，从业人员151人；保险公司26家，其中：产险公司13家、寿险公司13家，保险代理公司5家，营业网点139个，从业人员1.16万人（不含代理公司）；证券公司营业部9家，从业人员308人。

2016年，全市金融业运行情况整体平稳，银行业存贷款持续增长，年末全市银行业金融机构人民币存贷款余额2232.4亿元。其中，存款余额1524.05亿元，比2015年新增204.29亿元，增幅15.48%；贷款余额708.35亿元，比2015年新增93.78亿元，增幅15.26%。证券开户数持续增长，交易额有所下降。12月末证券开户数17.81万户，比2015年年末增加3.23万户；全市证券累计成交2245.02亿元，比2015年减少30.13亿元，降幅34.45%。保费收入稳步增长，全年保费收入33.80亿元，比2015年增加7.6亿元，增幅29.07%，保险赔款和给付支出15亿元，比2015年增长3亿元。截至12月末，小贷公司贷款余额8.95亿元，比2015年年末减少2.80亿元，降幅23.83%；融资性担保公司在保余额22.02亿元，比2015年年末减少4.93亿元，降幅18.29%。全市重大项目完成信贷投放54.46亿元。12月末，全市涉农贷款余额312.75亿元，占全部贷款余额的44.15%，农村资金互助社——大安三绿农村资金互助社累计发放社员贷款76笔1977.6万元。全市小微企业贷款余额225.76亿元，占全部贷款余额的331.87%，比2015年年末增幅22.11%，增幅超全部贷款增幅6.85个百分点。

（市金融工作局）

存贷款

【存款规模】　2016年年末，全市金融机构人民币存款余额1524.05亿元，较年初增长15.48%，全年新增204.29亿元，比2015年同期少增41.09亿元。其中，金融机构储蓄存款余额923.57亿元，比2015年增长12.72%，新增104.19亿元。企业存款余额580.25亿元，比2015年增长21.79%，新增103.8亿元。

【贷款规模】　2016年年末，全市金融机构贷款余额708.35亿元，较年初增长15.26%，新增93.78亿元。其中，人民币短期贷款余额282.22亿元，较年初增长20亿元，增幅7.63%，中长期贷款余额397.01亿元，较年初增长72.39亿元，增幅22.30%，票据融资余额29.05亿元，较年初增长2.79亿元，增幅10.62%。

货　币

【现金投放】　2016年，现金投放比2015年增长13.10%，回笼比2015年增加3.1%，收支品迭为净回笼，净回笼比2015年减少46.3%。

【农村地区反假货币工作】 2016年，人行市中心支行联合市公安局，依托公安派出所接警大厅，培训一批基层公安干警为反假货币义务宣传员。在荣县河西派出所试点运行基础上，推动建立首批11个反假货币工作站，扭转人民银行在反假宣传工作中“单打独斗”的局面，扩大反假货币宣传的辐射面。2016年，荣县公安局破获1起自贡市建市后最大的购买再加工假币案件，缴获假币13.86万元，奖励荣县公安局3.39万元。

【冠字号码记录查询工作】 截至2016年年末，辖区内银行业金融机构自助设备实现人民币冠字号码记录查询，柜台冠字号码记录查询实现100%。

【小面额人民币供应】 2016年，制定全市硬币自循环建设实施方案，以硬币余缺企业间自循环为抓手，以银企横向调剂为支撑，搭建小面额人民币自循环流通环境，鼓励和支持银行、公交公司配备硬币自助兑换机，建立高效、便利的市场化管理硬币自循环回笼和自循环体系，推进全市硬币自循环体系建设。是年，全市布放纸硬币兑换机10台。按《自贡市银行业金融机构小面额人民币兑换管理办法》规定，规范窗口建设，合理搭配零钞，方便公众零钞业务办理；公开服务承诺，张贴《自贡市银行业金融机构小面额人民币兑换服务承诺书》，接受公众监督。

支付结算

【农村支付结算“惠农示范”工程】 2016年年末，全市发展助农取款服务点2879个，助农取款服务点覆盖96个乡镇、覆盖率100%，覆盖行政村1229个、覆盖率100%。

【改善农村支付环境】 2016年，荣县、富顺县城区网点行内系统接入80户，乡镇网点行内系统接入198个；城区网点大小额支付系统接入80户，乡镇网点大小额支付系统接入198个，城区网点支票影像系统接入22户；城区网点农信银和城商行资金清算系统接入28户，乡镇网点农信银和城商行资金清算系统接入79户。

外汇管理

【跨境资金流动监测】 2016年，全市涉外收支（含跨境人民币结算，下同）0.81万笔，金额折合9.76亿美元，比2015年增加3.8亿美元，增幅63.75%。其中，涉外收入0.54万笔，金额折合2.44亿美元，比2015年减少0.62亿美元，降幅20.26%；涉外支出0.27万笔，金额折合7.32亿美元，比2015年增加4.42亿美元，增幅152.4%；涉外收支逆差4.88亿美元（2015年顺差0.7亿美元）。

【货物贸易外汇管理】 2016年，国家外汇管理局自贡市中心支局受理并办结68家企业名录登记申请、33家企业名录信息变更和27家企业注销。截至2016年年末，全市名录登记企业265家。

【外资企业外汇管理】 2016年，全市办理外商投资企业转股（外转中）1笔，金额750万人民币（折合114万美元）；境外投资企业新设登记4笔，金额439.87万美元；外债签约登记1笔，金额220万美元：外债注销登记3笔。开展存量权益登记工作，辖内应参加登记境外直接投资企业18家，申报成功率100%；应参加登记外商直接投资企业22家，申报成功率95.45%。

（人行市中心支行）

金融监管

【概况】 2016年年末，全市银行业机构资产总额1815.60亿元，其中各项贷款余额709.40亿元，比年初增长15.25%，贷款余额全省排名第14位，增幅排名第7位。负债总额1747.55亿元，其中各项存款余额1509.72亿元，比年初增长16.25%，存款余额全省排名第12位，增幅排名第9位。不良贷款余额18.52亿元，不良率2.61%，分别比年初减少6.29亿元、下降1.42个百分点，不良贷款余额和不良率均在全省排名第18位。实现净利润14.36亿元。

【服务实体经济】 2016年年末，辖内银行业机构信贷投放余额比年初增加93.85亿元，全年发放重大项目贷款21.43亿元。12月末，辖内银行业机构“银税互动”贷款余额5.69亿元。组织开展银企对接会47场，发放贷款18.04亿元。累计为2328户企业办理续贷82.53亿元。涉农贷款、小微企业贷款分别实现“涉农信贷投放持续增长”和“三个不低于”目标。主要涉农机构向1621户建档立卡贫困户发放贷款5275.35万元。市商业银行和农村信用合作社持续帮扶精准扶贫对口县工作。指导督促辖内银行业机构在10月17日全国“扶贫日”捐款捐物33.62万元。

【银行业改革】 2016年，持续监管法人机构股权及股东行为，督促完善“三会一层”的治理结构和制衡有效、激励兼容的运行机制。督导市商业银行持续调整业务结构，优化监管指标，开展股权受让工作和增资扩股前期准备工作，推进监管晋级。推进市商业银行发行理财产品，全年累计发行23期，年末余额18.96亿元。推进辖内农村信用社改制工作，6月自贡农商行获中国银监会批准筹建，7月富顺农商行获四川银监局批准筹建。筹建期间，通过督导，自贡农商行（筹）不良率从12%降到4.6%，两家农商行（筹）各项准入指标达到监管要求。12月22日，两家农商行创立大会召开。督导自贡村镇银行坚守“支农支小”市场定位，该行步入稳步发展阶段。支持域外银行到自贡新设分支机构，恒丰银行自贡分行12月8日开业，结束辖内无股份制商业银行的历史。

【落实为民监管政策】 2016年，支持“三去一降一补”全面推进，普惠金融全面实施，提升服务实体经济水平。开展消费者权益保护工作，全年受理消费者投诉76件，办结率98.68%。辖内法人银行业机构于9月底全部完成理财产品销售专区建设和专区产品销售“双录”工作。7月，组建成立“自贡金融团工委”，开展“银团合作”“逐梦计划”“关爱贫困留守儿童”等特色项目与活动。持续开展“2016年金融知识进万家”宣传服务月活动，全市523个银行网点参与宣传活动，设立户外集中宣传点394个，接受消费者咨询26.55万人次，发放传单、折页等资料31.59万份，悬挂各类“金融知识进万家”宣传标语216幅，媒体报道16次，发送公益短信28.62万条，投放公益宣传微信7387条，出动流动宣传车10辆，开展流动宣传342次，覆盖321个乡镇。督导辖内银行业机构持续开展送金融知识进校园、农村、社区、乡镇等活动，其中到6所学校宣讲防范通信诈骗知识。

【金融风险管控】 2016年，推进债委会组建工作，将组建债委会标准降低至5000万元，累计指导成立债委会7个。全年债委会共召开12次会议，审议事项23项，通过21项。按照“一户一策”对困难企业进行帮扶，将应急周转金规模由2亿元增至3亿元，全年核查办理164家企业231笔转贷业务，涉及金额21.6亿元。督导辖内法人机构修订完善流动性风险压力测试方案和应急预案，建立流动性风险台账，开展日常监测。控制贷款集中度和关联度，逐步解决存款客户单一、负债集中度过高的问题。9月，自贡商行在全省城商行系统内首签《四川省法人城市商业银行流动性支持机制协议》。对辖内农信社建立分层次监管指标体系。12月末，辖内法人银行机构流动性比例84.12%，核心负债依存度63.24%，均达监管要求。督促全市银行机构使用“透明式交易密码键盘”，落实四川银行业机构从业人员处罚信息的管理和运用，推广使用“四川银行业务贸易背景查询与监管系统”。开展对辖内6家银行业机构计算机中心机房的专项风险巡查工作。督促全市银行机构按季开展重点领域案件风险排查，组织全市银行业机构开展大要案件及风险隐患自查。按全市互联网金融风险整治方案要求组织各区县开展摸底排查，未发现P2P平台。开展“处非宣传月”活动，实施信息科技风险监管和声誉风险控制，守住不发生系统性区域性风险的底线。

（谢　磊）

金融服务

【金融机构服务能力建设】 2016年，推进自贡农村商业银行组建工作。全市农村信用社有5家县级法人机构，启动富顺、大安、中新、沿滩4家联社改制工作。自贡农村信用社改制工作按“先财务重组、后股份制改造”原则推进。12月22日，召开自贡农商银行创立大会。做大做强市商行，截至12月底资产规模562.32亿元，比2015年年底增加158.12亿元，增幅39.12%。稳步推进市商行各项改革，优化股本结构，推进监管晋级，启动更名“自贡银行”工作。

【完善企业融资风险分担机制】 2016年，建立贷款风险补偿机制，荣县、富顺县、沿滩区、自流井区、高新区等先后设立1000万元~3000万元不等的风险补偿金。发挥政府、银行、保险合力，在荣县开展信用保证保险贷款试点，构建“三方合作、互利共赢、风险共担”的融资模式，鼓励银行向小微企业提高授信。

【开展金融招商】 2016年，首次引进全国股份制银行恒丰银行和光大银行在自贡市设立分支机构，市政府与恒丰银行成都分行签署战略合作协议。恒丰银行自贡分行于12月8日开业。首次引进外资小额贷款公司南充美兴小额贷款公司，于3月10日落户自贡市，截至12月底，发放贷款382笔，贷款金额2108万元。引进恒大人寿保险公司自贡中心支公司。

【开展多渠道融资】 截至2016年12月末，实现直接融资64.5亿元，其中市国有资产经营投资公司发行中期票据5亿元，自贡高新国有资产投资公司发行私募债10亿元，华西能源工业股份公司、四川大西洋焊接材料股份公司等上市公司非公开募集资金31亿元，其他融资18.5亿元。加强企业上市培育，全市纳入省级上市和挂牌后备资源库入库企业数605户，新增自贡牧天食品有限公司、四川威鹏电缆股份公司、自贡市川力实业有限公司、自贡升拓检测有限公司、自贡海天文化股份公司5户企业，累计进入“新三板”挂牌企业达8家。

【引入风险投资】 2016年，发挥政府资金引导作用，探索引进中国风险投资公司在沿滩区试点设立风险投资政府引导基金，以1∶5的杠杆率引导社会资本共同设立产业并购、创业和风险投资、天使投资等各类投资基金，支持全市创新型、先导型和创业型企业发展。

【完善金融服务体系】 截至2016年12月末，全市工业企业应急周转金为久大集团、泰丰集团、鸿鹤化工等132户企业提供600笔应急转贷资金，周转总额64.15亿元，降低企业过桥成本，防范和化解企业资金链断裂风险。经市审计局全面审计，未发现违规使用问题，确保资金安全运行。

【金融扶贫】 截至2016年，全市金融机构均建立金融助推脱贫攻坚工作落实机制，金融精准扶贫调查、评级、授信、考核管理制度有效运转。涉农金融机构健全完善贫困户金融需求服务档案，先后为1.5万户贫困户建立评级授信资料，授信总额3.3亿元，实现一户一策，精准定制。全市金融机构向贫困户累计发放扶贫小额信用贷款892.9万元，支持贫困户236户。扶贫小额信用贷款加权平均利率4.75%，低于全市贷款加权平均利率2个百分点。金融机构累计为8000多户贫困家庭的大学生提供生源地助学贷款6000多万元。省下达自贡市易地扶贫搬迁贴息贷款规模1.11亿元，全市各金融机构发放移民新居贷款998万元。在全市113个贫困村建立服务点213个，助农取款服务实现贫困村“全覆盖”，完成对18个金融扶贫站、三农金融服务站、助农取款站的“三站合一”规划。全市评定信用村383个，其中信用贫困村20个，全市金融机构筹集30万元用于金融系统定点扶贫信用奖励，撬动扶贫信贷资金500余万元。

【打击非法集资和规范民间融资】 2016年，继续坚持处置和打击非法集资高压态势，成功处置省委、省政府挂牌全省突出涉稳问题鑫缘科贸集资诈骗案。配合成都、内江和贵州省遵义等省、市联合查处“云南泛亚有色金属”“夏小龙”“汇生行”等非法集资案件。开展2016年非法集资问题专项整治活动，印发《2016年打击和处置非法集资宣传月工作要点》《自贡市2016年防范打击非法集资宣传月活动方案》。对民间融资按从重处理一批、市场退出一批、媒体曝光一批、教育引导一批的原则进行规范。

（市金融工作局）

银行业

【农发行市分行】 2016年，累计投放各类贷款20.45亿元；年末贷款余额62.74亿元，较年初增加13.85亿元，增幅28.32%，排名全省第4名。保证粮油收购资金供应，累计投放各类粮油贷款1.01亿元，累计收储、轮换、销售粮油近2万吨。

围绕全市“十三五”规划，辖内4个机构均被确认为易地扶贫搬迁主办行，到位各项易地扶贫搬迁资金1.94亿元，支付资金1.14亿元，支付率58.76%。以棚户区改造和水利建设为突破口，支持政府平台公司10家，项目21个，累计投放中长期贷款19.41亿元，对重大项目的信贷支持力度位列全市各家银行之首。分六批投放农业发展重点建设基金16.94亿元，为小井沟水利工程、沱江河道整治、荣县棚户区改造等32个项目提供低成本资本金支持，解决项目资本金及建设资金的融资渠道。全年各项收入比2015年增加4069万元；各项财务支出1.88亿元；实现账面利润1.16亿元，比2015年增加3412万元，增幅41.78%，实现历史最好经营绩效。

（龙 泷）

【工行自贡分行】 2016年年末，全行对外营业网点26个，从业人员500余人。年末各项存款余额118亿元，各项贷款余额64亿元。通过投放项目、中小企业、个人住房贷款等表内外融资，支持全市经济发展。全市工行设有自助银行（含离行ATM）、ATM、XDM等自动柜员近200个/台，1家融e购O2O线下体验店，满足居民便利、快捷的金融需求。

（工行自贡分行）

【农行自贡分行】 2016年年末，各项存款余额192.06亿元，较年初增长21.66亿元，在“工农中建”四大行中，存款存量、增量占比分别达36.94%、272.66%，居首位；各项贷款余额108.43亿元，较年初增长7.77亿元，贷款存量、增量“四大行”占比分别达42.13%、68.99%，均保持第一位。支持重大项目建设，全年上报省市级重点项目贷款金额88.86亿元，项目涉及全市四区两县；全年审批通过重点项目金额68.79亿元，实现投放20.17亿元。创新产品支持地方政府减负，成功审批一类债置换业务5.4亿元，实现全国农行首单一类债置换业务。率先在全省采用“政府增信”服务“三农”新模式支持小微企业发展。支持房地产去库存，成功推广市场上唯一针对农民进城购房而设计的农民安家贷，累计发放3亿元。年末，法人贷款余额66.64亿元，占“四大行”法人贷款总额的51.29%，其中，支持传统特色产业企业和小微企业贷款20.6亿元，支持生物医药、航空燃机、装备制造、新材料龙头企业的项目建设贷款11.3亿元。支持市属重点企业使用政府应急资金周转贷款，累计为37户企业办理政府应急资金转贷9.03亿元；下调12户困难企业贷款利率，减收企业利息600万元以上，减免20余户企业顾问费上千万元。对省级农业产业化龙头企业金融覆盖率95%，投放贷款3.4亿元；支持124户专业合作社、家庭农场、种养大户等新型经营主体惠农贷3000万元；建成助农取款点2471个，覆盖全市80%行政村，基本实现农村地区小额存取款和水电费、有线电视、交警罚款、通讯费缴纳等生活缴费全覆盖。对456户建档立卡贫困户发放各类个人贷款4290万元；发放水利工程贷款1.59亿元；对6043户建档立卡贫困户授信1.88亿元，新增小额扶贫贷款207户884万元；对自流井区建档农户的扶贫贷款覆盖率31.46%，位居全省前列。全行个人贷款净增6.33亿元，比2015年增加1.5亿元；新建离行式自助银行3个，离行式自助银行总数达31个。不良贷款和不良贷款占比实现“双降”，连续6年被市人行评为金融机构反洗钱工作A级行，连续3年在市人行综合评价中得分第一。

（吴 云）

【中行自贡分行】 2016年，实现净利润1.71亿元，比2015年增加830.16万元，增幅5.11%；实现净利息收入2.08亿元，比2015年减少1995.84万元，降幅8.74%；实现中间业务净收入5277.31万元，比2015年增加1272.37万元，增长31.77%。年末本外币各项存款余额108.66亿元，较年初减少17.06亿元，降幅13.57%；本外币核心存款市场份额20.88%，余额排名第三位（四大行，下同），市场份额较年初下降3.64个百分点。本外币贷款余额37.59亿元，较年初减少4.57亿元，降幅10.85%。其中，人民币贷款余额37.58亿元，较年初新下降10.85%；外币贷款余额5.17万美元，较年初下降6.31%。本外币贷款市场份额14.60%，市场份额较年初下降2.53个百分点。其中，公司贷款市场份额14.14%，余额排名第三位；零售贷款市场份额15.07%，余额排名第四位。

（中行自贡分行）

【建行自贡分行】 2016年，辖区内有营业机构24个，其中两县支行7个、城区17个，在岗员工350人。年末全行存贷款经营规模148.41亿元，一般性存款余额101.9亿元，各项贷款余额46.51亿元。不良贷款余额711万元，比年初下降1506万元；贷款不良率0.15%，比年初下降0.41个百分点。实现账面利润1.53亿元，比2015年增长12.5%。其中，一般性存款日均余额、个人存款时点和日均余额增速均居全市四大行第一。是年，被市人民银行综合评价为A等，被自贡银监分局评为监管统计工作先进单位，有8个营业网点获市“巾帼文明岗”称号。

（刘仁芳）

【交行自贡分行】 2016年，实现资产规模和效益增长、不良贷款和不良贷款占比双降。服务地方经济发展，参与重大基础设施改造，支持东部新城基础设施建设、自贡市棚户区改造等重点工程建设项目。加强资产业务风险管控，夯实对公业务发展基础；拓展票据贴现业务、扩大小企业客户基础；拓展中小企业业务，创新金融服务。助力脱贫攻坚，对口帮扶大安区和平乡，全年数次开展送温暖等帮扶工作，资助现金及慰问品，为贫困大学生提供实习岗位和就业平台。

（杨　雪）

【省农村信用联社自贡办事处】 2016年年末，办事处辖5家县级法人联社（荣县、富顺县、沿滩区、大安区、中新联社），有营业网点183个，在岗职工1376人。自贡农村信用社年末资产总额322.97亿元，存贷规模443.53亿元（存款290.41亿元，贷款153.12亿元），税前利润1.61亿元。全年新增涉农贷款9.17亿元，占全部新增贷款的47.46%；涉农贷款余额131.23亿元，占各项贷款余额的85.7%。创新开展农村产权抵押融资业务，全年累计发放土地承包经营权和林权抵押贷款55笔共6510万元；义务代发粮食直补、退耕还林、危房改造等20余项惠农补贴资金，为农户减免各项业务手续费1200万余元。拓宽普惠金融服务渠道，累计建立助农取款服务点1358个、聘请金融联络员1343人。服务地方实体经济，小微贷款年末余额90.25亿元，比2015年年末增长19.14%，增速高于各类贷款平均增速2.81个百分点，贷款户数2.31万户，较年初增加539户；公司类贷款余额61.93亿元，较年初增长17.74%，累计贷款户数3625户，较年初增加629户。创新推出“退税贷”、信用保证保险贷款等信贷产品，满足小微客户多样化融资需求。对31户科创型企业授信4.87亿元，贷款余额2.67亿元。截至2016年年末，自贡农村信用社与全市各级政府共同建立扶贫贷款风险担保基金、风险补偿基金620万元，直接撬动金融精准扶贫小额贷款3855万元；打造扶贫信贷绿色通道，适度下放扶贫小额信用贷款审批权限，简化办贷手续，全年建档立卡3.60万户贫困户，评级1.74万户、授信1.50万户，授信总额3.41亿元，实际发放个人扶贫类贷款1.18亿元。深化农村信用社改革，1月向银监部门报送自贡农商银行、富顺农商银行筹建申请，于6月、7月分别获同意筹建批复；9月8日，市长刘永湘主持召开自贡农商银行改革领导小组第二次会议；12月22日，自贡农商银行创立大会暨股东大会第一次会议在檀木林城市名人酒店举行，审议通过自贡农商银行章程（草案）等11项议案，选举产生董事和非职工监事，确定董事长、监事长、行长、副行长、董事会秘书及总行主要部门负责人人选；同日，四川富顺农村商业银行股份有限公司创立大会暨股东大会第一次会议在富顺县会务中心召开。

（孙茂硕）

【市商业银行】 截至2016年年末，全行资产总额562.22亿元、存款余额365.60亿元、贷款余额137.86亿元，分别较年初增长39.09%、44.72%、32.12%；资本充足率13.11%，拨备覆盖率357.59%，贷款损失准备充足率828.04%；实现利润8.04亿元，较2015年增长39.03%；上缴税收3.27亿元。由市商业银行发起成立的金堂汇金村镇银行年末资产总额51.34亿元、存款余额30.57亿元、贷款余额15.23亿元，分别较年初增长93.20%、86.41%、43.69%。市商业银行全年新增存款110亿元，超过全市新增存款50%；贷款增量居全市首位，超过全市新增贷款1/3。通过人行MPA宏观审慎评估，成为全市法人金融机构中首家且唯一的自律机制基础成员。年内从启动编制“十三五”发展规划、调整优化《2015—2019年资本补充规划》和《2015—2019年IT战略规划》、启动第六轮增资扩股、促进市财政局转股与优化股权结构、推动党委换届、完成高级管理层换届、组织架构及内设机构改革、薪酬与绩效体系改革、银行更名及设计全新 VI 视觉识别系统等方面推动银行改革。成功发行个人、公司和同业三类理财业务；发行首笔同业存单 29.5 亿元；9 月与自流井区政府等四方发起 20 亿元自流井区产业投资引导基金，首期募集资金 5 亿元；11 月与市国投担保公司、市农业担保公司共同承办自贡“支小贷”新型银行担保业务合作签约仪式；11 月首次参展第十六届中国西部国际博览会；微信银行、手机银行、直销银行、新版网上银行相继成功上线。全年累计融资 162.7 亿元，规模保持全市银行业金融机构首位；新增贷款 33.51 亿元，支持地方重大项目、高新技术、军民融合和涉农企业等实体经济；对接 26 个市重大项目，授信 8.47 亿元；向 100 户小微企业投放支小再贷款 8.15 亿元。

（史孝川　罗国彬）

【邮储银行市分行】 2016 年年末，全行辖自流井、富顺、荣县 3 个一级支行，有员工 396 人，营业网点 164 个，其中分布在县域及以下网点 147 个，占 89.63%。全年实现收入 2.69 亿元，列全省第 8 位；利润 1.29 亿元，列全省第 4 位。年末各项存款余额 221 亿元，净增 29.83 亿元；信贷余额 40 亿元，净增 9.21 亿元，累计投放 33.85 亿元，比 2015 年增加 7.25 亿元。全行逾期贷款 3886 万元、逾期率 1.01%，不良贷款 3362 万元、不良率 0.87%，风险总体可控。

（邮储银行市分行）

【自贡中成村镇银行】 2016 年年末，各项存款余额 5.56 亿元，各项贷款余额 8.46 亿元，存贷比 87.43%，涉农贷款比率 87.18%，小微贷款比率 65.35%。资本充足率 14.18%，核心资本充足率 13.1%；人民币超额备付率 4.26%，不良贷款率 1.77%；资产利润率（折年）0.06%，资本利润率（折年）0.6%，成本收入比 84.48%，净利差（折年）3.95%。全年利息净收入 4096.47 万元，非利息净收入 -26.8 万元，中间业务净收入 -28.2万元，累计实现净利润 63.63 万元。年末客户数 20055 户，较年初净增加 3000 户，增长 17.59%；贷款户数 1900 户，较年初增加 248 户，增长 15.01%；贷款户均 45 万元，较年初减少 3.4 万元，下降 7.02%。全年存款日均 6.19 亿元，比 2015 年增加 1.21 亿元，增长 24.30%。拓展代发业务、商户 POS、当面付业务，全年安装 174 户，存款回笼近 1200 万元；实现代发户数 860 户，代发金额约 1500 万元。年末全行公司类贷款客户 62 户，贷款余额 2.1 亿元，占比 24.87%；个人类贷款 1845 户，贷款余额 6.37 亿元，比年初增长 23.98%；保证类贷款余额 1.58 亿元，占比 18.68%；抵押类贷款 5.41 亿元，占比 63.93%，比年初增加 0.8 元，增长 17.43%；涉农贷款余额 7.38 亿元，比年初增加 0.43 亿元，增长 6.19%；小微贷款余额 5.53 亿元，比年初增加 0.34 亿元，增长 6.55%。在全年贷款增量中，涉农和小微贷款增量分别占 98.66% 和 79.15%。

（杨　青）

【乐山市商行自贡分行】 截至 2016 年年末，在自贡地区开业有富顺支行、荣县支行，筹备成立龙湖社区支行。主要推出“诚相贷”农户贷款、“好相贷”个人贷款、“快易贷”小企贷款等金融产品和“财富通—稳赢”系列理财产品。年末分行各项存款余额 13.8 亿元，各项贷款余额 9.74 亿元，与超 100 户企业建立信贷关系。

（乐山商行自贡分行）

【攀枝花市商行自贡分行】 2016 年，新设富顺支行、南湖社区支行、西林街社区支行。年末在岗员工 42 人。年末分行资产总计 13.08 亿元，较年初增加 2.48 亿元，增长 26.07%；各项存款余额 12.14 亿元，较年初增加 3.59 亿元，增长 41.92%，其中储蓄存款余额 2.63 亿元，较年初增加 1.51 亿元，增长 134.58%；各项授信余额 9.04 亿元，较年初增加 2.56 亿元，增长 39.50%；收息率 98.40%；报表净利润 545 万元；上缴各类税收 840 万元。

（唐　海）

【南充市商行自贡分行】 2016 年，全行资产总额 3.33 亿元，较年初增长 98%；存款余额（含保本）2.91 亿元，较年初增长 302.32%，其中，公司存款 1.66 亿元，较年初增长 206.26%；储蓄存款 1.25 亿元，较年初增长 591.52%。各项贷款 1.91 亿元，较年初增长 100%。开展社区金融服务，全年组织“乒乓球超级联赛”“三八妇女节活动”“欢庆新春佳节、共筑和谐社区”等社区营销活动80余次、联系客户3万余户、发放宣传资料3万余份；营销存款4000万元，完成天府手机银行有效客户600余户；发展特约商户208户，其中餐娱类商户30户、酒店类5户、服装类10户、旅游类10户、其他类253户。开展行业营销特色服务，成功营销餐饮企业流动资金贷款1笔、特约商户60余户、代发工资10户。

（南充商行自贡分行）

【恒丰银行自贡分行】 12月8日，恒丰银行自贡分行在自流井区体育场路96号紫檀国际广场开业。年末，全行资产总额2.98亿元，负债3.01亿元，各项存款0.26（不含同业），贷款2.89亿元。

（张承波）

保险业

【概况】 2016年年末，全市有26家保险公司，其中，产险13家、寿险13家；有代理公司5家。从业人员（不含代理公司）1.16万人。139个机构网点分布全市四区两县。全年保费收入34.38亿元，比2015年增长30.8%。其中，产险业实现保费收入9.3亿元，比2015年增长12.3%；寿险业实现保费收入25.08亿元，比2015年增长39.3%。全年保费收入过亿元公司12家。政策性农险保费收入6979.47万元，比2015年增长2.07%；支付赔款5244.73万元，比2015年增长71.68%；全年农险提供风险保额17.54亿元。累计处理各种赔（给）付案件45.18万件，比2015年增长16.14%；支付赔（给）付款15.17亿元，比2015年增长26.52%。截至2016年年末，全市的保险深度为2.78%，保险密度为1236.69元。

【协会工作】 2016年，市保险行业协会印发《自贡市完善农业保险基层服务体系的意见》，形成《自贡市保险行业协会关于我市保险机构参与社会保障经办业务调研报告》《自贡市保险行业协会关于加大推动保险业发展，服务精准扶贫，促进经济转型、提质增效建议的报告》等数10份调研材料，辅助政府决策和管理。自贡交通事故快速处理快速赔付中心（汇东）全年受理案件1889件，比2015年增长7.06%，日均接案5.17件，为3778名机动车驾驶人提供道路交通事故处理和查勘定损服务。全年受理涉嫌保险欺诈违法案件121件，涉案金额800.48万元，减损788.05万元。其中，向市公安局经侦支队、市交警支队报案34件，涉案金额440.47万元，减损427.64万元；市内保险公司自行处理案件87件，涉案金额360.41万元，减损360.41万元。开展“7·8”保险公众日宣传活动，制定《自贡市保险行业协会“7·8”全国保险公众宣传日方案》，印发《关于开展自贡保险业“7·8”全国保险公众宣传日活动的通知》，在华商国际城、自贡普润城推出为期2月的巨屏LED公益广告，在马吃水盐都大道推出为期半年的“保险，让生活更美好”的巨幅户外广告。上半年，市保险行业协会与《自贡晚报》联合开设“老赵谈保险”专栏，每月两期，每次发布1000字以内行业讯息及保险常识，至7月末发布专题文章24篇。全年处理群众上门和电话咨询183件。受理信访投诉案件110件，比2015年增加23.60%，其中，理赔纠纷26件，客户服务投诉25件，退保及续保纠纷32件，业务员内部投诉27件。

（市保险行业协会）

【人保财险自贡市分公司】 2016年，公司保费收入3.56亿元，比2015年增加5104.47万元，增幅16.77%，市场份额38.29%，居自贡财险市场第一位。年内，中标市公交集团、四川理工学院、市硬质合金有限公司等公务用车保险采购项目。全年受理处理赔案4.26万件，比2015年减少1.45万件，降幅25.4%。

（人保财险自贡市分公司）

【中国人寿自贡市分公司】 2016年，实现总保费收入5.13亿元，比2015年增长23.97%；承办全市城乡居民大病保险和区县职工补充医疗保险，服务人群271万人，年度保费规模7376万元；处理赔案2.10万件，赔款金额6448万元；满期给付2.84万件，满期金额2.74亿元；上缴各类税金699万元。年度经营绩效考核被省公司评为AAA级公司。公司与市妇联在贡井区成佳镇举行关爱贫困母亲捐赠仪式，为300位贫困母亲每人赠送2万元保额的关爱女性保险。

（中国人寿自贡市分公司）

【太平洋产险自贡中心支公司】 2016年，公司实现总保费收入1.06亿元，比2015年增长4.23%。其中，车险保费9353.02万元，非车险保费1279.67万元。全年受理车险、非车险各类报案1.15万件，滚动结案率96.41%，赔款支出金额5740.19万元，其中，车险赔款5329.81万元、非车险赔款410.38万元。全年实现利润670万元。代扣代缴车船税3.62万辆，实现代征率100%，保险金额334.43亿元，比2015年增长1.90%。5月，入围自贡市政策性农业保险项，全年实现保费收入442万元，完成7个乡镇“三农”服务站和56个村级服务点的网络建设。

（太平洋产险自贡中心支公司）

【太平洋寿险自贡中心支公司】 2016年，公司实现总保费收入2.13亿元，比2015年增长23.5%，市场份额8.5%。其中，个人险新保标准保费2.23亿元，比2015年增长68.1%；个人险新保期缴保费6030.2万元，市场份额13.6%；法人渠道业务保费收入2337万元，比2015年增长30%，全省系统内排名第5位；短意险总量2105万元，比2015年增长31%，全省系统内排名第4位。全年累计满期给付1178件，给付金额1540.25万元；处理各类赔案6998件，赔款金额2061.3万元。上缴各类税金404.3万元。为全市26.9万名独生子女提供“独生子女平安保险”，为全市失去独生子女家庭提供“计划生育特别扶助对象住院护理保险”，全年实现保费284万元，比2015年增长186%。为全市60岁以上老年人提供老龄险，全年累计实现保费313万元，比2015年增长93%。

（太平洋寿险自贡中心支公司）

【平安财险自贡中心支公司】 2016年，公司实现总保费收入1.97亿元，比2015年增长26%，其中：车险保费收入1.8亿元，非车险保费收入1768.6万元。处理各类赔案1.23万件，赔款金额7000余万元；上缴各类税金1125.46万元。中标沿滩区政策性农业保险项目、市公交集团机动车集中保险项目（二标段）。

（平安财险自贡中心支公司）

【平安寿险自贡中心支公司】 2016年，公司实现总保费3.75亿元，其中，新契约保费1.36亿元，续期保费2.39亿元。个险新契约保费1232.6万元、银行代理保费1226.3万元，个人业务保费收入17.3万元/人，赔款支出2184.7万元。全年个险新单保费自贡市场占有率第一。

（平安寿险自贡中心支公司）

【泰康人寿自贡中心支公司】 2016年，公司实现标准保费5062.8万元。其中，个人险实现标准保费3559万元，比2015年增长90.83%；银行保险实现规模保费1.16亿元，其中标准保费1503.8万元。全年完成个人险、团体险、银行险理赔684人次，赔付金额540余万元。其中个人险赔付555人次，赔付360.68万元；银行险保险赔付46人次，赔付金额171.14万元。11月，公司与市第四人民医院联合召开“健保通”直付式理赔服务新闻发布会，该项服务拟于2017年1月1日正式实施。

（泰康人寿自贡中心支公司）

【中华联合财险自贡中心支公司】 2016年，公司实现保费收入7422万元，比2015年下降21.75%。市场份额8%，较2015年同期下降3.4个百分点，在全市财险公司中排名第四位。全年累计支付赔案1.83万件（含农险），比2015年增加4690件，增长34.38%；全年支付赔款6826万元，比2015年增长35.63%。全年上缴各类税收354.52万元，代收代缴车船税等550.51万元。12月，公司以第一名入围2017—2018年度贡井区机关事业单位用车投标业务承办权。成功签订自贡市飞龙峡旅游快速通道工程一切险；获“2016年度四川省文明诚信十佳示范单位”称号。

（中华联合财险自贡中心支公司）

【大地财险自贡中心支公司】 2016年，公司实现保费收入5637.97万元，较2015年同期增长22.82%；处理各类赔案6469件，支付赔款2465.56万元，结案率100.6%。截至2016年12月末，公司在自贡市场份额占比6.1%，列第5位。全年实现利润299.90万元，在大地财险四川分公司系统内排名第一位。

（大地财险自贡中心支公司）

【华安财险自贡中心支公司】 2016年，实现保费收入750.3万元，比2015年增长25.2%，赔款支出283.22万元。公司保费收入自2011年起一直保持正增长。贯彻落实保监会《关于进一步规范财产保险市场秩序工作方案》的文件精神和行业协会的自律规定，全年公司未受到一起客户投诉，未受到一起行政处罚。

（华安财险自贡中心支公司）

【永安财险自贡中心支公司】 2016年，公司实现保费收入1856.43万元，比2015年下降8%，市场占有率2%；赔款支出1298.64万元，比2015年增长12%。全年受理各类赔案2345件，其中，赔付万元以上赔案221件，赔付金额920.75万元。上缴营业税金及其他税金92.92万元，代扣代缴个人所得税17.15万元，代扣代缴车船税253.12万元。

（永安财险自贡中心支公司）

【天安财险自贡中心支公司】 2016年，公司总保费收入1699.5万元，比2015年增长32.8%，增速高于行业增速20.5%。其中，新单保费1379万元，续期保费320.5万元。市场份额1.8%，全市排名第九。赔款和给付支出685.04万元，比2015年增长20.21%。全年处理各类赔案1200余件，代收代缴车船税102.5万元。代扣代缴个人所得税104.02万元，上缴营业税金及其他税金49.47万元。

（天安财险自贡中心支公司）

【安邦财险自贡中心支公司】 2016年，公司完成保费收入306.26万元，其中，富顺机构完成119.72万元，占公司保费收入的39.09%；市本级完成保费186.54万元，占比60.91%。全年代收代缴车船税17.93万元。全年赔款支出187.45万元。

（安邦财险自贡中心支公司）

【中宏人寿自贡市自流井区营销服务部】 2016年，公司实现总保费收入2700万元，其中，首年期缴保费830.42万元，比2015年增长39%；10年期以上首年期缴保费608.82万元，比2015年增长51.98%。处理各类赔案0.12万件，理赔金额261.37万元；上缴各类税金60.48万元。

（中宏人寿自贡市自流井区营销服务部）

【民生人寿自贡中心支公司】 2016年年末，公司现保费收入2.10亿元，其中，银行保费收入1.88亿元，个人业务2229.53万元，赔（给）付金额388.99万元。全年开展反洗钱、反销售误导、反非法集资等宣传活动25次。

（民生人寿自贡中心支公司）

【新华人寿自贡中心支公司】 2016年，公司累计实现规模保费1.81亿元，新契约保费1.10亿元，其中，期缴保费3431万元（个险期缴保费1748万元，续期期缴保费313万元，银代渠道期缴保费728万元，财富期缴保费642万元）。团险渠道规模保费147万元。全年给付理赔款474.86万元，其中，身故赔付158.31万元，医疗赔付148.43万元，其他168.12万元。

（新华人寿自贡中心支公司）

【华泰财险自贡中心支公司】 2016年，公司实现总保费收入1326.21万元。其中，车险完成998.06万元，非车险完成328.15万元，比2015年增长18.74%。累计成立15家EA门店，成为社区内的驻点新型服务站。全年接报案1240件。

（华泰财险自贡中心支公司）

【合众人寿自贡中心支公司】 2016年，公司实现保费收入2448.97万元，比2015年增长23.32%。全年累计满期给付353件，给付金额901.66万元；处理各类赔案155件，赔款金额61.7万元，理赔结案时效1.2天，客户满意度100%。全年上缴各种税款48.02万元，其中代扣代缴个人所得税46.22万元，营业税金及附加税金1.8万元。

（合众人寿自贡中心支公司）

【人保寿险自贡中心支公司】 2016年，公司实现总保费收入3.16亿元，其中，首年期缴保费3834万元，比2015年增长227.64%；首年标准保费7970万元，比2015年增长62.28%；10年期以上期缴保费1889.27万元。新单规模保费市场排名第一。寿代产业务906万元，全年累计满期给付1.35亿元，比2015年增长627.63%。处理各类理赔案件1101件，比2015年增长39.72%，赔款金额1349.54万元，比2015年增长10.83%。城镇职工补充医疗保险参保人数20.649万人。

（人保寿险自贡中心支公司）

【太平人寿自贡中心支公司】 2016年，公司实现保费收入6243.06万元，比2015年增长31.64%。其中，个险渠道保费收入1952.10万元，比2015年增长92.47%；团险渠道保费收入32.20

万元，比 2015 年增长 508.70%；银行、邮政代理渠道保费收入 4243.99 万元，比 2015 年增长 14.23%；电销渠道保费收入 13.63 万元，比 2015 年增长 105.62%；其他渠道保费收入 1.14 万元，比 2015 年增长 0.88%。全年赔款及给付金额 341.01 万元，比 2015 年增长 162.85%，赔付及给付保险 1622 件。年金给付金额 251.09 万元，比 2015 年增长 117.02%，年金给付 1441 件。

（太平人寿自贡中心支公司）

【国寿财险自贡中心支公司】 2016 年，公司实现保费收入 4229 万元，比 2015 年增长 29.8%，高于全市财险市场增速 17.6 个百分点，市场份额 4.5%，市场排名第六位。全年共受理 3653 起理赔案件，比 2015 年下降 22%，其中，已决案件 3421 件，未决案件 232 件，赔款支出 1697 万元。全年查处保险欺诈案件 4 件，挽回直接经济损失 5 万余元。全年上缴营业税金及附加 90 万元，代扣代缴个人所得税 15 万元，代收车船使用税 299 万元。

（国寿财险自贡中心支公司）

【锦泰财险自贡中心支公司】 2016 年，公司实现保费收入 2286.35 万元，比 2015 年减少 10.60%，市场份额为 2.46%，在自贡市场名列第七位，与 2015 年持平。全年开展反洗钱知识、业务技巧技能、公司规章制度、保险法律法规和合规经营等培训 16 场，参加人数 231 人次。全年受理各类案件 1741 件，其中，已决案件 1676 件，赔款和给付支出 715.39 元，未决赔款 267.91 万元。

（锦泰财险自贡中心支公司）

【太平财险自贡中心支公司】 2016 年，公司承保车辆 3928 辆，实现保险金额 30.16 亿，保费收入 1387 万元，比 2015 年增长 30%。赔付金额 668.4 万元，赔付件数 859 件，其中，5 万元以上赔案 17 件。未出现财产险类保险欺诈司法案件。全年上缴各类税金 175.6 万元。

（太平财险自贡中心支公司）

【农银人寿自贡中心支公司】 2016 年，完成规模保费 8590 万元，占全年计划的 107.38%，其中，期缴保费占比 11.18%。银行保费月人均期缴产能 6 万元，比 2015 年增长 36%。全年实现期缴保费收入 960 万元。

（蒋　军）

【光大永明人寿自贡支公司】 2016 年，公司保费收入 1.07 亿元，其中，银保趸交规模 1 亿元，个险期缴规模 500 万元，团险意外险 200 万元，均实现增长态势。公司承保全市第一个 PPP 项目的建工险，实现保费破百万元的记录。主要与建设银行、工商银行、农业银行、邮政银行合作开展银保业务。

（光大永明人寿自贡支公司）

【恒大人寿自贡中心支公司】 2016 年，公司首年银代渠道标准保费 5457 万元，首年寿险渠道标准保费 178 万元。全年无处理满期给付件；处理各类理赔案 32 件，赔款金额约 76 万元。全年营业税金及附加 2.73 万元，5—12 月增值税进项税额 0.23 万元。

（恒大人寿自贡中心支公司）

证券业

【华西证券自贡五星街营业部】 2016 年年末，营业部客户数量 7 万余户，合格账户 6.6 万余户，客户资产总额 37.2 亿元，全年营业部收入 8688.77 万元，实现利润 4449.72 万元，市场份额在自贡地区证券营业部排列前茅。融资融券业务全年开通客户数 1954 户，融资融券总额 2.6 亿元。

（华西证券自贡五星街营业部）

【华西证券自贡丹桂街营业部】 2016 年，实现收入 4635.22 万元，其中，实现销售型收入 132.21 万元、融资型收入 884 万元，实现利润 2296.64 万元；新增 10 万元以上核心客户 174 户，完成增值产品签约 3591 户，实现增值收入 132.14 万元。

（华西证券自贡丹桂街营业部）

【中投证券自贡丹桂南大街证券营业部】 10 月 10 日，中投证券自贡解放路证券营业部迁址至自贡丹桂南大街财富名都 7 楼，更名为中国中投证券有限责任公司自贡丹桂南大街证券营业部。营业部年末合格账户数 4.46 万户。巩固私募综合外包及证券经纪服务等业务，进行限售股争揽，发展股权、债券融资等大型项目，参与新三板、企业融资等业务，服务实体经济，改善营业部单一收入结构。通过投资者沙龙、“3·15”金融消费者权益日、反洗钱宣传、打非宣传等专题活动，开展现场咨询、讲座和户外宣传，保护投资者合法权益。

（戚巧云）

【国都证券自贡紫薇路营业部】 2016年，营业部新增合格账户168户，总客户1209户，实现客户交易量19.78亿元。全年营业部新开客户、创业板客户回访比例100%。通过投资者教育专栏、横幅、宣传折页等形式进行业务宣传和反洗钱、打击非法证券活动等投资者教育工作，注重投资者权益保护。利用“3·15”投资者维权保护日、反洗钱宣传月、打击非法证券宣传月、“12·4”法制宣传日等，帮助投资者认识自身权利和义务，维护投资者合法权益，提高专业服务形象。

（国都证券自贡紫薇路营业部）

【海通证券自贡营业部】 2016年年末，营业部客户资金账户1.60万户，客户资产6.06亿元，A股、基金、国债交易总额237.76亿元；融资融券业务客户78户，融资融券授信总额8910万元。全年举办9次投资者教育讲座，累计参加人数93人次。举办“3·15”投资者教育普及活动、反洗钱知识普及活动、防范非法证券活动，全年向投资者发放反洗钱、投资者教育、防非等宣传折页和手册1800份，向客户发送通知、风险警示、投资者教育警示词条等短信1.99万条。

（张志路）

【光大证券自贡营业部】 4月29日，光大证券股份有限公司自贡汇川路证券营业部获上海证监会批准设立。11月10日，营业部取得由中国证监会颁发的经营证券业务许可证。11月30日，营业部正式营业。

（杨　波）

科技与知识产权

概　述

2016年，全市科技创新工作坚持绿色发展和资源合理利用理念，以发展高新技术产业和培育战略性新兴产业为重点，实施关键共性技术攻关，提高企业技术创新能力，聚集和培育高层次研发队伍，完善创新创业服务功能，优化创新发展环境，为全市"推动振兴发展、决胜全面小康"提供科技支撑。是年，国家知识产权试点城市通过验收，新建省级以上科技创新平台3个，13项科技成果（含专利）获国家、省级表彰奖励，全年实现申请专利1963件、比2015年增长11%，争取实施国家和省级重点科技项目56个，全市高新技术产业产值首次突破800亿元，占工业总产值的比重超过30%，科技对经济增长贡献率高于全省3个百分点，区域创新能力和知识产权综合发展指数保持全省前列。

科技产业

【科技项目实施】　2016年，重点支持节能环保装备、新材料、电子信息、生物医药和现代农业等优势产业的技术创新、成果转化。全年培育自主创新产品42个，17个产品纳入全省战略性新兴产品和重点新产品名单，其中，"舰船用聚酰亚胺轻质材料的研究""超长全封闭空间转弯曲线带式输送机高海拔应用"等18项产业链重大攻关项目获省科技厅重点支持。全市实施各类科技计划项目247项，其中省级以上科技计划项目88项；定额资助国家授权专利745项，奖励科技杰出贡献奖、进步奖、专利奖62项，引导全社会科技创新投入7.9亿元，累计新增产值168.8亿元，科技进步对经济增长的贡献率54%，全社会科技研发投入占GDP比重达0.9%。

【工业科技】　2016年，围绕全市"633"重点产业领域开展产业技术创新。在优势产业领域，重点推动"1000兆瓦超超临界单列高压加热器""新一代核电站用焊接材料"等攻关，掌握CBF锅炉、超长距离管带运输机械、氟硅材料等核心技术。在传统产业领域，实施引进消化吸收再创新，依托四川凯茨阀门制造有限公司等骨干企业，重点发展容器与泵阀设备、CNG及LNG设备、机械密封件等产品链条，增强重大技术装备研发及成套能力；依托四川久大盐业集团公司等骨干企业，重点开发液体盐、调味盐等系列新产品，做大做长产业链；在传统领域推进"互联网+"、智能制造、柔性化生产等先进实用技术，促进产业向高效、节能和绿色化发展。在其他高端成长型产业领域，开展产业技术合作研究，推动技术结构提升和产业革新发展，与中科院天津生物所、浙江大学等高校院所联合开展"飞机发动机叶片""含氟聚酰亚胺泡沫"等一批产学研协同攻关，促进高端成长型产业培育发展壮大。全年组织优势产业企业实施国家和省级重大科技项目16项，省级科技型中小企业技术创新基金12项，全省一般科技支撑计划项目12项。

【农业科技】　2016年，围绕科技扶贫、脱贫攻坚，重点开展农业科技实验示范，推动农业科技成果转化，培育和壮大区域优势特色产业，促进农业农村创新创业。实施农业科技基础平台及载体建设，将荣县蔬菜、富顺甜橙、大安肉牛3个省级农业科技园区打造为新农村建设示范片的核心区、展示区，筹备组建茶叶精深加工、生物技术工程、食品产业、农产品加工及新技术装备等省市级研发中心，提升全市农产业技术的研发能力。推动农业科技成果产业化应用，“大恒肉鸡”配套系推广应用、“蜀宣花牛”推广及产业化开发等一批农产业项目顺利实施，产业化链条初具规模，肉鸡和肉牛养殖分别为自流井区和大安区农业特色支柱产业之一，具有辖区示范带动效应。以项目为载体，在富顺县、大安区等布局科技扶贫示范点，支持跨年再生稻选育、茶树新品种示范推广等项目，全年重点推广新品种15个、新技术5项、新模式2种，落实扶贫专项资金125万元。围绕特色优势农产品，创新发展立体生态循环农业，发挥“自贡火边子牛肉”“自贡冷吃兔”“富顺再生稻”等国家地理标志保护产品的特色化优势与品牌效应，推动农畜品种改良和绿色食品加工业健康发展，构建现代农业技术创新与转化体系，推动农业全链条增产增值。

科技创新与成果

【创新平台建设】 2016年，推进全市科技企业孵化器建设，其中，沿滩工业集中区省级科技企业孵化器建成1.49万平方米孵化场地，毕业企业24户，在孵企业34户；高新区国家级孵化器南岸科技新区完成主体在建工程的80%；四川理工学院采取“一园三区”建设模式，在汇东校区、营盘校区、黄岭校区建成大学科技园区，年内通过省科技厅现场考察和评审。依托四川大西洋焊接材料股份有限公司建成四川省焊接工程技术研究中心，四川威鹏电缆制造股份有限公司获批省级企业技术中心，自贡盐产业技术研究院升级为省级产业技术研究院；新建成“环保型含氟新材料研发中心”等市级中小企业研发机构9个。截至2016年年底，全市建成各类科技创新平台144个。

【成果转化与应用】 2016年，全市获国家、省级科技进步奖8项，其中国家科技进步二等奖1项，省科技进步一等奖1项；评选出年度市级科技进步奖45项，获奖项目中达国际国内领先水平的40项。推动四川安益生物科技有限公司和中国科学院天津工业生物技术研究所实现股权化合作，引进“羟脯氨酸项目”“肌醇项目”等科技成果产业化项目，打造自贡生物科技产业园。以重大技术突破和重大发展需求为基础，推动科技成果的集成应用和产业化，全年组织实施超长距离管状带式输送机等重大科技成果转化项目17项，实现项目产值26.7亿元，登记技术合同180项以上，实现技术合同成交额4.18亿元，实现知识产权质押融资0.8亿元，科技进步对经济增长的贡献率54%。

【高新科技产业发展】 2016年，围绕“633”产业发展体系，推动产业创新驱动发展，出台《关于实施创新驱动推动工业转型发展的意见》，成立高新技术产业投资发展基金，推进高新技术产业发展。支持科技型中小微成长期企业技术创新，开发“专、精、特、尖”产品，提升市场竞争力，重点培育四川科达节能有限责任公司、四川西艾氟科技有限责任公司、自贡市鸿飞电碳制品有限责任公司、自贡市佳源炉业有限公司等科技型中小微企业7户。实施高新技术产品开发培育，新增“新型聚四氟乙烯分散浓缩液SFN－1H”“1000兆瓦超超临界单列高压加热器”等重点新产品4个，全市省级自主创新产品累计76个。开展国家高新技术企业培育和辅导，自贡凯茨阀门有限责任公司、自贡天龙化工有限责任公司等18户企业申报为国家高新技术企业，全市高新技术企业累计62户，全年实现高新技术产业产值805.1亿元，占全市工业总产值的比重达30%。

【发明专利获奖】 4月，全市3户企业的发明专利获2015年度四川省专利奖。省政府以川府发〔2016〕19号文发布《关于授予2015年度四川省专利奖的决定》，其中，东方电气集团东方锅炉股份有限公司的“电站燃煤锅炉烟气脱硫处理用混合装置”专利获一等奖，中昊晨光化工研究院有限公司的“高光泽度聚四氟乙烯分散浓缩液的制备方法”专利获二等奖，四川凯茨阀门制造有限公司的“石油与天然气集输用新型球阀”专利获三等奖。

科技活动

【科技普及】 2016年，利用科技之春、科普宣传月等综合性科技节点，组织开展“创新驱动发展，科技富农惠民”主题宣传活动，提供创新创业指导、农技知识培训和免费义诊等服务，全年累计发放各类科普读本2万份，服务群众5000余人。利用报纸杂志、电视网络等宣传载体，报道全市在科技创新、产业发展、知识产权等方面的成效，策划并推出银政合作推动科技金融服务、校地院企产学研合作、重大科技成果攻关与转化、科技体制创新改革等一批科技专题报道，编辑出版《自贡日报》科技专刊24期，编印出版《自贡市“十二五”科技成就》5000册，营造“大众创业、万众创新”氛围。

【合作与交流】 2016年，围绕高端成长型产业、传统优势产业发展的技术需求，推动域内企业与高校院所合作。晨光化工研究院与济南大学合作承担国家级科技计划项目1项，东方锅炉股份有限公司与清华大学、西安交通大学等高校签订科技合作合同40多项，海川实业有限公司与德国德玛吉中国公司达成合作共建海川航空零部件研发中心意向；浙江大学自贡创新中心服务自贡企业80余家，搭建公共技术创新服务平台1个，孵化四川天法科技有限公司等科技型企业5家。组织自贡中天胜新材料有限公司、四川花语精细化工有限公司、四川省自贡运输机械集团股份有限公司等38户企业参加中国国际高新技术成果交易会、中国科技城绵阳科技博览会、中国西部国际博览会等高端科技展会，帮助企业搭建对外展示交流平台，促进高新技术成果交易、专利技术产品推广及招商引资活动。

【科技服务民生】 2016年，注重社会民生科技发展，坚持以科技助推“大美盐都”建设，开展污染治理、生态修复、大气污染防治等关键技术集成与示范推广，推广生态健康养殖和绿色高效种植。联合内江市科技局，推动四川理工学院、四川省环保装备研究院等科研院所与自贡、内江两地企业合作，完成“釜溪河—威远河流域水污染处理技术集成与示范”工程8个项目的试验示范，累计发表学术论文12篇，受理和授权专利16项，其中发明专利12项，1项研究成果通过省级鉴定。

【明珠社区科普体验馆开馆】 1月14日，全省首个社区科普体验馆在明珠社区开馆。该馆集科普娱乐、益智游戏、休闲生活等民生科普主题于一体，免费对社会开放。体验馆主要围绕社区居民身边的科技创新、科学生活、节能环保、卫生健康、安全避险等问题配置科普展品展具，包括科普屏媒、科普壁挂型类展品、机器人和自动化类展品、科学实践手工套件系列展品、和谐时代区域规划模型展品及安全应急救援类展品，全馆设置“磁易贴”展板73块，其中3D展板48块。

知识产权

【示范创建】 2016年，自贡国家知识产权试点城市通过国家知识产权局考核验收，被评选为2015年度国家知识产权试点示范城市工作先进集体，为全国35个地级试点城市之一。自贡高新区国家知识产权试点园区通过验收，创建为国家级示范区，自贡成为全省继成都后又一个集知识产权城市、区县和园区为一体“三试点”城市。完善国家、省级和市级知识产权试点示范企业递进培育机制，东方锅炉股份有限公司和四川久大集团公司分别晋升为国家知识产权示范企业和国家知识产权优势企业，自贡东联锅炉有限公司、四川鸿康科技股份有限公司等6家企业成为全市第五批知识产权示范企业。截至2016年年末，全市累计创建国家级知识产权试点示范和优势企业6家、省级试点示范企业18家、市级试点示范企业85家。

【专利成果转化】 2016年，全市实现专利申请量1963件，比2015年增长11%，申请发明专利622件，比2015年增长29%；专利授权量1164件，其中发明专利授权量168件，比2015年增长20%；每万人口发明专利拥有量2.6件。全年获国家、省级专利奖5项，其中，东方锅炉股份有限公司“大型锅炉SNCR脱硝枪喷射系统及其使用方法”“电站燃煤锅炉烟气脱硝处理用混合装置”2项发明专利分获中国专利优秀奖和四川省专利奖一等奖。评选出全市首届专利奖16项，兑现奖励45万元。全市新增实施专利126项，新增产值40亿元，比2015年增长19%；新增利税5亿元，比2015年增长28%；36个项目获省、市专利实施与促进专项资金支持，10件专利技术实现有价转让，转让金额0.4亿元。华西能源股份有限公司通过优化专利布局，利用技术优势抢占国际市场，先后与瑞典斯堪的纳维亚生态能源控股公司和土耳其伊兹德密尔能源电力公司签署工程总包合同，订单金额2.4亿美元。

【维权保护】 2016年，依托市知识产权维权援助中心，深化与驻地高校、律师事务所和中介服务机构的合作，开展面向各类市场主体的知识产权公益性援助服务；依托四川理工学院在自贡设立四川省法学会知识产权研究会，为知识产权法治建设提供支撑。通过横向协作、上下联动、集中整治等手段，联合工商、文化等管理部门开展知识产权"双打""维权护航"等专项行动，在专利密集、重点领域、重要环节进行执法检查，全年累积出动执法人员85人次，开展集中执法检查50次，检查重点销售商铺72家，查处涉嫌假冒专利产品案件106件，受理专利侵权纠纷案6件，办案量比2015年增长137%，结案率100%，市科技局被省知识产权局评为2015年度省专利行政执法工作先进集体。

【宣传培训】 2016年，以"4·26"世界知识产权日、专利周等活动为载体，建立多渠道的知识产权宣传平台，营造尊重知识、崇尚创新、诚信守法的知识产权文化氛围。全年开展集中宣传活动10次，发送宣传短信380条，接受群众咨询2000余次，发放知识产权宣传资料4.5万份，制作宣传横幅、展板184个，在各类媒体上发表宣传稿件82篇（次）。到园区、重点企业、学校开展知识产权培训，分类培养各类知识产权人才，全年举办各类知识产权培训班7期，完成省级重点培训项目1个，培训县处级领导干部80余人次，培训企事业单位工作人员900余人次。远程教育自贡分站全年线上举办培训班25期，培训2.3万余人次，位居全国第二，全省第一。

科技人才

【育才机制】 2016年，出台《自贡市科技创新人才培育实施方案》《自贡市关于鼓励科技人员离岗创办领办科技型企业的意见》等激励科技人才创新创业的政策意见，以荣县、富顺县农技推广中心作为试点单位，鼓励科技人员离岗创办领办企业，释放科技人员创新创业活力。围绕全市"633"产业发展领域、重点科技创新方向和重大科技计划项目，培养引进"双千计划"和科技创新创业领军人才，实施科技创新人才梯队建设，发掘培养本土高层次科技创新人才。

【育才成果】 2016年，组织开展自贡市第三批高层次人才"双千计划"评选，"燃煤洁净高效利用技术试验平台开发及应用团队"等5个团队被评为优秀创新创业团队，文传顺等16人分获"杰出创新人才""优秀专家"称号。四川理工学院庹先国等16人获国家自然科学基金项目支持，四川大西洋焊接材料股份有限公司余燕被评为省千人计划创新领军人才，东方锅炉股份有限公司杨志忠获第九届自贡市科技杰出贡献奖，20名行业专家入选省科技进步奖评审专家库名单，9名在校大学生入选自贡市第二届青年科技创新苗子工程。东方锅炉股份有限公司刘泰生、四川大西洋焊接材料公司蒋勇获第九届全国"发明创业奖·人物奖"，东方锅炉股份有限公司、市科技信息研究所各1人入选全国专利信息实务人才名单。

（朱晓文）

教　育

概　述

2016年年末，全市有各级各类学校700所（不含教学点），在校生44.02万人，教职工2.74万人。其中，幼儿园415所（公办园97所，民办园318所），在园幼儿7.09万人；小学119所（另有教学点267个），在校学生17.95万人；初中116所（含九年制学校77所），在校初中生7.67万人；普通高中20所（其中省一级示范校4所、省二级示范校2所），在校学生4.09万人；中等职业学校20所（其中全国1000所改革发展示范学校1所；教育部门管辖17所，其他部门管辖3所），在校学生（含非全日制）2.59万人；特殊教育学校6所，在校学生688人；工读学校1所，在册学生253人；高校3所，在校学生（含非全日制）4.54万人。

教育改革

【概况】　2016年，全市教育领域综合改革遵循省、市总体部署，结合自贡实际，推进实现教育资源均衡配置、教育人事制度改革、人才培养方式改革、教育管理体制改革、办学体制改革等目标。推进中小学课堂教学改革，在小学、初中、高中分学段实施"先学后改"类课堂教学模式改革，组织学生自主学习、小组合作学习，提高学生学习能力和课堂教学效果。推进教师集体备课、教研工作、教辅资料校本化等配套改革。全市评选出2016年度中小学课堂教学改革先进学校10所。

【保障措施】　2016年，制定《2016年度教育综合改革工作任务分解表》，梳理出全市教育领域6个方面12项改革事项，细化10个重点改革项目，制定逐步实施的具体方案。遴选出全市层面的10项关键改革举措，细化落实到各区县、学校，层层分解，分类推进，确保改革整体协同，有条不紊。围绕省、市各项改革部署，在均衡资源、队伍建设、人才培养、教育管理和办学体制改革等"五个重点"方向攻坚突破。全年新出台专项改革方案1个，重要改革及相关配套文件10余个。"自贡市深化改革促进教育公平""自贡市打好教育脱贫攻坚战"等改革经验先后被省教育厅《四川教育动态》、省教育体制改革领导小组办办公室《四川教育体制改革工作简报》和市委改革办《自贡改革动态》刊载推广。建立领导班子集体抓、主要领导亲自抓、分管领导具体抓的改革工作责任体系，制定年度改革台账，实行改革工作项目化管理和动态化督查。将教育综合改革工作纳入分片区教育督导和精细化管理考核范围，通过挂牌督导和年度考核推进教育综合改革工作。

【试点项目】　2016年，推进"自贡市产教融合制度建设""教育资源平台规模化应用""自流井区体育改革""沿滩区艺术改革"等4个全省教育体制改革区域试点项目。制定试点方案，控制改革风险和"试错成本"，实现重点突破与整体创新。全市职业教育制度建设、均衡义务教育资源等改革试点先后通过省教育体制改革办公室和市委改革办的督导调研。在12月28日至29日召开的全省教育综合改革推进会上，自贡市作《增强改革定力 激发创新活力 推进产教融合 服务地方经济发展》的大会经验交流发言。

【社会办学】 2016 年，成都外国语学校、衡水中学、四川嘉祥教育落户自贡，拟于 2017—2018 年实现招生，弥补全市欠缺优质民办基础教育的短板。9 月 27 日，“自贡社区教育大学”在自贡广播电视大学挂牌成立，成为全市终身教育体系骨干力量；12 月 27 日至 31 日，举办自贡市 2016 年全民终身学习活动周。是年，自贡广播电视大学“i－彩灯实验室”被评为全省社区教育“终身学习品牌项目”，四川丽鹰鞋业有限公司董事长冯正贵被评为全省“百姓学习之星”，荣县创建为第一批省级社区教育实验区。

各类教育

【学前教育】 2016 年，根据学前教育第二期三年行动计划（2014—2016）和《自贡市学前教育政府购买服务实施办法》，各区县教育局出台关于普惠性民办幼儿园的认定和扶持办法，促进全市学前教育发展。全市改扩建公办幼儿园 13 所，发展民办幼儿园 25 所；学前三年幼儿毛入园率 87.1%；全市幼儿专任教师 2329 人，教师学历合格率 98.5%；全市培训幼儿教师 3560 余人次，培训覆盖面 100%。贯彻实施《3～6 岁儿童学习与发展指南》，实施幼儿园课程改革，创造性开展保教活动，遏制“小学化”倾向。规范幼儿园办园行为，实行幼儿园分等定级、督导评估和年检制度。3 月，集中开展民办幼儿园摸底调查和清理整顿工作，全市普惠性幼儿园比例达 85% 以上。加强幼儿园卫生保健、校车安全等监督检查，在幼儿园的督导、年检中实行安全工作一票否决制。

【义务教育】 2016 年，实施义务教育学校标准化建设，加强义务教育薄弱学校改造和信息化建设，促进优质教育资源整合与共享。坚持就近入学原则，全面实行划片招生；执行免试入学规定，规范招生行为。以流入地和公办学校为主，100% 统筹解决进城农民工、流动人口子女在城区公办学校接受义务教育，全市安排 5327 人入（转）学。按照《自贡市教育督导考核评估实施办法》和《自贡市义务教育学校办学水平综合督导评估办法》要求，采取分区县组织专业评估组、区县之间交叉循环评估的办法，对全市 116 所初中学校办学水平进行综合督导评估，将评估结果纳入省级示范性普通高中招生指标的均衡分配。是年，自流井区通过县域义务教育均衡发展国家评估认定，贡井区和富顺县通过县域义务教育均衡发展省级评估验收。

【职业技术教育】 2016 年，推进由德国专家组和自贡职业技术学校、自贡市职业培训学院、四川卫生康复职业学院共同实施的中德合作职业教育试点推广项目。试点项目由德方专家遴选学生、主持实验实训室建设、开发培训项目和教材、培训教师等，项目取得初步成效。完成“产教融合制度建设试点”各项任务，被省教育体制改革领导小组办公室评定为优秀等次。5 月 10 日至 13 日，市教育局、市人力资源和社会保障局联合举办自贡市中等职业学校第九届专业技能大赛，220 余名学生参加客房中式铺床、幼儿语言模拟教学、点钞、计算器计算、Photoshop 综合应用、汽车二级维护、气缸及曲轴检验、车工、焊工、电子技能、护理等 11 个竞赛项目，涉及财经、机械、汽车、电子、学前教育、旅游、计算机、护理等 8 个大类专业，覆盖全市 22 所中等职业技术学校。决赛分类别评出团体一等奖 16 个、二等奖 24 个、三等奖 30 个，个人一等奖 49 人、二等奖 76 人、三等奖 97 人，优秀指导教师奖 106 人。是年，市代表队在全省 2 次中等职业技术学校学生技能大赛中获一等奖 5 人、二等奖 15 人、三等奖 19 人。在第十二届全国中等职业学校“文明风采”竞赛省级复赛中，全市 17 件作品获奖，其中，一等奖 6 项、二等奖 2 项、三等奖 9 项；在全国决赛中，全市 2 个大类 6 件作品分获二、三等奖和优秀奖，2 名教师获优秀指导教师奖。根据省教育厅、省经济和信息化委员会《关于开展第二批现代学徒制试点单位遴选工作的通知》（川教函〔2016〕484 号），四川卫生康复职业学院、富顺职业技术学校被确定为全省第二批“现代学徒制”试点学校，探索深化职业院校产教融合、校企合作，创新技术技能人才培养模式的长效机制。实施“9＋3”免费职业教育，年末全市 5 所“9＋3”学校（藏区“9＋3”学校 3 所，彝区“9

+3”学校2所）在校学生378人，2016年度毕业生就业率100%。

【普通高中教育】 2016年，改善普通高中学校办学条件，提升学校办学基础能力。加强干部教师队伍建设，提高干部教师管理能力和教育教学水平。推进课堂教学改革，全面实施集体备课制度，加强高三备考督查指导，提高普通高中教育质量。是年，全市普通高校报考1.37万人，重点本科文化考试上线1534人，比2015年增加244人，增长18.9%；本科文化考试上线4690人，比2015年增加59人。

【高等教育】 2016年，四川理工学院有工学、理学、管理学、经济学、法学、教育学、文学、历史学、艺术学等9大学科门类，21个二级学院，4个一级学科和40个二级学科硕士学位授权点，81个本科专业，面向全国27个省（市、自治区）招生。年末有全日制本科、专科学生2.97万人，研究生335人；专任教师1670人，教授、副教授764人，具有博士、硕士学位教师1127人。学校拥有省部级科研平台10个，省高校重点实验室8个，省高校人文社会科学重点研究基地4个，省旅游科研重点基地1个，参与国家级工程技术研究中心建设2个，与企业共建省级条件共享平台3个，省级产学研创新联盟9个，建有省级大学科技园。该校是国家“中西部高校基础能力建设工程”重点建设高校，是国家“卓越工程师教育培养计划”高校，“国家级大学生创新创业训练计划”单位，首批四川省博士后创新实践基地，是省政府授予的“四川省高新技术产业示范科研单位”，全省首批高校创新改革试点单位。四川卫生康复职业学院有临床医学、针灸推拿、康复治疗技术、护理、医学影像技术、药学、中药学、医学检验技术、医学美容技术、助产等10个专业。其中，教育部“高等职业学校提升专业服务产业发展能力项目”重点专业1个、市级特色专业1个、市级“产教融合”试点专业1个。年末在校学生7868人，其中：全日制学生6425人，成人大专生1443人；专任教师425人，其中：副高及以上职称85人，具有硕士学位教师79人，“双师型”教师100余人。该校为省专业技术人员继续教育基地、国家卫生计生委职业技能鉴定指导中心四川分中心自贡培训基地。自贡广播电视大学系统有校本部、荣县广播电视大学分校、富顺广播电视大学分校3个办学实体，开办中专、专科、本科、研究生教育。年末有各类学历教育在籍生1.05万人、在读学生9500余人；在编教职工130人，外聘兼职教师201人。校本部具有副高以上职称14人、研究生以上学历14人、外聘兼职教师80人，开设本、专科专业50个，与12所全国重点高校有合作办学关系。是年，国家级“i－彩灯实验室”落户自贡广播电视大学，自贡市社区大学在该校挂牌成立。

【特殊教育】 2016年，贯彻落实《特殊教育提升计划（2014—2016年）》，特殊教育学校生均预算内公用经费全部达每年6000元标准。11月，市残联、市财政局、市教育局、市扶贫办、市民政局联合印发《自贡市资助残疾学生和困难残疾人子女助学实施办法》，明确残疾学生和困难残疾人子女助学办法，健全覆盖全体残疾学生的资助体系。是年，全市6～14周岁残疾儿童入学人数2213人，残疾儿童少年义务教育入学率95.6%。

【中德合作职业教育试点推广项目签约】 1月15日，中德合作职业教育试点推广项目签约仪式在汇东大酒店举行。该项目由市政府与发展改革委国际合作中心（ICC）、德国国际合作机构（GIZ）、德国蕾娜范控股股份有限责任公司和珠海市技师学院共同合作，拟通过推广德国职业教育模式，以职业院校为依托，建立中德职教班、培训教师队伍、开展有关职业教育的课题研究，在航空及燃机零部件制造、汽车维修机电制造、养老护理等三个专业开展教学培训。国家发改委国际合作中心副主任宋功美，市委副书记、市长刘永湘及合作企业、合作院校的领导和项目负责人参加签约仪式。

师资队伍

【概况】 2016年年末，全市中小学职工2.74万人，其中专任教师2.12万人（大学本科以上学历1.22万人，中、高级职称1.44万人）。

【教师队伍建设】 2016年，开展“三个一批”（宣传一批师德典型，表扬一批“四有”教师，通报一批失德案例）主题活动，提升全市教师师德素养，规范教师从教行为。实施义务教育学校校长教师轮岗交流，并纳入全市教育综合改革目标考核。各区县探索建立中小学校长教师轮岗交流制度，以县域内教师定期交流轮岗、优质学校与薄弱学校对口支援、骨干教师对口帮扶、薄弱学校教师到优质学校跟岗学习等多种形式，实现中小学校长教师轮岗交流工作常态化管理。是年，全市有86所学校结成对子，派出362名优秀教师到偏远农村学校支教，上挂锻炼135名教师。推进中小学教师职称评聘和岗位设置，制订《自贡市中小学教师专业技术水平评价标准条件》《自贡市深化中小学教师职称制度改革实施方案》，完成全市中小学教师职称过渡及改革工作，首次评审通过正高级教师5人。

【干部队伍建设】　5月，市委组织部与市教育局党组联合制定实施《自贡市中小学校优秀干部人才递进培养工作方案》，以“全市统筹，市县联动，集中培训，分级管理”为原则，经过笔试、面试，在全市中小学校选拔103名优秀年轻干部，通过党校学习、高校培训和跟岗锻炼等方式，提升干部队伍综合素质，为全市教育事业发展储备管理人才。

【首届“我的超级教师”教学技能大赛】　4月9日，由市教育局主办、泰丰国际城冠名、市教师继续教育中心承办，市教科所、市电教馆等协办的全市首届“我的超级教师”教学技能大赛开赛。大赛按学前教育、小学、初中、高中、中职教育5个类别进行比赛，分初赛、复赛、决赛三个阶段进行。初赛设五区两县（含高新区）和市直属学校8个赛区，全市1063名教师报名参赛。比赛邀请学生、家长、教师等大众评委和大学教授、省内外学科专家等专家评委参与评审，产生的优质课程资源将收录进新华文轩资源库和全市名师名课堂资源库。6月17日，技能大赛落下帷幕。来自学前教育、小学、中职、初中和高中五个类别的30名老师，分获冠军、亚军、季军、优秀奖和网络人气奖。

【教师资格“全国统一考试”】　3月12日，首次纳入“全国统考”的全市教师资格考试在塘坎上小学开考。考试包括笔试和面试两部分，全市有1050人报名参加考试，其中笔试按照幼儿、小学、初中、高中、中职的教师类别设置科目。

基础建设

【校区建设】　2016年，实施新一轮学前教育三年行动计划，开工建设13所公办幼儿园。实施农村薄弱学校改造计划，开工建设59所学校179个项目，面积9.32万平方米；完成195所学校182万台/套册设施设备采购。新建和改扩建61所农村义务教育学校食堂。引进2所品牌民办基础教育学校落户自贡，其中1所完成基本建设投资2亿元。全市教育固定资产入统项目71个，完成投资13.64亿元。

【信息化建设】　2016年，全市教育信息化投入2.18亿元，新增“无线校园”学校21所，新装备计算机8941台，新改扩建网络教室233间。全年新建精品课程资源200余节，收集学科资源3700余件，累计容量20T。与四川广电网络自贡分公司共同创办《名师课堂》栏目，开展初中语文、数学、英语名师辅导。组织开展“一师一优课、一课一名师”活动，全市5703名教师参赛，晒课4562节，获国家级奖项25节。组织信息技术应用交流，开展教育教学信息化大赛、教师信息技术论文大赛、中小学生电脑制作等竞赛活动，获国家级奖3人次，省级奖65人次。举办初中化学教师实验操作技能竞赛、幼儿园自制玩教具展评、教师实验教学说课、中小学生探究性实验等一系列实验教学活动，获国家级奖1人次，省级奖61人次。开展全市“十二五”电教科研成果评选，收到论文、课件等7大类作品500余件，有106件作品获奖。开展全市中小学教师信息技术、政府采购专业技术人员、微课制作的理论与实践等培训，累计培训3000余人次。

校园文化

【德育】　2016年，开展“校园读书成才”、中华诗文诵读和文艺体育竞赛等活动，以校园网站、广播站、校报校刊、文化宣传栏、学生手抄报等为载体开展德育教育。实施品格教育，培训骨干教师1000余人次。开展“理想伴我行，共筑中国梦”教育活动，全市30万余名中小学生参与“我的中国梦”演讲、绘画、书法、主持人、讲故事、征文大赛，6400余名学生获市级以上表彰。开展“三爱”（爱学习、爱劳动、爱祖国）、可爱家乡、环境保护、“三节”（节水、节电、节粮）及“四有四不三洁”（“四有”即“有礼貌、有秩序、有诚信、有激情，“四不”即“不乱扔、不乱吐、不打闹、不出粗口”，“三洁”即“学生净洁、教室整洁、环境清洁”）主题教育活动，提升学生思想境界。举行“学习传统文化，传承民族精髓”优秀传统文化教育和经典诵读比赛活动，120余名学生获市级以上表彰。开展中小学生社会实践教育活动，组织学生参加“走进军警营”“走进劳动基地”等社会实践活动。评比命名全市校园文化建设示范学校10所，启动市级文明校园示范学校评选工作。命名表彰市级“三好学生”1200人、优秀学生干部230人、先进班集体210个。

【阳光体育】 2016年，落实大课间活动和课外体育活动，保障学生每天锻炼1小时。组织开展全市中小学生“三好杯”“萌芽杯”田径、足球、排球、篮球、乒乓球、游泳等比赛活动。以“阳光体育、快乐足球”为主题，推进校园足球运动发展，评估命名全市校园足球示范学校15所，创建全国校园足球特色学校建设单位6个。举行自贡市第二届中小学“学、爱、玩”校园足球联赛总决赛，90支男女队、1500多名运动员参加比赛。组织11支代表队参加四川省校园足球联赛总决赛和四川省足球锦标赛，其中，江姐中学初中女子组和高中女子组分获四川省校园足球联赛冠军和季军，蜀光中学获高中男子组亚军；江姐中学女子甲组、蜀光绿盛实验学校男子丙组获四川省足球锦标赛冠军，自贡市汇东实验学校男子乙组获季军。

【艺术教育】 2016年，贯彻落实国务院《关于全面加强和改进学校美育工作的意见》，深化艺术课程教学改革，提高艺术教育教学质量。开展“学长征精神　做红色传人”纪念中国工农红军长征胜利80周年书画、合唱、个人才艺比赛和“童心向党”“阳光成长·快乐生活”庆六一演出、全市中等职业学校“文明风采”大赛、全市中小学“拥抱新年、唱响校园”迎新大合唱比赛等艺术活动。组织学生参加省第十二届优秀艺术人才大赛，获奖人数3000余人次。开展沿滩区省级艺术教育改革整体推进试点工作。

教育管理

【教育科研】 2016年，建立自贡市中小学教育科研专家库，入库专家105人。申报省教育厅教育科研资助金课题18项，立项8项，其中重点课题2项。评审立项2016年市级科研课题50项、第三届市级微型课题项目500余项。推荐14项课题成果参加2016年四川省资助金课题“研究阶段成果”评审，12项成果获奖，其中，一等奖2项、二等奖3项、三等奖7项。选送15项教育科研成果参评“四川省第十七次优秀教育科研成果评奖”，获二等奖2项、三等奖11项，创历史最好成绩。开展市第七届教学成果评选活动，评选出一等奖9项、二等奖30项、三等奖36项。富顺县华英实验学校承办“四川省2016年教育科研川南片区研讨会”，推广该校课题成果《小学生态环境教育资源开发与利用的研究》；沿滩区第二小学承办“自贡市2016年第二次教育科研成果推广活动”，推广该校省级课题成果《融入文化的儿童版画校本课程开发与运用策略》和塘坎上小学的省级课题成果《城乡共同体学校教师教学能力共同发展的策略研究》。完成市第九届中小学、幼儿园教师“四个一”评选活动，参评项目850余个，评选出好文章440项、好教案279项、好课98项、好活动36项。组织全市教育科研专题讲座15次，开展教育教学和师资培训调研，形成《自贡市新教师培训调研报告》《教育科研现状调查报告——以自贡市为例》等成果，并在《教育科学论坛》2016年第4期综合版上刊载推广。

【后勤管理】 2016年，推进学校食堂“两化一建”（自主化经营、精细化管理，构建“阳光食堂”）工作。11月，教育部教育装备研究与发展中心派员到自贡调研学校后勤保障工作，对全市学校后勤保障工作给予高度评价。开展日常监管，在春秋开学或转季时对全市学校食堂、公寓开展常规检查，对学校食堂管理、从业人员进行业务知识培训，建立信息共享制度。创建“示范性标准化学生食堂”，推进学校后勤标准化建设和管理，全市有5所学校接受全省“示范性标准化学生食堂”专家组评审。加强学生用品的采购监督管理，对学生服装和作业本采购企业的划片定点工作进行督查，没发现任何学校和企业存在随意选择和违规违纪的现象。实施教育行业风险体系建设，校方责任保险参保率100%；学生“居民医保”和“新农合”知晓率100%，投保率97.5%；“学生平安保险”参保率95.6%。全市教育系统开展城乡环境综合治理“进学校”工作，该项工作被省教育厅、市城乡环境综合治理工作领导小组评为“优秀”。推进节约型学校建设，市教育局获“全省十二五公共机构节约能源和资源先进集体”称号。

（吴吉斌　向　东）

文 化

体制改革

【管理体制改革】 2016年，出台《自贡市关于加快构建现代公共文化服务体系的实施意见》。完成市图书馆法人治理结构改革试点，组建理事会。完成文艺院团经营管理模式、用人和收入分配等内部机制改革，文艺院团国有资产纳入财政统一监管。调整与完善市广电公司班子成员、内设机构及职能职责。开展文化市场综合执法改革摸底准备工作。

【事业单位分类改革】 2016年，深化事业单位分类改革，撤销市广播电视服务部，市川剧艺术中心划为公益一类事业单位。

【遗留问题解决】 2016年，全市乡镇（公社）老电影放映员、曲艺团人员身份及保险等历史遗留问题得到妥善解决。

体系建设

【项目建设】 2016年，市文化馆完成消防系统安装和内部装修工程设计方案，启动实施室内外装饰。市图书馆完成消防设施升级和外围改造工程。全市完成6个中心书屋、6个乡镇出版物数字化发行网点、85个农村公共服务网点建设和1129个农家书屋的书目补充更新。

【文化民生工程】 2016年，开展113个贫困村的文化惠民扶贫攻坚，实现建档立卡贫困户收看收听广播电视工作目标，完成19个贫困村文化室建设、“村村响”脱贫攻坚任务。实施“一村一月一场”农村公益电影放映工程，免费放映农村公益电影1.35万场、城市社区公益电影300场，60万余人次观看。利用文化资源优势实施精准帮扶，落实项目资金7万元。

【基层文化队伍建设】 2016年，加强全市基层文化骨干培训，组织公共文化服务体系建设培训5期。组织声乐、舞蹈（广场舞）、器乐、戏剧小品、美术、书法、摄影等200余场群众文化辅导培训和“社会主义核价价值观”“感动自贡的历史人物”等8场公益讲座，参训人员2万人次。全市4000余名文化志愿者开展120余场次文化志愿服务活动，525名文化志愿者加入全省“阳光工程”文化志愿服务。荣县双石镇金台村农家书屋获第六届“全国服务农民、服务基层文化建设”先进集体。

文化活动

【大型文化活动】 2016年，重点围绕“文明新盐都·快乐自贡人”主题，组织开展新年音乐会、春节团拜会、自贡春晚、纪念红军长征胜利80周年主题晚会、“颂歌献给党”——自贡市庆祝建党95周年主题文艺晚会、社区艺术节、四川（自贡）第二届京剧票友展演、中国美丽乡村巡展、“中国梦·民族风”大型民族器乐音乐会、“文明盐都·情暖端午”诗会、送文化下乡等大型文化活动。组织参加第六届川南文化交流展示活动、成都G20峰会演出、省青年川剧演员汇演、百姓广场舞大赛等展演赛事，获“似水如歌·声动西南”川滇黔渝歌手邀请赛民族组特等奖，美声组、通俗组一等奖，获奖等次及数量列参赛地区首位。是年，编排一台展示自贡特色与文艺水平的综艺节目在自贡灯会大舞台演出，参演队伍和人数创历届之最，受到各地观灯游客好评。

【文化惠民活动】 2016年，自贡川剧在贡井陈家祠堂、市盐业历史博物馆每月定期开展4场文化惠民戏曲驻场演出，自贡杂技、川剧、歌舞在自贡恐龙馆、荣县大佛等景区景点开展常态化演出。组织专业院团开展“结对子、种文化”活动，到基层实行“点对点”群众文艺培训辅导。组织开展优秀书目推荐、图书惠民展销、中华经典诵读、青少年爱国主义读书教育、“书香家庭”评选等全民阅读活动50余场，受益群众超10万人次。是年，市文化广电新闻出版局被评为省“书香天府·全民阅读”先进单位。全市组织举办文化惠民演出1406场，其中，开展“情暖新盐都·欢乐进万家”送文化下基层及文化扶贫演出380余场，参与人员14.5万人次，惠及50多万群众。

【宣传报道】 2016年，统筹协调媒体资源开展十八届五中全会、“四个全面”战略布局、五大发展理念和全市中心工作等内容的学习宣传，市级以上媒体开展脱贫攻坚、创建全国文明城市等主题采访30余批次，开设栏目专题报道20次。打造推广“看度·自贡”等新兴媒体。《自贡新闻》《直播盐都》《97.7新闻在线》等栏目播发新闻2.7万余条，《行风热线》受理投诉咨询1392件，中央电视台、四川电视台采用稿件502条。FM97.7MHZ通过省第四届广播电视绿色频率频道创建活动实地验收。《中国文化报》等三级报刊刊发自贡文化方面文章200余篇，中央电视台等三级广电媒体刊播自贡文化方面消息300余条，网站刊发、转载文章800余条。《自贡日报》、自贡电视台等市级媒介以专版专题形式集中宣传文化工作特色亮点。开展自贡灯会、中国节庆文化活动与城市发展峰会暨首届中国彩灯文化峰会、自贡彩灯点亮“一带一路”“自贡灯会百城行”“灯彩全球行”、全国文化信息共享工程《川盐古道》纪录片等系列宣传。中国（北京）国际服务贸易交易会期间，《人民日报》以“自贡彩灯元素的四川展厅”为题对京交会进行专题报道，央视《发现之旅》栏目组织专题采访自贡彩灯艺人手绘彩灯活动。策划出版《自贡文化》，建设维护网站、政务微信等宣传媒介，扩大自贡文化的辐射力和知晓度。

【2016自贡春节联欢晚会】 2月1日，2016自贡春节联欢晚会在四川理工学院体育馆举行。晚会以温暖、欢乐为主线，在坚持“本土化”的基础上，突出现代与科技的时代特色，有歌舞类、语言类、魔术杂技类、创意类节目19个，首次增加表现沿滩农民版画的音乐情景剧和曾在国内外多次获奖的杂技《倒立飞砖》。整场晚会通过多种表演形式来展现盐都的文化魅力，展示盐都人民的幸福生活。

艺术创作

【舞蹈】 2016年，双人舞《父子》参加第十一届中国艺术节全国优秀舞蹈节目展。《艺融》获省第二届青年舞蹈展演评比创作三等奖，《沟通》获省第二届青年舞蹈展演评比优秀奖。《大妈爱跳舞》获首届“舞动川南”广场舞邀请赛总决赛二等奖、“欢跃四季·舞动天府”四川省第二届百姓广场舞大赛三等奖，《幸福阿姨幸福梦》获首届“舞动川南”广场舞邀请赛总决赛三等奖。

【歌曲】 2016年，创作完成《青花瓷》《葡萄熟了》《梨花颂》等曲目。《盐船情歌》获“天籁之音·石海之约”第二届西南民歌展演活动优秀表演作品奖。

【杂技】 2016年，《火红奇迹》获第八届CMUC全国魔术大赛金奖。《高车踢碗》《蹬技——蹬板凳》《顶技》等节目完成创排并赴美国、日本等国演出。

【曲艺】 2016年，创作完成话剧微型小品《审判》、话剧小品《石榴树下》。

【戏剧】 2016年，川剧折子戏《杀惜》《盗仙草》分获省第三届青年川剧演员比赛二、三等奖。川剧打击乐《川剧锣鼓与盖板子》入选中央电视台2017年春节戏曲晚会。《还我河山》《盐神的女儿》《文化站长》等精品剧目参加四川省庆祝建党95周年暨国家艺术基金资助剧目惠民展演，到广元、绵阳等6市（州）巡演42场。

【绘画】 2016年，《盐魂》获2016中国青年原创作品展“优秀作品奖”。举办“魏剧丹青”——段昭南绘魏明伦川剧画展，展示、收藏川剧优秀画作113幅。

【小说】 2016年，《幺爷的心事》获“明森剪纸杯”中国第二届微篇小说大赛优秀奖。

【媒介作品】 2016年，原创广播电视公益广告作品《传承非遗文化·守护精神家园》《让爱回家·守护成长》《我是党员·不忘初心》分获省第五届广播电视公益广告创作大赛电视类一、二、三等奖，《反对家庭暴力》《弘扬长征精神·实现伟大梦想》分获省第五届广播电视公益广告创作大赛广播类一、三等奖，获奖等次、数量名列全省市州之首。13件广播电视作品获全省广播电视新闻类节目奖，获奖率81%。创作生产28部（集）网络视听节目，推荐参加全省首届网络视听节目大赛，作品《马桑沟那些事》获入围奖。开展“文明盐都”微视频比赛，征集微电影、微视频30余部（集）。

文化遗产保护

【文物保护】 2016年，自流井区龙凤山社区、贡井区艾叶镇竹林村、大安区三多寨镇徐家村、沿滩区永安镇鳌头铺社区、荣县墨林乡吕仙村、富顺县富世镇后街社区入选第四批中国传统村落名录。编制申报东源井、桓侯宫等9个国家级文物保护项目和沿滩区仙市镇仙滩社区、大安区牛佛镇王爷庙社区传统村落总体保护方案，到位各级文物保护资金2741万元。吴玉章故居树人苑建筑群风貌维修工程等项目通过国家验收，完成燊海井二期、富顺文庙、自流井王爷庙、胡氏民居等维修保护工程以及通虹井等9座天车的抢险排危，实施荣县大佛、西秦公所风貌维修等工程，启动张伯卿公馆、牛佛万寿宫、自流井双牌坊等抢险排危和维修保护工程。组织开展向家坝水库（自贡辖区）灌区实地考古勘探、自贡地区佛教摩崖石刻调研与富顺明代墓葬群、沿滩汉代崖墓群抢救性发掘。举办南丝绸之路化石论坛，开展会理、马边恐龙及其足迹化石调查。历时5年完成全市第一次全国可移动文物普查并获省表彰。完成《自贡市井盐文化遗迹保护管理条例（代拟稿）》，出版鹾海集林《盐业史研究》创刊40周年论文选编和《四川盐运文化圈研究》等10余部盐文化系列书籍。

【自贡世界地质公园】 2016年，制定联合国教科文组织世界地质公园及公园LOGO的使用规定，全面清理与制作安装自贡世界地质公园景区标识标牌、交通引导牌，完善公园标识系统。完成扩园申请资料及宣传片、工作纪实片、中英文儿童读物、宣传折页、导游图册、科学考察指南等材料的收集整理与编撰印制。对大安区土柱村、贡井区艾叶古镇、荣县朱家庙村、荣县山王村等地质公园社区开展地学科普培训。打造土柱村化石保护村、朱家庙村化石保护站，将恐龙元素融入乡村旅游发展。挖掘荣县石笋沟地质遗迹资源，帮助打造地学观光与茶叶采摘等特色旅游。组织自贡世界地质公园旅游商品推介会，公园景区实现特色旅游产品、社区土特产的互动宣传与销售。组织川南自驾联盟穿越自贡世界地质公园活动，首次实现电台、电视台现场同步直播。自贡世界地质公园扩园被纳入联合国教科文组织的首次中期评估，是国内首家通过扩园评估的世界地质公园。

【博物馆事业】 2016年，自贡恐龙博物馆获第二届广州国际文物博物馆版权交易博览会“最佳传承奖”。市盐业历史博物馆被评为国家一级馆，自贡成为全国首个拥有2家一级博物馆（另含自贡恐龙博物馆）的地级市。市盐业历史博物馆编辑的《盐业史研究》列全国历史类期刊论文转载排名第19位。启动《自贡市馆藏精品文物图录》编辑和馆藏珍贵文物预防性保护工程，修复展示2把明代古琴，新增藏品80余件。市盐业历史博物馆精品展入选《中国博物馆展览海外推介目录》。成功举办《盐业史研究》创刊40周年学术研讨会、中国会馆年会、重走古盐道书画展及宋瓷精品展等活动。自贡恐龙博物馆完成“恐龙时代的动植物”展陈改造和拓展青少年教育功能试点项目建设，举办以“科技与创意的狂欢”为主题的第三届自贡恐龙复活节和为期73天的2016韩国庆南固城恐龙世界博览会。全市博物场馆组织开展走进校园科普讲座、走进社区盐业小百科科普讲座、走进农村乡镇科普巡展、走进博物馆科普参观学习等系列科普活动，相继举办《留住乡愁——中国美丽乡村文化篇》摄影图片展、《恐龙去哪儿了》科普人偶剧演出、“榫卯技艺大比拼”“童心绘恐龙”、小小讲解员等系列品牌活动。在“5·18”国际博物馆日，全市三大专业博物馆以“博物馆与文化景观”为主题到学校、社区举办《神奇的恐龙世界》《神奇的盐都，可爱的家乡》《盐的故事》等科普讲座，全市博物馆（纪念馆）接待1.8万人次，散发宣传资料3万份。

【非物质文化遗产】　2016年，组织32项市级以上非物质文化遗产项目开展“静态展览展示、动态展演展销”和特色民间民俗文化展演，龚扇、扎染、剪纸、彩灯、秸秆画等非物质文化遗产项目参加G20峰会之GPFI（成都）会议和第五届中法地方政府合作高层论坛。开展第五批市级非物质文化遗产项目申报，12项区县保护项目入选市级保护项目。完成《自贡民俗之三》资料收集整理。组织开展非物质文化遗产保护培训2期，全市非物质文化遗产工作者、非物质文化遗产项目代表性传承人近200人参加培训。

文化产业

【产业服务引导】　2016年，与省文化厅签订《关于推动自贡文化产业成为支柱产业的战略合作框架协议》。制定《自贡市推进文化创意和设计服务与相关产业融合发展行动计划（2015—2020年)》。引资5500万元，引导17家彩灯企业组建成立自贡灯彩文化产业（集团）有限公司，实现彩灯企业抱团发展。通过制定自贡工艺灯、自贡仿真恐龙标准，自贡彩灯制作工艺逐步迈向规范化、标准化。开展全市文化产业人员培训、政策支持、融资协调、申请专项资金等服务工作。

【项目招商推介】　2016年，梳理包装60个“十三五”重大文化项目，计划投资总额330亿元。通过实施“自贡灯会百城行”，利用中国（深圳）国际文化产业博览交易会、中国（北京）国际服务贸易交易会、中国西部文化产业博览会、中国香港·川滇黔渝文博会、中法地方政府合作高层论坛等活动，通过主题推介、产品展示等方式，推介自贡特色文化产业项目，获16条重大招商线索，四川天煜文化传播有限公司、自贡新亚彩灯文化产业有限公司等与美国、英国、加拿大等国企业签署40余个近1000万美元的灯展合作协议。是年，全市文化系统招商引资到位资金8100万元。

【文化项目及园区建设】　2016年，自贡方特恐龙王国项目签约，启动中华彩灯大世界项目招商，中国盐业博物馆项目进入可行性论证，中国（自贡）“彩灯之乡”文化创意产业园实现投资1.12亿元。是年，全市文化产业完成全社会固定资产投资超4亿元。

【彩灯业】　2016年，与省商务厅签订《关于加快自贡彩灯对外文化贸易创新发展的框架协议》，扩大自贡彩灯对外贸易交流，实现对外文化贸易额1600万美元。全市彩灯企业519家，综合产值超20亿元，其中有3家企业年产值上亿元，市海天文化传播有限公司在新三板挂牌上市。

【文化旅游业】　2016年，春节、国庆等假期，主要文化旅游景区接待游客55万余人次，实现旅游收入2400万余元，分别比2015年增长7.8%和9.1%。

【演艺娱乐业】　2016年，全市文化演艺团体举办商业演出35场，收入3800万元。

【新闻出版业】　2016年，全市印刷企业实现总产值3.11亿元，出版物发行单位年销售总额0.93亿元。

【文化贸易交流】　2016年，完成自贡彩灯、恐龙、杂技、歌舞等对外文化交流和外贸项目30个。市杂技团演艺公司和市中艺文化产业股份有限公司、市海天文化传播有限公司等公司的12个项目列入文化部2016年“欢乐春节”活动，分别在英国、美国、法国、加拿大、新加坡等国家和中国台湾地区举办展演。自贡世界地质公园与香港地质公园青少年文化交流活动入选文化部2016年度全国对港澳文化交流重点项目，为全省唯一和自贡首次入选项目。浙江宁波、绍兴等15个自贡恐龙外展、盐文化科普项目接待观众逾320万人次。

【国家文化出口重点企业及项目】　4月29日，自贡5企业1项目入选2015—2016年度国家文化出口重点企业及项目目录。根据商务部、中宣部、财政部、文化部、新闻出版广电总局联合发布的2016年第19号公告，四川天煜文化传播有限公司、自贡市海天文化传播有限公司、自贡新亚彩灯文化产业有限公司、自贡灯贸股份有限公司、自贡亘古龙腾科技有限公司等5企业入选“2015—2016年度国家文化出口重点企业目录”，入选数占全省38.5%；四川天煜文化传播有限公司的“澳洲华人文化创作有限公司中国彩灯文化推广项目”入选“2015—2016年度国家文化出口重点项目目录”，入选数占全省三分之一。

文化市场监管

【行政审批与服务】 2016年，清理登记市级公共服务事项目录19项，取消市级行政许可项目1项。设立变更15家印刷企业，批准内资出版物准印证166家，完成512家印刷企业、出版物经营与发行单位年度核验。对69家内部资料性出版物单位进行《内部资料性出版物管理办法》培训。

【监管整治】 2016年，完成市和区县级全国文化市场技术监管与服务平台建设，全市文化执法案件从立案查办到审批结案等流程均在全国文化市场监管与服务平台和四川省行政权力依法规范公开运行平台运行。对392家次印刷企业及出版物发行经营网点开展规范经营和查堵反制，对四川日报社等5家省直新闻单位驻自贡机构、《自贡日报》等7种公开报纸期刊进行全面监管。组织检查新闻出版市场670余次，检查出版物经营店（摊）2845家次、印刷企业1445家次，收缴各类非法出版物1.27万册（盘）。查缴“口袋本”非法出版物、儿童仿真版人民币纸钱包、盗版光碟等300余件。是年，市文化综合执法部门获全国“青少年维权岗”称号，2人获国家版权局查处侵权盗版案件有功个人。组织开展网吧、卫星地面接收设施、电影放映、广播电视无线传输秩序整顿及“扫黄打非”等专项行动21次，检查670余次，检查场所5804家次，屏蔽网络有害信息323条，取缔非法出版物经营摊点5个，责令改正186家次，办理文化执法案件116件，全市首例文物类案件入选2016年全省文化市场综合执法十大案卷，某网吧营业期间锁闭、封堵生产经营场所安全出口案评为2016年度四川省文化市场重大案件。开展区域执法协作，派员到西藏自治区日喀则协助侦办出版物市场案件，该案件被文化部评为藏区五大优秀案件。创建全国文明城市期间，累计出动执法人员3600人次、车辆300台次，检查场所3450家次，警告45家、责令改正68家、停业整顿21家。采取人防、技防多头管控未成年人进网吧。组织自贡恐龙博物馆、市盐业历史博物馆、市文化馆等窗口单位通过2016年省级卫生城市复审迎检。

【安全管理】 2016年，邀请消防部门专家开展消防安全培训7次，增强文化市场经营业主安全经营意识和社会责任感。组织大型消防应急救援疏散演练2次，全市文化经营业主1200余人次参加。督促文化市场经营场所建立完善消防应急预案，与业主签订安全生产责任书。组织开展汛期安全生产和夏季消防检查、G20峰会期间文化市场安全防范、今冬明春防火行动等专项整治行动。开展夜间巡查，对重点娱乐场所的重要点位进行全面检查。分类建立健全和规范安全工作档案，组织开展立制建档情况的检查督导。全年开展安全检查380次，出动人员1501人次，检查场所2166家次，责令改正46家。

图书出版发行

【出版印刷管理】 2016年，组织检查670余次，出动执法人员5000人次，检查出版物经营店（摊）2845家次、印刷企业1445家次，收缴各类非法出版物1.27万册（盘），办理新闻广电出版类案件5件。市文化部门与教育部门联合协作，在重要时间节点开展打击盗版教材、教辅专项整治行动，查处危害未成年人健康成长的色情、恐怖、迷信类动漫图片、画册、口袋书籍和音像制品等文化垃圾，全年查缴“口袋本”非法出版物、儿童仿真版人民币纸钱包、盗版光碟等300余件。市文化综合执法部门获全国“青少年维权岗”称号，2人获国家版权局查处侵权盗版案件有功个人。

【版权保护】 2016年，办理免费版权作品登记1675件，超额完成省下达1000件目标任务。完成省著名商标“自贡灯会及图形”上报复审，获续展认定。开展自贡灯会知识产权研究与宣传交流，5户国有企业实现软件正版化。

【图书出版】 2016年，出版鹾海集林《盐业史研究》创刊40周年论文选编，实现收入18万元。

【图书阅览】 2016年，市图书馆采购图书1.05万种2.12万册（套），比2015年增长99.4%。订阅报刊530种，收集地方资料534种572册。完成地方文献数字化4万页，其中，国家图书馆公开课资源建设50集、川盐古道纪录片10集、政府公开信息整合1.1万余条。网站开通试用22种电子资源。触摸式电子图书借阅机下载量7114册。全市图书馆全年接待读者23万人次，网页点击3.99万次，新办借书卡1748张，建立咨询档案200余份。

【图书活动】 2016年，自贡市“文化自贡·书香盐都”全民阅读活动在荣县首义广场启动，约2000人参加启动仪式。该届全民阅读活动包括全市首届“书香家庭”评选、“我的梦”第三届青少年DIY自制图书活动、“共筑中国梦·抒发爱国情”自贡市第二届中华经典诵读比赛、“少儿沐书香”幼儿图书馆主题游、“缅怀革命先烈 弘扬长征精神”纪念长征胜利80周年全民征文、“点亮心灯 共享资源”残疾人系列阅读活动等主题。开展“真人图书秀”和“电子书工坊”公益培训、扶老学计算机公益培训、“小小图书管理员”小志愿者培训等，近500人参加。举办20场公益讲座和读者见面会，开展刘光第、江竹筠、赵熙、吴玉章、宋育仁、卢德铭、邓萍等感动自贡的历史人物系列讲座，听众5000多人次。征集纪念长征胜利80周年文章615篇，编纂出版《回望长征》一书。青少年DIY自制图书162册，全部纳入市图书馆电子书工坊。在省图书馆主办、21个市（州）图书馆分别承办的“把四川寄往世界”大型明信片活动中，自贡市5件作品获优秀奖。组织流动图书车下基层78次，参加“自贡市2016年科普日活动”“自贡市送科技下乡科普月活动”“自贡市文化惠民扶贫活动”和“三下乡”活动，发放《农村科技致富信息》等资料8000余份，接待读者3000余人次，为基层阅览室交换图书6575册。组织到学校、军营、客运站、社区、乡镇等地放映电影151场，观众1万余人次。每周利用共享工程市级中心平台为读者免费播放电影151场次。春节期间，开展视频拜年、对春联、猜灯谜等网络文化活动，为农民工提供网上订票等服务。自贡市全民阅读活动被中国新闻网、网易新闻、凤凰财经、今日头条、中国文明网、e线图情、中国图书馆学会、图书馆界、中国图书馆网、《四川日报》《华西都市报》、华西新闻网、四川日报网、四川在线、四川新闻网、《自贡日报》《自贡晚报》自贡电视台公共频道、综合频道、自贡电台、自贡市人民政府网、自贡网、自贡在线、自贡信息网、市文化广电新闻出版局官方网站等媒体报道达300次。市图书馆获全省“2016网络书香过大年”活动组织奖。

报 刊

【报刊发行】 2016年，全市公开发行的报纸有《自贡日报》《自贡晚报》《四川理工学院报》等3种，公开发行的期刊有《中国井矿盐》《盐业史研究》《四川理工学院学报（社科类）》《四川理工学院学报（自然科学类）》等4种。全年公开报纸发行2196万份，公开期刊发行6万册。《自贡日报》《自贡晚报》年发行量2160万份。有《自贡文化》《自贡人大》《自贡政报》《自贡大事记》等报刊型连续性内部资料和一次性内部资料66种。

【报刊活动】 2016年，《自贡日报》主要推出“2016省两会特别报道”“推动振兴发展决胜全面小康”“弘扬宪法精神推进法治建设——盐都法治人物风采录”“辉煌十二五奋进新自贡”“创建全国文明城市建设幸福美好自贡”“推动振兴发展决胜全面小康——贯彻落实全市县级主要领导干部读书班精神”“两学一做高扬党旗”“推动振兴发展决胜全面小康——重大项目追踪”“决战全面小康全力精准脱贫”“记者走乡镇”等特色亮点专栏，对全市经济、文化、社会等进行宣传报道。围绕市委市政府中心工作，推出《300余名劝导员吹着口哨挥舞红旗》《建设镇禁烧整治出新招》《大安实施五大专项行动》《舞出青春范儿》等报道，反映全市创建全国文明城市的精神风貌和实际行动；聚焦市党代会，开设“推动振兴发展决胜全面小康——市第十二次党代会特别报道”栏目；推出《确保稳增长各项部署落地落实努力实现十三五发展良好开局》《加快转型升级步伐推动老工业基地发展振兴》《重大项目振翼自贡蓄势待飞》等新闻稿，为“推动振兴发展”营造舆论氛围；在“两学一做高扬党旗”专栏中，推出《两学一做关键在做》《凝聚推动振兴发展的思想共识和行动力量》等专题报道；在《记者走基层》基础上，开设“记者走乡镇”“老曹走田坎”“乐乐进社区”“2016 新春走基层”“2016 记者走基层——探访社情民意瞧变化”等专栏，集中刊发《提升群众幸福感》《培育新型农业经营主体》《规模特色创造高效益》等基层一线报道；开设“精准扶贫共建小康”“聚焦脱贫攻坚”等专栏，推出《在家就业搞编织专合养鸡共发展》《八个一批决战脱贫攻坚》《兴隆镇扶贫扶志精准发力》《争取早日实现脱贫目标》《一户一策精准扶贫》《党员带头创新管理》等消息、通讯；开设“讲述身边勤廉故事”“党风廉政·看群众满意度”“专项巡察在行动”等专栏，推出《更加注重实效确保精准用力》《服务零距离办事零障碍》《唱廉歌沐清风反贪肃腐政清明》等消息、通讯，刊发“厉行节约反对浪费”“举全市之力聚万民之心创文明之城”“预防艾滋珍爱生命”“为社会尽责任为他人献爱心”等公益广告及文字图片 200 余件，发挥党报引领舆论作用。《自贡晚报》升级《生活超市》专版，推出“天气早知道”“记者逛市场”等生活资讯栏目，改版推出《悦周末》，整合《晚晴俱乐部》《盐码头》，在《盐码头》开辟“星哥走江湖”“小罗说书场”“寻古访幽”等栏目，刊发一批挖掘自贡井盐文化、风土人情、鲜为人知的历史遗迹等稿件；新增《有趣的世界》《网事缤纷》等，精选刊载新、奇、趣的国内国际新闻；《生活派》每期推出一位达人，分享普通市民在环保、生活等方面的态度与主张，及小人物的大梦想等，为读者提供符合周末阅读习惯的新闻和信息；采写《八旬夫妇花血本　藏品堆满屋价值“百万”》《妈妈哭着放弃孩子何时才能有个家?》《诧异古建筑内办幼儿园无奈　先办园后升省文保》《为抢客源，黑车堵塞班车站点》等民生新闻，发挥新闻舆论引导与监督作用。

【年度荣誉】　2016 年，《自贡日报》获省级以上新闻奖作品 27 件，其中，《自贡企业呼唤“工匠精神”》《“道德银行”播撒文明种子》获四川新闻奖一等奖，《走进一段旧时光　探寻盐都最后的筒子楼》《我们该如何讨要赔偿费》《繁花落尽后拿什么留住游客？——对我市各赏花节的调查与思考》获中国城市党报新闻奖一等奖。《自贡晚报》获省级以上新闻奖作品 4 件，《不服交警罚单　车主“遇事找法”》获“赵超构新闻奖”二等奖，《标准不一　驾校收费有点“乱”》《神犬“贝莎”：跳楼自救，还带着主人救出“姐姐”》获“赵超构新闻奖”三等奖，“2015 年 2 月 3 日 1 版”获“赵超构新闻奖”优秀版面三等奖。

广播电影电视

【平台建设】　2016 年，推进“高清自贡　智慧广电”建设，市县广播电视台相继推出“看度·自贡”手机客户端和微信公众号，市县广播电视媒体融合率100%。完成自贡广播电视台综合频道高清化筹备申报。实施广播电视“雪亮工程”和智慧乡村、社区建设，完成沿滩区板仓社区、荣县金台村、大安区朝天村“雪亮工程”项目 50 个点位试点建设。

【产业发展】　2016 年，新建太平洋大安放映厅、贡井放映厅和汇东影城，实现县级影院全覆盖。全市电影票房收入 5644 万元，比 2015 年增长 15.25%；新媒体产值近 50 万元。

【行业管理】　2016 年，对 90 余名区县、影城和农村数字电影院线管理人员及农村公益电影放映员进行电影管理暨放映技术培训。完成广播电视播出机构年审换证，纠正擅自变更呼号的行为。市文广新局、市无线电管委会办公室、市公安局、市国安局联合端掉 6 座“黑广播”发射台。落实广播电视安全播出机制，全年各重点保障期和重要时段实现零停播、零插播。

（王　云）

精神文明建设

【全国文明城市创建工作】　3 月 28 日，召开全市创建全国文明城市指挥长会议；4 月 18 日，召开2016年全市创建全国文明城市工作推进大会，对全市创建工作进行安排部署，提出年内创建工作实现“加分升位”目标。以对照标准创建、目标分解实现创建工作全覆盖，提出创建工作融入环境、融入工作、融入生活的“三融入”方法论。重点开展以问题为导向、强补短板的“十大专项整治行动”和以依托载体、发动群众共同创建的“十大群众参与活动”。开展“九大类示范创建”活动，在全市范围内评选出31个创建示范点，组织召开现场推进会，发挥引领和示范带动作用。制定《2016年度创建全国文明城市工作考核办法》，通过单位自查自评、考核组实地抽查考核、第三方模拟测评、听取各方综合意见等方式，对6个区县和高新区、34个市级牵头部门、42个责任单位的创建工作按季度进行考核，把创建考核纳入市委、市政府年度绩效目标考核体系。

【开展寻找评议“身边好人”暨第四届全市道德模范评选活动】 2016年，出台《自贡市帮扶和礼遇道德模范实施办法（试行）》（自文明委〔2016〕3号），印发《关于开展寻找评议“身边好人”暨第四届自贡市道德模范评选活动的通知》（自文明办〔2016〕26号）。2月，市委常委、宣传部部长刘敏带队，对历届全国道德模范提名奖获得者、省级道德模范进行走访慰问。5月，印发《关于做好道德模范公益宣传片播放的通知》（自文明办〔2016〕8号），宣传省文明办拍摄制作的《岁月载德·四川省道德模范公益宣传片》。在盐史馆、恐龙博物馆等全市各省级爱国主义教育基地制作展示牌，对全市第三届道德模范先进事迹进行宣传。省级道德模范李模林、市级道德模范杨进强等开展巡讲活动8场次，并拍摄微电影《静静的百里冲河》。向省推荐报送“四川好人”候选人49人，1人入选中国好人榜，10人入选四川好人榜。开展“最美家庭”和“大美医者”评选，评选出全市“最美家庭”10个，全市“大美医者”10人，李爽乐获四川“大美医者”称号，杨进强家庭获第一届全国文明家庭称号。春节前夕，开展“关爱模范·情暖好人”暖冬行动，组织召开自贡市“情暖道德楷模”迎春座谈会。

【社会主义核心价值观宣传教育活动】 2016年，开展“身边雷锋　时代榜样”——争创岗位学雷锋先进集体、争当岗位学雷锋敬业标兵主题实践活动。印发《关于开展“身边雷锋　时代榜样——争创‘岗位学雷锋先进集体’、争当‘岗位学雷锋敬业标兵’”主题实践活动的通知》（自委宣发〔2016〕4号）。分3次公布11个“双争”先进集体和16名敬业标兵，组织媒体进行集中宣传报道。向省推荐报送10余名人选，其中自贡市“FM977”爱心公益协会、沿滩龙湖远达社区获全省岗位学雷锋先进集体，余灵、杨斌等获全省岗位学雷锋敬业标兵称号。开展社会主义核心价值观示范点建设，富顺县富世镇后街社区、荣县双石镇、自流井区郭家坳街大来井社区、贡井区筱溪街青杠林社区、大安区大山铺镇江姐村、沿滩区第二小学校、沿滩区地税局、高新区学苑街白果社区、自贡市蜀光绿盛学校等单位被确定为全市社会主义核心价值观示范点，通过市级新闻媒体对各示范点的经验做法进行宣传推广。按全国文明城市测评体系标准，通过高架广告、楼宇广告、电子显示屏、宣传海报、专栏、传单等形式，在《自贡日报》《自贡晚报》、自贡广播电视台和自贡网、自贡文明网等媒体开设专题专栏，形成全市社会主义核心价值观宣传教育氛围。

【开展“我们的节日”传统文化活动】 2016年，印发“我们的节日”总体安排及各节日实施方案，组织开展元旦、春节、清明、端午、中秋等“我们的节日”主题系列活动，通过献爱心志愿服务、民俗文化传承、讲文明树新风、净化美化环境等活动，营造节日文化氛围。富顺县“万人经典诵读”和贡井区“中秋诗会”成为特色文化品牌。

【文明细胞建设】 2016年，在市检察院召开文明单位创建现场会，推动全市文明单位创建工作。组织开展2016年度省级最佳文明单位、省级文明单位、省级文明村镇（社区）申报工作，全市68个单位、镇、村、社区报送申报计划，其中，向省文明办申报华西能源股份有限公司等为省级最佳文明单位，自流井区检察院等为省级文明单位，富顺县童寺镇等为省级文明村镇。10月9日至11日，4个省级最佳文明单位、6个省级文明单位通过检查验收。印发《关于深入开展文明行业创建活动的实施意见》《关于扎实开展“两学一做”学习教育深入推进文明单位创建活动的通知》等文件，实现创建活动常态化，扩大创建覆盖面。

【农村精神文明建设】 2016年，以美丽乡村建设为主题，深化农村精神文明建设，在贡井区成佳镇等7个全国文明村镇中开展“一堂、一站、一广告”为主要内容的“三个一”建设。各文明村镇制作公益广告，组织开展道德讲堂和志愿者活动。印发《关于在全国文明村镇中进一步加强“三个一”建设的通知》，在纳入全省“百村建设”的5个全国文明村镇中开展“三个一”建设活动，按省要求实施公益广告行动。

【启动文明校园创建】 2016年年初，印发《关于印发自贡市各级各类学校深入开展文明校园创建活动的实施方案的通知》《关于开展2016年全市中小学文明校园示范学校评估工作的通知》，把文明校园创建纳入全市教育重点工作。创建活动以“六好”（把领导班子建设好、把思想道德教育好、把活动阵地建设好、把教师队伍建设好、把校园文化建设好、把校园环境建设好）为要求，促进文明校园建设。内容包括成立自贡市文明校园创建工作领导小组；制定文明校园创建工作规划，通过5年时间，评比命名100所市级文明校园；组织实施文明校园创建工作考核评估；开展文明校园创建宣传动员。是年，全市命名20所市级文明校园，完成省级文明校园申报工作。

【未成年人思想道德阵地建设】 9月，举办乡村学校少年宫辅导员专业技能培训班，全市162名辅导员参加培训。11月，市文明办会同市教育局、市财政局组成联合检查组，采取实地查看、听取汇报、材料审核等方法，对2016年度全市44个中央项目学校的运转情况分别进行考核，在通报考核结果的基础上确定运转资金补助分配。面向全市81所市级以上“乡村（城市）学校少年宫”项目学校征集素材，选出自流井区舒坪镇中心校等5所学校的题材进行打造，委托省文明网制作的电视专题片于12月在四川电视台妇女儿童频道播出，并在微信平台等媒体展播。筹备举办自贡市“乡村学校少年宫”发展论坛暨工作推进会，从62篇论文中选出20篇论文进行成果发布。市职业技术学校和富顺二中被分别确定为市、县未成年人心理成长指导中心，已建成并投入使用。自流井区采取检校合作、社会多方参与的工作模式，在自流井区检察院建成未成年人心理成长指导中心。沿滩团区委首创“心理氧吧”关爱青少年心理健康，与四川理工学院人文学院采取校地联合、购买服务的方式，在沿滩区青少年宫建立全市首个多功能公益性“心理氧吧”，并于8月31日正式运行。7月22日，自贡市第一个校园“未成年人心灵关爱辅导中心”在旭川中学建立。截至是年年末，全市有1所市本级和4所区（县）级（富顺县、自流井区、贡井区、沿滩区）未成年人心理成长指导中心超额完成省下达的60%指标任务。全年新建1个未成年人社会教育创新示范区——明珠社区小型科普体验馆，该示范区全年接待少年儿童400余人，中央人民广播电台网、人民日报网、中国社区网、中国未成年人教育网、四川文明网、四川日报社等媒体对示范区建设运营进行采访报道，成都、眉山等地科协及社区到示范区参观学习。

【文明旅游工作】 4月，自贡市旅游产业发展领导小组印发《关于建立自贡市“文明旅游”工作联席会会议制度的通知》（自旅产组〔2016〕1号），成立由市文明办、市旅游局、市教育局、市外办、市台办、团市委、市商务局、市公安局、市交通局、市住建局、市人社局、自贡海关、自贡日报社、自贡广播电视台等单位组成的自贡市“文明旅游”工作联席会会议领导小组，明确各自工作职责，定期召开工作联席会议，推动全市文明旅游工作开展。全年召开2次联席会议。将旅游发展与创建全国文明城市结合进行宣传，营造文明旅游舆论氛围，《自贡日报》、自贡广播电视台全年刊载刊播相关稿件900余篇条（次）。开展示范旅游创建，命名市恐龙博物馆、汇东大酒店、自贡春秋旅行社为市级创建示范点。

【完善志愿服务机制】 2016年，出台《关于推进志愿服务制度化的年度工作安排》（自文明委〔2016〕2号），印发《关于印发〈自贡市社区志愿服务工作流程和活动项目实施方案〉的通知》（自文明办〔2016〕35号）。组织召开市级有关部门志愿服务座谈会和全市志愿服务组织交流会，组建“百名专家志愿服务团”，初步建成文明自贡志愿服务网。“自贡文明网”建成投入使用，并加入中国文明网联盟及四川文明网联盟，新建“文明自贡”微信公众号，开通“文明自贡”微博，组织网络文明传播志愿者骨干参加省、市网络文明传播志愿者培训。组织网络文明传播志愿者通过微博、微信、发帖等渠道，发布网络文明志愿宣言、话题等内容，传播社会正能量，在线下开展座谈交流、网络文明素养讲座、签名承诺、宣讲动员等活动。

【开展志愿服务活动】 2016年，开展“暖冬行·爱传递”、“志愿自贡·一起来”学雷锋、“城市因我而文明——共促绿色发展，共建生态自贡”义务植树、“众筹时光·情系桑榆”、关爱留守儿童及贫困学生等系列主题活动。组织开展“盐都公益志愿之星”争创评选活动；组织参加“四川志愿·携手圆梦”2016年度四川省志愿服务评选活动，全市4人被评为“四川省百名优秀志愿者”，沿滩区“道德银行”志愿服务项目获评“四川省十佳志愿服务项目”，大安区大安街仁和社区获评“四川省十佳志愿服务社区”。组织参加全省“弘扬雷锋精神·践行核心价值观”知识竞赛、心得征文和公益广告征集活动，其中知识竞赛10人获奖；《激发内心真善美，我们都是“小雷锋”》《我眼中的志愿者》获心得征文三等奖；《幸福号列车出发了》获公益广告平面类一等奖，《新关爱 人生每一天》《奉献 互助》获公益广告平面类二等奖，《雷锋在你身边》《学习雷锋》《雷锋精神万古长青》《雷锋精神万年传》获公益广告平面类三等奖，自流井区检察院《快乐传递、幸福传承》、自贡外国语学校《“学雷锋，树新风”活动宣传剪影》获公益广告影视类三等奖。

（陈相明）

地方志

【概况】 2016年，全市地方志工作贯彻落实习近平总书记系列重要讲话和国务院总理李克强、国务院副总理刘延东关于地方志工作的重要批示、讲话精神，加大《地方志工作条例》《全国地方志事业发展规划纲要（2015—2020年）》《四川省地方志工作条例》等宣传工作，依法强化对地方志工作的协调管理、督促指导，实施全国、全省和自贡市地方志事业“十三五”发展规划，推进“两全目标”（到2020年全面完成第二轮修志规划任务，实现区县综合年鉴全覆盖），加强地情资料开发和地方志理论研究，推动地方志事业转型升级，服务经济社会发展。

【编制《自贡市地方志事业“十三五”发展规划（2016—2020年）》】 7月26日，市政府办印发《自贡市地方志事业“十三五”发展规划（2016—2020年）》，规划包括基础与发展形势、指导思想和基本原则、发展目标、主要任务、保障措施5个方面内容。总体发展目标是：到2016年，全面完成全市第二轮修志规划任务；到2018年，全面实现市、区县两级地方综合年鉴一年一鉴、公开出版；到2020年，全市地方志工作基本走上法治化、规范化、信息化发展轨道，基本形成地方志编修体系、资源开发利用体系、质量保障体系、信息化工作体系、工作保障体系的综合发展格局。

【编辑出版《自贡年鉴（2016）》】 《自贡年鉴（2016）》采用分类编纂法，由类目、分目和条目组成，条目为记述主体。全书在保持框架设计相对稳定和资料连续性的同时，突出体现年度特色，设立“脱贫攻坚”彩版和“十二五”专文，记载重点领域“十二五”发展成就，共收录专题文章18篇；突出体现地方特色，重点记述全市项目建设、产业发展、环境改善、国企改革、民生工程及创全国文明城市工作等方面的内容，突出展现2015年各区县和市级各部门工作的新举措、新成效及老工业城市的转型升级过程，客观反映全市经济社会发展的特点和规律；突出服务功能，结合2015年经济社会发展的特点和领导及群众关心、关注的热点词条，提取热点“主题词”约600条，增强年鉴的实用性和便捷性；规范“编辑说明”，增加指导思想条款，补充“国家标准”说明文字，突出“官书”权威；突出装帧质量，围绕把《自贡年鉴》打造成宣传自贡的一张名片目标，一改沿用20余年的方脊背为精装圆脊背，并在封面和封底凸显地方文化特色。全书设类目38个，有彩页58页，配地图2幅，共93.6万字，由方志出版社公开出版发行。

【改版编纂《自贡大事记》】 2016年，《自贡大事记》使用配图和全彩铜版纸印刷，对目录、页眉和页码等版式设计进行创新，既以文字记述大事始末，又选配有价值的史料图片，实现图文并茂，增强可读性和传播力。全年《自贡大事记》按季编纂出版发行，共编发4期7万余字，向全市各区县、市级各部门和相关单位免费赠阅。

【编纂《自贡设市75周年大事记（初稿）》】 7月，《自贡设市75周年大事记（初稿）》编纂完成，收录1939年至2014年发生在全市范围内的大事、要事。全稿分年度记述，约30万字。

【行业（部门）志修编】 2016年，鼓励行业（部门）志修编，对市国税局、市地税局、市防震减灾局等部门的修志工作进行指导，组织审读《自贡市一医院志》《自贡市防震减灾志》《自贡工商联志》《自贡市地税志》等，并提出修改意见和建议。

【地情资料建库工作】 2016年，与全国160余家地市级地方志工作机构建立联系，与50余家单位达成资料交换意向，交换省内外志书42套、地情资料23套，收集到《四川叙州府志》《嘉定府志》和抗战英雄康博龄个人资料等珍贵史料。通过征集方式，先后收集《四川交通志》《蜀光校史》《欧阳杰油画作品集》等地方文献10多部。通过有偿购买方式，收集部分四川省第二轮省志、《中华人民共和国年鉴（2015）》等资料。至2016年年底，市地方志办地情资料室陈列自贡辖区内志书、年鉴、地情资料书籍500多种，省内外各类志鉴书籍、业务指导用书等1600多种。市地方志办地情资料室全年接待全国各地志鉴爱好者50余次，查阅书籍300余册。

【地情资料开发利用】 2016年，收集整理与自贡相关的地情资料，挖掘自贡历史文化，形成10余篇编研成果，先后在省、市、县级媒体发表，扩大地方志影响力并发挥地方志在宣传教育、规划制定、资源开发、招商引资、古镇建设及文化遗产申报等领域的作用。其中，《中国化工之父范旭东与自贡久大盐业》《段玉裁在富顺的为官治学之道及当代启示》在《巴蜀史志》发表，并在四川地方志网刊载；《跨上千里马　奔向化工城》《自贡久大的前世今生》在《自贡文史》发表；《刘光第曾撰赵化山水志》《志说怀德古镇》《刘光第与长滩古镇》《富顺廉能知县段玉裁》《青年刘光第和他的六位偶像》在《自贡日报》发表；《怀德古镇古迹多》等3篇在《盐商文化》发表。9月，组织编写《巴山皓月，蜀水清风——四川革命先辈先烈及历代先贤名人家风家训辑要》（自贡部分），收集陆游、晏铎、段玉裁、刘光第、赵熙、宋育仁、李宗吾、雷铁崖、谢奉琦、但懋辛等10名自贡先贤人物近5万字文字资料和近100张珍贵图片资料，形成近3万字、60余张图片的报送稿。11月，组织全市各区县开展《乡镇简志》编纂工作，涉及全市13街道、75镇、21乡共109个单位，形成约30万字的初稿。根据相关文献资料和退休干部口述，编辑整理《自贡市地方志纪事（1981—1990）》。

【地方志成果数字化建设】 2016年，推进地情信息数字资源库建设，组织开展全市第一、二轮志书和市、区县综合年鉴数字化处理工作。截至年底，市和区县地方志办通过扫描、拍照和购买社会服务等方式，数字化志书13套、年鉴46册，文字量约5000万字，为“互联网+地方志”及地情网站建设奠定基础。

【业务培训指导】 2016年，对年鉴编纂薄弱区县和部门开展针对性培训。分别在3月、8月到贡井区、大安区开展“地方综合年鉴编写基础知识”培训，着重就年鉴条目编写方法和步骤开展辅导，确保年鉴稿件撰写质量。两区组织区内各乡镇、街道、区级各部门的相关负责人和年鉴撰稿人员近200人参加培训，为《贡井年鉴》《大安年鉴》启动编纂打下基础。

【地方志理论研究】 2016年，市地方志办参与全省第二轮三级志书编修经验课题研究，对全市各区县8部志书开展调查并收集相关资料，形成约5000字的初步成果——《自贡市第二轮修志实践及体会》。10月26日至27日，市地方志办在眉山市召开的全省第二轮三级志书编修经验研究课题项目会上进行交流发言。

【宣传信息工作】 2016年，贯彻落实省地方志办《关于开展地方志集中宣传工作的通知》精神，以宣传贯彻地方志法规、规章和“十三五”发展规划等为主要内容，营造依法治志的环境。先后到贡井区、大安区等开展重点工作调研，宣传落实“市区县综合年鉴一年一鉴、公开出版”的规定，督促启动综合年鉴编纂工作。全年撰写各类信息30余篇（条），制作“修志问道　以启未来”宣传栏3幅。

【参加第六届中国地方志学术年会】 9月5

日至6日，市地方志办参加在兰州市举办的第六届中国地方志学术年会暨“一带一路”与地方志创新学术研讨会，并在会上作《地方志服务“一带一路”建设的路径与方法》的学术交流。

【省地方志办到自贡开展重点工作调研】 12月14日至15日，省地方志办党组成员、机关党委书记王孝平率队到自贡调研指导地方志重点工作。王孝平一行先后实地调研市地方志办和大安区地方志办，听取市、区地方志办负责人及分管领导的工作汇报，就贯彻落实国家和省的地方志工作政策及部署、第二轮修志工作、地方综合年鉴编纂出版、地情资源开发利用、方志馆及信息化建设、人才队伍建设及2017年工作谋划等进行指导并提出要求。调研组还实地参观市地情资料室和建设中的大安区档案馆（方志馆）。

【全市地方志系统业务培训暨首届“走基层、察地情”活动】 培训活动于12月13日举行，分业务培训会和参观考察贡井区盐文化遗迹两个阶段。业务培训内容为《年鉴编纂应把握的基本规范》《人物志的写法浅析》《当前地方志工作面临的形势和主要任务》，实地参观考察平康古桥、艾叶滩、艾叶横街等艾叶古镇的盐运历史文物点，旭水河盐运古道、谢奉琦雕像及国家级文物保护单位“张伯卿公馆”等，对运盐通道、革命烈士及盐商起居地等自贡文化遗迹进行再了解、再认识。全市地方志系统35人参加活动。

【《自贡市志（1991—2005）》获自贡市第十五次社科优秀成果一等奖】 2月23日，市政府以自府函〔2016〕19号文通报表彰“自贡市第十五次社会科学优秀成果”。在50项获奖成果中，《自贡市志（1991—2005）》排名第一，为获得一等奖的两项成果之一。

（市地方志办）

档 案

【概况】 截至2016年年底，全市档案馆馆藏档案、资料总量137.7万卷（册），其中市档案馆馆藏档案、资料总量48.8万卷（册）。是年，全市各级国家档案馆接待档案利用者5.5万人次，提供利用档案10.9万卷次，其中，市档案馆接待查阅档案人员1690人次，提供档案12860卷次；新接收进馆各门类档案54436卷，其中，市档案馆48732卷，区、县档案馆5713卷。

【档案业务指导】 2016年，加强创建全国文明城市档案工作，指导整理省级卫生城市复检档案资料88盒3000余份。全市各级档案行政主管部门依法对369个机关单位档案工作规范化进行业务指导和检查，对273个科技事业单位、国有及国有控股（参股）企业、民营企业档案工作进行调研指导，按档案规范化建设标准对69个机关、企事业单位进行认定或复查；对各园区及园区内30户企业的档案工作开展调研、指导、培训；监督指导重大建设项目档案工作，市档案局与市发改委联合印发《关于认真做好自贡市2016年省、市重大建设项目档案管理工作的通知》《关于开展省、市重点建设项目档案工作检查的通知》，验收富顺县公安局业务用房、S305富顺段绕城改线工程A段（一期）和自贡监狱综合业务楼项目档案3个。市档案局与市扶贫办联合出台《关于进一步加强精准扶贫档案工作的实施意见》，对各区县精准扶贫档案工作进行调研、培训和指导；指导各区（县）土地承包确权颁证登记档案工作并参与省组织的验收；印发《进一步搞好农民集中居住点项目档案建设工作的通知》，完成6个农民集中居住点项目档案规范化管理试点工作。开展全市民营医疗机构建档工作调研，对人社、医疗、教育、农业等涉民领域档案工作进行指导。出台《自贡市国家档案馆民生档案异地查档跨馆服务办法》，指导各级档案馆开展民生档案异地查档跨馆服务。

【档案法制】 2016年，完善行政权力依法规范公开运行和“两法衔接”工作，以落实《档案管理违法违纪行为处分规定》为重点，对全市档案执法检查和专题调研进行总体规划，全年完成27个单位的年度行政执法检查；出台卫生计生、精准扶贫、农村土地承包经营确权登记颁证档案工作的规范性文件，完善全市档案地方规章体系。全市各级档案部门利用“6·9”国际档案日、“12·4”法制宣传日等节点，开展档案进机关、进社区、进企业活动，发放《中华人民共和国档案法》等档案法律法规宣传资料1万余份。

【档案信息化建设】 2016年，市档案馆馆藏档案数字化工程第1期全面开展，完成5.4万卷档案数字化工作，形成档案扫描件615万页，并导入自贡市档案馆数字档案管理系统，实现档案原文计算机查阅利用，提高查档效率。是年，全市各级档案馆完成档案数字化6.7万卷、314.7万件，形成扫描件1585万页。市档案局门户网站纳入市政府网站集约化管理平台统一管理，全年在该网站发布各类政务信息150余条。

【档案资源开发】 2016年，市档案局参与市政协、市文联主办的《自贡记忆》丛书的编写工作，完成丛书首卷《以盐诉说的历史》的撰写、编辑工作；与江苏凤凰出版集团合作，完成《自贡盐业历史档案·契约卷》样稿的初步校对和完善；与市委宣传部合作，拟定《中国井盐百年缩影》方案，并开展该项目的申报、素材收集等工作。荣县档案局与四川大学合作编辑出版《抗战》，贡井区档案局配合贡井区作家协会编辑出版《贡井文学作品集》《西场铁事续集》，自流井区档案局协助自流井区文广新局出版《釜溪河》。

【档案接收工作】 2016年，市档案局开展地方特色档案征集和民生档案接收，征集到自贡市名人幸代明、曹念、朱时昔等个人作品55册（幅），接收《四川省自贡市胡慎怡堂简志》《富顺县自宋至清进士举人贡生人数初考》等4册捐赠资料和自贡市知青到凉山工作生活电子照片245张。开展破产改制企业档案接收，全年接收该类档案2.38万卷，规范整理14个单位7085卷、7711件档案。

【档案宣传教育】 2016年，利用“6·9”国际档案日及“12·4”法制宣传日等节点，开展档案宣传。全市档案系统发放宣传资料1万余份，悬挂标语挂图90余张、摆放展板23块。市档案局与自贡广播电台联合推出“档案与民生”特别节目，讲解宣传档案知识，利用广场宣传点、听众连线开展互动采访、有奖知识问答等；组织实施征文比赛、寻找最美档案人等活动，扩大档案的社会影响。是年，在《自贡日报》《四川档案》《中国档案报》《中国档案》等报刊刊发全市档案工作稿件，组织档案人员继续教育培训、业务会等12批次，参训人员1372人次。

（陈彰兰）

灯　贸

【第22届自贡国际恐龙灯会经贸交易会】 1月21日，第二十二届自贡国际恐龙灯会经贸交易会开幕，市委书记雷洪金，市委副书记、市长刘永湘，市政协主席潘泽金等出席开幕式。门票价格为春节票价（初一至十五）100元，周末票价（周五至周日）60元，平时普通票价40元。灯会由市政府和省文化厅联合主办，首次采用网格化模式划分布展区域，以“美丽中国梦、璀璨自贡灯”为主题，策划设计“最炫中国风、浪漫法国情、伟大民族魂、吉祥中国年”4个核心板块，共128组灯组。其中，大唐华章、华灯溢彩、埃菲尔铁塔、光荣城市等大型灯组创新设计和工艺制作视觉震撼强，观赏价值高。“浪漫法国情”是“自贡灯会+”创意模式的大胆尝试，以自贡彩灯语言艺术呈现法国著名文化元素凯旋门、卢浮宫、埃菲尔铁塔、巴黎时尚、法国大餐等，既展示中国彩灯文化多元化表现形式，也体现自贡灯会的国际性、包容性，受到观众喜爱和赞誉。第22届自贡国际恐龙灯会经贸交易会历时55天，接待中外观灯游客206万人次，实现灯会总收入5876万元，观众人数、门票收入比上届灯会增长13.8%和22.5%，在2016年春节旅游人气盘点报告中排名全国第七位。灯会期间，推出投资总额约1000亿元的139个招商项目；累计实现社会消费品零售总额88.65亿元，比2015年同期增长12.3%。

【灯会宣传】 2016年，新华社（网）、中央电视台、中央人民广播电台、国际在线、中国新闻网、《中国日报》《中国文化报》《四川日报》、四川广播电视台、四川新闻网、腾讯大成网、《成都商报》《华西都市报》《四川经济日报》、四川在线、四川经济网、《华西城市读本》、四川吃住行网、香港紫荆杂志社等媒体关注和宣传报道自贡灯会，新华社《自贡：灯会亮灯年味渐浓》、中国新闻网《四川自贡灯会美轮美奂》、光明日报社《自贡灯会醉游人》、中国日报社《第22届自贡国际恐龙灯会游人如织》、中国网《自贡国际灯会明晚震撼亮灯　蜀地刮来最炫中国风》、四川日报社《猴

年灯会开幕了 快到自贡来观灯》等媒体宣传报道图文并茂、生动活泼。《中国日报》海外版、央视《文明密码》栏目、成都电视台《YOYO天下》栏目对自贡灯会进行专题报道。人民网、中国网、新华网、凤凰网、新浪网、和讯网、大成网、四川新闻网、四川经济网、四川日报全媒体集群等门户网站发布的自贡灯会照片、视频吸引众多网民关注点击，自贡灯会成为微博、微信等新媒体的网络热词。灯会期间，全市接待中外媒体记者500余人，中央、省、市各类媒体和网络发布灯会报道、专访、消息等919篇（条），比上届灯会增长15.43%。川内市州日报、电视台、晚报宣传报道自贡灯会稿件70多篇（条），比上届灯会增长8.28%。

【灯会筹备】 2016年，第23届自贡国际恐龙灯会筹备工作包括创意策划、灯组评比、招投标、制作安装与宣传营销等。是年年底，在近1000幅原创设计中遴选出130幅优秀作品，以中国形象、全球视野、中国故事、国际表达为理念和情怀，集中展示新时期彩灯艺术，评出灯彩佛陶等10件灯会最具人气文创产品。成立“自贡彩灯绽放全球”北京工作组，配合灯会及相关活动开展宣传报道，与10余家旅行社和观灯旅行团体达成合作意向，与中宣部、全国友协、人民网、环球时报社、中央电视台等单位、媒体开展对接，自贡灯会新闻发布纳入国家级宣传媒体报道内容。筹划推出“哈尔滨冰雪嘉年华”“梦幻侏罗纪乐园”“荣县大佛主题灯会”等配套活动。

【中国灯城建设】 2016年，全市新建和维护城区26条街道、55个节点共计108组灯饰景观，临街楼宇进行景观照明装饰，主要街道、节点摆放鲜花102万盆，主城区补植草坪8690平方米，补种各类灌木10万余株，维修7处大型社区公共文化广场，新增路灯照明近100盏。

【彩灯公园建设管理】 2016年，投入资金16万元完成彩灯博物馆监控系统安装、广场水窗板、道路、护栏、堡坎、路灯、垃圾桶等园内设施的维护更新。落实“三定”管理，整治园内环境卫生和食品安全，落实主体责任，确保园内游乐项目运营安全。

【国家级“i－彩灯实验室”体验中心挂牌】 2月2日，国家级“i－彩灯实验室”体验中心挂牌成立。“i－彩灯实验室”由省、市广播电视大学共建，是教育部社区教育研究培训中心批准的国家级社区教育项目。项目分线下和线上两个板块，线下“体验中心”在彩灯博物馆内，可提供彩灯制作咨询指导、材料、工具等；线上为网站，主要展示自贡彩灯历史、制作工艺流程、彩灯文化产业发展等。

【首届中国彩灯文化峰会在自贡召开】 2月27日至29日 中国节庆文化活动与城市发展峰会暨首届中国彩灯文化峰会在自贡召开。峰会由亚洲财富论坛、中国节庆产业年会组委会、第22届自贡国际恐龙灯会组委会联合主办。大会围绕“彩灯产业发展走向”话题，举行首届中国彩灯文化峰会主旨报告会、首届中国彩灯文化峰会宣言、中国彩灯文化发展对话会等活动。峰会确定，以后每两年2月的最后三天，在自贡举办中国彩灯文化峰会。峰会上，自贡灯会获“最具文化传承奖”，市海天文化传播有限公司获“中国节庆品牌示范基地”称号。江苏南京、浙江海宁、福建泉州、湖北武汉和自贡等地的灯会流派和彩灯企业，全国文化节庆、旅游、产业专家及政府官员和新闻媒体的代表200余人参加峰会。全国工商联原副主席、北大国家软实力研究中心理事长沈建国，市委副书记、市长刘永湘等出席峰会。

（王 云）

卫生·计生

概　述

2016年，全市卫生计生系统坚持项目引领，增强事业发展内力，四川卫生康复职业学院新校区、卧龙湖康疗中心一期工程、市妇幼保健院门诊保健大楼二期、市疾控中心业务用房建设等项目开工建设。实施健康扶贫“五大行动”和“十免三补一减一控一体检两提升”政策，开展健康扶贫“八个一”活动，贫困人口县域内住院个人医疗费用支出实现零支付。推进医疗卫生体制改革，成功申报全国第四批城市公立医院综合改革联系试点城市，城市公立医院全部取消药品加成，累计药品让利患者4397.74万元。市疾控中心建成全省公共卫生类唯一院士工作站。富顺县建成国家级妇幼健康优质服务示范县和省级结核病防治示范区。自流井区建成省级免疫规划示范区。全市建成省级重点专科2个，立项3个。省级卫生城市复审通过现场检查，贡井区五宝镇、富顺县代寺镇建成国家卫生乡镇，建成省级卫生乡镇8个，省级卫生村44个。全市法定传染病发病率320.92/10万，连续13年低于全省平均水平。自贡市作为全省唯一市（州）被纳入国家级结核分级诊疗和综合防治服务模式项目试点城市。成功申报省级医养结合试点城市，争取到健康服务业发展省级补助资金500万元、中央卫生计生项目6个，计划总投资1.01亿元。

卫生计生机构及人员

【卫生计生机构】　2016年年末，全市有医疗卫生机构2274个，其中，三级医院7个、社区卫生服务中心（站）31个、乡镇（中心）卫生院96个、村卫生室1623个、疾病预防控制中心7个、妇幼保健院7个、急救中心1个、采供血机构1个、卫生执法监督机构8个、计划生育技术服务机构41个；床位1.88万张。

【卫生计生人员】　2016年年末，全市卫生计生人员22799人，其中卫生技术人员17020人［执业（助理）医师6481人，注册护士（师）7241人］。每千人口有卫生技术人员6.20人，每千人口有执业（助理）医师2.36人，每千人口有注册护士2.64人。

医疗卫生服务

【诊疗服务】　2016年，全市医疗卫生计生机构总诊疗人次数1515.01万人次，较2015年增加83.15万人次，增长5.80%。其中，公立医疗卫生计生机构总诊疗1217.48万人次，占80.36%；非公立医疗卫生机构总诊疗297.53万人次，占19.64%。全市居民每年到医疗卫生计生机构平均就诊5.47次（以2015年年底常住人口计算），较2015年增加0.26次。

【住院服务】　2016年，全市医疗卫生计生机构入院人数63.36万人，较2015年增长4.60%；出院人数63.38万人，较2015年增长4.90%。医疗卫生计生机构出院人数中，医院42.96万人，占67.78%，较2015年增加6.20%；乡镇（中心）卫生院16.51万人，占26.04%，较2015年增长1.20%；妇幼保健院3.10万人，占4.90%，较2015年增长7.20%。

医疗技术及设备

【医疗技术】 2016年，全市5个医疗机构16项科技成果获自贡市科学技术进步奖，其中，二等奖3项，三等奖13项。全年获“实用新型专利”17项，8个医疗机构35项新技术项目获市卫生计生系统2015年度引进医学新技术和推广医学新成果奖。

【医疗设备】 2016年年末，全市万元以上设备总价值14.26亿元，共12102台，较2015年增长28.9%。其中，10万元以下9514台，10万元至49万元2177台，50万元至99万元234台，100万元以上177台。

医疗管理

【医疗机构能力建设】 2016年，全市1家医院通过二级甲等复评，5家医院通过二级乙等评审，3家医院通过一级甲等评审。

【医疗服务质量和安全管理】 2016年，制定《自贡市提升医疗质量工作方案（2016—2017年）》，开展医院内涵建设年和民营医院管理年活动。开展医疗机构优质护理服务、院感管理、抗菌药物使用、“四合理”和病历书写质量等专项检查9次，巡查和跟踪检查6家医院。健全完善医疗质量管理控制体系，富顺县建成县级医疗质量控制中心9个。出台《自贡市医师不良执业行为记分管理办法》，对6名医师不良行为给予记分管理。完善医疗纠纷人民调解制度和推进医疗责任保险统保工作，拓展医疗纠纷解决途径，患者投诉数、医患纠纷数分别比2015年下降5%、6%。

【血液安全管理】 2016年，自贡市连续第五次获“全国无偿献血先进市”称号。率先在川南地区建成血液核酸检测实验室。开展首届市级爱心血库和爱心奉献单位星级评定授牌活动，52个市级部门、单位受表彰。推进医院用血直报系统建设，14家医院实现患者用血后即时退费。

疾病防治

【重点疾病防控】 2016年，全市法定传染病发病率320.92/10万，连续13年低于全省平均水平。推进艾滋病综合防治城市示范区工作，完成省下达艾滋病各项防控指标。全市消除疟疾工作达国家标准。自贡市作为全省唯一市（州）被纳入国家级结核分级诊疗和综合防治服务模式项目试点城市。

【免疫工作】 2016年，全市国家免疫规划疫苗报告接种率99.68%。新建成数字化门诊1个，规范化预防接种门诊覆盖率100%。自流井区建成省级免疫规划示范区。

【慢病综合防控】 2016年，全面完成国家重大公共卫生专项脑卒中高危人群筛查干预项目，筛查人员6000人。全市严重精神障碍患者检出率5.23‰，在册患者年管理率89.63%，在管患者治疗率62.11%，居全省前列。

【疾控机构能力建设】 2016年，市疾控中心建成全省公共卫生类唯一院士工作站。全市疾病预防控制机构等级评审率85.71%。

公共卫生

【基本公共卫生服务】 2016年，强化基本公共卫生服务项目宣传，开展各类宣传活动100余次，发放宣传资料20万余份，义诊群众10万余人。规范实施基本公共卫生服务，全市城乡居民电子健康档案规范化建档率96.26%，高血压、糖尿病健康管理率分别达63.15%、54.23%。

【妇幼保健】 2016年，实施妇幼健康服务十大保障行动，健全规范高危孕产妇筛查管理、产儿科急救网络建设。大安区妇幼保健院通过二级甲等妇幼保健院复评。富顺县建成国家级妇幼健康优质服务示范县。是年，全市孕产妇、婴儿死亡率和5岁以下儿童死亡率分别控制在8.02/10万、3.33‰、5.65‰，较2015年明显改善。

【卫生监督】 2016年，整合各区县卫生计生监督执法队伍，统一更名挂牌，明确职责范围；乡镇（街道）、村（社区）正式履行卫生计生监督执法及信息收集报告职能。建立健全监督执法“双随机”机制，实行执法全过程记录。强化医疗卫生、放射卫生、学校卫生、生活饮用水及计划生育综合监管，检查各级各类单位4200余家次，行政处罚169起，案件数量比2015年提高21%，罚款及没收违法所得51.38万余元。

【食品安全】 2016年，全年采集食品污染物监测（理化）、食源性致病菌监测（微生物）样品438件，获取参数2844个，样品监测总任务完成率100.46%。将全市14家二级以上医疗机构全部纳入哨点医院，采集食源性疾病病例信息1500余例，无食源性异常病例和异常健康事件报告。严格食品安全备案审查，备案食品企业标准30件。

【爱国卫生】 2016年，省级卫生城市通过复审。贡井区五宝镇、富顺县代寺镇建成国家卫生乡镇，建成省级卫生乡镇8个，省级卫生村44个。

【卫生应急】 2016年，推进卫生应急指挥平台建设，完成市、区县、乡镇三级医疗卫生机构应急数据采集录入。健全应急预案体系，修订《自贡市自然灾害卫生应急预案》，开展生物反恐卫生应急演练。强化突发公共卫生事件监测预警和信息报送，突发公共卫生事件处置科学及时。

卫生计生项目与设施

【卫生项目】 2016年，四川卫生康复职业学院新校区项目、卧龙湖康疗中心一期工程、市妇幼保健院门诊保健大楼二期项目、市疾控中心业务用房建设项目开工建设。市一医院儿科住院楼及全科医生临床培训基地项目进入主体基础施工。市三医院住院大楼改造工程、市四医院住院大楼及消毒中心综合楼工程投入使用。

【卫生计生设施】 截至2016年年底，卫生计生机构总资产59.13亿元，较2015年增长16.60%；负债22.48亿元；净资产36.65亿元。资产负债率38.01%，较2015年上升0.11个百分点。

中　医

【中医院改革】 2016年，启动公立中医医院综合改革，印发《自贡市同步推进公立中医医院综合改革的实施意见》。推进中医药健康服务业发展，市政府出台《自贡市中医药健康服务发展规划(2016—2020年)》。市中医医院先后与7家养老院合作开展健康服务工作。

【基础能力建设】 2016年，全市乡镇卫生院、社区卫生服务中心中医药技术方法使用率分别达96%和100%，基层中医药服务量占总服务量的45.07%。全市2人获省优秀中医临床人才称号。10个省级重点建设中医专科、2个省级重点中医专科通过省中医药管理局验收。

医药卫生体制改革

【公立医院改革】 2016年，成功申报全国第四批城市公立医院综合改革联系试点城市。城市公立医院全部取消药品加成，同步调整医疗服务价格，全市公立医院累计药品让利患者4397.74万元。

【分级诊疗】 2016年，印发《自贡市人民政府办公室关于巩固完善分级诊疗制度建设的实施意见》，健全完善分级诊疗制度。患者县域内就诊率90%，基层首诊、双向转诊、急慢分治、上下联动的就医格局初步形成。

【基层卫生】 2016年，印发《关于进一步落实乡村医生补助政策的通知》，从提高乡村医生养老保障水平、建立风险化解机制、提高村卫生室补助标准等方面提升村级医疗机构保障水平。12家乡镇卫生院建成“群众满意的乡镇卫生院”，自流井区新街社区卫生服务中心被评为四川省优秀社区卫生服务中心。在全省基层卫生岗位练兵和技能竞赛活动中获全科团队综合一等奖，城市、农村全科个人综合一等奖等奖项。

计划生育与健康扶贫

【出生死亡人口】 2016年，全市死亡人口2.22万人，人口死亡率6.70‰；出生人口3.28万人，人口出生率9.90‰；人口自然增长率3.2‰；出生人口男女性别比106.73；常住人口278.08万人。

【计生家庭帮扶】 2016年，落实计划生育特殊家庭“两项制度”，发放奖励扶助和特别扶助资金7527.31万元，惠及5.53万人。建立计生特殊家庭就诊绿色通道、免费体检、重大传统节日和扶助对象生日慰问、领导结对帮扶和联系人制度，试点开展计划生育家庭居家养老照护工作。在全省率先购买计划生育特别扶助对象住院护理保险，补助262人次护理费用33.5万余元。

【流动人口计生服务管理】 2016年，开展流动人口计划生育技术服务、优生优育、生殖健康、奖励扶助、生育关怀救助等服务，流动人口电子健康档案建档率92%，实施免费婚检121人，孕前优生健康检查136人，计划生育技术服务7901人次，发放避孕药具2.36万盒，关怀关爱流动人口3526人次。

【健康扶贫】 2016年，全面实施健康扶贫“五大行动”和“十免三补一减一控一体检两提升”政策，开展健康扶贫“八个一”活动，19个贫困村卫生室标准化建设全部完成，建档立卡贫困人口全部建立健康档案，为4.54万名在家贫困人口免费开展健康体检。组建市、县区、乡镇健康扶贫巡回医疗队126支，开展贫困村、贫困户疾病筛查、诊治及健康指导等巡回医疗服务，实现113个贫困村全覆盖。全市医疗机构开通贫困患者就医绿色通道，实行住院先诊疗后结算制度，贫困人口县域内住院个人医疗费用支出实现零支付。

信息化建设与宣传

【信息化建设】 2016年，建成省级数字医院14家。二级以上公立医疗机构完成居民健康卡用卡接口改造，实现群众跨区域、跨机构使用居民健康卡“一卡通”。为贫困人口发放居民健康卡，远程区域影像诊断量突破8万例，在全省领先。

【卫生计生宣传】 2016年，围绕健康中国自贡行动、医药卫生体制改革、健康扶贫、全面两孩政策等工作开展系列宣传报道，在省级以上主要媒体发稿456篇，国家级媒体采用40篇。评选“健康中国自贡行动——大美医者”13人。开展文化阵地建设，首个健康主题公园——南湖公园打造完成。全年无重大负面舆情发生。

依法行政

【机制建设】 2016年，出台《重大行政决策程序规定》《法律顾问管理制度》等制度，健全以事前预防和事中控制为主、事后补救为辅的法律风险化解机制。建立健全执法全过程记录、法制审核、执法信息公开、执法人员资格管理等制度，规范行政执法行为，全市未发生行政复议和行政诉讼案件。开展法治宣传教育，推进普法宣传和“法律七进”活动，科级干部学法培训面达95%以上。

【行政审批】 2016年，深化行政审批制度改革，清理、规范市县两级行政许可事项、前置条件等，优化事项办理流程。全年受理办结卫生行政许可事项8198件，按时办结率、现场办结率、群众满意率均100%。

（市卫生计生委）

体　育

概　述

2016年，全市开展城乡体育健身活动、群众性全民健身赛事100余次，参与人数近200万人次。全年培训各类各项社会体育指导员1000人，申报“县级全民健身活动中心”1个、“社区多功能运动场”3个，完成农民健身工程30条。组织21个项目参加四川省青少年锦标赛，获金牌43枚、银牌50枚、铜牌46枚。争取到位中央、省级补助资金1858.46万元，全市体育固定资产投资完成4900万元，全市体育彩票销量1.13亿元。

群众体育

【赛事活动】　2016年，举办“自贡市万人迎春健身跑暨首届城市微型马拉松”“8月8日全民健身活动日”、第二届篮球联赛及公开赛、全国友好城市首届五人制老年人足球赛、省老年人围棋邀请赛、四川省库钓冠军赛自贡站总决赛、省体育舞蹈公开赛、第二届川南乒乓球锦标赛等群众性体育活动，承办省级以上赛事9个，参加省级以上赛事获奖牌30余个。全年开展城乡体育健身活动、群众性全民健身赛事100余次，参与人数近200万人次，基本做到“天天有健身活动、周周有体育比赛、月月有品牌赛事”。

【业务培训】　2016年，培训各类各项社会体育指导员1000人，完成目标任务的500%；组织近100名社会指导员参加省健身技能培训及展示，举办健身知识讲座5场。

竞技体育

【深化足球改革】　2016年，发挥足球协会的主体作用，由“三大球”（足球、篮球、排球）办公室牵头指导，负责行业管理和监督，向社会购买公共服务。助推草根足球发展，推广5人制足球，推动足球运动社会化。

【主要赛况】　2016年，参加四川省青少年体育锦标赛，自贡代表团获奖牌139枚（43金、50银、46铜），其中金牌数占市下达目标任务的215%。组队参加四川省校园足球总决赛，蜀光中学获高中组第二名，江姐中学获初中组冠军、高中组第三名。组队参加全国青少年俱乐部羽毛球联赛，富顺二中青少年俱乐部获团体第三名。在里约残奥会上，自贡籍运动员董超获10米气步枪冠军，为中国代表队取得残奥会首金。

体育训练

【赛训结合】　2016年，主要从运动员选拔、规范训练、锻炼队伍、培养梯队等环节，备战省十三届运动会。指导各训练学校做好青少年体育和业余训练工作，完成584名运动员注册。举办市中小学生田径、足球、篮球、游泳及幼儿动感操等比赛，承办青少年足球教练培训、全国青少年保龄球锦标赛、全国青少年男子排球精英赛等培训及赛事活动。

【基地建设】 2016年，新增沿滩中学为田径基地。全市建有国家级青少年训练基地1个，四川省高水平体育后备人才基地2个，省级培训基地2个，四川省县级业余训练重点单位2个，四川省幼儿体育基地3个，四川省快乐体操幼儿园13所，国家级和省级体育传统项目示范学校14所，国家级青少年体育俱乐部9所，市级校园足球特色学校33所，校园足球项目推广学校200所。是年，全市向省运动队输送运动员4人，获四川省青少年俱乐部管理工作评比一等奖、四川省男子排球后备人才基地评估一等奖。

体育设施

【概况】 截至2016年年底，全市建成国家级全民健身中心1个，国家级农民健身工程示范点1个，省级农民健身工程示范点3个、“雪碳工程”2个、全民健身路径469条、农民体育健身工程667个，全民健身广场261个，实现城市社区全民健身设施全覆盖。

【项目建设】 11月，富顺县西城文体中心建成并投入使用。全年投入资金156万元，建成全民健身路径52条，两项指标均完成年度目标任务的520%。申报“县级全民健身活动中心”1个、“社区多功能运动场”3个，建成农民健身工程30个，引导和鼓励社会资金新建5人制足球场地14处。

体育产业

【基础工作】 2016年，举办第二届“体育产业博览会”，为建设体育服务综合体和打造体育产业集群奠定基础。富顺县加强县文体中心对外开放和综合利用，推动体育产业发展促进体育消费。扶持企业免费向群众提供国民体质监测服务6000余人次，占市下达年度目标任务的600%。

【体育彩票发行】 2016年，加强体育彩票发行宣传工作，全年实现体育彩票销售1.13亿元，全面完成省体彩中心下达的一级目标任务，占市下达目标任务的113%。

（李小军）

人力资源和社会保障

人事人才工作

【人才队伍建设】 2016年，实施“盐都引才千人计划”，主要引进教育、卫生、规划建设等重点行业和领域人才，全年全市补充事业单位工作人员1719人，其中，考核招聘急需紧缺人才384人（含硕士研究生133人），新增高技能人才1280人。加强专业技术人才队伍建设，新增专业技术人才4222人。组织开展2016年度职称社会化评审工作，通过初级专业技术职务任职资格380人。获批省级专家服务基地1个、博士后创新实践基地1个，争取到启动经费40万元。首次获批国家级重点引智项目2个、省级引智项目2个，争取到国家、省专项引智资金61万元。

【人事制度改革】 2016年，出台《市级机关科级干部选拔任用工作实施办法（试行）》《市级机关公开遴选工作人员办法（试行）》《自贡市市属事业单位从在编在岗人员中公开选聘工作人员实施细则》《自贡市专业技术三级岗位管理办法》等文件，健全事业单位“按需设岗、竞聘上岗、按岗聘用、合同管理”的长效机制。全年公招录用公务员和参公管理人员479人，公开遴选市级机关工作人员25人，补充事业单位工作人员1719人。采用“互联网+”模式，培训全市行政机关公务员5526人。分类推进职称制度改革，全面开展中小学教师职称制度改革工作，实现17033名中小学教师职称资格平稳过渡，向省推荐正高级教师6人、高级教师123人。

【人事考试】 2016年，组织国家、省、市各类人事考试28项，参考人数5.86万人次，没有发生失密、泄密和安全责任事故。

劳动就业

【概况】 2016年，推进统筹就业、精准就业、充分就业、创业就业“四个就业”工作部署，全市城镇新增就业4.17万人，失业人员实现再就业9689人，就业困难人员实现就业3466人，分别完成目标任务的130%、121%、116%。城镇登记失业率为4.00%，全市就业形势总体稳定。

【就业扶贫】 2016年，围绕市委市政府脱贫攻坚行动计划，健全完善“一库五名单”，依托农村劳动力实名制登记数据库，建立基础信息、转移输出、就业培训、自主创业、公益性岗位安置“五个名单”，实现动态管理。拓展外出就业、就近就业、创业就业、灵活就业、保障性就业等“五大就业渠道”。2016年年底，全市有劳动意愿和能力贫困劳动者3.76万人，实现就业3.48万人，占比92.6%，其中务农1.5万人，转移就业1.98万人。全市实现劳务输出1.3万人，其中本地企业吸纳1233人，灵活就业1464人，创业173人，农村专业合作社等经营主体吸纳就业1489人。开发公益性岗位1721个，安置1671人，兑现公益性岗位补贴314.3万元。实施贫困人口技能培训2336人，发放就业培训补贴127.11万元，开展扶贫专场招聘会90场，达成就业意向贫困家庭劳动者2363人，开展送岗位下乡入村活动79场，提供岗位7008个。

【创新创业】 2016年，举办“返乡创业大赛”系列活动，选拔46名创业者入围“创客联盟”专题节目，评选出10名“返乡创业明星”和10名“返乡创业之星”，发放创业奖励100万元。实现大学生创业393人，完成目标任务的131%，带动就业1611人，累计发放创业担保贷款1636万元。新增返乡创业1667人，带动就业2.3万人。全年2个省级高校毕业生创业园区共孵化大学生创业项目7个、容纳高校毕业生创业企业实体59户，直接扶持高校毕业生创业56人，带动（吸纳）就业548人。新评选4个市级大学生创新创业园区（孵化基地）。公开征集选拔79位各行业领域的专家充实到第二批创业指导专家志愿服务团。推荐并获四川省优秀农民工4人，返乡创业明星4人，返乡创业示范企业2个，农民工工作先进集体2个。

【公共就业服务】 2016年，编制《自贡市就业服务管理局公共服务指南》。开展“就业援助月”“高校毕业生就业创业服务月”等专场招聘活动，全年招聘登记人数9.19万人，登记求职人数8.75万人，职业指导1.26万人。“就业援助月”活动期间走访就业困难人员和零就业家庭2970人（户），登记认定未就业困难人员1450人。

【公共招聘】 2016年，举行各类招聘会515场，接待用人单位2.44万个次，提供各类就业岗位9.65万个，服务求职群众8.09万人。推广自贡公共招聘网网站及手机客户端应用，全年上线招聘单位保持在760家左右，提供岗位3.2万个，累计访问量98.9万人次。

【实名制动态管理】 2016年，农村劳动力实名制信息数据库入库136.51万人次，其中务农人数47.16万人，转移从事非农就业人数89.35万人，自主创业3.42万人。建立农村贫困人口数据库，对建档立卡贫困劳动力基本情况进行动态更新，并对工作进展情况实行按月调度。

【园区用工监测】 2016年，全市7个工业园区308家企业被纳入用工监测系统，提供岗位6.01万个，其中一线工人岗位4.92万个、管理人员岗位1.09万个；比2015年增加用工监测企业7个，增加岗位1896个。全市失业动态监测105家企业，在岗职工2.91万人。

【失业治理】 2016年，全市享受失业保险待遇的城镇失业人员4434人，支付失业保险待遇7502.07万元。为失业人员缴纳医疗保险5.47万人次，支付医保费2153.03万元。失地农民新增享受失业保险待遇2125人，累计支付失业保险金9903.75万元。对符合条件的301户企业兑现稳岗补贴2294.04万元，惠及企业职工4.7万人。

就业培训

【各类培训】 2016年，开展政校合作、校地合作，创新培训内容，实施分类专业培训，组织“SYB+GYB”创业培训、“技能培训+创业培训”“岗前培训+技能提升培训”“创业+项目培训”，开展家政服务员、彩灯工艺制作等特色职业技能培训、品牌培训。实施职业技能培训1.12万人，结业1.12万人，就业7410人，就业率66.36%，其中，青年劳动者技能培训4800人，完成目标任务的106.7%；贫困家庭技能培训2365人，完成目标任务的118.25%。实施创业培训3888人，结业3881人，结业率99.8%，其中创业成功563人，创业成功率14.51%。

【中德职业教育合作试点推广项目】 2016年，推进中德合作职业教育试点推广项目，中德合作汽车机电维修人才培养项目、航空及燃机零部件制造项目试点8个班招收选拔学生280人；中德养老护理项目开展6批次培训，培训全市医疗养老机构管理层人员、护理专业师生260人，合格率100%，全部获德国蕾娜范集团颁发的培训合格证书。四川卫生康复职业学院、自贡汇东发展股份有限公司、市老年病医院等单位与德国蕾娜范集团签订开展养老护理服务及职业教育、社区居家护理、医养结合3个框架协议。国家发改委国际合作中心、德国国际合作机构和珠海市技师学院（原中德职业教育试点学校）的职业教育专家组到自贡市进行项目培训、教学评估等活动150次，培训项目教师598人次；中德实验班学生和项目教师获国家、省、市奖励及表彰42人次。

社会保险

【概况】 2016年年底，全市企业职工养老、城乡居民基本养老、机关事业单位养老、城乡基本医疗、失业、工伤、生育保险参保人数分别达31.67万人、101.55万人、5.23万人、294.45万人、12.41万人、17.73万人、14.13万人。全年企业职工养老、基本医疗、工伤、生育、失业保险费征缴分别为29.16亿元、24.81亿元、0.66亿元、0.35亿元、0.91亿元。全年支付养老待遇80.74亿元、医疗保险费25.18亿元、失业保险待遇1.74亿元，工伤、生育保险基金分别支出0.76亿元、0.33亿元。

【社保待遇】 2016年，扩大异地就医联网即时结算覆盖面，全市接入异地结算平台的医院增加到13家。实现省内异地门诊特殊病种联网即时结算，首批开通市第四人民医院1家异地门诊特殊病种联网结算医院。全年支付养老保险待遇80.74亿元，享受养老待遇76.01万人。9月，首次实现全市企业退休人员和机关事业单位退休人员养老待遇同步调整工作。

【推进机关事业单位养老保险改革】 9月，实现全市1891个机关事业单位5.23万名在职参保人员社保基金统一征缴，3.54万名机关事业单位退休人员养老待遇调整补发一次性到位。10月，实现养老待遇由社保经办机构统一发放。

【推进"五险合一"统一征收稽核】 2016年，金保工程"五险合一"（指城镇职工基本养老、城镇职工医疗、失业、工伤和生育五项保险实行统一登记、统一基数、统一征缴、统一稽核）上线运行。出台《关于实行社会保险费统一征缴和稽核的通知》，投资3100万元资金完成机房建设、承重改造、用电改造、"五险合一"核心业务系统开发等，建成市级数据中心机房，完善征缴、失地农民参保及待遇支付等100余个功能模块，解决数据同步、参保信息共享等近1000个问题，形成业务功能完备、性能安全可靠、规范标准统一、体系结构开放、易于管理维护和扩充的"五险合一"信息系统，自贡市人社信息化工作进入全省先进行列。完成数据整合迁移，实现"七库合一"，全市103.5万名城镇职工社会保险数据实现集中统一管理，截至2016年年底，全市办理各类社保业务135.6万笔，实现基金收入18.13亿元，基金支出39.74亿元。

【社保业务下延】 2016年，以全面应用省级协查认证系统为主线，全市完成106个街道（乡镇）和234个社区（村）金保专网的建设和联通，组织各级认证机构工作人员开展领取资格认证的操作技能培训，确保资格认证对象就近、及时、便捷办理认证，为社保业务经办下延至街道（乡镇）和社区奠定网络基础和储备经办队伍。在富顺县、自流井区启动社保业务经办下延。

【整合城乡居民医疗保险制度】 2016年，完成城乡居民基本医疗保险制度整合工作，实现"全民医保"制度覆盖，形成以职工医保和居民医保为主、补充医疗保险和大病保险为辅的基本医疗保障体系。完成职能划转、机构人员整合、基金资产审计移交等工作，将由卫生部门承担的新农合职责全部划入人力资源社会保障部门，整合后的居民医保由各区、县医保局负责经办。10月，出台《自贡市居民基本医疗保险试行办法》和《自贡市居民基本医疗保险实施细则》，完成居民医保信息系统数据整合，实现居民医保数据市级统一管理，开发居民医保智能审核系统及相关模块。11月，启动2017年度居民医保参保征缴工作。

【调整城镇职工基本医疗保险政策】 6月，出台《自贡市城镇职工基本医疗保险办法》，调整退休清算政策，彻底解决老退休人员医保待遇享受的历史遗留问题，将个人账户按年龄段划拨改为按在职或退休身份划拨，促进在职人员个人账户划拨公平；根据基金历年收支、结余情况科学测算，并参照周边市州政策，调整住院起付金标准和政策范围内报销比例；通过政策调整实现医保便民惠民，打通统账结合和单建统筹两种参保方式相互转换的渠道，允许参保人员退休清算存在经济困难的情况下可继续逐年缴费至最低缴费年限。

【医保助力脱贫攻坚】 2016年，制定贫困人口医疗保障"四个百分百"政策，即建档立卡贫困人口城乡居民基本医疗保险参保率100%、居民大病保险参保率100%、住院费用政策范围内报销

100%、疾病应急救助面100%。将贫困人口信息录入医保信息系统，实现精准识别；贯彻落实“先诊疗后结算”制度，建立“一站式”报销服务流程，各级定点医疗机构设立贫困人员挂号专用窗口、就医绿色通道。截至12月底，省、市下达的72841人参加新农合任务全部完成。

【医保基金智能化监管审核】 2016年，创新医保系统信息化建设，在全省率先实现医保业务、智能监管、智能审核三大系统有机融合，新增10条系统规则参数，规范电子医嘱和就医明细结合上传标准，引入第三方知识库，将监管审核结果直接与业务系统同步，做到即时扣款。提升监督管理全面性，将管控点延伸到医疗服务各个环节，覆盖医疗机构、医师、参保人员、药品、服务行为、检验检查、医用耗材等风险点，通过对医疗服务进行“事前提醒、事中拒付、事后追罚”的全程监控，增强基金风险防控能力。

劳动关系和收入分配

【劳动关系创建】 2016年，出台《关于构建和谐劳动关系的实施意见》，开展劳动合同签订专项行动和集体劳动合同签订攻坚计划，提高企业劳动合同签订率，全市劳动合同签订率95.6%，已建工会企业集体合同签订率91.1%。规范劳务派遣及用工行为，争创省级和谐劳动关系综合试验区，开展协调劳动关系三方机制建设工作，1个园区和3户企业获省级模范劳动关系园区和企业称号。

【调整收入分配机制】 2016年，乡镇机关事业单位工作人员补贴全面兑现，完成机关事业单位工作人员基本工资标准调整和增加离休费工作，完善全市事业单位实施绩效工资工作。推进国有企业负责人薪酬改革，出台《自贡市关于深化市属国有企业负责人薪酬制度改革的实施意见》。开展市属国有企业负责人基本年薪基数认定工作，出台《自贡市市属国有企业负责人基本年薪基数认定暂行办法》，对2015年市属国有企业在岗职工工资进行摸底。推进工资集体协商“集中要约月”活动，发布2016年全市企业工资指导线。完善与经济发展水平相适应的最低工资标准正常调整机制，全市最低工资标准由每两年至少调整一次改为每两年至三年至少调整一次。

劳动保障执法维权

【劳动监察执法】 2016年，开展“农民工工资支付情况专项检查”“清理整顿人力资源市场专项行动”等各类执法检查，向住建、交通等建设工程项目主管部门移交源头性案件6件，以涉嫌恶意欠薪罪向司法机关移送案件3件，全年受理并依法查处群众举报、投诉案件502件，当期处理结案率98%（法定时效内结案率100%），为劳动者追发工资7513.9万元（其中农民工工资6575万元）。

【劳动保障维权】 2016年，办理劳动人事争议案件2808件，为劳动者挽回经济损失9030.58万元，法定时效内结案率100%。

（吴　菲）

民政·居民生活

民　政

【城乡基层组织建设】　2016年，督促落实在任村（居）干部基本报酬和办公经费补助新标准，印发《关于认真做好全市第十届村（居）委员会换届选举工作的通知》，召开动员部署会议，启动第十届村（居）民委员会换届选举工作。加强公益性服务设施建设，新增符合标准的社区服务设施13个，社区综合服务设施覆盖率96%。拟定社区“两委两项清单”，以社区、业主委员会、物业公司为治理主体，规范“三委两站一会”（“三委”即社区党委、社区居委、社区监督委；“两站”即社区服务站、社区工作联络站；“一会”即社区业主委员会）治理模式，增强社区治理能力。出台农村社区建设试点方案，推进试点工作。坚持“四议两公开一监督”（“四议”即涉及村重大事项，要经村党支部会提议、支部委员会和村民委员会商议、党员大会审议后，提交村民会议或代表会议讨论决定；“两公开”即村级重大事务决议内容公开和实施结果公开；“一监督”即村重大事项的决议和决议实施全过程要接受党员、村民监督）制度，建立健全村民议事制度，督促落实村规民约，完善村（居）民议事、民情恳谈、社区听证、社区论证、社区评议等制度。深化村务公开和民主管理，规范统一村（居）务公开，并逐步延伸到村（居）民小组。

【优抚安置】　2016年，完善优抚政务公开、抚恤补助金社会化发放工作机制，优抚政务公开面达100%。根据政策救助原国民党抗战老兵，更新完善优抚、烈士褒扬（优抚事业单位）数据信息，实施对优抚数据和资金的规范化、信息化、精细化管理，残疾等级评定上报材料合格率92%。组织开展清明祭扫烈士墓、烈士纪念日公祭烈士活动，举办“传承长征精神，军民同心筑梦”主题教育纪念活动，“八一”期间开展以“弘扬长征精神”为重点内容的军歌比赛和文艺演出。加强光荣院管理，床位入住率90%。全年接收安置1126名退役士兵，发放自主就业补助金2268.4万元，安置63名转业士官，接收安置率100%。接收安置1名军休干部，落实军休干部“两个待遇”和无军籍退休职工地方性补贴，开展“规范化建设单位”创建活动，市军干所被省民政厅命名为达标单位。实行重点信访对象领导包案，加强优抚安置对象帮扶工作，全年未发生大的不稳定事件。开展双拥创建，推进“双拥在基层”活动，动员部署省第11届双拥模范城创建工作。

【社会救助】　2016年，在易灾多灾的边远乡镇建立应急物资储备点62个，下拨自然灾害救助资金1900万余元。分别将城镇和农村低保保障标准提高到430/人·月、260元/人·月，实现农村低保保障标准和省定扶贫标准“两线合一”，城乡低保全年累计分别保障87.2万人次、120.6万人次，发放资金2.31亿元、1.89亿元，累计月人均补助分别达264.6元、157元。向年收入低于国定扶贫标准的7.89万名农村低保对象发放特殊生活补贴1863.7万元。按60元/人·月标准，向低保对象中的残疾人发放生活补贴1899.4万元。建成15个农村区域性养老服务中心，将农村特困人员集中供养标准提高到400元/人·月，分散供养标准提高到300元/人·月。健全完善“救急难”制度，临时救助1.98万户次808.9万元。资助低保对象、“三无”（无生活来源、无劳动能力、无法定抚养义务人）对象参加城镇居民基本医疗保险和新型农村合作医疗，城乡医疗累计救助23.2万人次，支出资金7841.7万元，城乡医疗救助政策范围内住院自付费用救助比例达70%。按200元/人·年标准，对416名精准扶贫长期患疾者给予定额基本药物救助。

【社会福利和慈善事业】 2016年，全面落实市政府《关于加快推进养老服务体系建设的实施意见》，推动医养融合发展，按不低于50%的要求，安排本级留成福彩公益金统筹建设城乡养老机构，建成79个农村幸福院，新增改造养老床位3281张（新增公办机构床位100张、民办机构床位2281张，维修改造公办机构床位900张），建成城乡社区日间照料中心111个（城市社区66个，农村社区45个）。率先在全国推广“银龄保险”试点经验，推进“互联网+养老”模式，“电信孝行通居家养老信息”“让我来居家智慧养老”等平台相继建成投入使用，大安区、沿滩区探索养老服务“PPP”建设运行模式，沿滩区争取到国家开发银行建设基金1800万元。继续实施90岁以上老人高龄津贴制度，完善居家养老服务管理办法，通过政府购买服务为7.95万名困难家庭的失能老人和80周岁以上高龄老人提供居家养老服务支持。关爱救助371名孤儿和艾滋病病毒感染儿童，将集中、分散最低养育标准分别提高到1246元/人·月、748元/人·月。完成农村“三留守”人员情况摸底排查，为健全完善帮扶关爱机制奠定基础。

【婚姻家庭】 2016年，启动中华人民共和国成立后婚姻登记有身份证信息的历史数据补录工作，规范登记管理与服务，做到登记和服务“三分开”。全年办理结婚登记2.34万对，离婚登记9724对，收养登记39个，登记合格率均100%。

【社会事务管理】 2016年，完善四类社会组织直接登记办法，直接登记社会组织41个，新登记社会组织132个。以“五分离五规范”为任务，完成全市首批10个行业协会商会与行政机关脱钩试点工作。落实市委市政府关于贯彻党员干部带头推动殡葬改革意见的办法，推行节地生态安葬，推进市殡仪服务中心建设，组织开展“4·27”纪念老一辈革命家倡导火葬60周年宣传活动。逐步扩大惠民殡葬受益面，在富顺县启动试点，推行生态安葬奖补1000元的政策。引导群众文明祭祀，确保群众祭扫安全有序。整治违规收取“火化保证金”“起尸火化费”等问题，推动殡葬行风建设，提升殡葬服务机构服务水平。推行救助管理标准化建设，规范救助工作流程，开展“救助机构开放日”“寒冬送温暖”“让爱回家暨反家暴”活动。开展地名普查，累计完成总量85%的地名普查任务。开展“自流井区—贡井区”平安边界创建、富顺县与泸州市江阳区界线联检、荣县与仁寿县界线联检等工作。

【社区公共服务准入制度】 1月，《自贡市社区公共服务准入制度（试行）》出台。该制度涉及社区公共服务事项准入范围包括社会保障、民生服务、宣传教育等。常规项目按照各区（县）社区治理工作领导小组制定的常规项目工作目录实施；新增项目纳入社区公共服务实行工作准入制度，并坚持依法进入、规范进入、事费配套三项原则，完善审批流程。

（刘弈欧）

居民生活

【城镇居民收入】 2016年，城镇居民人均可支配收入28455元，较2015年增加2188元，增长8.3%。构成可支配收入的工资性收入为14994元，经营净收入为3561元，财产净收入为1370元，转移净收入为8530元。

【城镇居民消费】 2016年，城镇居民人均消费性支出19410元，比2015年增加1048元，增长5.7%。其中：食品支出7604元，衣着支出1746元，居住支出3010元，医疗保健支出1188元，交通和通信支出2058元，教育文化娱乐服务支出1663元。城镇居民恩格尔系数39.2%。

【农民收入】 2016年，农民人均可支配收入13192元，比2015年增加1104元，增长9.1%，农村居民收入增速高于城镇居民收入增速0.8个百分点。其中，工资性收入5934元，经营净收入4001元，财产净收入350元，转移净收入2907元。

【农民消费】 2016年，农民人均消费支出10577元，比2015年增加1246元，增长13.4%。其中：食品支出4395元，衣着支出566元，居住支出1977元，家庭设备、用品支出727元，医疗保健支出947元，交通和通讯支出1140元，教育文化娱乐服务支出649元。农村居民恩格尔系数41.5%。

【居民住房】 2016年，城镇居民人均住房建筑面积34.1平方米；农民人均居住住房面积47.7平方米。

【居民耐用消费品拥有量】 2016年，居民耐用消费品拥有量升级换代趋势明显，以汽车、家电等为主体的耐用消费品需求得到释放，成为经济复苏的增长点。其中，农村居民部分耐用消费品拥有量上升速度较快，摩托车、太阳能热水器、移动电话等每百户拥有量超过城镇。

2016年全市城乡居民每百户耐用消费品拥有情况一览表

指标名称	单位	全体	城镇	农村
（一）家用汽车	辆	15.05	17.46	12.79
（二）摩托车	辆	32.14	23.09	40.63
（三）电冰箱（柜）	台	97.36	99.91	94.97
（四）洗衣机	台	95.20	99.28	91.36
（五）热水器	台	78.63	96.66	61.70
其中：太阳能热水器	台	12.01	3.48	20.01
（六）空调	台	96.67	138.36	57.53
（七）彩色电视机	台	126.69	134.81	119.07
（八）摄像机	台	1.04	2.06	0.07
（九）照相机	台	8.68	17.13	0.75
（十）计算机	台	35.21	61.24	10.78
其中：接入互联网的计算机	台	30.72	53.24	9.59
（十一）中高档乐器	架	0.99	1.70	0.32
（十二）固定电话	部	46.23	68.17	25.63
（十三）移动电话	部	223.34	221.02	225.52
其中：接入互联网的移动电话	部	92.79	113.27	73.56

（市统计局）

民族·宗教

民族工作

【概况】 2016年年末，全市有彝族、藏族、回族、苗族、土家族等42个少数民族，常住及外来流动少数民族约2万人，除1个乡镇外，全市其余乡镇、街道都有少数民族分布。大多数常住少数民族人口是因工作、婚姻生活等原因迁移到自贡市，世居少数民族人口很少。全市少数民族呈现典型散杂居状态，没有聚居现象。城乡少数民族生产生活情况差别大，城镇少数民族的物质文化和精神文化生活比农村少数民族丰富，部分农村少数民族生产劳动技能单一，多方面从业难，被列入当地党委、政府重点扶贫对象。

【政策争取与落实】 2016年，争取到省民宗委少数民族发展资金20万元。清算2015年民族特需商品定点生产企业生产贷款贴息资金231万元。将具有清真饮食习俗少数民族人员的清真牛羊肉补贴由每年100元提高到每年150元。向市财政专题申报少数民族工作机动金、散杂居少数民族发展金、少数民族扶贫专项资金、宗教场所维修资金、民族团结进步创建活动与和谐寺观教堂创建活动等项目所需年度经费。

【“民族团结进步”创建活动】 2016年，结合创建全国文明城市和依法治市工作，编印一组由32张“民族团结进步宣传画”和“拒绝非法宗教活动、反对暴力恐怖、抵御渗透、防治邪教宣传漫画”构成的宣传长廊供市民观看，创建1个民族团结进步“进社区”示范点和1个民族文化活动之家。建立114户少数民族贫困户台账，全部纳入各区县精准扶贫的整体规划，动员宗教界人士参与精准扶贫工作，举办宗教“慈善周”关注少数民族贫困户脱贫的主题活动启动仪式。拍摄制作全市发展少数民族特需商品定点生产企业（民品企业）、促进民族团结进步经验做法汇报宣传片，在全省城市民族工作大会上展播，省领导评价自贡的做法是全省的一面旗帜。开展民品企业为民族学生捐订《民族》杂志活动，芭夯餐饮管理有限公司捐资为全市少数民族学生赠订2017年四川《民族》杂志，并在自贡职业技术学校举行“心中的《民族》，共有的精神家园”活动。联合四川卫生康复职业学院举办主题为“彝族新年齐欢聚，民族团结心连心”的自贡市2016年度民族团结进步文艺汇演活动。

（雷　霞）

宗教工作

【概况】 截至2016年年底，自贡市有佛教、道教、基督教、天主教、伊斯兰教5个宗教，有市佛教协会、市基督教三自爱国运动委员会、市天主教爱国会、市伊斯兰教协会等全市性宗教团体4个，有荣县天主教爱国会、荣县基督教三自爱国运动委员会、富顺县佛教协会、富顺县天主教爱国会、贡井区天主教爱国会等区县性宗教团体5个，批准开放宗教活动场所49处，其中，佛教33处、道教1处、天主教5处、基督教9处、伊斯兰教1处。纳入依法管理的基督教以堂带点活动点40处，经认定备案的宗教教职人员98人，其中，佛教90人、伊斯兰教1人、天主教4人、基督教3人。各种信徒在册3.5万人，宗教界代表人士、团体和场所民主管理组织成员近300人，信教群众30万余人。

【落实宗教政策】 2016年，学习贯彻全国、全省宗教工作会议和省委统战工作会议精神，市委、市政府印发《关于切实做好新形势下宗教工作的实施意见》。拍摄制作《自贡民族宗教史载百年启示》宣传教育片。对全市性宗教爱国团体班子成员进行季度工作约谈，了解宗教界情况，掌握和把控工作主动权。对爱国宗教团体实行综合考核管理，引导爱国宗教团体发挥桥梁纽带、维护合法权益、社会管理、服务协调等职能作用，建设建强民族宗教工作干部队伍和爱国宗教团体支持力量。向区县党政主要领导开展面对面的沟通会谈活动，宣传党在新形势下的民族宗教工作理论、方针、法规、政策，沟通区域内民族宗教工作现状，交流工作意见和建议。

【宗教场所与协会建设】 2016年，完善《关于做好自贡市宗教活动场所规范建设及合理布局规划的建议》。依法批准设立自流井区九龙寺、大安大脚寺、荣县复兴观音寺等佛教活动场所。11月24日，召开自贡市伊斯兰教协会成立大会暨第一次代表大会。

【和谐寺观教堂创建活动】 2016年，开展全市宗教活动场所“两证”和房屋安全隐患排查，督促隐患整改，保证宗教场所安全。在圣诞节、开斋节、春节、“五一”、端午等重大节日期间和重要敏感时期进行安全、维稳和防暴恐专项检查，督导各区县确保宗教活动场所安全、活动合规有序。推进“法律七进”活动，依法管理宗教活动场所。开展佛教活动场所挂牌工作，治理宗教乱象，引导宗教界参与到全市全国文明城市创建活动。指导市佛教协会举办“平等·关怀”慈善峰会，带动全市20家公益组织及爱心企业参与，向15名贫困脑瘫儿童捐献便携式轮椅，并发出倡议，让“乐善”走进困难群体的心里。指导大安区菩提寺举办佛教文艺演出活动，弘扬正信、正行精神。指导宗教界举办坚持中国化方向学习爱国爱教宗教代表人士事迹讲述活动，引导宗教界弘扬宗教优良传统、坚持跟党走的意识行动。

【启动民间信仰工作】 2016年，争取到全市民间信仰监管工作经费15万元，启动开展前期培训、调查摸底等工作。

（雷　霞）

区县概况

自流井区

概　貌

【位置　面积　人口】　自流井区地处四川省自贡市中心区，是全市政治、经济、文化中心，是市党、政、军机关所在地。位于四川盆地南部浅丘地带，东邻沿滩区卫坪镇、兴隆镇、永安镇，南与沿滩区富全镇、贡井区莲花镇、宜宾市宜宾县接壤，西邻贡井区长土镇、建设镇、桥头镇，北与大安区凤凰乡、和平乡接壤。2016年年末，全区总面积152.94平方千米，辖4个街道、3个镇、4个乡、51个村、49个社区。2016年年末户籍人口36.93万人。

【建置沿革】　自流井区原属富顺县。民国28年（1939年）因盐设市，富顺县第五区全部划归自贡市，其中桐垱、长垳二镇即为今日自流井区。民国31年（1942年），桐垱镇改为自井镇。民国33年（1944年）改镇为区，自井镇改为第一区，长垳镇改为第二区，直至自贡市解放。1950年3月，一、二区合并称一区。1953年命名为自流井区，所辖红旗、永胜、世平、巩固4个乡合并为红旗、永胜两个乡；6月，两乡划郊区管辖，自流井区成为纯城市区。1957年1月，大安区合并于自流井区，1960年两区又分设。1960年6月，和平、凤凰和红旗3个公社先后划归自流井区。1979年7月，和平、凤凰和红旗公社划归大安区，自流井区再次成为纯城市区。2005年8月1日，仲权镇、荣边镇、高峰乡、舒坪镇、农团乡、漆树乡、红旗乡划归自流井区管辖，从此结束纯城市区历史。2005年8月9日，自贡市委、自贡市人民政府决定，在新的行政区划实施后，由自流井区政府将所辖红旗乡成建制委托高新区管委会管理。2006年5月21日，经自贡市人民政府批复同意自流井区设立丹桂街道办事处、学苑街道办事处，同时明确两街道办事处由自流井区人民政府委托高新区管理。2012年12月1日，根据自贡市人民政府决定，自流井区将高峰乡整体托管给高新区管委会管理。

【自然环境】　境内地势西北高，东北低，无大山。属中亚热带湿润季风气候，春旱、夏热、秋雨、冬暖，雨量丰富集中，无霜期长，平均达323天，阴天多，湿度大，霜雪少，热量充足，四季分明。旭水河、威远河在区境西北双河口汇合后称釜溪河，河水由西向东蜿蜒流经区内，经沿滩、邓井关到富顺县李家湾入沱江，属沱江水系，全长74千米，河面平均宽60米，平均天然流量为42.25立方米/秒。

【自然资源】　境内自然资源丰富，有大量天然气资源和卤水资源，中国最早进行大规模开采的气田就在境内，卤水资源中除含有大量氯化钠外，还有硼、钾、碘、锂、锶、铷、铯等30多种化学元素，为盐业和化学工业发展提供丰富物质基础。此外，还有岩盐、型砂等可供开采利用。

【旅游资源】　境内有各级文物保护单位及文物点328处。国家级文物保护单位西秦会馆，始建于清乾隆元年（1736年），占地面积3000平方米，为清代陕西籍盐商集资修建的同乡会馆。省级文物保护单位人称“釜溪第一楼”的王爷庙，是一座精美的清代中期建筑，占地面积1000平方米，现存戏楼为省内不多见的川剧舞台。国家级文物保护单位桓侯宫，又名张飞庙、张爷庙，为旧时屠宰行业会馆，与西秦会馆同为清代盐场繁荣时期众多精美会馆建筑中仅存的两颗明珠，张爷庙已规划为自贡民间工艺美术博物馆址。此外，还有市级文物保护单位小桥井、位于石塔上后山坡的彩灯公园及“中国彩灯博物馆”、城中心龙凤山公园、地处五十梯的“水涯晓渡”、整旧如旧的自流井老街。境内飞龙峡风景区是国家AA级自然生态旅游风景区和国家级水利风景区、省级森林公园，拥有全市中心方圆20平方千米内保存最完好的自然生态旅游资源。2016年，全区森林覆盖率33.23%，绿化覆盖率31.1%，人均公园绿地面积9平方米。

【交通】 2016年，辖区公路总里程340.12千米，其中，国道3条33.52千米、省道2条8.39千米、县道4条31.65千米、乡道9条53.28千米、专用道1条0.4千米、村道159条212.89千米。全区有7个客运站，1个货运站；城市公共交通线路34条，其中城区至农村公交线2条，公交线路里程810千米。境内铁路19.5千米，途经舒坪、仲权、俞冲；另有厂矿专用铁路自鸿线4.75千米、自安线1.2千米。全区通航里程20.6千米，有水路运输客运航线1条，客船4艘，渡口3道，渡船3艘，普通货运船舶4艘，水路运输主要以区间短途运输为主，货源主要是河沙、元石及其他农副业产品运输。

【邮电通信】 境内邮政、互联网、有线电视、固定电话、移动电话覆盖全区城乡。邮政营业窗口实现现代化，封发邮件实现机械化，报刊发行实现微机化，电信通讯实现交换程控化，信息传输实现数字化，电信、移动、联通联网自动化。城乡有线电视、电话、移动通信、宽带普及率位居全市前列。

【经济社会事业】 2016年，地区生产总值316.56亿元，比2015年（下同）增5.9%。其中，第一产业增加值4.59亿元，增长3.9%；第二产业增加值154.68亿元，增长3.2%；第三产业增加值157.29亿元，增长8.8%。非公有制经济增加值145亿元，增6.4%。区属规模以上工业增加值50.87亿元，增2.9%。社会消费品零售总额129.09亿元，增10.9%。区属全社会固定资产投资189.55亿元，下降16.4%。地方级一般预算收入1.05亿元，增长14.5%；地方公共预算支出13.13亿元，增长6.7%。城镇居民人均可支配收入3.03万元，农民人均纯收入1.44万元。粮食总产量2.76万吨，蔬菜产量7.8万吨，肉类总产量1.05万吨。农业增加值4.73亿元，增4%。全区有义务教育学校38所（含小学教学点6个）、特殊教育学校1所，在校学生3.83万人。新型农村合作医疗参保6.67万人，参保率99.5%。辖区内有各级各类医疗卫生机构263家，病床位1766张，卫生技术人员2441人。

政治建设

【区委办公室工作】 2016年，起草文稿300余件，审核办理自井委文件61件、自井委发文件11件、自井委办文件48件、自井委办函文件16件。编发区委常委会会议纪要51期，撰写调研报告25件。完成区委第十一届代表大会筹备组织、省市领导到区调研等会务工作及活动安排，完成区委严肃换届纪律专题民主生活会、区委“两学一做”专题民主生活会、十一届区委一次全委会和10次全区性会议会务工作。完成重要接待的组织、筹划和服务工作11次。

【人大工作】 2016年，召开区十七届人民代表大会第五次会议，出席182人，列席10人。召开7次常委会会议，听取和审议“一府两院”工作报告10次，形成专项报告8篇，提出审议意见33条。召开14次主任会议，听取和审议“一府两院”工作汇报2次，提出审议意见7条。全年依法作出决议、决定14项。根据“一府两院”提请，任命国家机关工作人员22人，免职15人，接受辞职3人。选举区人大常委会主任、副主任、常委会组成人员、区政府区长、副区长、区人民法院院长。补选3名市人大代表。开展市、区代表小组集中视察活动25次，提出合理化建议。受理群众来信来访33（件）次，办结率100%。组织人大代表定期集中接待人民群众，协调解决群众反映的问题60余件。

【政府办公室工作】 2016年，完成各类会议讲话材料340余篇，汇报材料150余篇，各类调研文章30余篇；编辑《常务会议纪要》27期、《政务信息》50期；开展常务会会前学法13次、各类行政执法培训17次。网上公开行政权力5205项。组织协调全区性工作会议、专题会议等100余次。全年收文近1900件，发文370余件，其中请示报告类100余件。向省、市报送各类信息1100条，通过门户网站面向社会主动公开区政府信息1125条。接听处理各类来电2.5万余条，传达各类通知1万余人次。形成《督查通报》63期、《督查专报》21期。办理领导批示件和领导信箱500余件。开展应急演练5次，成功处置群体性事件22起，排查、预警各类不稳定因素及群体性事件苗头272起。承办区人大代表意见建议14件、区政协委员提案74件，承办市人大代表意见建议2件、市政协委员提案12件，办结率和满意率均100%。

【政协工作】 2016年，召开全体会议2次、常委会议5次、主席会议8次、专委会对口联系会议6次。形成《协商专报》6篇，提交全会建议16篇，界别协商意见340条，提案226件（转市提案26件）。开展专项视察，提出相关意见建议200余条。政协各参加单位、政协委员提出提案100件，立案85件，委员满意、基本满意率均100%。开展“为民办实事解难事”“走基层访群众”等活动，征集、反映社情民意信息线索40多条。落实三级联系制度，开展联系活动30余次，收集各类意见建议50多条。全年编发《自流井政协》6期，向中央、省、市级政协系统媒体和其他新闻媒体报送信息宣传信息100余篇。

【纪检监察工作】 2016年，开展日常廉政谈心谈话提醒教育280余人次。开展区、乡换届纪律督查9次，审查干部党风廉政情况896人次，取消“两代表一委员”资格4人。组织开展脱贫攻坚监督检查83次，约谈村（社区）干部5人，通报单位5个。组织全区3100余名干部职工签订“党员、干部不违规收送礼金承诺书”。全年问责125人，对存在超标准报销差旅费等问题的6个单位进行全区点名通报曝光；对《盐都问政》曝光问题涉及的3名责任人员开展提醒和诫勉谈话，对其中1人给予党内警告处分。参与区委常委会人事任免票决监督18批次，涉及干部108人，出具党风廉政意见111次1734人。在中央、省、市主流媒体刊播自流井区反腐倡廉信息稿件160余篇次；举办反腐倡廉成果巡展22场次，组织拍摄的廉政微电影《马桑沟那些事》在CCTV大众生活频道和微电影频道播出。开展谈话函询31人次，给予党纪轻处分和组织处理68人，给予撤职以上重处分和重大职务调整42人，涉嫌犯罪移送司法机关12人。在全市率先建立《党纪政纪案件公开制度》，全面公开党纪政纪案件。全年立案35件35人，涉及乡科级干部11人。

【组织工作】 2016年，全区有党组织583个，其中，党委38个、工委6个、党总支42个、党支部503个，党员约1.23万名，新发展党员65名。在5个乡镇全面建立青年人才党支部，推行“乡镇青年党支部工作法”，农村35岁以下优秀青年发展对象占80%。开展专题学习教育6次，编发换届纪律宣传资料6500余份，印发换届纪律明白卡1100份，签订“承诺书”1900余份，严肃换届纪律谈心谈话650余人次。24小时值守“12380”信访举报平台，选任55名民情反馈员，对换届选举工作进行监督。全年任免干部105人，其中，提拔正科12人，副科29人，交流科级领导干部43人，免职21人，15名干部取消试用期按期正式任职。举办各类干部培训班100余次，培训干部1.2万余人次。

【宣传工作】 2016年，开展区委中心组“三级三讲”活动，成立由区委常委和党员副区长组成的区委宣讲报告团，成立基层“微宣讲”小分队。举行宣讲活动300余场次，受众群众1万余人。设立100万元宣传思想文化专项资金，培育扶持奖励新闻宣传优秀作品。在中央人民广播电台、人民网、《四川日报》等中央、省级主流媒体发稿1512篇次，在《自贡日报》、自贡电视台等市级主流媒体发稿3200余条次；制作电视专题片24期；自流井区新闻外宣网站全年发布新闻信息2800余条；更新楼宇等户外视频3000余条次；发送手机报《自流井快讯》2000余条次。全年编发《自流井》内刊4期。在各乡镇文化站、街道文化中心新增配备专兼职人员20余人，培训文化专干、农家书屋管理员100余人次。区首届优秀人才、剪纸艺术传人沈成林创作50米《辉煌岁月盐都魂》剪纸作品和《社会主义核心价值观》剪纸。

【统战工作】　2016年，全区直属党组织30个，其中，党总支3个、党支部27个，党员371名。成立自贡市党外知识分子联谊会自流井区分会，吸收各行业32名党外知识分子入会。延续季度民族宗教工作联系会机制和区、乡镇（街道）、社区三级工作机制，完善区少数民族服务中心、五星街和东街少数民族联络站。加强宗教事务管理，开展“民族团结进步创建”“和谐寺观教堂”“法律进寺庙”等活动。建立常住台胞、台属信息数据库，接待台商2批次。

【政法工作】　2016年，辖区有城镇小区、农村院落、市场（商场）、车站等一线调解窗口16个。受理各类矛盾纠纷1881件，调解成功1691件。排查突出治安问题和治安重点地区14个，整治12个。受理网格化民生服务事件2.83万件，收集社情民意2.11万条，走访特殊人群2.02万次，报送三项重点工作信息3886条。启用“互联巡更”系统，规划巡线56条，安装室外巡更点940个。全区新接收社区服刑人员64人，期满解除96人，转出3人，撤销缓刑2人，给予警告10人次，年末在矫社区服刑人员96人；新接收刑满释放人员132人，期满解除社区服刑人员88人，接回率和安置率均90%以上，帮教率95%以上，无重新违法犯罪。

【公安工作】　2016年，破获刑事案件449起，经济类案件6起；刑事拘留156人、取保候审69人、逮捕89人、移送起诉122人。破获“黄、赌”刑事案件8件，查处“黄、赌”行政案件38件，刑事拘留16人，移诉14人，行政处罚131人；取缔无证无照非法经营的赌博游戏室9家，收缴（销毁）赌博游戏机34台。破获涉毒刑事案件49件，其中，重特大案件12件，省督目标案件3件；查处涉毒行政案件119件，缴获各类毒品10.86公斤；打处涉毒犯罪嫌疑人71人，强制戒毒93人，查处毒品违法人员376人。排查涉爆涉危单位109家，涉爆人员4598人，整改隐患200余处，收缴枪支20支，子弹1448发。受理治安案件798起，查处351件，查处违法人员404人。其中，行政拘留104人，行政罚款98人，警告32人。

【刑事检察】　2016年，批准逮捕各类刑事犯罪嫌疑人312人，提起公诉530人。立案侦查各类职务犯罪案件15件19人，其中，查办贪污贿赂犯罪10件14人，渎职侵权犯罪5件5人。监督侦查机关立案6件，撤案3件，纠正漏捕5人，漏诉18人。对不构成犯罪和证据不足的，决定不批捕84人，不起诉31人，对侦查活动和刑事审判中的违法情形提出纠正意见22件次，对2件刑事裁判提出抗诉。审查办理民事行政检察监督案件14件，依法对民事行政生效裁判提出抗诉1件，对裁判正确的8件民事行政申诉案件，依法做好释法说理、服判息诉工作。监督纠正刑罚执行和监管活动中的违法情形42件次，对不需要继续羁押的10名犯罪嫌疑人建议释放或变更强制措施。加强社区矫正法律监督，纠正脱漏管43人。

【法院工作】　2016年，受理各类案件5231件，审、执结5021件。其中，受理刑事案件404件，审结395件，判处416人刑罚；受理民商事案件3579件，审结3423件，涉案标的8.5亿元；受理行政案件（含非诉行政审查）144件，审结144件；受理执行案件1104件，执结1059件，执结标的7.4亿元。审结婚姻家庭案件183件；依法审理建设工程合同、商品房销售合同等合同纠纷案件723件。快审快结民间借贷及金融纠纷案件268件，涉案标的6.8亿元。受理交通案件168件，审结89件，调解52件，撤诉14件；依法惩处危害公共安全的交通肇事罪、危险驾驶罪，审结60件70人；开展打击毒品犯罪、“两抢一盗”等专项行动，其中审结毒品犯罪31件53人。

【司法行政】　2016年，调解道交纠纷293件、医疗纠纷6件。受理法律援助案件246件，办结246件，解答法律咨询1764人次，代写法律事务文书272份，民生工程服务受援人群2325人次，为受援人避免或挽回经济损失642万元。全区各级人民调解委员会排查矛盾纠纷521件，受理纠纷753件，调解成功732件。举办各类法律知识培训班110余期，培养“法律明白人”1022人、“学法中心户”802户，组建8支“法律服务小分队”；开展大型法律宣传教育活动140余场次，开展法律咨询活动100余场，举办法治讲座50余次，进行法律知识竞赛、演讲比赛活动20余场。开展大学生志愿者模拟法庭巡回演示200余场，受众近万人次。各基层法律服务所代理民事诉讼337件，担任常年法律顾问25家，主持调解非诉讼纠纷210件，代写法律文书370份。办理国内经济及民事类公证1596件，接待法律咨询5260人次，为当事人代写、修改法律文书2685件次。接收监所释放的刑满人员52人，期满解除矫正的社区服刑人员99人。

【保密工作】 2016年，组织全区保密干部参加省市保密培训27人次，提高全区保密干部的业务技能。针对涉密重点单位和重点部位，组织开展涉密网络、涉密载体等专项检查4次，明确定密责任人与涉密人员，全区未发生失泄密事件。

【党史编研】 2016年，完成自流井区部门大事记资料收集、整理、归档工作。编撰《自贡市自流井区执政实录（2015年卷）》并印刷发行。完成资政报告《关于全区特色养殖业规模发展情况》调研编写。在自流井区新闻外宣网站上推出党史宣传文章《自流井区红色旅游景点景区介绍》。

【党校工作】 2016年，举办各类培训14期，培训学员1700余人。围绕“五个自贡”“三中心一新城”开展调研，申报党校系统省级调研课题1个，市级调研课题5个，市社科联课题1个，向区纪委申报反腐倡廉课题1个，均立项结题。3个调研报告登载市理论刊物《盐都论坛》。开展十八届五中全会精神、区党代会精神“微宣讲”和“两学一做”宣讲5次。开展街道乡镇业余党校培训9次，培训700余人次。

【武装工作】 2016年，组织本级整组业务培训，开展机关检查指导乡镇、街道民兵整组工作，分乡镇、街道、企业事业单位片区进行集中点验。组织机关带民兵应急连野营训练和指挥所拉动演练，完成综合应急连、民兵防空分队、民兵铁路护路分队和民兵森林灭火分队规定科目训练、演练。新兵大学生比例达70%，无一责任退兵。到院校、社区、村组开展国防教育，对四川理工学院、自贡六中、自贡二十二中、市蜀光绿盛实验学校等院校的8000余名新生进行军训。

【工会工作】 2016年，全区有基层工会454个，职工5.57万人，会员5.51万人。举办专场招聘会，吸引500余人进场求职，40余家用工单位提供200余个“家门口”岗位，区工会直管企业首次参加招聘。近50人达成用工意向。筹集资金70余万元，对2085户、4427名建档困难职工开展送温暖慰问活动。开展生活救助42人次，发放生活救助金4.1万元；医疗救助46人，发放医疗救助金9.2万元。为347名特困职工办理“工会爱心乘车卡”（新增95人）；向350名特困职工发放“工会爱心电力卡”（新增70人）。开展职工技能大赛，全区16家餐饮企业的选手参加决赛。选送职工参加自贡市“盐都杯”乒乓球比赛获女子团体第一名。

【共青团工作】 2016年，全区发展团员291人，初中团学比30.8%，高中团学比71.3%。申报SYE项目6个，其中4个项目通过团省委审批，获37万元创业资金。组织开展农村青年各类技能培训500人次；帮助50名农村青年获小额贷款。自流井“青年之声”互动平台浏览量突破177万，提问青年1799人次，录入平台专家166人。引导全区团员青年加入“清朗网络·青年力量”行动，770余名团员青年在“志愿四川”平台注册成为青年网络文明志愿者。联合四川理工学院“生工人”志愿服务组织与荣边小学、舒坪小学开展“大结对”活动，青年志愿者每周到学校举办“快乐课堂”，开设书法、舞蹈等兴趣小组。全年开展活动20余次，参与志愿者300余人次，受帮扶留守学生1000余人次。

【妇联工作】 2016年，组织全区400余名机关女干部参加“绳舞荡漾，毽步飞扬——自流井区机关女干部‘庆三八’趣味运动会”。举办“把爱留下，送爱回家”女性就业专场招聘会，面向女性农村劳动者、返乡妇女、城镇失业妇女和普通高校女毕业生招聘，签订就业意向性协议21人。开展“贫困母亲救助行动”，为136名贫困妇女发放3.4万元慰问物资。免费为5858名妇女进行“两癌”筛查。实施“春蕾计划”，为17名受助女学生发放资助金7800元。成立“雅心心理工作室”，为妇女和青少年群体进行心理培训、辅导。

【工商联工作】 2016年，辖舒坪、仲权2个乡镇商会，有会员399名，其中企业会员204个，团体会员6个，个人会员189人，新发展会员24个。召开第八次会员代表大会，选举产生新一届领导班子，主席（会长）、副主席（副会长）、秘书长、常委共25人，执委52人。发动7家企业（商会）分别与4个村签订结对帮扶共建协议，投资10

万余元。帮助18家企业协调解决房产纠纷、融资、环保、质量等问题。

【政务服务】 2016年，受理政府采购项目391个，成交项目366个；受理工程采购项目56个，成交项目53个。惠民帮扶中心实施法律援助535人次，职业介绍1624人次，帮助实现就业704人次，惠民医院就诊1725人次，惠民药房购药3563人次。处理群众信访12件，群众满意率100%。开设网上预审体验区，体验人数53人次，网上预审项目90%以上，全年实现网上咨询、预审71例。

【信访和群众工作】 2016年，受理信访总量1296件（人）次，其中，受理来信3件，受理网上投诉件6件；接待来访群众253批1287人次，其中，集体访60批917人次，群访60批917人次，初访201批886人次。23名县级领导参加“周工作日”接访下访活动，共计接访250个工作日，现场接待处置群众来访151批次875人次，其中集体访45批664人次。化解省交办信访积案13件、市领导包案信访积案7件、区领导包案信访积案19件。开展全区性矛盾纠纷排查17次209件，化解191件。受理人民网网民留言68件，省长信箱网友来信9件，省委书记信箱信件2件，市委书记、市长信箱平台网上信访59件，网上公开答复率100%。

经济建设

【工业】 2016年，区属规模以上工业企业实现现价产值201.89亿元，比2015年下降1.18%，其中，机械与装备制造148.36亿元，农产品加工行业19.38亿元，能源与化工行业27.22亿元，新材料与包装制品行业2.73亿元，其他行业4.2亿元。全区规模以上工业企业完成增加值比2015年增长2.9%，实现销售收入195.58亿元。

【园区建设】 2016年，自流井工业园区工业企业实现营业收入170亿元，新增承载能力43.33公顷。大西洋焊接产业园一期、西南（自贡）无水港植物油加工项目完成主体及设备安装，进入设备调试和配套附属工程施工阶段；“三通商贸”年产1.5万吨高端食用油分装生产线项目进入主体施工，川南现代粮食物流中心项目启动一期主体；普润众创空间建成投用，有30余户小微企业入驻，吸纳创客人数近200人。中国供销·川南国际农贸城项目一期平场完成、主体施工启动；成都外国语学校（自贡普润校区）项目一期主体封顶，内外装修及配套附属工程启动，创新模式中小企业园项目一期开建。丹阳街南延线延伸段、普润博览大道、园区东西干道东段、乐自高速连接线自流井辖区段建成通车。全年取得土地批文54.07公顷。

【农村工作】 2016年，全区建成新村聚居点21个1147户；开展省级幸福美丽新村（村）建设19个，涉及农户数1.17万户；改（扩）建和风貌提升新民居758户。建成新农村综合体和集居点26个。实现农业引资4500万元，建成规模种养殖基地和特色农业产业基地1166.67公顷。引进和培育威尔特、健康田园、牧天食品等规模以上龙头企业19户。新发展专合社4家，新培育家庭农场6家。全区获省以上名牌产品或著名（驰名）商标的企业各3户，获“绿色、有机、无公害产品”认证企业2户，获国家地理标志保护产品1户。龙头企业直接带动农户1.42万余户，带动农户人均增收9063元。专合社带动农户3.6万户，户均增加纯收入1800元。建成8个幸福美丽新村，1.23万人受益，帮扶140户贫困户374个贫困人口脱贫致富。准确登记农村土地承包农户1.58万户，明确承包农户5.66万人，完成调查登记地块21.61万块，实测标准面积5806.67公顷。

【农业】 2016年，农作物播种面积5036公顷，油料种植面积1044公顷，蔬菜播种面积2863公顷。推广主导品种23个、主推技术18项，推广面积7466.67公顷次，完成666.67公顷示范“中稻+再生稻”种植模式，配方施肥面积1540公顷。病虫绿色防控面积1000公顷，膜侧玉米333.33公顷，完成666.67公顷“玉－豆”种植面积，建成漆树乡玫瑰李种植示范基地和柳源生猪养殖示范基地。全区农作物病虫害发生1.06万公顷，防治1.05万公顷。新建农村户用沼气工程2处。

【畜牧业】 2016年，出栏生猪8.8万头、肉牛0.18万头、山羊1.99万只、家禽出栏124.9万羽。全年圈舍消毒面积81.26万平方米，发放消毒液1.87吨。

【林业】 2016年，全区有2123.2公顷天然林资源，退耕还林622.37公顷；管护国有和集体公益林面积2123.2公顷。组织护林防火演练5次，出动人员320余人次。检疫种苗180万株，办理木竹材经营加工和种苗产地检疫植物检疫登记证9家；开展飞机防治松褐天牛1000公顷，防治竹蝗和马尾松毛虫90公顷；安装300套诱捕器，释放40万头肿腿蜂，设置700株诱木等措施对松褐天牛开展综合防治。

【旅游】 2016年，举办四川省花卉（果类）生态旅游节暨自贡市第十七届飞龙峡桃花生态旅游节、“金秋旅游系列活动”，景区接待游客22万余人次，实现旅游综合收入2160万元。新创三星级农家乐1家，二星级农家乐2家。是年末，全区有农家乐40余家，其中，3星级农家乐8家，2星级4家，4星级3家。

【商贸流通】 2016年，全区服务业增加值74.08亿元，完成社会消费品零售总额118.63亿元。组织刀刀爽食品有限公司、百味斋食品股份有限公司、九红信息科技有限公司、天宫艺术品有限公司等企业到北京、苏州、广州、青岛、沈阳、南昌等城市参加展销会、博览会，全年签订合同金额786万元，达成意向协议1350万元，签订意向加盟或代理商家38家。组织辖区内企业参加德国汉诺威工业展、中国南亚商品展、日本食品展等国际权威专业展会以及国内外经贸交易平台，引导企业开拓国际市场。

【招商引资】 2016年，新签约重大招商引资项目14个，总投资119.95亿元，其中，新签约特别重大招商引资项目3个；履约重大招商引资项目14个；开工重大招商引资项目12个；主要党政领导带队外出招商21次。参加省、市招商活动120余次，对接企业350余户，发放招商宣传资4000余份，搜集项目线索210余条。引进中农联川南（自贡）农产品电商批发物流园、成都外国语学校普润校区等项目。

【财政】 2016年，地方一般公共预算收入1.05亿元，比2015年增长14%；公共预算收入23.14亿元，比2015年增长6.5%。全区财政总支出22.41亿元，比2015年增长18.8%。其中，地方公共财政支出13.13亿元，比2015年增长6.7%；基金预算支出4.44亿元，比2015年增长59.66%。统筹资金11.04亿元，保障旅游快速通道、乐自连接线、狸狐洞水库、棚户区改造、安置房建设、西南（自贡）无水港、川南现代粮食物流中心、成都外国语学校（自贡普润校区）、中农联川南农产品批发市场、中小企业创业园等一批重点项目建设资金需求。

【国税】 2016年，完成税收收入16.14亿元，比2015年增长16.62%，完成增值税10.4亿元，消费税2.2亿元，企业所得税3.53亿元。全年确认接收地税移交准确户数1913户。“营改增”新纳入的四大行业全年新增税收收入1.18亿元，税收贡献率7.3%。举办纳税服务培训会、业务交流会20余场，培训干部和纳税人1000余人次。

【地税】 2016年，全区地税组织各项收入6.75亿元，比2015年下降13.00%。其中税收收入5.8亿元，比2015年下降13.21%，剔除“营改增”因素后，税收收入比2015年增长8.41%。全面推行“营改增”试点，集中清理建筑业、房地产业、金融保险业和生活类服务业营业税政策风险点65个，完成向国税移交管户3890户，代开增值税发票115份，代征税款1.6万元。全区开通网报纳税人1948户，完成申报1758户，申报率91.65%。全面停征主副食品调控基金，纳税人减负1800多万元。

【科技工作】 2016年，实施国家、省、市级科技项目12项。开展专题科普宣传3次，参加科普活动工作人员30人次，发放技术资料1万余份，服务群众3000人次。全区专利申请量260件，其中发明专利申请量80件，实用新型172件，外观专利8件。获自贡市第三十届科技创新大赛53项大奖。

【发展和改革工作】 2016年，全区89个重大项目完成投资99.62亿元；新开工项目45个，竣工或主体竣工项目23个。41个市级重大项目完成投资76.6亿元，其中，14个续建项目投资完成33.7亿元，24个新开工项目全部实现开工。审批政府投资项目78个，总投资37.76亿元，备案企业投资项目63个，总投资16.99亿元。开展涉企收费专项检查、药品价格专项检查、节假日市场价格检查、停车收费检查、粮食安全工作检查、粮食收购国家政策执行情况检查。完成价格鉴证166件，鉴证标的196万元。

【统计工作】 2016年，启动农业普查，完成53个普查区和268个普查小区划分，组织200名普查员和普查指导员清查摸底业务培训。完成规模以下工业、服务业企业抽样调查，限额以下批发零售贸易业、餐饮业抽样调查，劳动力抽样调查。开展2次全部联网直报单位（项目）的自查和抽查工作。开展统计执法检查，并对统计基础工作薄弱、资料不完善的发出整改通知书。

【审计工作】 2016年，完成审计项目108个。查出问题金额4518万元；审计处理处罚金额4291万元；审计促进整改落实有关问题金额3878万元；审计后挽回（避免）损失1502万元。出具审计报告和专项审计调查报告107篇，提交审计信息30篇，提出审计建议130条，向社会公告审计结果8篇。完成4个部门5名科级领导干部的经济责任审计工作。完成91个政府投资项目的结算审计工作，累计送审金额1.69亿元，审定金额1.55亿元，审减金额1339万元。

【工商行政管理】 2016年，全区新增各类市场主体2136户、注册资本6.08万元，累计市场主体1.13万户。办理企业“三证合一”“五证合一”2158户、个体工商户“三证整合”220户；办结市工商局迁入企业850余户，新登记注册资本1000万元及以上企业10户，办理“个转企”21户，培育和发展家庭农场28户，支持大学生创新创业25户。新申报注册商标372件，成功注册238件；培育推荐著名商标2件，知名商标2件，向企业赠送“大堰堂”等商标2件。新建非公有制企业党（团）组织33个，15户非公有制企业新建党组织在市工商局集中授牌。开展“红盾春雷行动2016”，查处各类违法案件485件，万元以上大要案件10件。审核通过准予发布户外广告151件，监测广告1.64万条，立案查处广告案件10件。开展网站检查469个次，检查实体经营户235户次，责令整改网站42个次，立案查处网络违法案件28件。检查农资经营户83户次。

【质量技术监督工作】 2016年，全区拥有中国名牌2个、四川名牌6个；26户企业通过四川省质量信用等级评价；45户企业通过ISO 9000系列质量管理体系认证；采用国际标准或国外先进标准达12项；培育国家地理标志保护产品1个。检查企业74家，发现隐患8起，整改隐患7起，下发监察指令书8份。对舒坪工业园区内26家企业、区内9家医院、4家商场、6家酒店进行特种设备安全检查和计量安全检查。开展电梯安全检查，检查客梯158台、扶梯64台、货梯12台。举办特种设备管理人员操作人员培训，参训人员200余人。

【市场管理和服务】 2016年，辖区各市场有店面662间，出租使用562间，摊位893个，出租使用747个。组织安全专项检查60余次；整改安全隐患80余处，当场处理60处，限期整改20处；对富台山商场的电路及电器设备的安全隐患进行整改。接待群众来访10余次，“12319”城乡环境热线平台交办件12件次，办结率、基本满意率均100%。

【供销工作】 2016年，实现经营服务总额7.1亿元，其中，商品销售3.81亿元，社会商品零售总额2.51亿元，农业生产资料销售总额0.30亿元，农副产品购进总额3.13亿元。销售化肥2100多吨、农药10多吨、农地膜10多吨、种子10多吨。培育发展产销对接龙头企业3户，发展产销对接专合社7个，发展蔬果、畜禽、水产等生产基地6个，在市内各大超市、农贸市场和居民社区新建或改造农产品直销店15个。在荣边镇拱桥村5组、6组，新发展存栏10万只林下鸡规模养殖场1个，年出栏肉鸡20万只、鸡蛋80吨，带动周边农户及乡镇发展适度规模养殖户350户。

城乡建设

【市政建设】 2016年，维修、养护、油漆人行护栏约1万米；翻修、更换人行道板约4000平方米；新安人行道盲道砖300米；清淘水窗500余个；更换、维修污水井盖、井座50余个；涂刷隔离墩警示约500平方米；维修沥青道路坑凼1万平方米。维修、更换路灯电缆2438米；在原体育南路至钟云山支道、原沙湾饭店至原百货大楼道路、主城区交叉路口新增设路灯44柱61盏。整治、维修背街小巷道路9345平方米、新安装路灯173盏，整治排水沟560米，加宽改造法藏寺至市经信局道路220米，翻修新民街、珍珠寺、大来井等地梯踏步360平方米。

【房地产】 2016年，直管公房大修2100平方米，中修4000平方米，小修1900户次；清理转租转让6户，调剂安置住房困难户20户。全区享受廉租住房租金补贴1775户，发放廉租住房租金补贴金132.16万元。新增补贴发放109户，新增发放补贴金6.05万元。办理公共租赁住房进房手续1163套（区级790套，市级373套）；分配市级公租房798套。廉租住房建设三期284套1.48万平方米、五期100套5000平方米竣工验收并交付使用。东兴寺片区综合改造项目总户数1569户，被拆除房屋面积11万余平方米，完成签约1548户；老街改造项目总户数818户，被拆除房屋面积4.8万余平方米，完成签约781户；西山路改造项目总户数386户，被拆除房屋面积4.31万余平方米，完成签约171户。顺龙坝新建安置房348套竣工验收并交付使用。

【园林绿化】 2015年，清理行道树及花台绿带内干枯枝1500多次，修整行道树4000多株次。补栽7万多株花台绿带内植物；补栽（播）2300余平方米草坪；补栽解放桥立交桥、十字口大桥等路段被盗花卉6050多盆。每周修剪1次花台绿带内的整形植物；每周冲洗2次临街的花台、绿带、行道树及雕塑。

【交通工作】 2016年，飞龙峡旅游快速通道（G247）开工建设，总投资约6亿元。舒坪互通立交桥正式通车，配套建设停车休息区等附属设施，占地面积约13.87公顷。乐自高速公路自流井连接线正式通车，全长4.81千米。农漆路改善工程竣工通车，建设里程5.60千米。荣舒路改善工程建设里程5.24千米，已竣工通车。新改建农村公路13千米，其中，改造县乡道5千米，新建通村硬化路8千米；新建渡改人行桥1座。

【环境保护】 2016年，在农团乡东升村、东风村2个新村集居点修建4处污水处理设施。监测排污单位98次、乡镇饮用水源2次、城市功能区噪声4次、城市交通噪声1次、城市区域噪声1次。排查出43家违法违规建设项目。开展“双随机”抽测检查，随机抽查企业41家，其中，重点企业16家，一般企业25家。审批建设项目环评新改扩建建设项目69个。全年验收20个竣工项目，办理排污许可证3个。对2012年后进行环保审批的96个项目进行清理，清查出16个“久拖未验”项目，并下达限期办理竣工环境保护验收整改通知书。

【国土资源管理】 2016年，全区耕地保护面积5007公顷，基本农田保护面积3110公顷。建成高标准基本农田2525.4公顷。完成荣边镇3个村、仲权镇3个村土地整理项目，新增耕地123.95公顷。报批农用地转征收征2个城市批次、4个乡镇批次、1个独立选址，报征土地105.24公顷（新增建设用地98.02公顷）；实施征地补偿7个批次，补偿面积50公顷，征地农转非379人。供应土地7宗，供地面积603.92公顷，其中经管性用地4宗，土地出让面积20.05公顷。办理农村土地承包经营权流转交易2宗，土地流转总面积26.73公顷，网上发布交易信息7宗。查处土地违法面积7.45公顷。

【水务工作】 2016年，狸狐洞水库工程完成固定资产投资7000万元，进场公路建设工程和管理用房工程竣工。城市供水管网延伸一期工程建成，新建加压泵站2座，延伸城市管网15千米。完成豹子沟水库除险加固工程，对水库大坝、溢洪道、放空设施、管理房及其他附属设施进行整治。开展清水行动，打捞水面漂浮物和清理河岸垃圾3100余吨，实施生态补水30万立方米，对两个排污口实施临时治理。实施仲权镇小流域水土流失综合治理项目，植树5000株。

【人民防空】 2016年，对辖区内15条直管工程进行检查，对地区单位的人防工程采取单位自查，人防办抽查的方式进行，发现问题及时处理。根据公共直管工程和地区单位的工程独有的特点和优势，在有条件的人防工程内开展种植蘑菇、储存水果、仓储等项目。对租赁户、人防工程管理单位负责人进行消防安全专题培训。开展警报试鸣活动，实现警报鸣放全覆盖。在新玛特广场和仲权镇设点宣传，发放《防空防灾知识读本》《民防知识读本》近2500本，防空防灾知识宣传单1500份。

【消防工作】 2016年，办理建设工程消防设计备案4个、竣工验收备案1个；下发建设工程消防设计审核意见书3份、验收意见书4份；办理公众聚集场所营业（使用）前消防安全检查合格证14个。是年，中队接警出动316起，出动消防车342辆次，出动官兵2000人次，抢救被困人员21

人，保护财产价值100万余元。检查单位和场所2011个，发现并督促整改火灾隐患1066件。

【防震减灾】 2016年，组织学校、乡镇、机关联合开展防震减灾科普、法制、新闻、应急和安全等宣传。组织大型防震减灾宣传活动5次，出动宣传人员500余人次，发放宣传资料6万余份，利用媒体、辖区内电子显示屏滚动播放法制宣传片。

【城市管理】 2016年，出动执法队员1万余人次，规范占道（越门）经营3000余起，取缔游摊、野摊500余个。受理违法建设举报投诉15件，立案调查15件，违建面积约1030平方米。清除“牛皮癣”15万余处，新增便民张贴栏52副。清理、治理油烟主要污染源，责令17户餐馆新安装油烟净化器。机关、企事业单位及10桌以上餐饮企业煤改气达100%，机关、企事业单位食堂及新增150平方米或75座以上餐饮企业油烟净化装置安装率100%，其他餐饮企业油烟净化装置安装率90%以上。新增垃圾桶280个，集装箱式垃圾桶10台。

【海事管理】 2016年，召开安全会86次，举办船舶所有人、经营人、船员、签单人员学习班6期，参加培训136人次。出动检查组28次，检查人员494人次，检查车141辆次，检查船舶2967艘，其中，渡口船64艘次、客船120艘次、游乐船2389艘次、清漂船394艘次；检查客渡码头327道次，播放安全片38次，接受群众咨询320人次。船舶报检率、报废率均100%。

文化建设

【文化工作】 2016年，开展重大文化活动20场，群众文化活动100余场次。举办自流井区第三届文化艺术节，承办尖山桃花会系列文化活动、“童心相约中国梦”系列活动。组织“创文”专题文化活动10余场次，开展有奖知识问答，发放宣传资料。开展文物安全隐患专项检查10余次，向产权单位或管理单位发放整改通知书5份。组织开展民俗剪纸培训、室外摄影培训等6期，培训文化专干、农家书屋管理员100余人次。建立1个数字化图书发行网点。检查图书音像店11家次，打字印刷店38家次，查收非法印刷复制品140余册，盗版图书200册。全年放映农村公益电影504场，观众总人数达4万人次。

【精神文明建设】 2016年，集中宣传全国文明城市创建20场次，社会主义核心观有奖竞猜200余场次，参与群众3万余人。组建3000余名的文明劝导志愿者队伍，开展文明劝导1万余人次，带动1.2万家庭争当“创文”先锋。开展“身边好人”暨首届自流井区道德模范评选活动，评出首届自流井区道德模范9人，自流井区身边好人10人。组织开展首届自流井区“公益志愿之星”争创评选活动，评选出“公益志愿之星”集体5个、个人10名。区文化馆大学生志愿服务队获“2016年四川省‘十佳’文化志愿服务项目奖”。组织开展首届自流井区“文明少年”评选活动，评选出文明少年20人。

【档案工作】 2016年，建立婚姻、职称、调动、介绍信、知青、招工等3.9万余条民生档案目录数据库，完成婚姻、编制、职称、非领导职务、人事局介绍信、劳动局介绍信、教育局等1300卷档案扫描录入；接待查询档案1661人次，查询档案3322卷。开展“国际档案日”街头宣传活动。

【地方志工作】 2016年，完成《四川年鉴(2016)》《自贡年鉴（2016)》自流井篇的撰稿和上报。选送记述自流井区政治、经济、文化和社会事业发展变化方面的彩照40幅入编省、市年鉴。编纂出版《自流井年鉴（2016)》和《自流井图鉴(2016年卷)》。编印大事记2期（每半年1期），总计7万字。

社会建设

【教育工作】 2016年，辖区内有义务教育学校39所（含小学教学点6个），其中，高完中4所、初中4所、九年一贯制学校6所（含民办学校1所）、小学18所（含民办学校1所）、特殊教育学校1所。秋季小学招生2029人，初中招生615人，高中招生800人；初中毕业率100%，小学毕业率100%；小学在校学生辍学率0，初中在校学生辍学率0.5%，高中在校学生辍学率0.7%。组织357余名学生参加省第十一届艺术人才大赛，278人次获等级奖。普通高中招生组织报名3294人，其中文科1364人，理科1704人，职教226人。初中毕业考生4152人，成人高考考生1682人，自学考试报考3720人。

【卫生工作】 2016年，辖区内有医疗卫生机构263家，实有床位1766张，卫生技术人员2441人，执业（含助理）医师946人，注册护士985人，其他技术人员109人。总诊疗123.03万人次，门急诊107.39万人，出院4.21万人次。开展社区（乡村）医生签约服务，签约20.73万人。注销医疗机构5家，变更注册12家次。全区孕产妇住院分娩率100%，孕产妇系统管理率97.99%，孕产妇死亡率0。开展打击非法行医专项监督活动，取缔流动非法牙医摊点4处，没收非法药械4箱；处理（结案）移送公安机关的非法行医案件1件。

【计划生育工作】 2016年，全区出生人口2999人，人口出生率8.15‰，自然增长率2.57‰，符合政策生育率96.77%。组织全面两孩政策的培训会24场，参培6234人次。生育登记2146例，其中二孩登记481例，特殊情形再生育审批1件。开展“拾爱·关爱失独家庭”项目，建档46户。计划生育“两项制度”发放扶助金748.34万元。落实独生子女平安保险及特别扶助对象住院护理险50.07万元。

【劳动就业】 2016年，城镇新增就业1.1万人，失业人员再就业2938人，就业困难人员再就业893人。城镇登记失业率在4.0%以内，全区“零就业”家庭动态为零。高校毕业生实现创业52人；申请创业担保贷款19人，发放贷款180万元，劳动密集型企业贴息200万元。职业技能培训2445人，青年劳动者技能培训811人，品牌培训170人，创业培训1221人。开发用于安置“4050”等就业困难人员的公益性岗位1097个。

【医疗保险】 2016年年末，城镇职工医疗保险参保604户，参保2.63万人，参保覆盖率96%以上。城镇居民医疗保险参保15.9万人，其中，大学生参保2.95万人，参保覆盖率100%；城镇医疗保险参保18.26万人，新农合参保6.67万人，参保率99.5%。参保职工出院6211人次，住院总费用6121万元；职工个人账户支付2551万元，城镇职工政策范围内住院报销比例达80%以上。参保居民出院2.97万人次，住院总费用1.61亿元，城镇居民政策范围内住院报销比例达75%，门诊统筹支付87万元。

【社会保险】 2016年年末，新参保企业186家，新参保人员4196人。城镇职工基本养老保险参保3.2万人，机关事业单位养老保险参保3557人，城乡居民基本养老保险参保4.07万人；失业保险参保7953人；工伤保险参保1.53万人；生育保险参保1.37万人。全区企业退休人员1.76万人，发放养老金3.7亿元；机关事业单位退休人员3027人，发放养老金4177万元。认证领取城乡居民养老保险待遇1.78万人，认证企业退休人员养老金待遇领取资格4.77万人。

【民政工作】 2016年，城市低保累计保障9.04万人次，发放资金2390.43万元；农村低保累计保障7.52万人次，发放资金1127.53万元。临时救助496人次，发放资金25.02万元。全区城乡医疗救助累计2.57万人次，发放资金888.66万元。完成10个城乡社区日间照料中心建设，新增2家民办养老机构，新增床位361张。全年新登记民办非企业单位5个、社会团体9个，备案社区社会组织5个。办理结婚和补办结婚登记2710对、离婚登记1520对、补领结婚证1514对、补领离婚证201对，补录婚姻登记历史信息4.51万条。发放高龄老人长寿补贴金9845人次105.18万元。

【食品药品监管】 2016年，查处食品药违法案件129件，结案119件，收缴罚没物资400公斤。完成食品抽检1549批次，快检432批次，其中食品8批次不合格，合格率98.5%；药品抽检42批次，合格率93%。检查学校食堂120家次，养老院食堂46所次。对全区58个学校食堂实行网格化管理，推进量化分级管理工作，量化分级率100%；开展“明厨亮灶”改造工程，改造407家。检查药化生产企业20家次，医疗器械经营单位50余家次。全年评价药品不良反应病例报告490例，评价医疗器械不良事件86例，化妆品不良反应1例。依法受理食品药品投诉举报111件，办结111件。

【安全监督工作】 2016年，检查企业429个次，查处安全隐患215件，督促整改215件。开展“打非治违”专项行动，责令改正、限期整改和纠正各种违法行为34起。全区221个企事业单位完成网上隐患排查治理登记。组织全区性危险化学品、人员密集场所、地质灾害、森林防火等应急实战演练4次。

【残联工作】 2016年，组织残疾人参加专场就业招聘会1次，帮助69名残疾登记失业人员实现就业。落实就业扶持资金22.41万元，促进2343名城乡残疾人实现居家灵活就业。为全区336名亟需辅助器具的城乡贫困残疾人适配辅具。对72名残疾人家庭实施无障碍设施改造。对本区符合条件的2111名重度残疾人发放护理费补贴。

乡镇街道概况

【舒坪镇】 辖10个村、1个社区、106个村民小组、10个居民小组。2016年年末，户籍人口2.5万人（农业人口1.8万人，城镇人口7000人），常住人口2.8万人。是年，粮食产量6575吨，蔬菜产量1.8万吨，生猪出栏1.35万头，牛出栏627头，羊出栏4237只，鸡21万只，家兔36万只。农业增加值1.3亿元，农民人均纯收入1.43万元。全镇规模以上工业总产值40.9亿元，固定资产投资总额8.2亿元。发放城乡低保金357万余元，清退城镇低保163户293人。投入20余万元建设狮湾、金华日间照料中心。办理农转非人员养老保险304人、医疗保险317人、失业保险233人。转移和输出农村剩余劳动力1735人次。

【仲权镇】 辖11个村、1个社区、130个村民小组、4个居民小组。2016年年末，常住人口3.12万人，集镇常住人口7000余人。全年发展稻田综合水产养殖面积100公顷、水果333.33公顷、花卉苗木133.33公顷；培育发展泥鳅养殖、生态火鸡、鲜花基地等农业产业基地133.33公顷。生产总值15.2亿元，工业总产值7.9亿元，农业生产总值2.2亿元，农业增加值6353.4万元，固定资产投资6.8亿元。城镇居民人均可支配收入2.7万元，农民人均纯收入1.32万元。农民工技能培训800人次，城镇新增就业4500人次，城镇失业人员再就业260人次，城镇登记失业率控制在4%以内，建成充分就业社区1个。建成3个日间照料中心，全镇五保集中供养率65%。

【荣边镇】 辖12个村、1个社区、104个村民小组。2016年年末，总人口1.61万人，其中农业人口1.53万人，外出务工6901人。全镇耕地面积985.14公顷，林地面积812.37公顷。全年粮食产量1.05万吨，油料作物产量665吨，蔬菜产量1.31万吨，水果产量2242吨；出栏肉牛103头，出栏肥猪2.45万头，出栏肉羊6350只，出栏家禽65.44万羽，出栏家兔42.08万只。农业总收入3.45万元，农业增加值7818.4万元，农民人均纯收入1.25万元。规模以上工业现价总产值5.83亿元，完成固定资产投资7.13亿元。全镇农村合作医疗参合1.33万人，新农保参保6245人。发放最低生活保障1015人196.5万元；参加城乡居民养老保险6900人，60周岁以上老人享受国家补助3000余人。是年，旅游综合收入1700余万元，接待游客120万人次。

【农团乡】 辖5个村、1个社区、1个居民小组。2016年年末，总人口5517人，其中农业人口5306人，社区常住人口211人，常年外出务工人员2600人。全年粮食产量1396吨，蔬菜产量3066吨，生猪出栏3990头，牛出栏62头，家禽出栏13.2万羽。完成地区生产总值1.3亿元，规模以上工业增加值150万元，全社会固定资产投资5亿元，飞龙峡旅游综合收入27万元，农民纯收入1.44万元。新型城乡居民社会养老保险参保2743人，新型农村合作医疗参合4708人。

【漆树乡】 辖4个村、1个社区、2个居民小组、35个村民小组。2016年年末，总人口7067人，其中，常住人口6851人，农业人口6623人。全年地区生产总值3.03亿元，农业总产值9115万元，完成固定资产投资2.4亿元，招商引资1.9亿元，农民人均纯收入1.24万元。全乡耕地面积553.33公顷，粮食总产量3100吨，新增水果种植面积46.67公顷。发放低保金146.3万余元；城乡居民医疗保险参保5989人，新型城乡养老保险续保3451人。

【新街】 辖4个社区、41个居民小组。2016年年末，户籍人口2.03万人，常住人口2.06万人，流动人口0.8万人。全年出生133人，人口自然增长率0.25‰。举办各类现场招聘会8场次，组织月嫂、厨师、物业管理人员等再就业技能培训4次。全街新增就业人员654人，其中登记失业人员实现就业654人；就业困难人员实现再就业313人；公益性岗位安置92人，就业援助163人；办理就业失业登记证201个，困难认定92人。参加城乡居民社会养老保险282人，清退超龄领取养老保险待遇 15 人；完成退休人员社会化认证 4804 人。

【五星街】 辖 6 个社区、107 个居民小组。2016 年年末，居民 1.67 万户，户籍人口 6.4 万人。新增就业 872 人，失业人员再就业 688 人，就业困难人员就业 522 人。参加城镇居民基本医疗保险 1.25 万人；参加城乡居民社会养老保险 692 人；参加城乡居民社会养老保险 360 人。医疗救助 149 人次，发放救助金 18.88 万元；临时救助 61 人次，发放救助金 2.04 万元。

【东兴寺街】 辖 14 个社区。2016 年年末，总人口 8.33 万人。全年新增就业 1003 人，其中就业困难对象 251 人。城镇居民养老保险参保 839 人，城镇居民医疗保险续保和新参保 1.52 万人。发放独生子女费 10.95 万元，特别扶助 254 人，发放特别扶助金 135.84 万元；困难救助 28 人，发放救助金 1.1 万元；医疗救助 95 人，发放救助金 17 万余元；建成 6 个社区老年人日间照料中心。

【郭家坳街】 辖 5 个社区、81 个居民小组。2016 年年末，总人口 4.25 万人。新增就业 762 人，失业人员再就业 668 人，就业困难人员再就业人数 326 人。全年参加城镇居民基本医疗保险 1.18 万人，参加城乡居民社会养老保险 698 人。享受低保 1428 户，2183 人，发放低保金 699 万余元。临时救济 102 人，发放救济金 3.05 万元；医疗救助 240 人，发放救助金 25.36 万元；为 8 名困难学生提供助学资金 2.3 万元，为住房困难家庭配租公租房 105 套。

（自流井区地方志办）

贡井区

概　貌

【位置　面积　人口】 贡井区系自贡市辖区，位于自贡市中部。辖区面积 410 平方千米，全区辖成佳、龙潭、五宝、长土、建设、艾叶、桥头、白庙、莲花 9 个镇，章佳、牛尾 2 个乡，筱溪、贡井 2 个街道，33 个社区、149 个村、1304 个村民小组。2016 年年末，全区总人口 29.34 万人，其中男性 14.89 万人、女性 14.45 万人；非农业人口 9.90 万人；18 周岁以下 4.38 万人，18 周岁至 60 周岁 17.52 万人，60 周岁以上 7.44 万人。

【建置沿革】 贡井区历史悠久，是四川井矿盐生产的肇始地之一。早在东汉时期，就有獠人凿井取卤煎盐。到北周武帝时期，由于开凿了一口闻名遐迩的盐井大公井而建置名“公井镇”，里人称“公井”。在唐以前，大公井与富顺县富世盐井享誉四川。明嘉靖时期（1522—1566），大公井生产之盐品质上乘，作为朝廷贡品，故改“公井”为“贡井”，沿用至今。民国 28 年（1939）9 月 1 日，自贡建市。“自贡”之名源于两口著名盐井自流井和贡井。时贡井地区为三区、四区、五区。1949 年 12 月 5 日，贡井和平解放。1950 年，三区、四区合并为二区。1953 年 1 月，二区改称贡井区。

【自然资源】 贡井区位于川中盆地南部，地貌浅丘，属沱江流域的旭水河自西向东横贯全境。亚热带气候，年平均气温 17.8℃，年积温 6539.9℃。常年月平均气温最高温度 27.8℃（8 月），最低 7.5℃（1 月）。年平均日照 1238 小时。年均降雨量 1048.7 毫米。气候温和，雨量充沛，相对湿度 80% 左右。年蒸发量 972 毫米。全年阴雨天多、雾日多、空气透明度小。日照多集中于夏季。日照时数历年平均 1247.2 小时，属全国日照时数偏少的地区之一。全区主要河道 96.79 千米，已开发利用量 1.32 亿立方米，占水资源总量 31%。人均水资源量 448 立方米，亩均水资源 599 立方米。

【旅游资源】 贡井区历史悠久，旅游文化资源丰富。有享誉盛名的大公井、世界钻井史上地质结构罕见的全国重点文物保护单位东源井，千年盐业历史文化沉积的全国重点文物保护单位“茶马古道”老街、河街（大公井古城），有旭水河艾叶至五皇洞段盐运古水道平康桥堰闸码头（全国重点文物保护单位茶马古道盐运码头）、八里秦淮、平桥堰闸、中桥堰闸、五皇洞堰闸。有城中平桥瀑布景观，全国文物保护单位张伯卿公馆，省级文物保护单位南华宫、贵州庙、天禄堂、中坝庄园、胡元和民居和艾叶雷公坡崖墓群，自贡地区佛教文化重要寺庙天池寺等 60 多座宫、观、庙、寺（祠），有南、北环路沿线的花卉生产基地、三台梨花、固胜农民新村、七星湖旅游度假新村、莲花竹海、龙潭白鹭群、龙王水库白鹭群等，形成乡村休闲观光和特色美食旅游及牛尾—莲花—桥头远郊自然生态、欢乐暴走旅游线路。2011 年 3 月，牛尾乡石柱村二组发现国家二级保护野生动物金猫。

【交通】 贡井区地处川南地区中心地带，有乐自高速公路、自隆高速公路过境。境有省、县、乡村公路 635 千米，形成以省道乐自路、隆雅路（S305）、资泸路（S207）为骨架，县道北环路、资贡路、自犍路、双龙路、高黎路为支撑，乡村道为网络的交通格局。全区有水域通航里程 70 余千米，渡口 2 个，客运码头 1 座；二级客运站 1 个，乡村客运站 11 个。

政治建设

【区委办公室工作】 2016 年，出台区委文件 86 件、区委办文件 116 件，召开全区性会议 32 次。向省委办报送信息 30 条；向市委办报送信息 680 条。县级领导到基层调研 1572 次。按照“三重一大”事项集体决策办法决策重大事项，开展合法性、政策性、纪律性审查和社会稳定风险评估 18 项。组织保密法制讲座 2 次，未发生泄密事件。

【人大工作】 2016 年 3 月，区第十七届人民代表大会第五次会议召开，选举区人大常委会主任、副主任、委员；选举区政府区长、副区长；选举区法院院长、区检察院检察长；选举贡井区出席自贡市第十七届人民代表大会代表；审议设置区人民代表大会各专门委员会议案；通过区人民代表大会各专门委员会组成人员。2016 年，召开人大常委会议 11 次，主任会议 22 次，听取和审议“一府两院”工作报告 14 项，作出决议决定 21 项，提出审议意见 9 项，对区科技局、区农牧林业局开展工作评议，备案审查“一府两院”、乡镇人大规范性文件 58 件，上报市人大备案审查 16 件。任免国家机关工作人员 67 人次，其中，任命 42 人次，免职 25 人次；任命人民陪审员 5 人；任命选举委员会组成人员 109 人。接受区人大代表辞职 1 人，常委会组成人员辞职 5 人，区政府领导辞职 2 人，选举委员会成员辞职 62 人。区十七届人大五次会议期间代表共提出建议、意见 69 件，年内办结并答复代表 69 件，代表满意率 98.6%，基本满意率 1.4%。

【政府办公室工作】 2016 年，收到并传送中央、国务院、省委、省政府、市委、市政府公文 954 件，其中，机要文件 173 件。区政府发文 123 件，区政府办公室发文 41 件，上报请示报告类文件 49 件。印发《区政府常务会会议纪要》20 期，编辑《贡井政务信息》12 期，上报信息 513 条，被市政府办公室《每日要情》采用 103 条。开展电子政务工作人员专业培训 1 次，面向社会主动公开政务信息 1506 条；通过市政府门户网站公开信息 200 余条。全年办理市政协委员提案 1 件，区人大代表建议 69 件，区政协委员提案 92 件。承办区政府常务会议 20 次，区政府全体（扩大）会、项目工作推进会、经济形势分析会等大型会议 10 余次，接待各类视察和检查 50 余次。

【政协工作】 2016 年，收到提案 104 件，立案 92 件，参与撰写提案的委员 140 人次。其中，已解决或基本解决（A 类提案）37 件，占提案总数 40.2%；列入计划逐步解决（B 类提案）53 件，占提案总数 57.6%；因条件限制，暂时不能解决（C 类提案）2 件，占提案总数 2.2%。提案办理满意率 100%。

【纪检监察工作】 2016 年，对新任科级领导干部谈话 3 次。组织纪检干部参加省市区组织各类业务培训 20 余人次。将 2016 年党风廉政建设和反腐败 6 大项 46 小项工作任务，分别落实到 17 名县级领导及 10 个牵头单位。建立 13 种类别的“两个责任”清单、台账和纪实工作手册，签订主体责任书 71 份、监督责任书 45 份。开展落实管党治党责任暨落实党风廉政建设主体责任集中谈话 1 次，监督责任谈话 37 人，诫勉谈话 2 人，约谈 23 人。对 2 名落实“主体责任”不力的村干部倒追责任。在自贡电视台播放反腐倡廉专题节目 3 期，向全区党员干部群众发送廉政短信 23 条。专项巡察发现问题 146 个，制定整改措施 314 项，清退违规资金 6.56 万元，提醒约谈 12 人，责令检查 3 人，通报批评 10 人，诫勉谈话 5 人，立案 6 件 6 人。是年上半年，全区党风廉政建设社会评价综合指数在全省排名 45 位，全市排名第 1 位。开展换届纪律监督检查 2 次，换届风气巡回督查 3 次。是年，立案 51 件，党纪政纪处分 53 人，查处科级领导干部 4 人，查处群众身边的“四风”和腐败案件 41 件，内部通报5次16起20人次。

【组织工作】 2016年年末，全区基层党组织457个，其中，区级党委（党工委、党总支）25个，二级党委（党总支）14个，党支部418个；党员1.20万人。全年发展党员139人。全区公务员666人，其中，中共党员547人，大学本科544人（硕士19人，学士197人，研究生47人），大学专科90人，中专及以下32人。组建6支宣讲分队到各级党组织开展“两学一做”学习教育专题宣讲25场次。党员县级领导到联系点讲党课50余场次。结合中共建党95周年纪念活动，评选表彰区级先进集体47个，优秀个人206人。11个乡镇选举产生新一届领导班子成员94人，年底完成村（社区）党组织换届。公开遴选科级培养对象、村（社区）主要负责人培养对象53人。全年调训干部400余人次。

【人事人才工作】 2016年，公招公务员64人（含6名选调生），事业单位人员109人。通过签约方式引进“211”重点高校毕业生4人（预防医学专业3人、中医学专业1人）。2016年年底，全区公务员666人，其中，区级部门412人，乡镇政府234人，街道办事处20人；参公人员156人，事业单位2581人。

【宣传工作】 2016年，开展习近平总书记系列重要讲话精神、中共十八届五中全会精神、省委十届八次全会、市委十一届十四次全会精神宣讲400余场次，宣讲对象2.3万余人次。组织区委中心组专题学习会12场。完成2015年科级领导干部述学评学和理论考试工作。申报社会科学成果5项，结项2015年度社会科学课题3个，申报2016年度自贡市社会科学课题5个，被批准立项2个。在中央、省、市级媒体刊载稿件2000余条（篇）。选送剪纸作品参加四川省公益广告设计大赛，获平面类三等奖。

【统战工作】 2016年年末，有党外领导干部26人，其中，副县级领导干部3人，正科级领导干部3人，副科级领导干部20人。区政府工作部门中有8个部门安排党外科级领导干部8人。区人大常委会副主任中党外副主任1人，人大常委会委员中有党外委员11人，区第十八届人大代表中，非中共党员代表37人，占总数20.7%；区政协副主席中党外副主席2人，政协常委中有党外常委22人，在当选的区政协第九届委员172人中党外委员104人，占总数60.5%。开展“凝心聚力、助推发展、促进和谐”行动，引导非公经济人士自觉履行社会责任，参与“三百工程”“助学助残”“三联三服务”捐款捐物15万余元。接待、慰问台胞、台商、台属20人次。组织召开民主协商会、情况通报会8次，党外人士提出意见建议100余条。

【政法工作】 2016年，受理民商事案件1282件，办结1060件，诉讼标的2.82亿元。查办职务犯罪6件8人，接受犯罪档案查询185件（次）。重点打击查办案件362起，处置突发事件50起。办理各类公证1439件，办理法律服务案件（事项）140件，解答各类咨询2600余人次。处置群体性事件苗头130余件次。劝返2名拟进京非访人员。查处各类治安案件664起，治安案件受理数比2015年下降5.94%。排查矛盾纠纷1355件，其中可调解案件1305件，调解成功1294件，调解成功率99.16%。收集办理网格事件3.03万件次。清查3级以上重型精神病人186人，鉴定精神障碍患者920人，370人取得“残疾人证”。区综治办被评为全省党委政法委先进集体。

【公安工作】 2016年，共接处警4061起，出动警力1.60万人次。立刑事案件997起，刑事案件发案数比2015年下降15.22%，破案361起，破案率36.21%，比2015年下降2.48%。抓获各类犯罪嫌疑人217人，追回网上逃犯48人。受理治安案件792起，治安案件发案数比2015年下降5.94%，查处664起，查处率83.84%，比2015年下降5.11%，治安处罚177人（治安拘留92人）。破获省公安厅挂牌案件2起，市公安局挂牌案件2起。追缴各类赃款赃物价值342.8余万元，收缴各类枪支10支。破经济类案件25起，为群众挽回经济损失1040余万元。新增天网点位、治安卡口289个、监控探头760个。贡井区在省综治委对全省183个县（市、区）开展的2016年下半年平安建设群众满意度测评中，全省排名第四，全市排名第一。

【刑事检察】 2016年，立案查办职务犯罪案件9件13人，其中，立案查办贪污贿赂犯罪8件10人，立案侦查渎职侵权犯罪1件3人。批准逮捕各类刑事犯罪嫌疑人65件91人，提起公诉101件125人。受理民事、行政、执行申诉案件20件（含市检察院交办4件），其中，提出执行检察建议3件、再审检察建议2件、其他检察建议7件，法院均采纳；息诉3件。开展社区矫正工作，纠正监外执行活动中的违法行为9人次。通过群众举报发现案源并立案审查4件，向群众反馈意见4份。区检察院获全国检察宣传工作先进单位。

【法院工作】 2016年，受理案件2231件，审结1746件。其中，受理刑事案件83件，审结78件，依法对97人判处刑罚；受理民商事案件1282件，审结1060件，诉讼标的2.82亿元；受理行政诉讼案件3件，审结3件；受理行政非诉讼案件15件，审结15件；受理执行案件848件，执行终结590件，执行终结标的3.28亿元。区法院被省法院表彰为“三型法庭”建设工作先进单位、全省专项执行活动先进单位。

【司法行政】 2016年年末，全区有人民调解委员会231个，调解人员2069人。全年排查民间纠纷225次，预防纠纷155件；受理民间纠纷246件，调解成功245件，调解成功率99.6%，无民事转刑事案。接收社区服刑人员71人，解除86人，开展社会调查评估29件，警告16人次，提请撤销缓刑1人。衔接刑释人员173人，衔接率、帮教率、安置率均100%，无重新犯罪。全区律师事务所办理案件（事项）140件，公证处办理各类公证1439件，基层法律服务所办理案件（事项）154件，解答各类咨询2700余人次。承办法律援助服务2160人次，其中，办理法律援助案件（事项）180件，提供咨询等服务1800人次（为农民工提供咨询服务360人次）。10月15日，贡井区司法局法律援助中心驻贡井区劳动人事争议仲裁院工作站正式挂牌成立。

【机构编制管理】 2016年年末，全区机构总数216个，其中，行政机构58个（含法院、检察院），事业单位158个（含残联）。政法类派出机构16个（含基层司法所13个、法庭2个、检察室1个）。全区机关事业单位编制4277人，其中，机关编制802人，政法系统编制160人，事业单位编制3315人（含残联）。全区机关事业单位在编在职人员3489人，其中，党政群机关行政编制在职409人、工勤人员35人，乡镇街道行政编制实有235人、工勤人员17人，政法专项编制实有130人、工勤人员11人，各类事业单位实有2661人（含残联）。

【党校工作】 2016年，承办主体班4期：贡井区“十八届五中全会”专题培训班、优秀年轻干部人才递进培养计划第三期培训班、贡井区乡镇干部培训班、贡井区2016年度机关公务员依法行政培训班；委托培训3期：贡井区农村党员、“两新”组织党员和流动党员示范培训班，集中培训483人。对学员在校学习期间的组织纪律和学习成绩实行量化，综合评定学员纪律和学习情况，作为学员是否结业重要依据。建立外请教师师资库，将市委党校、四川理工学院知名专家学者和党政领导干部列入党校师资库。

【工会工作】 2016年，新建工会5个，新发展会员500人。1683人投保女职工大病互助保险1889份。组织23名全国、省部级劳模、6名市级困难劳模免费健康体检。发放老劳模、困难劳模生活困难补助金36人次3.3万元。投入“送温暖”资金48.4万元，帮扶慰问困难职工973户。帮助250名城镇下岗失业人员实现再就业。筹集16.32万元“金秋助学”金，帮助119名困难职工子女入学。为254人发放困难职工生活和医疗救助金34.38万元。

【共青团工作】 2016年年末，区直属团组织23个，村、社区团组织182个，非公企业团组织75个。全区学校团委9个，团总支6个，团支部130个。培训团干部60人。提供返乡大学生实习岗位50个，29名青年志愿者开展志愿服务8天。开展农村贫困留守学生公益活动20场次。创建星级留守学生之家4所。开展法制讲座8场，心理辅导讲座3场，为2000名学生进行心理健康建档筛查。引导4000名团员注册为志愿者。团区委被评为“四川省优秀五四红旗团委”。

【妇联工作】 2016年，11个乡镇、2个街道、149个村和33个社区全部建立妇联组织，14个规模以上企业建立妇女组织。建成全国妇联命名的基层示范妇女组织4个，区妇联命名的基层示范妇女组织20个。创建全国“最美家庭”1户，市级“最美家庭”5户，区级“最美家庭”10户，市级“巾帼文明岗”3个、“巾帼创业就业示范基地”2个。100名妇女参加“幸福人生，爱驻我家”专题讲座，到村、社区、学校和机关开展培训讲座活动50场次。实施农村妇女种养殖技能培训500余人。

【残联工作】 2016年，录入“量服”平台残疾人9441人。实施“阳光家园计划”居家托养补贴，发放精准扶贫对象残疾人补贴280人16.80万元。发放残疾人扶贫对象生活补贴446人41.81万元。发放建档立卡贫困户中的重度残疾人护理补贴489人35.06万元。发放重度残疾人护理补贴2664人163.38万元，其中一级残疾人858人、二级残疾人1806人。发放下肢残疾人机动轮椅车燃油补贴10人3650元。扶持贫困残疾人发展生产，发放扶持发展生产资金381人15.24万元。为481名贫困残疾人适配辅助器具。补助50户残疾家庭无障碍改造资金12.50万元。

【工商联工作】 2016年年末，有会员396个，其中，团体会员3个、企业会员183个、个人会员210个。新增会员56个，其中，企业会员20个、个人会员36个。完成7个基层商会换届。4月27日，区工商联（总商会）召开第八次会员代表大会，选出第八届执委会和领导班子。全年印发精准扶贫《倡议书》200余份，落实帮扶到位资金58余万元，资助贫困家庭学生53人，提供就业岗位40个。区工商联被认定为省级“五好”工商联，区总商会长土分会被评为省先进单位。

【信访和群众工作】 2016年，受理来信来访2773件（人）次，其中，区信访局受理1919件（人）次，较2015年减少107件（人）次，下降5.3%。处理来信302件，较2015年同期下降7.9%；接待来访418件1617人次，较2015年同期件次上升1.7%、人次下降4.8%；集体来访98批1069人次，较2015年同期分别上升32.4%和下降7.8%。乡镇（街道）、区级部门受理854件，比2015年同期增加72件；区法院受理11件，比2015年同期增加3件。组织周五“书记区长接待日”48次，接待来访群众20批97人次（集体来访5批77人次）。全年梳理信访积案61件，其中，省、市两级交办信访积案37件。

经济建设

【主要经济指标】 2016年，全区GDP完成131.93亿元；民营经济增加值83.67亿元；第二产业增加值84.31亿元；区属固定资产投资65亿元；社会消费品零售总额49.84亿元；城市居民人均可支配收入2.8万元。

【工业】 2016年年末，全区有工业企业370余户，其中，规模以上工业企业70户。规模以上工业总产值340亿元；工业增加值82.46亿元；实现税金15.8亿元，其中增值税12.2亿元，其他税金及附加税3.6亿元；实现利润7.19亿元。全区有高新技术企业12户，有四川省著名商标企业2户、四川名牌企业5户。园区新增承载能力133.33公顷，完成工业投资19.98亿元、技改投资17.28亿元。园区规模以上工业企业完成总产值193亿元，比2015年增长14%；实现销售收入201亿元，比2015年增长14%；实现利润2.2亿元，比2015年增长11%。9月8日，区科学技术和知识产权局、区经济和信息化局职责整合，组建区科技和工业信息化局，为区政府工作部门，区科学技术协会与区科技和工业信息化局合署办公。

【成佳工业园】 成佳工业园规划面积81平方千米，主要布局通用航空产业。6月15日，自贡市凤鸣建设有限责任公司成立。省政府核准的第一个通用机场——自贡凤鸣通用机场总投资5.9亿元，5月正式启动建设，9月完成1200米跑道及附属设施建设并完成试飞。同月，自贡组装捷克2人座SL600轻型飞机成功首飞，10月取得中国民航适航许可。11月，市政府与中国民用航空飞行学院签订战略合作框架协议，中国民用航空飞行学院正式入驻自贡航空产业园。

【农业】 2016年，全区粮食播种面积1.97万公顷，粮食总产量10.7万吨；出栏生猪28万头，肉兔595.58万只，家禽375.05万羽；肉类产量3.43万吨、牛奶0.8万吨、水产品1.22万吨。新发展水果66.67公顷、蔬菜66.67公顷、花卉苗木33.33公顷，发展春提早秋延后特色优质蔬菜基地200公顷。建成番茄嫁接技术栽培示范基地6.67公顷，肥水一体化技术栽培示范基地20公顷，避雨栽培技术示范基地66.67公顷。发展“公司+家庭农场”养殖新模式，发展19户特驱代养户，其中4户完成主体工程。培育专业家庭农场与经营管理者50人、专业技能型职业农民50人。完成营造林400公顷，其中新造林353.33公顷，新增森林433.33公顷。新增森林蓄积8900立方米，林地保有量9733公顷，森林保有量8744公顷，森林覆盖率达31.31%。五宝镇高林村、莲花村、平房村、大同村、凤翔村、保证村6个村实施城乡绿化造林种植油茶，栽植200公顷。全年实现林业总产值3.72亿元。

【新农村建设】 2016年，完成乡村道路建设70余千米；实施小型农田水利工程34处，新建整治渠系11.53千米；改造五宝等3个乡镇13个村43个组农村电网。10个幸福美丽新村建设项目开工，累计投资3000万余元。打造自贡市乡村旅游示范点，建设贡井区荷园休闲农庄及莲花溪谷特色农林业旅游休闲区。投资600万元完成万亩油茶续建项目，种植油茶200公顷。建设自贡市贡井现代都市生态农业公园项目，完成生态水产9.33公顷、水果产业5公顷。完成荷园园路和沿湖绿化6600平方米，园路、园桥溪流景观1900平方米。发展五宝马铃薯产业项目，种植马铃薯333.33公顷。培育种养大户、家庭农场、农民合作组织、农业龙头企业等新型生产经营主体，建成市级农业龙头企业14家，登记注册各类农民合作组织147个（国家级示范专业合作社2个、省级示范专业合作社6个、市级示范专业合作社23个、区级示范专业合作社30个）；登记培育家庭农场204个；有各类适度规模专业大户4000余户；创建4个高产示范基地。获无公害产品认证28个、有机产品认证29个，五宝花生、建设香柚获国家地理标志保护产品，龙潭镇、白庙镇、建设镇获全国“一村一品”示范镇称号。

【商贸】 2016年，服务业增加值31.84亿元，社会消费品零售总额49.84亿元，进出口总额3559万美元。新增限额以上商贸企业7户。川南五金城3－38号楼全部建成，商铺5.82万平方米。组织30户客商分别参加第六届“携手灯城·龙聚盐都”招商推介会、全球首届川商返乡大会、2016年中国国际酒业博览会暨川南经济区投资贸易洽谈会、第十六届西博会等重要活动。辖内汽贸企业开展“助力车改”“时尚2016”等汽车展销、促销活动，参加展销49户次，现场销售乘用车432辆，意向订购409辆，销售额（含意向订购）1亿元以上。自贡泰福农产品加工厂等2户企业和10户专业合作社开展电子商务试点，10个专业合作社进入“天虎云商”电商平台，在城市社区建成农产品直销店35个。构建多种类型电子商务运行模式，塔罗科血橙、大头菜等品牌通过电子商务平台远销新疆、广东、福建等地，网上销售6000吨以上，实现销售收入3000余万元。9月，划出区商务旅游和投资促进局承担的商务职责，组建区商务局。

【旅游】 2016年，启动公井古城井盐文化旅游度假区建设，争取上级资金4000余万元，实施旭水河城区段河岸整治；编制涵盖100亿元招商说明书，深圳华强集团等一批知名企业多批次实地考察和对接；艾叶镇被列入四川100个知名古镇建设名单，被评为国家AA级旅游景区，成为四川美术学院外景写生基地。打造花香田园、五彩荷园、溪谷农庄等一批新型观光农业示范项目，构建都市近郊休闲观光乡村旅游带和都市远郊生态休闲度假旅游带。七星湖生态园建成国家级AA级旅游景区，景区内建成星级农家乐及乡村酒店20家（五星级农家乐和乡村酒店各1家），凯基度假酒店等5户农家乐及乡村酒店被评为“中国乡村旅游金牌农家乐”并列入国家“乡村旅游千千万万品牌”，固胜村被评为“中国乡村旅游模范村”，建设镇被评为“四川省乡村旅游特色乡镇”。举办第十一届自贡市乡村旅游节暨川南旅游联盟联席会及贡井区2016乡村旅游年活动。

【招商引资】 2016年，招商引资到位市外资金94.79亿元，完成目标任务107.71%，其中固定资产投资37.47亿元，完成目标任务129.21%；到位省外资金68.04亿元，完成目标任务165.95%。新签约1亿元以上项目14个，完成目标任务107.69%，协议投资额83.7亿元，其中，5亿元以上重点产业项目5个，完成目标任务125%；新签约30亿元特别重大项目1个。履约项目12个，开工项目9个，包装项目36个。

【财政】 2016年，一般公共预算收入16.72亿元。其中，全区地方一般公共预算收入1.39亿元，比2015年增长11.05%。一般公共预算支出

16.21 亿元。其中，全区地方一般公共预算支出15.1 亿元，比 2015 年增长 17.14%。民生支出11.43 亿元，占公共财政支出 75.69%，其中，教育支出 2.79 亿元，科技文化事业支出 2421 万元，卫生计生支出 1.64 亿元，农业支出 1.26 亿元，社会保障支出 2.05 亿元，城市建设支出 2.44 亿元。审批政府采购项目 302 个，预算金额 1.64 亿元，节约资金 2356 万元。

【国税】 2016 年，组织税收收入 1.86 亿元，其中，市、区两级税收收入 5093.42 万元。3025 户纳税人享受税收优惠 1.5 亿元，其中，减免 2695 户享受月、季度销售额未达到起征点增值税优惠政策纳税人 2951 万元；减免享受西部大开发优惠政策纳税人 2590 万元；其他减免近 1 亿元。全年办理出口退（免）税 1854.5 万元。区国税局被国家税务总局表彰为先进集体。

【地税】 2016 年，组织总收入入库 2.41 亿元。税收入库 2.25 亿元，其中市级税收收入 1.09 亿元，区级税收收入 6229 万元。查补税款（含滞纳金）1233 万元。优惠减免税 5581 万元，其中，改善民生类减免 3627 万元，鼓励高新技术类减免 671 万元，促进小微企业发展类减免 239 万元，支持金融资本市场类减免 1 万元，支持“三农”类减免 342 万元。

【科技工作】 2016 年，高新技术产业产值 140 亿元，占工业规模产值比重 50%。全年申报专利 122 项，其中，发明专利 9 项、实用新型 32 项、外观设计 81 项。申报科技项目 242 项，获批立项 16 项，获上级项目资金 785 万元。四川赛尔阀门公司建成国家高新技术企业，全区高新技术企业累计 17 家。盐工新村社区创建为省级科普示范社区，全区建成 1 个国家级、3 个省级科普示范社区。新建青少年科普科技体验活动室 1 个、社区科普体验室 1 个，引入全市首列“全媒体网络科普阅览屏”，建成老街子社区和雷公滩社区 2 所社区科普大学。举办贡井区首届“蒲公英”杯中小学生科技节，全区 26 所中小学参加，共收到 398 件科技创新制作、小发明、科普小报和科幻画项目作品，评选出一等奖作品 36 件。组织参加第 31 届全省青少年科技创新大赛，81 件作品获市级奖，5 件作品获省级奖。

【招投标管理】 2016 年，立项审批政府性投资项目 107 个，总投资 15.24 亿元；核准项目招标事项 50 次，审查和备案公告、合同 450 个，现场监督招标投标项目的随机抽取、评审谈判等活动 90 次，完成 80 个工程项目合同的备案工作。

【粮食管理】 2016 年，完成 2015 年度社会粮油供需平衡调查、全国粮食清仓查库、小春品质测报、粮食应急预案签订，完成 2000 个农户科学储粮小粮仓项目建设。全区仓库容量 2.53 万吨，市级储备小麦 2000 吨、稻谷 2500 吨、油 400 吨、商品粮 27 吨。

【价格监管】 2016 年，查处价格违法行为 1 件，罚款 2940 元，退还金额 5880 元。开展教育、医疗领域价格收费行为专项检查，检查相关经营单位和个体户 58 户。

【统计工作】 2016 年，组织 135 个“四上企业”按月向国家统计局数据采集平台报送数据、170 个固定资产投资项目按月向省统计局数据采集平台报送数据。城乡一体化调查 156 户，其中，城镇 80 户、农村 76 户。开展第三次全国农业普查，抽调普查人员 356 人，发放各种宣传用品、宣传资料、普查公告 3 万余份。撰写统计分析 21 篇、统计预警预报 2 篇、统计公报 1 篇、统计月报 11 期，印发《自贡市贡井区国民经济和社会发展统计年鉴(2016)》。

【审计工作】 2016 年，完成审计项目 85 个，其中，同级预算执行审计项目 2 个、部门预算执行审计项目 4 个、乡镇财政决算审计项目 2 个、财务收支审计项目 1 个、专项资金审计项目 9 个、专项跟踪审计项目 1 个、政府性投资审计项目 59 个、领导干部任期经济责任审计项目 7 个。审计查出违规金额 95.78 万元（处理上缴财政 54.03 万元、补缴税款 41.75 万元），查出管理不规范金额 1.42 亿元，核减政府投资 2208.18 万元，提出审计建议 37 条。

【质量技术监督】 2016 年，检查特种设备制造、安装、使用单位 138 家次，出动执法人员 400 余人次，检查特种设备 600 余台（套）次、气瓶 5000 余只次，发出监察指令书 15 份，发现一般安全隐患 15 个。工业企业产品质量监督合格 94% 以上，企业生产的相关产品生产许可证、CCC 目录内产品认证证书覆盖率 100%。检查超市 3 家、加油站 6 家、农贸市场 2 个、眼镜配制场所 5 家。开展化肥、农药为重点的“农资打假下乡”专项检查，检查生产企业4家和销售企业14家，抽样检测复合肥样品1个，检测结果符合GB 15063－2009标准。

【工商行政管理】 2016年年底，全区市场主体1.02万户，注册资本金45.52亿元。按“先照后证”办理企业登记952户、个体工商户2434户；新注册登记企业537户、个体工商户1516户、农业专业合作社22户。新培育省著名商标1件、市知名商标4件。建有“12315”联络站7个，消费维权服务站13个。全年区消费者权益保护委员会受理投诉189件，处理189件，涉及争议金额353.7万元，为消费者挽回经济损失100.85万元。

【供销工作】 2016年，实现经营服务总额7.14亿元，利润总额651万元，销售总额3.15亿元，消费品零售额1.72亿元，农资供应总额4402万元，农副产品收购总额2.07亿元。新建农民合作社17个，其中，联合社2个；新增国家级示范社1个（自贡市成佳大头菜专业合作社）、省级示范社1个（万鑫奶牛专业合作社）。龙潭蔬菜专业合作社“旭水河”、成佳镇自然香大头菜加工厂“信宽”、红茅烧酒业有限公司“亿品红”、万鑫奶牛养殖专业合作社“一对山”4件注册商标获2016年自贡市知名商标。累计建立副食品、农业生产资料供应及农副产品收购网400个。

城乡建设

【规划编制】 2016年，完成五宝镇总体规划编制，通过专家会评审；完成白庙镇、莲花镇、牛尾乡总体规划编制初稿。完成《自贡市桥头工业园区控制性详细规划》《贡井伍家坡、建设路片区棚户区改造城市设计及公井古城保护规划》公示。《自贡航空产业园控制性详细规划》获市政府批复，并启动新规划调整工作。完成白庙镇刘家村、石岭村、银匠村、白庙村和建设镇中心村5个新村规划专家审查工作。

【棚户区改造】 2016年，签订向阳片区棚户区改造征收协议368户，该棚户片区占地18.87万平方米，规划改造704户。实施伍家坡棚户片区分户评估，该棚户片区占地81.6万平方米，规划改造1744户。签订公井古城片区子项目天池路征收协议442户，该片区占地107.33万平方米，规划改造4238户。完成长土胜利路片区初步摸底调查，该片区占地99.87万平方米，改造1200户。完成泥塘湾安置房方案及施工图设计、伍家坡片区安置房方案设计工作。

【市政设施建设与维护】 2016年，投资580万元，整治S207道路贡井段破损道路及配套基础设施。5月开始建设贡井体育场地下停车场，计划新建停车位591个。铺设人行道方砖4500平方米、路缘石540米，新建树池620个，新增广场座椅40把，治理下水道1450米，完成砼地面1100平方米，补沥青砼路面（含S207道路）3.7万平方米，更换下水窗484套、检查井60套。新增市政路灯106盏，新铺设和更换架空线7000米、电缆4000米。整治背街小巷23条段9400平方米。

【房地产】 2016年，完成房地产投资5.28亿元，比2015年下降40.8%。全区商品房销售12.15万平方米，比2015年增长17.1%，销售收入4.33亿元，下降7.4%；全区商品房统计销售均价3561元/平方米，比2015年增长20%。完成建筑业总产值2.68亿元，比2015年增长21%。

【住房保障】 2016年，保障性住房续建项目完成主体工程建设320套，竣工304套，在建住房192套。发放廉租房租金补贴1849户140.3万元。改造盐工新村第10栋、第11栋和红烛村第1—3栋老旧小区，26个老旧小区供配电设施通过验收。完成农村危房改造533户，超省下达农村危房改造任务107户。

【行政审批】 2016年，发放《选址意见书》3件，建设工程规划许可证3件、村民散户自建房乡村建设规划许可证285件，办理土地确认件54件。

【人防工作】 2016年，开展防空防灾知识进乡镇、学校、社区宣传活动5次，发放人防宣传资料7100余份。“9·18”警报试鸣日，全区21台警报器按时、按规定信号统一鸣响，鸣响率100%。投入维修资金1.8万元，维护、翻修长土镇人防工具房。五宝镇、莲花镇、牛尾乡疏散基地建成并通过验收。

【交通】 2016年年末，境内公路通车总里程846.01千米，其中，高速公路1条13.13千米、国道2条31.9千米、省道2条37.2千米、县道11条

135.1 千米、乡道 15 条 84.9 千米、村道 271 条 538.14 千米、专用道路 4 条 5.64 千米。有二级客运站 1 个（自贡西客站）、乡镇客运站 11 个、港湾式车站 7 个。全区 11 个乡镇全部通客车，149 个村有 143 个村开通客车。全区有旭水河、牛尾河水域通航里程 53.7 千米，游乐船 11 艘，自用船 61 艘，重点客运码头 1 座（牛尾乡客运码头）。全区开通公交路线 16 条，投入运营车辆 200 台；开通农村客运线路 43 条，投入运营车辆 101 台；客运量 436.63 万人，客运周转量 1.44 亿人千米。全区有货物运输车辆 4647 台，货运量 1615.82 万吨，货运周转 17.93 亿吨千米。

【环境保护】 2016 年，获地表水监测数据 1200 余个。贡井区出境断面（双河口）主要监测指标氨氮浓度 1.00 毫克/升，较 2015 年下降 26.58%；高锰酸盐指数浓度 5.96 毫克/升，较 2015 年上升 3.83%。实施空气自动检测 363 天，其中空气优良 202 天。工业固体废弃物综合利用率 98.42%，危险废弃物集中处置率 100%。城区生活垃圾无害化处理率 95%。办理建设项目环境影响评价审批 82 个。开展“清水、蓝天、绿地、宁静、利废”五大行动，实行“河长制”跨界断面水质超标扣缴制度，建立区—乡镇（街道）—村组（社区）三级模式的网格化管理体系。完成 3 户工业企业“煤改气”工作，搬迁工业企业 3 户。

【国土资源管理】 2016 年，争取市下达指标 139.74 万平方米用于保障航空产业园产业、园区道路、航空飞行训练基地、西环线、S309 乐自高速公路贡井连接线新建工程等重大建设项目用地。完成项目供地 13 宗，供应土地总面积 49.23 万平方米，实现土地出让价款 3.5 亿元。启动桥头镇石房村等 4 个村和章佳乡凤凰村等 4 个村土地整理项目，建设规模 1733.33 万平方米。全年立案查处违法用地 3 宗，对 1 宗违法用地采取非立案查处措施。全年实施征地补偿 28.59 万平方米，兑现征地“两补费”4275.05 万元，实施农房拆迁 235 户，办理农转非 390 人。

【城乡环境综合治理】 2016 年，督促 120 多家临街门店落实“门前五包”责任制，规范占道灯箱广告牌 9000 余个。清理拆除各类违规标识标牌 277 块，清除喷涂广告 1200 余处、“牛皮癣”1 万余张、破旧户外广告及过街横幅 320 余条，教育制止违规散发传单行为 800 余起，登记违规电话号码 185 个。督查在建工地 17 个。开展环境卫生集中整治 8 次，清扫背街小巷 24 条，清理垃圾点 220 余处、卫生死角 200 余处、乱倒建筑垃圾 30 余处，整治绿化带杂草 800 余处，清运垃圾 2000 余吨。

文化建设

【精神文明建设】 2016 年，围绕全国文明城市创建，制作大型户外公益广告 42 幅、建筑工地围栏广告 324 幅、LED 显示屏 525 幅、宣传画 1507 幅，发放《致市民的一封信》等创建全国文明城市宣传资料 30 万份。开展先进典型推荐评选活动，杨进强家庭获全国“文明家庭”和“最美家庭”。钟秀平获四川省第三批争当“岗位学雷锋敬业标兵”称号。推荐 5 人为市道德模范候选人，表彰区级道德模范 11 人、身边好人 4 人。建成国家级文明村镇 3 个，省级文明单位、文明村 7 个，市级文明单位 41 个，区级文明单位、文明乡镇、文明村（社区）164 个。创建 54 个幸福美丽新村文化大院。

【文体设施建设】 截至 2016 年年底，建有乡镇综合文化站 11 个、街道文化活动中心 2 个、村农家书屋 149 个、社区书屋 32 个，92 个村建成“村村响”广播工程，免费开放三馆，区美术馆承办书画展 2 场，实施农村公益放映工程 1788 场。完成数字电视建设 633 户，公共文化服务网点建设 10 个。

【文化活动】 春节期间，深入 13 个乡镇及城市社区送春联 4000 余幅及开展“迎春趣味运动会”；全年开展“中国梦·西城情送文化下乡文艺演出”8 场次；举办“中国梦——健康梦”春节联欢会和贡井“左岸上城杯助推创文舞动贡井广场舞”大赛；在陈家祠堂举办川剧座唱会 13 场次。举办中小学生阅读征文竞赛，征文 47 篇，获奖 30 篇；举办纪念红军长征胜利 80 周年征文比赛，征集文章 33 篇，获奖 31 篇。依托文体协会开展各类活动 12 余次，其中比赛 10 次。

【文物保护】 2016 年，国家文物保护单位张伯卿公馆设计方案获国家文物局立项审批。编制省级文物保护单位胡氏民居保护修缮设计方案，引入社会力量参与保护利用。申报省级文物保护单位贵州庙、南华宫、胡氏民居维修项目计划、经费预算。实施新发现南华宫壁画保护安全隐患整治工程，实施贵州庙排危抢险工程。争取到国家文物局专项补助资金787万元，修缮国家文物保护单位张伯卿公馆本体。申报市级非物质文化遗产保护项目龙须淡口菜制作技艺和五宝手工空心挂面制作技艺。非特质文化遗产糯米四方酥制作、贡井黄粑传统制作、龙须淡口菜制作、红茅烧酒传统酿制、徐锅盔和五宝手工空心挂面制作等6项技艺成为第一批区级非物质文化遗产保护项目。

【档案工作】 2016年，接收31个单位7500余卷到期档案移交进档案馆。完成区级单位档案规范化管理达省级标准复查和认定工作，登记备案4个省、市重大建设项目。指导11个乡镇农村土地承包经营权档案建档。区档案馆馆藏档案全文数字化扫描3800卷57万余页。档案查阅1551人次，利用档案1080卷、复印1698页。

【地方志工作】 2016年，完成《自贡年鉴(2016)》（贡井部分）编纂任务，内容涉及2.3万余字、条目84条及反映全区经济建设发展成果照片28张。

社会建设

【教育】 2016年年末，全区中小学、幼儿园85所，其中普通高完中2所、中等职业学校3所（含民办学校2所）、九年一贯制学校8所、单设初中4所、小学13所、特殊教育学校1所、幼儿园54所（含民办幼儿园53所）。在园幼儿6552人；在校小学生1.46万人，309个班（含辅读校）；在校初中生4307人，101个班；在校普通高中生3268人，58个班；在校职业高中生1065人，32个班。全区公办学校和直属事业单位在职教职工1577人。3～5岁学龄前儿童入园率78%；小学招生2669人，适龄儿童入学率100%；初中招生1349人；普通高中招生850人；职业高中招生1120人；“三残”儿童入学率92.8%；农村青壮年非文盲率保持在99%以上。投资8931万元，建设改造31个乡镇教学楼。《农村饮用水安全工程最后一千米——水缸的污染情况调查》在第30届青少年科技创新大赛中获市长奖；在四川省第十二届中小学生艺术人才大赛中，全区获3个一等奖；在自贡市童心向党文艺汇演比赛中，贡井区获声乐组一等奖。

【卫生与计划生育】 2016年年末，区属医疗卫生机构16个，村卫生室150个。启动1个国家卫生镇、1个省级卫生镇、12个省级卫生村、1个市级卫生镇、12个市级卫生村、5个市级卫生单位、3个健康示范区创建工作。建立城乡居民健康档案25.26万份，规范化管理高血压2.07万人、糖尿病1.10万人。登记管理65岁以上老年人3.60万人，累计免费为65岁老年人体检2.03万人次。强化规范化预防接种门诊建设，建成“AAA级接种单位标准”2个，“AA级接种单位标准”10个，成功创建省免疫规划示范区。全年出生3146人，自然增长率2.54‰。再生育审批1127对，其中单独二孩审批908对。

【社会保障】 2016年，全区参加企业养老保险2.33万人，工伤保险8700人，生育保险7900人，医疗保险20.20万人，失业保险6400人，机关事业单位养老保险3800人。征收企业养老保险基金2.18亿元、工伤保险244万元、生育保险141万元、医疗保险5022万元、失业保险325万元、机关事业单位养老保险5116万元、城乡居民基本养老保险560万元。发放2.03万名企业离退休人员养老金3.83亿元，发放3224名机关事业单位退休人员养老金4147万元，发放4.15万名城乡居民养老保险超龄人员养老金3786万元，支付城镇职工医疗费5414万元、农村居民医疗费9387万元，支付工伤保险待遇159万元，支付生育保险待遇203万元。11月25日，印发《关于确定贡井区社会保障卡发卡银行的通知》，全面推进社会保障卡的发行和应用。全区参加新农合16.88万人次，筹集基金9310.16万元，惠及参合农民18.78万人次，兑现新农合基金补偿9386.97万元，其中大病保险支出329.09万元。

【就业服务】 2016年，开展“就业援助月”专项活动，在泰丰和平广场、龙潭镇、五宝镇和区人力资源市场等地举办“2016年春风行动就业专场招聘会”“就业脱贫春风行动下乡招聘会”和“就业扶贫专场招聘会”14场，提供746个工种1488个岗位，接受政策咨询358人，发布招聘信息

177条，发放政策宣传资料3851份，达成意向性用工协议452人。

【民政工作】 2016年，发放城乡低保累计16.78万人次3442.36万元。其中，发放城市低保累计8.40万人次2185.04万元，人均补差260.07元；发放农村低保累计8.38万人次1257.32万元，月人均定额补助150.05元。4月份，开展残疾人生活补助工作，全年累计保障1.78万人次210.80万元。6月，落实城乡低保补助调整标准。7月，完成农村低保清理，取消农村低保1860户1963人，新增农村低保1969户2044人，全区6519户6887人纳入农村最低生活保障。办理结婚登记1997对，离婚登记911对。全区100岁及以上老人29人，最高年龄110岁。

【食品药品监管】 2016年年末，有食品生产企业28家，食品流通领域经营单位1000余家，餐饮服务企业609家；药品生产企业1家，药品包装材料企业1家，药品流通领域经营企业119家，三类医疗器械经营企业11家，药品、医疗器械使用单位237家；保健食品经营企业347家；化妆品经营企业70家。是年，核发“食品流通许可证”231份，检查药品、医疗器械、化妆品经营企业258户次，存在问题94户，立案查处54户。食品抽检200批次，食品快检600批次，药品抽样40批次；药品不良反应上报600例，医疗器械45例，化妆品5例。

【安全生产管理】 2016年，发生安全生产事故60件，死亡6人，受伤34人，直接经济损失153.47万元。全区连续6年未发生较大及以上安全生产事故，实现安全生产总体形势稳定目标。投入隐患整治资金2665.30万元，对排查出的安全隐患1967件全部治理。组织开展“6·16”安全生产集中宣传咨询日和安全文化、安全法治进基层等宣传教育活动；开展职业健康申报与基础建设工作，督促存在职业危害的105户企业进行职业危害申报；开展道路交通、水上交通等安全检查。建设镇、艾叶镇、筱溪街被评为四川省“安全社区”。

乡镇街道概况

【成佳镇】 2016年年末，辖有36个村、1个社区、341个村民小组、4个居民小组。年末总人口5.56万人。工业生产总值4.1亿元，农业生产总值4.9亿元，财政总收入3017.25万元，固定资产投入4.92亿元，招商引资2亿元，人口自然增长率3.69‰，计划生育率98.6%。农民人均纯收入1.24万元。完成土地流转78.32公顷，办理农转非手续274人，兑付征地拆迁资金3680.4万元。占地39.33公顷、总投资5.9亿元的凤鸣通用机场项目，完成1200米跑道建设，航站楼、塔台、停机坪开工建设。

【龙潭镇】 2016年年末，辖18个村、1个社区、162个村民小组、6个居民小组。年末总人口3.14万人。粮食播种面积3533.33公顷，产量2万吨；蔬菜播栽面积2000公顷，产量10.2万吨，产值1.69亿元；生猪出栏3.7万头。发放耕地地力保护资金401.11万元，补贴面积2226.67公顷，受益农户8561户。农业保险投保6604户1320公顷，发放财政农机补贴7.16万元（农业机械52台）。

【五宝镇】 2016年年末，辖23个村、1个社区、160个村民小组、6个居民小组。年末户籍人口3.13万人，其中，农业人口2.89万人，非农业人口0.24万人；常住人口2.12万人。地区生产总值7.62亿元，比2015年增长8%；财政一般预算收入23.61万元，比2015年增长10%；固定资产投资2.36亿元，同比增长15%；农民人均纯收入1.11万元，比2015年增长11%。投资1893.99万元，实施5个村土地整治项目1073.33公顷。

【长土镇】 2016年年末，辖10个村、5个社区、77个村民小组、66个居民小组。年末总人口2.22万人，其中，农村人口1.15万人。农民人均纯收入1.28万元。乡镇企业总产值实现40.32亿元。地方公共财政一般预算收入80万元，固定资产投资完成2.7亿元，社会消费品零售总额完成0.93亿元，实现各项税收收入1560万元。工业类规模以上企业21户，其中，新培育工业企业1户。花卉专业市场初具规模，“三台梨花”品牌得到提升。

【建设镇】 2016年年末，辖11个村、1个社区、98个村民小组、3个居民小组。年末总人口1.52万人，其中，农业人口1.42万人。固定资产投资完成3.0亿元，比2015年增长57.90%；工业总产值完成68.54亿元，比2015年增长10.2%；招商引资完成2.96亿元，比2015年增长10%；农村居民人均可支配收入1.28万元，比2015年增长11%；农业增加值3371万元，比2015年增长3.8%。全镇有100岁老人2人。

【艾叶镇】 2016年年末，辖10个村、3个社区、84个村民小组、29个居民小组。年末总人口2.09万人，其中，农村人口1.39万人。艾叶镇属第六批中国历史文化名镇，四川省第三批百镇建设行动试点镇（旅游类）。工业经济总产值实现124.7亿元，完成固定资产投资12.18亿元；完成地方级财政收入315.27万元，其中全镇地方级财政收入77.81万元；农民人均纯收入1.01万元。

【桥头镇】 2016年年末，辖7个村、1个社区、82个村民小组、4个居民小组。年末总人口1.58万人。财政总收入967.52万元，固定资产投入1.2亿元，人口自然增长率3.77‰，计划生育率96.86%。农民人均可支配收入1.36万元，较2015年增长8.2%；城镇居民人均可支配收入2.80万元，较2015年增长9.1%；固定资产投资1.2亿元，公共财政预算收入967.52万元。

【白庙镇】 2016年年末，辖8个村、1个社区、80个村民小组、2个居民小组。年末总人口1.27万人，其中，非农业人口672人；总户数4408户，其中非农业户511户。有耕地1171.4公顷，其中，田530公顷，土641.4公顷。一般预算收入838.66万元，其中，地方财政收入2万元。财政总支出838.66万元。固定资产投资完成1.9万元，比2015年增长111%；农业总产值完成1.65亿元，比2015年增长3.9%；农民人均纯收入1.17万元，比2015年增长14%；符合政策生育率96.88%，人口自然增长率1.42‰。

【莲花镇】 2016年年末，辖11个村、1个社区、80个村民小组、1个居民小组。年末总人口1.30万人，其中农村人口1.24万人。全年农民人均纯收入1.3万元。地区生产总值实现2.92亿元，较2015年增长9%；农业增加值2312万元，较2015年增长3%。农民人均可支配收入1.27万元，较2015年增长26%；城镇居民人均可支配收入2.50万元，较2015年增长12%；固定资产投资1.15亿元，较2015年增长27%。地方公共财政一般预算收入2.54万元，社会消费品零售总额完成7818万元，实现各项税收收入2.52万元。

【章佳乡】 2016年年末，辖7个村、1个社区、70个村民小组。年末总人口1.03万人。农民人均纯收入1.15万元。开展“脱贫攻坚”工作，乡、村入户摸底8次，建档立卡贫困户183户基本实现脱贫。23户贫困户实施易地搬迁，改造3户贫困户危破房。公路建设6千米，维修村道28千米。完成漩坑新村基础设施工程建设。城乡建设用地增减挂钩项目第一批完成19户（0.93公顷），完成第二批共49户（4公顷）前期准备工作。

【牛尾乡】 2016年年末，辖8个村、54个村民小组、1个居民小组。年末总人口9577人。辖区面积42.8平方千米。年内植树造林2万株、封山育林1333.33公顷、退耕还林166.6公顷，年末森林总面积1733.33公顷，覆盖面积45.3%。生猪出栏2万余头，山羊1万余头，肉兔45万余只，家禽220万余羽，肉类总产量近3000吨。财政总收入612.2万元。固定资产投入9320万元。农民人均纯收入9333元。人口自然增长率3.7‰，计划生育率96.8%。

【筱溪街】 2016年年末，辖12个社区、312个居民小组。年末总人口4.3万人，人口密度每平方千米7812人。辖区总面积5.5平方千米。川南汽贸产业园面积4000平方米，汽车销售、配套服务产业入驻企业26户，4S店20家，销售收入12亿元。辖区内有省重点文物保护单位天禄堂，现为区委、区政府办公场所。

【贡井街】 2016年年末，辖4个社区、78个居民小组，居民7750户，总人口1.68万人。辖属4个社区党支部和1个机关党支部，18个党小组，922名党员。区域面积约2平方千米，公园及健身场所5个。全街有驻区机关企事业单位20个。

（贡井区地方志办）

大安区

概　貌

【位置　面积　人口】 大安区位于自贡市东北部，是自贡市中心区之一，东南与隆昌、富顺县接壤，东北与内江市东兴区毗邻，西北与威远县相接，西南与贡井区、沿滩区相连，辖区面积398.81平方千米，辖9镇3乡、4街。2016年年末，总户数16.07万户，户籍总人口44.86万人。其中，非农业人口19.96万人，农业人口24.9万人。出生人口4815人，人口自然增长率0.93‰；死亡人口3688人；年末常住人口37.82万人，其中，城镇人口19.11万人，乡村人口18.71万人；城镇化率50.54%。

【政区沿革】 大安区原属富顺县，1939年划归自贡市管辖。1944年，由新垱镇（大文）改为自贡市第六区。1950年3—6月，由第六、七、九区合并为第三区。1953年，改称大坟堡区。1955年8月，经省政府批准改称大安区，1957年合入自流井区。1959年成立大安区人民公社（区级），直属自贡市。1961年7月，恢复大安区建制，沿袭至今。1978年4月，划入富顺县何市区所辖何市、群乐、鸳鸯、永和、永嘉、新店等6个公社。1979年7月，划入自流井区3个公社。1984年，公社改称乡。1988年，撤销何市乡建立何市镇。1994年，撤销爱和乡建立大山铺镇。1995年，撤销团结乡、胜利乡、群乐乡、新店乡，建立团结镇、胜利镇、三多寨镇（原群乐乡）、新店镇。2001年4月，由14个乡镇，调整合并为10个乡镇。2005年8月，划入富顺县牛佛镇、庙坝镇、回龙镇，划出红旗乡归自流井区。2016年，辖凤凰、和平、永嘉3乡；新民、团结、大山铺、三多寨、何市、新店、牛佛、庙坝、回龙9个镇；大安、龙井、马冲口、凉高山4街。

【自然环境矿产资源】 境内系四川南部丘陵区，群丘起伏连绵，北高南低，多为馒头山，棹状方山，鸡爪丘，系丘陵地貌类型。气候条件优越，属亚热带湿润气候，四季分明，无霜期长，雨量充足。地下矿藏丰富，已探明的有岩盐、卤水、天然气、石灰石、石料、型砂、河沙、卵石、沙金、页岩、黏土等近200余种，以岩盐、卤水、天然气、石料著称。境内属沱江水系一级、二级支流。釜溪河流域为沱江水系一级支流，威远河、长滩河、旭水河流域为沱江水系二级支流，沱江河流域面积最大，占36.7%。多年平均流量1.44亿立方米，流域面积147.15平方千米。

【农林牧资源】 粮食作物以水稻、玉米、红苕、小麦为主，多种经济作物以油、麻、蔗、灯草为主，经济林以柑橘、梨、桃、橙、早香柚等著称，蔬菜品种多，有11个大类170多个品种，尤以二叶子韭黄、葱黄、大白菜、辣椒、生姜、白萝卜、蕉藕闻名于市内外。饲养畜禽40余个品种，以猪、肉牛、奶牛、山羊、鸡、鸭、鹅、兔为主。鱼有鲤、鲈、鲶、合鳃型4个目、17科、26个品种，以鲤、鲫鱼、白鲢、花鲢为主，其中鲤科19个品种，占73%。观赏鱼有3大类60余个品种，以创鱼、孔雀、燕鱼、神仙、地图、红绿灯鱼为主。

【人文自然景观】 境内旅游资源丰富，有世界三大恐龙自然博物馆之一的自贡恐龙博物馆（“中国旅游胜地40佳”之一，联合国教科文组织批准为世界地质公园），有世界第一口人工开凿的超千米深井——燊海井（国家级文物保护单位），有距今1.6亿年的长山岭硅化木（市级文物保护单位），有全市第一口岩盐井——发源井（市级文物保护单位）。有风光秀丽的燊海公园、青龙湖、神奇的葛仙山、牛王山、西山公园等，有集观赏娱乐垂钓为一体的北龙半岛；中国历史文化名镇——牛佛镇，川南古寨堡三多寨、青莲寺、佛子寺、弘发寺、观音阁。建成著名红岩英烈江竹筠（江姐）故居、红军高级将领邓萍故居等红色旅游景点，自贡市烈士陵园坐落在大安街长堰塘挖口山。

政治建设

【区委工作】 2016年，推进精准扶贫攻坚行动，整合各类扶贫资金1.83亿元，4574人贫困人口实现脱贫。全面从严治党，完善“一个党委、三个党组、多个口”的领导体制和工作运行机制。开展“两学一做”学习教育，完成区乡两级换届工作，从“四类人员”、递进培养对象、急难险重工作中提拔优秀干部63人。落实党风廉政建设“两个责任”，加强反腐败工作，查处违规违纪案件71件，给予党纪处分32人和组织处理3人。

【人大工作】 2月17日至20日，召开区第十七届人大第五次会议，补选邓礼富、喻声著为区第十七届人大常务委员会委员。11月14日至18日召开区第十八届人大第一次会议，选举“一府两院”领导9人，选举区第十八届人大常委会组成人员35人，选举出席自贡市第十七届人代会代表55人，选举区十八届人大代表209人和乡镇人大代表708人，通过区第十八届人大专委会的设置和组成人员名单共32人。全年召开区人大常委会会议10次、主任会议17次，作出决议、决定43项，发出审议意见5件，开展视察27次、专项调查1次、执法检查3次。补选市人大代表1人，任命国家工作人员68人次，免去国家工作人员29人次，接受县级干部辞职3人，任命人民陪审员2人；邀请区人大代表列席区人大常委会会议10次、参加视察活动27次、执法检查3次。办理人大代表建议意见120件。办理信访件13件。

【政协工作】 2016年，协商区法院、区检察院《工作报告》。组织政协委员视察团结镇自贡中国玫瑰海、何市镇高庙村生态农业观光休闲游、3500万羽一体化养鸡等产业扶贫项目；视察仁和社区日间照料康复中心、三多寨同春民办康疗中心、新店镇敬老院等民生工程项目；视察江姐中学教育信息化建设、区文化馆、美术馆、图书馆项目建设和村级文化阵地建设等项目；视察盐都大道至化波道路工程、燊海井文物保护二期工程、牛佛沱江二桥及连接线建设工程等政府投资项目。组织政协委员调研区法院、区检察院、马吃水法庭开展工作情况；调研督导永嘉乡瓦高村精准扶贫督导，调研牛佛古镇文物保护与开发情况，提出建议意见11条；调研可可烘焙食品公司发展经营现状、技术水平、生产资金及产销情况，提出食品安全和企业发展建议意见9条。全年收到社情民意信息21篇，编发《社情民意》6期，其中14篇转报市政协。

【纪检监察工作】 2016年，受理信访举报88件，立案71件，查处科级领导干部8人、村社区干部33人，收缴违纪款物19.3万元；问责干部5人，党纪政纪处分66人；约谈纪检干部1人、问责1人、党纪处分2人。完善《大安区领导干部外出报备管理办法》，实行个人事项报告制度和区管干部因私事出国（境）审批管理。新修订《大安区干部作风和机关效能建设问责办法》，制定《大安区脱贫攻坚工作问责暂行办法》，制定《关于进一步加强行政权力依法规范公开运行工作的通知》《贯彻党组工作条例的实施意见》等10项工作管理制度。组建12个督察组和6个专项巡察组，检查、督查、明察暗访各单位贯彻落实中央“八项规定”、正风肃纪专项整治、干部作风建设等情况，专项监督检查区乡换届、脱贫攻坚、项目建设等工作，向26个单位交办各类监督检查中发现的问题190件。“一案双查”领导干部7人。开通“廉洁大安”门户网站。

【组织工作】 2016年年末，全区直属党委23个，党工委5个，党组18个；基层党总支101个，党支部544个。发展党员186人，查找失联党员84人，取消预备党员资格1人，补交党费4.2万元，表扬命名“两优一先”和示范岗示范单位280名（个）。推进“指挥部＋项目部＋党支部”模式，建立项目临时党支部11个，新建区青年企业家商会党支部、凉高山群团服务中心等“两新”党组织，补助“两新”党组织经费18.9万元；30个后进党组织达标升级。换届选举市区乡三级党代表940人、人大代表972人、政协委员229人；乡镇换届提拔优秀干部63人，退职干部10人，其中不适宜担任现职6人；推行公务员职级并行制度，建立乡镇工作人员工作补贴制度，落实人才公寓住房20套。送培紧缺专业干部人才30人，13人通过全国统一研究生入学考试。“聘用制”“合同制”招聘紧缺专业人才6人，从高校引进研究生5人。举办各类培训班25场次，培训干部4800余人次，选派44人干部参加高校紧缺专业在职研究生学习。

【宣传思想工作】 2016年，开展区委中心组学习12次，二级党委（党组）中心组邀请专家学者辅导、讲座120场次。举办科级领导读书班，收集中心组学习理论文章及心得体会40篇。发行《大安》12期；发布外宣信息2100条，其中，新华网、人民网、国际在线等中央、省级媒体930条；刊发专版稿件18个整版45条。拍摄制作《大安区县域经济专题片》《美丽精彩新大安汇报片》《大安区招商引资形象宣传片》《大安区依法治区宣传片》；人民日报《环球人物》记者赴邓萍故居采访，回龙镇中心校入选四川电视台《远方的孩子》拍摄点。建成村级文化活动室108个、农村文化大院2个、乡镇出版物数字化发行网点1个。申报区文化馆、美术馆、图书馆（三馆）建设项目，全国美术藏品普查登记上报馆藏作品200幅。举办大型特色文化活动50场。

【武装工作】 2016年，完成夏秋季征兵。任命乡镇（街道）党工委书记担任所在单位武装部政治教导员。组织应急民兵连开展冬季野营拉练，军训民兵150人、学生2500余人，开展民兵整组点验（人防专业组训）暨军事训练成果汇报演示，16个基层武装部正规化建设全部达标。兑现52名入伍大学生士兵一次性奖励金，完成义务兵优抚金发放。新建军营文化墙，悬挂战斗精神、军人核心价值观宣传画，规范完善文体活动中心、学习室、民兵教室。开展“日记一句格言、月作一次辅导”活动。

【统战工作】 2016年，完成凤凰乡、和平乡、新民镇等7个基层商会换届，调整区工商联（商会）领导班子。建立党外代表人士和党外干部数据库，培养党外后备干部。提名推荐党外人士担任人大代表、政协委员。开展“民族团结进步”“和谐寺观教堂”创建活动，贯彻落实对台政策。引导民主党派、工商联开展调研，形成专题调研报告6篇，民主党派提出建议意见40条。民建市委与大安区支委对口合作，扶助大山铺镇盐井村发挥综合优势，助力精准扶贫；以“大安区同心志愿者服务团”为载体，开展扶贫济困、技术培训等活动30余次，帮扶回龙镇古井村发展养殖业、种植业；开展“万企帮万村”精准扶贫，走访慰问贫困户215户，发放帮扶物资10万元。

【政法工作】 2016年，成立区行政复议委员会，接收行政复议申请5件，受理1件，不予受理3件，转送1件。推进涉案财物集中处置、庭审实质化、律师参与代理涉法涉诉信访、司法责任制、公安、司法行政等6项改革，审理轻微刑事案件97件，占简易程序案件81.5%；推动行政机关负责人出庭应诉，审理行政诉讼案件12件，行政首长出庭应诉率100%；成立大安法学会，发展团体18个、会员160人。建立健全各类调解组织253个，配备调解人员1020人；受理矛盾纠纷2166件，调解成功2118件。新增天网监控点位220个、治安卡口60个；完成何市镇阮家村、团结镇朝天村等26个贫困村“雪亮”工程建设，调整充实乡镇（街道）综治工作中心16个、村（社区）综治工作站120个，组建“万人红袖标”队伍235支。开展“大接访、大下访、大化解、大调解”专项行动，办结信访案件1400余件。依法处置楼房湾水库阻工、沱江河砂石开采阻工、蝴蝶谷小区车位涨价、牛佛沱江两船工意外溺亡、高庙村五老活动中心门柱倒塌、凤鸣苑保障房阻工等涉稳事件32起。

【公安工作】 2016年，立刑事案件1467件，破案667件，破案率45.47%。其中，破获盗窃案492起，“两抢”案件23起，毒品案件35起；抓获各类违法犯罪嫌疑人员891人，打击处理253人。侦破“8·22”过失致人死亡案、“10·3”故意伤害致人死亡案，保持连续13年命案必破纪录。破获侵财犯罪案件519起，其中盗窃492起、抢劫19起、抢夺4起、诈骗4起。破获经济犯罪案件24件，逮捕犯罪嫌疑人20人，追回经济损失3100余万元。破获毒品刑事案件35起，抓获犯罪嫌疑人35名，查处吸毒案件204件，抓获吸毒人员276人，强制戒毒91人。打掉赌博窝点21个，抓获参赌人员212名，缴获赌博机具110台，缴获赌资近30万元，刑事拘留28人，行政拘留120人。处置“8·11”庙坝沱江河二、七标段砂石开采及赔偿暴力冲突事件。建立合成作战中心，为一线实战部门核查嫌疑人线索864条，抓获在逃人员22人、嫌疑人36人。

【审判】 2016年，受理各类案件4435件，结案4270件，结案率96.28%；受理一审刑事案件196件，结案183件，结案率93.37%；受理民商事案件2762件，结案2177件，结案率78.82%；受理行政诉讼案件78件，结案67件，结案率85.9%，行政首长出庭应诉率100%。执结案件1465件，执结标的金额3700余万元。推行简易程序审理轻微刑事案件97件，案件当庭裁判率100%，庭审用时由40分钟以上缩减至15分钟以内，审判周期缩减20日，《人民法院报》以《大安法院轻刑快办初见成效》为题报道“大安法院经验”。成立征地拆迁案件审理专项小组，审理征地拆迁案件152件，服判息诉率97.37%。

【司法行政】 2016年，新建规范化法律援助工作站4个，建立人民调解委员会245个，其中村（居）调委会189个、乡镇（街道）调委会16个、企事业单位调委会32个、区域性行业性调委会5个、其他调委会3个，矛盾纠纷联系点682个。受理司法调解案件260件，调解成功259件，律师和法律工作者参与经济纠纷案件化解 78 件，为企业挽回经济损失 400 多万元。化解重大信访案件 9 件；调解民间纠纷 685 件，调解成功率 99%；防止群体性上访事件 8 件 152 人。办理公证案件 585 件。提供法律咨询 1483 人次，受理法律援助案件 176 件，受援 162 人，挽回经济损失 75 万元。回归刑满释放 203 人，安置 182 人，帮教 200 人，实现就业 167 人。帮扶服刑在教人员未成年子女 131 人。

【机构编制】 2016 年，分类定级事业单位 155 个，其中行政类 1 个、公益一类 150 个、公益二类 3 个、生产经营类 1 个；清理 16 个承担行政职能和 9 个行政执法类事业单位，行政类和生产经营类事业单位人员编制实行只出不进。街道设置人大工作室，为街道综合办事机构。调整设置乡镇领导班子领导职数 105 人，其中按乡镇类别分别设置领导班子职数为 10 人、9 人、8 人，街道领导班子实行党政分设。调整区投资促进局、区商务局、区科技知识产权和经济信息化局、区工商行政管理和质量技术监督局等 4 个区政府工作部门设置，6 家涉及改革部门行政编制从 120 人核减至 116 人，科级以上领导职数由 34 人增核至 36 人；将区卫计局原承担“饭馆、咖啡馆、酒吧、茶座 4 类餐饮服务公共场所卫生许可监督管理”职能划入区食品药品监督局；乡镇“城乡建设管理中心”和街道“城市综合管理中心”加挂“环境保护办公室”牌子。新建区投资服务中心、区民兵训练基地、区法学会、区铁建办等 4 个事业单位，核定编制 24 人。

【人事工作】 2016 年，招录公务员 69 人；招聘事业单位专业技术人员 103 人，为区级医疗机构引进全日制本科毕业生 3 人，为边远乡镇卫生院引才 10 人。推进事业人员职称评定、聘用制度改革，教育系统岗位采取全员竞聘，重新竞聘岗位 320 人，兑现教育系统 320 位新聘岗位人员工资待遇。兑现公务员职务职级工资待遇 290 人、乡镇工作补贴 2280 人、警衔津贴 240 人。

【政务服务】 2016 年，承接国务院决定取消和下放管理层级行政审批项目 4 项，梳理《取消、调整和保留的县级行政审批项目前置条件目录》，公示工商登记前置审批等事项 23 项。落实审批时限预警制，审批事项平均承诺时限比法定时限缩短 65% 以上，办理审批服务事项 80 余万件。实行营业执照、税务登记证、组织机构代码证“三证联办”，办理证照 3000 多件。将失业保险、养老保险、工伤保险、生育保险和医疗保险实行“一个窗口对外、一张票据征收、一个平台共享”，在一个窗口办理参保登记、基数申报、业务变更、核定缴费等业务。聘请专职引领服务员，实行咨询、指导、代写文书、表格填写等特色服务。

【信访工作】 2016 年，全区信访总量 1421 件，比 2015 年下降 12.21%，其中，现场办结 1020 件，占 88.7%；转交办 130 件。网上信访 238 件，上升 33.71%。开展集中排查 11 次，查出信访突出问题和不稳定因素 66 件，化解 51 件。县级领导和责任单位包案信访案件 36 件、重点人员 20 人，化解省交办案件 28 件，办理市级交办信访积案 16 件。依法拘留进京非访人员 5 人次，训诫 7 人次。全年开展“走基层、畅民意、化民怨、解民忧”大下访活动 12 次。

【党校教育】 2016 年，举办干部专题培训 4 期，培训干部 1037 人。举办大安区“十三五”规划纲要解读、《情商与领导能力提升》《中国共产党党章》《中国共产党廉洁自律准则》《中国共产党纪律处分条例》等专题讲座。举办党员，村（社区）无职党员、非公有制企业和社会组织党员教育示范培训班。

【工会工作】 2016 年，组织职工提合理化建议 1300 条，采纳实施合理化建议 980 件，为企业增效 450 万元。举办第七届大安区职工技能比赛 180 场次，参赛职工 1900 人次，参赛项目 30 项，评出技术能手和服务明星 120 人。指导企业开展职工技术大练兵 358 场次，参练企业 67%，参练职工 4500 人次，开展职工技术培训 130 期次，培训技术 650 项，培训职工 3600 人次。筹资 103.97 万元，开展万众创新大众创业缓解就业压力活动，组织招聘会 3 场，应届大学毕业学生专场招聘会 1 场。

【共青团】 2016 年，开展关爱留守儿童“暖冬行动”；组织青年志愿者代表到三多寨镇敬老院，为五保户孤寡老人开展志愿服务活动。以扶老助弱、环境洁美、社区关爱为主要内容，组织全区青少年参与到学雷锋志愿服务行动，引导青少年形成良好道德品质。5 月 4 日，组织全区青年团干部和西部志愿者开展“挥舞青春·点亮人生”青年团干素质提升培训。全区90余家企业纳入青年企业家协会会员。全年开展2次SYE青年就业创业培训，有5名大学生创业者申请SYE创业基金，其中3人通过省、市专家评估，争取创业资金30万元。

【妇联工作】 2016年，举办种养殖技能培训12期，培训贫困妇女640人；申报市级居家灵活就业基地2个、市级“巾帼文明岗”2个；举办创业就业培训班12期，培训妇女1200人；在桃花山学校建立琢玉读书会，吸收市内、外家长600余人，开展经典诵读、亲子游戏、志愿服务、知识竞赛等活动47次，举办母亲课堂、家庭教育讲座72期，培训群众7500人次；举办最美家庭故事会57场，家风家训展示、评议会21场，建立城乡社区“妇女之家”、“最美家庭”光荣榜36个，征集“好家风好家训”127条。推荐2名优秀女企业家入选区政协委员。区法院民二庭庭长刘萍被评为四川省“三八红旗手”，马草山社区书记张惠琴被评为自贡市“三八红旗手”。

【党史研究】 2016年，完成《中国共产党大安历史（1921—2002）》编纂，分1921—1949年、1949—1978年、1978—2002年3卷，全书共3篇13章49节，9.16万字。完成《大安区委执政实录（2015）》编辑工作，共30.77万字。完成《四川革命烈士诗文选》相关资料的编报，重点征集邓萍烈士、江竹筠（江姐）的革命事迹，编写上报资政报告《坚持用法治思维和法治方式提升履职能力》。

经济建设

【主要经济指标】 2016年，地区生产总值209.8亿元，比2015年增长7%；地方公共财政收入1.42亿元，增长14.7%；社会消费品零售总额64.9亿元，增长11.1%；服务业增加值45.59亿元，增长7.9%。旅游综合收入44.98亿元，增长20%；规模以上工业增加值增长8%，利润16.9亿元，增长28.6%；粮食总产量10.61万吨，增长1.5%，农业增加值14.15亿元，增长4%；城镇居民人均可支配收入2.89万元，增长8.4%；农村居民人均可支配收入1.3万元，增长9%。

【农村经济】 2016年，粮食总产量10.61万吨、增长1.5%；水产品养殖面积2573.33公顷，增长2.3%；培育市级以上龙头企业16户、农民合作社117家、家庭农场80个。“扶贫解困、产业提升、旧村改造、环境整治和文化传承”等“五大行动”争取省级财政资金1650万元，新建、续建幸福美丽新村38个，建成扶贫新村4个、新村聚居点15个，创建省级“四好村”5个。江苏立华牧业股份有限公司实施年出栏3500万羽肉鸡一体化项目，省第三轮现代畜牧业重点县建设项目争取上级补助资金300万元。投资810万元发展生猪养殖家庭农场9户。建成“优质中稻+再生稻”“玉米地膜覆盖套作大豆”“酿酒高粱”等特色粮油种植基地1.1万公顷。土地确权登记颁证工作通过省级验收，流转土地1333.33公顷。发展星级农家乐16个，雁溪谷生态观光园对游客开放。

【旅游事业】 2016年，实现旅游收入44.98亿元，增长20%；接待游客815万人次，增长15%。对上争取旅游公厕补助资金12.5万元，修建玫瑰海旅游公厕。开展星级农家乐节假日食品卫生安全检查，受理2起游客投诉案件。成立“江姐故里”红色旅游开发建设指挥部，先后与好莱坞客商、绿城置业发展有限公司、上海旅游资源交易中心等大型企业和旅游策划公司对接和实地考察。11月17日，与深圳方特集团责任有限公司签订恐龙王国公园项目31亿元投资意向协议。中国玫瑰海项目投资4000万元，一期流转土地73.33公顷，栽植玫瑰66.67公顷；玫瑰女神广场、玫瑰爱情教堂等配套基础设施建设有序推进。何市镇高庙村雁溪谷首届“醉美康乃馨生态旅游节”于9月24日开园接待游客。该园区规划面积333.33公顷，总投资2.3亿元，植树133.33公顷，形成66.67公顷含银杏、香樟、朴树等树木的森林地带。园区内修建黑化道、健身绿道等道路50千米，修筑大小池库30座，建成33.33公顷生态水体，形成生态种植、林下养殖、观光旅游有机融合，一、二、三产业互动发展的旅游点。

【建筑业】 2016年，新增三级建筑安装企业1户、劳务分包企业1户。建筑安装企业产值比2015年增长20%。强化牛佛公租房、山水名城项目、芭蕉冲安置房项目、和平福缘康居、燊海井文物保护二期工程等在建工地安全质量监管及燃气企业安全检查，检查建筑工地13个，建筑面积15万平方米，签发限期整改通知18份，限期整改72项。

【招商引资】 2016年，招商引资到位市外资金90.38亿元，其中，固定资产投资类资金49.91亿元；到位省外资金53.88亿元；新签约亿元以上招商项目15个，其中，5亿元以上项目4个，30亿元以上项目1个；新履约三多寨彩灯生产线、川南建材市场、3500万羽一体养鸡、中国玫瑰海等项目14个，新开工彩灯生产线、德明锅炉制造等招商项目11个。参加第六届“携手灯城·龙聚盐都”大型招商推介会、“首届全球川商返乡发展大会”和“2016中外知名企业四川行”等省、市重大投资促进活动。11月2日，在成都世纪城假日酒店举办“第十六届西博会·大安区招商推介会”，签约四川西南旅游职业学院、绿城发展产业小镇等项目12个，总投资210.5亿元。发放招商项目推介书500余份，吸引客商到区投资考察200余人次。区委、区政府主要领导带队到市外招商23次，与80家公司对接洽谈，收集项目线索60条。

【科技工作】 2016年，企业和自然人新申报各类专利300件，申报科技（科协）和专利项目36个，获省级立项9个，争取省级科技（协）项目资金450万元。开展“专利护航”行动，检查专利商品230件，纠正专利标注标示不规范行为35件，行政处罚2件，其中，责令商品下架整改1件，采取行政强制措施扣押假冒专利商品1件。在三多寨、牛佛等乡镇开展一体化养鸡、龙虾养殖、养蜂技术等农村实用技术培训13期，培训种养殖户700人次，完成科技入户培训1500多人次，实用技术培训380人。推进大安区国家知识产权强县工程示范区建设。

【精准扶贫】 2016年，脱贫农村人口3.07万人，摘帽贫困村4个。产业带动1100户3600人脱贫致富，参与“一体化肉鸡养殖项目”贫困户106户，发放扶贫小额信贷资金430万元，贫困户存栏肉鸡56万羽，出栏肉鸡12.5万羽，获代养收入40.38万元。建立5个“扶贫专合社”，吸纳无劳动（经营）能力贫困户241户保底分红，引导546户贫困户流转土地57.4公顷，获土地流转费64万元，培训贫困户566人次，扶助316名贫困人口就业，安置公益性岗位156个。易地扶贫搬迁农户610户1258人，旧村落改造提升350户。组织26名科技人员到26个贫困村开展科技进村扶贫，开展技术培训1000人次，推广主导品种6个、技术8项，培育科技示范户650户。

【财政收支】 2016年，地方一般公共预算收入21.05亿元，增加1.33万元，增长6.76%，其中，税收返、上级补助、上年结转、政府债券转贷、调入资金等收入19.62亿元。一般公共预算支出20.51亿元，其中，上解、债务还本、调入预算稳定调节基金等支出4.46亿元；“三公”经费支出823.7万元，下降25.75%；结转下年支出5414万元。

【国税】 2016年，国税收入3.08亿元，其中，中央级收入1.76亿元，地方级收入1.32亿元。实施月收入2万~3万元的纳税人免征增值税政策，惠及小规模纳税人1031户（含个体）、小微企业419户，免征增值税140万元，减征所得税额151.88万元。落实西部大开发、研发费加计扣除、金融（保险）机构涉农贷款利息（保费）收入减计等税收优惠政策，惠及纳税人25户，减征所得税1754.69万元。清理2016年新欠税款751.07万元、2016年陈欠税款225.03万元。办理出口退货物免抵退税4826.95万元，其中出口退税额2969.24万元。

【地税】 2016年，完成地税总收入3.32亿元，比2015年下降15.92%。其中，税收收入3.04亿元，下降16.07%；基金附加收入2784万元，下降14.42%；省级税收收入4346万元，下降28.28%；市及以下地方级税收收入2.28亿元，下降14.25%。清缴历年欠税733万元，查补入库税款253.67万元。减免企业所得税1056.31万元。推进税收现代化改革试点，建立“三大中心”，确定5类72项职能职责。推进“三证合一、一照一码”登记制度改革，联合区国税局评定A级纳税人39户，D级纳税人64户。完成“营改增”改革试工作，移交2812户“营改增”纳税人信息。推进网上办税和“自助办税”，网报率91.23%。

【发展与改革】 2016年，清理确认行政审批事项182项，建立重大项目、特殊事项办理“绿色通道”，时限提速98%；推行“先照后证”“三证合一”登记制度改革，新增企业949户、注册资本

28.75亿元，分别增长31.86%、51.93%；推进经济林木（果）权抵押贷款改革试点，获抵押贷款2300万元。实施重大项目116个，总投资445.54亿元，完成年度投资40.27亿元。续建项目19个，总投资74.32亿元，完成年度投资17.87亿元；新开工项目68个，总投资226.29亿元，完成年度投资22.34亿元；储备项目17个，总投资119.28亿元。对上争取13个项目专项建设基金5.92亿元，争取中央、省、市其他各类项目450个23.57亿元。在第十六届西博会上签约项目12个，总投资210.5亿元，到位市外资金90.38亿元、省外资金53.88亿元。

【工商行政管理】 2016年，新增市场主体1618户，其中，企业269户，比2015年增长31.86%，新增注册资本6.31亿元，比2015年增长41.93%；个体工商户1339户，从业人员1839人，注册资金1.23亿元，分别比2015年增长32.44%、27.09%、10.37%；农民专业合作社10户，出资总额1654万元，分别比2015年增长42.86%、36.15%；核对清理行政权力事项610项，登记窗口办理行政许可（审批）事项7053件。培育驰名商标1件、著名商标1件，培育四川名牌4件；评选国家级“守信用重合同”企业4户、省级6户、市级18户、区级16户。办理动产抵押登记24件，实现借贷款1.13亿元；办理股权出质登记22件，担保债权金额3.89亿元。

【审计工作】 2016年，审计项目158项，审计查出管理不规范资金2.66亿元，其中，应上缴财政1.23亿元，应减少财政拨款或补贴2356.56万元，应调账处理94万元，应缴纳其他资金1.19亿元。审减工程造价2356.56万元，审减率8.39%；审计征地面积325.18公顷，审定征地总成本3.53亿元，审减土地成本9203.61万元；提出审计建议47条；审计专项资金项目8个，发现主要问题18个。审计政府投资项目98个，送审总额2.81亿元，审减额2356.56万元，审定额2.57亿元。完成7名科技领导干部任期经济责任审计。

【统计工作】 2016年，开展第三次全国农业普查工作，组织数据清理、业务培训。随机抽取检查联网直报单位26户。完成2016年工业、农业、投资、商贸、核算等专业统计年报和定期报表工作，193家企业纳入全国“企业一套表”联网直报平台。编印《大安区统计月报》，制发《统计工作动态》6期，编印《2016大安区统计年鉴》，公布《大安区2016年国民经济和社会发展统计公报》。

【物价】 2016年，CPI累计上涨2.2个百分点，低于全年物价上涨调控目标。CPI上半年高于下半年，4月份最高，比2015年同期上涨3.5个百分点，8月份最低，比2015年同期上涨0.7个百分点。其中，食品价格小幅上涨，日用工业品有涨有跌，工业能源、农业生产资料价格小幅下降，服务价格稳中略涨。

【粮食流通】 2016年，收购粮食2.07亿吨，其中，市外采购6.75万吨，进口粮食1875吨。收购油菜籽131吨。销售粮食2.41万吨。销售食用油953吨。轮换市级储备粮5500吨，其中，稻谷2000吨，小麦3500吨。建立粮食应急供应网点16个、配送中心1个、应急加工企业1个、应急储运企业1个。国有粮食企业净资产（国有资本）1026万元，增长4.6%；营业收入1617万元，减少2.42%；实现盈利23万元，增加2万元。

【供销工作】 2016年，培育龙头企业1个，发展农民专业合作社15个，其中，按“供销社+专合社+村两委+贫困户”产业发展模式，新发展贫困村专业合作社5个；按“社有企业+社会能人+专合社+农民”模式，新建三多寨、何市2个基层社。培育省级示范社1个。在乡镇建立电子商务服务中心，组建自贡市汇民商业管理有限公司，搭建“电子供销网”和“汇民菜鲜生”B2B2C平台，实现专合社、专业大户、农民同电子商务公司合作，电子商务交易额500万元。

城乡建设

【城乡规划】 2016年，调修新店镇、永嘉乡场镇规划，并通过专家论证；完成庙坝镇、回龙镇、何市镇、三多寨镇场镇规划调修初步方案。配合做好“幸福美丽新村”和精准扶贫易地搬迁建设规划工作。完成北部工业园区规划选址，规划通过专家论证会。协调大山铺铁路物流园区、牛佛名扬医院、何市3500万羽养鸡场等选址及规划设计工作。完成牛佛镇屠宰场独立选址论证，并通过专家论证会。

【市政设施建设】 2016年，投入2000万元，完成盐都大道至化玻厂道路改建工程；整治仁和路、燊海井路、盐都大道等主街大道路面4000平方米；投入27万元，实施北环路至张家坝化工厂道路整治；推进恒大名都、山水名城、福缘康居、何市镇兴盛家园等房地产开发建设；启动大榿桶社区绿化健身小广场建设工作，启动江姐中学人防改造工程建设。维修主街人行道2190米，新安装2条共340米道路路灯10盏，维修城区及背街小巷路灯51盏。

【水利建设】 2016年，整治渠（管）道18.7千米，整治山平塘6座，整治病险水库7座，设备采购53台套。楼房湾水库放水放空洞、溢洪道工程竣工投入使用，大坝主体工程建成，完成水库管理房及提灌站工程招标并进场施工；朝阳湾、石梯河、双龙桥3座病险水库除险加固工程竣工验收，开始蓄水；长滩河防洪治理工程竣工验收；完成威远河新民段防洪治理工程设计和招投标工作。

【交通运输】 2016年，完成交通固定资产投资8.5亿元，对上争取项目资金3700万元，新改扩建农村公路120千米，其中县乡道27.46千米。编制《大安区“十三五”交通发展规划》和《大安区交通精准扶贫专项方案规划》，自贡市港口规划待市政府审批。S309线舒坪工业园至自贡港公路项目完成初步设计批复、可行性研究报告编制，沱江航道大安段整治项目完成预先可行性研究。S207线大安区过境公路（大山铺铁路物流园区段）改线、何瓦路路面改造、老梯路路面改造、2015年道路安全整治等工程全面完工。瓦高村渡改桥（即陡沟子青年桥）完工。优胜渡改桥完成招投标，双柏桥进入工程造价评审。清理寄递物流法人企业23家、末端网点86个、经营快递品牌12家；水上安全法律法规和安全管理培训从业人员150人，例行检查1船舶16艘次，签证船舶149艘次，办理水上水下活动许可证10个。

【住房保障】 2016年，实施7个保障性住房（1748套12万平方米）续建项目，其中董家三期廉租住房附属工程完工并办理入住手续。审批农房建设793户。廉租住房租金补贴户数增至2008户，全年发放补贴资金153.3万元。完成棚户区改造范围内794户公租房配租，其中，大安旧城762户，吉成井32户；启动2016年配租公租房申请工作，初审合格家庭档案571户，审查大安旧城棚户区公房承租人配租公共租赁申请减免家庭146户。

【城乡供水】 2016年，完成2011年新民镇至大山铺镇管网延伸工程（二期）竣工验收。完成牛佛中心水厂试运行，并移交安源供水站经营管理，发展用户1000余户。完成2014年农村饮水安全项目审计工作和2015年农村饮水安全项目验收及审计工作。完成“十三五”农村饮水安全提质增效规划报告编制、报审及批复。国家开发银行专项基金建设项目大安东北部新城水厂工程8月初开工建设，年底完成净水构筑物主体工程建设。组建大安区供排水管理站，负责全区供排水建设和管理工作。自葫芦口水库引水270万立方米，实现2300公顷灌区春耕满栽满插。

【城市环境综合整治】 2016年，整治背街小巷15条，清理主街大道水仓板32块，疏通下水道3次；清除仁和路、人民路、燊海井路等主街大道及社区广场杂草杂物8.28万平方米，修补临街绿化带花台300米，清理危树45株，修剪临街面绿篱7500平方米，修剪草坪1.10万平方米。“春节”“五一”等节假日在公路沿线、节点等摆放鲜花25万盆，完成危树抢险处置60余处（株）。对大山铺片区（家居城二期、奥特莱斯项目）、马吃水片区（山水名城项目、恒大名都）、和平乡（福缘康居二期）等现场进行文明施工检查，检查建筑工地7个，处理扬尘13次，查处违反文明施工行为9次。

【环境保护】 2016年，发放排污许可证42家，受理建设项目环境影响评价申请64项，备案建设项目环境影响登记表4项；督促企业完善竣工验收手续建设项目28个。发出责令改正环境违法行为决定书7份，实施行政处罚21起，立案查处环境违法企业11户，处罚金额6万余元。完善三多寨镇、牛佛镇创建2015年省级生态乡镇资料，申报新店镇为省级生态乡镇。开展饮用水水源地调查评估，督促牛佛镇搬迁双龙桥水库取水口旁养殖场。印发《大安区2016年农作物秸秆禁烧工作实施方案》，制止居民焚烧垃圾、树叶及秸秆现象60起，行政处罚焚烧秸秆农户21人，处罚金1050元。编制燃煤设施清单，排查燃煤工业企业36户，淘汰燃煤小锅炉5户。

【国土管理】 2016年，出让、划拨土地20.25公顷，经营性土地价款2731.32万元，划拨用地价款4704.50万元，涉及牛佛太大路南侧地块及划拨用地东城雅苑、东城雅郡、东北部新城公租房、东城雅居、大安保健院等项目。市政府批准2016年第一批乡级土地利用调整规划5.31公顷；2016年第1次市级土地利用总体规划调整规划67.61公顷，涉及大山铺镇污水处理厂、铁路物流园用地、成自泸高速公路连接线匝道、工业园区、四川卫生康复职业学院、和平乡安置房等项目建设用地。省政府批准农用地转征收9个批次，批征面积123.77公顷。申报“农转征”3个批次48.23公顷。东部新城上报省国土资源厅审查1个批次面积30.71公顷，完成5个批次面积161.92公顷报征资料编制。全年征收土地112.35公顷，拆迁房屋1457户19.38万平方米，兑现征地拆迁资金8.99亿元，拆迁安置人口6265人，办理征地“农转非”人口531人，落实社会保险531人。完成永久基本农田划定的举证、资料建库工作。

【城管执法】 2016年，整治龙井、洞口井、高硐等农贸市场冒口经营，规范人民路、洞口井等夜市摊区，取缔东源半岛自发夜市，查处仁和路夜间占道洗车。取缔违规游摊8000次，拆除乱搭棚伞160个，规范便民摊点2300次。通讯、公安、城管联合治理“牛皮癣”10万张，增设信息张贴栏20个。加强交通标示、标牌、标线等基础设施建设，设置燊海井、西山路停车场，整治乱停乱放行为4000起。整治建筑工地运输洒漏，督促北环路、西山路改造工程和大山铺柳家湾安置房工程落实防尘、降尘和抑尘措施。

文化建设

【文化设施】 2016年，完成108个村级文化活动室建设任务和农家书屋图书补充配送任务。完成2个农村文化大院设施配套建设。构建图书流通网络体系，实现城市社区与农家书屋信息共享、资源共享，建成1个乡镇出版物数字化发行网点。启动区文化馆、美术馆、图书馆（三馆）项目建设工作。

【文化活动】 2016年，举办“红梅赞·江姐文化艺术节”开幕式、社区艺术展演、迎春文艺汇演、“送春联·画年画·画灯笼”进基层、燊海墨韵美术书法摄影展、“舞动大安”广场舞大赛、“我的梦”少儿DIY自制图书活动、心连心放飞幸福生活梦“五险合一”统一征收主题宣传文艺演出、“文化惠民·情系基层”送文化下乡等全区性大型特色文化活动50余场次。全年实施“三馆一站”免费开放300余次。

【广播影视】 2016年，实施53个村“村村响”广播工程建设及新民镇10个村有线共同传输工程。在绿洲花园小区、仁和半岛小区率先开展“智慧社区”项目试点建设。全年免费放映农村公益电影1776场次，惠及群众3万余人。

【公共体育】 2016年，组织开展“8·8”全民健身日、大安区首届老年人运动会等全民健身活动40余场次。完成庙坝镇坪上村农民体育健身工程、龙井街华大社区、凤凰新城小区全民健身工程。组队参加自贡市2016年游泳锦标赛，获团体第二名；组队参加2016年四川省青少年网球锦标赛，获女子乙组单打第一名。

【文物保护】 2016年，争取到位省级文物保护专项资金50万元，实施省级文物保护单位李亨祠堂排危抢险工程。完成王氏牌坊应急排险工程。对上争取资金15万元，完成回龙禹皇宫抢险排危工程，完成燊海井文物保护维修二期工程。牛佛镇王爷庙社区传统村落整体保护利用工程方案编制通过省、市专家评审，启动万寿宫保护维修工程建设。完成市下达的自贡地质公园扩园申请评估各项目标任务。组织实施42件（套）国有可移动文物登记及数据上报审核验收，完成全国第一次可移动文物普查工作。开展第五批市级非物质文化遗产名录项目申报工作。

【文化执法】 2016年，开展执法检查295家次，出动执法人员281人次，办理行政执法案件15件，实现案件办理“零差错，零投诉”。开展互联网上网服务营业场所专项治理，查办首例营业性演出违规系列案件和擅自从事互联网上网服务营业场所案。

社会建设

【教育】 2016年，投资4343万元，新建校舍及运动场3.51万平方米，消除危房1.27万平方米。

投资700余万元，购置设备设施3350台（套），配备计算机教室2间、“云教学班”平台电脑141台、高中英语听力考试系统1套、“班班通”一体机19台。面向社会招考39名教师补充到边远农村学校，引进17名高校毕业生，选派100名城区教师到区内边远学校支教。获省优秀乡村教师1人、市“师德标兵”3人、市优秀乡村教师8人。江姐中学获省校园足球赛初中女子组冠军。建成首批全国青少年校园足球特色校4所、市校园足球示范校3所、市棋文化特色校1所。1084名考生参加普通高校招生考试，899人被各类学校录取，其中，本科批次111人（本科提前批次1人，一本批次7人，二本批次48人，艺体本科批次42人，职教师资13人），专科批次714人；初中毕业生学业考试考生2444人，有101名考生被各类中等专业学校录取。

【公共医疗】 2016年年末，全区有医疗卫生机构796个，其中，市级（三级）医院2个，县级医疗卫生机构5个，城市社区卫生服务中心4个，乡镇（中心）卫生院12所，村卫生室188个，民营医院6所，诊所和医务室113所（个）；卫生专业技术人员2389人；开放床位1758张。建立完善电子居民健康档案34.61万份，建档率96.73%。区妇幼保健院通过“二甲”“爱婴医院”复评；区人民医院通过“二级乙等综合医院”复评；牛佛、何市、团结镇等3所卫生院创建为“2015—2016年度国家级群众满意乡镇卫生院”；团结镇、新民镇卫生院建成中医示范点卫生院；区人民医院列入全国第四批公立医院改革试点范围；区人民医院、何市中心卫生院、自贡名扬医院等5个单位作为首批“医养融合”试点单位。

【人口和计划生育】 2016年，出生4252人，出生率9.51‰；死亡2735人，死亡率6.11‰；自然增长率3.39‰；符合政策生育率90.46%；出生男女性别比107.11。发放计划生育奖励扶助4104人393.98万元、特别扶助资金814人449.52万元、独生子女伤残死亡家庭一次性慰问金65户27.5万元、独生子女父母奖励金1.71万户149.88万元。出台《大安区卫生扶贫救助基金管理办法》，设立卫生扶贫基金100万元。

【劳动就业】 2016年，开展“大众创业万众创新”活动，举办专项宣传活动20次，印发就业创业政策宣传手册和便民服务电话卡5000余份，为200名创业者提供信息发布、创业指导、创业培训等服务。全年城镇新增就业5500人，下岗失业人员再就业1500人，就业困难对象实现就业550人。城镇登记失业率4.1%。开展品牌培训150人，青年劳动者技能培训600人，创业培训200人。发放大学生创业补贴36万元，实现高校毕业生创业36人。

【社会保障】 2016年，城镇职工养老保险参保4.22万人（含机关事业单位职工人数）；城乡居民养老保险参保10.5万人；工伤保险参保1.11万人，生育保险参保0.8万人，失业保险参保0.71万人。新增养老保险参保4450人。开展“五险合一”统一征收、稽核、数据采集，清理录入参保单位755户3.27万人。完成机关事业单位保险个人账户清理，机关事业人员养老保险业务正式上线。实施社保兜底扶贫，建档立卡贫困户参加养老保险1.79万人，其中未参保1715人。44项社会保障服务延伸到乡镇（街道），城乡医保网络覆盖43个社区。

【医疗保障】 2016年，基本医疗保险参保（合）35.48万人。其中，城镇职工2.01万人、城镇居民7.25万人、新农合26.22万人，参保（合）率分别为97.1%、97.2%、99.99%。基本医疗保险筹集基金2.75亿元。基本医疗保险实现支出2.73亿元，其中，城镇职工6843.54万元，城镇居民6350.11万元，新农合1.41亿元。制定医保扶贫“四个100%”（建档立卡贫困人口基本医疗保险参保率100%、大病保险参保率100%、住院费用政策范围内报销100%、疾病应急救助面100%）政策。职工门诊特殊病种由14种扩大到21种，门诊视同住院报销由5种扩大到7种。

【劳动监察】 2016年，企业劳动合同签订率95.6%，企业集体合同签订率91.2%。开展工资支付和社会保险专项检查，检查用人单位493户，日常监察428户，社会保障年检194户。受理劳动投诉案件200件，立案109件，涉及劳动者2609人，涉及金额2481.4万元，结案率100%。受理劳动人事争议案件59件，立案59件，结案56件。

【民政工作】 2016年，发放城乡低保金4222.3万元，其中城市低保10.35万人次2700.15

万元，人均月补差 260.8 元；农村低保 7.61 万人次 1146.642 万元，月人均补助 150.64 元。建档立卡贫困户保障 2.92 万人次，发放低保金 524.6 万元。取消城乡低保 4038 户 5658 人。救助 2.27 万人次，发放救助金 1297.82 万元。发放 90 岁以上老人高龄长寿补贴金 196.81 万元。接收退役士兵 80 人，发放自主就业金 96 万元，培训退役士兵 75 人。建设城乡社区日间照料中心 20 个，新增改造养老机构床位 350 张，居家养老服务补贴覆盖 1.40 万人。办理结婚登记 4572 对，离婚登记 1443 对，补录婚姻登记历史数据 5.34 万对。开展全国第二次地名普查，采集地名信息 6000 余条。

【食品药品监管】 2016 年，办理行政许可 497 件，食品经营许可证实行“二证合一”。开展肉制品兽药残留、肉牛注水、工业松香用于家禽脱毛、农村食品安全“扫雷”、学校食堂等专项检查整治，建成学校食堂网格化管理体系 65 家，36 家食品生产企业实施食品质量安全授权人制度，78 家学校食堂和 287 家餐饮单位实施“明厨亮灶”工程，量化分级评定餐饮单位 291 家。开展食品药品安全检查，检查食品生产经营企业 4810 户次。受理投诉举报 79 起，查处违法案件 99 件，其中，食品类 39 件、药品类 54 件、医疗器械类 6 件。

【安全监管】 2016 年，发生各类伤亡事故 151 起，比 2015 年增长 28%；死亡 34 人，增长 6%；受伤 154 人，增长 22%；直接经济损失约 268.3 万元，上升 6%。其中，生产经营性伤亡事故 15 起，下降 33%，死亡 9 人，下降 66%，受伤 26 人，增加 86%，直接经济损失 136 万元，下降 73%；道路交通事故 100 起，死亡 31 人，受伤 154 人，直接经济损失 7.62 万元；工矿商贸事故 2 起，死亡 2 人，直接经济损失 135 万元；火灾事故 49 起，死亡 1 人，直接经济损失 125.7 万元。

【残联工作】 2016 年，入库登记残疾人 1.14 万人，其中，持证残疾人 1.12 万人，持证落实服务覆盖率 99.22%，人均落实服务 5.9 项次，手机录入率 98.53%。帮助 2833 名城乡残疾人居家灵活就业、628 名农村残疾人扶贫解困，对 260 名残疾人实施就业（创业）直补，为 972 名贫困残疾人适配辅助器具，为 74 名贫困残疾人家庭进行无障碍改造，居家托养残疾人 328 名；发放残疾人康复健身器材 813 件。创建市级残疾人就业创业示范基地 3 个、示范户 3 个。获市第二届残疾人文化艺术节金奖 2 项、银奖 2 项，获省第二届残疾人文化艺术节金奖 1 项、铜奖 1 项。

乡镇街道概况

【凤凰乡】 2016 年，完成财政收入 9938.36 万元。规模工业总产值完成 101.8 亿元。固定资产投资 9.10 亿元，其中，商贸固定资产投入 3.9 亿元，超目标任务的 11.74%。招商引资市外到位资金 12.59 亿元，省外到位资金 6.5 亿元。实施区级重大项目 2 个。完成西山片区综合改造项目 60 户拆迁户协议签订。完成凤鸣苑保障性住房民生工程项目拆迁任务，芭蕉冲二期进入主体工程建设。马桑沟安置房建设全面竣工。盐都大道至化玻公司城市支道重大基础设施全面完成。创建“充分就业社区”，城镇新增就业 385 人，下岗失业人员实现再就业 105 人，失业率控制在 4.2% 内。城乡养老保险参保人数 2361 人，退休职工认证管理 6300 余人；城镇居民医疗保险参保 6998 人；新农合参保 5705 人，参合率 98%。

【和平乡】 2016 年，财政总收入 673.69 万元；固定资产投资 5.58 亿元，占目标任务的 101.5%。规模以上工业企业总产值 15.60 亿元，主营业务收入 15.30 亿元，利润总额 4600 万元。招商引资到位市外、省外资金 4.64 亿元。粮食作物总产量 300 余吨，农民人均纯收入 5102 元，比 2015 年增长 12%。完成自贡东部新城土地征收 530.33 公顷，兑现征地补偿费用 10.3 亿元，“农转非”5879 人。开工建设自贡东部新城和平乡安置点、链接东环线东延线的“两横两纵”道路、东部新城地下管廊等 3P 项目。是年，10 户 30 人实现脱贫。

【新民镇】 2016 年，完成工业总产值 58 亿元，完成工业增加值 16.3 亿元；固定资产投入 8.1 亿元；财政收入 7348.95 万元（税收收入 7330.95 万元，非税收入 18 万元）。粮食作物播种面积 1840.67 公顷，产量 1.62 万吨。完成总投资 1600 余万元威远河城市段防洪堤工程建设。实施贫困户异地搬迁 23 户 53 人，全年脱贫 91 户 300 人。城乡居民社会养老保险参保 1.19 万人；新农合参保人数2.01万人，参合率91.47%；城镇居民医保4534人。全年脱贫91户300人。

【团结镇】 2016年，全镇财政收入2489.44万元。规模工业企业总产值58.6亿元；主营业务收入57.2亿元；营业利润1.15亿元。固定资产投资9.82亿元；招商引资市外资金17.2亿元。农业总产值1.41亿元，农业增加值9898.49万元，较2015年增长0.5%；农民人均纯收入1.24万元。粮食种植面积1280.06公顷，粮食总产量7615吨，产值1820.85万元。水产养殖面积114公顷，产量590吨，产值445万元。全年出栏肥猪6832头，肉牛99头，肉兔47.51万只，肉羊1235只，小家禽14.77万羽，实现畜牧总产值4822.85万元。参加城乡居民养老保险5636人，城镇居民医疗保险2535人，新农合参合率98%以上。修缮乡村公路6.8千米。实施危房改造37户。32户75人脱贫。

【大山铺镇】 2016年，地方一般预算收入1398.63万元，完成各类工商税收3939万元。年末工业企业49户，其中规模以上工业企业19户，工业生产总值88.10亿元，增长5.6%。社会消费品零售总额9.45亿元。全年招商引进项目31个，较2015年增长72.22%；竣工项目23个；总投资53.88亿元（其中引资额50.97亿元）；招商引资到位资金14.4亿元。粮食播种面积1809.2公顷，产量19吨，农业产值1.10亿元。全年畜牧业总产值8033万元，占农业总产值比重69.3%。楼房湾水库竣工，总库容增加到1079万立方米。新型农村合作医疗参保2.21万人，参合率99.55%；城乡医保完成1.26万人。精准扶贫脱贫22户71人。

【三多寨镇】 2016年，固定资产投资4.3亿元，招商引资6.5亿元；规模以上工业企业总产值4.8亿元，利润总额4000万元。粮食产量2.30万吨。家禽出售110万羽，家畜出栏3.3万头。在全镇范围内实施“大安区年出栏3500万羽肉鸡一体化养殖”项目，发展18户贫困户养殖肉鸡。争取国家级传统村落保护项目资金300万元，对古寨墙、飞机洞、古寨道路等进行修复。举办第十七届梨花风筝放飞活动，接待游客10万人次以上。开发建设同春桂圆林—多福生态园—三绿家庭体验农场乡村休闲旅游带，发展集观光垂钓、绿色采摘、特色餐饮为一体的产业链。是年，脱贫164户437人。

【何市镇】 2016年，固定资产投资3.87亿元；规模以上工业企业总产值7.81亿元，主营业务收入7.68亿元；招商引资到位市外资金7.86亿元，省外到位资金5.24亿元。商贸企业完成销售额3251.9万元。粮食产量1.34万吨；油料作物1243吨，蔬菜2.44万吨，瓜果909吨，水产品660吨；肉牛出栏3172头，肉兔79.2万只；农民人均纯收入1.18万元。享受城市低保对象150户205人，农村低保1204户1301人，五保对象339户341人。新农合参保人数3.32万人。

【新店镇】 2016年，全镇地区生产总值5.90亿元，比2015年增长13%；固定资产投资4.49亿元，招商引资4.57亿元，社会消费品零售总额1.68亿元；实现财政收入475万元，比2015年增长8%；中小企业工业增加值1.49亿元。全镇税收收入190.26万元，比2015年增长11.28%；农业总产值5112万元，农民人均纯收入9500元。粮食作物播种面积1700公顷，产量9500吨；蔬菜播种面积234.67公顷，产量8360吨。出栏生猪1.95万头、肉兔97万只、小家禽24万羽，肉类产量3032.52吨。渔业产量349吨。1.68万人参保新农合医保，参合率98%。完成贫困户脱贫110户335人。

【永嘉乡】 2016年，易地扶贫搬迁34户64人。水稻栽植307公顷，产量2510吨左右；玉米种植247.33公顷，产量1395吨，高粱种植105.33公顷，产量530吨；种植马铃薯50.33公顷，产量175吨；蔬菜种植427.8公顷，产量1.42万吨。建成200公顷川早二号核桃基地，引进核桃产业深加工项目，推出“陶外公”南枣糕等名优产品。新发展瓦高村、新房村等核桃种植基地133.33公顷。城乡居民社会养老保险参保人数4635人。

【牛佛镇】 2016年，地区生产总值17.9亿元，财政税收1214.16万元，社会固定资产投资9.67亿元，社会商品零售总额2.1亿元，招商引资7.5亿元。工业总产值7.1亿元。全镇商贸旅游服务业总产值7.2亿元，增长17%。引进林记食品等特色农产品加工项目2个，引进三星级古镇风情酒店1家。发展家庭农场51户，农村专业合作组织13家，新增粮食规模化经营面积56.67公顷，全镇土地规模流转总面积266.67公顷。自贡牛佛沱江港纳入全省“十三五”水运发展规划。新型农村合作医疗参保5.71万人，参保率99.79%；城镇居民医疗保险参保4071人，参保率104.22%。

【庙坝镇】 2016年，财政总收入121万元；地区生产总值1.63亿元，其中，第二产业3799万元、第三产业4032万元；全社会固定资产投资1.45亿元，其中，工业投资5200万元、商贸投资1000万元。完成省外招商引资1880万元，市外招商引资6.36亿元；农业总产值8420万元，农民人均纯收入1.19万元。农民外出务工收入6952万元。投资450万元新建庙坝镇中心幼儿园，建筑面积1600多平方米。全镇粮食总产量8500吨，出栏肉牛1.23万头、小家禽40万羽。存栏肉牛0.78万头；水产品产量623吨。

【回龙镇】 2016年，完成财政税收73万元；固定资产投资1.2亿元；社会消费品零售总额增长12.5%；完成招商引资1亿元，其中引进省外资金4000万元；粮食总产量1.35万吨；农民人均纯收入1.17万元。兑现耕地地力保护补贴、退耕还林直补资金328.58万元。全年脱贫298户844人。

【龙井街】 2016年，全街固定资产投资1.82亿元；招商引资1.33亿元；服务业增加值803万元；限额以上商贸企业增加值2.33亿元。城镇居民人均可支配收入3万元。全年发放城市低保总金额351.16万元。办理城镇居民医保6826人，其中普通居民医保5928人；办理特殊人群居民医保898人，办理退休人员资格认证8376人，居民养老保险资格认证199人。

【大安街】 2016年，完成规模工业总产值15.76亿元，产品销售率99.22%主营业务收入15.37亿元利润总额2805万元；限额以上商贸企业销售额6472万元，其中零售额1278万元；规模以上服务营业收入711万元，营利性企业收入711万元；固定资产投资1.69亿元；招商引资到位资金1.22亿元（其中省外9676万元）。城镇居民人均可支配收入2.84万元。低保户1651户2273人。城镇新增就业人员842人，下岗失业人员实现再就业233人，就业困难人员再就业92人。城乡居民养老保险参保人数519人，缴费人数45人。

【马冲口街】 2016年，规模以上工业总产值、主营业务收入、工业利润总额分别完成18.55亿元、22.05亿元、7087万元。固定资产投资9463万元，招商引资到位市外及省外资金分别为5100万元、1193万元。申报谢八卤菜肉食品生产线改扩建项目，总投资4210万元。规模以上服务业企业营业收入比2015年增长21%；限额以上商贸零售额比2015年增长22%。为90名90岁及以上高龄的老人每月发放长寿补贴金9200元。取消低保232户367人。全街参加城镇居民养老保险人数935人；城镇登记失业率3.8%，新增就业再就业945人。

【凉高山街】 2016年，工业总产值3.21亿元；完成规模以上工业增加值1.8亿元，增长36.2%；完成规模工业利润0.9亿元，增长38.4%；规模工业万元产值能耗比2015年下降12.5%。完成固定资产投资1.74亿元，占全年计划任务的105.15%。完成招商引资1.22亿元。修缮便民道路7条，安装路灯50余盏。新增就业940人。帮助失业人员实现再就业130人。

（大安区地方志办）

沿滩区

概　貌

【位置　面积　人口】 沿滩区位属四川盆地南部，沱江一级支流釜溪河下游，地处自贡市南郊，介于北纬29°23′19″至29°67′53″、东经104°40′42″至105°58′0″之间，东、南与富顺县交界，西与自流井区和宜宾县毗邻，北与大安区接壤。区政府驻地沿滩镇，距省会成都220余千米。2016年年末，辖区面积469平方千米，户籍总人口39.28万人，其中，农业人口29.63万人、非农业人口9.65万人。常住人口31.48万人，其中，城镇人口12.65万人、乡村人口18.83万人，城镇化率40.2%。

【建置沿革】 沿滩区原名自贡市郊区，成立于1953年6月15日，其时辖地为今自流井、大安、贡井所辖部分地域的20个行政乡，即红旗、太平、永胜、三台、天池、黄桷、和平、民乐、新燕、爱国、团结、互助、胜利、世平、永安、新胜、建设、水平、新华、固胜。1959年2月，将其分别属于富顺、宜宾两县部分地域划归郊区。1961年7月，将郊区成立之初所划的地域分别划回自流井、大安、贡井3个区。1983年3月，郊区更名为沿滩区，时辖地完全是从富顺、宜宾两县划拨的原部分地域。2005年8月1日起将沿滩区所辖的舒坪、高峰、仲权、农团、漆树5个乡镇划入自流井区，将富顺县所辖的瓦市、仙市2个镇划入沿滩区。2007年7月1日，将四川省自贡个体私营经济发展园区管理委员会划归自贡高新技术产业开发区托管。中共沿滩区委、区政府于1960年5月迁驻沿滩镇。区所辖行政区域或撤或建或并，时有变化。2016年年末，辖区内有沿滩、邓关、永安、黄市、联络、富全、王井、卫坪、兴隆、瓦市、仙市11镇和九洪、刘山等2乡，有23个社区、170个村。

【地质水文】 沿滩境内地势西北高、东南低，海拔多在300米~400米之间，属缓坡低丘、缓坡中丘地貌类型，其中绝大部分地区属浅丘地带，无成型山脉，宜耕面积大。沱江从大安流经境内瓦市，长6.87千米。沱江一级支流釜溪河沿区境东部自北向南蜿蜒而下，过境段长57千米，另有长5千米以上的河流14条，其干支流总长239千米。境内小（一）型水库9座，小（二）型水库40座，总库容5278万立方米；山坪塘3157口、石河堰100道。

【气候】 全境地处中亚热带季风气候区，属川西夏旱和川东伏旱过渡地带，热量丰富，雨量充沛，四季分明，年均降雨量1032毫米，主要集中在6—9月，年均气温17.8℃，年无霜期323~354天，具有发展农业的天然优势。

【自然资源】 境内自然资源丰富，沱江一级支流釜溪河有沿滩水电站1座。主要矿藏有黄（黑）卤、天然气、砂岩、页岩、石灰石、河沙等。野生植物有药材60余种，野生动物以鸟类、鱼类为主，以及龟、鳖、野兔等。2016年年末，森林面积8344公顷，森林覆盖率28%，主要树种有巨桉、香樟、女贞、黄桷树、小叶榕、马尾松、青冈、湿地松、柏木、银杏、香椿、杨树、桂花等。有耕地面积2.66万公顷，主要种植花生、油菜、大豆、芝麻、甘蔗、优质柑橘、花椒、蚕桑等经济作物，水稻、小麦、玉米、高粱、红薯等粮食作物。禽畜养殖以生猪、肉牛、黑山羊、鸡、鸭、鹅、兔为主。

【旅游资源】 主要旅游资源有金银湖风景区、仙市古镇等。以井盐文化主根系为依托萌生发展的仙市古镇，始建于1400多年前的隋代，1992年被列为四川省历史文化名镇，2007年5月被建设部、国家文物局评选为第三批中国历史文化名镇。沿滩区还有玉川公祠、永安閤乐祠、王家大院、卧龙湖、金银湖等旅游景点。举办第二届“自贡·刘山樱花节”、第四届“自贡·九洪西瓜节”、仙市镇“第十七届民俗风情节”、“自贡·仙市古镇第三届金秋旅游节”等一系列“信步沿滩·美过周末”旅游活动，实现一、三产业融合发展。全年接待游客568.5万人次，实现旅游综合收入25.21亿元。

政治建设

【区委办公室工作】 2016年，牵头起草制定《制定国民经济和社会发展第十三个五年规划的建议》《中国共产党自贡市沿滩区第十二次代表大会报告》等文件。全年审核办理区委和区委办公室文件105件、区委常委会会议纪要31件，编发《沿滩信息》15期、《区情周报》50期、办公室通报25期、沿滩调研8期；开展专题督查18次，报送《督查专报》17期，印发《督查通报》19期。完成区委十一届五次党代会、区委十二届党代会、全区领导干部大会等28次大型会议会务工作。全年收发、办理各类电报119份。完成《中国共产党自贡市沿滩区执政实录（2015年卷）》编纂。牵头起草制定《区委全面深化改革领导小组2016年工作要点》《沿滩区依法治区2016年工作要点》等文件，编发《沿滩改革》24期，完成区委全面深化改革领导小组会、专项小组联络员会等会务工作。

【人大工作】 2016年，召开区人大常委会会议8次、主任会议12次，听取审议专项工作报告15个，开展视察调研24次、执法检查2次，依法作出决议决定10个，提出审议意见5个。围绕区委中心工作，开展“产城一体”课题研究，对“一线经济带”发展推进等情况进行视察。依法进行人事任免，共任免国家机关工作人员29人次。3月16日至18日召开沿滩区第十七届人大六次会议，听取和审查政府、发改、财政、人大、法院、检察院工作报告，并通过相关决议，会议确定大会议案1件，区人大代表提出建议31件；11月16日至20日召开区第十八届人大一次会议，听取和审查政府、发改、财政、人大、法院、检察院工作报告，并通过相关决议，选举出区人大常委会主任、副主任、委员，区政府区长、副区长，区法院院长，区检察院检察长，会议确定1件议案，代表提出建议50件。

【区政府办公室工作】 2016年，制发区政府和区政府办各类文件308件，受理省市区各类文件3757件，处理各乡镇、部门请示、报告628件。召开全区综合性会议5次，承办区政府常务会会议17次；组织全区项目推进工作会议、沿滩区经济分析与统计工作会议、沿滩区发展与改革工作会议等20余场。开展督查115次，接待市目督办督查13次，完成政府工作报告中承诺的11件民生实事、17次常务会、7次区长办公会决定事项和市区两级领导所有批示件、督查件的督查落实，办理人大代表建议议案32件，政协委员提案60件，办结率、满意率均100%。印发《政务信息》41期，采编信息576条。区政府门户网站公开政府信息1511条，政务微博公开政府信息147条，其他方式公开政府信息31.22万条。起草审核区政府全体（扩大）会、大气防治工作会讲话等文稿45篇。修订各类文件、文稿156件。组织开展群体性突发事件演练、学校突发事件防灾救灾演练等应急演练11次，参演人员3万人次。建立区综合应急救援大队和卫生、环保、农林、水务、畜牧、国土、供电、通信等10支专业救援队伍。

【政协工作】 2016年，区政协第八届五次会议上，委员提出提案79件，会后提出1件，经审查同意立案68件，其中A类提案32件，B类提案32件，C类提案4件，均办理答复提案人，提案人满意率100%。在区政协第九届一次会议上提出提案104件，经审查，同意立案94件，其余10件转作意见建议办理。组织开展专题调研10次，形成专题调研报告10份。组织政协委员开展“五个一活动”，参与面达95%。动员政协委员和委员企业家扶持贫困村、帮助贫困户，累计投入物资折合50万余元；区政协机关干部结对帮扶黄市镇红旗村、光明村和富全镇代寺村19户67人。全年，在《四川政协报》、自贡政协网等媒体登载各类宣传稿件40余篇，被省政协表彰为“政协新闻宣传工作先进单位”。

【机构改革】 2016年，编制并公布区级行政权力责任清单5365项。推进扩权强镇试点改革，扩权强镇下放事项由原来的7项调整为38项，增加下达扩权强镇试点镇行政编制12名。调整设置区纪委（监察局）内设机构8个，完成区委巡察工作机构设置。进行第二批事业单位类别划分，明确区委组织部党员教育中心等6个事业单位类别。先后调整水库管理机构、医疗保险经办机构、保护消费者权益等机构，新设立铁路建设服务、纪检电教与信息服务、投资促进服务等公益事业机构；精简事业机构5个，更名事业机构1个，新设立事业机构5个。

【纪检监察工作】 2月26日，中共自贡市沿滩区纪委召开十一届五次全会，会议审议通过《把纪律挺在前面，落实全面从严治党，深入推进党风廉政建设和反腐败斗争》工作报告。9月30日，中共自贡市沿滩区第十二届纪律检查委员会举行第一次全体会议，选举产生中共自贡市沿滩区第十二届纪律检查委员会书记、副书记、常务委员人选，并经中共自贡市沿滩区第十二届委员会第一次全体会议表决通过。贯彻《中国共产党问责条例》，党风廉政建设“一票否决”3个单位，责任追究“两个责任”履职不力的4名领导干部，约谈并限期整改社会评价结果靠后的5个乡镇，通报主体责任落实不力的8个单位。开展监督检查，发现并整改问题30余个，发现并纠正“四风”问题96个，责令7个单位作出书面说明、4名责任人作出书面检查，对1名责任人给予党纪处分。全年受理信访举报82件次，立案75件，党纪政纪处分71人。设立中共自贡市沿滩区委巡察工作领导小组，组建3个区委巡察组。开展专项巡察，发现问题47个，移交立案审查并给予纪律处分4人，组织处理25人。严肃查处基层干部侵害群众利益的不正之风24起，纪律处分21人，组织处理3人，内部实名通报典型案例16件，公开曝光21件。

【组织工作】 2016年，全区有党员1.04万余人，其中，1949年9月以前入党的3人，35岁以下的党员0.24万人，女党员0.26万人。是年，全区发展党员226人。年末全区党政机关干部1701人，其中，县处级干部31人，科级领导干部399

人，区级党群机关干部296人。实施区乡班子换届，成立换届工作领导小组和换届办，实行四大班子一把手“分片”负责、党员县级领导“定点”指导乡镇。新提拔（含平级重用）干部72人，其中“四类人员”33人、调任事业干部4人。配合市委换届考察组开展区级领导班子换届工作，本地提拔县级领导干部9人。集中办理39名领导干部个人重大事项报告工作。完成县科级领导干部、党群类非领导干部共569人年度考核工作。开展乡镇领导班子访谈2次，对局乡科级领导干部谈心谈话640余人次，收集领导干部个人有关事项报告104人次。组织开展干部档案数字化管理工作。采取公开招聘、签约合作等方式，引进各类人才243人，开展各类人才培训3200余人次。

【思想政治工作】 2016年，实行“任务清单”“问题清单”和“负面清单”的创文工作制度，采取“条”“块”结合，以“块”为主的方式推进创建全国文明城市工作，制作工地围挡公益广告3万平方米、墙体公益广告2000余平方米、大型公益广告30块、灯杆公益广告400余幅。加强媒体管理，登记备案机关事业单位网站16个、政务微博9个、微信公众账号18个；加强出版物审核审批管理，开展“扫黄打非”等专项行动。编印《沿滩区委中心组2015年度理论学习成果集》，收录区委中心组成员学习心得体会文章40篇。区委中心组开展学习交流、换届纪律、党规党纪、七一讲话、民营经济等专题集中学习12次，参学率96%以上。开展纪念红军长征胜利80周年系列活动和“讲话精神七进”活动。组建各级宣讲团队311个，宣讲员1176人，开展各级各类集中宣讲197场次。协助拍摄中央电视台10套《文明密码》节目组、成都电视台《yoyo天下》节目组拍摄。在各级各类媒体刊稿近4000篇（条），其中，在人民网等中央级主流媒体刊稿60余篇（条），在《四川日报》等省级主流媒体刊稿1000余篇（条）。开展网络舆情监测，及时预警舆情信息85篇条。创作版画作品近200幅，其中，《茶馆》获全国22届版展初选，《重生》获省展铜奖，并被浓园艺术馆收藏。

【统战工作】 2016年，沿滩区有民盟沿滩区支部、民建沿滩区支部、农工党沿滩区支部3个民主党派支部，成员110人。其中，民盟37人，民建45人，农工党28人。自贡市党外知识分子联谊会沿滩分会有成员19人。全区党外副科级以上干部中，副县级实职干部3人，科级干部15人。指导工商联完成换届，工商联成功创建全国“五好”工商联。党外人士撰写提案42件、调研报告7篇。组织纪检监察、财政等党外人士情况通报会6次。民主党派、知联分会筹款6万元，工商联组织60多户企业会员捐款40多万元，资助大学新生200名。组织31家非公企业帮扶21个贫困村，投入资金100多万元。

【政法工作】 2016年，参与解决涉企纠纷，化解涉企纠纷75件，为企业挽回经济损失800余万元。为群众提供法律援助，新建规范化法律服务站2个，设立贫困村法律援助联系点21个。惩戒失信违法犯罪，受理商事案件1612件，化解欠薪等纠纷53件次，围绕欠薪欠保、工伤医疗等热点问题提供法律援助服务2690人次，追回损失90余万元。处置突发不稳定因素37起，成功化解矛盾纠纷1699件，成功率98.45%，立刑事案件788件；排查受理各类矛盾纠纷1726件，化解1699件，成功率98.2%。全区公共视频监控系统实现全覆盖，完成23个村“雪亮工程”和平安智慧小区建设。打击违法犯罪，破获省公安厅挂牌的“1·01”系列盗窃案，刑事立案下降16.83%，破案上升13.79%。开展“七五”普法和省级、市级法治示范创建，沿滩区被省委省政府表彰为2011—2015年省级法治宣传教育先进集体。推进基层社会治理创新，板仓社区“四化”“四融合”失地农民安置社区社会治理创新模式在全省第三届“治蜀兴川”法治论坛和全省法学会系统培训暨工作推进现场会上推广。在年度全省平安建设群众满意度测评中，沿滩区位列第23名。

【武装工作】 2016年，修订完善各类预案，补充配备各级战备物资器材，加强预案演练，规范战备秩序，狠抓重要节日和敏感时期战备值班。区武装部会同区委组织部考察配备10名专武部长，结合乡镇换届，宣布9名新任武装部政治教导员和10名新任专武部长任职命令。开展停止有偿服务活动，按期关停8项对外房屋租赁项目。调整优化民兵组织结构和力量布局，民兵组建单位拓展到13

个乡镇和11个区级单位部门。开展国防教育50余次，受教育群众2万余人次。加强兵役宣传，优先征集高学历青年，完成年度兵员征集任务，大学生征集比例达37.5%。是年，区征兵办公室被市政府、军分区表彰为征兵工作先进单位；区人武部被省军区表彰为安全稳定工作先进单位。

【工会活动】 2016年，组织职工开展劳动竞赛活动，企业活动开展面达100%，参与职工2万人次以上，创造经济价值600余万元。全区企事业单位开展群众性经济技术创新活动，企业开展活动面达95%以上，职工参与面达98%以上。全区参与提合理化建议职工150人次，提出建议50余条，企事业采纳建议28条，实施16条，节约、创造经济价值200余万元。慰问走访困难职工群众1027户，发送慰问金和慰问品折合计41.08万元。评选推荐省劳模1人、市劳模5人。“中国梦·劳动美”、庆五一职工文艺晚会在沿滩新城市民广场举行。举办第三届职工乒乓球比赛，承办沿滩区2016年“庆国庆”职工篮球比赛，300余名运动员参加比赛。年末，全区有工会组织557个，会员12.79万人。

【共青团工作】 2016年，实施暖冬行动，为300名留守儿童、贫困青少年、服刑人员未成年子女、五失青少年和贫困大学生送物资6万元。实施“金凤凰”一对一认助，为150名品学兼优的贫困学生争取到一对一长期资助。开展城市生活体验、城乡学生结对交友、送流动青少年宫下乡等活动10余次，覆盖青少年2000余人。制定实施留守儿童免费就读区青少年宫课外培训政策，受益200人次。实施SYE（四川省青年创业促进计划）项目，接受创业青年申报7个，通过实地面试项目3个，争取无息无担保无抵押贷款25万元。评选省级青年文明号1个，评选市级青年文明号2个。开展志愿服务行动，帮助130余名贫困学生（儿童）实现心愿，300余名机关青年志愿者参与活动。组织开展樱花节、玫瑰节、草雕节等志愿服务活动。是年，1人被评为全省优秀团干部，5个基层团组织被评为四川省五四红旗团委、市优秀共青团组织，4名团员和3名基层团干部分别获市优秀团员称号和优秀团干部称号。

【妇联工作】 2016年，实施妇女居家灵活就业——草编项目，提升妇女居家灵活就业技能；实施“三新”项目，开展彩灯、家政服务、月嫂等技能培训52期，培训妇女1725人次，推荐就业50人次。建立3个巾帼创业就业示范基地，成功申报2个市级“巾帼文明岗”。实施社区家长学校建设，评选区级示范家长学校5个；开展以“孝、爱、亲、和、廉”为主题的“幸福使者·母亲课堂”讲座25场，受益家长2050余人次；开展寻找“最美家庭”活动，5户家庭被评为区级“最美家庭”、2户家庭被评为市级“最美家庭”提名奖，1户家庭被评为市级“最美家庭”。建设巾帼志愿者队伍，新增巾帼志愿者200人。区接待办聂文静被评为省级优秀巾帼志愿者，沿滩新城板仓社区被评为省级优秀巾帼志愿者组织。

【信访和群众工作】 2016年，全区受理各类信访事项1221件2113人次，其中，区本级接待办理信访事项194件784人次，区级部门受理办理信访事项473件544人次，乡镇受理办理信访事项554件785人次。全年办理到市信访116件355人次，办理到省信访27件30人次，向国家信访局等部门致信3件次，国投件1件次。县级领导全年值班接访228天次，受理群众信访事项79件289次，现场解释解答处理63件次。开展群众工作月活动和“六下访”活动17场次，区级机关干部参与下访3460人次，接待群众政策法规咨询400余人次，协调解决矛盾纠纷76件次，处置越级上访苗头性问题31件次，受理信访事项62件。开展信访突出问题集中排查分析17次，排查信访突出问题、群体性信访苗头156件次，化解126件，化解率80.77%。

【政务服务】 2016年，推进行政权力依法规范公开运行，全区462个行权岗位实现电子政务外网全覆盖，全区行权7579件。取消行政审批前置条件234项，行政许可项目减少到179项；网上并联审批专用平台投入运行。联合市政务服务中心为沿滩工业园区企业提供上门并联审批服务，收集到问题7件，现场解决5件，跟踪协调解决2件；实施“五证合一、一照一码”登记制度改革，全区累计核发“五证合一”营业执照120张；受理行政审批服务事项22.6万件，按时办结率、群众满意率均100%；开展政府采购90件次，采购预算金额

7092.52万元，成交金额6018.3万元，节约资金1074.22万元，资金节约率15.15%。区政务服务中心被市委组织部和区委组织部确定为“共产党员示范单位”。

经济建设

【主要经济指标】 2016年，全社会固定资产投资完成113.15亿元，比2015年增长7.6%。实现社会消费品零售总额52.61亿元，比2015年增长14.5%。地区生产总值（GDP）实现132.29亿元，比2015年增长10.3%。其中，第一产业增加值16.49亿元，增长4%，第二产业增加值90.13亿元，增长12%，第三产业增加值25.67亿元，增长8.5%。三次产业对经济增长的贡献率分别为5%、79.1%、15.9%。人均地区生产总值4.34万元，按可比价计算，比2015年增长5.2%。三次产业结构比重由2015年的13∶67.8∶19.2调整为12.5∶68.1∶19.4。全年非公有制经济实现增加值83.99亿元，比2015年增长10.6%，占地区生产总值的比重为63.5%。农业总产值13.71亿元，增长5%；实现农业增加值16.63亿元，比2015年增长4%。全年实现工业增加值84.48亿元，比2015年增长13%。

【种植业】 2016年，粮食作物生产完成小春粮食播种面积7653.33公顷，总产2.45万吨；大春粮食面积2.12万公顷，总产14.76万吨。全年粮食作物播面2.88万公顷，总产17.2万吨。其中，水稻1.09万公顷，玉米4273.33公顷，高粱2666.67公顷，红苕3300公顷。油料作物生产完成小春油菜播种面积2673.33公顷，总产0.6万吨；大春花生面积906.67公顷，产量0.3万吨。蔬菜面积9860公顷，总产量25.03万吨。实施市级价调基金菜篮子项目，补助资金175万元。瓜类面积1706.67公顷，总产量3.79万吨，其中西瓜面积1640公顷，总产量3.69万吨。水果总面积2933.33公顷，其中柑橘园766.67公顷，总产3271吨。

【林业】 2016年，全区林业用地面积8344.41公顷，有林地面积7308.84公顷（竹林面积1750.88公顷）；灌木林地1024.79公顷；未成林地面积10.78公顷。全区公益林面积1313.73公顷，商品林5999.63公顷。森林覆盖率28%。全区活立木总蓄积27.19万立方米，其中，公益林蓄积6226.58立方米；商品林蓄积5.03万立方米；散生木蓄积17.29万立方米；四旁树等其他蓄积4.24万立方米。全区实现林业总产值4.09亿元。农民人均林业收入696元。林业生态旅游收入1.33亿元。巩固退耕还林成果2646.67公顷，生态公益林管护1313.33公顷。有林业专业合作社12个，其中，国家级专业合作社1个，省级专业合作社2个，市级专业合作社2个。全年办理林木采伐许可证106.62立方米。

【畜牧业】 2016年，全区出栏生猪25.70万头、肉羊9.10万只、肉牛2297头、小家禽出栏294.26万羽、肉兔出栏451.20万只。肉类总产量2.96万吨，禽蛋产量0.90万吨。畜牧业产值8.93亿元，占农业总产值33.62%，生猪等主要畜禽规模化养殖比重67%。持有畜禽生产经营许可证的种猪场2个。新增市畜禽级标准化示范场3个，新建生猪标准化养殖场（小区）3个。出栏生猪50头以上养殖场（户）1433户，其中1000头以上生猪标准化养殖场4个。年出栏肉羊30只以上86户。年出栏肉兔2000只以上14户，其中出栏1万只以上规模养殖场6户。年蛋鸡存栏1000只以上146户，存栏1万只以上33户。

【水产养殖】 2016年，全区有鱼类11科47种，其中土著鱼类35种，引进养殖鱼类12种，水产养殖食用品种24种。全区养殖面积3826公顷，其中，池塘854公顷，水库358公顷，河堰57公顷，稻田2555.67公顷。完成水产品总产量1.25万吨，其中，名特优5045吨，占总产量的40.39%，完成渔业经济总产值3.39亿元，渔业增加值2.15亿元。九洪乡火箭水库建成全市最大的休闲垂钓渔业基地，面积33.33公顷；刘山乡建成全市最大的锦鲫、锦鲤、金鱼等观赏鱼基地，面积8公顷；永安镇、刘山乡建成全市最大的泥鳅繁育基地20公顷；创建农业部水产健康养殖示范场1家，省级水产农民专业合作社示范社1家。建成望子河流域、杨柳溪流域、羊叉河流域3个无公害水产品标准化养殖示范基地，面积982公顷，认证无公害水产品9个，全区农业部水产健康养殖示范场6家。

【工业经济】 2016年，全区全部工业总产值

376.03亿元，比2015年增长14.8%；全部工业增加值110.48亿元，增长14.49%；规模工业增加值102.88亿元，增速14.5%。实现规模以上工业总产值182.8（5+2）亿元，比2015年增长19.1%，高全市10.6个百分点；全年新增规模工业企业6户。完成工业投资26.63亿元。全年完成土地平整46.67公顷，新征土地40公顷，昊华连接线2千米道路建成通车，完成110千伏变电站建设，工业用气管网建成；6个项目实现开工建设；6个项目建设投产。

【商贸流通】 2016年，全区服务业增加值完成25.67亿元，增长8.5%。服务业完成税收2.97亿元，下降12.9%；全区累计实现社会消费品零售总额62.8亿元，增长11.3%。全年完成商贸固定资产投资4.11亿元，比2015年增长217%，服务业固定资产投资占全区固定资产投资25.29%。服务业重大项目投资完成4.67亿元，占全区重大项目投资的52.56%。投资4000万元，新建金帝广场和恒大农贸市场。完成楼荫塘商业步行街、金帝广场商业街、龙湖里特色商业街建设。全区有限额以上商贸企业43户，其中法人企业6户。批发业实现社会消费品零售额3.88亿元，比2015年增长9.2%；零售业实现社会消费品零售额49.36亿元，比2015年增长11.2%；全区批发和零售业实现增加值3.68亿元，比2015年增长5.6%。全区餐饮业实现零售额9.31亿元，比2015年增长12.7%，餐饮业实现增加值1.73亿元，比2015年增长6.3%。全区住宿业实现营业额0.67亿元，比2015年增长10.4%，实现增加值0.11亿元，比2015年增长2.2%。全区完成进出口1073万美元，比2015年下降24.44%。新增外贸备案企业数3户，新增进、出口实绩企业数2户，新增拓展海外市场国家和地区数2个。

【供销合作】 2016年，实现经营服务总额3.62亿元，其中，消费品零售总额1.12亿元；农资供应总额3010万元；农副产品收购总额4230万元；再生资源回收总额7667万元。规范原有专合社8个，新发展农民专合社3个，培育省级示范社1个，建成社区综合服务社8个，生产资料配送中心1个，生活资料配送中心1个，农产品配送中心1个，小型冷库1个。注册资金500万元的自贡市沿滩区立丰农村资金互助合作社，在沿滩区刘山乡云峰村挂牌成立。建设特色优势农产品生产基地，新发展产销对接农民专合社2个，新建农产品直销店13个。推进农村再生资源回收利用体系建设，巩固已建回收站点24个，再生资源回收总额比2015年增长2.23%，再生资源回收利用率58%以上。与中国电信自贡分公司合作，构建“天虎”云商农村电子商务运营服务平台，有7个公司和专合社加盟。

【财政税收】 2016年，在全行业推进“营改增”改革；调整优化支出结构，公开年度预（决）算；强化财政内控制度建设和监督检查，接受省审计厅和财政部专员办2015年保障性安居住房工程审计。推进“PPP”合作模式，出台《政府和社会资本合作“PPP”模式实施意见》。加强融资平台建设，组建自贡市盐运国有资产经营有限公司。控制新增债务，全区政府性债务限额16.48亿元，债务余额15.62亿元。是年，财政总收入完成6.00亿元，地方级财政收入完成2.00亿元，地方级一般公共预算收入完成1.95亿元，比2015年增长11.58%。一般公共预算收入加上返还性收入1366万元，一般性转移支付收入8.58亿元，专项转移性支付收入3.61亿元，地方政府一般债务转贷收入6800万元，2015年结转收入1.17亿元，调入资金9306万元，动用预算稳定调节基金275万元，全区收入总量为17.09亿元。全区一般公共预算支出完成15.50亿元，上解支出1944万元，地方政府一般债务还本支出6800万元，年终全区滚存结转6833万元。全年国税收入1.97亿元，地税收入3.22亿元。

【招商引资】 2016年，全区到位市外项目资金102亿元，其中，到位省外项目资金56亿元。包装重大项目31个；新签约招商引资重大项目26个，累计总投资21亿元。省市督办项目实现履约率100%、开工率100%。组织参加西部国际博览会、中外知名企业四川行、“龙聚盐都·携手灯城”等招商活动，累计签约项目26个，总投资额112.95亿元，其中，签约亿元以上重大招商项目21个。举办“2016年对外开放暨招商项目推介会”，开展“沿滩区成功人士座谈会”，接待客商到访60余批次，收集项目线索78余条、对接洽谈项目86个。成功签约引进工业项目8个。

【科技推广】 2016年，实施九叶青花椒高效技术集成与产业化示范、葡萄高效栽培技术集成与示范推广、高温型氟橡胶耐磨涂料的研发与应用等市级以上项目10个。申报市级以上科技项目15个，获财政支持资金511万元。协助工业园区成功申报省级科技计划项目（自贡市沿滩工业园区高新技术创业服务中心），获补助资金1000万元。全区科技型企业38户，高新技术产业总产值84亿元。仙市水产养殖协会获中科协20万元奖补资金；四川水木阳光有限公司中天玫瑰自贡种植基地获省科协10万元奖补资金；自贡市巨光硬面材料科技有限公司的"高性能聚酰亚胺防火防腐涂层设备关键技术与应用"和自贡市沿滩区果蔬协会的"西瓜优质高效技术集成与产业化示范"成功申报金桥工程；自贡市沿滩区果蔬协会的"西瓜优质高效技术集成与产业化示范"被推荐申报为2016年省级优秀工程项目。创新平台建设，培育技术创新平台2个；开展新品种新技术示范，引进新品种4个，推广新技术4项。沿滩区新城龙湖远达社区、沿滩区沿滩镇升坪街社区等2个社区创建为"四川省科普示范社区"。全年申请专利110件，发明专利55件，资助专利50件。

【统计与调查】 2016年，完成沿滩区2015年1%人口抽样调查的事后质量抽查、2015年妇女儿童发展纲要监测统计、2015年度目标绩效考核测评、2015年度卫生系统政风行风群众满意度调查和沿滩区党风廉政建设暨政风行风群众满意度调查、沿滩区贫困户精准识别抽样核查，以及城镇住户调查、农村住户调查、服务业统计监测等地方调查任务。实现工业、农业、劳动工资、固定资产投资、建筑业及房地产、能源、商贸等统计专业100多家企业的网上直报，联网直报率100%。开展第三次全国农业普查前期准备工作，做到组织、人员、经费、设备、责任"五落实"。

【审计管理】 2016年，财政预算审计区财政局、区地税局、区农牧林业局、富全镇；经济责任审计区交通运输局、区发展和改革局；投资审计项目20个；开展专项资金审计。是年，组织实施审计项目完成38个，查出主要问题金额22536万元，其中，违规金额40万元、管理不规范金额22495万元；审计处理处罚金额21545万元，其中，应上缴财政317万元，应减少财政拨款或补贴740万元，应归还原渠道资金15357万元，应缴纳其他资金5117万元，应调账处理金额12万元；审计发现非金额计量问题18个；审计促进整改落实有关问题资金21227万元，其中，增收节支16101万元，已缴纳其他资金5114万元，已调账处理金额11万元；审计后挽回（避免）损失740万元，核减投资额740万元。

【工商行政管理】 2016年，开展各类市场专项整治执法行动14次，查处各类违法违章案件276件，其中，立案查处案件89件，捣毁制售假窝点1个，移送司法机关案件3件。沿滩辖区注册商标459件，其中，驰名商标1件，著名商标4件，知名商标11件；创建国家级"守合同重信用"企业1户、省级7户、市级11户、区级15户；受理并调解消费投诉58件，为消费者挽回经济损失31.5万元。推行工商登记制度改革，施行"三证合一""五证合一"，全区新增各类企业307户；新发展农民专业合作社42户；新发展个体户987户；新增家庭农场94个；引导个体户转型升级为企业14户。市场主体总数8692户，其中，各类企业1352户，个体7174户，农民专业合作社166户。

【物价监管】 2016年，完成沿滩区五期经济适用房和邓关"上海花园"经济适用房售价成本监审、价格制定；贯彻落实公立医院自11月1日起全面取消药品加成（不含中药饮片）；调整制定全区普通商品住宅前期物业和保障性住房物业服务收费及公办幼儿园保教费标准；重新规范生猪定点屠宰收费；全年受理涉案物品价格鉴证57件（协助大安区价格认证中心办理23件），标的额77.68万元（大安28.87万元）。严格执行省市政府价格决策听证目录，对刘山乡自来水调价进行价格调整听证；放开非居民用自来水价格；放开非居民用天然气销售价格，推进非居民用天然气市场化交易，提高非居民用气市场定价比重。

【质量技术监督】 2016年，开展安全生产大检查，检查企业35家，发现并整改安全隐患12处；开展电梯安全回头看工作，检查17家电梯使用单位，沿滩区范围内无老旧住宅电梯（使用年限15年以上）和十年以上的电梯；太源井晒醋由省质检机构初审，经质检总局审查合格，予以注册登记并发布公告（质检总局2016年第45号），核准太源井醋业有限公司使用其申请的地理标志保护产品的专用标志。开展校园塑胶跑道专项整治工作。完成省级食品安全示范区食品相关产品监管创建工作。

城乡建设

【城乡规划建设】 2016年，完成城建系统项目建设投资44.5亿元，比2015年增长20%；完成建筑业产值27.26亿元，比2015年增长24.12%；城镇建成区面积24平方千米，比2015年增加0.45平方千米；城镇化率达到45.2%，比2015年增长1.2个百分点。完成《沿滩新城二期控制性详细规划》《邓关镇控制性详细规划》《沿滩组团城区控制性详细规划》等规划编制、调修，完成水井沟村等10个易地扶贫搬迁中心村规划。完成犀牛口大桥等基础设施建设；工业园区形成6.5平方千米承载能力；完成小城镇综合开发10.5万平方米，实现转移人口3800余人。竣工验收2015年10个小城镇危旧房改造1443户；棚户区改造安置房建设进入主体施工；投入资金4.06亿元完成10个乡镇小城镇危旧房改造1358户。房地产销售面积40.58万平方米。全区绿化覆盖率43%。

【新城建设】 沿滩新城规划面积约19平方千米，由沿滩新城城市片区和卧龙湖生态旅游片区组成，其中城市片区规划面积5平方千米、规划人口5.7万人，辖2个村，5个社区居民委员会。2016年，新城固定资产投资29.49亿元；完成地税收入1.54亿元、国税收入613万元；完成招商引资41.54亿元；征收土地35公顷；完成卧龙湖东区66.67公顷土地调规。房地产开发面积10万平方米；出让土地6.53公顷，实现土地收入1.95亿元。完成古盐路、川南商城路、板南大道南段等道路人行道铺装1.09万平方米，黑化路面1.3千米；龙湖尚城、卢卡小城等10个房产开发项目完成开发面积10万平方米。建成第三批动迁安置房506套；金帝广场集中商业和农贸市场对外营业；岱山医院投入使用；沿滩新城实验中学教学楼1号楼、2号楼、实验楼开工建设。

【新村建设】 2016年，编制完成《沿滩区十三五幸福美丽新村建设规划》。采取统规统建、统规自建、旧院改造和庭院整治等方式，分级分类建幸福美丽新村，开展“四好村”创建活动。完成农村危房改造652户，新建农村廉租房88套，建成富全镇万场村、永安镇新元村、瓦市镇刘山村等幸福美丽新村20个，创建仙市镇百胜村、黄市镇红旗村等省级“四好村”5个。争取农田水利项目26个，争取项目资金2.8亿元。土地整理项目8个，总投资1.06亿元，竣工2个，处于建设中2个，储备4个，实现新增耕地98.07公顷；完成永安镇王沟、黄市镇扇子坝2座病险水库整治和仙市国家农综水土综合保持项目，治理水土流失面积6.67平方千米。实施农村公路改善工程36.1千米、联网公路16.9千米、通村硬化路59千米。

【交通运输】 2016年，开展省道升国道、县道升省道和G348、S206、S213等国省干线改道项目前期工作。编制完成“十三五”交通运输发展专项规划和《2016—2018村组道路规划》；争取补助资金1.73亿元。9月底，王贡路沿滩段建设工程完工。成自泸赤高速公路沿滩连接线项目完成沿滩互通段1.2千米和工业园区段1.2千米建设；仙市渡改公路桥完工；簸箕滩渡改公路桥开工建设；6座渡改公路桥已全部启动。完成自贡汽车南站提升改造工程。是年末，沿滩区境内公路918千米，在建公路桥梁项目4个；通航里程67千米，渡口9道，码头4个，水路运输及生产作业船舶206艘；有客货运输车辆3049辆。有客运公司2个、客运车辆111辆，境内客运线路7条，跨县客运线路7条；有出租汽车公司5个，出租汽车383辆；有货运业户254户，货运车辆2555，其中，危化品车辆86辆；有机动车维修业户51户。道路运输，乡镇通班车率100%，村通班车率76.3%；完成客运量348万人、旅客周转量1.11亿人千米，货运周转量537万吨、货物周转量6.27亿吨千米。水上运输，完成客运量6.01万人、旅客周转量48.12万人千米，货运量52.77万吨、货物周转量1055.32万吨千米。

【水利】 2016年，投资283.5万元，实施沿滩区杨柳溪小流域综合治理项目，综合治理水土流失面积为626.76公顷：设计修建梯田8.25公顷，栽植经果林136.62公顷，采取封育治理97.46公顷，保土耕作384.43公顷；新建蓄水池12口、灌排沟渠 4.14 千米、作业道路 3.72 千米、沉沙凼 36 个；整治山坪塘 3 口。投资 1712.3 万元实施沿滩区 2016 年省级小型农田水利重点县建设项目，新建渠道 7 千米，整治渠道 1.84 千米，整治山坪塘 105 口，新建改造泵站 5 处，新建高效节水管道 10.57 千米，新建蓄水池 33 口，新增、改善和恢复灌溉面积 660 公顷。年末，全区建有水利工程 4310 处，常年蓄水 4222 万立方米，有效灌溉面积 1.08 万公顷。

【供水】 2016 年，投资 873.99 万元，实施仙市镇上水村、瓦市镇刘山村、邓关镇高石村和富全镇代寺村等贫困村自来水入村工程，建设供水管网和供水加压站。投资 418.53 万元，实施农村饮水安全补充完善项目，在卫坪镇曾家桥村、唐庙村，王井镇桂花村，仙市镇大岩村、姚坝村、南和村，瓦市镇沙溪村、古塘村及场镇的供水管网改造，实施供水管网改造和延伸，解决农村居民 7387 人的饮水安全问题。投资 4500 万元的城区生活污水处理厂一期工程开始试运行，建成污水管网 5.48 千米，处理污水 74 万立方米，减排 COD（化学需氧量）280 吨、氨氮 24 吨。6 月，污水处理厂移交自贡川水投污水处理有限公司运营。

【供电】 2016 年，运行维护管理的 10 千伏及以下配电线路 46 条，长度 1076.4 千米。配电变压器 2353 台、装接容量 39.13 万千伏安。开展 10 千伏板城线、板沙线及沿王线火烧店支线等绝缘化改造，改造长度 4.3 千米；新投建 10 千伏南城线、南新线、海王线、锁工Ⅰ线、锁工Ⅱ线等多条 10 千伏线路；完成 10 千伏海王线、邓草线和沿刘线天宫堂支线负荷改接工程及 10 千伏板新线与板高线等多条线路改造工程。投入资金近 2 亿元，完成农网改造升级工程项目 498 个，涉及 142 个村。新建 10 千伏线路 193.93 千米，新增配变 533 台/101.38 兆伏安，新建低压 0.4 千伏线路 656.2 千米。解决 3.13 万户农村用户用电难问题。

【供气】 2016 年，组织安全检查 8 次，探测供气管道 760 千米，排除安全隐患 420 余处，整改中低压隐患 64 处，更换调压器 136 台。敷设各类燃气管线 510 千米，调峰“三站”投入试运行。新发展城区用户 8375 户、农村用户 7244 户、营业用户 232 户。全年天然气购进总值 5089 万元，输差率 14.24%。营业收入 1.44 亿元，缴纳税金 1617 万元。

【房地产】 2016 年，修建公租房 3001 套、竣工 238 套，预分配公租房 198 套，按季度发放廉租住房补贴 46.7 万元。房地产开发投资完成 24.5 亿元，商品房屋施工面积 160.38 万平方米，商品房销售 40.58 万平方米。

【国土资源管理】 2016 年，报征土地 9 个批次，面积 153.84 公顷。安置被征地拆迁农户 104 户，拆迁面积约 3 万平方米。完成土地供应 36.31 公顷，其中，划拨用地 7.35 公顷，出让用地 28.96 公顷，出让金 2.71 亿元。完成沿滩区土地利用总体规划（2006—2020 年）中期调整完善工作。制定《易地扶贫搬迁纳入深化城乡建设用地增减挂钩项目的实施意见（征求意见稿）》。第一批申请参与市货币化安置项目拆旧复垦农户 110 户，拆旧复垦面积 6.52 公顷，通过省国土资源厅验收；第二批市货币化安置挂钩项目有 231 户，完成指标收购协议签订，启动开展宅基地拆旧复垦工作；富全镇深化挂钩项目一期、二期通过省国土资源厅验收，合计拆旧还耕土地 98.01 公顷，结余挂钩指标 84.31 公顷。经省政府依法批准农用地转用土地征收项目 5 宗，总面积 108.35 公顷，其中，耕地 67.61 公顷。投入 1714.24 万元，实施 2 个土地整理项目，建成高标准基本农田 621.24 公顷。招拍挂出让土地 7 宗，土地面积 28.96 公顷，实现土地出让价款 2.71 亿元。

【环境保护】 2016 年，环境空气达标天数 208 天，达标率 60.1%；PM10 浓度均值 89.7 微克/立方米，PM2.5 浓度均值 71.7 微克/立方米。出台《自贡市沿滩区 2016 年大气污染防治实施方案》，实行大气污染防治联席会议制度。对城区及周边扬尘控制措施落实情况进行督促检查，累计检查项目 300 余个（次），通报问题 32 处，其中，露天焚烧 9 处、建筑扬尘 17 处、道路扬尘 4 处、企业堆场未覆盖 2 处。对城镇饮用水源（碾子滩水库）每季度监测一次，乡镇集中式饮用水源开展每半年监测一次；对 8 个乡镇集中式饮用水水源地开展环境状况调查评估；编制舒滩河、羊叉河、望子河、铁钱溪河、长滩河（沿滩段）五条小流域综合治理实施方案。沿滩城区污水处理厂一期（6000

吨/日）工程建成投运；每季度对已建成的13个乡镇生活污水处理设施运行加强监管和监测，安装仙市镇、瓦市镇生活污水在线监测设备。

【市政管理】 2016年，城市生活垃圾无害化处理率96%，村庄生活垃圾有效治理率92%，医疗废弃物无害化处置率97%，城市道路机械化清扫率81%，餐厨垃圾无害化处理率36%。完成3座公厕建设，改造城区公厕1个；完成城区停车场点建设；清理和规范流动商贩及越门占道经营1685处，拆除、清理违章设置的户外广告和店招店牌1000余个；取缔夜宵摊点7处，规范18处；清理张贴牛皮癣小广告9600张，涉黄、涉枪、办证刻章等非法喷涂小广告1800余处。受理违法建设举报投诉26件，立案调查6件，罚款2件，违建面积2268.8平方米，罚款金额2.06万元；建立"96198"和"12319"城乡环境综合治理热线服务电话二级平台；发现城市管理事件1.213件，处理率99.72%。

文化建设

【文化活动】 2016年，举办文化惠民演出和群众文化展演155场次，开展送文化下乡活动27次；举办2016年闹元宵庆三八健身舞比赛暨民俗展演活动、总结"十二五"展望"十三五"文艺晚会、2017年"自贡春晚"节目海选沿滩专场、第三届中华汉字听写大赛、"诗韵端午·书香龙湖"2016年端午诗会等文化活动；开展2016年"文化自贡·书香盐都"全民阅读活动；围绕"信步沿滩·美过周末"品牌，开展系列乡村文化旅游活动；组织自贡市专业艺术院团优秀节目到乡镇义务演出7场；开展"书法进校园""版画艺术下基层"等送文化下基层活动；组队参加自贡市庆祝建党95周年歌咏比赛获二等奖；组织优秀节目、特色民俗、优秀美术作品参加自贡市社区艺术节比赛和展演；投资5万元建成10个基层公共文化服务网点；投入资金20万元，建成4个村级综合文化活动室；投资30万元，对全区154个农家书屋补充图书2.16万册；建成沿滩新城龙湖远达社区数字出版物发行网点；完成20个幸福美丽新村（社区）文化院坝建设。

【体育】 2016年，举办沿滩区庆五一职工乒乓球比赛，有37支代表队、200余名运动员参赛；举办沿滩区庆十一职工篮球比赛，有19支代表队300余名运动员参赛；举办2016年"四川农信"杯库钓冠军赛（自贡站）比赛活动，全国116支参赛队伍232名钓鱼运动员参赛。举办沿滩区2016年中小学生运动会；沿滩籍残疾运动员董超在里约残奥会R1－SH1级男子10米气步枪站姿中获金牌。争取国家开发银行专项建设基金1000万元，启动沿滩区多功能体育公园项目建设；投资25万元建成5个村级农民体育健身工程；投资10万元为全区10个村安装体育健身设施。

【文物保护】 2016年，投资50万元实施永安阁乐祠文物维修工程，完成第一次全国可移动文物普查工作，完成7件套可移动文物基本信息、影像信息及文物资料信息的采集、录入工作。开展沿滩区石窟寺及石刻摸底工作，完成沿滩新大桥东汉墓葬和仙市镇明代古墓群发掘工作。

【广播电视】 2016年，推进脱贫摘帽村综合文化活动室、农家书屋、留守儿童文化之家、农民工文化驿站、电视户户通、广播"村村响"建设；农村公益电影放映1848场次，13个乡镇全覆盖；恒大影城票房收入达到850万元，观影人数32万余人。

【档案管理】 2016年，开展档案工作规范化管理，组织30个单位36人参加档案业务培训；开展"国际档案日"活动，发放档案宣传资料1000余份。沿滩区立档全宗单位106个，有98个全宗单位文书档案按《归档文件整理规则》进行归档整理，占立卷归档单位的98%。开展机构改革、新农村建设、土地承包确权、工业园区、新城基础设施、动迁安置房、污水处理厂等重点工作、重大项目档案管理指导监督。区公安分局开展机关数字化档案室建设，全面完成文书档案数字化。全区数字化档案馆录入8441卷、22.33万条、111.36万页；接待查阅利用2900人次，利用档案1.48万卷次，比2015年增长15%。其中，婚姻、土地、招工、知青等档案查阅利用1553人次、7960卷次；文书档案查阅用350人次、3505卷次；退伍军人档案705人次、2939卷次。

【地方志工作】 2016年，完成《自贡年鉴（2016）》沿滩部分7个分目100个条目3万余字的编纂任务。向区内机关事业单位免费发行《自贡年鉴（2016）》120余册；完成2016年沿滩大事记季度编报工作；为沿滩规划展馆提供地情资料，服务地方经济社会发展。开展志书、年鉴征集，向省内外地方志机构相互交换志书、年鉴30余部。

社会建设

【教育】 2016年，实施学前教育三年行动计划，推进中心园标准化建设工程，兴隆中心园、沿滩镇中心园、永安中心园竣工投入使用，刘山中心园开工建设。7所学校实施薄弱学校改造和校舍维修改造，5所学校实施标准化建设；推进“双新”课改，参与学校、学科、教师达100%。开展沿滩区2016年中小学生田径运动会和沿滩区第九届“希望杯”中小学生乒乓球比赛，第十届中学生“三好杯”篮球比赛，组队参加自贡市2016年“三好杯”“萌芽杯”中小学生田径运动会。其中，沿滩中学获初中组全市第一名，自贡14中获全市普高组第二名，逸夫小学获小学组全市第二名；自贡21中、富全学校分别获自贡市青少年篮球比赛第一名、第二名。面向社会公招教师54人，从外区县引进教师18人；区内教师轮岗交流170人次。教师各类培训9000人次以上。年末，沿滩区有中学11所，小学14所，九年制学校2所，特殊教育学校1所，村小44所，教师进修校1所；就读学生4.1万余人（留守学生约70%）；教职工1814人，其中，市级及以上名教师名校长8人，自贡市教育专家8人，自贡市学科带头人26人，专业技术人员1760人（副高级269人，中级963人，初级474人）。

【卫生】 2016年，黄市镇卫生院改扩建项目主体工程竣工，邓关镇中心卫生院整体搬迁建设项目主体开工；仙市镇国家级卫生镇创建通过省级爱卫办专家组检查验收合格。完成爱心献血1346人次，连续9年名列全市第一。投入资金38万元，完成10个村卫生室标准化建设；与省中医院、市三医院等签订协同合作协议，建立全市首个医疗联合体。沿滩区人民医院通过二级乙等复评。强化疾病预防控制工作，国家免疫规划疫苗报告接种率达99%以上。推进公共卫生服务，建立居民健康档案28.24万份。九洪乡卫生院被评为四川省公共卫生先进单位。全区医疗卫生计生机构221个，其中，医院2个，疾病预防控制机构1个，妇幼保健机构1个，卫生监督执法机构1个，乡镇卫生院13个，社区卫生服务中心（站）2个，村卫生室168个，个体诊所、医务室及卫生所33个。床位890张，卫生技术人员1238人［卫生院技术人员872人，其中执业医师（助理）234人］。全区传染病发病率0.3人次/10万人，孕产妇死亡率0人/10万人，婴儿死亡率3.1‰。

【人口和计划生育】 2016年，建成日间照料中心28个，养老示范社区3个。发放独生子女父母奖励127.82万元。计划生育奖励扶助5238人、特别扶助441人，发放特别扶助金94.2万元。加强出生缺陷综合防治工程，自愿免费婚前医学检查1682对，婚检率79.56%，较2015年提高4.5%，免费孕前优生健康检查目标人群覆盖率99%。全年出生人口2602人，出生率6.62‰。符合政策生育率98.36%，死亡率4.27%；自然增长率2.35‰。

【人事管理】 2016年，引进急需紧缺人才16人，招录公务员（参公管理人员）53人、事业人员139人、“三支一扶”人员25人，落实职务与职级并行工作，完成219人职务晋升。实施乡镇机关事业单位工作人员乡镇工作补贴；完成公务员更新知识培训120人。

【就业服务】 2016年，城镇新增就业3354人；城镇失业人员再就业903人，其中，就业困难人员再就业270人；转移输出农村劳动力9.89万人，实现劳务收入4.7亿元。青年劳动者技能培训610人、品牌培训60人、创业培训450人；促进大学生实现创业36人；帮助返乡人员实现创业135人。失业保险参保人数4608人，征缴失业保险费443.85万元。发放失业人员失业保险待遇3209人次、发放资金311.52万元；发放失地农民失业保险待遇307人次、发放资金29.6万元。开展就业招聘会14场，35个用人单位提供岗位1800个，求职人数3000余人，现场签订意向性用工协议80人。

【社会保障】 2016年，全区参加企业职工养老保险人数3.39万人、城镇职工医疗保险人数5.7万人、失业保险人数0.46万人、工伤保险人数0.69万人、生育保险人数0.63万人、城乡居民基本养老保险人数 14.3 万人、机关事业单位养老保险人数 0.41 万人。征缴企业职工养老保险基金 2.02 亿元、职工医疗保险基金 3203 万元、失业保险基金 443.79 万元、工伤保险基金 172.64 万元、生育保险基金 182.47 万元，全年支付养老待遇 3.64 亿元，社会发放率、按时支付率均 100%。6 月，实现“五险合一”。9 月，启动全区机关事业单位养老保险费用征收及待遇发放经办工作，有参保单位 131 个，参保人数 6668 人，其中，在职人数为 4111 人，退休人数为 2557 人，全年基金征缴达 6600 万元，支付养老金 3345 万元。

【民政】 2016 年，根据省政府办公厅《关于调整村（社区）干部基本报酬补助标准的通知》（川办发〔2015〕54 号）文件精神，提高村（社区）干部基本报酬和办公经费补助标准。接收 2015 年退役士兵 126 人，退役士兵接收安置率 100%。城乡低保累计保障 23.61 万人次，发放城乡低保资金 4439.9 万元。城乡医疗累计救助 2.26 万人次，累计支出 919.65 万元，城乡医疗救助政策范围内住院自付费用救助比例 72%。实施重特大疾病救助 415 人次 197.5 万元。集中、分散供养标准分别提高到 300 元、400 元，集中供养率 37.1%。推进养老服务体系建设，新增民办机构床位 250 张，建立瓦市镇、永安镇、邓关镇、王井镇农村区域性养老服务中心 4 个，建设城乡社区日间照料中心 12 个、农村幸福院 10 个，为 1.36 万名困难家庭的失能老人和 80 周岁以上高龄老人提供居家养老服务。办理结婚登记 2562 对；办理离婚登记 1053 对。全区有留守儿童 9568 人，留守妇女 5190 人，留守老人 1.24 万人。全区有社团 34 家，有民办非企业单位 39 家。

【食品药品监管】 2016 年，设置 6 个乡镇食品药品监管片区所，覆盖全区 13 个乡镇。全区有食品药品监管对象 3400 多家。检查食品生产企业 70 户次，食品经营企业 2272 户次，餐饮服务单位 1707 户次。开展药品、化妆品、医疗器械监管，全年立案查处食品药品违法行为 56 件，收缴不合格食品 190 余公斤、药品医疗器械 49 品规。监督抽样食品 366 批次，其中，食品生产环节 53 批次，食品流通环节 269 批次，餐饮环节 42 批次；监督抽样药品 47 批次；快速检测农残、甲醛、猪肉注水、二氧化硫、亚硝酸盐等 747 批次。

【安全生产】 2016 年，开展安全生产月宣传活动，举办咨询活动 61 场，接受群众咨询 7500 余次。全区企业基本信息填报率 100%，企业隐患排查覆盖率 96.88%，排查安全隐患 1860 处，整改隐患 1767 处，隐患整改率 95%。组织开展烟花爆竹经营安全专项整治行动，检查烟花爆竹零售网点 207 家次，查处隐患 40 处，整改隐患 40 处；开展危化品专项整治行动，检查危险化学品生产经营和储存企业 81 户，查处隐患 190 处，整改率 88.4%。推进安全社区建设，永安镇建成“四川省安全社区”，邓关镇通过省级安全社区建设启动备案成功。是年，全区发生各类安全事故 50 起，死亡 8 人，受伤 30 人，直接经济损失 337.5 万元，未发生较大及以上安全生产事故。

【残疾人帮扶】 2016 年，登记管理残疾人 1.41 万人。“量服”平台综合考核排名全市第一。投资 250 万元，建成残疾人综合服务中心。落实残疾人最低生活保障、医疗、就学等保障政策，为 0.4 万名重度残疾人发放护理补贴 265.85 万元；为 0.4 万名困难残疾人发放生活补贴 144.71 万元。为 2 名贫困残疾大学新生提供资助 8000 元；为 7 名残疾人子女大学新生提供资助 1.6 万元；为 4 名残疾人高中在校学生提供资助 8000 元；组织残疾人就业专场招聘会 7 场次，帮助 126 名残疾人实现就业。投入 37.5 万元，为 3342 名残疾人提供城乡居家灵活就业；投入 8 万元，帮助 561 名农村贫困残疾人发展生产。董超参加残奥会并获首金，受到市委书记李刚接见。

乡镇概况

【沿滩镇】 属区政府驻地，辖区面积 36.2 平方千米。辖村 12 个，社区 4 个。2016 年，城镇面积 2.2 平方千米，居民户数 1.56 万户，总人口 4.9 万人，其中城区聚集人口 2.5 万人。是年，播种粮食面积 2277.07 公顷，产量 1.30 万吨；种植蔬菜 506.6 公顷，产量 1.30 万吨；出栏生猪 1.61 万头、羊 0.49 万只、肉兔 31.65 万只。配合推进 6.5 平方千米承载能力沿滩工业集中区建设，入驻企业 51 户。9 家规模工业企业产值 27 亿元。培育规模商贸企业 10 家，社会销售品零售总额 1.03 亿元。推进黄巅坝大桥、洪沟大道、14中半岛大道等项目建设。全年固定资产投资6.2亿元，地区生产总值35.7亿元，农村居民人均可支配收入1.31万元，城镇居民人均可支配收入2.71万元。开放镇文化站及村、社区书屋17个，举办文体活动34次，放映电影195场。纳入城乡低保0.61万人，参加新型农村合作医疗2.4万人、城镇居民医疗保险1.24万人。詹井村脱贫"摘帽"预评估通过市级验收。

【邓关镇】 辖区面积17平方千米，镇政府驻地顺昌美村。辖6个村、2个社区；全镇总人口2.7万人。2016年，粮食种植面积803.46公顷，蔬菜种植面积375公顷，全年粮食产量4337吨，蔬菜产量6956吨，生猪出栏8806头，肉牛出栏31头，肉羊出栏3399只，家禽出栏10.97万羽。完成固定资产投资2.76亿元，招商引资1.97亿元，国税完成607万元，地税完成276万元。新培育限额以上商贸企业2户（龙江平价超市和友盛花园酒店），限额以上商贸企业零售总额增长22%。农业增加值增长4%，农民人均纯收入增长11.5%。先后被列入全国重点小城镇和省第三批"百镇建设行动"试点示范镇。完成镇区主干道黑化，完成2公顷亿城上海花园房地产项目开发。邓关中心卫生院改建完成立项、批复、选址，对6个村卫生室进行标准化建设。新型农村合作医疗保险参保1.2万人；全年办理社会养老保险6122人，新农保6122人，社保认证2217人。完成省定任务75户215人脱贫达标，实现高石村脱贫摘帽。

【王井镇】 辖区面积25.7平方千米，镇政府驻地王井街社区，辖10个村、1个社区、89个村（居）民小组，总人口1.93万人，其中农业人口1.74万人。辖区内学校2所，企业21户。有规模以上企业9家，其中，工业企业6家、服务业3家，涉及机械、化工、食品、建材、建筑、餐饮、培训等领域，有"润博士""飞球"等知名品牌，有国家地标产品"太源井晒醋"，有地方特色餐饮品牌"王井仔乌鱼"和"百年桂圆"。2016年，完成地税706万元、国税560万元，实现地区生产总值6亿元，地方公共财政收入140万元，全社会固定资产投资2.4亿元。实现工业总产值13亿元。新培育限额以上商贸企业1户。发展特色近郊生态循环农业基地333.33公顷，农民人均纯收入1.11万元。实施农村危房改造105户，新建幼儿园1个，新增变压器18台，新安装宽带网络159户，新安装天然气270余户。发展蔬菜种植、花卉苗木等特色近郊生态循环农业基地333.33公顷。全年脱贫92户300人。

【九洪乡】 辖区面积51.8平方千米，乡政府驻地九洪社区。耕地面积3333.33公顷，辖13个村、1个社区、193个组，总人口3.28万人。辖区内有中学1所，小学7所，卫生院1所，敬老院1个，通乡通村公路98.9千米。有西瓜、小红椒、花椒、南瓜、红苕等特色农产品。2016年，流转土地约13.33公顷，养殖眼镜蛇约1.10万条；有5个标准化农产品示范园，其中，高粱产业园666.67公顷、花椒高产示范园800公顷、西瓜666.67公顷、"高粱+马铃薯"轮作示范园40公顷。有企业7户。实现国内生产总值3.72亿元；国税完成301.78万元；地税完成268.4万元；固定资产投资2.31亿元；引进省外资金7000万元。建成打渔箭、河底坝、跳蹬桥桥梁3座；完成村道硬化9条10.2千米；改造危旧房棚户区226户；投资400万元，完成金土地工程273.25公顷。城乡居民社会养老保险覆盖1.57万人，新型农村合作医疗2.79万人。是年脱贫省级94户351人，市级95户309人。

【黄市镇】 辖区面积34.5平方千米，镇政府驻黄镇铺社区。辖村12个，社区1个。2016年，全镇完成规模工业总产值6726万元，固定资产投入完成2.6亿元；规模以上服务业全年完成1.40亿元；规模以上工业营业收入完成5500万元，全年实现利税690万元；规模以上商贸企业零售总额全年完成4860万元；招商引资2亿元；全年完成国地两税205万元。巩固提升以柑橘、蔬菜为主的万亩果蔬基地、千亩生态垂钓基地和两千亩苗木观赏基地，全镇累计流转土地32公顷。城乡居民参加农村养老保险1.57万人，参加新型农村合作医疗2.57万人；纳入城乡低保1683人。水井沟村达到市级脱贫标准。

【永安镇】 辖区面积34.4平方千米，镇政府驻地鳌头铺社区。辖村12个，社区1个。2016年，规模以上工业企业5家，工业企业完成产值29亿元，工业增加值5亿元，限额以上商贸企业完成营业额5824万元，比2015年增长22%，固定投资完成2.52亿元。有耕地面积1007公顷，播种粮食面积2269.6公顷，产量1.39万吨，蔬菜、水果、花椒等特色农业产业440.67公顷，生态水产养殖133.33公顷，泥鳅养殖20公顷，无公害蛋鸡养殖规模达40万只，年产鸡蛋7200吨，成功打造“众康”知名品牌，实现农业总产值7.54亿元。地税完成794万元；国税完成136万元。投资926万元，改造自来水管网，新建城镇排污管网主道约1.2千米，新建垃圾库1个，硬化村组道12千米。参加农村居民养老保险1.13万人、新型农村合作医疗2.05万人，纳入城乡低保1205人。被四川省政府安委会命名为“四川省安全社区”。新元村完成133户387人贫困户市级脱贫任务。

【刘山乡】 辖区面积18平方千米，乡政府驻地刘家山社区。辖村7个，社区1个。2016年，国税收入30.98万元，地税收入101.3万元。有耕地面积640公顷，播种粮食面积1367公顷，产量0.87万吨。主要产业有樱花、桂花、紫薇花、红枫等名贵花木66.67公顷；冰岛虞美人、格桑花、白玉兰、广玉兰等特色花卉基地13.33公顷；蜜柚、梨、花椒、葡萄、水蜜桃、小米辣、高粱等农产品133.33公顷；鱼（含观赏鱼）、龙虾等特色水产56.67公顷。举办第二届樱花节、第三届蜜柚采摘节、首届草雕节和首届菊花展，吸引市内外游客56万余人次，提供临时及长期就业岗位1100余个，实现门票、餐饮、购物等经济总收入4000余万元。参加农村居民养老保险7793人、新型农村合作医疗1.35万人，纳入城乡低保837人。立志村完成省定脱贫“摘帽”任务。

【联络镇】 辖区面积32.2平方千米，乡政府驻地周场社区。辖村9个，社区1个。2016年，场镇建成区面积超过1平方千米，主街和背街小巷全部实现硬化绿化亮化，常住人口突破5000人。地区生产总值3.8亿元，完成国税收入200万元，地税收入64.6万元；固定资产投资2.4亿元；城乡居民可支配收入分别2.59万元和1.10万元。有耕地面积1346公顷，播种粮食面积1289公顷，产量1.1万吨。全镇建成农业产业化公司4个、专合社8个、家庭农场4个，发展种养大户19户。借助“信步沿滩·美过周末”乡村旅游活动，开辟2条暴走路线。参加农村居民养老保险4318人、新型农村合作医疗1.5万人。在高滩村投资近2000万元，推进小型农田水利、幸福美丽新村、易地扶贫搬迁、发展种养和鞋业代加工等14个项目落实。获省“环境优美示范镇”称号。高滩村实现省定脱贫“摘帽”。

【卫坪镇】 辖区面积9.44平方千米，镇政府驻地打谷村（高新区托管），辖5个村、35个村民小组，耕地面积287.7公顷。2016年，完成规模以上工业产值8.47亿元、增加值2.63亿元、利润总额0.59亿元。完成地区生产总值13.87亿元，完成固定资产投资2.2亿元；完成国税收入613.6万元、地税收入585.6万元；完成招商引资1.7亿元；农村居民人均可支配收入1.35万元。花卉年销售收入600余万元；肉鹅实现年产值700余万元，带动周边400余农户从事肉鹅养殖。投入250余万元硬化村组道3.4千米、建设岩山村毛基路5千米，实施岩山村6组农家大院项目建设和老蛮桥水管所维修整治，曾家桥村2.4千米自来水主管网改造完成并通过验收。参加农村居民养老保险3390人、农村居民医疗保险7218人，纳入城乡低保353人。全镇26户86人全部脱贫。

【兴隆镇】 辖区面积28.88平方千米，镇政府驻地兴隆场社区。辖村8个，社区1个。2016年，实现工业总产值7.58亿元，工业增加值完成2.08亿元；完成固定资产投资2.92亿元；新签约重大项目1个，投资额1.35亿元，实际到位资金1.4亿元；完成“国地两税”401万元；社会消费品零售总额5600万元，增长13%；服务业增加值1600万元，增长22%。有耕地面积766.87公顷，播种粮食面积1752.87公顷，产量0.95万吨；农民人均纯收入9339元，增长10.39%。流转土地20余公顷，新成立专业合作社2个，新发展家庭农场3个，引进业主投资150万元建设标准化养猪场2个单元。鸡腿菇年产300万袋，食用黄花6.67公顷，皮冬瓜种植6.67公顷，大棚瓜菜5.33公顷，淡水养鱼10公顷，发展跨年再生稻6.67公顷，特色养殖龙虾3.33公顷。全镇参加农村居民养老保险217人、新型农村合作医疗1.68万人，新建舒滩村日间照料中心1个，居家养老服务人数1183人。

【富全镇】 辖区面积32.45平方千米，镇政府驻地胡坳社区。辖村 9 个，社区 1 个。2016 年，有耕地面积 1252 公顷，播种粮食面积 2103 公顷，产量 114.3 万吨；农民人均纯收入 9355 元。地区生产总值实现 5.8 亿元；国税、地税完成 91.45 万元，比 2015 年减少 272%；固定资产投资完成 2.4 亿元；农民人均纯收入 9355 元，比 2015 年增长 9%。万亩现代农业产业示范园投资 4500 万元，新建渠道 8 千米，打造稻鱼循环种养殖基地 13.33 公顷。参加城乡居民养老保险 1.29 万人、居民基本医疗保险 2.12 万人，纳入城乡低保 655 人。代寺村扶持 55 户贫困户发展小规模养殖业，户均增收 2000 元；引进粮油专合社，引导 45 户贫困户带产业资金入社，做订单农业，每人每年分红 300 元。45 户贫困户达市级脱贫标准。

【仙市镇】 辖区面积 56.9 平方千米，镇政府驻地仙滩社区，是中国历史文化名镇、四川省乡村旅游示范乡（镇）。辖村 26 个，社区 1 个。有耕地面积 2663 公顷，播种粮食面积 3815 公顷，产量 2.18 万吨；农民人均纯收入 9723 元。2016 年，完成固定资产投资 2.8 亿元，招商引资 2.27 亿元，完成规模企业产值 9700 万元、增加值 5100 万元，国税入库 158 万元，地税入库 132 万元，农业增加值增长 4%，服务业增长 22.9%，社会消费品零售总额增长 22.9%。新签约 6800 万元优质柑橘建设项目 1 个，先期投入 1500 万元用于复合绿道沿滩至百胜段建设，投资 3400 万元的大桥工程竣工，东部新城（四川卫生康复职业学院及东环线以西部分地块）启动建设，川南城际铁路仙市镇段涉及红线内面积 107.27 公顷启动开工建设。成功举办“2016 年自贡市第十二届乡村旅游节”“2016 仙市古镇第十七届民俗风情节”和“第三届金秋旅游节”，形成沿自富路、仙沿路旅游交通线橘橙、草莓、西瓜三大采摘体验业和休闲观光业及生态鱼、龙虾两大休闲垂钓业。全镇参加农村居民养老保险 1.64 万人、新型农村合作医疗 3.37 万人。上水村达市级脱贫标准。

【瓦市镇】 辖区面积 60 平方千米，镇政府驻地瓦宅铺社区。辖村 24 个，社区 1 个。2016 年，有耕地面积 2681 公顷，播种粮食面积 4094.1 公顷，产量 2.37 万吨；农民人均纯收入 9300 元。地区生产总值实现 2 亿元；国税完成 80 万元，地税完成 300 万元；固定资产投资完成 2.65 亿元，招商引资 2.07 亿元。巩固 333.33 公顷柑橘基地，建成 200 公顷优势柑橘核心示范区，投资 2500 万元完成建设 66.67 公顷藤椒基地，新建葡萄、水产种养综合基地 1 个，规模养猪场 1 个，水产养殖场 2 个。改造自富路 2.4 千米、硬化整治刘山、大觉、引水、卫家、沱湾等 5 条村道共 9.87 千米，新建泥结碎石路 3 条 2.2 千米。投资 300 余万元实施洪湾、合星、沱湾、社区“6+1”综合体项目。流转土地 83.73 公顷配合启动釜溪河复合绿道建设，启动教师公租房建设项目和瓦市小学中心幼儿园扩建项目。参加农村居民养老保险 2.05 万人、新型农村合作医疗 4.19 万人，纳入城乡低保 1917 人。刘山村通过省级检查，实现脱贫“摘帽”。

（沿滩区地方志办）

荣 县

概 貌

【位置 面积 人口】 荣县地处四川盆地南部，东邻威远县、贡井区，南界宜宾县，西连井研县、犍为县，北接仁寿县。政区面积 1609 平方千米。2016 年年末总户数 23.27 万户，总人口 68.39 万人。全县 21 个镇，6 个乡；全县社区居民委员会 51 个，村民委员会 296 个。

【建置】 秦代，县境属蜀郡；汉代，属犍为郡南安县。晋代，分南安东部置治官县。北周武帝时期，设公井镇。隋代，置大牢县，隶属资阳郡。唐代，划大牢、威远县于公井镇置荣州；升公井镇为公井县，隶荣州。宋代，废公井县入荣德县。明洪武九年（1376），降荣州为荣县。清宣统三年（1911）9 月，荣县独立，成立军政府。民国元年（1912）设县公署，隶属嘉定府。次年，隶属上川南道。民国 3 年（1914）隶属建昌道。民国 24 年（1935）隶属四川省第二行政督察区专员公署，县公署更名县政府。1949 年 12 月 6 日，荣县解放，隶属川南行政公署资中专区（后名内江专区）。1978 年 4 月，荣县划归自贡市。

【气候】 全年全县平均气温 18.4℃，较常年偏高0.8℃；年总降水量1033.1毫米，较常年偏多11.0%；总日照时数为1473.4小时，较平均日照时数偏多247.4小时。

【资源】 矿产资源主要有岩盐、页岩气、石灰石、陶土、膨润土、长石石英砂及煤、菱铁等，其中陶土、盐卤与铁的开采始于秦汉时。年末耕地7.26万公顷，森林覆盖率41.5%。水资源总量8.7亿立方米。自然保护区1个，文物古迹与风景名胜众多，尤以荣县大佛、辛亥革命军政府旧址、吴玉章故居、高石梯森林公园、双溪湖及桫椤谷著称。荣县大佛为世界第一释迦牟尼佛、世界第二石刻大佛。荣县是四川省首批公布的省级“旅游兴县”工程项目县。吴玉章故居陈列馆和荣县大佛为全国重点文物保护单位，大佛景区为国家AAAA级景区。

政治建设

【县委工作】 1月10日至11日，召开中国共产党荣县第十三次代表大会第五次会议，审议并通过了关于县委工作报告和县纪委工作报告的决议。9月29日至30日，召开中国共产党荣县第十四次代表大会第一次会议，选举韩明祝、郑小清、钟科、郑刚、刘庭会、黄万波、施东良、佘建平、吴永红、胡伟峰、辜林等11人为新一届县委常委，韩明祝当选县委书记，郑小清、钟科当选县委副书记。会议通过县纪委十四届一次全会选举结果，黄万波当选县纪委书记。全年召开十三、十四届县委全体（扩大）会议10次，审议并通过《关于召开中国共产党荣县第十四次代表大会第一次会议的议程（草案）等6个问题的请示》《关于提请审议出席市第十二次党代会代表候选人预备人选的请示》《关于中共荣县第十四届委员会委员、候补委员、纪律检查委员会委员候选人预备人选的请示》《中共荣县县委关于推进绿色发展　建设美丽荣县的实施意见》《关于终止荣秀英县委委员职务的请示》。召开县委常委会会议59次，学习传达贯彻上级会议精神和文件精神，听取审议部门汇报，讨论决定人事、机构、国民经济和社会事业发展计划、党风廉政建设，决定召开重要会议，讨论重要报告，部署和总结工作。全年运转重要文件1200余次，制发各类文件480余件，上报党内规范性文件25件，起草县委工作报告等重大文稿4篇，起草、审核、修改县委主要领导汇报、讲话、调研等稿件138篇，完善和更新点位材料72篇，编印《领导批示》11期、《办公室通报》17期。发出督查通报47期、督查专报19期。开展涉密人员保密管理工作，确定涉密岗位164个、涉密人员219个，审查涉密人员219个。刊发《荣县要情动态》218期，《荣县要情动态（增刊）》9期。推进《中共荣县历史（1978—2002）第三卷》编写工作，编撰《中国共产党荣县执政实录（2015年卷）》。申报吴玉章故居为“四川省中共党史教育基地”并授牌。

【人大监督】 1月12日至15日，召开荣县第十七届人民代表大会第五次会议，听取和审议相关报告，补选县人大常委会主任。11月15日至19日，召开荣县第十八届人民代表大会第一次会议，选举产生荣县第十八届人大常委会主任、副主任、委员，荣县人民政府县长、副县长，荣县人民法院院长，荣县人民检察院检察长；审议通过关于设置荣县第十八届人民代表大会法制委员会等5个专门委员会的决定，通过荣县第十八届人民代表大会法制委员会等5个专门委员会组成人员人选；选举产生荣县地区出席自贡市第十七届人民代表大会代表。大会共收到议案、代表建议、意见45件。全年共召开人大常委会会议13次，主任会议17次。2016年，县人大常委会作出《批准2016年财政预算调整方案（债务）的决议》《刑事执行检察工作的相关审议建议》《关于批准荣县2015年财政决算的决议》《关于授予邓文同志“荣县荣誉市民”称号的决定》《关于同意将荣县旭阳镇朝阳片区棚户区改造工程政府购买服务资金纳入财政预算的决议》等；审议通过县城乡规划执行情况、县检察院刑事执行检察工作情况、荣县2016年1—6月国民经济和社会事业发展计划执行情况、全县脱贫攻坚工作、荣县2015年度县本级预算执行及其他财政收支审计等情况，开展《四川省农村扶贫开发条例》《中华人民共和国药品管理法》贯彻实施情况的执法检查。全年依法任免国家机关工作人员88人次。

【政府工作】 2016年，召开县政府全体（扩大）会3次。1月5日，召开县政府第十七届九次全体（扩大）会，审议通过提交县第十七届人大第五次会议的《政府工作报告》等。7月28日，召开县政府第十七届十次全体（扩大）会，总结上半年、安排部署下半年全县经济社会发展工作。11月9日，召开县政府第十七届十一次全体（扩大）会议，对换届工作、脱贫攻坚等作出安排部署。全年召开县政府常务会议28次，研究行业“十三五”发展规划、旭阳镇棚户区改造等议题。指导乡镇、部门建立完善预案40个，基本建立起覆盖全县各行各业的应对突发公共事件预案体系。收到县政府办提供的重大行政决策建议意见20余件，完成3件县政府规范性文件的合法性审查，规范性文件审查报备率100%。接到行政复议申请26件，受理17件，法定期限内办结率100%，案件维持率61.11%。开展县政府常务会会前学法（政策），学法人次418人次；296个村、50个社区全部配备免费法律顾问，县政府法律顾问参与政府决策会议20余次，参与行政复议、行政应诉案件研讨30余次，为其他政府决策提供法律意见20余份。建立行政权力清单制度，通过电子政务大厅，向社会公开36个县级行权部门行政权力事项及权力依据、自由裁量权等事项要素共6512项。开展定期不定期明察暗访100次，印发督查通报30期、任务分解通知20个。全年收到县人大办、县政协办、县党代办转来的“三会”议案、提案、建议共160件，均在规定时限内办复完毕，办结率100%，代表委员满意和基本满意率均100%。

【政协工作】 1月11日至14日，召开政协第十三届荣县委员会第六次全体会议，同意王斌儒辞去政协第十三届荣县委员会主席职务、兰其贵辞去政协第十三届荣县委员会副主席职务，选举邹崇霞为政协第十三届荣县委员会主席。11月14日至18日，召开政协第十四届荣县委员会第一次全体会议，会议听取并审议相关报告，选举政协第十四届荣县委员会主席、副主席、秘书长。全年召开县政协常委会议4次、主席会议20次、资政会议2次。对县政协十三届六次全会以来立案的96件提案实行网上提交和网上办理，所有提案全部办结回复。对“三证合一”工作推进情况、县域工业经济主导产业培育、新一轮退耕还林工作、金台农民漫画村建设、家庭农场发展状况、道路交通安全管理情况等11个方面进行视察。继续向31个县级职能部门派驻民主监督员。组织开展“挖掘荣县文化资源，推动荣县文化旅游深度融合发展，建设宜居宜业文化城市”的专项调研。创建《建言参考》，收集社情民意信息40多条。组织委员参加学习讨论、资政建言、民主监督等活动30余次。开展“我为扶贫攻坚做件事”活动762人次，委员个人捐助扶贫资金300余万元。县政协被省政协表彰为“扶贫攻坚先进单位”。

【纪检工作】 2016年，执行党委（党组）及其班子成员落实主体责任“十双”工作制度，在乡镇推广“五抓四强化”举措。印发《落实党风廉政建设主体责任工作记录簿》2600余册，开展党风廉政建设“两个责任”落实情况片组季度督查、专项巡察5轮次，发出通报4期。召开全县社会评价工作动员部署和推进大会，完善“三级差评”机制，推动完善村（社区）、组干部歇职管理制度。坚持党风廉政建设社会评价工作“双考核”。是年，全县社会评价排名全省第57位，全市第2位。开展“严肃换届纪律，查处群众身边的不正之风和腐败问题”，收缴违规资金13.11万元，廉政约谈160余名责任人，党纪政纪立案15人。把2016年确定为基层“四风”突出问题立项治理年。不定期开展工作日和重要时间节点机关作风情况督查150余次，发现并督促整改问题32个，发出通报4期。在全市区县率先成立县委巡察机构。召开反腐败协调小组会议6次，各成员单位互相移送案件线索84条。全县各级纪检监察组织受理信访举报245件次。全县党纪政纪立案140件、140人，比2015年均增长44.3%。出台《荣县党员领导干部廉政谈话实施办法》《荣县开展党风廉洁建设提醒谈话和双责约谈实施办法》。出台《关于构建容错纠错机制营造良好发展环境的实施意见》，探索由第二种形态向第一种形态转化，立案免予处理2件2人。推进行政权力运行监察平台建设，发出通报22期、督办通知12份，对其中1个单位进行剖析并督促整改，对9个单位点名道姓通报批评，约谈2个单位主要负责人。全县各级宣讲廉政党课300余次。拍摄县委落实主体责任专题片、吴玉章家规家训宣传片《留作青年好范畴》，编印《清风画语漫荣州》荣县廉政文化·农民漫画读本。录播《廉洁荣州》专题节目12期，编发荣县典型案例警示教育读本2000册。

【组织工作】 2016年，开展全县“两学一做”学习教育。向全县党员统一发送党章、学习教育知识卡、习近平总书记系列重要讲话读本等4万余张（册）。举办“学党章党规”电视大赛，在《荣县网》《荣州先锋》上打造“指尖上两学一做”栏目，实现全县2.9万名党员学习培训全覆盖。开展“颂党恩·听党话·跟党走”党建带群建主题活动，命名县级共产党员示范岗、示范团队、示范单位各30个。乡镇领导班子换届共调整干部213人次，开展严肃换届纪律专题谈心谈话8000余人次，刊发严明换届纪律信息6000余条。编制《荣县2016—2020年干部教育培训规划》，举办党校主体班8期，培训党员干部人才1100余人次；举办“玉章大讲堂”4期，培训干部1200余人次；举办“玉章微课堂”10期，培训干部人才1000余人次。建立34个县委党校村（社区）流动课堂，培训干部人才861人次。建立32个“农民夜校”，培训党员群众6400余人次。执行干部工作重大问题请示报告、干部选任全程纪实等制度，对15名领导干部进行经济责任审计。编制《荣县人才发展“十三五”规划》，开展第二届优秀专家评选工作，评选优秀专家20人。实施“田园人才孵化器3111工程”，被中央电视台《走遍中国》栏目组摄制成专题片宣传报道。完成村（社区）党组织换届。投入347.19万元开展农村基层党组织活动阵地标准化建设，新（改）建24个村（社区）活动场所。建立27个乡镇青年人才党支部，遴选90名村（社区）主要负责人培养对象，发展青年党员239人。培养入党积极分子518人，新发展党员339人。开展“双找双配套”活动，找回失联党员232人。

【机关党建工作】 2016年年末，县直属机关工委辖42个机关基层党组织，其中，3个机关党委，14个直属党总支，25个直属党支部；有1500多名中共党员。制定年度学习指导意见，指导各机关学习活动。评选市先进基层党组织1个、优秀共产党员1人；县优秀共产党员6人，优秀党务工作者4人，先进基层党组织3个，共产党员示范岗6个，示范团队7个，示范单位5个。全年发展新党员10人，转正预备党员19人。对直属届满14个总支（支部）进行换届和补选，撤销荣州联合会计师事务所、市场开发服务中心2个支部，成立不动产登记中心、数字化城市管理中心2个支部。

【宣传工作】 2016年，出台《荣县贯彻落实党委（党组）意识形态工作责任制实施细则》，建立意识形态工作县委定期研究和通报机制，每半年向市委专题汇报意识形态工作开展情况。全年县委常委会专题研究意识形态工作2次，听取意识形态领域工作汇报10余次，对各乡镇党委、县级部门党委（党组）进行意识形态工作专项督查2次。制定《关于县委中心组和二级党委（党组）中心组2016年度学习意见》，编印《荣县2016年干部理论学习与形势教育读本》4500余册。县委中心组开展集中学习18次，中心组成员参学率94.94%。举办“县委中心组学习扩大会暨绿色荣州·宜居宜业文化城市论坛”，形成《2016年荣县宜居宜业文化城市论坛成果汇编》。推进“讲话精神七进”活动，到乡镇、机关、校园等开展专题宣讲370余场次。县级媒体开设“全力精准扶贫”和“两学一做”党旗飘扬等专题专栏37个。中央、省、市级主流媒体刊播荣县新闻稿件（视频）1600余篇（条），其中，中央级媒体60余篇（条）。策划首届中国·荣县大佛灯会、大佛文化旅游节、荣州春晚等县内重大活动主题宣传。推进媒体融合纵深发展，打造微荣县、荣县微报等媒体融合拳头产品，开通荣县旅游频道。开展第四届荣县道德模范评选表彰活动，10人被县委、县政府授予第四届“荣县道德模范”称号。20人被授予2016年度“荣县好人”称号。双石镇金台村创建为全国文明村，县法院创建为省级文明单位，10名基层一线的司机获“荣县十大文明好司机”称号。完成县级“四馆两中心”建设，县文化馆被公布为国家一级文化馆。全县累计建成乡镇文化站27个、村（社区）综合文化活动室296个、农家（社区）书屋346个。

【统战工作】 2016年，荣县有中国国民党革命委员会荣县总支、中国民主同盟荣县总支、中国民主建国会荣县总支三个民主党派，成员188人（民革党员48人，民盟盟员90人，民建会员50人）；新发展民主党派成员11人。在民主党派、工商联和无党派人士中开展“坚持和发展中国特色社会主义学习教育活动”，在非公经济人士中开展“以诚信守法为重点的理想信念教育”活动。健全和完善党外代表人士发现、培养、选拔、推荐机制，制定《中共荣县县委统战部关于进一步健全党外代表人士队伍建设工作机制的意见》。确定“荣县工业园区管委会”为“荣县党外代表人士实践锻炼基地”、“吴玉章故居”为“荣县统一战线教育基地”。2016年年底，有副县级党外实职干部4人，科级党外干部29人（正科级8人，乡镇党外副科级领导干部3人）。全年新提拔党外人士6人。在民主党派、工商联和无党派人士中推荐担任政协民主监督员和特约监督员、检察员、行风评议员等。

【政法工作】 2016年，出台《关于开展对重大工程建设项目稳定风险预测评估试点工作的意见》《荣县社会稳定风险评估实施办法》《关于把社会稳定风险评估作为重大决策必经程序的通知》。全年开展社会稳定风险评估39次。2016年列控重点人员55人，教育转化上访老户12人，依法打击非访人员1人次，全年未发生政治事件和民族分裂事件。建立反恐领导小组，对党政机关、学校、车站等35个重点目标逐个建立应急预案，成立2个5人快速反应小分队，常备100名以上特勤力量。排查出不稳定因素652条，重点涉稳人员信息1800条，社会稳定风险评估报告39条。全县设立县、乡镇（工业园区）“大调解”协调中心29个，建立乡镇（工业园区）人民调解委员会28个，村（社区）人民调解委员会346个，企业人民调解委员会62个，行业调解委员会15个，村（居）民小组调解窗口3973个，调解组织覆盖率100%。全年排查化解矛盾纠纷3159件，成功3054件，成功率96.7%。开展“星级人民调解委员会”争创活动，创建“五星级调委会”1个、“四星级调委会”5个、“三星级调委会”5个，个人命名调解室2个。

【公安工作】 2016年，划拨300万元专项经费，升级改造城区“天网”。推进“一标三实”工作，采录标准地址32.27万条、实有人口35.93万人、实有单位1.59万个实有房屋25.61万间，县公安局获全省“一标三实”工作先进单位。破获各类刑事案件70余件；“一标三实”服务实战成效200余条，居全市首位；运用省公安厅下放的网侦技术手段，自主或协助侦破各类案件50余件，抓获犯罪嫌疑人86人。受理各类报警电话4.41万起，比2015年减少2892起。组建一支由3个梯队共30名年轻民警构成的反恐快速反应突击队。开展“打盗窃反诈骗”“飓风扫毒”“夏季攻势”及“打击防范农村盗窃”等专项整治行动。是年，立刑事案件1557件，破刑事案件576件，移送起诉594人，抓获网上逃犯97人（其中历年逃犯1人）；受理治安案件1254件，查处1044件，查处率83.25%。攻克“5·20”特大走私、运输、贩卖毒品案，缴获麻古4.9千克、海洛因6.6千克，为自贡建市来破获的缴获海洛因数量最多的毒品案。开展“打盗抢反诈骗”专项行动，破获各类侵财性案件183件，追回赃款、赃物50余万元。受理各类经济案49件，立案侦查49件，破案47件，打击处理24人，提请逮捕14人，移送起诉24人，追回网逃犯11人。立毒品案件27件，破毒品犯罪案件27件（其中破省公安厅督办目标案2件），抓获涉毒违法犯罪嫌疑人员115人，刑事拘留36人，提请逮捕30人，移送起诉38人，强制戒毒22人，行政拘留52人，行政处罚7人。受理治安案件860起，查处825起1528人。

【刑事检察】 2016年，受理公安机关提请逮捕案件180件265人，经审查批准逮捕各类刑事犯罪143件203人；受理移送审查起诉333件570人，经审查提起公诉269件367人。办理故意杀人、强奸等侵害公民人身权利、民主权利犯罪案件24件26人，两抢一盗、诈骗等多发性侵财犯罪案件74件97人。办理涉黄、涉赌、涉毒案件51件74人。打击合同诈骗、非法经营、非法转让土地使用权等破坏市场经济秩序案件2件5人。强化商业贿赂和不正当竞争法律监督，向社会提供行贿犯罪档案查询132次。完善未成年人法律援助、犯罪档案封存等制度，依法对13名未成年犯罪嫌疑人作出不捕不诉处理。立案查办职务犯罪案件14件18人，其中，贪污贿赂犯罪案件12件15人，渎职侵权犯罪案件2件3人，挽回经济损失30余万元。开展法律监督，要求公安机关说明不立案理由4件，监督立案4件，纠正不应当立案而立案5件，纠正漏捕2人、漏诉6人，对侦查活动中的违法情形提出纠正意见11件。开展规范司法行为专项整治，将13个检察业务条线全部纳入整治范围。

【法院工作】 2016年，受理刑事案件288件，审结283件，依法对392人判处刑罚。审理职务犯罪案件20件27人。受理民事案件2375件，审结2202件，标的额18.50亿元。在全市率先建立诚信诉讼承诺书制度。成立全市首个环境资源保护合议庭，在小井沟水库管理机构设立环境资源案件巡回审判点，强化对全市饮用水源地的法律保护。全年审结行政案件20件，审查非诉行政案件44件。创新开展行政案件简易程序审理，被省法院确定为试点法院。受理执行案件2236件，执结2169件，执结率97%，执结标的额7.06亿元。开展“反规避执行”、涉民生案件专项执行等活动，集中执结拖欠职工工资、工伤赔偿等涉民生案件2000余件，兑付5200余万元。建立完善执行联动机制，建成执行指挥中心和“点对点”查询系统，对2961名被执行人实施网络查控，司法拘留7人。完善信用惩戒机制，将530名“老赖”录入全国法院失信被执行人名单库实施信用惩戒。推进立案登记制改革，实现诉讼服务中心提档升级和人民法庭远程立案。在全市率先建立“特邀调解员库”，通过“诉非”衔接机制化解矛盾纠纷3500余件。引入律师入驻诉讼服务中心参与涉诉信访化解，引导信访群众依法理性维权。

【司法行政工作】 2016年年末，全县有各级人民调解委员会436个，人民调解员1723人。受理各类矛盾纠纷1938件，调解1938件，调解成功1897件。受理医患纠纷29件，调解成功27件。在各中小学校开展法治专题讲座30余次，参加听报告师生7.3万余人。坚持“一村（社区）一法律顾问”制度，调整选配54名律师到296个村、50个社区担任免费法律顾问。开展“订单式”法制宣传教育，选聘专家学者组建32个普法宣讲团、8个法律小分队开展送法下基层活动。全年举办法治讲座300余次，设立法治辅导站、法律援助站50余个，培养“法律明白人”346人。组建“荣州路社区法治文艺宣传队”，编排法治小品、快板、相声、诗朗诵等法治节目20余个，巡回演出法治文艺节目54场。27个基层司法所全部开通运行社区矫正定位管理系统、定位终端及四级专网。全县有3家律师事务所，注册律师52人；4家基层法律服务所，注册基层法律服务工作者23人；司法鉴定机构1家，司法鉴定人20人；公证机构1家，公证员4人。受理法律援助案件385件，服务人群3842人次。

【武装工作】 2016年年末，全县有27个基层武装部，专武干部55人，1个民兵训练基地，1个民兵武器装备仓库。先后2次开展国防动员潜力数据调查。集中训练民兵应急队伍750人次。完善县、乡（镇）两级应急力量体系，建立健全全县54人情报信息分队。完成全年新兵征集任务。县人武部被省政府、省军区表彰为“征兵工作先进单位”。

【消防工作】 2016年，县政府组织召开4次消防联席会议，印发5份文件部署、推进消防工作。开展重大火灾隐患排查及冬春防火、夏季消防检查、易燃易爆场所、彩钢板治理等专项治理活动，检查单位1794家，发现火灾隐患或违法行为532处，督促整改火灾隐患或违法行为510处，下发《责令改正通知书》525份、《行政处罚决定书》59份、《临时查封决定书》22份，责令“三停”单位27家。开展“消除火灾隐患，共建平安社区”为主题的消防宣传活动，印发消防宣传资料2万余份，受益群众5万余人次。全年发生火灾事故38起，直接经济损失97.53万元，未发生重特大火灾事故。

【工会工作】 2016年年末，县总工会辖乡镇总工会1个，区域性工会联合会50个，行业工会联合会5个，乡镇工会联合会27个，工业园区工会联合会1个，局工委8个，基层工会1165个；工会会员24.73万人，其中，农民工19.22万人（外出务工、农民工会员18.89万人）。有机关、企事业单位会员6.7万人，专兼职工会干部3212人。新建工会组织13个，已建工会的非公企业651个；累计签订工资集体协议372份，覆盖企业1284个，覆盖职工2.94万人。已建工会和实行厂务公开民主管理的企事业单位72个，建制率100%。695个企事业单位推行职工（代表）大会制度，681个企事业单位推行厂务、校务、院务公开工作。建立调解委员会组织730个，建立劳动法律监督组织743个，县总工会聘任工资协商指导员64人、维权巡视员5人、安全生产监督员350人，签订集体合同200个，覆盖全县293个企业1.83万名职工。开展第三届“最美劳动者”评选活动。筹集送温暖资金28万元，对全县未改制的困难企业及机关企业单位部分困难职工和特困劳模共500多人进行慰问。新建县级职工书屋24个，其中县公安局职工书屋被市总工会命名为“自贡市职工书屋”示范点，县工人文化宫职工文化驿站被命名为“自贡市职工文化驿站”示范点。组织全县80余个单位2214人参加四川省女职工住院互助保险。

【妇联工作】 2016年，全县设有27个乡镇妇联，114个机关妇委会（含河西新区妇委会），347个村（社区）妇代会。免费开展家政、蜀绣等技术培训5次，培训妇女200人次。邀请心理专家开设免费心理辅导、父母课堂6次。联合举办“母亲课堂”100场，培训骨干讲师28人，在全市率先将“母亲课堂”延伸到最基层。开展寻找最美家庭“六进”活动，评选出县级“最美家庭”10户，市级“最美家庭”2户。向60名患病妇女、20名留守儿童发放救助资金1.6万元；整合“荣县微荣州爱心驿站”资源，对18名患病妇女儿童实施救助，救助资金8.8万元。开展“巾帼脱贫行动”，对贫困妇女开展种养殖技能培训2次，培训妇女80余人。对1.75万名农村妇女开展“两癌”免费检查，30名妇女得到“妇基会”每人1万元的救助金。组织100余名巾帼志愿者开展养老护理技能培训。成功申报市级“巾帼文明岗”“巾帼文明示范村”各2个，县级“巾帼创业示范基地”10个。

【群众和信访工作】 2016年，信访总量4053人次，比2015年下降26%。到京访3批3人次，批次下降57.14%，人次下降66.67%；受理市委书记、市长信箱平台48件，下降38%；受理县长信箱24件，下降31%；受理全国信访信息系统7件，下降22.2%。到县集体访128批1732人次，批次上升120%，人次上升265%；四川省信访信息系统316件，上升267%；受理网友留言207条，上升52%；受理“市长热线”1件。制定《走基层大接访》工作方案，由牵头县领导率相关县级部门深入全县27乡镇大接访。全年排查出矛盾纠纷和突出问题51件，其中，市挂牌督办的市领导包案4件全部化解；省交办2批29件，化解结案29件，息诉息访29件，息访率100%。召开信访联席会3次，解决信访突出问题16个。

【政务服务】 5月1日起，国税、地税实行营改增工作，将农牧业、质监、工商、发改、消防、人社、医保等入住窗口进行调整，实现一个窗口受理办理，其经验在全市推广，县国税局、地税局被国家税务总局授予“全国百家国地两税合作县级示范单位”。9月起，推进“五证合一”“一照一码”登记制度改革，将原工商营业执照、组织机构代码证、税务登记证等实行“五证合一”。

经济建设

【主要经济指标】 2016年，实现地区生产总值（GDP）201.63亿元，增长8.0%。其中，第一产业增加值43.01亿元，增长3.9%；第二产业增加值103.06亿元，增长9.7%；第三产业增加值55.56亿元，增长8.1%。三次产业对经济增长的贡献率分别为10.8%、61.8%、27.4%，三次产业分别拉动经济增长0.9个百分点、4.9个百分点、2.2个百分点。三次产业结构由2015年的21.9∶51.1∶27.0调整为2016年的21.3∶51.1∶27.6。全年人均地区生产总值34030元，比2015年增加2526元。全年非公有制经济增加值128.23亿元，比2015年增长8.4%，占GDP的比重为63.6%，对GDP增长的贡献率66.9%。其中，非公有制经济第一产业增加值13.55亿元，增长4.2%；非公有制经济第二产业增加值79.79亿元，增长9.7%；非公有制经济第三产业增加值34.89亿元，增长7.0%。

【工业】 2016年，全部工业增加值实现91.01亿元，增长10.4%，对经济增长的贡献率58.5%。其中，规模以上工业企业增加值增长11.1%。年末规模以上工业企业86户。规模以上工业企业总产值实现225.17亿元，增长11.6%。其中，东气公司、绿茗春公司等1亿元以上工业总产值企业36户。驰宇盐品真空制盐等48个项目建成投产。工业园区新增承载能力333.33公顷，建成面积4.3平方千米；入驻企业58户，园区企业主营业务收入145亿元。工业园区创建为国家级农业产业化示范基地、省级新型工业产业化示范基地。

【农业】 2016年，全县农业增加值实现42.5亿元，粮食产量42.55万吨，产粮大县地位进一步巩固。优化农业布局，推进“三带七基地”建设，百千米“中稻＋再生稻”及“两再四秋”产业化基地基本建成。壮大产业规模，培育农产品加工企业120家，其中，农业产业化龙头企业国家级1家、省级11家；发展家庭农场604个、种养大户

8650户。实施品牌创建，获涉农国家发明专利授权18个、四川名牌产品5个，龙都茶业被确定为联合国物资采购基地；新认证绿色食品25个、有机食品2个，建成全国绿色食品原料标准化生产基地；古文镇、双古镇被农业部认定为全国“一村一品”示范镇。完成第二轮新农村示范片建设，累计建成乐德镇回龙殿村等53个幸福美丽新村。实施现代农业、林业、畜牧业重点县建设，被确定为全省现代农业示范县，创建为全国农业产业化经营工作先进县和国家级蔬菜标准化、生猪标准化示范县。

【商贸旅游】 2016年，服务业增加值55.56亿元，增长8.1%；自营出口额194万美元；新增入统单位7户；规模以上营利性服务业营业收入1901.5万元，增长40.2%。商务固定资产投资完成4.27亿元。启动《荣县商业业态规划》《荣县商业网点规划及中心城区农贸市场规划》编制工作，建成1个县级电商服务中心、1个城区示范店、27个镇级服务站、30个村级服务点，初步形成县、镇、村三级电商服务网络体系。“大农汇”本土电商平台成为全县农产品销售、农资供应、技术推广的重要平台。在全县28个乡镇30个村建立网格化农村物流服务体系。建立农村电商服务站57家，网点54个，便民服务站286个。举办“2016年迎春购物月”活动、“2016年消费活动促进月”活动、2016年荣县大佛文化旅游节名优特新商品展示展销会，筹办“第二十三届自贡国际恐龙灯会·荣县大佛灯会”系列商贸活动，实现销售额1.6亿元。全县A级及以上景区3个；星级饭店2个，星级饭店客房140间。全年接待旅游人数325.70万人次，增长7.0%；实现旅游收入53.5亿元，增长10.0%。5月13日至20日，以“亲近荣县大佛 畅游荣山旭水”为主题，举办2016荣县大佛文化旅游节。首次尝试全媒体旅游营销推介模式，“荣县微报”点击率突破200万人次。春林山庄、高石梯避暑山庄被国家旅游局评为中国乡村旅游金牌农家乐。

【财政与金融】 2016年，地方公共财政预算收入实现5.77亿元，增长9.0%；政府性基金收入2.58亿元，增长37.6%。在地方公共财政预算收入中，税收性收入3.68亿元，增长9.9%；非税收性收入2.09亿元，下降5.4%。地方公共财政预算支出33.83亿元，增长12.1%；政府性基金预算支出1.93亿元，下降19.4%。在地方公共财政预算支出中，一般公共服务支出2.29亿元，增长11.4%；农林水事务支出5.81亿元，增长2.9%；教育支出5.81亿元，增长3.9%。年末金融机构各项存款余额219.97亿元，比年初增长12.0%；各项贷款余额103.42亿元，比年初增长10.1%。

【科技创新】 2016年，获上级科技计划项目立项10个，立项经费180万元以上。初步形成以四川旭阳药业公司等11个创新企业和以四川巴尔农牧集团公司等5个高新技术企业为主的科技创新骨干型企业梯队。四川龙都茶业公司茶业工程技术研究中心、四川旭阳药业公司技术中心、荣县双丰机械制造公司新型农机研发中心、四川大农和农产品加工技术研究中心被认定为市级以上企业研发机构。“高粱+再生高粱”高产高效栽培技术研究与应用，获2016年市科技进步二等奖。

【统计工作】 2016年，抽取旭阳、留佳、长山、乐德、望佳、高山、鼎新、来牟、复兴9个乡镇、15个调查小区、154个住宅（其中城镇住户62户，农村住户92户）作为日常收支调查户。落实城乡住户资料“三级审核”制度，对20%以上记账户和账本抽样检查。在10个乡镇中抽取10个调查小区（自然组）开展生猪调出大县监测调查。在旭阳镇等18个乡镇20个粮食产量抽样调查小区开展县级粮食产量抽样调查工作。完成全县16个乡镇、20个村、100个样方、6000亩地的农作物遥感测量抽选调查样本、样方的野外实地调查工作，对3个样本点293户870名居民人口变动情况进行登记。

【审计工作】 2016年，完成各类审计项目108项，查出主要问题金额约1亿元，其中，违规金额403万元，管理不规范金额9604万元。审计处罚金额5264万元，其中，应上缴财政2688万元，应减少财政拨款或补贴2358万元，应归还原渠道59万元，应调账处理159万元。通过审计促进整改落实有关问题资金5174万元，其中，增收节支5090万元（上缴财政2732万元，减少财政拨款或补贴2358万元），调账处理金额84万元。完成领导干部经济责任审计项目14个，审计领导干部14人，其中，任中审计10人，离任审计4人。

完成长山镇双龙水库库周农村环境连片整治工程结算等政府性投资项目竣工决算审计，出具审计报告85个，送审工程造价3.37亿元，核减2358万元。

【工商行政管理】 2016年，以“治理虚假宣传、强化消费维权、反不正当竞争”为主题，开展为期100天“红盾春雷行动”，立案50件，结案40件，罚没入库金额25.25万元。完成109批次商品质量抽检，对检验结果不合格11批次进行立案查处，全年查处假冒伪劣及不合格商品和侵害消费者权益大要案12件，罚款5.2万元。全县实有企业3730户，注册资金103.29亿元；个体工商户1.35万户，出资额12.07亿元；农民专业合作社408户，成员出资6.14亿元；家庭农场626户。全年办理商标注册20件，转让及名义变更4件，新增省著名商标（华锦春）1件，新增市知名商标（金岁方）1件。

【质量监督】 2016年，开展特种设备安全隐患“大排查、大整治”、电梯安全监管攻坚战、大型游乐设施专项监督检查、建设工程施工起重机械专项整治、油气管道安全隐患整治攻坚战、危化品“打非治违”、“六打六治”等专项行动，立案处理违法行为2起，罚没金额6000元。全年办理行政处罚5个、行政强制2个、行政许可150个，其他行政权力（组织机构代码）246个。完成“12365”平台划转，受理“12365”等渠道消费者投诉15件，挽回经济损失2万元。

城乡建设

【城乡规划】 2016年，荣县城市总体规划（2013—2030）获省政府批准，县域“多规合一”规划获省级专家评审通过，乡镇总规修编实现全覆盖，村新村规划编制完成率73%。完成旧城、河东片区、河西新区拓展区控规报批工作。启动中心城区地下管廊综合规划编制。

【重大项目建设】 2016年，印发《荣县“项目推进年”工作方案》《县级领导联系重大项目办法》等；定期召开重大项目专题工作会、协调会。是年，全县实施重大项目127个，总投资381.7亿元，其中，续建项目43个，新开工项目52个，储备项目32个。全年完成投资82.6亿元，占年度计划101%。旭水大道主线，东川大道工业园区段及相邻支道工程等道路相继建成并投入使用，内威荣高速城区连接线C标段基本建成，完成小河沟排污及景观工程、老城区道路、人行道改造二期工程。推进天宇财富中央、天宇城、金河湾等房地产开发项目。争取国家专项建设基金2.2亿元，用于东街附东街和东桥街棚户区改造等项目建设。

【市政建设】 2016年，推进“两河四岸”项目建设，县城建成区绿化覆盖率40%，人均公共绿化面积12平方米，城市空气质量优良天数260天以上，城区、乡镇污水处理率分别为95%、80%以上，城镇垃圾无害化处理率90%。维修更换路灯2400盏，修复损坏电缆1352米，更换整流器1860个。对城区主街主道4285米下水道进行清掏。拆除城区软体广告和墙体广告150幅；清理乱拉广告横幅、乱摆牌匾200幅（块）；清除“牛皮癣”5000余张。完成南门桥堡坎排危、城区停车位维修、城区市政二期工程、城南综合市场改造工程、荣县生活垃圾处理场、小南门桥及西门桥护栏整治等工程。推进望景路至金碧大道段小河排污及景观绿化建设项目。推进“天宇公园”“星河城市广场”和“神龙茶博园”建设。对长山镇、双石镇市政基础附属设施工程建设情况进行跟踪管理和指导。

【村镇建设】 2016年，望佳镇移民安置工程部分主体完工，留佳镇小田村移民安置工程全面开工，度佳镇果子塘村移民安置工程启动建设。结合农村危房改造实施廉租房建设25户，用于安置散养五保户。完成建档立卡贫困户危房改造1656户，其他困难户C级危房维修加固工程动工建设。组织双石镇申报“中国特色小镇”，拟将“玉章故里·漫画小镇”文化旅游区创建为国家级旅游景区，构建小井沟—花龙沟—高石梯—如来福城—玉章故里等旅游景点环线路网。墨林乡吕仙村被列入“中国传统村落”名录，启动相关保护规划编制。

【住房保障】 2016年，发放公共租赁住房租金补贴202.3万元，安置住房困难家庭9338户次，1.89万人次，保障面积26.59万平方米。分配公共租赁住房400套，其中，明君学校54套，新桥学校72套，留佳初级中学48套，东佳学校60套，新桥镇政府48套，来牟镇踏紫学校22套。收取公共租赁住房租金187.41万元。

【交通与通信】 2016年年末，境内公路总里程1684.99千米。其中，省道68.98千米，县道294.67千米，乡道281.25千米，村道1015.49千米，专用公路24.60千米。有机动车71184辆，其中，汽车21852辆，摩托车49197辆，挂车135辆。公交车线路8条，营运公交汽车34辆。年末实有出租汽车80辆。全县邮电业务总量4.32亿元。年末本地固定电话用户6.34万户，年末移动电话用户43.62万户，国际互联网用户10.35万户。

【水利设施】 2016年，完成“2015年省级小型农田水利重点县项目”建设任务和县级验收工作，项目总投资2325.97万元，在度佳镇和过水镇实施；“2016年省级小型农田水利重点县项目”进入验收环节，项目总投资1533.05万元，在双古镇和于佳乡实施；“2015年应急抗旱水源项目”进入验收环节，项目总投资1120万元，在旭阳、正紫、来牟3个镇建设8口抗旱备用井；完成“2015年小型水库移民扶持资金项目”建设任务和县级验收工作，项目总投资100万元，新建和整治山坪塘11口；完成“2015年中央财政农田水利维修养护资金项目”建设任务和市级验收工作，项目总投资400万元，对团结、古佳河沟等8座水库和双古镇、铁厂镇20口山平塘及300米渠道进行维修养护；2015年实施的红光、老古堰、花耳岩、柑子沱4座水库除险加固建设工程通过县级验收；完成“高山镇团结水库抢险工程”建设，县财政投资190万元。“李子坝水库项目”开工建设。

【环境保护】 2016年，城区环境空气质量达国家规定的二级标准234天，全县大气污染可吸入颗粒物PM10累计均值为97.9微克/立方米，比2015年下降7.6%。全年发出大气通报34期、简报19期，露天焚烧罚款2100元。全县声环境质量保持稳定。城市集中式饮用水源地水质达标率100%；乡镇集中式饮用水源地水质监测，上半年达标率57.1%，下半年达标率76.2%；旭水河控制断面玉章码头、出境断面叶家滩为中度污染（V类）；越溪河入境断面黄龙桥为轻度污染（IV类），出境断面双河口水质良好（III类）。

【饮用水保护】 2016年，完成全县乡镇集中式饮用水源评估调查工作，开展来牟、观山、复兴、铁厂4个乡镇集中式饮用水源地项目环境整治；清理小井沟水库流域污染源，制定小井沟水库库区及上游污染防治工作方案；制定《旭水河流域污染防治工作方案》《小井沟水库下游污染防治工作方案》《双溪水库污染防治工作方案》，由县政府审定印发；《小井沟水库饮用水水源保护区划分技术报告》由省环科院编制完成，并报市政府转报省政府批复。

【国土资源管理】 2016年，省政府下发批复2015年建设用地征地批文5个，批准建设用地5个批次，征收集体土地58.07公顷，其中，农用地50.33公顷（耕地32.14公顷），建设用地7.20公顷，未利用地0.54公顷。完成5个批次土地征收“两公告一登记”程序，发布征地方案公告5个、安置补偿方案公告21个。报送省国土资源厅农用地转（用）征收7个批次，征收面积67.43公顷（耕地面积36.21公顷）。完成土地矿产资源出让收入3.26亿元，其中，完成土地出让收入3.22亿元，完成矿产资源出让收入413万元。开展2016年度153个（监测面积147.95公顷）土地遥感监测图斑变更调查工作；完成建设用地预审14件，拟用地面积285.09公顷；完成2016年用地计划编制报批工作。完成5个煤矿企业复产复工验收和63个矿山企业年检工作，征收资源补偿费121万元。

【小井沟工程】 截至2016年年底，小井沟水库大坝填筑至设计坝顶高程430.2米。干渠明渠段长13.37千米，完成总工程量99.9%；隧洞段总长6.24千米（19个），完成总工程量约99.9%；渡槽段总长7.14千米（52个），包括7座拱式渡槽全部完成；暗渠段长1.86千米，完成总工程量100%。干渠工程于10月10日充水试验成功，10月15日试通水成功，并向旭水河补水，11月1日正式向双溪水库补水，12月20日完成补水目标。

文化建设

【群众文化体育活动】 截至2016年年底，建成县级“四馆两中心”和27个乡镇文化站27个、296个村（社区）综合文化活动室、346个农家（社区）书屋。完成“省市非遗保护项目”“省级民间文化艺术之乡”阵地设施建设。完成漫画村创作培训基地建设，成立农民漫画创作基地。全年组织各类群众文化活动174场次。举办2016荣州春节、元宵节文艺晚会及“荣县大佛文化旅游节文艺演出活动”“荣县庆祝中国共产党成立95周年‘感恩·奋进’歌咏会”“2016年‘书香荣州’全民阅读活动” “2016年四川省第十二届漫画双年展”“‘翰墨缘·故乡情’中国当代书画名家余剑宇‘一带一路送春风’艺术作品全国巡回荣县邀请展”“荣县2016‘情暖荣州’文化科技卫生法律‘四下乡’集中服务活动”“‘颂党恩·听党话·跟党走’漫画暨书画摄影巡回展活动”“自贡市2016年‘文化自贡·书香盐都’全民阅读活动”等。县图书馆、文化馆、美术馆及全县27个乡镇综合文化站对公众提供免费开放时间累计9.5万小时，免费接待57.1万人次。吴玉章故居陈列馆、军政府旧址等爱国主义教育基地免费接待旅客20.4万人次。开展“体彩杯”元旦万人长跑、“龙腾狮跃闹元宵”、“迎春杯”足球赛、“萌芽杯”篮球比赛、“中华保险”杯乒乓球联赛等体育活动和比赛50余场。组织8人参加全国武术太极拳公开赛（宣汉站）和省锦标赛，分获集体二等奖、集体一等奖；个人获金牌4枚、银牌8枚、铜牌4枚。推进9项农民体育健身工程建设，全县人均拥有体育场地面积0.72平方米，经常参加体育锻炼人口比例为50%，达到国民体质测定标准合格以上人数比例为98%。

【文化遗产保护开发】 2016年，完成第一次全国可移动文物普查，全县有国有文物收藏单位3家，登录可移动文物数据1815件/套，其中县文管所1236件/套、吴玉章故居陈列馆572件/套、县档案局7件/套。是年，“荣县麒麟灯”“双石农民漫画”“于佳刺绣”等12个项目分别进入省、市、县非物质文化遗产保护名录。“东兴抬工号子”“荣县土陶制作技艺”“荣县竹琴”为市级“非遗”保护名录。开展“非遗”进校园活动，“荣县川剧”“荣县土陶”等项目入驻树人小学；“荣县竹琴”入驻少儿培训机构；“荣县布衣龙”在雷音小学、墨林小学展演，并参加自贡市2016年社区艺术节民俗展演。

【广播电视】 2016年，制播《荣县新闻》251期，播发稿件2600多条；制作公益广告、标语82条，累计播出1.09万条次；制播生活服务栏目《荣山旭水》104期。开设特色栏目《廉洁荣州》12期，制播社教栏目《每周话题》33期。利用县广播电台自有调频频率（FM104.7MHZ）与荣县大佛文化旅游有限公司（引入四川城市聆动文化传播有限公司）合作开办荣县人民广播电台“FM104.7”交通旅游直播广播节目。安装直播卫星“户户通”用户4000余户，新发展双向数字电视用户3187户、互联网宽带数据业务用户4778户；投资新建130个村广播村村响工程。是年，电视信号全覆盖3045户8464人减贫人口，广播电视达标认证率100%。全年放映农村公益电影3558场，累计观影13.65万人次，实现“一村一月一场电影”。

【民族宗教】 2016年年末，全县有少数民族28个、680户、1063人，其中，具有清真饮食习惯的回族126户243人；维吾尔族2户2人。境内回族、维吾尔族人口居住在城镇59户103人，居住在农村69户138人，分布在8个乡镇和河西新区。8个场所开展创建全国“和谐寺观教堂”活动。健全民族宗教工作“三级网络”和“两级责任制”，实现民族宗教事务管理“主体在县，延伸到乡，落实到村，规范到点”。投入资金10万元，用于醒悟寺维修加固。全县佛教信众7万余人、教职人员16人。全县合法宗教活动场所有二佛寺、药王庙、白云寺、醒悟寺、文昌寺、古佛寺等6个。

【档案管理】 2016年年末，县档案馆建筑面积1818平方米，其中，库房使用面积960平方米；馆藏档案285个全宗、档案23.23万卷、2.22万件。是年，完成全县126个重大建设项目档案登记、督导工作。接收征集年鉴、县志、大事记、族谱等档案资料107册。查阅利用档案2.95万人次、3.13万卷次。

【地方志工作】 2月初，启动《荣县年鉴》2016卷资料收集、编辑、校核工作。5月底，基本完成年鉴稿件初纂任务，收集撰稿单位150万字纸质稿件。10月底完成印刷出版任务。全年完成《荣县大事记》季刊4期编辑出版工作。完成《四川年鉴·市州县》《自贡年鉴·区县》等相关资料征集、编写、报送工作。10月，启动《乡镇简志》荣县部分27个镇、乡及城区概况相关资料、图片征编及报送工作，含文字资料7万余字和图片90余幅。

社会建设

【教育】 2016年年末，全县有各级各类公办学校59所，其中，普通高中4所、职高2所、单级初中5所、九年制义务学校19所、小学24所、幼儿园3所、特殊教育学校1所、广播电视大学进修学校1所。教育占地141.5万平方米，校舍面积61.44万平方米，教育资产总值5.55亿元。学生5.38万人，其中，高中8100人、初中1.18万人、小学3.16万人、在园幼儿1.43万人。在职教师3899人，其中，本科及以上学历2316人、专科学历1407人，教师专业合格率100%。有学校附设幼儿园47所、民办幼儿园68所、民办职业技术学校1所、民办短期培训机构1个。高考文化成绩重本上线369人，其中，荣县中学323人、荣县一中39人、玉章中学7人，上线率13.65%，居全市第一。荣县中学范斯诺以611分摘全市“文科状元”。全年1819人参加成人学历函授学习，其中本科函授576人。全县适龄“三残”儿童190人，适龄“三残”儿童入学率95.8%。是年，荣县中学被评为“全国英语教学特色示范学校”，富南学校团支部被评为“全国五四红旗团支部”，留佳小学和乐德小学少先队组织被评为“四川省优秀少先队集体”，西街幼儿园被评为“四川省文明教育十佳示范单位”，河西幼儿园被评为“四川省体操特色幼儿园”。

【卫生与计划生育】 2016年年末，全县卫生计生机构553个，其中，综合医院11所、中医医院1所、专科医院1所、公共卫生机构3个；乡镇（中心）卫生院27所；社区卫生服务中心（站）3个、村卫生室420个、门诊部1个、个体诊所80个、医务室6个。卫生计生人员3660人。出生5976人，出生率8.74‰，符合政策生育率94.09%；死亡5308人，人口自然增长668人，自然增长率0.98‰。全县发放计生扶助金2440.05万元。全年创建省级卫生乡镇3个、卫生村22个、卫生单位6个；省级无烟单位6个；创建市级卫生镇1个、卫生村22个、卫生单位6个；市级无烟单位6个、健康示范社区3个。县人民医院获省“二星级数字化医院”铭牌，为全省107家二星级数字化医院之一，是全市卫生计生系统第一家获该荣誉的县级医院；县精神病医院创建为“二乙”专科医院；新城医院在中国民营医院发展年会上被评为“全国诚信民营医院”，系自贡市唯一上榜民营医院。通过省卫生计生委消除疟疾考核评估专家组消除疟疾工作考核评估。

【人事与劳动保障】 2016年，机关事业单位养老保险参保1.65万人，其中，离退休人员6742人，在职职工9715人；企业职工基本养老保险参保11.18万人，其中，离退休人员5.85万人，在职职工5.33万人；城乡居民养老保险参保27.26万人；失业保险参保1.07万人；城镇职工医疗保险参保3.01万人，城镇居民医疗保险参保10.9万人，参加新型农村合作医疗48.56万人，城镇职工补充医疗保险参保2.86万人；工伤保险参保3.28万人；生育保险参保1.38万人。全年征收机关事业单位养老保险费1.59亿元、企业职工养老保险费3.84亿元、城乡居民养老保险费1805.2万元，征收城镇职工基本医疗保险费9300万元、城镇居民基本医疗保险费5100万元、城镇职工补充医疗保险费347万元、新型农村合作医疗基金2.67亿元，征收企事业职工失业保险费453.12万元、被征地农民失业保险费1651.14万元，征收工伤保险费1363.37万元，征收生育保险费330.16万元。全年支付机关事业单位退休人员养老金3.07亿元，城乡居民养老保险金9611万元，“中农保”养老金480.4万元，老农保退保34.8万元；企业离退休人员养老金10.19亿元、丧葬抚恤费2495万元，工伤保险金3730万元，生育保险金214万元，失业保险金565.00万元，城镇职工医疗保险金8429万元，城镇居民医疗保险金9362万元，新型农村合作医疗2.30亿元。城镇新增就业7646人，失业人员实现再就业1542人，就业困难人员再就业608人，城镇登记失业率4.2%。为城乡创业者发放创业担保贷款200万元，为137名高校毕业生发放创业补贴137万元。全年114个用工单位或个人进入人力资源市场招工，提供工作岗位2628个，为3761名求职者进行求职登记和职业指导。全县转移农村劳动力24万人，实现劳务收入43.2亿元。县委、县政府授予嘉奖319人，记三等功52人；完成105名公务员（参公人员）录用手续。办理非领导职务晋升102人。面向社会公开考试、考核招聘卫生、教育等事业单位工作人员396人；办理人员流动手续439人。

【民政工作】 2016年，争取到各类民政资金1.96亿元；完成重大项目固定资产投资7160万元。城市低保对象1.44万户2.33万人，发放保障金7255.22万元；农村低保对象2.59万户2.91万人，发放保障金5749.39万元。全年住院救助1.03万人次，金额1002.10万元。建立临时生活困难救助台账4275户。有乡镇敬老院27所，其中集中供养406人。印发《荣县自然灾害救助物资储备规划（2016—2020）》《荣县救灾物资乡镇储备点管理办法》，设立长山镇、河口镇、观山镇、正紫镇、东兴镇、金花乡6个救灾物资乡镇储备点。全年发放优抚对象抚恤补助金3326万元。全县各级各类养老机构31家，床位3852张，其中，有民办机构床位252张；县级2个福利机构收（代）养老人462人。建成24个城乡社区日间照料中心，为2.68万名困难家庭老人购买居家养老服务器械。办理婚姻登记9708对。旭阳镇南街社区被省人社厅、省民政厅表彰为"四川省和谐示范社区"。完成3家行业协会（商会）脱钩试点。登记成立社会组织2个，注销登记社会组织1个。年末有社会组织327个，其中，社团204个，民办非企业单位123个；备案登记社会组织5个。完成205个社会组织统一社会信用代码的赋码或转码工作。是年，荣县被省政府表彰为"四川省第四轮敬老模范县"。

【扶贫移民工作】 2016年，实施省第一批扶贫开发项目，资金779万元；实施省第二批扶贫开发项目，资金567万元；实施市级财政专项扶贫资金项目，资金242万元；实施市级追加产业扶持基金项目，资金80万元；实施县级财政专项扶贫资金产业扶持入户项目，资金121.6万元；实施第二批县级扶贫开发项目，资金514.2万元。通过项目建设，直接带动项目区农户6065户1.52万人年增收近1000万元，人均增收约500元；使基础设施建设项目区贫困农户585户1899人，人均增收1264元。全年完成脱贫任务8464人。全年落实帮扶资金2154.18万元，其中，市级单位帮扶资金284.73万元，县级单位帮扶资金249.10万元，社会各界帮扶资金102.02万元；引进项目资金1511.91万元，引进项目50个。

【食品药品监管】 2016年，完成食品药品抽检685批次，不合格14批次，食品药品合格率97.95%。其中，食品抽检604批次，不合格9批次，食品合格率98.5%；药品抽检81批次，不合格5批次，完成药品不良反应报告537件，超目标63.33%，器械不良反应报告117例，严重36例，超目标30%。化妆品不良反应26例，完成率100%。完成国家级抽检58批次，省级抽检68批次，市级抽检71批次，县级抽检白酒小作坊、糕点、肉制品等36批次。

【安全监察】 2016年，发生各类安全事故90起，下降23.47%，死亡12人，下降47.82%。其中，道路交通事故55起，死亡12人；火灾事故35起，直接经济损失88.63万元。摘掉"煤矿、非煤矿安全生产重点监控县"两顶帽子。化解产能过剩关闭煤矿7个。乡镇开展安全生产检查326次，生产经营单位开展安全生产自查1326次。累计排查各类安全隐患4380条，整治率100%。煤矿生产矿井、危险化学品（应达标生产企业）安全生产标准化三级达标100%。建成水害普查治理示范矿井1个、采煤掘进机械化矿井3个、二级煤矿安全质量标准化矿井3个、三级安全质量标准化矿井3个。望佳镇创建为四川省安全社区。

【残联工作】 2016年，实施白内障患者免费复明手术450例。为260名精神病人提供定额免费服药，完成"阳光家园"计划490人。为26名脑瘫残疾儿童实施手术或持续、系统的康复训练，累计投入资金26万元。筛查确定80名智力残疾儿童到省、市定点康复机构荣县特殊教育学校进行康复训练。投入77.85万元，为2822名农村贫困残疾人给予资金、物资和技术的帮扶。累计投入112.5万元，为贫困残疾人免费适配辅助器具5785例。向4725名重度残疾人发放护理补贴367.98万元，重度残疾人护理补贴实现全覆盖。投入资金36.7万元为186户困难残疾人家庭进行无障碍改造。全年征缴残疾人保障金555.68万元，超年度计划125.68万元。全县"量服"平台入库残疾人总数2.56万人，落实服务24.67万项次，"量服"覆盖率100%。

【人民生活】 2016年，城镇常住居民人均可支配收入2.72万元，增长8.19%。其中，工资性收入1.12万元，增长7.65%；转移性收入7543.25

元，增长6.16%；经营性收入6403.27元，增长12.58%；财产性收入1995.78元，增长5.57%。城市居民人均消费性支出1.91万元，增长8.62%。其中，食品类支出7690.52元，增长4.93%，恩格尔系数下降1.42个百分点；衣着消费1997.73元，增长16.23%；居住消费支出3234.59元，增长9.70%；生活用品及服务消费1438.57元，增长8.20%；医疗保健支出1156.13元，增长13.15%；交通和通讯消费支出1486.88元，增长10.72%；教育文化娱乐服务类人均消费支出1355.07元，增长10.46%；其他商品和服务支出760.49元，增长11.03%。农村常住居民可支配收入1.31万元，增加1093.3元，增长9.12%。其中，人均工资性收入4898.38元，增长3.57%；人均经营净收入4723.05元，增长9.07%；财产净收入（成本法）471.43元，增长23.17%；转移性收入2984.26元，增长17.44%。农村居民人均消费支出1.14万元，增长18.59%。其中，食品烟酒消费支出4708.77元，增长17.10%；衣着消费支出616.33元，增长20.01%；居住消费支出2298.95元，增长19.93%；生活用品及服务消费支出717.13元，增长24.52%；交通通信消费支出1272.42元，增长28.18%；医疗保健支出889.64元，上升11.97%；教育文化娱乐消费支出810.99元，增长11.83%；其他用品和服务支出101.27元，增长17.81%。

乡镇概况

【旭阳镇】 辖区面积143.63平方千米，其中城区14.5平方千米。辖26个村329个村民小组和13个社区197个居民小组。2016年年末总人口15.74万人，其中，非农业人口11.2万人。符合政策生育率99.65%，人口自然增长率2.28‰；殡葬火化率100%。年末耕地面积3663.13公顷、可利用草地面积144.53公顷、林地面积2878.10公顷，林木覆盖率33.4%。地区生产总值82.46亿元，增长8.3%；工业总产值49.14亿元；农业总产值4.77亿元。农民人均可支配收入1.53万元。招商引资1.72亿元。外出务工2.49万人，务工收入3.59亿元。限额以上商贸企业58个，社会消费品零售总额31亿元，限额以上商贸企业社会消费品零售总额17.2亿元。市场6个，50平方米以上超市21个。地方公共财政收入1.59亿元；镇本级一般财政公共预算支出4218万元。幼儿园42所，小学7所，初中1所，九年义务教育学校3所，普通高中2所。卫生院1所，村卫生室61个，个体诊所58个。

【留佳镇】 辖区面积82.68平方千米。辖13个村234个村民小组和1个社区9个居民小组。2016年年末总人口4.08万人，其中，农业人口3.68万人。年末耕地面积2457公顷。农业总产值2.33亿元，增长5%；工业总产值2.07亿元。出生323人，死亡267人，人口自然增长56人，计划生育率96%。新型农村合作医疗保险参保率99.2%。农民人均纯收入1.14万元。乡镇企业4个，工业总产值3.22亿元，增长2.56%。固定资产投资1.63亿元，减少18.32%。招商引资1.51亿元。外出务工1.27万人。财政收入1551.49万元，支出1394.29万元。学校3所，其中县属中学1所，小学2所。文化站1个，医院2所。

【双石镇】 辖区面积56.4平方千米。辖12个村245个村民小组和2个社区10个居民小组。2016年年末总人口3.76万人，其中，非农业人口5145人。符合政策生育率96.33%，人口自然增长率0.4‰。年末耕地面积2883.5公顷、林地面积305.67公顷。工业总产值10.55亿元；农业总产值3.75亿元，增长5.04%。农民人均纯收入2.01万元，增长12%。乡镇企业94个，其中规模以上企业4个，工业总产值7.01亿元。招商引资1.36亿元。财政一般性预算收入616万元，增长8%。固定资产投资2.21亿元。幼儿园6所，小学2所，初中2所，普通高中1所。各级各类医疗卫生机构25个。

【乐德镇】 辖区面积87.26平方千米，辖17个村213个村民小组和2个社区。2016年年末总人口3.38万人，其中农业人口3.01万人。年末耕地面积2752公顷。农民人均纯收入1.12万元。乡镇企业4个，工业总产值1.23亿元；固定资产投资1.53亿元；招商引资8072万元；外出务工1.5万人，务工收入1.9亿元。财政收入1529万元，其中地方一般财政预算收入541万元。幼儿园3所，小学2所，中学1所。各级各类医疗机构21个。五保对象326人。新型农村居民养老保险参保1.22

万人，城镇居民医保参保2401人。

【长山镇】 辖区面积81.2平方千米。辖13个村190个村民小组和2个社区12个居民小组。2016年年末总人口3.49万人，其中非农业人口8498人。人口自然增长率1.36‰，符合政策生育率98.7%。年末耕地面积1518公顷、林地面积3350公顷。地区生产总值24.53亿元，工业总产值13.68亿元，农业总产值3.69亿元，完成固定资产投资1.5亿元。城镇居民人均可支配收入2.17万元，农民人均纯收入1.43万元。新增农民专业合作社5户、家庭农场35户、种养大户10户。甜心源家庭农场被评定为省级家庭示范农场，花龙沟茶叶专业合作社被评定为省级示范专业合作社。乡镇企业60余个，其中规模以上工业企业7个，工业总产值13.68亿元；招商引资到位资金1.23亿元；劳务输出1.12万人，收入2.16亿元。公共财政收入1439.81万元，支出1374.65万元。普通高中1所，九年义务教育学校3所，幼儿园4所。医疗卫生机构35个。新增农村低保对象128户。五保供养对象208人。团结社区被表彰为全国综合减灾示范社区。

【高山镇】 辖区面积69.73平方千米。辖22个村224个村民小组和2个社区2个居民小组。2016年年末总人口3.11万人，其中非农业人口1750人；符合政策生育率91.41%；人口自然增长率0.03‰；殡葬火化率100%。年末耕地面积1995.5公顷。工业总产值5.5亿元，农业总产值2.8亿元。农民人均纯收入1.34万元。财政收入1454万元。招商引资1.3亿元。实施“一事一议”项目11个，总投资93万元。有中学1所、小学3所、幼儿园5所。各级各类医疗卫生机构21个。农村低保对象1503人。新型农村合作医疗参合率99.8%。

【双古镇】 辖区面积96.56平方千米，辖18个村203个村民小组和1个社区。2016年年末总人口2.50万人，其中非农业人口2362人。人口出生率24.5‰，人口自然增长率2.3‰。年末耕地面积1506.2公顷、林地面积677公顷，林木覆盖率66%。粮食播种面积3600公顷，总产1.71万吨。规模以上工业企业4户，工业总产值3954.6万元。地方财政一般预算收入1294.61万元，财政支出1294.61万元。固定资产投资454.71万元。有贫困户238户746人。年内脱贫41户159人。九年义务教育学校2所，幼儿园3所。中心卫生院1所、分院1所。城镇最低生活保障对象49户57人。农村低保对象974户1033人，五保供养对象234人。

【度佳镇】 辖区面积83.5平方千米。辖11个村194个村民小组和2个社区6个居民小组。2016年年末总户数8728户，总人口2.72万人，其中非农业人口1788人。符合政策生育98.26%，人口自然增长率负2.48‰。年末耕地面积1827公顷。工业总产值10.60亿元，农业总产值2.94亿元。全社会固定资产投资1.56亿元。农民人均纯收入1.16万元。粮食播种面积3033.33公顷，总产1.90万吨。乡镇企业25个，规模以上工业企业4户，乡镇企业总产值12亿元，其中规模以上工业总产值9.4亿元。地方财政一般预算收入1275万元，支出1232.39万元。幼儿园4所，小学2所，初中1所。各级各类医疗卫生机构13个。供养五保对象484人；农村低保对象2720人，城镇低保对象344人。

【来牟镇】 辖区面积55.72平方千米。辖9个村189个村民小组和2个社区6个居民小组。2016年年末总人口2.67万人。人口自然增长率负0.37‰，殡葬火化率100%。年末耕地面积1700公顷、森林面积1820公顷，森林覆盖率35%。农民人均可支配收入1.34万元，增长11.51%。粮食播种面积3380公顷，总产1.95万吨。企业43个，工业总产值24.52亿元。固定资产投资1.29亿元。完成招商引资1.48亿元。一般公共预算收入229.74万元。初中1所，小学2所，幼儿园1所。在校学生869人，教师79人。卫生院1所。新型农村合作医疗保险参保2.09万人。

【保华镇】 辖区面积66.05平方千米。辖10个村149个村民小组和2个社区3个居民小组。2016年年末总人口2.42万人，其中，非农业人口2197人。计划生育率85.19%。年末耕地面积1666公顷。农业生产总产值3.49亿元，工业总产值10.54亿元，固定资产投资1.55亿元，财政总收入1073.97万元，财政总支出1129.84万元，完成招商引资1.12亿元，农民人均可支配收入1.32万元。劳务输出9214人，务工收入1.64亿元。幼儿园4所，小学2所。城镇低保对象199户250人。农村低保对象1127人。

【过水镇】 辖区面积47.58平方千米。辖9个村163个村民小组和2个社区。2016年年末总人口2.3万人，其中农业人口2.2万人。符合政策生育率97.74%，人口自然增长率负1.37‰。耕地面积1726.67公顷，农业总产值1.64亿元，农民人均纯收入1.33万元。新引进企业5家，工业总产值3795万元。招商引资9400万元。实施农村公益事业“一事一议”工程项目9个。财政收入102.32万元，财政支出1057.21万元。初中1所，小学2所，幼儿园3所。乡级卫生院2所，村卫生室19个，个体诊所1个。敬老院1所，五保对象319人。农村低保对象1162户1260人。

【鼎新镇】 辖区面积52.8平方千米。辖11个村143个村民小组和1个社区。2016年年末总户数7452户，总人口2.29万人，其中非农业人口2003人；人口自然增长率负2.10‰。符合政策生育率94.41%。年末耕地面积1666.67公顷，林地面积1200公顷。工业总产值1.03万元，农业总产值7.3亿元。地方财政一般预算收入56.11万元。完成固定资产投资1.04亿元，招商引资1亿元。农民人均纯收入1.82万元，增加1850元。幼儿园2所，小学1所，初中1所；在校学生350人，教师30人。乡级卫生院1所，村卫生室21个，个体诊所1个。农村低保对象866户957人，城镇低保对象87户134人。参加城镇居民基本医疗保险1562人，新型农村合作医疗参合率100%。

【东佳镇】 辖区面积80.31平方千米。辖8个村146个村民小组和1个社区5个居民小组。2016年年末总人口2.09万人，其中，非农业人口1125人；符合政策生育率97.52%；人口自然增长率负12.5‰。年末耕地面积1968公顷。地区生产总值7.1亿元，增长7%。财政收入960.78万元。农民人均纯收入1.17万元。农业总产值1.32亿元，增长7%。粮食播种面积2693.33公顷，总产1.67万吨。完成脱贫46户120人。幼儿园3所，小学3所，初中1所。乡卫生院1所，村卫生室11个。城镇低保对象132户138人。参加城镇居民基本医疗保险718人。新型农村合作医疗参合率100%。

【河口镇】 辖区面积67平方千米。辖8个村162个村民小组和2个社区3个居民小组。2016年年末耕地面积1632.47公顷。年末总户数7363户，总人口2.15万人。人口自然增长率负0.63‰。农民人均纯收入1.17万元。粮食播种面积2906.67公顷，总产1.67万吨。完成脱贫目标任务144户370人。公共财政收入135.60万元，支出960.51万元。兑现财政奖补资金32万元，实施“一事一议”项目16个，实际投入43.62万元。招商引资1.25亿元。卫生院1所，村卫生室8个。新型农村合作医疗参保1.71万人，城镇居民参加医保902人。农村低保对象1245人，城市低保对象115人。五保对象272人。敬老院1所，集中供养39人。

【望佳镇】 辖区面积31.80平方千米。辖11个村145个村民小组和1个社区5个居民小组。2016年年末总人口1.98万人，其中非农业人口1499人；人口自然增长率负0.15‰。年末耕地面积1412.50公顷。粮食播种面积2793.33公顷，总产15.42万吨。农业总产值3.9亿元。农民人均可支配收入1.74万元。工业总产值3000万元，完成招商引资项目2个，引资1.26亿元。地方公共财政收入70.9万元。实现省下达目标41户100人脱贫，实现市下达目标90户232人脱贫。幼儿园6所，小学1所，初中1所。医疗卫生机构14个。城镇最低生活保障对象92户104人，城市医疗救助342人次。农村五保分散供养对象212人。城镇登记失业121人，登记失业率8%，无零就业家庭。参加城乡居民基本医疗保险1.90万人，新型农村合作医疗参合率100%。

【观山镇】 辖区面积44.87平方千米。辖18个村150个村民小组和2个社区8个居民小组。2016年年末总人口1.99万人。人口自然增长率2‰。殡葬火化率100%。年末耕地面积1331.57公顷、林地面积1076.27公顷。粮食播种面积2700公顷，总产1.65万吨。农民人均纯收入1.29万元。各类专业合作组织11户，家庭农场20个。乡镇企业5个，其中，县级龙头企业1个。企业生产总值2.49亿元。规模企业总产值1064.6万元。地方财政预算收入90.01万元。招商引资8500万元，全社会固定资产投资1.36亿元。幼儿园4所，小学2所，初中1所。公立卫生机构1所，村卫生室

18个，个体诊所1个。建成村（社区）日间照料中心3个、老年活动中心3个。完成7户25人年度脱贫目标。

【新桥镇】 辖区面积51.92平方千米。辖8个村100个村民小组和1个社区5个居民小组。2016年年末总人口1.84万人，其中非农业人口2509人。人口自然增长率2‰。林木覆盖率35%。乡镇企业14家，其中规模以上企业3家，工业总产值7.22亿元。年末耕地面积1420公顷。粮食播种面积3.42万亩，总产1.39万吨。农业总产值1.44亿元，农民人均纯收入1.27万元。一般公共预算收入972.46万元。招商引资1.19亿元。年内脱贫184户594人。初中1所，小学2所，幼儿园4所。中心卫生院1所，村卫生室8个。敬老院1所，入住五保对象32人。分散供养五保对象75人。城镇最低生活保障对象149户167人；农村低保对象795户878人；优抚对象88人。新型农村合作医疗保险参合率100%。

【古文镇】 辖区面积51.18平方千米。辖10个村129个村民小组和2个社区。2016年年末总人口1.64万人。人口自然增长率负1.85‰。年末耕地面积1193.26公顷，森林覆盖率39.86%。地区生产总值4.39亿元，增长9.5%。工业总产值8116万元，减少1.62%。农业总产值2.48亿元，增长5.4%。粮食播种面积2220公顷，总产1.34万吨；农民人均纯收入1.12万元，增长10.99%。地方财政一般预算收入36.96万元。年内75户175人实现脱贫。九年制义务学校1所。卫生院1所，病床24张。村卫生室12个。参加城乡居民医疗保险1.35万人；城镇低保对象87人，农村低保对象1116人，五保对象205人。投资21万元新建古文场社区、平安社区老人日间照料中心。

【铁厂镇】 辖区面积59.01平方千米。辖10个村108个村民小组和1个社区。2016年年末总户数4439户，总人口1.32万人。人口自然增长率负2.12‰。年末耕地面积671.33公顷，其中，田608公顷。年末油茶面积186.67公顷。全社会固定资产投资3105万元。粮食播种面积1440公顷，总产7684吨。农业总产值1.12亿元。农民人均纯收入1.19万元。乡镇企业（私营企业）18个，从业人员1250人，总产值4.7亿元。招商引资8000万元。财政一般预算收入205.19万元。幼儿园1所，小学1所，初中1所。教职工46人。卫生院1所，病床16张。全年发放救灾救济资金25万元。最低生活保障对象600户960人，其中，城镇低保180户204人，农村低保420户756人。发放低保金175.2万元。五保户对象138人，其中，分散供养107人，集中供养31人。新型农村合作医疗保险参保1.18万人，参合率100%。

【正紫镇】 辖区面积37.84平方千米。辖8个村75个村民小组和1个社区4个居民小组。2016年年末总人口1.04万人，人口自然增长率1.1‰。年末耕地面积1703.7公顷，林木覆盖率29.6%。殡葬火化率100%。粮食播种面积713.33公顷，总产9577吨；农民人均纯收入1.15万元。乡镇企业2个，工业总产值1856万元。招商引资3800万元。财政一般预算收入699.23万元，支出664.97万元。职业技术学校分校1所，中学1所，小学1所，幼儿园2所。乡镇卫生院1所，村级卫生室8个。城镇低保对象44户48人，农村低保对象415户543人，农村五保户对象114人。集中供养“三无”人员30人，孤儿3人。城乡居民医保参保9298人，参保率99.8%。

【古佳乡】 辖区面积38.09平方千米。辖8个村89个村民小组和1个社区1个居民小组。2016年年末总人口1.05万人。年末耕地面积839.73公顷。林木覆盖率38.9%。殡葬火化率100%。地区生产总值8622万元。农业总产值1.20亿元，增长4.6%。粮食播种面积1373.33公顷，产量8337吨。农民人均纯收入1.15万元。招商引资5440万元。财政收入644.93万元，其中，地方财政一般预算收入10.4万元。小学1所，幼儿园1所。乡卫生院1所、村卫生室11个，病床10张。城镇低保对象54人，城市医疗救助179人次。新型农村合作医疗参保率100%。

【复兴乡】 辖区面积21.7平方千米。2016年年末耕地面积566.13公顷，林地面积551.73公顷。辖8个村74个村民小组和1个社区1个居民小组。年末总人口7985人，人口自然增长率0.12‰。地区生产总值9193万元。工业总产值892万元，农业总产值4282万元，第三产业总产值4019万元。粮食播种面积720公顷，总产4696吨。农民人均纯收入9600元。乡镇企业5个，产值1200万元。财政总收入543.80万元，总支出547.39万元。固定资产投资5000万元。幼儿园1所，小学1所。医疗卫生机构8个。城镇最低生活保障对象17户18人。参加城镇居民医保247人，新型农村合作医疗参合率100%；殡葬火化率100%。

【墨林乡】 辖区面积42.89平方千米。辖7个村73个村民小组和1个社区。2016年年末总人口8420人，其中非农业人口380人。年末耕地面积508.33公顷、林地面积2800公顷，森林覆盖率60%。粮食播种面积1206.67公顷，产量5548吨；农民人均纯收入1.36万元。财政收入1.08亿元，公共预算支出508.67万元。中心校1所。各级各类医疗卫生机构4个。五保对象96人，敬老院1所。城镇低保对象332户583人。12月，吕仙村入选全国第四批传统村落名录。

【东兴镇】 辖区面积57.16平方千米。辖6个村64个村民小组和1个社区。2016年年末总户数2740户，总人口7979人，其中非农业人口468；耕地面积551.6公顷，森林覆盖面积70%；殡葬火化率100%；人口自然增长率控制在8‰以内。地区生产总值1.74亿元，增长9.06%。乡镇企业205个，乡镇企业总产值3.86亿元，其中规模以上工业总产值3.5亿元，增长12%。农业增加值6845万元；粮食播种面积1440公顷，产量5797吨；农民人均纯收入1.20万元。社会固定资产投资2060万元，社会消费品零售总额4180万元。财政一般预算收入285.91万元，招商引资1.05亿元。九年制义务教育学校1所，幼儿园2所。农村低保对象674户684人，五保户对象117人，城市低保对象39户42人，优抚对象48人。发放民政资金174.3万元。

【雷音乡】 辖区面积37.4平方千米。辖4个村60个村民小组和1个社区。2016年年末耕地面积1500公顷。森林覆盖率60%。年末总户数2545户，总人口8149人，人口自然增长率负2.11‰。农业总产值8596万元。粮食播种面积1093.33公顷，产量5848吨。农民人均纯收入1.11万元。财政收入530.05万元，招商引资完成550万元。全乡贫困户对象304户1119人，年内脱贫27户80人；完成贫困户危破房改造33户。小学1所，文化站1个、农家书屋5个，远程教育站点5个。卫生院1所、村卫生室4个，病床10张。新型农村合作医疗参合7989人，参合率100%；农村五保对象77人，敬老院集中供养35人；城市低保对象14人，农村低保对象528人；发放各类民政资金139.8万元。

【于佳乡】 辖区面积20.56平方千米。辖6个村60个村民小组和1个社区3个居民小组。2016年年末总人口8090人，人口自然增长率负2.15‰。年末耕地面积451公顷、林地面积677公顷，森林覆盖率43%。农村居民人均可支配收入1万元。农业总产值5437万元。粮食播种面积8813.33公顷，产量5551吨。乡镇企业15个，总产值2925万元。财政收入30.01万元；支出779.29万元。固定资产投资5130万元。社会消费品零售总额685万元。是年，建档立卡贫困户139户396人，年内脱贫45户131人。幼儿园1所，小学1所。公立医疗机构1个，病床8张；村卫生室9个。城镇低保对象13户13人，农村低保对象310户342人，五保供养对象115人。

【金花乡】 辖区面积42.97平方千米。辖5个村63个村民小组和1个社区。2016年年末总人口6838人。人口自然增长率2.53‰。年末耕地面积933.33公顷。森林覆盖率60.2%。粮食播种面积1500公顷，总产5308吨。农民人均纯收入1.08万元。辖区内有桫椤谷省级自然保护区。财政收入10.22万元，固定资产投入5360万元，招商引资完成3750万元。小学1所，文化站1个，农家书屋5个，卫生院1所。参加新型农村合作医疗5992人，参合率100%；敬老院1所，农村五保对象55人，农村低保对象631人，城市低保对象7人。全年脱贫18户71人。

（荣县地方志办）

富顺县

概　貌

【位置　面积　人口】 富顺县地处四川盆地南部、沱江下游，位于北纬28°55′~29°19′、东经

104°40′~105°16′之间。东邻隆昌，南接泸州，西靠沿滩，东北与隆昌临界，西北与大安相连，西南接壤宜宾。县政府驻地富世镇，距省会成都200余千米。2016年末，辖区面积1342平方千米，人口108.58万人。其中，农业人口67.65万人，常住人口79.47万人，城镇化率39.01%。人口出生率10.96‰，人口自然增长率3.95‰。

【建置沿革】 富顺县原为古代江阳县治域，北周天和二年（567年）划出富世盐井及周围地区，设雒原郡及所辖之富世县。隋开皇二年（582年），撤郡存县，隶于泸州，县域约1500平方千米。唐贞观二十三年（649年），更名富义县。北宋乾德四年（966年），升县为监，隶于梓州（潼川）府路，境域约3000平方千米。太平兴国元年（976年），改名富顺盐监。元世祖至元十二年（1275年），改富顺监为富顺安抚使司；至元二十年（1283年），升为州，隶于四川行中书省之叙州路。明洪武四年（1371年），降州为县，隶于叙州府。清代因之。民国前期，先后隶于川南道、永宁道。民国17年（1928年），裁道，隶属四川省。民国24年（1935年），隶于四川省第七行政督察区，县域2208平方千米。新中国成立后，先后隶于泸县、隆昌、泸州、宜宾专区。1983年3月，划归自贡市管辖。2001年4月，撤区并镇，全县辖27镇、4乡。2005年7月，自贡市区划调整，县域庙坝镇、牛佛镇、回龙镇划归大安区管辖，瓦市镇、仙市镇划归沿滩区管辖，全县辖22镇、4乡，辖区面积由1603平方千米减为1342平方千米。

【地质水文】 县境地势由北向南倾斜，地形以馒头状浅丘为主，占总面积90%以上。浅丘多由页岩和泥岩组成，相对高度20米~60米之间，坡缓土厚，宜耕种。河流属沱江水系，沱江由北向南纵贯县境，境内河段长94千米，年径流总量129.3亿立方米。另有大小溪河367条。其中，长度10千米以上，流域面积30平方千米以上25条；长度50千米以上，流域面积100平方千米以上3条。

【气候】 2016年，气温偏高，光照偏多，降水正常但时空分布不均。冬无寒冬，春季气温异常偏高，夏无酷暑，秋绵雨明显。1月出现罕见降雪天气，汛期暴雨天气频繁，但强度较常年偏轻，局部出现雷暴、大风天气，年内高温酷热时间短，出现一般性伏旱天气。年平均气温18.8℃，较常年平均偏高0.8℃。年极端最高气温40.1℃，较历年最高气温偏低1.2℃。年极端最低气温负0.6℃，较历年最低气温偏高1.1℃。年总降水量1105.8毫米，较常年总降水量偏多9%。年总日照时数1079.1小时，较常年总日照时数偏多19%。

【自然资源】 县境自然资源丰富，沱江富顺段可开发电能6.8万千瓦，建有装机容量1.4万千瓦、1.8万千瓦水电站各1座。有煤炭、石灰石、卵石、河沙、建筑石料等矿产资源14种，矿产地148处。野生植物有药材60余种，野生动物以鸟类、鱼类为主，以及龟、鳖、野兔等。2016年年末，森林面积3.07万公顷，森林覆盖率35.4%，主要树种有马尾松、杉树、大头茶桉、泡桐、笋竹等。实有耕地面积7.18万公顷，主要种植花生、油菜、大豆、芝麻、甘蔗、优质柑橘、茶叶、蚕桑等经济作物，水稻、小麦、玉米、高粱、红薯等粮食作物。禽畜养殖以生猪、肉牛、黑山羊、鸡、鸭、鹅、兔为主。

【旅游资源】 县城聚集有国家级文物保护单位富顺文庙、省级文物保护单位"戊戌六君子"之一的刘光第墓，有西湖、五府山、钟秀山、千佛寺、回澜塔、天然石佛、福源灏清代民居、后街—市中花园古城区等景区景点。县境沱江段因拦江发电，形成黄泥滩、黄葛灏2座人工湖；沿江有明清建筑风貌保存完好的四川省历史文化名镇——狮市古镇，中国历史文化名镇——赵化古镇，以及与合川钓鱼城齐名的虎头城古迹遗址等。青山岭山脉横贯县境东南，山中有传闻明朝建文皇帝隐居的金田寺遗址，有始建于明朝末年的普法寺，天池湖景区坐落其间；其尖山坡一带，具有独特的喀斯特地貌，有上、下仙鹅洞及仙女洞等溶洞。李桥镇五条沟景区方圆10平方千米，山高林密，风光秀美。年末，县境有森林公园2个、旅游景区5个。

政治建设

【重大决策】 3月11日，县委、县政府印发《关于2016年农村工作的意见》，推进农业加快发展、农民持续增收、农村繁荣稳定。3月15日，县委印发《关于建设经济强县的决定》。4月18日，县委、县政府印发《关于2016年加快现代服务业发展的实施意见》，明确实现服务业增加值增长10%，力争10.4%的目标。9月7日，县委，县政府印发《关于加强招商引资提升开放水平的意见》，提出到“十三五”末，累计实现外贸进出口总额3亿美元以上；引进投资亿元以上产业项目90个以上，落户世界500强、中国500强、行业100强企业3家以上；累计引进市外到位资金510亿元以上。10月23日，县委印发《关于推进绿色发展建设美丽富顺的决定》，提出到2020年，城市绿化覆盖率36%，城市绿地率大于30%，人均公园面积8.5平方米，全面建成省级园林城市。

【县委工作】 2016年，举办首届特色农产品展销会，开展“情满富顺”科技文化卫生“三下乡”活动、庆祝建党95周年“七一”表扬暨歌咏大会等重大活动。组织开展县乡换届、“两学一做”学习教育、脱贫攻坚、重大项目建设等工作，促进经济社会协调发展。3月1日，召开中国共产党富顺县第十一届代表大会第五次会议，听取、审议县第十一届委员会工作报告和纪委工作报告，并形成相关决议。9月28日至30日，召开中国共产党富顺县第十二次代表大会，县委书记邹登权代表中共富顺县第十一届委员会作工作报告，选举中国共产党富顺县第十二届委员会委员、候补委员、县纪委委员和出席自贡市第十二次党代会代表，会议通过第十一届县委工作报告决议和县纪委工作报告决议。全年召开党员代表大会、县委全委（扩大）会议、县委常委会、县委常委班子民主生活会及各类大会50余次。其中，县委常委会36次、县委全委（扩大）会议8次。全年编写《富顺信息》《社情民意》等30余期。开展重点课题调研16次，撰写调研报告29篇，其中7篇在《四川党建》、市委《学习与调研》等刊物上发表。编辑《中国共产党富顺执政实录（2015年卷)》《中共富顺历史(1978—2002)》等党史资料。

【人大监督】 2016年，审议国民经济和社会发展计划执行情况报告，开展“十三五”规划、春耕生产、公立及民营医院运行、北湖公园建设、棚户区改造等专题调研。开展《中华人民共和国未成年人保护法》《中华人民共和国老年人权益保障法》《四川省农村扶贫开发条例》等执法检查，组织视察木桥沟和镇溪河饮用水源保护、县城区缓堵保畅体系建设和管理工作、义务教育均衡发展、乡村卫生院室建设。依法补选市代表5人、县代表2人，罢免县代表3人，接受市代表辞职4人、县代表辞职4人，任命国家机关工作人员15人、免职12人、接受辞职1人。选举产生县第十六届人大代表322人、镇乡第十七届人大代表1719人。全年召开县人大常委会议14次、主任会议25次。11月16日至20日，在县会务中心召开县第十六届人民代表大会第一次会议，听取和审查县人大、政府、法院、检察院工作报告，并通过报告决议；审查批准计划、财政报告；向大会提交议案、建议、批评和意见174件。选举县第十六届人大常委会主任、副主任，县人民政府县长、副县长，县法院院长、检察院检察长，通过县第十六届人大各专委会主任和副主任人选。全年督办代表议案、建议意见97件，受理来信来访49件次。

【政府工作】 2016年，政府常务会开展“会前学法”24次。落实法律顾问制度，县政府聘请法律顾问4人，实行重大行政决策、规范性文件合法性审查。推进依法行政，实现行政执法全过程记录。废止26项行政权力，动态调整544项行政权力，梳理出5991项权力责任清单。公开政府文件、财政预决算等政务信息3964条。召开政府常务会议14次，研究招商引资、项目建设、人事任免等事项，作出“重污染天气应急处置”“深化城乡建设用地增减挂钩试点”“构建粮食安全保障体系”等重大决策；举办首届特色农产品展销会、重大项目集中开工仪式、世锦公司成立授牌仪式等活动。调整产业结构，加快城乡基础设施建设，促进经济社会和谐发展，全年地区生产总值242.56亿元，比2015年增长9.3%。

【政治协商】 2016年，发挥民主监督，效能与廉政测评党政、公共服务部门65个，民主评议单位2个。调研豆花文化村规划建设、教育强县工作，协商县城区背街小巷道路建设及亮化绿化、脱贫攻坚等工作。全年召开全体会2次、常委会7次、主席会13次。11月15日至19日，召开县政协十五届一次会议，听取和审议政协富顺县第十四届委员会常务委员会工作报告，提案工作报告，表扬优秀提案、提案办理先进单位、优秀政协委员、先进政协工作者，听取和协商县人民政府工作通报、县人民法院和县人民检察院工作报告等；选举政协富顺县第十五届委员会主席、副主席；通过相关决议。十四届六次会议和十五届一次会议期间共收到提案290件，其中立案交办284件，其余16件作为意见建议转有关部门处理。编撰出版文史丛书《西南服务团在富顺》，在《四川政协报》等省市级报刊、网络媒体上发表《增强使命感 提升履职水平》等稿件70余篇，编发《政协工作简报》22期，《专委工作简报》12期。

【机构改革】 2016年，整合县工商行政管理局、县质量技术监督局、县食品药品监督管理局，组建县市场监督管理局。新组建县投资促进局、县商务局，将县经济商务科技和信息化局更名为县经济科技和信息化局，挂县知识产权局牌子。审定批复第三批19个事业单位类别（公益一类17个、公益二类1个、生产经营类1个），完成全县事业单位分类工作。整合撤销职能弱化的县计划生育执行室、县职业介绍中心等10个事业单位。年末，全县有党政群机构75个，其中，党委工作部门9个，党委其他工作部门1个；政府工作部门24个（不含监察局），县政府派出机构2个；群团机构8个；人大、政协、法院、检察院机关各1个；民主党派机关1个；乡镇行政机构26个。全县有事业单位371个，其中，县级293个，乡镇78个。全县行政编制2314名（含政法专项编制619名），事业编制1476名（含参公管理事业编制719名）。

【纪检监察工作】 2016年，落实“两个责任”，将责任细化为6大项57小项，分解至各县委常委、牵头部门和协办单位，与81个责任考核单位签订《目标责任书》。举办“廉政大讲堂”25期，培训528人次，组织党员领导干部参加法院庭审旁听7批次400余人次，到自流井警示教育基地等接受廉政警示教育20批次300余人次。推进行政权力依法规范公开运行监察平台建设，公开晒权1.23万项。推进会前学法学纪，执行领导干部报告个人有关事项、述责述廉、廉政谈话、诫勉谈话等制度，发放提醒卡204张、函询卡15张、警示卡7张、纠错卡5张，在全县8个乡镇推广中石镇“135工程”和群众议政活动。发挥巡察利剑作用，整改市、县专项巡察组发现的148个问题，对17人立案检查，对9个乡镇党委政府和123名党员干部进行组织处理。严肃换届纪律，受理反映、举报或参加联合查核9件9人，取消2名人选资格，对229名新提拔、交流的领导干部实施任前廉政谈话、发放廉政提示卡、签订廉政承诺书。开展明察暗访10次、检查81个单位，发现问题148个，清退违规资金78.49万元。纪检监察组织共受理检举控告类信访举报194（件）次，处置问题线索345件；党纪政纪立案190件，比2015年增长31%；结案188件，结案率98.9%。谈话函询或要求在民主生活会上作说明的187人（次），给予党纪轻处分或组织处理的148人，给予党纪重处分或重大职务调整的35人，开除党籍并移送司法机关的3人。全年党风廉政建设社会评价指数在全省区县排名从2015年的第87位升至第37位。

【组织工作】 2016年，开展“两学一做”学习教育活动，21名县级党员领导干部到联系的贫困村、所在的机关支部上党课42次，各级党员干部讲党课2800余场次，开展集中学习研讨4500余场次。细化实化换届风气“五个责任主体”任务清单31项，开展换届风气教育1.1万余人次，专题谈心谈话4600余人次，签订严肃换届纪律承诺书、责任书1.8万余份，有4人因涉嫌违纪、信访存疑或举报查实被取消换届人选资格。遴选科级培养对象60人，采取“党校+高校”集中培训，选派到脱贫攻坚、招商引资、项目工作和信访维稳等领域实践锻炼，提升年轻干部能力素质。举办培训班427期，培训干部人才4.5万余人次。年末，全县有党政机关干部2519人，其中，县级领导30人，正科级169人，副科级375人。有党委60个（直属党委38个），党总支29个，基层党支部967个。发展党员274人，党员总数3.34万人。

【思想政治宣传】 2016年，制订《富顺县贯彻落实党委（党组）意识形态工作责任制实施细则》，组织开展“两学一做”学习教育活动，开展党的十八届四中、五中、六中全会精神和“四个全面”战略布局、县委“三大战略重点”等专题教育。成立宣讲团（队），到单位、企业、农村等开展宣讲50余场次，听众2万余人。组织开展“万人经典诵读”活动，评选“文明校园”示范学校13所。建成东湖镇山林村等10个首批“富顺县幸福美丽新村（社区）文化院坝”示范点，唐克勤被评选为“助人为乐·四川好人”、朱小平被评为省“岗位学雷锋敬业标兵”，表扬“富顺文明好司机”60人。全年，播出《富顺新闻》250期；出版《富顺宣传》102期；编发《富顺手机报》230余期。获中央和省、市级媒体用稿2000余篇（条）。妥善处理怀德镇青辉村村委会主任兼任风水师等6件网络舆情，编发舆情快报24期，舆情专报20期，报送舆情信息140条，报送网络评论30余次、560余条。

【政法工作】 2016年，制订依法强制开工方案、依法协助拆除方案75件，现场指挥强制拆除59次，依法拆除违法违章建筑5.13万平方米，确保富州大桥、自隆高速公路、二环路等重大项目的顺利施工及西城项目、瑞祥商贸城、文体中心等项目平稳推进。依法处理欠薪事件25件，为农民工讨薪1800万余元。制定安保工作方案27件，确保市县扶贫攻坚现场会、省域经济工作会（富顺站）、远达之夜演唱会、全市残疾人艺术节等27个重大活动举办。全年排查不稳定因素789条；破获县首例邮寄毒品案，缴获冰毒近2克、麻古近2克，抓获犯罪嫌疑人2人；侦破刑事案件762起（侦破命案4起，实现连续11年91起命案全破），提请逮捕212人，移送起诉377人；县检察院批准逮捕案件172起225人，移送法院起诉314起452人；县法院受理案件5531件，审（执）结5259件。各级调解组织排查、调解各类矛盾纠纷1140余件，调解成功1120余件，调解成功率98%，涉及金额2028.38万元。法律援助咨询、代书事项2500余人次，法律援助案件340余件。

【统战工作】 2016年，开展县政协换届工作，确定县政协第十五届委员会委员的规模为320人，安排310人。发挥民主党派参政议政、民主监督作用，召开迎春座谈会、情况通报会等11次，调研大坡上水库、东湖镇山林村新农村建设，组织“送医、送春联、送科技下乡”和访贫助学活动。指导民建富顺总支、农工民主党富顺县委、民革富顺县总支换届和民主党派成员发展。在上海复旦大学举办富顺县非公企业家高级研修班培训，动员非公经济人士捐款800余万元，投入助学、扶贫等公益事业。宣传民族宗教政策，安排7名少数民族、宗教界人士为县政协第十五届政协委员，1名少数民族人士当选县人大代表。开展侨务、对台和海外统战工作，建立镇乡侨心书屋。

【民主党派和工商联】 2016年，县境有民革、民盟、民建、农工民主党等民主党派4个，民主党派成员305人。其中，民革60人，民盟62人，民建56人，农工民主党127人。县工商联召开第十四届会员代表大会。组织非公有制企业家50余人参加复旦大学综合能力提升培训，动员成功人士回乡创业，招商引资2.6亿元；开展“万企帮万村”精准扶贫行动，落实资金近300万元，推动实施产业项目7个，向贫困村公共基础设施建设以及贫困户房屋新建、维修捐资（捐物）407.2万元。年末有镇乡商会5个，北京、西藏等异地商会6个。

【武装工作】 2016年，开展应急民兵连集中点验和训练科目展示，动用民兵6次800余人参加地方维护社会稳定、抗洪救灾等急难险重任务。实施战备制度常态化，规范战备库室和民兵武器弹药仓库，完成省、市战备拉动演练。严格装备管理，装备完好率、出动率100%，达到“四无”要求。开展国防教育，完成夏、秋季征兵任务。春节慰问优抚对象925人，其中烈属39人。

【工会工作】 2016年，县委印发《关于加强和改进党的群团工作的实施意见》，调整县构建大群团工作格局领导小组，建立县群团组织社会服务中心，整合搬迁县级群团部门办公地点。开展劳动竞赛、技术练兵、技能比武等活动，企业参与面90%以上，参与职工1.6万人次。开展安全生产、劳动保护、职业病防治、农民工工资清欠等专项督查行动5次，参与协调劳动关系联席会4次，为2500名农民工追讨工资2408万元；深化法律援助行动，为职工提供法律援助342件次。举办“春风行动”招聘会3场次，提供岗位2000余个，帮助450名下岗职工再就业；“夏送清凉”为1.2万名一线职工发放价值55万元的降温用品；“秋送助学”为87名困难大学新生发放助学金20.7万元；“冬送温暖”慰问困难职工（农民工）2543人，送慰问金102.8万元。坚持困难职工日常救助，帮扶134人，帮扶资金21.7万元。新增农民工会员660人。年末，全县有工会组织1281个，会员33.2万人。

【共青团工作】 2016 年，建立团干部直接联系青年“1 + 100”工作制度，51 名专兼职团干部对口联系青年 5000 余人。开展“我的中国梦——奋斗的青春最美丽”“青少年风采大赛”“十佳青年志愿者”等活动，评选青少年典型 100 余人。建立 19 个星级留守学生之家，募集资金 11.5 万余元，帮助 700 余名贫困留守学生就学。整合“富顺义工”“小红帽”“萤火虫”等 8 个公益社会组织，组建富顺县公益联盟，开展志愿活动 60 余场次。开设素质拓展 10 余个专业、30 余个班，招生 1.5 万人（次）。年末，有基层团组织 1877 个，团员 5.2 万人。

【妇联工作】 2016 年，组织 300 余名返乡人员参加市“让爱回家，守护成长——援助留守儿童父母返乡创业就业”专场招聘会，开展创业培训 2 期，评选出市巾帼创业就业示范基地 3 个、巾帼文明岗 2 个，帮助妇女就业、创业 500 余人。举办庆“三八”女职工趣味运动会，组织 41 个队近 600 人参加 3 个项目比赛。开展《中华人民共和国反家庭暴力法》宣传活动，接待咨询人员 1000 余人。向 17 名留守儿童、264 名贫困母亲发放价值 49.2 万元的爱心物资。实施“两癌”检查，宫颈癌、乳腺癌免费检查妇女 2.3 万人。是年，有机关、企事业单位妇女组织 57 个，镇乡妇联 26 个，村、社区妇联 5 个，村、社区妇代会 370 个。

【政务服务】 2016 年，清理行政许可项目，保留行政审批事项 179 项、行政审批前置条件 562 项。推进“五证合一、一照一码”改革，办理统一社会信用代码营业执照 3347 个。35 个单位和部门进驻县政务服务中心，办理各类行政审批和公共服务事项 126 万件，平均办结时间 0.22 个工作日，满意率 100%。网上政务服务大厅在线咨询 95 件次，累计办结行权事项 8798 件，预警纠错 30 件。2 个乡镇便民服务中心、41 个村（社区）便民服务室升级达标，乡镇便民服务中心累计办理便民服务事项咨询 1803 件，办结 1423 件；村（社区）便民服务室累计接受咨询 13.28 万件，办结 12.24 万件，开展特色服务 5.48 万件。公共资源交易和政府采购类招投标预算总金额 7 亿元，实际成交金额 5.91 亿元，节约 1.11 亿元。惠民帮扶中心救助困难群众 78 人，发放救助资金 14.41 万元。

【信访和群众工作】 2016 年，全县受理群众来信、来访、来电、网上信访 2055 件次，比 2015 年增长 10.36%，县领导参加信访接待 251 次。县本级交办信访事项 1540 件，办结 1263 件，按期回复率 98.74%。开展 17 轮矛盾纠纷大排查，排查出突出信访问题及矛盾纠纷 960 件。采取“四定三包五个一”包案措施，市领导 7 件、县领导 87 件包案积案全部化解结案，省交办信访积案、难案 15 件化解结案并录入省网上信访信息系统。

经济建设

【主要经济指标】 2016 年，全社会固定资产投资 126.64 亿元，比 2015 年增长 10.39%。社会消费品零售总额 108.99 亿元，增长 11.2%。地区生产总值 242.56 亿元，按可比价计算，增长 8.6%。其中，第一产业增加值 42.11 亿元，增长 3.9%；第二产业增加值 128.51 亿元，增长 10%；第三产业增加值 71.94 亿元，增长 8.8%。三次产业比重由 2015 年 17.7∶53.1∶29.2 调整为 17.3∶53∶29.7。全年农业产值 69.25 亿元，增长 7.7%。工业增加值 104.14 亿元，增长 9.6%。非公有制经济增加值 135.29 亿元，增长 8.9%，对经济增长贡献率 57.6%，拉动经济增长 5 个百分点。

【种植业】 2016 年，新建甜橙基地 453 公顷，总面积 1707 公顷，产值 1.58 亿元；建成富世·互助现代农业主导产业园区、永年现代农业综合园区，面积 2001 公顷，精准扶贫推进狮市·骑龙现代农业三产融合园建设；建辣椒标准化基地 333 公顷，四季豆、无筋豆等蔬菜基地 333 公顷。中稻—再生稻产业基地面积 3.01 万公顷，再生稻有收面积 2.92 万公顷，总产 7.38 万吨；建成宝庆—万寿、长滩—石道蓄留再生高粱示范片基地，面积 1454 公顷，总产 5100 余吨；在代寺镇、互助镇分别建水稻、柑橘 IPM 绿色防控示范园区，示范推广带药移栽、二化螟性诱剂、杀虫灯、黄板、纹曲宁、禾生绿源、免疫诱抗等生物农药和激健减量控害技术，实施面积 6670 公顷，植保无人机病虫绿色防控 1200 公顷。全年播种粮食面积 7.08 万公顷，产量 50.68 万吨，比 2015 年增长 1.4%。

【农业机械】 2016 年，机耕面积 4.95 万公顷（次），机播 2915 公顷，机收 1.82 万公顷，机械半机械植保面积5万公顷（次）。小麦、玉米、水稻等农作物机械半机械脱粒量43.4万吨，加工农副产品30.46万吨。是年，财政补贴1784户农户128.67万元，购置农机具1818台。新增提灌机械335台2190千瓦，修复、改造提灌机具1319台1.34万千瓦，机电提水量1603万立方米。年末，全县农机总动力28.63万千瓦，比2015年下降3.2%。

【林业】 2016年，投资4131.83万元，实施民生工程。退耕还林46.69公顷，管护天然林2067.7公顷，续建退耕还林面积9358公顷，抚育重点公益林，实施病虫害防治4935.8公顷，管护重点公益林3148.24公顷，森林抚育总面积5682公顷。“绿地”行动绿化城乡道路25千米，栽植黑杨、巨桉26万余株。全民义务植树37.6万人（次）112万株，全年人工造林2011公顷。投资5.3亿元，实施巩固退耕还林成果后续产业种植项目1457.92公顷，亿草园、千丘综合体、华南农业科技、鑫睿茯苓种植等林业综合开发项目399.13公顷。全年有害生物防治面积1334公顷。林业公安处理警情85起，破获各类涉林案件18起，处罚18人。年末，森林面积3.07万公顷，森林覆盖率35.4%，比2015年提高0.2个百分点。

【畜牧业】 2016年，实施30万头生猪产业化生态循环经济、10万头生猪产业化等重大项目建设，三元杂交改良面95%，主要畜禽规模养殖面70%。创建示范养殖场6个，其中国家级示范养殖场1个。全年出栏生猪63.72万头、肉羊48.31万只、家禽887.91万羽（白鹅出栏600万羽）、肉牛1.18万头、肉兔1695.87万只，肉类总产量8.81万吨，禽蛋产量1.3万吨。防控猪、牛、羊口蹄疫及猪瘟、高致病性蓝耳病、禽流感等疫病，免疫畜禽1025.94万头（只），狂犬病免疫犬只3.51万只，扑犬2806只。

【水产养殖】 2016年，开展基层水产技术推广工作，遴选水产技术指导人员18名，培育水产科技示范户90户，带动水产养殖900户。推广异育银鲫“中科3号”、长丰鲢鱼、斑点叉尾鮰优良品种和水产养殖节能减排技术、稻田综合种养技术。新申报无公害水产基地1个，无公害水产品4个，无公害复查换证基地2个，水产品13个。在镇溪河等天然水域增殖放流南方鲇、翘嘴鲌等鱼苗14万余尾。全县有水产养殖面积2278公顷，投放鱼苗总量4925吨，水产品产量1.89万吨，其中，淡水养殖1.76万吨、淡水捕捞1235吨，渔业总产值3.51亿元。渔政管理查处渔业行政案件7起，年检、年审渔业船舶616艘。

【水利】 2016年，依法办理行政审批49件，其中，采砂许可证15件、开发项目水土保持方案审批34件，取水许可和办证率100%。实施河道常态化巡查，查处河道乱倾乱倒21起，违规占用河道18起，查处制止违规采砂9起，协调采砂矛盾纠纷68次。实施“清水行动”，投资150万元，完成沱江、镇溪河、釜溪河等重点河流180余千米水面漂浮物打捞。全年水利投资9.09亿元，实施大坡上水库建设、农村安全饮水、县乡污水处理、病险水库除险加固、小型农田水利等工程项目，新建整治水利工程307处，新增灌溉面积556.95公顷，解决1.2万贫困人口饮水问题，有效灌溉面积2.24万公顷。年末，蓄水0.81亿立方米，治理水土流失面积4468.9公顷。

【工业经济】 2016年，促进产业调整升级，扶持工业企业项目32项，获上级发展资金4900万元。宜江春、红谷实业、恒信昌、玉洁家纺、成华汽配、戎春酒业、四川辉腾、沱江纸业、蜀佳味业等完成技术改造并投产，安博尔、富戎包装、弘毅锅炉等项目竣工投产。规模以上工业产值283.9亿元，比2015年增长9.88%；增加值74亿元，增长11.1%。年末，有规模以上工业企业110户，比2015年增加2户。其中，产值超10亿元企业有四川东方变压器集团有限公司（18.19亿元）、中昊晨光化工研究院（17.7亿元）、富顺县锦明笋竹食品有限公司（14.7亿元）、富顺县恒信昌纺织有限公司（13.56亿元）、四川富益电力股份有限公司（12.38亿元）、四川省旺林堂药业有限公司（10.65亿元）。

【商务流通】 2016年，组织美乐食品、江阳磁材等20余家“名优特新”企业参加“川货全国行”“万企出国门”“惠民购物全川行动”活动和第八届中国（重庆）火锅美食文化节，现场销售额150万元，合同协议代理销售额近1800万元，落实代理商12家。组织“迎春购物月”暨首届名优农产品展销会等促销活动，促进内需增长。全年社会消费品零售总额108.99亿元，比2015年增长11.2%，名列全省扩权县第9位。外贸进出口2107万美元。年末，新增限额以上商贸企业13家，累计入统限上商贸企业112家。

【供销合作】 2016年，新发展农民专业合作社5个、规范2个，规范农村社区综合服务社10个，新建“美丽乡村生活超市”1个，吸纳新型基层组织成员社2个，新建基层社1个，改造农资综合经营服务阵地1个。供销系统有成员单位73个，其中，成员社7个，县属公司及社会企业类成员社12个，加盟企业1个，专业合作社53个。实现经营服务总额13亿元，销售总额7.2亿元；消费品零售额4.76亿元，农资供应总额6908万元；农副产品收购总额4.33亿元；再生资源回收总额7310万元；实现利润总额840.2万元，帮助农民人均增收21.5元。

【财政税收】 2016年，深化国库集中支付改革，首次将县级“四本预算”报县人代会及人大常委会审议，探索跨年度预算平衡机制和中期财政规划编制。落实“营改增”、中小微企业税收优惠等政策，减免各类税费近1亿元。投入资金2.6亿元，用于企业技术改造、产品研发、节能减排和设施建设，激励企业发展。整合涉农资金3.1亿元，推动脱贫攻坚进程。一般公共预算民生类支出30.13亿元，占总支出的75%。整合县属11户国有企业组建富顺县世锦集团公司，实现融资25亿元，投入棚户区改造等基础设施建设。整合国资办和“PPP”中心，成立县投融服务中心，引进社会资本近10亿元。全年国税收入3.68亿元，地税收入6.68亿元。地方一般公共预算收入完成7.16亿元，比2015年增长9.9%，一般公共预算支出完成38.02亿元，比2015年下降5%。

【金融保险】 2016年，县境有银行业金融机构11家，年末存款余额295.9亿元（不含财政性存款），比2015年增长14.2%；贷款余额147亿元，比2015年增长18.4%。有保险业经营机构7家，全年保费收入6.89亿元，比2015年增长44.34%，其中，财产险收入1.47亿元，比2015年增长13.97%，人寿险5.41亿元，比2015年增长55.56%。全年处理赔款、给付6099.33万元，增长6.03%。其中，财产险赔付5377.64万元，增长7.83%，人寿险赔付721.69万元，增长10.12%。

【国有资产运营管理】 2016年，出租资产83处，租金收入126.81万元。投入3600万元回购城西水厂二期工程项目，实施滨江路棚改工程。新增担保贷款13.98亿元，用于狮市古镇建设、富二中棚户区改造等项目建设。股权担保贷款3600万元，用于华迪运输机械、世山装饰、金远农业发展等公司生产。抵押2宗土地资产，为世锦公司贷款9000万元，用于晨光工业园区堤防堡坎项目建设。办理创业担保贷款4人35万元。启动县丝绸厂等改制企业121户职工房改办证工作，完成县酿造厂等13户职工房改办证和拍卖、旧城改造17个门面房产过户手续。

【招商引资】 2016年，召开返乡人士座谈会36次，接待返乡成功人士588人，获取重庆商会返乡创业园区、333.5公顷生姜基地等项目线索120个，涉及投资110亿余元。包装推出自隆高速连接线等“PPP”项目15个，涉及投资63亿元。新签川南教育城、百惠通·西部农贸物联港等重大招商引资项目19个，履约12个，开工9个。到位市外资金101.93亿元，其中到位省外资金59.87亿元，形成固定资产64.13亿元。

【科技推广】 2016年，组织开展知识产权保护宣传活动3次，举办知识产权培训3期，培训人员300多人（次）。全年申请专利227件，专利授权187件。资助专利91件17.7万元，申请5件专利实施与促进类专项资金50万元。开展知识产权执法检查2次，调处涉嫌专利侵权1件。申报省科技成果转化等科技项目46项。推进企业、高校科研合作，实施香辣酱全产业链的科技攻关、高性能稀土铁氧体永磁材料及元器件中关键技术研究、含氟化工新材料中间体全氟己基乙基碘的合成、新型有机硅高分子材料与精细化学品系列的开发与产业化、加工型辣椒新品种选育及繁育推一体化等项目45项，获省、市科技补助经费2855万元。全年高新技术产业实现总产值125亿元。

【工商行政管理】 2016年，监管流通领域商品质量，抽检各类物资物品110批次，后处置率100%。规范市场秩序，检查企业、个体户1544户，商场、集贸市场等465家（次）。全年立案查处违法违章案件196起，结案190起，移送司法机关处理1起，当场处罚2162起。受理消费者投诉162起、申诉90起，为消费者挽回经济损失73.46万元。是年，新办理各类市场主体资格登记4315户，其中企业714户、农民专业合作社83户、个体工商户3518户；各类市场主体变更登记3109户，注销4780户。换发企业“五证合一”新版执照2589户，个体户“三证整合”新版执照1200余户，个改企56户。年末，辖区内有企业5285户，个体工商户2.12万户，农民专业合作社786户。

【物价监管】 2016年，日常监测9大类90个品种商品价格，成本调查水稻、油菜籽、生猪等5类主要农产品。报送物价简报、价格分析26期，价格信息71期。组织房地产市场、商品房明码标价、城区停车收费、天然气阶梯气价等专项检查10余次。“12358”价格举报电话受理价格收费投诉26件。受理各类价格认证案件126件，涉案财物200余件，鉴证金额55.62万元。建立实施城镇居民生活用气阶梯价格制度，制定污水处理费调整方案。

【统计与调查】 2016年，实施工业、农业、服务业、科技等专业统计30余项。编发《富顺县统计月报》，反映地区生产总值（GDP）、农业、工业等经济发展水平。编发《统计分析》4期、统计信息60余篇，发行《富顺县领导干部经济手册（2016）》650册，制作《统计专刊》4期400余册。完成福善镇黑竹坝村、赵化镇普安村、石道场社区全省人口变动抽样调查样本调查。开展第三次全国农业普查，按月度、季度和年度联网直报“四上”企业入统与退统工作。国家调查队在全县设立调查网点3500个，实施城乡居民收支14个镇乡20个调查网点200户记账户的调查等常规调查16项。首用无人机开展“三农普”遥感测量野外作业，开展粮食产量现场实割实测、城区公交车营运现状、乡村旅游促农增收现状、农户参加农业保险及赔付情况等专项调查14项。全年撰写经济信息和分析报告129篇，被四川调查总队、中共中央办公厅、国务院办公厅采用9篇。

【审计管理】 2016年，财政预算审计县财政局、地税局及新型农村合作医疗基金、残联。经济责任审计骑龙镇、琵琶镇、石道乡、县卫计局、县统计局、原房管局、原县商旅局、原县科技局等8个单位。投资审计工程项目83个，审减金额4100万元。全过程跟踪审计S305绕城线BC段、文体中心、大坡上水库、赵化大桥、北湖公园等5个项目。国企审计富顺县国家粮食储备库有限公司2012年至2014年财务收支情况。全年审计项目100项，查出违纪违规金额12.94亿元，上缴财政200万元，减少财政拨款或补贴4100万元，归还原渠道资金8.81亿元，缴纳其他资金3.45亿元，调账处理金额2500万元。

【质量技术监督】 2016年，质量与安全检查农资生产企业54家次、鞭炮生产企业41家次；产品认证检查生产企业34家、儿童玩具销售商9家、消防产品销售商5家；产品生产许可检查建材、化工企业37家（次）。全县有质量AA级企业2家，A级企业16家，B级企业12家，C级企业3家。创建第十二届四川名牌企业8家12个产品。“富顺香辣酱”再上国家地理标志产品价值榜，品牌价值62.31亿元。计量监督检测加油站38家98枪、车辆检测单位2个、市场13个；计量抽查包装生产企业12家，合格率99%。特种设备安全检查使用单位90个，登记特种设备328台，责令12个单位整改安全隐患。

城乡建设

【规划与建设】 2016年，编制文庙—西湖片区古城复兴与风貌塑造、县城1.57万户棚户区改造等9项规划。建设工程招标代理合同备案14个，施工许可项目32个，建筑面积29万平方米。制止违法建筑行为449起，拆除违法建筑面积约4.47万平方米，责令停工整改32起。启动棚户区改造3304户，农村危房改造1623户、渔民上岸工作82户。实施重大项目36项，完成投资32.02亿元。年末，县城建成区面积扩至22.88平方千米，常住人口25.08万人，城镇化率39.01%。有建筑业企业77户，建筑业产值60.9亿元，增长19.9%，实现建筑业增加值25.14亿元，增长11.8%。房屋建筑施工面积271.28万平方米，比2015年增长48.8%；竣工面积170.4万平方米，增长4.19%。

【幸福美丽新村建设】 2016年，投资1.82亿元，新建幸福美丽新村18个，新建、改造农房

957户，建成农村廉租房289户、村级服务中心23个。投资3.57亿元实施17个示范村和4个综合体建设，新建"1+6"公共服务中心15个，新建广场16个。新建和改造县乡道51千米，新改建村道103千米，建成高标准基本农田2601.3公顷，新增、改善和恢复灌面1240.62公顷，完成琵琶220千伏变电站主体工程，新建和改造10千伏线路93.4千米，319个村建成"宽带乡村"。金竹村、棬坝村、凰凤村、海棠村、土地村、金台村、红胜村被命名为省级"四好村"。

【交通运输】 2016年，公路交通投资15.92亿元，G348富顺绕城改线项目完工，推进富州大桥通车，自隆高速富顺连接线、赵化大桥、东城客货枢纽站、农村路网改善工程"PPP"项目、川南城际铁路富顺段等重大项目建设。路政管理检测货运车辆13.66万辆，查处超限99辆，卸载或转运1052.96吨。全县有客运车辆531辆1.15万个客位，应急储备运力11辆399个客位，城市公交车58辆2068个客位，出租汽车260辆。全年客运量1900万人次，客运周转量5.1亿人千米，比2015年增长4%；货运量1205万吨，货运周转量18.76亿吨千米，比2015年增长16.5%。县城到乡镇通班车率100%，乡镇到村通班车率76.8%。水上交通投资446.1万元，建造海事抢险救助艇、趸船并交付使用。水上运输通航160.65千米，17个镇乡、3个航运企业、6个港口企业拥有客货运船舶330艘，1.42万总吨位，动力功率9874千瓦。客运量46.12万人次，货运量108万吨。是年，县邮政业服务中心、县机械化养护和应急保障中心成立，马口田超限检测站获2014—2015年度全国交通运输行业文明示范窗口称号。

【邮政通信】 2016年，中国邮政集团公司四川省富顺县分公司升级改造23个网点，建设便民服务站（点）323个、邮掌柜323个、智能包裹柜小区31个，新开邮路2条（共6条），实现收寄邮件当天出口，邮政业务总量1.06亿元。电信富顺分公司建成"4G"基站240个，光纤通达286个村，覆盖用户40余万户。年末有宽带用户10万户，天翼手机用户14万户，电信电视用户9万户，主营业务收入1.02亿元。移动富顺分公司投资4400万元，实施TD—LTE网络和光纤入户建设，建成"4G"基站601个，优化改造"2G""3G"基站82个；新建光纤小区138个、端口1.2万线，覆盖用户5.6万户；打造100兆光纤宽带城市，发展高速上网及高清电视用户3万户；建成345个村宽带端口2.92万8968线。联通富顺分公司投资5200万元，新建"2G+4G"基站85个，累计有基站300余个，实现城区、板桥、永年、富和、赵化、童寺、代寺的全光网接入，固话4722户、手机9万户，主营收入4921万元。年末，全县有固定电话用户14.58万户、移动电话用户57.36万户、互联网宽带用户15.7万户。

【供水】 2016年，污水管网完善工程一标段敷设DN800～1200污水管道8600米，二标段敷设DN500～600管道1426米，新建松毛山DN400、二环路DN600、关灯路DN300及预埋横穿管道DN600～1000共600余米。加强生产设施设备维护改造升级，提高用水服务质量。年末，全县有用户1.21万户。全年取水总量1684万立方米，销售水量1202万立方米，经营收入3468万元。

【供电】 2016年，编制电网滚动规划，283个项目被纳入国网四川省电力公司储备库，总金额4.3亿元。完成220千伏琵琶输变电工程、110千伏东边湾输变电工程、110千伏琵琶—意志输电线路工程、110千伏海棠35千伏配套线路工程等项目前期工作。完成35千伏桂花井输变电工程、农网升级改造工程建设任务。完成35千伏泥高线、意高线、S305线路电力线路、大坡上水库线路迁改、老旧小区电力改造工程。黄葛灏、黄泥滩水电站总装机容量3.16万千瓦，年发电量2亿千瓦时。年末，有110千伏变电站4个、35千伏变电站（含1个开关站）16个，拥有110千伏线路7.96千米，35千伏线路215.28千米，10千伏线路1856.31千米，配电变压器3702台。供电人口120万人，供电面积1350平方千米。

【供气】 2016年，燃气基础设施敷设各类管线480千米，启动赵化配气站迁建项目。新发展用户1.18万户、营业用户149户。全年天然气购进总值7116万元，输差率13.04%，营业收入1.44亿元。

【房地产管理】 2016年，完成廉租住房补贴申请、审核和发放工作，发放廉租住房租赁补贴

214 万元。棚户区改造 2608 户开工建设。房地产开发投资 25.25 亿元，比 2015 年下降 16.03%。商品房屋施工面积 203.54 万平方米，竣工面积 93.54 万平方米。核发商品房预售许可证 23 个，预售面积 60.4 万平方米，商品房销售面积 63.84 万平方米。新增住房公积金缴纳单位 13 个、职工 1762 人，归集金额 2.99 亿元；累计缴纳单位 607 个、职工 1.94 万人，公积金总额 14.72 亿元。年内向 443 个单位的 856 户职工发放个人贷款 2.77 亿元；累计发放 460 个单位职工 7133 人住房贷款 11.79 亿元、余额 7.74 亿元。

【国土资源管理】 2016 年，征收集体土地 120.63 公顷，拆除农房 540 户 1.18 万平方米，支付征地拆迁补偿 1.99 亿元，发放过渡安置费 500 万元。供应国有建设用地 32 宗 39.44 公顷，收益 6.36 亿元，收取补办出让土地政府收益额 1154.42 万元。“金土地”、增减“双挂钩”项目建设整理土地 4658.47 公顷，新增耕地 391.21 公顷。投入资金 802.2 万元，实施安溪镇刘家坝黑竹林滑坡、龙万乡荷湾村 6 组小石堡滑坡治理工程，地质灾害防灾避险搬迁 23 户 92 人。完成 18 个非煤矿山矿业权延续、转让、变更登记。全年办理土地资源行政审批和服务事项 1.46 万项，审批农房建房 3181 户 41.24 公顷。颁发“不动产权证书”2633 本、发放“不动产登记证明”3724 册。

【环境保护】 2016 年，双随机抽查 112 户企业，征收 50 户排污费 180 余万元，推进环保执法与司法衔接联动，立案查处违法案件 19 起，处罚金 116 万元。可吸入颗粒物（PM10）年均值为 95 微克/立方米，比 2015 年下降 8 微克/立方米。建成县城污水处理厂二期工程及 24 个乡镇生活污水处理厂，综合治理沱江、釜溪河、镇溪河流域水污染，镇溪河流域集中式饮用水源水质达标率 100%，乡镇集中式饮用水源水质达标率 87.3%。是年，完成市下达主要污染物减排年度任务，大气污染防治绩效单项目标考评全市排名第一。

【市政管理】 2016 年，规范市容秩序，规整占道经营商户 9000 余户（次），取缔校园周边违规经营商户 30 户，县城区扬尘治理检查 90 次，立案处罚 20 件，罚款 5000 元。清理城区乱喷涂、乱张贴小广告 9500 处，拆除大型户外广告 5 块、规范广告招牌 2000 余张。投资 3536.98 万元，改造和维护市政、路灯等基础设施；新（改）建公厕 35 个、垃圾库 26 座、垃圾桶果皮箱 350 个；新增环卫车 54 辆，城市生活垃圾无害化处理率 95.2%。新、改建 14 个路口红绿灯、停车位 115 个，新增交通标志 128 块，施划补划交通标线 1.29 万平方米。开展智慧城市数字化城管平台建设。启动老城区第二轮清扫 100.63 万平方米保洁服务外包工作。

文化建设

【文化活动】 2016 年，以“弘扬传统文化，树立‘三化’新风”为主题，举办“富顺你好”新春音乐会、“‘三化’新风”万人经典诵读、“文明新家园·快乐富顺人”远达之夜群星演唱会、四川音乐学院交响乐团走进富顺专场音乐会等大型文艺活动及“后花园诗丛”之《灵魂的钥匙》《蜻蜓来访》首发式暨分享会、“陈铨学术研讨会”等文化艺术活动 140 余次，观众 12 万余人。舞蹈《大妈爱跳舞》《时尚大妈》《太阳出来喜洋洋》分获广场舞大赛省三等奖、市一等奖、二等奖。组织 30 件美术书法摄影作品参加市社区艺术节，获美术类三等奖 1 项，书法类一等奖 2 项，二等奖 2 项，摄影类获一、二、三等奖各 1 项。是年，建成 14 个村级文化广场，为 250 支文艺队伍配置移动音箱。全县开放公共图书馆 1 个、文化馆 1 个、体育健身馆 1 座、文体中心 1 座、镇乡综合文化站 26 个、农家书屋 319 个，有文化学会、协会 14 个。

【体育】 2016 年，举办全国友好城市中老年 5 人制足球比赛、第二届“篮协杯”暨“远达杯”四川省城际篮球联赛、迎新年全民健身跑、全国象棋业余棋王赛四川赛区自贡（川南）分站赛、自贡市冬季游泳比赛等比赛活动 15 场，参加人数 1 万余人。参加全省中学生及青少年羽毛球锦标赛，获金牌 3 枚、银牌 2 枚，铜牌 2 枚，被评为体育道德风尚运动队。全年获市级以上体育赛事金牌 4 枚、银牌 2 枚、铜牌 3 枚。年末，建有体育协会 19 个，会员 5500 余人。

【文物与非物质文化遗产保护】 2016 年，上报《富顺县第一次全国可移动文物普查工作报告》和《富顺县全国可移动普查公报》。富顺文庙大成殿维修工程初验合格，完成刘本祠、顿邱世第、观音阁、天后宫、咸宜庄等市、县文保单位的抢险排危工作。配合省考古院完成大坡上水库建设现场文物考古发掘、富顺地区唐宋时期摩崖造像及富和乡冯坝村老坟山宋代古墓调查工作，协同自贡恐龙博物馆完成赵化恐龙化石调查工作。保护非物质文化遗产，组织考察、采风、普查、调研、展演展示30余次，成功申报市级非物质文化遗产项目5项。高桌狮灯和童寺唢呐参加荣县大佛旅游节民俗展演，秸秆工艺画、玻璃吹塑技艺、吹糖人等入选“非遗民间艺术进校园”活动，《富顺方言》正式出版。年末，县境有国家级文物保护单位1个，省级文物保护单位8个，市级文物保护单位20个，县级文物保护单位20个。馆藏文物975件，其中，一级文物4件、二级文物9件、三级文物216件。

【广播电视】 2016年，播放《富顺新闻》《可听可乐》《西湖茶馆》《哈哈三人行》《欢乐946》《946大当家》自办节目6个422期，《电视问政》4期，专题节目10余部。《富顺新闻》采用稿件2000余篇，《自贡新闻》《新闻视线》采用200余篇，《四川新闻》采用2篇。制作社会公德、职业道德、家庭美德教育宣传社会公益性广告20条，播出260条。实施广播村村通工程，实现26个乡镇、319个村全覆盖。投入数字放映设备11台，放映员11人，放映公益电影3828场，观众29.83万人（次）。年末，有线广播电视传输干线网络总长3128.35千米，新发展15个贫困村用户2124户，综合业务用户2.6万户，经营收入2911.21万元。广播综合覆盖人口107.38万人，覆盖率99%。电视综合覆盖人口106.78万人，覆盖率99%。有线电视总用户5.83万户。

【档案管理】 2016年，举办文书档案、会计档案、档案信息化和规范化管理、重大项目档案培训4期，培训644人（次）。指导立档单位归档2015年文书档案6556盒9.29万件，征集各类资料200余册。原文扫描和图像处理馆藏人事、林权改革档案158.52万页，录入索引信息37.48万条，档案数字化加工处理累计550万页。使用《四川省电子文档管理系统》单位149个。档案利用接待1.4万余人（次），提供档案3.6万余卷（次）、资料380余册，出具档案证明2.8万份。档案规范化管理达省级标准新增26个单位，年末达省三级及以上标准单位229个，其中，一级14个、二级24个、三级191个。

【地方志工作】 2016年，编纂《富顺年鉴(2016年卷)》，全书80余万字，设类目30余个、条目2000余个，综合反映全县农业、工业、城乡建设、经济管理、文化体育、居民生活、宗教等经济和社会发展概况，由四川科技出版社公开出版发行。编辑报送《四川年鉴》《自贡年鉴》2016年卷富顺部分资料，展示2015年度县境政治、经济、文化和社会发展简况。编辑报送《四川省镇乡简志》富顺部分资料，反映2015年度县境政治经济文化社会发展概况及26个镇乡特色。

【宗教活动】 2016年，县境有佛教、伊斯兰教、天主教、基督教宗教团体4个。开放千佛寺、普法寺、云峰寺、雷音寺、罗汉寺、同心寺，换发宗教活动场所登记证和悬挂标识牌5个，捐赠8500余元开展公益慈善活动。伊斯兰教建有清真寺1座，信教群众100余人，组织教友开展开斋节、古尔邦节等宗教活动。天主教在县城、安溪镇各有教堂1座，举办6次瞻礼活动。基督教有教堂1处，信教群众100余人，参与复活节、圣诞节等活动。

社会建设

【教育】 2016年，编制全县教育事业发展“十三五”规划，承办省教育科研（川南）片区研讨会、西华师范大学环境教育与科普基地“1+N”项目工作会，申创“全国中小学校责任督学挂牌督导创新县”。义务教育均衡发展督导评估通过省政府验收。引进“衡水一中川南分校”。开展送课下乡63次，高考本科上线2466人，其中重点本科553人。实施教育扶贫工程，资助贫困家庭儿童、中小学生及大学新生4.76万人次4689万元。投资2.18亿元，实施教育项目162个，新建校舍及改扩建运动场14万余平方米。组织开展青少年风采大赛及中小学生艺术节、田径运动会、篮球比赛、校园足球比赛、学生合唱、网络征文、纪念长征80周年系列活动，获市级奖项60个、省级奖项305个、国家级奖项18个。全年获省、市、县“优秀教师”称号的教师66人。年末，有普通中学56所，职业中学1所，小学34所，教学点147个，幼儿园83所，电大进修校1所，特殊教育学校1所。在校中小学学生11.81万人，在职教职工6245人。

【卫生】 2016年，县级医院与市级医院、26所乡镇卫生院和9所民营医院签订双向转诊协议。15所乡镇卫生院、11家中医馆、部分村卫生室开展中医适宜技术推广和中医文化特色打造，通过中医省级资金的绩效考核。完善公共卫生体系，规划疫苗接种率99.55%；建立居民电子健康档案80.14万份，建档率96.73%；农村孕产妇住院分娩补助6510人，补助率100%。实施卫生扶贫工程，投入631.52万元，实施34个贫困村卫生室标准化建设；设立卫生扶贫救助基金，实现贫困人口县域内住院费用“零支付”，在全省首创“贫困人口住院就诊预留床位”。新型农村合作医疗参保77.7万人，筹集基金4.25亿元，支付医疗费用3.55亿元。城镇职工、居民参加医疗保险15.33万人，缴纳医保基金1.87亿元，支出医疗费用2亿元。代寺镇被评为“国家级卫生镇”，板桥镇中心卫生院和怀德镇中心卫生院被评为国家级“群众满意乡镇卫生院”。年末，全县有医疗卫生单位743个，其中，公立医院3家、民营医院8家、妇幼保健机构1个、疾病预防控制中心1个、卫生计生监督机构1个、镇乡卫生院26个、村卫生室649个。拥有床位3222张，医疗卫生技术人员2635人，其中，执业医师（含助理）922人，注册护士1102人。

【人口和计划生育】 2016年，奖励扶助农村计划生育家庭1762.68万元，奖励独生子女父母152.35万元，奖励独生子女高考升学48.9万元，慰问计划生育特殊家庭117.41万元，补助计划生育特殊家庭成员住院费1.52万元，“两全”保险投保72.32万元，投资66万元实施计划生育特别困难家庭安居工程。全年出生人口1.13万人，人口出生率10.96‰；死亡4605人，死亡率7.01‰，人口自然增长率3.95‰。

【民政】 2016年，城乡低保清退711户964人，新增3177户4041人，纳入城乡低保4.83万人，发放低保金1.04亿元。供养“五保”对象7149人，支付生活费2876.72万元，集中供养率29.9%。补助孤儿105人生活费82万元。全额资助城乡低保、农村“五保”对象参加医疗保险及新型农村合作医疗5.32万人，医疗救助1.6万人次1073.2万元，救助重特大疾病、重型精神病、儿童先心病823人次378.42万元。发放90岁以上老人高龄补贴2800余人、348万元。投资1100万余元，维修改造乡镇敬老院9个，新建日间照料中心26个。通过政府购买服务方式，服务困难家庭失能老人及80周岁以上老人1.13万人次。伤残军人、军烈属、复员军人等优抚优待对象1.05万人，发放定额补助及生活补助等4616.2万元，接收安置转业军人13人。办理登记结婚7639对、离婚2520对，补办结婚登记3236对、离婚登记145对。54个福利彩票投注站销售彩票2012万元。新登记社团18个，社会组织年检率97%。年末，有社会组织345个。

【人事管理】 2016年，公开招考公务员112人、事业单位工作人员424人，接收自主择业军转干部1人，安置转业士官13人；办理公务员试用期转正128人，组织培训初任公务员144人、优秀公务员121人；办理事业单位人员调动200人、人事关系代理及岗位晋升2000余人。

【就业服务】 2016年，开展创业、品牌、青年技能培训1650人。举办企业用工招聘活动20余场次，提供岗位6300余个，登记求职人员1100余人。补贴高校毕业生创业63人63万元；城镇新增就业7628人，城镇登记失业率4.1%；转移农村劳动力36.82万人，劳务收入61.5亿元。劳动监察检查用人单位591户，纠正支付最低工资207人，督促企业为职工参保缴费30万元，企业劳动合同签订率96%，企业集体合同签订率92%；受理投诉举报60起，追讨农民工3281人被拖欠工资3057万元。仲裁劳动人事争议案件153起，调解92起。

【社会保障】 2016年，“新农保”“新农合”机构归并，“五险合一”统征，机关、事业和企业单位离退休（职）人员基本养老金调整到位，城乡居民基本养老医疗保险实现制度整合和全覆盖。企业职工养老保险参保6.63万人、保险费征缴4.51亿元，工伤保险参保2.71万人、保险费征缴1027万元，生育保险参保2.3万人、保险费征缴547万元，医疗保险参保15.33万人、保险费征缴1.26亿元，失业保险参保1.58万人、保险费征缴705万元。机关事业单位养老保险参保人数1.3万人、保险费征收1.91亿元，城乡居民养老保险参保42.32万人（缴费人数9.23万人）、保险费征收

2812.98 万元。中央转移支付新农保资金 1.33 亿元，省转移支付新农保资金 1194.67 万元。年末，统筹企业离退休人员 6.8 万人，比 2015 年增加 2018 人，支付养老金 13.21 亿元，月人均养老金 1694 元。支付机关事业单位离退休人员养老待遇 3.1 亿元。发放 16.71 万名城乡居民退休人员养老金 1.51 亿元。社会化发放率、按时足额支付率均 100%。

【食品药品监管】 2016 年，巡查食品生产企业、小作坊 864 户次，定期监管餐饮、药品生产经营使用、化妆品经营使用企业单位。快检食品 1378 批次，抽检药品 112 批次，抽检食品 1369 批次。立案依法查处食品药品领域违法案件 265 起，移送公安机关立案侦办 5 起，起诉判刑 1 起，逮捕 2 人。办理餐饮服务、食品销售、单位食堂许可 1187 户，注销、变更食品销售、餐饮服务 221 户，备案医疗器械 209 件、变更 56 户。年末，辖区有食品生产经营企业 4643 户，药品、药包材生产和批发零售经营企业 279 户，药品使用单位 860 家，餐饮企业 3000 余户。

【安全产生】 2016 年，化解煤炭行业过剩产能，关闭煤矿 1 户，非煤矿责令停产整顿 2 户；办理烟花爆竹零售经营许可证 86 户、撤销 1 户，安全检查烟花爆竹生产经营单位 53 户（次），查出隐患 194 处，发出责令限期整改书 4 份；加油站合法合规性排查 10 户，责令停业整改 1 户；排除危化品生产企业储存场所重大危险源 2 处。东湖镇通过全国安全社区评定，3 个乡镇建成省安全社区。排查出存在有粉尘和高毒物品危害的企业 54 户、隐患 60 处，职业危害申报 172 户、2200 余人。是年，发生各类事故 251 起，死亡 18 人、伤 22 人，经济损失 319.3 万元。

【残疾人帮扶活动】 2016 年，征收残疾人就业保证金 525 万元。发放重度残疾人护理补贴 7444 人次、491 万元，残疾人扶贫对象生活费补贴 214 人、20 万元，机动轮椅车燃油补贴 105 人次、3.87 万元，补助居家托养精神智力三级残疾人 520 人、31.2 万元。投入 45 万元改造 60 户农村贫困残疾人危房，投资 90 万元实施 200 户贫困残疾人家庭无障碍改造。培训残疾人 3000 多人次，召开招聘会 2 次，帮助残疾人就业创业 6944 人次。补助居家灵活就业残疾人 989 人生产发展资金 49.45 万元，筹资 44 万元购买畜禽种苗，帮助 1100 名残疾人发展养殖业。投入 54 万元为 54 名贫困残疾儿童实施康复训练、手术、矫形器和辅助器具适配救助。是年，新办残疾人证 3080 份，数字化管理残疾人 2.32 万人。

乡镇概况

【富世镇】 地处沱江河下游西岸，属县政府驻地，辖区面积 48.59 平方千米。境内有国家重点文物保护单位——富顺文庙，以及西湖、千佛岩等景区景点。2016 年，撤销平澜村党支部，新成立十字岭、滨河、杨柳湾 3 个社区，年末，辖 13 个村，20 个社区。居民户数 5.61 万户，常住人口 22 万人。是年，粮食播种面积 1800.9 公顷，产量 1.28 万吨；蔬菜种植 400.2 公顷，产量 1.69 万吨；出栏生猪 3.46 万头、羊 1.54 万只、肉兔 65.67 万只、家禽 34.25 万羽，肉类总产量 3526 吨，水产品产量 903 吨。投资 3.4 亿元的富丽大酒店主体完工，投资 9000 万元的永鑫汽车销售服务中心扩建工程和星玛汽车销售商贸城建设完成，邓井关水电站投产运营；新增规模以上工业企业 1 户，规模以上工业总产值 38.13 亿元。培育限额以上商贸企业 7 家，社会销售品零售总额 39.41 亿元。全年固定资产投资 45.73 亿元，地区生产总值 183.69 亿元，招商引资 5.2 亿元，农村居民可支配收入 1.31 万元，城镇居民可支配收入 2.94 万元。开放镇文化站及村、社区书屋 32 个，举办文体活动 73 次，放映电影 120 场。发放城乡低保金 2816 万元，农村新型农村合作医疗参保率 99.8%、城镇居民医疗保险 5.08 万人。

【东湖镇】 位于沱江东岸，辖区面积 70.66 平方千米。镇政府驻地东街，与县城隔沱江相望，是县城东区交通枢纽。2016 年年末，辖 22 个村，3 个社区。居民户数 2.08 万户，人口 7.06 万人。是年，招商引资 4.6 亿元，新引进“福农橘园”柑橘特色产业生态园区、东城国际等 5 个项目。全镇出栏生猪 4.9 万头、羊 1.55 万只、家禽 24.26 万羽、肉兔 7.58 万只。播种粮食面积 2567.95 公顷，产量 2.24 万吨，蔬菜种植面积 800.44 公顷，产量 4.7 万吨。规模以上企业 14 户、总产值 59.4 亿元，有工业企业82户、总产值63.2亿元。社会消费品零售总额3.2亿元。全年地区生产总值29.3亿元，农村居民可支配收入1.35万元，城镇居民可支配收入2.77万元。社会保障纳入城乡低保2708人，城乡居民参加养老保险2.52万人，新型农村合作医疗参保5.48万人。东湖小学幼儿园获“四川省体操特色幼儿园”称号。

【狮市镇】 位于县境东北部，辖区面积43.01平方千米。镇政府驻地狮子滩，距县城13千米。古镇属省级历史文化名镇，保留有天后宫、禹王宫、川主庙、文昌庙等明清建筑。2016年年末，辖12个村，2个社区。居民户数9546户，人口3.31万人。是年，培育东升纸业、兴盛建材、吉祥家具厂、川狮制衣厂等工业企业，东升纸业发展为规模以上企业。有工业企业11户，其中规模以上企业3户，总产值1.23亿元，其中规模以上企业总产值7973.8万元。播种粮食面积2590公顷，产量1.76万吨。管护甜橙面积1038.13公顷，挂果面积230余公顷；投产桂圆面积66.8公顷，产量649吨。培育年出栏生猪200头以上养殖大户5户，全镇出栏生猪3万头、羊1万只、肉兔3万只、家禽11万羽。引进陕西海升集团、广东圣果园农产品有限公司现代标准化柑橘产业示范园等项目，新签约2.7亿元，投入1.16亿元。全年固定资产投资3.6亿元，地区生产总值5.13亿元，农村居民可支配收入1.32万元，城镇居民可支配收入2.36万元。新建五桥社区文化广场1000平方米。纳入城乡低保1215人，新农保缴费3749人，参加新型农村合作医疗2.69万人、城镇居民医疗保险1210人。

【代寺镇】 地处县境东部，辖区面积72.3平方千米。镇政府驻地代寺场，距县城13千米。2016年年末，辖18个村，2个社区。居民户数2.54万户，人口7.2万人。是年，全镇出栏生猪3.3万头、羊1.9万只、肉兔41.9万只、家禽73.4万羽。播种粮食面积5936公顷（含再生稻2134公顷），产量4.38万吨。纺织服装园区投资2.4亿元，建成志远大道延伸段、江泥桥、双河口桥，新增承载能力6.67公顷，签约入驻四川捷隆鞋业等项目7个，入驻企业36户，投产企业28户，新增工业总产值3亿元。有规模工业企业7户，产值33.2亿元。全镇有集市3个，限额以上服务业企业6户、个体商家948户，全社会消费品零售总额9亿元。全年地区生产总值13.53亿元，农村居民可支配收入1.54万元，城镇居民可支配收入2.72万元。参加新型农村合作医疗5.51万人、城镇居民医疗保险3540人；发放城乡低保1948人低保金390.88万元；农村养老保险参保3.03万人，领取人数1.05万人、960万元。代寺镇被命名为“四川省安全社区”。

【琵琶镇】 位于县境东南部，辖区面积55.11平方千米。镇政府驻地琵琶场，距县城13千米。有煤炭、石英砂、石灰石、沙石等矿产资源，出产徐家粉条、观音寺白酒等优质农产品。2016年年末，辖13个村，1个社区。居民户数1.16万户，人口4.3万人。是年，招商引资到位资金1.17亿元，固定资产投资3.16亿元。播种粮食面积3068公顷，产量2.2万吨；出栏生猪3.37万头、牛502头、羊1.48万头、肉兔61.68万只、家禽34.62万羽，禽蛋产量466吨。有工业企业18户，总产值1.06亿元。全年地区生产总值7.6亿元，农村居民可支配收入1.26万元，城镇居民可支配收入2.42万元。有农村书屋13个，大龙队、连箫队等文艺团队16支。城乡居民参加养老保险1.67万人，基本医疗保险参保3.51万人，纳入城乡低保1869人，发放低保金344.97万元。

【骑龙镇】 位于县境东北部，辖区面积69.02平方千米。镇政府驻地骑龙场，距县城16千米。2016年年末，辖20个村，3个社区。居民户数1.6万户，人口6.38万人。是年，播种粮食面积5450公顷，产量3.6万吨；出栏生猪3.83万头、牛772头、羊3.08万头、肉兔7万只、家禽148.5万羽，禽蛋2942吨；发展稻田养鱼示范片21公顷，投放鱼苗126万尾，水产品产量986吨。蜀佳味业、洛源食品2户规模以上工业企业产值4.81亿元。开放村、社区书屋23个，建成村级健身设施5处、“村村响”点位100个。农村居民参加养老保险3.31万人、新型农村合作医疗5.55万人，城乡低保2065人。全年固定资产投资1.53亿元，地区生产总值6.86亿元，农村居民可支配收入1.01万元，城镇居民可支配收入2.25万元。

【中石镇】 位于县境东部，辖区面积30.54平方千米。镇政府驻地中兴场，距县城24千米。

2016年，辖9个村，1个社区。居民户数7328户，人口2.6万人。是年，播种粮食面积2219.3公顷，产量1.74万吨；生猪、肉兔养殖场各1户、水产规模以上养殖户2户，出栏生猪2.09万头、羊1.16万只、肉兔51.73万只、家禽31.46万羽，禽蛋产量457吨；水产养殖面积228公顷，产量720吨。引进项目2个，到位市外资金6377万元。有工业企业4户，产值1.69亿元。全社会固定资产投资2.32亿元，地区生产总值4.1亿元，农村居民可支配收入1.06万元，城镇居民可支配收入2.52万元。建有农村书屋10个，秧歌、女子大龙灯等群众文体团队5支。纳入城乡低保770人，参加新型农村合作医疗2.13万人、城乡居民养老保险参保2068人。

【龙万乡】 位于县境东部，辖区面积50.77平方千米。乡政府驻地万坳场，距县城13千米。2016年年末，辖14个村，2个社区。居民户数9884万户，人口3.44万人，其中，非农业人口1282人。是年，引资5470万元，建成油牡丹立体生态旅游、乐羊羊肉羊养殖生态观光、五余生态渔村垂钓基地项目。播种粮食面积3467公顷、产量2.28万吨。出栏生猪3.61万头、羊1.29万只、家禽42.51万羽。有甘嘴鞭炮厂、宇丰制衣厂2户规模以上工业企业，产值1.37亿元。投资1175万元，实施道路硬化16.15千米、基本口粮田建设、农村安全饮水等工程及大坡上水库移民搬迁项目。全年固定资产投资2.5亿元，地区生产总值3.95亿元，农村居民可支配收入1.14万元，城镇居民可支配收入2.27万元。举办群众文体活动7次，纳入城乡低保1335人，参加农村养老保险3950人、新型农村合作医疗3.08万人。自力村实现脱贫摘帽。

【互助镇】 位于县境北部，辖区面积49.74平方千米。镇政府驻地古佛坎场，距县城8千米。有天然气、建筑石料等资源。2016年年末，辖13个村，1个社区。居民户数1.08万户，人口3.86万人。是年，引资1亿元，建万古村1000头祖代种猪养殖基地项目；全镇出栏生猪2.75万头、牛71头、山羊2.65万只、肉兔80万只、家禽30.1万羽，禽蛋产量2060吨。播种粮食面积3147.9公顷，产量2.05万吨。挂果甜橙面积901.38公顷，产量1.1万吨，产值2400万元。脱贫48户、100人。有中小企业21家，产值1.56亿元。转移劳动力1.38万人，劳务收入1.6亿元。参加新型农村合作医疗3.36万人，农村养老保险1.63万人，纳入城乡低保1907人。全年固定资产投资3.77亿元，地区生产总值5.01亿元，农村居民可支配收入1.27万元，城镇居民可支配收入2.45万元。

【童寺镇】 位于县境东部，辖区面积53.09平方千米。镇政府驻地童寺场，距县城27千米。有煤炭、石灰石、石英砂等矿产资源。2016年年末，辖12个村，2个社区。居民户数1.88万户，人口3.88万人。是年，推广水稻旱育秧、高产示范片1068公顷，播种粮食面积2978公顷，产量2.05万吨。新发展畜禽规模养殖户7户，出栏生猪2.77万头、牛512头、羊1.35万只、兔25.16万只、家禽36.59万羽、禽蛋产量488吨。水产养殖面积486公顷，产量730吨。建竹笋收购网点13个、加工厂1个，加工鲜笋650余吨，产值190余万元。引进项目11个，引资2.02亿元。安博尔新型装饰材料有限公司等4户规模以上工业企业总产值2.4亿元。全社会固定资产投资5.1亿元，地区生产总值26.65亿元，农村居民可支配收入1.37万元，城镇居民可支配收入2.91万元。申报“肖三三的传说”和“肖氏族谱”为县级“非物质文化遗产”。农村养老保险参保人数2741人，城镇居民医疗保险参保人数2232人，农村新型合作医疗保险参保率100%。纳入城乡低保1.18万人。凰凤村实现脱贫。

【宝庆乡】 位于县境东南部，辖区面积31.49平方千米。乡政府驻地众兴场，距县城33千米。煤炭、石灰石、页岩等矿产资源丰富，天池湖景区坐落境内。2016年年末，辖8个村，1个社区。居民户数6399户，人口2.22万人。是年，播种粮食面积1966.37公顷，产量1.34万吨；出栏生猪2.47万头、羊1.41万只、牛434头、兔46.45万只、家禽48.36万羽，畜牧业产值1.09亿元。有工业企业7家，总产值7803.8万元。退耕还林4.3公顷，管护林地674.3公顷。承办“美丽富顺—寻找醉美乡村”第二站乡村旅游活动。全年地区生产总值3.2亿元，农村居民可支配收入1.27万元，城镇居民可支配收入2.35万元。参加农村养老保险1万人，参保城镇居民医疗保险415人、新型农村合作医疗1万人，纳入城乡低保718人。承办县第五届宝庆片区文艺调演，舞蹈《竹雨莎莎》获一等奖、舞龙队获二等奖、老体协被县老年协会评为先进单位。

【古佛镇】 位于县境东部，辖区面积30.44平方千米。镇政府驻地古佛场，距县城36千米。有煤炭、石英砂等矿藏，出产柑橘、甜柚、桂圆等优质水果。2016年年末，辖8个村，1个社区。居民户数7656户，人口2.44万人。是年，播种粮食面积2131公顷，产量1.71万吨，2012年至2016年被评为全县“粮食生产先进乡镇”。出栏生猪2.4万头、黑山羊1.49万只、家禽36.63万羽，禽蛋产量495吨，水产养殖114公顷、产量602吨。有规模以上工业企业3户，产值4.85亿元。全年地区生产总值6.4亿元，农村居民可支配收入1.05万元，城镇居民可支配收入2.33万元。参加农村养老保险1.02万人，发放4586人养老金412.8万元；纳入城乡低保876人，参加新型农村合作医疗1.9万人。

【赵化镇】 位于县境南部，辖区面积49.82平方千米。镇政府驻地赵化场，距县城40千米。境内有刘光第衣冠冢、培村门厅“两湖会馆”等文物保护单位，是中国历史文化名镇。2016年年末，辖11个村，2个社区。居民户数1.02万户，人口4.05万人。是年，粮食播种面积3151公顷，产量2.49万吨。出栏生猪3.65万头、牛468头、羊1.81万只、兔66.33万只、家禽40.73万羽，禽蛋产量534吨。水产养殖面积607.7公顷，产量903.8吨，产值450余万元。招商引资项目3个，引进市外资金2.55亿元。有建材、食品加工等规模以上工业企业4家，产值5.47亿元。地方特产——手工甘薯粉丝产量600吨，产值960万元。古镇保护与开发投资4500万元，实施街面、管线改造，立面修缮和风貌打造普安路、生产街1200户住房，棚户区改建340户竣工，古牌匾陈列馆建成。全年固定资产投资5.71亿元，地区生产总值6.88亿元，农村居民可支配收入1.34万元，城镇居民可支配收入2.7万元。新型农村养老保险参保4000人，医疗保险参保3424人，纳入城乡低保1815人，参加新型农村合作医疗2.9万人。苏坝村实现脱贫摘帽。

【万寿镇】 位于县境东南部，辖区面积49.02平方千米。镇政府驻地万寿场，距县城28千米。有煤炭、高岭土等矿产资源，青山岭森林公园坐落境内。2016年年末，辖9个村，1个社区。居民户数8866户，人口3.05万人。是年，万寿酒业发展集中区引进泸州山村酒业和四川老醅酒业，年产基酒8000吨，产值3.2亿元。全境有工业企业16家，产值5.2亿元。全年播种粮食面积2000公顷，产量1.53万吨；出栏生猪2.33万头、牛421头、羊1.75万只、肉兔2万只、家禽35.31万羽。特色农业种植中药材——铁皮石斛，组培苗车间1200平方米，扩建种植基地4公顷。投资700万元，建设“沱马”渠系、农网改造、桂林—踏水—鸿远—建国—青山公路沿途风貌改造等工程。全年固定资产投资2.37亿元，地区生产总值6.68亿元，农村居民可支配收入1.17万元，城镇居民可支配收入2.21万元。纳入城乡低保1154人，农民参加新型合作医疗2.41万人，新型农村养老保险参保3038人。

【安溪镇】 位于县境南部，辖区面积75.12平方千米。镇政府驻地安溪场，距县城32千米。有煤炭、石英砂、料石、陶土等矿产资源。2016年年末，辖11个村，2个社区。居民户数1.3万户，人口4.35万人。是年，粮食种植面积3214.86公顷，产量2.25万吨；森林覆盖率33.33%；有黑山羊规模养殖户3户，年出栏800头以上生猪养殖户4户，出栏生猪2万头、羊1.2万只、肉兔7万只、家禽3.3万羽。水产养殖412公顷、产量738吨，产值1149.5万元。招商引资7500万元，建设油牡丹基地、蜀香源生态农业种植项目。有规模以上工业企业3户、产值7.03亿元，工业企业23户、总产值8.02亿元。有商家764户、服务业增加值2.4亿元。全年地区生产总值10.29亿元，农村居民可支配收入1.31万元，城镇居民可支配收入2.64万元。城乡居民纳入养老保险1.39万人、低保1458人，参加新型农村合作医疗3.39万人、城镇医疗保险1360人。全社会固定资产投资3.09亿元。

【飞龙镇】 位于县境东南部边界，辖区面积50.2平方千米。镇政府驻地飞龙场，距县城52千米。2016年年末，辖11个村，2个社区。居民户数1.12万户，人口3.9万人。是年，播种粮食面积2880公顷，产量1.85万吨。建成畜禽家庭农场7个，全镇出栏生猪2.8万头、肉牛448头、羊1.92万只、肉兔61.7万只、家禽53.73万羽，禽蛋产量576吨。建大蚕棚11个，茧种发种量1.16万余张，产量47吨，产值1666万元。招商引资6400万元，引进四友机制砖厂节能减排技术改造、飞龙社区棚户区改造等项目3个。有工业企业6户，其中规模以上企业2户，产值4.7亿元。建设硬化村组道路19.67千米，新建成村级文化广场2个。全年固定资产投资1.52亿元，地区生产总值4.64亿元，农村居民可支配收入1.12万元，城镇居民可支配收入2.37万元。参加农村养老保险3832人，新型农村合作医疗2.99万人，纳入城乡低保1327人。

【怀德镇】 地处县境东南边界，辖区面积46.37平方千米，属四川省小城镇综合改革试点镇。镇政府驻地怀德场，距县城37千米。2016年年末，辖13个村，2个社区。居民户数1.17万户，人口3.83万人。是年，播种粮食面积3141.7公顷，产量2.28万吨。培育畜禽规模养殖户39户，出栏生猪2.51万头、羊1.5万只、肉兔51.38万只、家禽41.3万羽。禽蛋产量519吨，蜂蜜产量20吨。招商引资1亿元，有规模以上工业企业2户、总产值5.3亿元，11家工业企业产值6.31亿元。发全社会固定资产投资1.97亿元，全年地区生产总值6.42亿元，农村居民可支配收入1.17万元，城镇居民可支配收入2.73万元。参加农村养老保险1.45万人、新型农村合作医疗2.89万人，纳入城乡低保、五保1611人。

【长滩镇】 位于县境东南部，辖区面积26.27平方千米。镇政府驻地长滩坝，距县城64千米。有省农业厅检测认定的无公害蔬菜基地，出产茄子、菜豆等农业部农产品安全中心检测认定无公害蔬菜品种18个。2016年年末，辖8个村，1个社区。居民户数5435户，人口2.15万人。是年，种植无公害蔬菜720公顷，产量5万吨，产值1亿元；新栽植优质红心柚60公顷，优质水果总面积460公顷，年产量2.8万吨。播种粮食面积1927公顷，产量1.34万吨。出栏生猪1.99万头、羊1.97万只、肉兔64.67万只、家禽54.11万羽。蜂蜜产量21吨，禽蛋产量510吨。规模以上工业企业总产值4.56亿元。投资960万元，改造10千伏线路12千米、低压线路32千米，新增变压器5台，惠及农户950户。全社会固定资产投资2.09亿元，全年地区生产总值4.14亿元，农村居民可支配收入1.08万元，城镇居民可支配收入2.24万元。参加城乡居民养老保险7715人、新型农村合作医疗1.9万人，纳入城乡低保610人。

【石道乡】 位于县境东南部，辖区面积25.38平方千米。乡政府驻地石道场，距县城53千米。2016年年末，辖7个村，1个社区。居民户数5531户，人口2.1万人。是年，播种粮食面积1702公顷，产量1.23万吨。新增8家规模养殖户，全乡出栏生猪1.85万头、黑山羊2.74万只、肉兔58.89万只、家禽36.39万羽。新建鱼苗繁育基地、青蛙养殖基地10公顷，水产品产量546吨，产值687万元。石河子水产养殖专业合作社“美国甲鱼”被评为县“特色农业品”。招商引资5000万元，引进石河村美丽新村建设等项目3个。规模以上企业1户、产值3830万元，13家工业企业产值7222万元。全年地区生产总值3.37亿元，农村居民人均可支配收入1.09万元，城镇居民可支配收入2.53万元。纳入农村养老保险8700余人，新型农村合作医疗1.68万人，列入城乡低保940人。

【永年镇】 位于县境西部，辖区面积67.87平方千米，属省级小城镇建设和市级扩权强镇试点镇。镇政府驻地永年场，距县城12千米。2016年年末，辖15个村，1个社区。居民户数1.5万户，人口5.16万人。是年，播种粮食面积3466公顷，产量2.57万吨。新增规模养殖户15户，出栏生猪4.5万头、牛560头、黑山羊26.2万只、肉兔45.8万只、家禽63万羽。有水产养殖面积518公顷，产量965吨。引进得益建材、正达商贸、蓬锦牧业、锦盛源农牧科技等项目，引资3.13亿元。有规模以上工业企业6家，47家工业企业产值9.84亿元。全年地区生产总值7.98亿元，农村居民可支配收入1.15万元，城镇居民可支配收入2.37万元。建成菜田村文化活动广场，有文体队伍20支。参加城乡居民养老保险1.93万人、新型农村合作医疗4.07万人，纳入城乡低保2905人。

【彭庙镇】 地处县境西南部，辖区面积46.68平方千米。镇政府驻地彭庙场，距县城25千米。2016年年末，辖10个村，1个社区。居民户数7445户，人口2.83万人。是年，播种粮食面积2239公顷，产量1.56万吨。畜禽规模养殖新建成30万头生猪养殖项目2个，有年出栏50头生猪专业户65户，新增黑山羊养殖专业户20户，全镇出栏生猪2万头、牛417头、羊2.1万只、肉兔7.5万只、家禽32.4万羽，禽蛋产量453吨，蜂蜜产量16吨。新增水产养殖面积0.9公顷，产量78吨。引进打石湾核桃种植、起鼎农业开发等项目，引进资金2000余万元。有规模以上工业企业1家，产值8560万元。参加农村养老保险2700人、新型农村合作医疗2.19万人，纳入城乡低保1556人。全年固定资产投资1.54亿元，地区生产总值3.96亿元，农村居民可支配收入1.19万元，城镇居民可支配收入2.45万元。

【兜山镇】 位于县境南部，辖区面积73.23平方千米。镇政府驻地猫儿山，距县城18千米。有煤炭、石英砂等矿产资源和云峰寺、九龙湖等旅游景区。2016年年末，辖13个村，2个社区。居民户数1.18万户，人口4.22万人。是年，培育特色产业，发展李子400公顷、西瓜66.7公顷、柑橘33.3公顷、葡萄6.67公顷、观赏鱼6.67公顷。播种粮食面积2788公顷，产量2.48万吨。新发展规模养殖10户，全镇出栏生猪1.94万头、牛305头、羊2.48万只、家禽54万羽，禽蛋产量912吨。城乡居民参加养老保险5100人、新型农村合作医疗3.49万人，纳入城乡低保2096人。整修水利工程、硬化公路28.3千米、饮水工程3处。全年固定资产投资2.98亿元，地区生产总值6.39亿元，农村居民可支配收入1.34万元，城镇居民可支配收入2.81万元。

【板桥镇】 位于县境西部，辖区面积57.15平方千米。镇政府驻地板桥坝，距县城22千米。境内有木桥沟水库，出产甜橙、黄花藤梨等优质水果。2016年年末，辖15个村，1个社区。居民户数1.35万户，人口4.3万人。是年，连片种植甜橙1220公顷、田藕6.2公顷、黄花梨6.5公顷、“春不老”萝卜7.33公顷、蔬菜400公顷、花卉苗木16.67公顷；播种粮食面积3583公顷，产量2.28万吨；有2000头以上养殖户3户、200头以上养殖户8户，全镇出栏生猪4.26万头、家禽畜44.6万羽，肉类总产量5833吨。流转土地566.95公顷稻田养鱼，产量5640吨。引进玫瑰园基地、白房生态鱼庄、千丘新农村综合体“盛世花香”等3个项目，引资2.2亿元。有工业企业23家，产值3.42亿元。全社会固定资产投资3.88亿元，全年地区生产总值7.53亿元，农村居民可支配收入1.36万元，城镇居民可支配收入2.65万元。城乡居民参加农村养老保险1.36万人、新型农村合作医疗3.38万人、城镇医疗保险2635人，纳入城乡低保2200人。

【李桥镇】 位于县境西南部，辖区面积71.33平方千米，五条沟自然景区坐落境内。镇政府驻地李桥场，距县城34千米。2016年年末，辖13个村，2个社区。居民户数8848户，人口3.34万人。是年，播种粮食面积1800公顷，产量1.28万吨。引进乐至大耳羊、南江黄羊等优良品种，发展规模畜禽养殖户24户，全镇出栏生猪2.37万头、羊2.46万只、肉兔7.36万只、家禽33.86万羽。蜂蜜产量14.5吨，禽蛋产量469吨。招商引资到位资金5000万元。全年固定资产投资2.1亿元，地区生产总值3.88亿元，农村居民可支配收入1.27万元，城镇居民可支配收入2.29万元，规模以上工业企业总产值5531万元。举办“美丽富顺·寻找醉美乡村”旅游活动启动仪式暨“第一站：走进川南的香格里拉”李桥镇第一届乡村旅游节，实现广播“村村响”全覆盖。参加农村养老保险1.23万人、新型农村合作医疗2.76万人，纳入城乡低保1699人。

【福善镇】 位于县境西南部，辖区面积68.51平方千米。镇政府驻地从善场，距县城34千米。2016年年末，辖13个村，1个社区。居民户数1万户，人口3.95万人。是年，播种粮食面积2847公顷，产量1.96万吨；出栏生猪2.22万头、羊1.95万只、肉兔76.58万只、家禽33.06万羽；禽蛋产量504吨，蜂蜜产量45吨；水产养殖面积390公顷，产量634吨。开展松材线疫木除治，利用疫木等种植茯苓80万袋，新种植油茶1660公顷、黑挑33公顷，有林地面积2603公顷。招商引进亘古龙腾科技二高滩仿生恐龙公园等项目，引资1.22亿元。有3户工业企业、产值1345万元。建成中心文化活动广场2000平方米。参加农村养老保险1.45万人、新型农村合作医疗2.04万人，纳入城乡低保1684人。全社会固定资产投资2.18亿元，全年地区生产总值3.52亿元，农村居民可支配收入1.2万元，城镇居民可支配收入2.35万元。大峡口、周安、阳升3个贫困村实现脱贫摘帽。

【富和乡】 地处县境西部，辖区面积24.55平方千米。乡政府驻地长石塔，距县城33千米。有天然气、石油、盐卤等矿产资源。2016年年末，辖7个村，1个社区。居民户数4532户，人口1.73万人。是年，发展茵红李333.5公顷、产量1000余吨，甜橙示范基地139公顷、产量1500余吨，粮食播种面积1313公顷，产量9991吨。发展规模养殖户110户，养殖蛋鸡20余万只，产蛋1125吨。全乡出栏生猪1.97万头、羊2.45万只、肉兔74.9万只、家禽48.5万羽。全年固定资产投资1.02亿元，地区生产总值2.25亿元，农村居民可支配收入1.19万元，城镇居民可支配收入1.61万元。参加农村养老保险7035人、新型农村合作医疗1.54万人，纳入城乡低保732人。易地扶贫搬迁34户109人、危房改造102户，电网改造40千米，新改建贫困村道路25.03千米，脱贫32户100人。

（富顺县地方志办）

人　物

2016年全国五一劳动奖章名单

唐义勇	四川省自贡市海川实业有限公司车间操作工

2016年四川省五一劳动奖章名单

阳跃平	自贡水务集团有限责任公司党委书记、董事长
张前明	自贡市第三建筑工程有限公司班组长
冉春秀	自流井区新街社区卫生服务中心医生

2016年新增认定享受省部级劳模待遇名单

陈　良	自贡市五谷粮油有限公司副总经理
徐　涛	中国邮政集团公司自贡市分公司党建工作部兼监察室副主任
袁祥坤	沿滩区九洪乡人民政府党委委员、武装部长、白罗村第一书记
王长伟	东方电气集团东方锅炉股份有限公司党委常委、党委组织部部长
周　波	大安区大山铺镇党委书记
李正荣	贡井区人力资源和社会保障局党组书记、局长
王　超	自贡市建设工程质量安全监督站副站长

侯代峰　　自贡市水务局副科长
吴敏权　　大安区地方税务局局长
罗昭容　　自贡市国土资源局副调研员
陈　林　　富顺县工商局副股长
杨逢明　　荣县度佳镇党委书记

2016年四川省优秀共产党员名单

陈　林（女）　富顺县工商局人教股副股长，骑龙镇龙须村党支部第一书记
陈　良　　自贡市五谷粮油有限公司副总经理
徐　涛　　中国邮政集团公司自贡市分公司监察室副主任、党建工作部副主任兼综合办公室副经理
袁祥坤　　自贡市沿滩区教育局团委书记，九洪乡白罗村党支部第一书记
杨逢明　　荣县度佳镇党委书记

2016年四川省优秀党务工作者名单

王长伟　　东方电气集团东方锅炉股份有限公司党委常委、党办主任、组织部部长
周　波　　自贡市大安区大山铺镇党委书记
李正荣　　自贡市贡井区五宝镇党委书记

2016年"盐都工匠"名单

余　欢　　东方电气集团东方锅炉股份有限公司
房　建　　自贡硬质合金有限责任公司
罗　军　　自贡硬质合金有限责任公司
梁　立　　四川大西洋集团有限责任公司
李　强　　四川大西洋集团有限责任公司
颜克强　　四川省汽车运输自贡集团有限公司翔宇分公司

罗 旭	自贡市公交集团有限责任公司
郑 毅	自贡市公交集团公司吉兴运业有限公司
李学林	中昊晨光化工研究院
黄光灿	四川省自贡市海川实业有限公司
陈先桶	四川省自贡市海川实业有限公司
范秀清	荣县观山镇
章 粟	自贡硬质合金有限公司
王吉红	自贡市大众建筑机具租赁有限公司
邓银富	自贡市永安建筑安装工程有限公司

2016年“自贡市服务明星”名单

邱丽梅	中国石油四川自贡销售分公司
张育强	四川自贡汇东大酒店有限公司
宋本茜	四川自贡汇东大酒店有限公司
冯心丽	四川自贡汇东大酒店有限公司
魏 力	自贡申通航空快递服务有限公司
杨建波	中国邮政集团公司四川省荣县分公司
胡刘英	自贡市商业银行
龚琬月	中国农业发展银行自贡分行

（市总工会）

2016年自贡市优秀共产党员名单

兰 铀（加框）	生前系市统计局党组书记、局长
朱世旭（女）	富顺县东湖镇经发办副主任、新村办主任
张亚丽（女）	富顺县兜山镇财政所所长
罗 强	富顺县经济商务科技和信息化局机关党支部书记、信息产业股副股长
胡泽芬（女）	富顺县人大常委会农工委干部（保留正科级待遇）
曾 智	富顺县公路养护段骑龙道班班长
巫梅英（女）	富顺县纪委监察局党风政风监督室主任
江 浪	富顺县公安局情报信息大队大队长
杨正军	富顺县富世镇锁江村党支部书记

欧晓平（彝族）富顺县石道乡党政办主任
邓忠祥　富顺县龙万乡龙硐社区主任
洪　麟　富顺县中石镇松林村文书
张茂林　富顺县万寿镇老坡村党支部书记
林　聪　富顺县中医院党支部副书记
陈亚捷　荣县公安局河西派出所民警
黄　学（女）　荣县审计局审计信息中心科员，古文镇柏林坳村党支部第一书记
谢伯胜　荣县环卫所车队队长
余永福　荣县气象台台长
兰家生　荣县殡仪馆火化车间主任
冯德辉（女）　荣县旭阳镇扶贫移民办主任
罗珍祥　荣县铁厂镇党委委员、副镇长
赵建明　四川省荣县中学校党委书记、校长
吴大勇　荣县人民医院院长
吴哲丰　荣县人大常委会农工委干部（保留正科级待遇）
祝小虎　荣县河西新区管委会党委副书记
周克难　荣县过水镇夜合村党支部书记
柳海清　荣县政协人环资委干部（保留正科级待遇）
牟燕芸（女）　灵犀义工联合会副会长、自流井区教育局科员
曾享政　自流井区法院第二党支部书记、刑庭副庭长
周安武　市第三十五中学工会主席、教科室主任
王大良　自贡市天味食品有限公司香辣酱车间主任
陈　志　自流井区公安分局刑事科学技术室主任
袁永书（女）　自流井区妇幼保健院副院长
钟　翔　自流井区国税局纳税服务科科长
郭厚强　自流井区舒坪镇社事服务中心主任
朱　琳　贡井区公安分局治安大队副大队长
张　华　贡井区供销社党总支书记
毛静霖　自贡海川实业有限公司党支部书记、总经理
陈　庆　贡井区建设镇副镇长、武装部部长
向婧婷（女）　旭川中学教师
范绍权　贡井区莲花镇白仓村纪检委员
甘　俊　贡井区检察院政治处主任
童小兰（女）　贡井区农牧林业局生产科教股股长
陈　乾（女）　大安区委宣传部（创文办）科员
韩　余（女）　大安区何市镇黄桷村党支部第一书记
童信英（女）　大安区委群众工作局副局长
袁　睿　大安区检察院反渎局局长、反贪局副局长
李凡山　大安区棚改办综合组组长
蔡文胜（女）　大安区大山铺镇松林社区党委书记
杨守仁　大安区关工委副主任

胡政莲（女）	大安区何市镇政府科员
夏　欢	沿滩区委防邪办副主任
王晓丽（女）	沿滩区九洪乡监察室主任
赵　倩（女）	沿滩区富全镇党政办主任、监察室主任
黄凌华（女）	沿滩区王井镇纪委书记
王肖平	沿滩区邓关镇牌坊村党支部书记
陈世清	沿滩区仙市镇推进办副主任
王汉昌	沿滩区城乡建设住房保障局副局长、防震减灾局局长
曾志炳（女）	沿滩区政府办公室行政办主任
王　瀚	沿滩区交通运输局农建办科员
王　莉（女）	高新区管委会机关一支部书记、党政办副主任科员
邱家明	高新区高峰乡高峰村党支部书记
郑国成	蜀光绿盛实验学校后勤工人
温静姝（女）	市委农工委办公室副主任
古　正	市委保密办业务科科长
何　芳（女）	蜀光中学高三年级组长
钟朝根	市委政法委宣传调研科科长
丁　华	市经济和信息化委经济信息科科长
张　敏	市委政研室文化与社会建设科副科长
余　铮（女）	市委组织部公务员科科长
陈继东	自贡日报社周末编辑部副主任
郭晋荣	市审计局财政审计科科长
黄效焜	市政协原党组副书记、副主席
樊　恒	自贡电信分公司工程管理员
胡泽其	自贡水务集团有限公司客服部副经理
万丽萍（女）	市商业银行股份有限公司党群工作部主任
徐　涛	中国邮政集团公司自贡市分公司监察室副主任、党建工作部副主任、综合办公室副经理
李　嘉（女）	中昊晨光化工研究院有限公司党委书记、总经理
曾玉权	市保安服务有限责任公司大队长
张　弛	四川省精细化工研究设计院生产技术处工程管理员
曾建勋	四川久大盐业（集团）公司长山盐矿副矿长
张从全	自贡东新电碳有限责任公司一车间混磨焙烧班班长
刘　康	市公安局经侦支队副支队长
朱跃龙	市公安局交警支队沿滩大队大队长
余德才	市公安局强戒所民警
罗世彬	市公安局刑警支队综合大队大队长
王　村（女）	自贡国安局副调研员
夏　玫（女）	自贡市国泰公证处支部书记
师文成	自贡监狱二监区二级警员
毛荣华	市司法局计财装备科科长

彭　中　　市不动产登记中心商品房登记科科长
林利彬　　自贡市大安区城区国土资源所所长
钟泽莅　　市第四人民医院骨一科医生
仲建全　　市第一人民医院放射科副主任
赵天成　　四川卫生康复职业学院党办干事
任　勇　　市第三人民医院医务科科长
何　峰　　四川远建建筑工程设计有限公司结构工程师
刘丰荣　　四川理工学院党委（学校）办公室秘书科科长
兰　青（女，藏族）　自贡广播电视大学党委委员、党办主任（人事科科长）、政治学科教师
陈德康　　四川省盐业学校人事科科长
张　敏（女）　自贡职业培训学院教务处处长

2016 年自贡市优秀党务工作者名单

陈　林（女）　富顺县工商行政管理局人教股副股长，骑龙镇龙须村党支部第一书记
曾　平（女）　富顺县琵琶镇党委副书记
吴兆玉（女）　富顺县长滩镇党委副书记
尹绍洪　　富顺县赵化中学校党支部副书记、工会主席
官长富　　富顺县长滩镇组宣委员
程卫明　　富顺县福善镇组宣委员、党政办主任
方晓梅（女）　富顺县卫生和计生局组织人事股股长
杨德金　　富顺县互助镇文井九年制学校党支部书记
谭光琴（女）　富顺县农牧业局组织人事科教股副股长
李冬莉（女）　富顺县富世镇龙山社区党支部书记
蔡　静（女）　富顺县永年镇党政办主任
郑劲松　　富顺县林业局党总支委员、党办主任
王　玥（女）　富顺县赵化镇党政办主任
严　玉（女）　富顺县直属机关工委办公室副主任
王小平　　荣县农牧业局畜牧联合党支部书记、动物疫病预防控制中心主任
温顺富　　荣县政协办公室副主任（原荣县望佳镇党委副书记、人大主席、纪委书记）
段秀珍（女）　荣县高山镇纪委副书记、机关支部书记
邹尼忠　　荣县双石镇党委书记
张玉华（女）　荣县度佳镇度佳井社区党支部书记
余　洋　　荣县公安局政工监督室副主任、河口派出所指导员
杨明才　　荣县乐德镇回龙殿村党支部书记
张丽萍（女）　荣县来牟镇党委书记
丁万成　　荣县旭阳镇观音铺村党支部书记

郝功银	荣县过水镇过水坳社区党支部书记
张小红	荣县政务服务中心第一党支部书记
童晓红（女）	荣县旭阳镇金碧社区党委书记
谢文弟	荣县文广新局纪委副书记、监察室主任
朱祥彬	荣县经济商务和信息化局党组成员、党委委员、纪委书记
杨　猛	荣县林业局森防站副站长，双古镇烟坡村第一书记
刘思东	高新区红旗乡党委书记
廖　晟	高新区丹桂街道党工委委员、纪工委书记、办事处副主任
吕　泉	自流井区仲权镇党委书记
林诚来	自流井工业园区（自贡高新技术产业园区自流井工业集中区）党工委副书记、纪工委书记
罗　莉（女）	自流井区两新党工委科员
邹小锋	自流井区郭街党工委副书记、纪工委书记
邱志科	自流井区仲权镇党政办主任
舒承才	自流井区新街党工委副书记、纪工委书记
岳　康	自流井区检察院党支部副书记、未成年人刑事检察科科长
黄　江	自流井区东街毛家坝社区党委副书记
张林森	贡井区成佳镇党委书记
王美君（女）	贡井区五宝镇党委副书记
刘学渊（女）	贡井区筱溪街党工委副书记、纪工委书记
黄孟仙（女）	贡井区白庙镇建设村党支部书记
袁　娜（女）	贡井区法院党支部副书记、立案庭庭长
谢勇鹏	贡井区章佳乡凤凰社区党支部书记
宋宝平（女）	育才小学党支部书记
但雪英（女）	自贡川滤设备制造有限公司党支部委员、工会主席、管理部部长
王姝娟（女）	大安区文化旅游局党组成员、副局长
杨　硕	大安区农牧林业局办公室副主任、党务干部
陈　铋	大安区凤凰乡党委委员、纪委副书记、党政办主任
陈　科	大安区委办公室主任、团结镇党委书记
陈　楷	大安区区直机关党委副书记、区委党联办副主任
邓运乔（女）	大安区政府办公室党建办主任
凌　波	大安区团结镇党委委员、纪委副书记、党政办主任
李宗清	大安区新店镇手套协会党支部书记
余泽莎（女）	大安区纪委信访室主任、党务干部
袁祥坤	沿滩区九洪乡武装部部长，九洪乡白罗村党支部第一书记
林映舟	沿滩工业园区管委会党政办副主任、工会主席
曾义刚	沿滩区瓦市镇党委书记、人大主席
胡义兰（女）	沿滩区兴隆镇兴隆场社区党支部书记
宋　胜	沿滩区仙市镇党政办主任
杨象涌（女）	自贡东安电站设备制造有限公司党支部副书记
陈　林	沿滩区公安分局政工室副主任

陈　勇　　　沿滩区区直机关党委副书记
殷道春　　　沿滩区刘山乡丰收村党支部书记
胡玉仙（女）　高新区学苑街道党工委委员、纪工委书记、办事处副主任
李　丹　　　市纪委监察局机关第四支部纪律委员、第一纪检监察室副科级纪检监察员
李笃渊　　　市地税局党办主任
丁　燕（女）　市发改委党办干部、市粮食局机关第二支部书记
肖　帆（女）　市统计局机关党委组织委员、工业统计科科长
熊志元　　　自贡旅游职业高级中学党总支书记
宋婉婷（女）　市安监局机关党总支副书记、职安科科长
陈位淑（女）　市精神卫生中心（市第五人民医院）党办主任
徐幼平　　　市国税局党办主任
蒋　平　　　市城乡管理执法局机关党委副书记、监察室主任
叶　洁（女）　市杂技团演艺有限责任公司党支部书记
邹永利（女）　市人力资源社会保障局机关党委副书记、组织人事科科长
李　仪（女）　市燃气有限责任公司党委委员、纪委副书记、工会副主席、党群办主任
陈西霞（女）　市烟草专卖局（公司）机关党委组织委员、思想政治工作科科长
王长伟　　　东方电气集团东方锅炉股份有限公司党委常委、组织部部长、宣传部部长、青工部部长
何秀英（女）　四川大西洋集团（股份）公司党委副书记、纪委书记、工会主席
吴　英（女）　市公交集团有限责任公司纪委副书记、党委工作部主任
王　媛（女）　自贡东方热能锅炉设备制造有限公司党支部书记、工会主席
罗燕飞（女）　自贡大业高压容器有限责任公司党委书记
陈吴强　　　中昊黑元化工研究设计院有限公司机关二支部书记、生产经营办副主任、工会机关分会主席
张正忠　　　自贡东方通用能源有限公司党支部副书记
陈利昌　　　自贡市第二建筑工程有限公司党委副书记、纪委书记、工会主席
罗治秀（女）　市公安局特巡警支队二大队教导员
陈　英（女）　市公安局纪委副书记
钟希夷　　　市公安局政治部党支部委员、队伍建设指导处处长
杨德明　　　市公安局出入境管理支队政委
郑洪兵　　　市司法局政治部副主任
税　丹　　　四川拓宇律师事务所党支部书记
宋雄伟　　　自贡监狱党委副书记、政委
张小杉　　　市国土资源局高新区分局党支部委员、土地储备中心主任
秦　丹（女）　四川卫生康复职业学院第四党支部书记、康复系副主任
郭本玉（女）　市第四人民医院第十一党支部书记
何昌国　　　市第一人民医院行政党总支第四党支部书记、医患关系科副科长、医务科副科长
陈　岭（女）　市中医院党办主任
罗立章　　　四川理工学院音乐学院党总支委员，艺术学院学生工作办公室主任、团总支书记

组织机构主要负责人名录

（截至 2016 年 12 月 31 日）

【中国共产党自贡市委员会】

市委书记：李　刚
市委副书记：刘永湘、李国贵
市委常委：王　猛、李　清、徐其斌
　　　　　刘　敏、刘笑禹、李红强
　　　　　唐　杰、张邦举
市委秘书长：吴　丕
市委办公室主任：赖　平
市纪委书记：李　清
市委组织部部长：刘　敏
市委宣传部部长：唐　杰
市委统战部部长：徐其斌
市委政法委书记：刘笑禹
市直机关工委书记：李绍彬
市委农工委主任：李雍麟
市委编办主任：邹传红
市委群工局（市政府信访局）局长：游　华
市委巡察办主任：刘崇君
市委政研究室主任：陈　尧
市接待办主任、党组书记：邹　嫚
市精神文明办主任：钟　健
市委老干局局长：张　刚
市委党校（市行政学院）校长（院长）：刘　敏
市综治办主任：陈　巍
市维稳办主任：郭彧楚
市委市政府目标督查办主任：（空缺）
市委防邪办主任：（空缺）
市委台办主任：李如海
市委党建办主任：（空缺）
市委外宣办（市政府新闻办）主任：李　林
市委党史研究室主任：魏家骏
自贡日报社总编辑、党组书记：陈　东
市委保密办主任：李　刚
市委机要局（密码管理局）局长：刘　勇

【自贡市人民代表大会常务委员会】

主　任：谭豹
副主任：石岷嘉、杨征宇、胡开洪、詹　勇
　　　　蒲定波、官　勇
秘书长：龚焕楷
办公室主任：罗昌茂
研究室主任：罗常明
预算工委主任：罗亚西
法制委员会主任委员：刘　剑
内务司法委员会主任委员：李　冰
财政财经委员会主任委员：张义恒
教科文卫委员会主任委员：卓　越
农业和农村委员会主任委员：周朝喜
城环资委员会主任委员：罗庆全
人事代表委员会主任委员：杨洪明

【自贡市人民政府】

市　长：刘永湘
副市长：王　猛、何　洪、李红强、曾明全
　　　　李世宏、袁　熙、龙腾鑫、鲜光鹏
　　　　陈张铭
市政府秘书长：曾　嵘
市政府办公室主任：肖永忠
市发展改革委员会（市物价局、市粮食局）主任、党组书记：杨立平
市经济信息化委员会主任、党组书记，市环保局局长、党组书记：徐明远
市教育局局长、党组书记：周　耘
市科学技术和知识产权局局长、党组书记：杨洪春
市公安局局长、党委书记：何　洪

市监察局局长：毛　碧
市民政局局长、党组书记：熊开来
市司法局党委书记：吴　兰
市财政局局长、党组书记：张　序
市人力资源和社会保障局（市公务员局）局长、党组书记：卢春艳
市城乡规划建设和住房保障局局长、党组书记：杨万山
市交通运输局局长、党组书记：谭如剑
市水务局党组书记：冯永志
市农牧业局局长、党组书记：李　勇
市林业局局长、党组书记：陈　军
市商务局局长、党组书记：许建平
市文化广电新闻出版局党组书记：陈　刚
市卫生和计划生育委员会主任、党组书记：黄　麟
市审计局局长、党组书记：何　忠
市体育局局长：郭　连
市统计局局长、党组书记：刘晓彬
市外事侨务和旅游局局长、党组书记：邓　玲
市城乡管理行政执法局局长、党组书记：梁　杰
市安全生产监督管理局党组书记：李懋强
市国有资产监督管理委员会主任：舒国兴
市投资促进局党组书记：朱　斌
市政务服务中心主任、党组书记：赵颖红
市人民防空办公室主任、党组书记：周　颜
市食品药品监督管理局局长、党组书记：张松杨
市工商行政管理局局长、党组书记：余　忠
市质量技术监督局局长、党组书记：李泽贵
自贡高新技术产业开发区管委会党工委书记：张邦举，主任：（空缺）
市地方志办主任：陈思禄
市供销社主任、党组书记：刘学良
市防震减灾局局长、党组书记：陈文康
市档案局（馆）局（馆）长、党组书记：黄晓燕
自贡仲裁委主任：阳胜平
市住房公积金管理中心主任、党组书记：李　琳
四川卫生康复职业学院党组书记：刘建辉，院长：曾晓奇
市政府研究室主任：江声全
市政府法制办主任：黄晓春
市政府民宗局局长：李续延
市政府金融办主任：张周林

【中国人民政治协商会议自贡市委员会】

主　席：游开余
副主席：王孝谦、叶智英、肖光俊、徐武斌、杨玉康、毛　碧、杨廷卫
秘书长：徐玉华
办公室主任：黄文坤
研究室主任：陈启恒
提案委员会主任：李　杨
学习文史委员会主任：王　武
经济委员会主任：樊勇毅
教科文委员会主任：徐晓春
法制群团委员会主任：龚德明
外事联谊委员会主任：殷嘉茂
人口资源环境委员会主任：王炜伟
农业委员会主任：张琪聪
委员联络委员会主任：王忠伟

【中国共产党自贡市纪律检查委员会】

书　记：李　清
副书记：倪　勇、龚作真
常　委：阮佳望、曾德培、李雁梅、程世晋、明登勇

【自贡市中级人民法院】

院长、党组书记：张天智

【自贡市中级人民检察院】

检察长、党组书记：田　丰

【民主党派和工商联】

民革自贡市委主委：叶智英
民盟自贡市委主委：石岷嘉
民建自贡市委主委：王孝谦
农工党自贡市委主委：徐武斌

九三学社自贡市委主委：陈张铭
自贡市工商联（民间商会）主席（会长）：但积忠
党组书记：刘　义

【社会团体】

自贡市总工会主席：李国贵
共青团自贡市委书记、党组书记：（空缺）
自贡市妇联主席、党组书记：沈焰林
自贡市科协副主席、党组书记：郑向东
自贡市文联主席、党组书记：刘建勇
自贡市侨联主席：（空缺）
自贡市社科联主席、党组书记：（空缺）
自贡市残联党组书记：丁世良
自贡市贸促会会长：许建平

【区县】

自流井区委书记：曾　健
自流井区人大常委会主任：何永海
自流井区区长：黄志勇
自流井区政协主席：刘茂常
贡井区委书记：黄　劲
贡井区人大常委会主任：林　勇
贡井区区长：张洪涛
贡井区政协主席：罗洪艳
大安区委书记：张昭国
大安区人大常委会主任：钟　淳
大安区区长：杨　斌
大安区政协主席：罗旭东
沿滩区委书记：邹天才
沿滩区人大常委会主任：黄翠梅
沿滩区区长：黄雪智
沿滩区政协主席：王朝华
荣县县委书记：韩明祝
荣县人大常委会主任：宋成文
荣县县长：郑小清
荣县政协主席：邹崇霞
富顺县委书记：邹登权
富顺县人大常委会主任：郭　洁
富顺县县长：曹友良
富顺县政协主席：程刚远
注：市委部门、市政府部门所属的事业单位略

（市委组织部）

【省管部门】

市国土资源局党委书记、局长：曹　军
自贡气象局党组书记、局长：杨培勇
自贡国家税务局党组书记、局长：王小明
自贡地方税务局党组书记、局长：向道明
自贡国安局党委书记、局长：李善根
自贡烟草专卖局局长：陈青川
自贡市邮政管理局党组书记、局长：黄贵明
成都海关驻自贡办事处主任：詹　柯
国家统计局自贡调查队党组书记、队长：曹烈祥

附　录

附录一

中共自贡市委 2016 年文件目录

1. 中共自贡市委自贡市人民政府关于加快农业现代化建设同步实现全面小康的意见（自委发〔2016〕1 号）

2. 中共自贡市委印发《中共自贡市委 2016 年工作要点》的通知（自委发〔2016〕2 号）

3. 中共自贡市委自贡市人民政府关于命名表彰自贡市第二批“双千计划”团队和个人的决定（自委发〔2016〕3 号）

4. 中共自贡市委自贡市人民政府关于对 2015 年全市工业综合实力十强企业给予奖励的决定（自委发〔2016〕4 号）

5. 中共自贡市委自贡市人民政府关于 2016 年党风廉政建设和反腐败工作的意见（自委发〔2016〕6 号）

6. 中共自贡市委关于表彰自贡市优秀共产党员、优秀党务工作者和先进基层党组织的决定（自委发〔2016〕8 号）

7. 中共自贡市委关于印发《中共自贡市委工作规则》的通知（自委发〔2016〕10 号）

8. 中共自贡市委关于印发《中共自贡市委常委会议事决策规则》的通知（自委发〔2016〕11 号）

9. 中共自贡市委关于贯彻落实“三重一大”事项集体决策制度的实施意见（自委发〔2016〕12 号）

10. 中共自贡市委关于繁荣发展社会主义文艺的实施意见（自委发〔2016〕13 号）

11. 中共自贡市委自贡市人民政府关于命名自贡市第四批院士（专家）工作站的通知（自委发〔2016〕14 号）

12. 中共自贡市委自贡市人民政府关于 2015 年目标绩效考评结果的通报（自委发〔2016〕15 号）

13. 中共自贡市委关于中国共产党自贡市第十二次代表大会代表选举工作的通知（自委发〔2016〕18 号）

14. 中共自贡市委关于推进绿色发展建设美丽自贡的决定（自委发〔2016〕19 号）

15. 中共自贡市委自贡市人民政府关于加强招商引资提升开放水平的意见（自委发〔2016〕20 号）

16. 中共自贡市委关于全面加强改革落实工作的实施意见（自委发〔2016〕21 号）

17. 中共自贡市委自贡市人民政府关于实施创新驱动推动工业转型发展的意见（自委发〔2016〕22 号）

18. 中共自贡市委自贡市人民政府关于实施城市棚户区改造三年攻坚的意见（自委发〔2016〕23 号）

19. 中共自贡市委自贡市人民政府关于促进县域经济发展二十条政策措施的意见（自委发〔2016〕24 号）

20. 中共自贡市委自贡市人民政府关于促进自贡国家高新技术产业开发区加快发展二十条政策措施的意见（自委发〔2016〕25 号）

21. 中共自贡市委关于印发《关于政协自贡市第十五届委员会人事安排的意见》的通知（自委发〔2016〕26 号）

22. 中共自贡市委自贡市人民政府关于实施全面两孩政策改革完善计划生育服务管理的意见（自委发〔2016〕27 号）

23. 中共自贡市委自贡市人民政府关于进一步加快脱贫攻坚确保同步全面建成小康社会的实施意见（自委发〔2016〕28 号）

24. 中共自贡市委关于印发《中共自贡市委新闻发言人制度》的通知（自委发〔2016〕29 号）

25. 中共自贡市委关于印发《中共自贡市委督促检查工作规则（试行）》的通知（自委发〔2016〕30 号）

26. 中共自贡市委关于加强和改进新形势下党校工作的实施意见（自委发〔2016〕32 号）

27. 中共自贡市委关于印发《中共自贡市委工作报告制度》的通知（自委发〔2016〕33 号）

28. 中共自贡市委自贡市人民政府关于构建和谐劳动关系的实施意见（自委发〔2016〕34 号）

29. 中共自贡市委自贡市人民政府关于深化人才发展体制机制改革推动振兴发展的实施意见（自委发〔2016〕35 号）

30. 中共自贡市委自贡市人民政府关于印发《自贡市生态文明体制改革实施方案》的通知（自委发〔2016〕36 号）

31. 中共自贡市委自贡市人民政府关于印发《自贡市深化供销合作社综合改革实施方案》的通知（自委发〔2016〕37 号）

32. 中共自贡市委自贡市人民政府关于印发《自贡市推进供给侧结构性改革总体方案》的通知（自委发〔2016〕38 号）

33. 中共自贡市委自贡市人民政府关于印发《自贡市国有林场改革实施方案》的通知（自委发〔2016〕39 号）

自贡市人民政府2016年重要文件目录

1.《自贡市人民政府印发水污染防治行动计划自贡市工作方案的通知》（自府发〔2016〕2号）

2.《自贡市人民政府印发自贡市政府性债务管理办法的通知》（自府发〔2016〕4号）

3.《自贡市人民政府关于加快发展对外文化贸易的实施意见》（自府发〔2016〕8号）

4.《自贡市人民政府印发自贡市促进经济稳定增长和提质增效推进供给侧结构性改革政策措施的通知》（自府发〔2016〕11号）

5.《自贡市人民政府关于促进市场公平竞争维护市场正常秩序的实施意见》（自府发〔2016〕14号）

6.《自贡市人民政府印发自贡市城镇职工基本医疗保险办法的通知》（自府发〔2016〕17号）

7.《自贡市人民政府关于加快推进残疾人小康进程的实施意见》（自府发〔2016〕19号）

8.《自贡市人民政府印发自贡市市级政府性专项资金管理暂行办法的通知》（自府发〔2016〕22号）

9.《自贡市人民政府印发自贡市重大行政决策程序规定的通知》（自府发〔2016〕23号）

10.《自贡市人民政府关于进一步加强统计工作的实施意见》（自府发〔2016〕25号）

11.《自贡市人民政府印发自贡市居民基本医疗保险试行办法的通知》（自府发〔2016〕29号）

12.《自贡市人民政府关于深化收入分配制度改革的实施意见》（自府发〔2016〕31号）

13.《自贡市人民政府关于促进快递业健康发展的实施意见》（自府发〔2016〕33号）

14.《自贡市人民政府关于市属国有企业发展混合所有制经济的实施意见》（自府发〔2016〕37号）

15.《自贡市人民政府印发自贡市重大招商引资引智项目25条扶持政策的通知》（自府发〔2016〕38号）

16.《自贡市人民政府办公室印发自贡市工业园区（集中区）产业定位的通知》（自府办发〔2016〕3号）

17.《自贡市人民政府办公室印发中共自贡市人民政府党组议事规则的通知》（自府办发〔2016〕8号）

18.《自贡市人民政府办公室印发自贡市人民政府常务会议会前学法制度的通知》（自府办发〔2016〕10号）

19.《自贡市人民政府办公室关于贯彻落实国务院办公厅2016年政务公开工作要点的实施意见》（自府办发〔2016〕15号）

20.《自贡市人民政府办公室印发自贡市政府购买棚户区改造服务管理办法的通知》（自府办发〔2016〕17号）

21.《自贡市人民政府办公室关于整合建立统一的公共资源交易平台的实施意见》（自府办发〔2016〕18号）

22.《自贡市人民政府办公室印发〈自贡市政府系统公文审核规定〉和〈自贡市人民政府常务会议工作规则〉的通知》（自府办发〔2016〕23号）

23.《自贡市人民政府办公室印发自贡市行政权力依法规范公开运行工作考核办法（试行）的通知》（自府办发〔2016〕27号）

24.《自贡市人民政府办公室印发〈自贡市人

民政府法律顾问管理办法〉的通知》（自府办发〔2016〕30 号）

25.《自贡市人民政府办公室关于印发自贡市城市公立医院综合改革试点工作实施方案的通知》（自府办发〔2016〕34 号）

26.《自贡市人民政府办公室关于进一步推进户籍制度改革加强实有人口管理的通知》（自府办发〔2016〕37 号）

27.《自贡市人民政府办公室关于培育和发展家庭农场的实施意见》（自府办发〔2016〕42 号）

28.《自贡市人民政府办公室关于巩固完善分级诊疗制度建设的实施意见》（自府办发〔2016〕43 号）

29.《自贡市人民政府办公室关于印发自贡市促进民营企业建立现代企业制度实施方案的通知》（自府办发〔2016〕49 号）

30.《自贡市人民政府办公室关于促进社会办医加快发展的实施意见》（自府办发〔2016〕55 号）

附录三

文件选辑

自贡市人民政府
印发自贡市政府性债务管理办法的通知

（自府发〔2016〕4号）

各区、县人民政府，市级各部门：

《自贡市政府性债务管理办法》已经自贡市第十六届人民政府第97次常务会议审议同意，现印发给你们，请认真贯彻执行。

自贡市人民政府

2016年3月18日

自贡市政府性债务管理办法

第一章　总则

第一条　为加强全市政府性债务管理，防范政府债务风险，促进经济社会持续健康发展，根据《中华人民共和国预算法》《国务院关于加强地方政府性债务管理的意见》（国发〔2014〕43号）和《四川省政府性债务管理办法》（川府发〔2015〕3号文印发）等法律法规规定，结合我市实际，制定本办法。

第二条　我市市级、各区县（含高新区，下同）政府性债务的举借、使用、偿还、监督等相关管理适用本办法。

第三条　本办法所称政府性债务，包括政府债务和政府或有债务。

（一）政府债务指各级政府为公益事业发展举借，需要由地方政府承担偿还责任的债务。具体包括：经国务院批准纳入政府债务管理的存量债务；通过省政府发行地方政府债券形成的债务；符合国家规定的在建项目后续融资形成，需地方政府承担偿还责任的债务。

政府债务分为一般债务和专项债务，其中：一般债务指项目没有收益、计划偿债来源主要依靠一般公共预算收入的债务；专项债务指项目有一定收益、计划偿债来源依靠项目收益对应的政府性基金收入或专项收入、能够实现风险内部化的债务。项目有一定收益但项目收益无法完全覆盖的，无法覆盖的部分列入一般债务，其他部分列入专项债务。

（二）政府或有债务指存量债务中政府负有担保责任和可能承担一定救助责任的债务，以及国务院批准锁定存量后新发生的政府依法担保债务。

第四条　政府性债务管理应当遵循以下基本原则：

（一）量力而行、风险可控。政府债务规模应当与经济社会发展需要和财政承受能力相适应，对政府债务规模实行限额管理。坚决防止发生区域性和系统性风险，防范化解财政金融风险。

（二）分级负责、归口管理。市、区县人民政府是本地区政府性债务管理的责任主体，市本级不承担区县级政府债务的偿还责任。财政部门是政府性债务的归口管理部门，其他相关部门根据职责分工开展工作。

（三）程序规范、强化约束。建立规范的政府举债融资机制，严格履行债务举借程序。实施政府债务预算管理，严格限定债务资金用途。健全债务风险预警、应急处置、考核问责机制。

（四）明确责任、依法偿债。坚持“谁举债、谁偿还”，落实偿债责任，明确偿债来源，按时还本付息，不得单方面改变债权债务关系，不得转嫁债务或逃废债务。

第五条　建立全市政府性债务管理协调机制。

（一）各区县政府负责统筹协调本区域范围内的政府性债务管理工作，推进政府债务管理机制建设，审定债务举借方案，研究制定应急处置预案，组织实施债务管理考核。

（二）财政部门负责完善债务管理制度，组织开展政府债务规模控制、债券额度分配、预算管理、统计分析、风险监控、信息公开等相关工作。

（三）发展改革部门负责政府投资计划管理和项目审批，对投资项目中需要举借政府债务的，需根据财政部门提供的地方财力和债务风险承受能力等指标确定年度投资规模，并按照规定从严审核高风险地区的新开工项目。

（四）金融监管部门负责对金融机构向政府及其部门（单位）的融资行为实施监管，制止金融机构违法违规提供融资。发现违法违规行为，应及时报告本级人民政府和上一级金融监管部门。

（五）审计部门负责实施政府性债务的审计监督，促进完善债务管理制度，提高资金使用效益。

（六）政府法制部门负责政府对外提供担保合同的审查。

（七）政府债务资金使用部门（单位）负责本部门（单位）的债务管理工作，负责编制债务预算建议计划和还款计划，依法依规使用债务资金。

第二章　债务举借

第六条　全市政府债务向省政府申请统一举借。市级部门和区县政府确需举借政府债务的，在规定额度内，按程序逐级向省政府申请代为举借，通过转贷方式安排。

第七条　政府债务只能通过政府及其部门举借，不得通过任何企事业单位举借。剥离政府融资平台公司政府融资职能，融资平台公司不得新增政府债务。乡镇不得举借政府债务。

第八条　举借政府债务应当确定偿债资金来源，制定债务偿还计划。

第九条　举借地方政府债务采取向省政府申请发行地方政府债券方式。没有收益的公益性事业发展确需政府举借一般债务的，向省政府申请代发一般债券融资；有一定收益的公益性事业发展确需政府举借专项债务的，向省政府申请代发专项债券融资。各级政府及其部门不得通过其他任何方式举借政府债务。

第十条　政府债务实行余额限额管理。债务限额主要根据政府债务风险和财力状况确定。

（一）债务高风险的区县应严控新开工项目，原则上不得新增债务余额，应当采取措施逐步降低风险。债务规模下降到限额之前，按照“增减挂钩”原则，经规定程序审核后准予在当年偿还债务额度内适度举借债务。

（二）债务风险相对较低的区县，应当合理控制政府债务规模和增长速度。一般债务规模增长应与经济发展水平和财政收入增长相协调；专项债务规模增长应与对应的政府性基金和专项收入增长相协调。

第十一条　分级核定政府债务限额和举债规模。

（一）市政府在省政府核准限额内合理确定全市举债规模，报市人大常委会批准。由市财政局根据全市的债务规模，结合各区县债务风险指标和财力状况等情况，核定市级和区县债务限额，经市政府批准后下达。

（二）区县政府在市政府核定限额内合理确定本地区举债规模，按规定报同级人大常委会批准。

第十二条　国际金融组织和外国政府贷款举借按国家有关规定执行，属于政府债务的纳入规模限额管理。

第十三条　政府新发生或有债务，应当严格限定在《中华人民共和国担保法》规定的担保范围内，并根据担保合同承担相关责任。政府部门（单位）担保事项应事先由本级财政部门审核后报同级政府批准。

除法律法规另有规定外，各级政府及其部门不得向金融机构或其他单位出具担保函、承诺函等任何形式的融资支持性文件，不得以机关事业单位国有资产为其他单位或企业提供担保，或承诺承担偿债责任。

第十四条　各级政府应加强对政府或有债务的管理，防范事业单位和融资平台公司债务风险向政府转移。各级政府的事业单位、融资平台公司举借政府或有债务的，举债前应由其主管部门报经同级财政部门审核后报同级政府审批。

事业单位和融资平台公司举债规模不得超过自身偿债能力，债务严格限定由自身运营收入偿还，不得新增政府债务。

第十五条　金融机构等债权人应当加强风险识别和风险管理，不得违法违规向地方政府提供融资，不得要求地方政府违法违规提供担保，违法违规提供融资应自行承担损失。金融机构购买地方政府债券应当符合监管规定。

第三章　预算管理

第十六条　政府债务收支分类纳入同级财政全口径预算管理。一般债务收支纳入一般公共预算；专项债务收支纳入政府性基金预算。政府债务预算收入包括地方政府债券、转贷收入等；政府债务预算支出包括项目支出、还本支出、付息支出、转贷支出等。

第十七条　新增地方政府债务应当编制预算调整方案，由本级政府同意后报同级人大常委会批准。

第十八条　年度终了，各级财政部门应当将政府债务收支编入政府财政决算草案，按照规定程序由本级政府审定后，报同级人大常委会审查批准。

第十九条　按程序报经国务院批准纳入政府债务管理的存量债务分类纳入预算管理，原有债权债务关系不变，不得转嫁偿债责任。

第二十条　或有债务纳入预算监管范围，以预算报表备注或附表形式向同级人大或其常委会报告。对依法应由政府承担偿债责任的或有债务，偿债资金纳入预算管理。

第二十一条　根据债务规模和风险状况，分级建立政府偿债准备金。偿债准备金通过本级财政预算安排，主要用于到期政府债务偿还、或有债务垫付以及债务人最终无法偿还债务的清偿。偿债准备金实行专户管理、专账核算，专款专用。国际金融组织和外国政府贷款偿债准备金的设立和计提按有关规定执行。

第四章　资金使用

第二十二条　政府债务资金使用部门（单位）应严格按照批准的用途合理使用债务资金，不得挪作他用。

政府债务资金只能用于公益性资本支出和适度偿还存量政府债务，不得用于经常性支出，不得用于修建楼堂馆所和其他国家明令禁止的项目。公益性资本支出主要包括：市政设施、垃圾处理、公共交通、公共卫生、文化体育、教育科研、环境整治、水利设施、保障性安居工程等。

第二十三条　使用政府债务资金的公益性项目应按照项目管理要求，严格执行基本建设管理程序，严格落实《中华人民共和国招标投标法》和《中华人民共和国政府采购法》等相关规定。

第二十四条　财政部门应按规定组织对政府债务资金投资项目的概算、预算、结算及竣工财务决算进行财政投资评审。评审结果应作为财政部门和相关单位项目招标、核拨款项、调整预算、办理结算、批复工程竣工财务决算和交付资产的依据。债务资金使用部门（单位）要严格按照财政部《基本建设财务管理规定》的要求，做好基本建设财务管理工作，及时编制竣工财务决算，报同级财政部门批准。

第二十五条　政府债务资金全额纳入国库，实行专账管理。债务资金支出实行财政国库集中支付，财政部门应按照支出预算和项目实施进度，及时、足额拨付债务资金，并加强对债务资金支出的管理和监督。

第五章　债务偿还

第二十六条　按照“谁举债、谁偿还”的原则，分类落实偿债资金。

（一）政府债务偿还。按照债务偿还计划分年度纳入财政预算管理，确保按时足额归还。其中，一般债务主要通过一般公共预算安排支出偿还，专项债务以项目对应的政府性基金或专项收入偿还。

政府债务资金使用部门（单位）无法按照原定偿债计划安排偿债资金的，由财政安排偿债准备金或其他资金先行垫付偿还，债务单位应制定还款计划并及时归垫财政资金。债务单位如不能按计划归垫，财政部门可通过预算扣减等方式予以追偿。对未按时偿还到期债务、未及时归垫财政垫付资金的单位，不得新增安排地方政府债券资金。

（二）政府或有债务偿还。按照协议约定，由债务人认真落实偿债资金，按时还本付息。举债单位主管部门和财政部门要将政府或有债务纳入监管范围，加强对或有债务的统计分析和风险防控，敦促偿债主体及时偿还债务。

政府代偿或有债务后，要追究原偿债主体的责任，财政部门可扣减债务单位相关经费，必要时，可采用法律手段追收财政代还款项。

第二十七条　政府债务偿债资金来源主要包括以下渠道：

（一）一般公共预算和政府性基金预算安排的偿债资金；

（二）经批准动用的地方政府债券资金；

（三）经批准动用的偿债准备金；

（四）未纳入预算管理的债务项目收益和债务单位事业收入、经营收入、资产出让收入等。

第二十八条　按以下规定分类处置存量债务：

（一）企事业单位债务。由企事业单位自身运营收入还本付息的存量债务，不纳入政府债务范围，应当继续由企事业单位自身运营收入安排偿还；对单位自身运营收入不足以偿还的存量债务，可以通过注入优质资产、加强经营管理等措施，提高项目盈利水平，增强偿债能力。

（二）或有债务。对确需地方政府履行担保或救助责任的存量或有债务，如债务单位无法履行偿债责任，各级政府应当依法履行协议约定，并将偿债资金纳入预算管理。

（三）政府债务。对经国务院批准纳入政府债务管理的存量债务，各级政府应切实履行偿债责任，必要时可处置政府资产偿还债务。

第二十九条　对经国务院批准纳入预算管理的存量政府债务，可按程序申请发行地方政府债券偿还（置换）债务，以降低利息负担，优化债务结构，缓释债务风险。

第六章　风险防控

第三十条　全市各级政府应当建立政府债务风险防控机制，健全完善防范化解措施，有效控制政府债务风险。

第三十一条　市政府根据债务规模、债务结构、综合财力等相关因素，测算债务率、新增债务率、偿债率、逾期债务率等指标，评估各区县债务风险状况，评估结果作为确定各区县政府债务限额的主要依据。

第三十二条　债务高风险区县在市政府批准的债务余额限额内，经同级人大常委会批准的新增债务项目或新增债务支出，应将明细项目向市政府报备（径送市财政局）。

第三十三条　全市各级财政部门应根据到期偿债规模、偿债资金来源、资产负债水平等指标评估本级债务单位风险情况，及时实施风险提示。

第三十四条　各区县政府应当制定政府债务风险应急处置预案，出现偿债危机时须及时报告市政府，并按预案设置启动债务风险应急处置措施和追究相关责任。政府债务偿债困难时，可通过动用偿债准备金、压缩一般性支出偿还，必要时可通过处置政府资产偿还。

第七章　监督问责

第三十五条　全市各级政府及其部门应当加强政府性债务统计监控、考核评价、信息公开、考核问责等工作。

第三十六条　健全政府性债务统计制度。债务信息作为债务风险预警、规模控制、考核评价的基本依据，债务单位、主管部门和财政部门应当对信息的真实性负责。

（一）债务单位应当及时将债务举借、偿还、使用等相关信息逐笔录入全省政府性债务信息系统。中央出台重大政策措施形成的政府债务和或有债务应当单独统计、单独管理。

（二）主管部门负责审核汇总本部门政府债务和或有债务情况，并向同级财政部门报送统计报告。

（三）财政部门负责审核汇总本地区政府债务和或有债务情况，并向同级政府和上级财政部门报送统计报告。

第三十七条　建立完善政府债务考核机制。市政府将政府债务管理情况纳入对各区县政府的绩效考核范围。市财政将政府债务管理情况纳入各区县财政运行绩效考核范围。

第三十八条　加强政府性债务审计监督，将政府性债务的举借、管理、使用、偿还和风险管控等情况纳入党政主要领导干部经济责任审计范围，审计结果作为组织人事部门对领导干部进行考核、任免、奖惩的重要依据。

第三十九条　完善政府性债务报告制度，定期向同级人大或其常委会报告政府债务和或有债务情况。加快建立权责发生制的政府综合财务报告制度，全面反映政府资产负债状况。

第四十条　建立政府性债务信息公开制度，依法定期向社会公开政府债务和或有债务情况，主动接受社会监督。

第四十一条　健全对违法违规举借和使用政府债务行为的责任追究制度。存在下列行为之一的，依照《中华人民共和国预算法》责令改正，对负有直接责任的主管人员和其他直接责任人员追究行政责任，依法给予降级、撤职、开除处分：

（一）政府债务不纳入预算管理；

（二）超过债务限额举债；

（三）不按规定方式举借政府债务；

（四）违法对单位和个人举借债务提供担保；

（五）挪用债务资金或改变资金用途；

（六）不公开或提供虚假政府债务信息。

对恶意转嫁或逃废债务，强制金融机构提供政府性融资，以及其他违反政府债务管理相关法律法规的行为，依照《财政违法行为处罚处分条例》等规定对相关单位和责任人给予处罚处分。违反本办法规定，构成犯罪的，依法追究刑事责任。

第八章　附　则

第四十二条　按照国务院、省政府的规定，存量债务明确为2014年12月31日前未予清偿完毕的债务。

第四十三条　本办法自印发之日起施行，有效期4年。我市以前政府性债务管理规定与本办法不一致的，按本办法执行，国家和省对政府性债务管理另有规定的，从其规定。

自贡市人民政府办公室
印发自贡市推进农村垃圾治理实施方案的通知

（自府办函〔2016〕32号）

各区、县人民政府，市级各部门：

《自贡市推进农村垃圾治理实施方案》已经市政府同意，现印发给你们，请结合实际认真贯彻落实。

自贡市人民政府办公室

2016年4月6日

自贡市推进农村垃圾治理实施方案

为着力改善农村村容村貌，建设天蓝、地绿、水净的美丽乡村，促进农村生产、生活、生态文明建设，按照国家和省关于农村垃圾治理有关会议精神，根据《全省推进农村垃圾治理实施方案》（川办函〔2015〕207号文印发）的要求，结合我市实际，制定本实施方案。

一、总体要求

按照党中央、国务院关于全面推进农村人居环境整治的决策部署，结合省委、省政府关于开展城乡环境综合治理和幸福美丽新村建设的具体要求，突出抓好农村垃圾治理，打造村容整洁、生态良好的农村人居环境，改善农村居民生产生活条件，努力提升农村人居环境质量。

二、工作目标

完善“户定点、组分类、村收集、镇（乡）运输、市（县）处理”的生活垃圾收运处理体系，有效治理农村垃圾。到2020年全面建成小康社会时，全市98%以上村庄的生活垃圾得到有效治理，实现“有齐全的设施设备、有成熟的治理技术、有稳定的保洁队伍、有长效的资金保障、有完善的监管制度”；农村畜禽粪便基本实现资源化利用，农作物秸秆综合利用率达到85%以上，农膜回收率达到80%以上；农村地区工业危险废物无害化利用处置率达到95%以上。

三、工作内容

（一）全面治理农村生活垃圾。

1. 完善农村生活垃圾收运体系。各区县、乡镇、村组要进一步完善农村环卫运行机制，按照“条块结合，以块为主”的原则，以乡镇政府为主体，充分发挥乡镇环卫机构的作用，确保各项工作顺畅开展。从2016年起，用3年时间全面巩固完善农村生活垃圾“户定点、组分类、村收集、镇（乡）运输、市（县）处理”模式。强化日常清扫保洁，集中整治村容村貌环境卫生，保持村镇常年干净整洁。力争在2018年年底前实现乡镇90%以上的生活垃圾集中到市（县）进行无害化处理，农村生活垃圾前端减量收集率达到80%，全市再生资源回收网点覆盖95%以上的村庄。（牵头单位：市城乡管理执法局，配合单位：市发改委、市财政局、市环保局、市农牧业局、市商务局、市爱卫办、市供销社）

2. 加快完善农村垃圾收运设施。本着“区域共享、合理布局、集中建设”的原则，加快片区乡镇垃圾压缩中转站建设，逐年关闭现有的乡镇小型垃圾填埋场。各区县负责农村生活垃圾收运设施的定点、建设及建成后的运行、维护管理等工作；市级有关部门负责监督管理，并按照以奖代补方式给予支持。到2020年底前，建成乡镇区域性小型垃圾压缩中转站20个；彻底解决垃圾收集和转运过程中的脏、臭、飘散和遗洒等问题。（牵头单位：市城乡管理执法局，配合单位：市发改委、市财政局、市环保局、市农牧业局、市商务局、市爱卫办、市供销社）

3. 建立农村环卫运行保障机制。加快推进财政资金主导、农民适当缴费的经费分担保障机制，各区县、乡镇政府每年要安排专项资金用于村镇垃圾治理工作，市上安排资金给予补助。建立稳定的村庄保洁队伍，根据各村民小组实际合理配置保洁员，明确保洁员在垃圾收集、村庄保洁、宣传监督等方面的职责。通过修订完善村规民约明确村民的保洁义务。（牵头单位：市城乡管理执法局，配合单位：市发改委、市财政局、市环保局、市农牧业局、市商务局、市爱卫办、市供销社）

（二）推进农村环境综合整治。

加快农村环境综合整治，积极开展卫生乡镇、村创建，深化农村环境连片治理“以奖促治”政策，加强对农村地区工业固体废弃物生产单位的监督管理，依法贮存、转移、利用、处置工业固体废物，坚决查处非法倾倒、堆置工业固体废物行为，推动固体废物综合利用，集中处置农村地区工业危险废物。以县级行政区域为单元，实施农村清洁工程，开展农村环境综合整治。组织申报一批中央农村环境连片整治项目，积极争取中省资金支持。2016年，新增完成58个建制村的环境综合整治；2017—2020年，新增完成42个建制村的环境综合整治；到2020年年底前，全市累计完成环境综合整治建制村达181个。（牵头单位：市环保局，配合单位：市发改委、市财政局、市城乡管理执法局、市农牧业局、市商务局、市爱卫办、市供销社）

（三）推进农村面源污染治理。

1. 开展秸秆综合利用。因地制宜开展农作物秸秆肥料化、饲料化、基料化、能源化和原料化利用，加大工作力度，强化责任措施，建立健全秸秆收运储体系。以2015年为基数，农作物秸秆利用率每年提高0.5个百分点以上，到2020年年底前，秸秆综合利用率达到85%以上。（牵头单位：市农牧业局，配合单位：市发改委、市财政局、市环保局、市城乡管理执法局、市商务局、市爱卫办、市供销社）

2. 规范畜禽规模化养殖。推行政府、业主与社会资本合作，加大畜禽规模养殖场配套设施标准化建设和标准化生产力度，大力发展区域生态循环农业，促进畜禽粪污综合治理与利用。到2020年年底前，建立1个病死动物专业无害化处理场；每年完成4个畜禽规模化养殖场的粪污治理与综合利用工作；规模化养殖配套建设废弃物处理设施比例达到85%以上。（牵头单位：市农牧业局，配合单位：市发改委、市财政局、市环保局、市城乡管理执法局、市商务局、市爱卫办、市供销社）

3. 大力引导推广加厚地膜的生产和使用。积极探索建立农田残膜和农资包装物回收利用机制，科学布局和适当增加回收网点，开展回收利用示范建设。到2020年底前，残膜从耕地移除比例达到80%以上。（牵头单位：市农牧业局，配合单位：市发改委、市财政局、市环保局、市城乡管理执法局、市商务局、市爱卫办、市供销社）

四、保障措施

（一）加强组织领导。各区县政府是农村垃圾治理的实施主体和责任主体，要加强组织领导，履行主体责任，统筹安排部署，逐级分解目标，把各项工作抓牢抓实。各有关部门要按照职责分工，强化落实，建立议事协调、工作协调、信息通报、督促检查等制度，建成领导有力、部门联动、责权分明、高效运转的工作机制。

（二）加强宣传教育。采取多种舆论宣传方式，引导农民对垃圾进行分类处理，努力培养健康文明的生产、生活方式。通过经常性组织开展农村卫生清洁户评选等活动，全面宣传开展农村垃圾治理的重要意义和好做法、好典型、好经验，使“人人关心生态环境，时时注意环境保护”成为自觉行动，促进农村垃圾治理工作顺利开展。

（三）加大资金投入。各区县政府要将农村垃圾治理经费纳入财政预算，落实农村垃圾收运和处理设施的日常运行经费及维护修缮经费。加大市级财政资金支持力度，整合各类涉农资金，采取“以奖代补”等形式支持农村垃圾治理和改善农村人居环境工作，并加大对边远乡镇的资金倾斜力度。多渠道筹措资金，逐步将农村保洁、垃圾处理设施的运营管理委托给企业负责，鼓励社会资本参与农村垃圾治理。

（四）强化考核监督。各区县政府要将农村垃圾治理纳入乡镇城乡环境综合治理考核内容，加强对乡镇开展农村垃圾治理的监督检查，定期通报动态、宣传先进、曝光问题。市城乡环境综合治理领导小组办公室要加强对区县开展农村垃圾治理的监督检查，将农村垃圾治理纳入对区县的城乡环境综合治理考核内容。对开展农村垃圾治理工作推动不力、问题突出，或资金投入等方面不落实、不到位的，要进行曝光问责，并责令限期整改，确保农村人居环境综合治理工作强力推进、收到实效。

自贡市人民政府办公室
印发自贡市城市黑臭水体整治实施方案的通知

（自府办函〔2016〕39号）

各区人民政府，市级有关部门：

《自贡市城市黑臭水体整治实施方案》已经市政府同意，现印发给你们，请认真组织实施。

自贡市人民政府办公室

2016年5月9日

自贡市城市黑臭水体整治实施方案

按照住房城乡建设部、环境保护部《城市黑臭水体整治工作指南》（建城〔2015〕130号文印发）要求，为加快推进我市城市黑臭水体整治工作，结合我市实际，制定本方案。

一、工作目标

到2017年，城市建成区实现河面无大面积漂浮物，河岸无垃圾、无违法排污口，市中心城区基本消除黑臭水体。到2020年，城市建成区黑臭水体总体消除。

二、工作流程

（一）排查识别（2016年3月底已完成）。由市水务局牵头会同市城乡建设住房保障局和市环保局等相关部门，对城市水体进行逐一排查，并向社会公示排查结果，确定城市黑臭水体名单、黑臭程度，拟定总体整治计划。

（二）制定方案（2016年5月底前）。各实施主体逐一编制城市黑臭水体治理方案，于2016年5月底前报市水务局备案。

（三）工程实施（2020年9月底前）。按照“谁主管，谁负责”原则，由各责任单位按城市黑臭水体整治单项实施方案对城市黑臭水体进行整治。在整治过程中，要坚持治理为先、管护为主，加强生态修复工程建设，合理确定工程治理时序，力争一次性整治到位，确保工程治理取得实效。

（四）监测评估（长期实施）。由市环保局牵头会同市城乡建设住房保障局和市水务局，每季度组织对城市黑臭水体进行监测，并通过监测数据对整治效果进行综合评估。整治达标的，进入长效管理；整治不达标的，立即予以整改。

（五）长效管理（长期实施）。各责任单位明确各城市黑臭水体水质管理的责任人，建立日常清捞、养护等制度，落实相关管理措施，接受公众监督，确保城市黑臭水体整治效果。

三、工作要求

（一）明确目标，整体规划。科学识别城市黑臭水体及变化特征，结合污染源、水系分布和补水来源等情况，合理制定我市城市建成区黑臭水体的具体工作方案。

（二）因地制宜，标本兼治。针对城市水体黑臭成因、区域自然人文环境条件和经济发展状况，综合应用控源截污、内源治理、生态修复等措施，全面消除黑臭水体，改善人居环境质量。

（三）生态改善，长效保持。多渠道科学开辟补水水源，修复水生态系统，提升水体自然净化能力，实现城市水环境持续改善。

（四）强化监管，公众参与。强化城市黑臭水体全过程监管，建立水体水质监测机制和水质预警应对机制，开辟城市黑臭水体整治信息公开渠道，鼓励公众参与，接受社会监督。

四、保障措施

（一）提高认识，加强领导。城市黑臭水体整治是涉及民生的大事，各级、各相关部门要充分认识做好此项工作的重要性，进一步增强大局意识和责任意识。各责任单位分管负责人亲自抓、相关责任人具体抓，确保我市黑臭水体整治工作有序推进。

（二）明确职责，细化分工。各区政府、市级有关部门要建立联动协作机制，充分履行职能职责，确保整治任务落到实处。

市发改委负责审核、转报职责权限范围内的相关项目，协助指导申报上级项目资金。市财政局负责统筹各类资金，保障城市黑臭水体整治工作项目经费及后期管护经费。市环保局负责对城市黑臭水体进行识别、定级，负责对黑臭水体进行季度监测并对治理效果进行评估。市水务局负责河道型黑臭水体的排查，指导督促河道型黑臭水体治理方案的制定和治理工程的实施等工作，负责河道型城市黑臭水体治理相关信息上报工作，负责黑臭水体整治的综合协调和监督考核工作。市城乡建设住房保障局负责公园湖塘型黑臭水体的排查，指导督促相关实施主体治理方案的制定和治理工程的实施等工作，负责公园湖塘型城市黑臭水体治理相关信息上报工作。市农牧业局负责城市黑臭水体整治水域范围内畜禽养殖污染的控制和治理工作。市城乡管理执法局负责河道两岸城市管理范围内的环境卫生治理。

（三）落实任务，加大投入。各区政府和市级有关部门要明确目标任务，结合工作实际，科学调配人员，采取有力措施，确保按时完成每年度城市黑臭水体整治任务。市级各部门要积极争取上级专项资金开展专项治理，各区政府（含高新区管委会）要将所需资金纳入年度财政预算。

（四）注重配合，巩固成果。各区政府和市级有关部门要通力协作，共同推进城市黑臭水体治理工作，要按照责任分工，加大监管力度，建立行之有效的长期监管机制，巩固黑臭水体整治成果。

附件：自贡市城市黑臭水体整治工作任务分解表

自贡市城市黑臭水体整治工作任务分解表

序号	黑臭水体名称	工作任务	完成时限	牵头单位	实施主体
1	釜溪河（双河口至沿滩大桥）	制定黑臭水体治理方案	2016 年 5 月	市水务局	大安区政府、自流井区政府、沿滩区政府、高新区管委会
		开展河面清漂保洁工作，确保河面清洁、美观	长期	市水务局	大安区政府、自流井区政府、沿滩区政府、高新区管委会
		实施自贡监狱生活污水处理设施建设	2017 年 12 月	市司法局	自贡监狱
		开展水体水质情况监测评估	每季度	市环保局	市环保局
		沿河两岸环境卫生整治	长期	市城乡管理执法局	大安区政府、自流井区政府、沿滩区政府、高新区管委会
		生态补水		市水务局	自贡水务集团有限公司
2	旭水河（艾叶至双河口）	制定黑臭水体治理方案	2016 年 5 月	市水务局	贡井区政府、大安区政府
		开展河面清漂保洁工作，确保河面清洁、美观	长期	市水务局	贡井区政府、大安区政府
		实施贡井污水处理厂一期深度处理项目，继续完善生活污水截污纳管工作	2018 年 12 月	市水务局	贡井区政府
		开展水体水质情况监测评估	每季度	市环保局	市环保局
		沿河两岸环境卫生整治	长期	市城乡管理执法局	贡井区政府、大安区政府
		生态补水		市水务局	自贡水务集团有限公司
3	金鱼河（舒坪至旭水河）	制定黑臭水体治理方案	2016 年 5 月	市水务局	贡井区政府、大安区政府、自流井区政府
		实施河道清淤疏浚工程	2017 年 12 月	市水务局	贡井区政府、大安区政府、自流井区政府
		启动舒坪生活污水处理设施建设前期工作	力争 2020 年建成投运	市水务局	自流井区政府
		实施贡井金鱼河“人工湿地”项目	2017 年 12 月	市环保局	贡井区政府
		强化工业企业达标排放监管	长期	市环保局	市环保局
		开展水体水质情况监测评估	每季度	市环保局	市环保局
		沿河两岸环境卫生整治	长期	市城乡管理执法局	贡井区政府、大安区政府、自流井区政府
4	南湖公园	制定黑臭水体治理方案	2016 年 5 月	市城乡建设住房保障局	高新区管委会
		按实施方案组织实施整治	2017 年 12 月	市城乡建设住房保障局	高新区管委会
		开展水体水质情况监测	每季度	市环保局	市环保局
5	贡井人民公园	制定黑臭水体治理方案	2016 年 5 月	市城乡建设住房保障局	贡井区政府
		按实施方案组织实施整治	2017 年 12 月	市城乡建设住房保障局	贡井区政府
		开展水体水质情况监测评估	每季度	市环保局	市环保局
6	贡井西城湿地公园	制定黑臭水体治理方案	2016 年 5 月	市城乡建设住房保障局	贡井区政府
		按实施方案组织实施整治	2017 年 12 月	市城乡建设住房保障局	贡井区政府
		开展水体水质情况监测评估	每季度	市环保局	市环保

续表

序号	黑臭水体名称	工作任务	完成时限	牵头单位	实施主体
7	彩灯公园	制定黑臭水体治理方案	2016年5月	市文广新局	自贡彩灯公园管理处
		按实施方案组织实施整治	2017年12月	市文广新局	自贡彩灯公园管理处
		开展水体水质情况监测评估	每季度	市环保局	市环保局
8	盐都植物园	制定黑臭水体治理方案	2016年5月	市城乡建设住房保障局	自贡市盐都植物园管理所
		按实施方案组织实施整治	2017年12月	市城乡建设住房保障局	自贡市盐都植物园管理所
		开展水体水质情况监测评估	每季度	市环保局	市环保局

自贡市人民政府
印发自贡市促进经济稳定增长和提质增效推进供给侧结构性
改革政策措施的通知

（自府发〔2016〕11号）

各区、县人民政府，市级各部门：

现将《自贡市促进经济稳定增长和提质增效推进供给侧结构性改革的政策措施》印发给你们，请认真贯彻执行。

自贡市人民政府

2016年5月13日

自贡市促进经济稳定增长和提质增效推进供给侧结构性改革的政策措施

一、加大融资扶持力度

1. 扩大企业应急周转资金规模。将市应急临时周转金规模扩大到3亿元，帮助更多企业转贷和降低转贷成本。（牵头单位：市经济和信息化委，配合单位：市财政局、市政府金融办、人行市中心支行、自贡银监分局）

2. 鼓励企业在资本市场融资。在境内主板、中小板、创业板和境外资本市场融资的企业，在省补助基础上，市财政给予一次性补助100万元。在新三板和成都（川藏）股权交易中心交易板挂牌的企业，在省补助基础上，分别给予一次性补助50万元、20万元。（牵头单位：市政府金融办，配合单位：市财政局、市发改委、市经济和信息化委）

3. 实施中小微工业企业贷款贴息政策。对有市场有回款有效益的中小微工业企业1年期及以上贷款，按照省定政策给予企业不超过国家基准利率50%的贴息，单户企业贴息额不超过100万元。（牵头单位：市经济和信息化委，配合单位：市财政局）

4. 实施支农支小贷款奖补政策。鼓励银行业金融机构向“三农”、小微企业增加贷款规模。对四区金融机构发放的符合条件的涉农增量贷款，参照县域金融机构涉农贷款增量奖励政策规定，按年度贷款增量的2%予以补贴。（牵头单位：市财政局，配合单位：人行市中心支行、市政府金融办）

5. 实施新增客户首贷奖补。对银行业金融机构向无贷款记录企业发放的首笔贷款，财政部门按实际发放贷款额度的1‰对经办金融机构给予补贴。

（牵头单位：市财政局，配合单位：人行市中心支行、市政府金融办）

6. 实施重点产业固定资产贷款奖补。对银行业金融机构向市域内新兴产业发展壮大、传统产业改造提升、军民融合产业深度发展的企业提供的固定资产贷款，财政部门按其实际发放贷款额的0.5‰对经办金融机构予以补贴。（牵头单位：市财政局，配合单位：人行市中心支行、自贡银监分局、市政府金融办、市经济和信息化委）

7. 建立面向农村金融机构的定向费用补贴政策。对符合政策规定的新型农村金融机构，按当年贷款平均余额的2%给予补贴。（牵头单位：市财政局，配合单位：自贡银监分局、市政府金融办）

8. 鼓励金融机构开展信贷产品创新。开展排污权、碳排放权抵押贷款等绿色信贷业务，开发自主品牌、商标专用权、专利权等企业无形资产质押贷款业务，市、区财政根据贷款投放额度给予金融机构1%的补助。（牵头单位：市政府金融办，配合单位：市财政局、人行市中心支行）

9. 建立实体企业贷款风险补贴机制。建立总规模5000万元的实体企业贷款风险补助资金，鼓励区县政府采取基金（基金池）分担或直接分担方式，对金融机构为创新创业、新兴产业、科技企业、中小微企业等贷款发生的损失给予风险补贴，区县财政负责审核并按约定予以补贴。对金融机构向小微企业发放的信用贷款损失，按最高不超过损失额的60%予以风险补贴。（牵头单位：市政府金融办，配合单位：市财政局、人行市中心支行、自贡银监分局、市经济和信息化委、市商务局、市政府农工办）

10. 鼓励保险机构开展小微企业小额贷款保证保险试点。财政部门按保险超赔约定比例予以补贴。（牵头单位：市政府金融办、市财政局，配合部门：各区县政府）

11. 鼓励国有担保机构开展定向业务。国有担保机构向支小再贷款名单内的企业提供担保时，按低于1.5%的标准收取担保费用，市财政按支小再贷款担保额的1%对担保公司给予补助。（牵头单位：市财政局，配合单位：市经济和信息化委、市政府金融办、人行市中心支行）

二、分类推进去产能

12. 推进淘汰落后过剩产能。在市工业发展资金中安排100万元用于支持淘汰落后产能，对主动压减产品无销路、能耗高、污染重、安全风险大、不符合产业政策的落后和过剩产能企业，综合考虑压减退出产能量、时间进度和职工安置人数实行梯级奖补。（牵头单位：市经济和信息化委，配合单位：市财政局、各区县政府）

13. 支持煤炭行业化解过剩产能。除中央、省补助外，市财政对符合条件的关闭煤矿给予奖补，6万吨及以下的退出矿井给予150万元奖补资金，6万吨以上的退出矿井给予200万元奖补资金。（牵头单位：市安监局，配合单位：市财政局）

14. 清理处置“僵尸企业”。对长期停产、名存实亡的国有和国有控股、参股的“僵尸企业”停止给予补贴和保护等“输血”行为，尽可能多采取兼并重组、少采取破产清算方式逐步予以“出清”。（牵头单位：市国资委，配合单位：市经济和信息化委、市发改委、市财政局）

15. 鼓励实施兼并重组。对收购破产企业或者对并购企业进行技术改造和产业转型升级，在收购、并购完成后一个纳税年度新增入库税金200万元以上的，按收购、并购资产的1%给予奖励，最高不超过100万元。（牵头单位：市经济和信息化委，配合单位：市财政局）

三、推进房地产去库存

16. 调整居民家庭购房财政补贴政策。对在我市购买新建商品住房的，给予购房财政补贴，购买家庭唯一住房的给予200元/平方米补贴，非唯一住房的给予100元/平方米补贴。对农村居民购买新建商品住房的，再给予一次性5000元的补贴。（牵头单位：市城乡建设住房保障局，配合单位：市财政局、各区县政府）

17. 加大深化城乡建设用地增减挂钩改革试点推进力度。鼓励和引导进城务工农民采取货币化安置方式自愿退出宅基地，申请购买限价商品房。对农民退出的宅基地按市上制定的政策标准给予相应补偿，并对自愿申请整户登记为城镇居民的农户给予每户每亩2万元（按拆旧复垦面积计算）的养老保险补贴。（牵头单位：市国土资源局）

18. 加大房屋拆迁货币化安置力度。扩大棚改货币化安置比例，对征收拆除房屋原则上实行货币化安置；将棚改居民在我市购买新建商品住房的补助标准由500元/平方米提高到700元/平方米，补助费用由项目实施业主承担，政府已发布征收决定的棚改项目按原政策执行；对棚改以外的国有土地上房屋征收补偿，实行货币化安置的，可参照棚改政策补助标准执行，补助费用纳入征收成本；对农村集体土地征收征用，推行货币化安置。（牵头单位：市城乡建设住房保障局，配合单位：市国土资源局、市财政局）

19. 充分发挥住房公积金去库存作用。推进住房公积金向城镇稳定就业新市民覆盖，支持就（创）业大学生、农民工、个体工商户等使用住房公积金贷款购房，全市住房公积金个贷率保持在85%以上。（牵头单位：市公积金中心）

20. 支持符合条件的开发项目规划调整。已全部缴清土地出让金的待开发商业用地，可根据土地使用权人申请，在符合规划和有关规定的条件下，经审批可转为商住、教育培训、幼儿园、康养、文化、旅游等经营性、公益性用地，其中，转为商住用地的，重新核定出让价款。（牵头单位：市国土资源局，配合单位：市城乡建设住房保障局）

21. 推进商业用房去库存。允许商住房地产项目在不改变用地性质和容积率的前提下，根据市场需求，将商业用房调整为商品住宅。已建在建的商业用房在不改变其他规划条件的前提下，经法定程序批准并向社会公示无异议后，可改变原建筑使用功能，用于教育培训、幼儿园、康养、文化、旅游等经营性、公益性用途。（牵头单位：市城乡建设住房保障局，配合单位：市国土资源局）

四、降低税负成本

22. 落实小微企业税收优惠政策。对月销售额或营业额不超过3万元和以一个季度为纳税期限且季度销售额或营业额不超过9万元的小微企业免收增值税；对从事国家非限制和禁止行业，年度应纳税所得额不超过30万元的企业，其所得减按50%计入应纳税所得额，按20%的税率缴纳企业所得税；对符合西部大开发政策条件的鼓励类产业减按15%的税率征收企业所得税。（牵头单位：市国税局、市地税局）

23. 落实研发费用加计扣除政策。对符合条件的企业开发新技术、新产品、新工艺发生的研究开发费用，依法按照研究开发费用的50%加计扣除或按照无形资产成本150%摊销。对企业在2014年1月1日后购进的专门用于研发的仪器、设备，单位价值不超过100万元的，可以一次性在计算应纳税所得额时扣除；单位价值超过100万元的，可按规定缩短折旧年限或进行加速折旧；对企业持有的单位价值不超过5000元的固定资产，可以一次性在计算应纳税所得额时扣除。（牵头单位：市国税局、市地税局）

24. 落实企业安置残疾人税收政策。对符合条件的企业安置残疾人员的，在按照支付给残疾职工工资据实扣除的基础上，再按照支付给残疾职工工资的100%加计扣除。（牵头单位：市国税局、市地税局）

25. 落实支持和促进重点群体就业税收优惠政策。对商贸企业、服务型企业、劳动就业服务企业中的加工型企业和街道社区具有加工性质的小型企业实体当年新招用失业人员，符合条件的，在3年内按实际招用人数予以定额依次扣减增值税、城市维护建设税、教育费附加、地方教育附加和企业所得税优惠，定额标准为每人每年4000元，最高可上浮30%。（牵头单位：市国税局、市地税局）

五、降低水电气和用地成本

26. 降低非居民用天然气价格。严格执行非居民用天然气最高门站价格每立方米降低0.7元的政策。对日用气3万方以上的园区或新增用户，创造条件推进转供改直供。（牵头单位：市发改委，配合单位：市燃气有限责任公司、市经济和信息化委）

27. 落实降低一般工商业用电价格政策。对电压等级不满1千伏用户的销售电价按0.7886元/千瓦时执行，对1～10千伏用户按0.7736元/千瓦时执行，对35～110千伏用户按0.7586/千瓦时执行。（牵头单位：市发改委，配合单位：国网自贡供电公司）

28. 落实宾馆饭店、餐饮与一般工业企业同等用水、用电、用气价格政策。（牵头单位：市发改委，配合单位：市水务局、国网自贡供电公司、市燃气有限责任公司）

29. 实施小微工业企业厂房租赁补贴。对小微工业企业租赁生产厂房或其他闲置厂房进行生产经营的，给予实际支付厂房租金50%的租赁补贴，单

户企业不超过15万元。（牵头单位：市经济和信息化委，配合单位：市财政局）

30. 支持盘活土地资产。在符合城乡规划的前提下，企业将退出后的工业用地可用于转产发展第三产业；转产为生产性服务业等鼓励发展行业的，5年内可继续按原用途和土地权利类型使用土地。工业企业技术改造升级项目不涉及改变土地用途的，增加建设容积率不再增收土地价款。（牵头单位：市国土资源局）

31. 实施用地"租让结合"。鼓励企业对所需用地实行先租用后出让，租用期满后，经审查符合出让条件的，可办理协议出让手续，减少企业一次性投入。（牵头单位：市国土资源局）

六、降低用工成本

32. 对企业社保缴费给予政策支持。继续执行40%的企业职工基本养老保险缴费基数下限政策和失业保险费率下调政策；对经营困难企业，按规定程序报批后可暂缓缴纳养老保险费1年，其间不收取滞纳金。在失业保险基金中安排2000万元，对符合条件的企业给予不超过企业及其职工上年度实际缴纳失业保险费总额50%的稳定岗位补贴。困难企业经申请批准，可降低住房公积金缴存比例或缓缴。（牵头单位：市人力资源社会保障局、市公积金中心）

七、降低制度性交易成本

33. 规范涉企收费行为。继续清理规范行政事业性收费，及时公布政府性基金目录清单、行政事业性收费目录清单和涉企行政事业性收费目录清单；清理规范中介机构收费。（牵头单位：市财政局、市发改委）

34. 推进工商登记便利化。全面推进"三证合一""一照一码"，将注册资本在1000万元以下的企业设立登记下放到四区。（牵头单位：市工商局）

35. 降低项目建设成本。对工业项目和鼓励类承接产业转移项目的行政事业性收费（基金）实行包干制，按照每平方米20元收取行政事业性收费（基金）。棚户区改造项目免收各种行政性事业性收费和政府性基金；非营利性养老、医疗机构建设项目，免收行政性事业性收费。（牵头单位：市政务服务中心）

36. 发放小微工业企业服务补助券。对我市小微企业购买签约中介服务机构提供的融资策划、财税代理、法律咨询等专业服务的，给予合同金额50%的资金补助，单户企业最高不超过2万元。（牵头单位：市经济和信息化委，配合单位：市财政局）

八、支持创新和产业转型

37. 建立总规模20亿元的高端产业发展投资基金。支持高端成长型产业和新型先导性服务业发展。（牵头单位：市政府金融办，配合单位：市财政局、市经济和信息化委、市商务局）

38. 建立企业家奖励机制。对年度综合实力排名前10名的工业企业，给予每户企业负责人25万元奖励。（牵头单位：市经济和信息化委，配合单位：市财政局、市统计局、市国税局、市地税局）

39. 建立科技人员奖励机制。对获得国家科技进步特等奖的第一主研单位，市政府一次性奖励100万元；对获得国家科技进步一等奖和中国专利金奖的第一主研单位，市政府一次性奖励20万元；对获得国家科技进步二等奖和中国专利优秀奖的第一主研单位，市政府一次性奖励10万元；对获得省科技进步奖和专利奖的特等奖、一等奖、二等奖、三等奖的第一主研单位，市政府分别一次性奖励10万元、5万元、3万元、2万元；对获得市科技进步奖和专利奖特等奖、一等奖、二等奖、三等奖的项目，分别一次性奖励10万元、5万元、3万元、2万元。（牵头单位：市科技局，配合单位：市财政局）

40. 推动企业提品质创品牌。对企业提品质、创品牌取得显著成绩的，除省上奖励政策外，市上予以相应奖励。对首次获得中国质量奖、提名奖的，分别奖励企业100万元、50万元，对首次获得省、市政府质量奖的分别奖励企业20万元、10万元；对开展质量对标提升行动产品达到国际、国内先进标准经确认的，分别奖励企业25万元、10万元；对首次被认定为四川省名牌产品的奖励企业5万元；对首次被认定为驰名商标、四川省著名商标的，分别奖励企业20万元、5万元；对新注册国家地理标志商标、新获得国家地理标志保护产品、新获得国家农产品地理标志产品的，每件奖励企业10万元；对新认证为有机产品、绿色食品的，分别奖励企业5万元、3万元；对获得国家知名品牌示范区、国家生态原产地保护示范区、国家地理标志保护产品示范区、国家有机产品认证示范区、国家农产品地理标志核心示范区的，分别奖励20万元；对新获得国家AAAAA、AAAA级旅游景区的，分别奖励经营管理单位50万元、20万元；对新获得国家级旅游度假区和国家级生态旅游示范区的，奖励经营管理单位50万元。（牵头单位：市工商局、市质监局、市外事侨务旅游局、市政府农工办，配合单位：市财政局）

41. 建立企业创新平台升级奖补机制。对新申报评定为国家和省级企业技术中心、工程研究中心、重点实验室的企业，分别给予每户100万元、50万元的奖励。对新设立市级研发机构的企业，每户给予5万元的奖励。（牵头单位：市科技局，配合单位：市财政局）

42. 支持企业转型升级。在市工业发展资金中安排1100万元，专项用于工业企业技术改造、信息化及“两化”融合发展项目补助。（牵头单位：市经济和信息化委，配合单位：市财政局）

43. 支持企业项目建设。对以民营企业为业主、政府采取先建后补、以奖代补给予资金支持的项目，凡项目业主依法能够自行建设、生产或提供的部分，按照法律法规规定可以不进行招标。（牵头单位：市发改委，配合单位：市经济和信息化委）

44. 支持科技成果转化。对企业承接高校、科研机构且属于战略性新兴产业的具有有效职务发明专利的科研成果在市内成功转化的，除省上补助外，市财政按企业购买研发服务合同交易额的5%给予后补助或贷款贴息支持，最高不超过50万元。（牵头单位：市科技局，配合单位：市财政局、市发改委、市经济和信息化委）

45. 鼓励科研人员创新创业。科研人员带项目和成果到各类载体创新创业的，经原单位同意，可在3年内保留人事关系，与原单位其他在岗人员同等享有参加职称评聘、岗位晋升和社会保障方面的权利。（牵头单位：市人力资源社会保障局，配合单位：市科技局）

46. 支持农业转型升级。在市级农业发展专项资金中安排3000万元，支持农民合作社、家庭农场、种养大户、农业龙头企业发展，支持兴办劳动密集型农业小企业，支持返乡人员流转土地发展适度规模经营，支持农业全程社会化服务、村邮电商服务站、农产品质量安全监管体系建设。（牵头单位：市政府农工办，配合单位：市财政局、市农牧业局、市林业局、市供销社）

47. 促进旅游业提升发展。支持自驾旅游示范基地、旅游厕所、旅游度假区、乡村旅游重点示范项目、景区智慧旅游和景区清洁饮水设施等项目建设，在省项目资金补助的基础上，市上给予30%的配套补助。（牵头单位：市外事侨务旅游局，配合单位：市财政局）

48. 支持产业项目开竣工。对列入市重大项目年度计划的产业项目（房地产项目除外），按审核开工时间如期开工的，给予项目业主5万～10万元补助；提前开工的，根据提前时间增加1万～5万元补助；提前竣工的，根据提前时间给予1万～5万元补助。对投资额在1000万元以上的工业项目，按审核开工时间如期开工的，给予项目业主1万～10万元奖励；如期建成并投产的，给予项目业主1万～10万元奖励。工业项目按照就高不就低和不重复享受的原则执行。（牵头单位：市发改委，配合单位：市经济和信息化委、市商务局、市财政局）

九、帮助企业拓展市场

49. 增加中小微企业参与政府采购机会。引导采购单位在采购产品中优先考虑中小微企业，专门面向中小微企业产品的采购应占采购预算总额的30%以上，其中预留给小型和微型企业的比例不低于60%；对于非专门面向中小微企业的项目，按照规定对小型和微型企业产品的价格给予6%～10%的扣除。鼓励大中型企业和其他自然人、法人或者其他组织与小型、微型企业组成联合体共同参加非专门面向中小微企业的政府采购活动，小型、微型企业的协议合同金额占到联合体协议合同总金额30%以上的，可给予联合体2%～3%的价格扣除。（牵头单位：市财政局、市政务服务中心）

50. 支持企业拓展市场。对参加惠民购物全川行、川货全国行、万企出国门三大活动的企业，在享受省上场地租赁费用补贴政策外，市上对交通费、货物托运费、人员差旅费实行包干补贴，每户企业补贴不超过7000元。（牵头单位：市商务局，配合单位：市财政局）

本政策措施有效期暂定为自印发之日起1年。

自贡市人民政府办公室
印发自贡市政府购买棚户区改造服务管理办法的通知

（自府办发〔2016〕17号）

各区、县人民政府，市级各部门：

《自贡市政府购买棚户区改造服务管理办法》已经市政府同意，现印发给你们，请遵照执行。

自贡市人民政府办公室

2016年6月14日

自贡市政府购买棚户区改造服务管理办法

第一条　为加大棚户区改造力度，切实解决群众住房困难，规范和推广政府购买棚户区改造服务，促进经济增长，按照国务院《关于进一步做好城镇棚户区和城乡危房改造及配套基础设施建设有关工作的意见》（国发〔2015〕37号）、财政部《关于进一步做好棚户区改造相关工作的通知》（财综〔2016〕11号）、省政府办公厅《关于推进政府向社会力量购买服务工作的意见》（川办发〔2014〕67号）及市政府办公室《关于加快推进城市棚户区改造有关政策的通知》（自府办发〔2013〕46号）和《关于开展向社会力量购买服务工作的实施意见》（自府办发〔2015〕5号）精神，结合我市实际，制定本办法。

第二条　本办法所称政府购买棚户区改造服务是指按照规定的方式和程序，政府将应当承担的棚户区改造工作特定任务交由符合条件的社会力量承担，并由相关职能部门根据服务合同约定向其支付费用。购买范围不包括棚户区改造项目配套建设的商品房和经营性基础设施。

第三条　本办法所称棚户区改造项目，是指在全市范围内，经市棚户区改造工作领导小组批准，并列入省住房和城乡建设厅城镇棚户区和城乡危房改造及配套基础设施建设三年计划（2016—2018年）的棚户区（含危旧房、城中村等）改造和配套的公益性基础设施建设项目。

第四条　市政府授权市城乡建设住房保障局作为政府购买棚户区改造服务的购买主体，依法开展政府购买棚户区改造服务活动。

第五条　政府购买棚户区改造服务的承接主体为符合国家、省和市关于政府购买服务相关要求的棚户区改造项目服务供应商，包括依法在工商行政管理部门登记注册的企业或在其他行业主管部门登记成立的机构等。鼓励多种所有制企业作为承接主体。

第六条　承接主体应具备以下条件：

（一）依法设立，具有独立承担民事责任的能力；

（二）治理结构健全，内部管理和监督制度完善；

（三）具有独立、健全的财务管理、会计核算和资产管理制度；

（四）具备提供服务所必需的设施、人员和专业技术能力；

（五）具有依法缴纳税收和社会保障资金的良好记录；

（六）前三年内无重大违法记录，通过年检或按要求履行年度报告公示义务，信用状况良好，未被列入经营异常名录或者严重违法企业名单；

（七）符合国家有关政事分开、政社分开、政企分开的要求；

（八）法律、法规规定以及购买服务项目要求的其他条件。

第七条　承担有公共服务职能的公益性事业单位在符合本办法第六条规定，且不新增财政供养人员编制的情况下可以作为承接主体，并与具备条件的社会力量公开、平等参与竞争。

第八条　政府融资平台公司通过市场化改制，建立现代企业制度，实现市场化运营，承担的政府债务已纳入财政预算得到妥善处置，并明确公告今后不再承担政府融资职能，可按规定作为承接主体。其开展棚户区改造举借债务应实行市场化运作，不纳入政府债务，政府在出资范围内依法履行出资人职责，不提供任何形式的担保。

第九条　政府购买棚户区改造服务包括以下内容：

（一）棚户区改造项目入户调查摸底；

（二）棚户区改造项目可行性论证及评审；

（三）棚户区改造项目征收拆迁服务；

（四）棚户区改造安置住房的筹集（新建、改建、改造、购买、租赁、货币化安置等方式）；

（五）棚户区改造配套公益性基础设施建设（安置住房小区用地红线内配套的道路、土地平整、绿化、供水、供气、排水、通信、照明等基础设施；红线外直接服务于安置小区居民的公益性基础设施）；

（六）其他经省、市主管部门认定，与棚户区改造直接相关的项目。

第十条　市财政局会同有关部门将棚户区改造项目纳入政府购买服务指导性目录。具体纳入目录为：一级目录基本公共服务事项，二级目录住房保障，三级目录危旧房棚户区改造。

第十一条　市城乡建设住房保障局根据政府购买服务指导性目录和工作目标任务，综合考虑经济社会发展水平及棚户区居民住房状况和需求情况等因素，牵头编制棚户区改造计划和年度实施方案，并会同市财政局等部门按经市政府批准的改造计划和年度实施方案，选定政府购买棚户区改造服务项目，拟订购买服务的内容标准和购买预算，报市政府审批。

第十二条　市城乡建设住房保障局将市政府批准的政府购买棚户区改造服务项目及相关信息交由市财政局或采购代理机构按规定在四川政府采购网上公开，并按政府采购程序组织实施采购，确定承接主体。

第十三条　市城乡建设住房保障局依法依规与承接主体签订政府购买棚户区改造服务合同，明确购买服务的范围、标的、数量、质量要求、服务期限、支付方式、权利义务及违约责任等内容，及时报市财政局备案。其中，棚户区改造及其配套设施项目同时报市发改委备案。

第十四条　市城乡建设住房保障局依据服务合同，及时组织对承接主体提供的服务进行考核验收，并按采购协议支付资金。

第十五条　将政府购买棚户区改造服务资金逐年列入财政预算管理，并纳入中期财政预算。财政预算安排有缺口确需举借政府债务的，可在核定的债务限额内，通过省政府代发地方政府债券筹集资金。

第十六条　市城乡建设住房保障局、市发改委、市国土资源局、市财政局等部门要根据各自职能职责，协同配合、简化程序、优化审批、提高效率，确保政府购买棚户区改造服务顺利实施。各区县人民政府要建立相应机制，有序做好相关工作。

第十七条 市房屋征收部门负责指导棚户区改造项目征收拆迁工作，区县房屋征收部门具体负责棚户区改造项目的征收拆迁安置工作。

第十八条　市级相关部门要建立棚户区改造绿色审批通道，采取联合办公、现场办公等集约高效的审批服务方式，简化办事程序，缩短审批时限，提高工作效率。

第十九条 市、区县财政部门要分析测算政府购买棚户区改造服务的承受能力，确保购买服务的规模和总量与财政实力相匹配。

第二十条　市、区县财政部门和市城乡建设住房保障局要按照《中华人民共和国政府信息公开条例》《政府采购信息公告管理办法》以及预算公开的相关规定，公开政府购买棚户区改造服务的相关信息，涉及国家机密、商业秘密和个人隐私的信息除外。

第二十一条　市城乡建设住房保障局要会同市财政局建立完善由购买主体、服务对象及第三方机构组成的综合性评审机制，制定出台政府购买棚户区改造服务的绩效评价办法，对服务合同履约情况、服务对象满意程度、财政资金使用效率、服务目标达成情况等进行综合评价。绩效评价结果作为以后年度编制政府购买棚户区改造服务预算和选择承接主体的重要依据。

第二十二条　市财政局要会同市城乡建设住房保障局对承接主体承接政府购买棚户区改造服务进行信用记录，对承接主体的违法违规行为依法追究相关责任，并依法列入不良行为记录名单，三年内不得参与政府购买服务。市工商局、市民政局及相关行业主管部门要将承接主体信用记录纳入年检（报）、评估、执法等监管体系，不断健全守信激励和失信惩戒机制。

第二十三条　市、区县审计、监察等部门要根据各自职能职责，依法加强对政府购买棚户区改造服务的监督，确保资金规范管理和使用，对截留、挪用、滞留资金以及违反本办法规定的行为，依照有关规定追究责任，涉嫌犯罪的，依法移交司法机关处理。

自贡市人民政府
印发《自贡市城镇职工基本医疗保险办法》的通知

（自府发〔2016〕17 号）

各区、县人民政府，市级各部门：

《自贡市城镇职工基本医疗保险办法》已经自贡市第十六届人民政府第 102 次常务会议审议同意，现印发给你们，请认真遵照执行。

自贡市人民政府

2016 年 6 月 6 日

自贡市城镇职工基本医疗保险办法

第一章　总　则

第一条　为进一步完善城镇职工基本医疗保险制度，规范基本医疗保险管理，实现城镇职工基本医疗保险持续、稳定运行，促进经济社会和谐发展，根据《中华人民共和国社会保险法》及有关规定，结合我市实际，制定本办法。

第二条　城镇职工基本医疗保险遵循以下原则：

（一）基本医疗保险水平与我市经济社会发展水平相适应的原则；

（二）基本医疗保险制度坚持公平与效率相结合，权利与义务相适应的原则；

（三）基本医疗保险制度坚持“以收定支、收支平衡、略有结余”的原则。

第三条　城镇职工基本医疗保险基金实行市级统筹，执行“六个统一”，即：统一参保范围、统一筹资标准、统一待遇保障、统一定点管理、统一基金管理、统一经办流程。

第四条　人力资源社会保障部门履行城镇职工基本医疗保险管理职责，负责组织、指导、协调城镇职工基本医疗保险工作。社会保险经办机构具体承办城镇职工基本医疗保险工作。

各级人力资源社会保障和财政部门要加强对城镇职工基本医疗保险基金的监督管理，审计部门要定期对城镇职工基本医疗保险基金收支情况和管理情况进行审计。

卫生计生部门负责医疗机构医疗服务行为的监督管理。

食品药品监管部门负责药品经营企业和医疗机构药品质量的监督管理。

发展改革、教育、公安、监察、民政、国土资源、税务、工商等有关部门按照各自职责，协同做好城镇职工基本医疗保险工作。

第二章　参保范围和参保登记

第五条　所有用人单位及其从业人员应按照本办法的规定参加城镇职工基本医疗保险。灵活就业人员可参加城镇职工基本医疗保险。

本办法所称用人单位，是指本市行政区域内机关、事业单位、社会团体、企业、民办非企业单位、个体经济组织。

第六条　中央、省、市属机关企事业单位应依照有关规定到市级社会保险经办机构办理基本医疗保险参保登记、变更、注销等手续，其余单位按工商注册地到市、区县社会保险经办机构办理基本医疗保险参保登记、变更、注销等手续。

第三章　参保方式和转移接续

第七条　参加城镇职工基本医疗保险可按统账结合或单建统筹方式参保。按统账结合方式参保的建立个人账户，按单建统筹方式参保的不建立个人账户。

第八条　统账结合和单建统筹参保方式可以转换。单建统筹转统账结合方式的，以办理转换当年单建统筹与统账结合方式缴费差额为标准，补足单建统筹方式参保年限的费用后，从次月起划拨个人账户。统账结合变单建统筹方式的，不退统账结合与单建统筹的缴费差额，从办理次月起享受单建统筹参保方式待遇。

第九条　职工基本医疗保险和居民基本医疗保险可以相互转换。

第十条　个人跨统筹地区就业的，其基本医疗保险关系随本人转移，只转个人账户，不转统筹基金，缴费年限累计计算。达到法定退休年龄时，在本市范围内实际缴费年限达到我市最低缴费年限规定的，退休后不再缴纳基本医疗保险费。

基本医疗保险 3 个月以内办理转移接续的，不设待遇享受等待期；超过 3 个月办理转移接续的，自办理转移手续之日起满 12 个月后方能使用统筹基金。

第十一条　参保人员与用人单位签订、终止或解除劳动合同时，用人单位或参保人员应及时到社会保险经办机构结清相关费用，办理变动手续。

参保人员死亡，其单位或亲属应及时到社会保险经办机构办理医疗保险待遇终止手续。

第四章　基本医疗保险基金筹集

第十二条　基本医疗保险实行申报审核缴费制度。单位申报的缴费工资总额按国家统计局规定的工资总额口径核定。用人单位未按规定申报应当缴纳的社会保险费数额的，按照该单位上月缴费额的110%确定应当缴纳数额；缴费单位补办申报手续后，由社会保险经办机构按照规定结算。

第十三条　统账结合方式参保的缴费费率为9.5%，单建统筹方式参保的缴费费率为6%。随着经济发展和基金运行状况，缴费率可作相应调整。

第十四条　参加基本医疗保险的单位和个人按照以下规定缴纳基本医疗保险费：

参保单位按月缴纳基本医疗保险费。以统账结合方式参保的，由用人单位和职工共同缴纳，单位缴纳的基本医疗保险费以上年度单位职工工资总额为缴费基数，缴费率为7.5%；职工个人缴纳的基本医疗保险费为上年度本人缴费工资的2%，由用人单位代扣代缴。以单建统筹方式参保的，由用人单位按上年度单位职工工资总额的6%缴纳。用人单位平均工资低于上年度全市城镇非私营单位在岗职工平均工资的，按上年度全市城镇非私营单位在岗职工平均工资计算。

灵活就业人员按年度缴纳基本医疗保险费。灵活就业人员参加基本医疗保险的，以本市上年度城镇非私营单位在岗职工平均工资　为基数缴纳基本医疗保险费，以统账结合方式参保的缴费率为9.5%，以单建统筹方式参保的缴费率为6%。

第十五条　基本医疗保险设置最低缴费年限。以2010年9月30日为基准日，基准日前男满50岁以上（含50岁），女满40岁以上（含40岁）的，其最低缴费年限为15年；男50岁以下，女40岁以下的，最低缴费年限为20年。基准日前后的缴费年限累计计算。

基准日前随单位参保且退休（职）的单位参保人员，不再缴纳基本医疗保险费，享受退休人员基本医疗保险待遇。基准日后退休（职），未达到最低缴费年限的，由用人单位和个人按第十四条规定一次性全额补足最低缴费年限的基本医疗保险费后，享受退休人员医疗保险待遇；灵活就业人员由本人缴纳。不能一次性全额补足基本医疗保险费的，也可以逐年缴费至最低缴费年限，但需待医疗保险费用缴清后方可享受退休人员医疗保险待遇。

第十六条　参保单位必须按时足额缴纳基本医疗保险费，定期或不定期向职工公布基本医疗保险费的缴纳情况，自觉接受职工监督。参保单位逾期不缴费的，社会保险经办机构可从欠缴的次月起，暂停该单位参保人员使用基本医疗保险基金，待单位补缴基本医疗保险费和滞纳金后，按规定享受基本医疗保险待遇。

第十七条　参保人员应连续足额缴纳基本医疗保险费，不得中断，一旦中断缴费，社会保险经办机构将停止本人享受有关医疗保险待遇。中断缴费6个月以内（含6个月）的，补缴基本医疗保险费和滞纳金后，可连续计算缴费年限，享受基本医疗保险个人账户待遇但不享受中断缴费期间的住院统筹基金待遇；中断缴费6个月以上的，不补缴中断期间的医疗保险费，自重新续保缴费之日起满12个月后方能使用统筹基金，其中断前的缴费年限可合并计算。

第十八条　参加基本医疗保险的单位及其人员均应参加补充医疗保险，补充医疗保险通过招投标委托商业保险公司承办。具体征缴和待遇享受管理办法由市人力资源社会保障局制定。

第五章　基本医疗保险待遇

第十九条　基本医疗保险基金由统筹基金和个人账户构成。

第二十条　个人账户按以下比例进行划拨：

（一）在职人员（含灵活就业在职人员）按本人当年缴费基数的3.2%划拨。

（二）退休人员（含灵活就业退休人员）按本人上年度退休费的3.6%划拨。

第二十一条　个人账户按月划拨，用于支付在定点医疗机构或药店发生的门诊合规医疗费用、住院起付金以及应由个人比例自付和特种自付的住院医疗费用。个人账户实行超支自理。

第二十二条　个人账户的利息参照银行同期活期存款利息计息，个人账户本金和利息为个人所有，可以结转使用和依法继承。

第二十三条　随用人单位新参保的人员，从参保缴费次月起可使用统筹基金。新参保的灵活就业人员从参保缴费之月起12个月后方可使用统筹基金。

第二十四条　城镇职工基本医疗保险实行统筹基金最高支付限额。参保人员在一个自然年度内统筹基金累计支付医疗费用的最高限额为上一年度自贡市职工年平均工资的6倍左右。年度最高支付限额由市人力资源社会保障部门根据基金运行情况和经济发展水平调整后公布。

第二十五条　基本医疗保险待遇支付严格遵守《四川省基本医疗保险、工伤保险和生育保险药品目录》、四川省基本医疗保险诊疗项目目录和医疗服务设施项目范围以及相应的管理规定。超出上述规定的药品、诊疗和医疗服务费用，基本医疗保险基金不予支付。参保人员住院以及门诊特殊病种治疗使用《四川省基本医疗保险、工伤保险和生育保险药品目录》中的“乙类目录”药品和实施基本医疗保险基金支付部分费用的诊疗项目所发生的费用，按照有关规定个人先自付不低于10%以后，余下部分按第二十六条的规定报销，相关规定另行制定。

第二十六条　参保人员在市内定点医疗机构发生的符合基本医疗保险报销范围的住院医疗费用，先由参保人员承担一定数额医疗费，即统筹基金起付标准，超过起付标准的部分由统筹基金和参保人员共同负担。

（一）起付标准按每次住院计算，三级甲等综合医疗机构为800元，三级甲等专科医疗机构和三级乙等综合医疗机构为700元，二级医疗机构为500元，一级及未定级医疗机构为400元；以社区卫生服务机构为唯一登记注册执业的医疗机构及乡镇卫生院为200元；各级中医医院在上述标准上降低一个级别确定住院起付线标准。因精神疾病在精神病院和精神科住院治疗的患者，一个自然年度内个人只支付一次起付金。市内住院经上级定点医院治疗后转入下级医院的，不再承担起付费用，经下级医院转入上级医院的，只负担与转入医院当次起付线标准之差的费用。以后年度起付金标准由市人力资源社会保障局和市财政局根据我市职工年平均工资增长等相关因素研究提出方案，报市政府批准后执行。

（二）参保人员住院医疗费用超过起付标准以上、最高支付限额以下的符合报销部分，按以下比例报销：

医院等级	在职人员报销比例	退休人员报销比例
三级医院	82%	86%
二级医院	83%	87%
一级及未定级医院	84%	88%
社区及乡镇卫生院	85%	89%

第二十七条 异地住院医疗费用按以下规定进行报销：

（一）异地居住的退休人员和因工作需要长驻外地的参保人员，可在参保地社会保险经办机构办理异地安置手续，异地安置手续原则上一年内不予变更。异地安置人员在居住地定点医疗机构就诊，其发生的城镇基本医疗保险政策范围内的住院医疗费用按市内住院政策报销。

（二）参保人员因病情和定点医疗机构条件所限，确需转到自贡市以外的医院住院治疗的，应执行逐级转诊制度，并办理转院手续。其住院符合基本医疗保险报销范围的医疗费用，个人首先自付10%，余下部分再按第二十六条的规定报销。

（三）除异地安置和已办理转诊转院手续外出就医的参保人员，在异地住院发生的符合基本医疗保险报销范围的医疗费用，个人首先自付15%，余下部分再按第二十六条的规定报销。

第二十八条 符合特殊病种治疗发生的基本医疗保险报销范围的门诊特殊病种医疗费用，由统筹基金支付80%，个人负担20%，一个年度内统筹基金支付最高限额为1300元/人。今后可根据统筹基金的收支情况对最高限额进行调整。具体病种和管理办法由市人力资源社会保障局另行制定。

第二十九条 需长期门诊治疗的慢性肾功能衰竭透析治疗等疾病发生的门诊医疗费用，按住院费用进行报销，参保人员一个年度内承担一次起付金。具体病种范围和报销办法由市人力资源社会保障局另行制定。

第三十条 参保人员需使用纳入基本医疗保险支付范围的一次性医用材料、人工器官、体内植入材料等发生的费用，实行限额报销，报销标准由市人力资源社会保障局另行制定。

第三十一条 符合第二十五条规定范围并在门诊抢救期间死亡发生的医疗费用，按照住院报销标准进行报销。

第三十二条 以下情形不能在基本医疗保险基金报销：

（一）应当从工伤保险基金中支付的；

（二）应当由第三人负担的；

（三）应当由公共卫生负担的；

（四）在境外就医的；

（五）国家和省、市规定的其他不予支付的项目。

第六章 医疗保险管理

第三十三条 社会保险经办机构与定点医疗机构和定点药店签订服务协议，规范医疗服务行为。医疗机构应当为参保人员提供合理、必要的医疗服务。

参保人员患病需住院治疗的，凭相关证件到医院办理住院手续，并向定点医疗机构预交一定额度的住院预付金。

参保人员的住院医疗费，属于统筹基金支付的部分由定点医疗机构与社会保险经办机构结算；属于个人支付的部分由定点医疗机构直接向患者收取。定点医疗机构应提供参保患者住院收费明细清单和收费结算凭证。

按付费方式改革的要求，采用按总额预付、人次付费、病种付费、服务单元付费等复合付费方式，并实行结算超支共同负担的办法结算。

第三十四条 基本医疗保险基金的计息办法按照国务院《关于建立城镇职工基本医疗保险制度的决定》（国发〔1998〕44号）的有关规定执行。

基本医疗保险基金实行财政专户管理，专款专用，不得挤占挪用。社会保险经办机构要建立健全预决算制度、财务会计制度和内部审计制度，确保基金的安全运营；要严格审查医疗费用开支，在确认其符合有关规定的情况下应及时支付医疗费用。社会保险经办机构经办医疗保险所需的事业（公用）经费纳入各级财政预算，不得从基金中提取。

第七章　法律责任

第三十五条　违反本办法规定的，按照《中华人民共和国社会保险法》《社会保险费征缴暂行条例》等规定，由相关部门依法予以处理。

第三十六条　国家工作人员在医疗保险管理、监督工作中滥用职权、玩忽职守、徇私舞弊的，按相关规定给予处分。

第三十七条　违反《中华人民共和国社会保险法》规定，涉嫌犯罪的，依法移交司法机关追究刑事责任。

第八章　附　则

第三十八条　本办法所指医疗保险年度和自然年度为公历1月1日至12月31日。

第三十九条　本办法自2016年7月10日起施行，有效期5年。自贡市人民政府《印发〈自贡市城镇职工基本医疗保险试行办法〉的通知》（自府发〔2009〕5号）和《关于修改〈自贡市城镇职工基本医疗保险试行办法〉部分条款的通知》（自府函〔2010〕122号）同时废止。

自贡市人民政府
印发自贡市市级政府性专项资金管理暂行办法的通知

（自府发〔2016〕22号）

各区、县人民政府，市级各部门：

《自贡市市级政府性专项资金管理暂行办法》已经自贡市第十六届人民政府第105次常务会议审议同意，现印发给你们，请认真贯彻执行。

自贡市人民政府

2016年7月29日

自贡市市级政府性专项资金管理暂行办法

第一章　总　则

第一条　为进一步规范市级政府性专项资金管理，切实加强依法行政，提高资金使用效益，根据《中华人民共和国预算法》《中华人民共和国会计法》等法律法规、市委《关于贯彻落实“三重一大”事项集体决策制度的实施意见》（自委发〔2016〕12号）规定和市政府《印发关于切实加强财政资金管理规定的通知》（自府发〔2014〕21号）精神，制定本办法。

第二条　市级政府性专项资金（以下简称专项资金），是指由市级财政安排，用于支持全市经济社会发展，服务于特定政策目标或者工作任务，在一定时期内具有专门用途，实行单独核算、专款专用的财政性资金。不包括用于满足部门履行职能和自身特殊事项需要的专项业务费。

第三条　本规定适用于专项资金的设立与撤销、预算编制与执行、绩效评估、管理监督等。

第四条　专项资金的管理应当遵循依法设立、归口管理、绩效优先、公开透明、跟踪监督的原则，并符合预算管理的有关规定。

第五条　市级财政部门、业务主管部门按照职责分工共同负责专项资金管理和监督工作。

（一）市级财政部门负责专项资金管理和监督的牵头组织和协调工作，组织专项资金预算编制及执行，组织实施专项资金预算绩效管理和财政监督检查等。

（二）市级业务主管部门按照“谁使用、谁负责”的原则，负责本部门专项资金的具体管理和监督工作，负责申请设立、撤销专项资金，编制、申报和执行专项资金预算，具体实施专项资金绩效管理、信息公开，保障专项资金按规定用途安全有效使用。

第二章　设立与撤销

第六条　专项资金设立应当符合国家产业政策和经济社会发展目标，突出公共财政导向，有明确的政策依据、具体用途、使用范围和使用对象。

第七条　申请设立专项资金，应当提供设立依据、执行期限、实施规划和绩效目标，必要时提供可行性研究报告。市级财政部门对专项资金设立的必要性、可行性、资金规模和绩效目标组织初审、论证，必要时可通过听证会等方式听取专家、公众意见。

第八条　不得新设与现有专项资金用途相同或相近的专项资金。对使用方向相似、扶持对象相近、管理特点类同的专项资金，应当实行部门内部或跨部门整合。

第九条　设立专项资金由市级业务主管部门提出，经市级财政部门审核后，由市级财政部门会同市级业务主管部门按程序报市政府常务会议审议。

第十条　专项资金在执行期内有下列情形之一的，市级财政部门应当会同市级业务主管部门按程序报市政府撤销该专项资金：

（一）因客观情况发生变化，专项资金的设立失去意义或者需要完成的特定任务已不存在的；

（二）专项资金实施绩效达不到主要绩效目标的；

（三）专项资金的管理、使用存在违法违纪问题，情节严重或者经整改无效的。

第三章　预算编制与执行

第十一条　专项资金预算编制应当遵循综合预算、突出重点、量力而行、注重绩效、公开透明的原则。

第十二条　专项资金预算额度应按照“额度控制、收支平衡”的原则，并结合经济发展需要和财力可能确定。

第十三条　市级业务主管部门应根据发展需要，科学编制本系统本部门专项资金项目库，并实行动态管理。专项资金预算编制以项目库为基础，并细化到具体项目，确实不能明确到具体项目的，应明确到具体类别。

第十四条　专项资金项目应符合以下条件：

（一）符合全市国民经济和社会发展总体规划和专项资金支持的方向、重点和范围；

（二）有经过科学论证和项目可行性研究形成的专项资金项目目标、预期效益、组织实施计划和科学合理的项目预算等；

（三）补助性专项资金项目，应有明确的资金用途，并有相关的实施依据。

需要公开征集项目的，应向社会发布项目申报指南。

第十五条　专项资金预算年度编制计划由市级业务主管部门会同市级财政部门提出，经市委财经领导小组研究后，报市政府常务会议审定，其中，单个项目投资金额在1000万元以上的须报市委常委会审定。

编制专项资金年度计划时，原则上应预留10%～20%的资金作为应急机动资金，用于年度中新增的民生配套和重大项目等支出。应急机动资金的使用，由市级业务主管部门商市级财政部门提出，报市政府分管领导审批后执行。

第十六条　专项资金预算按程序批准后，各部门必须严格执行。申请资金拨付由项目实施单位提出，经市级业务主管部门审核后，报市级财政部门下达预算。专项资金原则上实行国库集中支付制度，属于政府采购范围的，必须按政府采购管理程序办理。

第十七条　专项资金预算执行过程中，因客观原因确需调整的，分别按以下程序进行：

（一）总金额控制在专项资金预算额度内，仅在项目之间或类别之间调整的，由市级业务主管部门提出，经市级财政部门审核，报市政府分管领导审批后执行。

（二）需要新增预算额度的，由市级财政部门会同市级业务主管部门报市政府审定，一年内原则上不超过1次。

第十八条　预算执行中形成的结余结转资金，按照市级财政部门有关规定执行。

第四章　绩效评估

第十九条　按照“预算编制有目标、预算执行有监控、预算完成有评价、评价结果有运用”的要求，专项资金实行全过程预算绩效管理。

第二十条　市级财政部门应会同市级业务主管

部门定期对专项资金进行清理、整合、规范，并建立评估和退出机制。

第二十一条　专项资金年度预算执行完毕或阶段性任务完成后，市级业务主管部门应当按照规定组织绩效自评，并将绩效自评报告送市财政部门。在报市委财经领导小组和市政府常务会议审议年度专项资金预算时，一并报告上年度专项资金绩效评价情况。

第二十二条　专项资金绩效评价结果作为完善资金管理和以后年度预算安排的重要依据。对达不到绩效目标的专项资金，市级财政部门应当督促市级业务主管部门加强资金管理、提高使用效益，并视情况报市政府批准调整或撤销。

第五章　管理与监督

第二十三条　专项资金经市政府批准设立后，市级业务主管部门应当会同财政部门制定具体的管理制度，包括专项资金的使用范围、执行期限、分配办法、分配依据、资金拨付使用程序、绩效管理与监督等主要内容。涉及多个部门的专项资金管理制度由主要业务部门牵头制定。

第二十四条　单位和个人不得虚报、冒领和骗取专项资金。市级业务主管部门、市级财政部门按各自分工加强专项资金的管理和监督。

第二十五条　专项资金实行信用负面清单制度，对单位或个人弄虚作假、冒领骗取专项资金等失信、失范行为进行记录和惩戒。

第二十六条　对在专项资金申报、使用和管理过程中出现的违法违纪违规行为，按照《财政违法行为处罚处分条例》（国务院令第427号）等规定处理。

第六章　附　则

第二十七条　各区县政府性专项资金管理可参照本办法执行。

第二十八条　国家、省有新规定的，从其规定。

第二十九条　本办法自印发之日起施行，有效期2年。

自贡市人民政府办公室
印发自贡市进一步扩大住房公积金制度覆盖面的实施意见的通知

（自府办发〔2016〕26号）

各区、县人民政府，市级各部门：

《自贡市进一步扩大住房公积金制度覆盖面的实施意见》已经市政府同意，现印发给你们，请遵照执行。

自贡市人民政府办公室

2016年8月26日

自贡市进一步扩大住房公积金制度覆盖面的实施意见

为切实维护广大职工合法权益，推动我市住房公积金事业健康发展，根据《住房公积金管理条例》（国务院令第350号）和省政府办公厅《关于印发进一步扩大住房公积金制度覆盖面指导意见的通知》（川办函〔2015〕95号），结合我市实际，现就进一步扩大我市住房公积金覆盖面提出如下实施意见。

一、指导思想

深入贯彻党的十八届三中、四中、五中全会和省委十届七次、市委十一届十二次全会精神，深化住房公积金制度改革，通过规范缴存管理、完善工作机制，积极推进住房公积金制度向非公有制单位覆盖，进一步扩大住房公积金使用群体，逐步实现“应建尽建、应缴尽缴”。

二、基本原则

（一）依法依规建制。全市所有国家机关、国有企业、城镇集体企业、外商投资企业、城镇私营企业及其他城镇企业、事业单位、民办非企业单位、社会团体（以下统称单位）须依法建立住房公积金制度，单位及其从业人员要在规定比例和基数范围内缴存住房公积金。各用人单位须将为职工缴存住房公积金列入劳动合同条款，按月足额为职工缴存住房公积金。

（二）分类分步实施。条件较为成熟的以下单位应在2016年底前建立住房公积金制度：各级机关事业单位和社会团体要为本单位聘用人员缴存住房公积金；各区县政府（含高新区管委会，下同）要为社区工作人员、大学生村官、“三支一扶”人员缴存住房公积金；各劳务派遣单位要为劳务派遣人员缴存住房公积金。对非公有制单位，区别不同情况，稳步推进住房公积金建制工作：生产经营正常的企业按规定及时为本单位所有就业人员建立住房公积金制度；生产经营困难的企业，应在生产经营正常后为其就业人员建立住房公积金制度。对其他已稳定就业的进城务工人员应及时纳入住房公积金缴存范围。

（三）加强信息公开。按照政府信息公开的要求，全面推进住房公积金政策相关信息公开，增强透明度，提高公信力；建立投诉举报制度，加大监督力度；定期向社会公布全市住房公积金年度报告，维护职工知情权。

三、规范缴存管理

（一）规范缴存标准。严格执行住房公积金缴存“控高提低”政策。职工住房公积金月缴存基数上线不得超过我市统计部门公布的上一年度职工月平均工资的3倍，也不得低于市政府规定的上一年度职工月最低工资标准。职工和单位住房公积金缴存比例不应低于职工工资的7%，不得高于12%；同一单位职工应执行同一缴存比例。

（二）严格缴存审核。住房公积金管理机构要建立完善缴存审核制度，在住房公积金业务信息系统中设置合规缴存条件，消除违规缴存。生产经营困难的已建制企业可按规定申请降低缴存比例或缓缴。各单位在招商引资中不得承诺免缴、缓缴住房公积金，也不得在引进人才中超比例和基数缴存住房公积金。

（三）建立住房公积金专管员制度。缴存单位应当指定1名或者数名单位职工为住房公积金专管员，负责本单位及职工住房公积金业务办理。市公积金中心应加强对专管员的培训，提高办理住房公积金业务能力。

四、建立健全长效机制

（一）建立缴存执法机制。进一步完善执法手段，加大催建催缴力度，将不建、不缴、欠缴、少缴住房公积金的单位列入“黑名单”，在政府社会信用信息平台进行公开曝光并依法处罚。对截留、挪用职工住房公积金等行为，依法追责。

（二）健全考核激励机制。市政府将对各区县政府、市公积金中心及市级相关部门开展住房公积金建制扩面工作情况进行专项督查，对工作不落实、措施不到位的进行通报批评、限期整改，并根据专项督查情况，按照省政府有关规定进行奖励，充分调动住房公积金管理从业人员积极性。

（三）加强受委托金融机构考核。住房公积金管理机构按照公开、公平、效率原则，招标择优确定受托办理住房公积金业务的金融机构，并加强考核。

五、加强组织保障

（一）加强组织领导。建立由市住房公积金管理委员会牵头，各区县政府、市级相关部门配合的扩大住房公积金制度覆盖面的工作机制。定期召开由市政府分管负责人召集，市财政、人力资源社会保障、人民银行、工会、公积金中心、工商、工商联、经济和信息化及其他相关部门参加的住房公积金建制扩面联席会议，研究解决重大问题，统筹协调推进全市住房公积金缴存扩面工作。

（二）加强部门协同。各级财政部门要将纳入财政预算管理单位职工的住房公积金单位缴存部分列入当地财政年度预算，同时要加强对住房公积金缴存使用情况的监督检查。经济和信息化部门要加强对非公企业建立住房公积金制度的督促检查。人民银行要将企业缴存住房公积金信息按照接口规范接入企业征信系统。人力资源社会保障部门及各行业组织要将缴存住房公积金列入《劳动合同》示范文本，明确单位、个人缴存住房公积金义务，人力资源社会保障部门要将用人单位是否按规定缴存住房公积金的情况纳入劳动监察执法内容。审计部门要加强对单位缴存住房公积金情况的审计监督。总工会要指导、督促各级工会通过集体协商机制促进企业用人单位为职工建立住房公积金制度，维护职工合法权益，同时应配合扩大住房公积金覆盖面执法和宣传工作。住房公积金管理部门要积极开展扩大住房公积金覆盖面工作，加强政策宣传，督促全市各单位依法缴存住房公积金。各级各部门在开展政府购买服务工作时，应把是否正常缴存住房公积金作为承接主体条件之一。工商、工商联、人民银行等部门要将缴存住房公积金作为评选“守信”企业和作为企业出资人、法定代表人评先评优的参考依据。不动产登记、房管、人民银行、工商、质监、人力资源社会保障、税务、民政、公安等部门要支持住房公积金信息查询，加快信息互联互通建设，实现信息共享。

（三）加强信息化建设。市公积金中心要全面贯彻落实住房城乡建设部颁布的《住房公积金基础数据标准》，并接入全国住房公积金银行结算数据应用系统，加快我市住房公积金综合服务平台建设，完善配套设施，提高服务水平。

（四）加强宣传引导。各级、各部门要加强住房公积金政策宣传，新闻媒体要加大宣传和舆论引导力度，提高单位和职工的缴存意识，着力营造用人单位自觉履行住房公积金缴存义务的社会舆论环境。

住房公积金制度政策性强，涉及面广。各级、各部门要高度重视、加强领导、周密部署、及时督查，共同做好住房公积金缴存扩面工作，切实发挥住房公积金在保障住房需求、促进房地产市场健康发展等方面的重要作用。

自贡市人民政府
关于深化收入分配制度改革的实施意见

（自府发〔2016〕31号）

各区、县人民政府，高新区管委会，市级各部门：

为贯彻落实党的十八大提出的“实现发展成果由人民共享，必须深化收入分配制度改革”精神，根据省政府《关于深化收入分配制度改革的实施意见》（川府发〔2015〕11号）要求，结合我市实际，现提出如下实施意见。

一、总体要求和主要目标

（一）总体要求。全面贯彻落实中央和省关于深化收入分配制度改革的精神，以保持经济平稳较快增长、增强经济实力为基础，在发展中调整收入分配结构、健全分配调节机制，注重市场调节与政府调控相结合、提升效率与维护公平相结合，着力完善初次分配机制，健全更有利于促进居民增收的再分配调节机制，以较快增加城乡居民收入、逐步缩小收入分配差距、进一步规范收入分配秩序为重点，努力实现居民收入增长和经济发展同步、劳动报酬增长和劳动生产率提高同步，逐步形成合理有序的收入分配格局。

（二）主要目标。居民生活水平全面提高，收入分配差距逐步缩小，中等收入群体持续扩大，“橄榄型”分配结构逐步形成。收入分配秩序明显改善。居民收入在国民收入分配中的比重、劳动报酬在初次分配中的比重逐步提高，社会保障和就业等民生支出占财政支出比重明显提升。

二、继续完善初次分配机制

（三）健全促进就业创业的体制机制。建立经济发展和扩大就业的联动机制。促进就业机会公平，完善城乡均等的公共就业创业服务体系。引导和鼓励以高校毕业生为重点的城乡劳动者自主创业。认真落实小额贷款担保、财政贴息等鼓励自主创业的政策。加快构建面向全体劳动者的终身职业培训体系，建立健全现代职业教育发展机制，进一步实施高技能人才队伍建设规划。全面落实劳动合同制度，创新劳动关系协调机制。统筹抓好重点群体就业。（市人力资源社会保障局、市财政局、市发改委、市教育局、市民政局、人行市中心支行等

负责。列第一位的为牵头单位，其他相关部门或单位按职责分工负责，下同）

（四）健全工资决定和正常增长机制。建立反映劳动力市场供求关系和企业经济效益的工资决定和正常增长机制。根据经济发展、物价变动等因素，适时稳慎调整最低工资标准，形成科学合理的最低工资增长机制，使我市最低工资标准与当地城镇从业人员平均工资的比值达到全国总体水平。完善企业工资指导线制度，建立统一规范的企业薪酬调查和信息发布制度。以非公有制企业为重点，积极稳妥推行工资集体协商和行业性、区域性工资集体协商制度，实现已建工会的企业工资专项集体合同签订率达到90%以上。加强国有企业高管薪酬管理，建立与企业领导人分类管理相适应、选任方式相匹配的企业高管人员差异化薪酬分配制度，对行政任命的国有企业高管人员薪酬水平实行限高。按照国家和省的部署，改革机关事业单位工资和津贴补贴制度，建立公务员和企业相当人员工资水平调查比较制度，完善科学合理的职务与职级并行制度。结合事业单位分类改革，健全符合事业单位特点、体现岗位绩效和分级分类管理的工资分配制度。健全工资支付保障机制，基本消除拖欠职工工资的现象。依法规范劳务派遣用工行为，保障被派遣劳动者同工同酬的权利。（市人力资源社会保障局、市财政局、市发改委、市国资委、市总工会等负责）

（五）健全技术等要素参与分配的机制。建立健全以实际贡献为评价标准的科技创新创业人才薪酬制度，鼓励企事业单位对紧缺急需的高层次、高技能人才实行协议工资、项目工资等。完善高层次、高技能人才特殊津贴制度。允许和鼓励科研院所、高等学校科技人才创业或到企业从事研究开发、成果转化活动并取得合法收入。完善有利于科技成果转移转化的处置权和分配权政策，探索建立科技成果作价入股、有偿转让、岗位分红权激励等多种分配办法。允许和鼓励品牌、创意等参与收入分配。（市人力资源社会保障局、市发改委、市财政局、市科技局、市国资委等负责）

（六）拓宽居民财产性收入增收渠道。鼓励和支持符合条件的优质企业在境内外资本市场上市或到全国中小企业股份转让系统挂牌。依法落实上市公司现金分红制度，优化投资者回报机制，健全多元化纠纷解决和投资者损害赔偿救济机制。支持符合条件的企业实施股权激励等员工持股计划。按照中央部署有序推进利率市场化改革，引导和督促地方法人金融机构健全定价机制，落实利率市场化改革各项措施，切实维护存款人权益。支持金融机构面向居民投资需求开发不同风险度、品种多样化的金融产品，规范发展银行资产管理、私人银行等业务。（人行市中心支行、市政府金融办、自贡银监分局等负责）

（七）建立健全国有资本收益分享机制。修订市本级国有资本经营预算制度办法，完善市本级国有资本经营预算工作机制，建立健全覆盖全市国有企业、分级管理的国有资本经营预算和收益分享制度。合理分配和使用国有资本收益，更多地用于保障和改善民生。研究制定提高市级国有资本收益收取比例的实施方案和分年度工作计划，逐步提高市属国有企业国有资本收益上交公共财政比例，到2020年提高到25%。（市财政局、市国资委等负责）

（八）完善公共资源占用及其收益分配机制。建立健全资源有偿使用制度和生态环境补偿机制。完善国有土地、森林、风景名胜、矿产、水、城市公用设施等公共资源有偿出让制度，健全市场化配置机制，提高资源配置效率。推进矿产资源补偿费、探矿权采矿权使用费、矿山环境恢复治理保证金制度改革。建立健全公共资源出让收益合理共享机制，出让收益主要用于公共服务支出。（市财政局、市国土资源局等负责）

三、加快完善再分配调节机制

（九）完善保障和改善民生的财税调节机制。持续保持对教育、就业、社会保障、卫生计生、住房保障等方面的重点投入。优化财政支出结构，严格控制机关事业单位机构编制和一般性支出，努力提升民生保障水平。按照国家和省部署，继续推进财税体制改革，落实提高增值税起征点及小型微利企业所得税优惠等各项结构性减税措施。（市财政局、市编办、市地税局、市国税局负责）

（十）完善教育资源公平配置机制。合理配置教育资源，重点向农村、偏远地区倾斜。全面落实城乡义务教育免试就近入学、公平就学政策。

进一步完善家庭经济困难学生国家资助政策，为家庭经济困难儿童、孤儿和残疾儿童接受学前教育提供补助。完善农村留守学生教育管理制度，切实解决农民工随迁子女平等接受义务教育和参加当地中考、高考问题。构建学前教育公共服务体系。加大对民办教育的扶持和管理力度。（市教育局、市财政局、市发改委、市民政局、市人力资源社会保障局等负责）

（十一）完善基本养老保险制度。建立完善基本养老保险预算管理制度。贯彻落实病残津贴政策，规范养老保险缴费政策，进一步推行多缴多得、长缴多得的激励机制。全面推进和不断完善城乡居民基本养老保险制度。按照国家和省部署，做好机关事业单位养老保险制度改革工作。加快发展企业年金、职业年金、商业保险。加快社会保障经办服务体系建设。（市人力资源社会保障局、市财政局、市发改委、市总工会负责）

（十二）加快健全全民医保体系。建立城乡统一的居民基本医疗保险制度。稳步推进职工医保、城乡居民医保门诊统筹。全面建立和完善城乡居民大病保险和医疗救助制度。建立稳定的基本医疗保险基金筹资机制，逐步提高基本医疗保险保障水平。2016年，城乡居民基本医疗保险政策范围内住院报销比例达到75%左右。研究制定鼓励灵活就业人员以个人身份参加职工基本医疗保险的办法。提高基本医疗保险统筹层次。完善基本医疗保险转移接续政策。全面实现省内异地就医即时结算。逐步增加人均基本公共卫生服务经费，提高基本公共卫生服务水平。（市人力资源社会保障局、市卫生计生委、市政府农工办、市编办、市财政局、市民政局负责）

（十三）健全困难家庭基本住房保障机制。落实住房救助制度，优先保障城镇符合条件的低收入家庭，实现应保尽保。探索建立由保障对象和政府共享产权的共有产权住房制度，逐步推进公共租赁住房“租改售”制度。落实农民工住房保障制度，逐步实现城镇常住居民住房保障全覆盖。（市城乡建设住房保障局、市发改委、市财政局、市民政局负责）

（十四）创新困难群体救助帮扶体系和慈善事业发展管理机制。健全城乡低收入群体基本生活保障标准与物价上涨挂钩的联动机制。完善城乡最低生活保障制度，建立全市城乡居民最低生活保障标准低限。完善城乡医疗、教育、住房等专项救助制度。健全残疾人权益保障制度和服务体系、经济困难老年人补贴制度和困境儿童分类保障制度。逐步实现城乡救助标准和补助水平基本一致。加强农村留守学生（儿童）、妇女、老年人关爱服务体系建设。大力发展社会慈善事业，鼓励有条件的企业、个人和社会组织举办医院、学校、养老服务等公益事业。落实公益性捐赠税收优惠政策。加强慈善组织监督管理。（市民政局、市发改委、市财政局、市国税局、市地税局、团市委、市妇联、市残联等负责）

四、建立健全促进农民收入较快增长的长效机制

（十五）大力增加农民家庭经营收入。健全农产品价格保护制度，全面落实粮食最低收购价政策，完善生猪市场调控体系，缓解生猪市场价格周期性波动。积极推进保险机构开展特色优势农产品保险，进一步优化完善特色优势农产品保险实施方案，积极推行“无赔优”。探索推广蔬菜、生猪等农产品价格保险试点。着力构建新型农业经营体系，支持适度规模经营，加大对农村社会化服务体系的投入，加快推进农业产业化。鼓励开展农产品产地采后处理和初加工项目建设，制定支持农产品产地采后处理和初加工项目建设扶持政策。支持发展农产品电子商务，促进产销对接和农超对接。因地制宜培育发展优势特色高效农业，积极发展休闲农业和乡村旅游。（市农牧业局、市政府农工办、市发改委、市财政局、市商务局负责）

（十六）积极增加农民工资性收入。健全劳务开发机制，深化区域劳务合作，优化劳务输出结构。加大农民工职业技能培训力度，大力实施农民工职业技能提升计划，完善政府主导、各方参与的多元化资金保障机制，创新培训方式。加快建设城乡统一的人力资源市场，引导农民工有序流动，促进稳定就业。完善支持和鼓励农民工返乡创业的政策措施。进一步落实劳动合同制度，完善农民工工资支付保障制度，深入开展农民工工资支付专项检查行动，切实维护农民工合法权益。（市人力资源社会保障局、市财政局、市政府农工办、市发改

委、市教育局等负责）

（十七）健全农业补贴制度。认真贯彻落实中央强农惠农补贴政策。完善农作物良种补贴兑现程序。继续推行农业机械“自主购机、直补到卡”工作，完善农业机械购置补贴政策，进一步调整优化农业机械购置补贴市级累加补贴政策。继续开展调整完善粮食直补和农资综合补贴试点。积极争取实施农产品目标价格试点政策。稳步推进重大动物疫病强制免疫疫苗补助政策改革试点。（市财政局、市农牧业局负责）

（十八）赋予农民更多财产权利。全面推进农村土地和房屋所有权等确权颁证工作。鼓励农民在公开市场上以多种形式将土地承包经营权向专业大户、家庭农场、农民合作社、农业企业流转。探索农村宅基地有序退出机制。赋予农民对集体资产股份占有、收益、有偿退出及抵押、担保、继承权。推进农村产权流转交易体系建设。开展农村土地承包经营权流转收益保证贷款试点。推进增加农民财产性收入的改革试点。探索农村土地承包经营权抵押、担保的多种实现形式。（市政府农工办、市国土资源局、市农牧业局、市城乡建设住房保障局、市林业局、人行市中心支行等负责）

（十九）建立扶贫开发投入稳定增长机制。建立健全公共财政向贫困人口倾斜的稳定增长投入机制。通过财政贴息、农业担保补贴等政策，结合实施金融支持扶贫惠农工程，引导金融资本和社会资金向贫困地区投入。不断增加财政专项扶贫资金。（市政府农工办、市财政局、市农牧业局、人行市中心支行等负责）

（二十）保障农业转移人口享有基本公共服务。全面落实将进城落户农民完全纳入城镇社会保障体系和住房保障体系的政策，保障进城落户农民平等享有城镇居民的基本公共服务。逐步实现按照常住人口配置基本公共服务资源，不断增加农民工及其随迁家属享受的基本公共服务项目。逐步将在城镇稳定就业的农民工纳入住房公积金制度实施范围。加强农民工医疗卫生和计划生育工作，将农民工纳入社区卫生和计划生育服务体系，提供基本医疗卫生和计划生育公共服务。（市政府农工办、市发改委、市人力资源社会保障局、市财政局、市卫生计生委、市公安局等负责）

五、进一步规范收入分配秩序

（二十一）贯彻落实收入分配相关领域法律法规。认真贯彻落实收入分配相关领域法律法规，依法建立健全财产登记制度，进一步落实财产法律保护制度。（市级有关部门按职责分工负责）

（二十二）清理和规范工资外收入。严格规范党政机关津贴补贴和奖金发放项目、标准、范围及来源，落实中央规范改革性补贴的规定。加强事业单位创收管理，健全科研课题和研发项目经费管理制度。合理确定并严格规范国有及国有控股企业负责人履职待遇和业务支出。（市财政局、市人力资源社会保障局、市国资委等负责）

（二十三）严格规范非税收入。严格清理整顿非税收入项目，取消不合法、不合理的收费和基金项目。不断提高非税收入征收管理水平，建立健全收缴管理信息系统，加强执收执罚环节管控。进一步精简归并财政票据，减少手工票据使用，强化以票管费，扎实有效推进财政票据电子化改革。（市财政局、市地税局、市发改委等负责）

（二十四）打击和取缔非法收入。依法强化对国企改制、土地出让、资源开发、工程建设、房地产开发、产权交易、物资采购等重点领域的监督管理，堵住获取非法收入的漏洞，严厉打击各种经济犯罪活动。加强反洗钱工作和异常跨境流出资金监测。加强国有企事业单位财务管理、风险管理和内控机制建设。（市公安局、市财政局、市国资委、市国土资源局、市城乡建设住房保障局、市工商局、人行市中心支行、市地税局、市国税局等按职责分工负责）

（二十五）健全支付和收入监测体系。按照省部属，组织做好第二代支付系统和四川支付结算综合服务系统推广工作。优化、规范银行卡受理环境，继续打造刷卡无障碍示范街区，推广金融 IC 卡等非现金支付工具。完善机关和国有企事业单位发票管理和财务报销制度，进一步推行公务卡支付结算制度。强化账户实名制要求。整合相关部门信息资源，建立健全全市统一的社会信用体系、收入信息监测系统、个人所得税信息管理系统。建立城乡住户收支调查一体化制度。（市政府金融办、人行市中心支行、市地税局、市国税局、国家统计局自贡调查队、市统计局、市财政局、市发改委、市民政局、市人

力资源社会保障局等按职责分工负责）

六、保障措施

（二十六）加强领导，落实责任。各区县、市级各部门要充分认识深化收入分配制度改革的重大意义，将其列入重要议程。建立统筹协调机制，加强协作和衔接，增强合力。细化改革目标，落实改革任务，明确工作责任。加强工作指导，强化监督检查，及时解决改革中出现的突出矛盾和问题。

（二十七）突出重点，强化实施。市发改委会同有关部门围绕重点任务，根据国家和省的部署，结合我市实际，提出年度重点工作安排。各有关部门要按照职责分工，及时了解掌握国家和省的各项政策，抓紧研究提出配套方案和实施细则，跟踪评估政策实施效果，市发改委要将重要工作进展情况及时报市政府。各区县要结合实际，制定具体措施。鼓励部分区县、部分领域先行先试，探索推进。

（二十八）深入宣传，正确引导。坚持正确的舆论导向，引导全社会从自贡的基本市情、发展阶段和发展实际出发，正确认识当前存在的收入分配问题，理解收入分配制度改革的艰巨性、复杂性和长期性，既要回应社会关切，更要引导社会合理预期，为深化收入分配制度改革营造良好的社会环境。

自贡市人民政府办公室
关于巩固完善分级诊疗制度建设的实施意见

（自府办发〔2016〕43号）

各区、县人民政府，高新区管委会，市级有关部门：

为认真贯彻落实省政府办公室厅《关于巩固完善分级诊疗制度建设的实施意见》（川办发〔2016〕45号）精神，巩固完善我市分级诊疗制度建设，确保医药卫生体制改革取得突破，经市政府同意，特提出如下实施意见。

一、主要目标

坚持以病人为中心、群众自愿就医、医保政策引导、统筹城镇乡村、创新体制机制的原则，以切实解决人民群众“看病难”问题为出发点和落脚点，以提高基层医疗服务能力为重点，以常见病、多发病、慢性病分级诊疗为突破口，围绕优化医疗资源合理配置、提供更加便捷的就医条件和服务，完善推进我市分级诊疗制度建设的政策措施，完善服务网络、运行机制和激励机制，引导优质医疗资源下沉，强化医保、医药和医疗“三医联动”，逐步建立“基层首诊、双向转诊、急慢分治、上下联动”的就医制度，切实促进基本医疗卫生服务公平可及。

到2017年，分级诊疗政策体系逐步完善，医疗卫生机构分工协作机制基本形成。推进居民健康卡建设与应用，实现全市医疗健康服务“一卡通”。基本建立起以医疗联合体为基础的双向转诊服务体系和以签约服务为基础的基层首诊服务体系，基层医疗卫生机构的服务水平、服务效率和服务量占比大幅提升，城乡居民就医秩序明显改善。到2020年，分级诊疗服务能力全面提升，保障机制逐步健全，布局合理、规模适当、层级优化、职责明晰、功能完善、富有效率的医疗服务体系基本构建，基层首诊、双向转诊、急慢分治、上下联动的新型分级诊疗格局基本形成。

——基层首诊。进一步明确基层首诊机构，落实专科医院和中医医院首诊标准，提升首诊机构综合服务能力，落实基层和中医首诊病种，全面实施与之配套的诊疗规范。动态评估县域内各级各类医疗机构服务能力，落实县、乡两级医疗机构分级诊疗病种。坚持政策引导，逐步规范常见病、多发病、慢性病患者到基层医疗卫生机构就诊。超出基层医疗卫生机构功能定位和服务能力的疾病，由基层医疗卫生机构为患者提供转诊服务。

——双向转诊。明确不同级别、类别医疗机构的功能定位，进一步健全双向转诊管理制度，建立医疗机构间双向转诊协议关系和双向转诊信息系统。全市二级甲等及以上医院应为基层医疗卫生机构预留部分门诊号源，建立疑难重症转诊患者快速入院绿色通道，优先预约、优先收治基层转诊患者，探索利益分配机制，着力解决大医院向下转诊困难的问题，逐步实现不同级别、不同类别医疗机构间有序转诊。

——急慢分治。明确和落实各级各类医疗机构急慢病诊疗服务功能。特殊人群可根据病情需要自主选择市内首次就诊医疗机构。按照全省统一的急救指挥中心平台标准，建立全市统一院前急救指挥平台，实现院前急救信息共享利用和急救网络互通。依托信息化技术，大力推进以高血压、糖尿病等为主的慢性疾病管理工作，为患者提供科学、适宜、连续的全方位健康管理服务。

——上下联动。引导全市不同级别、不同类别医疗机构建立目标明确、权责清晰的分工协作机制，形成相对稳定、紧密衔接的双向转诊渠道。通过建立医疗联合体、对口支援、领办、托管、委托经营管理等模式，推动医疗资源合理配置和纵向流动。

二、以强基层为重点完善分级诊疗服务体系

（一）明确各级各类医疗机构诊疗服务功能定位。市属三级医院主要提供疑难复杂疾病的诊疗服务和接收下级医院上转的疑难重症患者，并通过对口支援、远程医疗、医师多点执业等方式，促进优质医疗资源下沉。市属三级中医医院充分利用中医药技术方法和现代科学技术等特色优势提供急危重症和疑难复杂疾病的中医诊疗服务和中医优势病种的中医门诊诊疗服务。城市二级医院主要向区域内人口提供较高水平的医疗服务，接收城市三级医院转诊的急性病恢复期、术后恢复期、康复期及危重症稳定期等患者，同时接收社区卫生服务机构上转的疑难复杂疾病患者。县级医院主要提供县域内常见病、多发病诊疗，以及急危重症患者抢救和疑难复杂疾病向上转诊服务。基层医疗卫生机构和康复医院、护理院、肿瘤医院等（以下统称慢性病医疗机构）为诊断明确、病情稳定的慢性病患者、康复期患者、老年病患者、晚期肿瘤患者等提供治疗、康复、护理服务，同时承担预防、保健、健康教育、计划生育等基本公共卫生服务。各级各类专科医院提供相应的专科医疗服务，接收下级医疗机构向上转诊专科医疗服务。积极探索建立双向转诊、医生多点执业利益分配机制。向下转诊患者，转诊医院应提供延续性医疗服务；向上转诊患者，转诊医院应提供前期治疗文书，双方可以协议确定收入分配机制。（市卫生计生委、市人力资源社会保障局负责。列在首位的部门为牵头部门，下同）

（二）加强基层卫生人才队伍建设。加强和规范全科医生培养，建立全科医生激励机制，在绩效工资分配、岗位设置、职称晋升、教育培训等方面向全科医生倾斜。通过实施农村免费定向医学生、市级基层订单定向助理全科医学生培养、学历提升、继续教育和岗位培训、住院医师培训等多种方式，提升基层卫生人员能力。推进“乡村一体化”管理制度改革试点，进一步加强基层卫生队伍建设。加强儿科、精神科、康复科、中医科等紧缺专业人员培养，满足人民群众多层次、多样化健康服务需求。（市卫生计生委、市教育局、市人力资源社会保障局、市编办负责）

（三）提高基层医疗卫生服务能力。贯彻执行《自贡市区域卫生规划（2011—2020）（2014 年修订版）》，合理规划布局基层医疗卫生机构，强化基层医疗卫生机构标准化建设和管理，到 2020 年，社区卫生服务中心（站）、乡镇卫生院、村卫生室（村计划生育服务室）规范化建设率达到 80% 以上，力争 2 ~ 5 家中心卫生院达二级医院标准。通过组建医疗联合体、对口支援、远程医疗、医师多点执业等方式，鼓励二级以上医院医师到基层医疗机构执业，提高基层服务能力。加强和规范远程医疗服务体系建设，明确医师每周工作日，鼓励医师多点执业，探索建立医师多点执业相关方利益分配机制。落实基层医疗卫生机构使用 35% ~40% 非基本药物的政策，满足患者需求。重点提升乡镇中心卫生院急诊抢救、二级以下常规手术、妇产科和儿科等医疗服务能力。大力实施基层中医药服务能力提升工程“十三五”行动计划，加强中医药集中诊疗区中医馆建设，推广中医药综合服务模式，充分发挥中医药在常见病、多发病和慢性病防治中的作

用。（市卫生计生委、市发改委、市人力资源社会保障局、市财政局、市编办负责）

（四）全面提升县级公立医院综合能力。根据服务人口、疾病谱、诊疗需求等因素，合理确定县级公立医院数量和规模，支持荣县、富顺县人民医院创建三级乙等综合医院。加强县级公立综合医院、中医医院和妇幼保健院临床专科建设，重点加强县域内发病率排名前十位疾病的临床专科建设，推广技术成熟、安全风险可控的限制类医疗技术临床应用，提升县级公立医院综合服务能力。重点加强县级中医医院内科、外科、妇科、儿科、针灸、推拿、骨伤、肿瘤等中医特色专科和临床薄弱专科、医技科室建设，提高中医优势病种诊疗能力和综合服务能力。通过上述措施，保持县域内就诊率在90%以上，基本实现大病不出县。（市卫生计生委、市财政局负责）

（五）推进区域医疗资源整合。整合二级以上医院现有检查检验、消毒供应中心等资源，向基层医疗卫生机构和慢性病医疗机构开放，探索"基层检查、上级诊断"服务模式。积极推进区域影像、心电图、病理、医学检验等集中诊断中心建设，在公立医院探索建立消毒供应、血液净化等集中服务单元，鼓励社会资本设立第三方独立影像、检验等机构，整合区域医疗资源，实现资源共享、结果互认。加强医疗质量控制，推进同级医疗机构间以及医疗机构与独立检查检验机构间检查检验结果互认。（市卫生计生委负责）

（六）合理控制大型医院诊疗量。各级卫生计生行政部门要按照属地化管理原则督促本行政区域内大型医院履职尽责，落实功能定位，优化门诊服务，提高住院患者服务质量，增加医务人员数量，推进川南区域医疗中心辅佐医院、"自贡—内江"医疗作战区领头医院、区域精神卫生中心建设，加强和规范双向转诊。市属三级医院要合理控制总诊疗量，合理控制医师日均诊疗量，保证患者合理诊疗时间和诊疗质量，积极推动收治患者病种结构变化和提高三四级手术开展率，主动将平稳期的康复患者下转至签订双向转诊协议的下级医疗机构接受后续康复治疗。（市卫生计生委负责）

（七）加快推进医疗卫生信息化建设。完善市级人口健康信息平台建设，促进跨机构区域信息互联互通和业务协同，推进居民健康卡建设与应用，到2017年实现区域内居民健康卡就医"一卡通"，实现电子健康档案和电子病历的连续记录，不同级别、不同类别医疗卫生机构间的信息互联共享，以及健康档案信息的统一归集、更新。建立分级诊疗双向转诊平台，确保转诊信息透明畅通，转入转出可追溯和动态监管。积极推进"互联网+健康服务"，创新医疗服务模式，逐步开展常见病、慢性病等互联网健康管理服务，鼓励社会资本参与，提高医疗服务效率。充分利用信息化手段加强对基层医务人员的远程培训、指导，提高基层医疗业务水平和服务能力。（市卫生计生委、市经济和信息化委、市财政局负责）

三、建立健全分级诊疗保障机制

（一）完善医疗资源合理配置机制。强化区域卫生规划和医疗机构设置规划在医疗资源配置方面的引导和约束作用。制定不同级别、不同类别医疗机构服务能力标准，通过行政管理、财政投入、绩效考核、医保支付等激励约束措施，引导各级各类医疗机构落实功能定位。发挥三级医院在医学科学、技术创新和人才培养等方面的引领作用，分流慢性病患者，缩短平均住院日，提高运行效率。支持慢性病医疗（康复）机构发展，除荣县、富顺县人民医院外，鼓励其他区县级二级医院向小综合大专科医院发展或转型为慢性病医疗（康复）机构。（市卫生计生委、市人力资源社会保障局、市财政局负责）

（二）推进医保支付制度改革。按照分级诊疗工作要求，及时调整完善医保政策。发挥各类医疗保险对医疗服务供需双方的引导作用和对医疗费用的控制作用。推进医保支付方式改革，强化医保基金收支预算，建立以按病种付费为主，按人头付费、按服务单元付费等的复合型付费方式，探索按疾病诊断分组（DRGs）付费、急诊服务、远程医疗服务等方面的付费方式和费用价格改革，探索基层医疗卫生机构慢性病患者按人头打包付费，探索以紧密型医疗联合体为单位实施"超支分担、结余留用"的总额控制，探索确定不同等级医疗机构门诊特殊疾病的慢性病患者支付标准等改革。在规范日间手术和中医非药物诊疗技术的基础上，逐步扩大日间手术和医疗机构中药制剂、针灸、治疗性推拿等中医非药物诊疗技术纳入医保支付的范围。完善不同级别医疗机构及紧密型医疗联合体的医保差异化支付政策，进一步拉大不同等级医疗机构起付线差距，适当提高基层医疗卫生机构医保支付比例，对符合规定的转诊住院患者可以连续计算起付线，对向下转诊的患者不再重新计算起付线，提高补偿比例。对没有按照转诊程序就医的普通病、常见病参保（合）患者应显著降低医保支付比例，确保引导患者向基层医疗卫生机构有序流动。将符合条件的基层医疗卫生机构、慢性病医疗机构按规定纳入基本医疗保险定点范围，扩大患者就医选择面，方便患者就近诊疗。（市人力资源社会保障局、市卫生计生委、市发改委负责）

（三）健全医疗服务价格形成机制。在完善补偿机制的基础上，研究制定相关价格改革政策和方案，对医疗服务价格进行结构性调整，探索建立差别化价格政策，进一步拉开不同等级机构间的价格梯度，对医疗机构落实功能定位、患者合理选择就医机构形成有效的激励引导。根据价格总体水平调控情况，按照总量控制、结构调整、有升有降、逐步到位的原则，在降低药品和医用耗材费用、大型医用设备检查治疗价格的基础上，提高体现医务人员技术劳务价值项目的价格。理顺医疗服务比价关系，建立医疗服务价格动态调整机制。（市发改委、市卫生计生委、市人力资源社会保障局负责）

（四）建立基层签约服务制度。通过政策引导，推进居民或家庭自愿与签约医生团队签订服务协议。鼓励二级以上医院医师加入基层签约服务团队，探索个体诊所开展签约服务。签约服务以老年人、慢性病患者、结核病等慢性传染性疾病患者、严重精神障碍患者、孕产妇、儿童、残疾人等为重点人群，逐步扩展到普通人群。根据服务半径和服务人口，合理划分签约医生团队责任区域，合理确定签约服务家庭户数，实行网格化管理。明确签约服务内容和签约条件，确定双方责任、权利、义务及其他有关事项。签约医生团队负责提供约定的基本医疗、公共卫生和个性化健康管理服务。全科医生（临床医生）负责签约对象首诊，乡村医生（社区医生）负责对分级诊疗及医保报销相关政策的宣传。签约服务费用主要通过医保基金、签约居民付费和基本公共卫生服务经费等渠道解决，具体标准由市、区县结合实际确定。完善签约服务激励约束机制，市、区县结合实际确定签约服务费对基层医疗机构、全科医生（护士）、乡村医生的分配比例，调动医务人员工作积极性。落实签约医生团队负责人首诊制度，未经签约服务团队医生转诊的，扣减乡村医生（社区医生）签约服务费，不符合转诊要求进行转诊的扣减基层医疗机构签约服务费。（市卫生计生委、市人力资源社会保障局、市发改委、市财政局负责）

（五）建立急慢分治管理机制。建设市急救指挥平台，建立“统一呼救受理、统一调度指挥”的院前急救机制，实现院前急救信息共享利用和急救网络互通互联，提升各级医疗机构急诊急救能力，主动向社会公告急救网络医院名单，健全急诊患者预约转诊机制，优化急诊患者就医流程，确保急诊患者就急、就近、就优治疗。以高血压、糖尿病等为突破口，以信息化技术为手段，进一步健全慢性病患者日常管理制度。大型医院为慢性病患者提供精准诊断和适宜于基层长期维持治疗的诊疗方案，畅通与基层医疗机构或中医、慢性病医疗机构的双向转诊渠道，探索建立医联体内慢病药品代采制度，指导基层加强慢性病患者的管理和治疗。（市卫生计生委、市人力资源社会保障局负责）

（六）构建医疗卫生机构分工协作机制。依托区域综合医联体平台，以提升基层医疗卫生服务能力为导向，以业务、技术、管理、资产等为纽带，探索建立包括紧密型医疗联合体、对口支援、托管在内的多种分工协作模式，规范区域综合医联体层级管理，完善管理运行机制。鼓励市第一、二、三、四人民医院和市精神卫生中心、市妇幼保健院分别与1所及以上二级医院，各区县二级医疗机构至少分别与两所及以上乡镇中心卫生院或社区卫生服务中心建立紧密型医疗联合体；与对口支援单位建立松散型医疗联合体，明确双方利益分配比例。鼓励以区（县）为单位建设“统一管理、统一资源、统一财务、统一绩效”的紧密型医疗联合体，鼓励上级医院出具药物治疗方案，在下级医院或者基层医疗卫生机构实施治疗。基层医疗卫生机构可以与二级以上医院、慢性病医疗机构等协同，为慢性病、老年病等患者提供老年护理、家庭护理、社区护理、互助护理、家庭病床、医疗康复等服务。

充分发挥不同举办主体医疗机构在分工协作机制中的作用，通过改革医保支付方式、加强费用控制等手段，引导二级以上医院向下转诊诊断明确、病情稳定的慢性病患者。在基层医疗机构设立延伸病房、延伸门诊，积极将优质医疗服务向基层、向社区延伸，构建市、县、乡、村四级纵向一体的医疗网络体系，推进优质医疗资源跨区域下沉。（市卫生计生委、市人力资源社会保障局负责）

四、加强分级诊疗制度建设组织领导

（一）强化组织领导。分级诊疗制度建设工作涉及面广、政策性强，具有长期性和复杂性，各级政府要加强对分级诊疗制度建设的统一领导，将分级诊疗和深化医药卫生体制改革有机结合，把破除体制机制障碍和方便群众看病就医作为下一步工作重点，渐次推进，逐步改善群众就医体验。

（二）强化部门联动。各有关部门要紧紧围绕分级诊疗制度建设，认真履职尽责，加强配合，共同推进。卫生计生行政部门要加强对医疗机构规划、设置、审批和医疗服务行为的监管，进一步加强对医疗机构和医务人员的监管，合理划分市、区（县）监管责任，规范医疗机构和医疗行为，加强基层医疗机构能力建设，推动三级医疗机构“限量提质”，明确双向转诊制度，优化转诊流程，认真落实常见疾病入院、出院和双向转诊标准。发展改革（价格）部门要完善医药价格政策，落实分级定价措施，建立医疗服务价格动态调整体制机制。人力资源社会保障部门和卫生计生行政部门要加强监管，完善医保支付政策，推进医保支付方式改革，完善医疗卫生机构绩效工资分配机制。财政部门要落实财政补助政策资金，加大对基层医疗卫生机构的经费投入。其他有关部门要按照职责分工，及时出台配套政策，抓好贯彻落实。

（三）强化宣传引导。加强行业动员，针对医务人员开展形势教育和政策培训，重点宣传分级诊疗制度的具体规定和实际好处，解答群众疑问，引导群众遵从。加强媒体宣传，拓展宣传模式，创新宣传形式，促进群众树立科学就医理念，为分级诊疗制度的实施营造良好的社会氛围。加强社会动员，围绕基层医疗卫生机构服务能力提升、分级诊疗制度实施成效等，以群众喜闻乐见的形式开展宣传活动，引导群众提高认知度和认可度，改变传统就医习惯。

（四）强化督查考核。各级、各相关部门和单位要将分级诊疗工作作为医疗卫生体制改革的重要内容，加大督查考核力度。各级卫生计生行政部门要牵头完善考核评价机制，对照工作规划、目标要求和工作进度，抓好督促检查，发现问题及时解决，定期公布工作进展情况，确保顺利完成分级诊疗制度建设的目标任务。

附件：自贡市分级诊疗工作考核评价标准

自贡市人民政府办公室

2016 年 11 月 17 日

附件

自贡市分级诊疗工作考核评价标准

一、基层医疗卫生机构建设达标率≥95%，基层医疗卫生机构诊疗量占总诊疗量比例≥65%。

二、30 万以上人口的县至少拥有 1 所二级甲等综合医院和 1 所二级甲等中医医院，县域内就诊率提高到 90% 左右，基本实现大病不出县。

三、每万名城市居民拥有 2 名以上全科医生，每个乡镇卫生院拥有 1 名以上全科医生，城市全科医生签约服务覆盖率≥30%。

四、居民 2 周患病首选基层医疗卫生机构的比例≥80%。

五、远程医疗服务覆盖全市 100% 的区（县）。

六、整合现有医疗卫生信息系统，完善分级诊疗信息管理功能，基本覆盖全部二、三级医院和 80% 以上的乡镇卫生院和社区卫生服务中心。

七、由二、三级医疗机构向基层医疗卫生机构、慢性病医疗机构转诊的人数年增长率在 10% 以上。

八、全部社区卫生服务中心、乡镇卫生院与

二、三级医疗机构建立稳定的技术帮扶和分工协作关系。

九、城市高血压、糖尿病患者规范化诊疗和管理率达到70%以上。

十、提供中医药服务的社区卫生服务中心、乡镇卫生院、社区卫生服务站、村卫生室占同类机构比例分别达到100%、100%、85%、70%，基层医疗卫生机构中医诊疗量占同类机构诊疗总量比例≥30%。

自贡市人民政府
关于促进快递业健康发展的实施意见

（自府发〔2016〕33号）

各区、县人民政府，市级有关部门：

为贯彻落实省政府《关于促进快递业健康发展的实施意见》（川府发〔2016〕35号），进一步加快我市快递业发展，规范快递市场秩序，更好地发挥快递业对稳增长、促改革、调结构、惠民生的重要作用，现提出以下实施意见。

一、总体要求

（一）基本原则。

市场主导。遵循市场发展规律，用市场化手段引导快递企业整合提升，鼓励企业持续提高服务能力和服务质量。

安全为基。进一步强化安全生产红线意识，加强寄递安全制度体系建设，落实企业主体责任，夯实快递业安全基础。依靠科技手段创新管理方式、提升监管能力，保障寄递渠道安全。

创新驱动。支持快递企业加快推广应用现代信息技术，不断创新商业模式、服务形式和管理方式。

协同发展。推动快递业加快融入生产、流通和消费环节，充分发挥服务电子商务的主渠道作用，联通线上线下，实现与先进制造业、现代农业、信息技术等产业协同发展。

（二）发展目标。

到2020年，快递业对全市经济增长的贡献度明显提高，基本实现快递服务现代化。

产业规模稳步提升。快递市场规模逐步扩大，全市快递业年业务量突破2500万件，快递业务年收入突破2.7亿元。

基础设施明显改善。快递园区建设纳入自贡物流园区规划统筹考虑，主要快递品牌企业完成分拨中心建设或园区进驻，带动企业集聚、产业集群发展；快递服务中心、智能快件箱布点科学、规范，为快递终端投递和揽收提供服务和便利；实现乡乡有网点、村村通快递，快递服务通达范围进一步拓宽。

服务水平大幅提高。寄递服务产品更加丰富，寄递时效进一步缩短，同城快递24小时投递率达到95%以上，快件延误率、损毁率、丢失率分别控制在千分之八、万分之一、十万分之五以内，基本实现全市快递普惠化。商业化服务达到同业先进水平。

二、重点任务

（一）培育壮大快递企业。

培育壮大一批具备物流综合服务能力的本土快递企业，培育营业收入超过5000万元的1家，营业收入超过2000万元的2～4家；引导有条件的运输、仓储、代理等快递企业向综合型物流企业发展。建立和完善全市快递企业台账，对快递企业进行分类管理，指导企业积极争取各级项目扶持资金；鼓励企业创新物流服务模式，加强物流信息技术开发应用，提升经营管理水平，推动企业信息化、标准化、一体化、智慧化发展。

（二）抓好快递物流园区建设。

抓住我市建设川渝滇黔重要综合交通枢纽的重大机遇，大力推进快递分拨中心和基础设施建设，引导快递品牌企业在物流园区建设川南分拨转运中心，打造进出川南的快件通道。将快递园区和功能区建设纳入市、县城乡建设规划，建设具备集中仓储、分拣处理、快速集散、统一配送、商品展示等服务功能的现代化快递园区，促进专业批发市场销售渠道向零售和终端消费者延伸。

（三）完善城乡快递服务网络。

加快城乡快递网点建设。将快递城乡末端投递建设纳入城乡配送网点建设体系和配送中心（站点）布局，依托快递服务网络打造集中配送和共同配送体系。实施快递“向下”工程，完善农村地区服务网络。支持快递企业加强与农业、供销、商贸企业的合作，打造“工业品下乡”和“农产品进城”双向流通渠道，带动农村消费。大力推进快递服务进机关、进园区、进商场、进学校、进企业、进社区、进农村“七进”工程。支持快递企业或第三方在政府机关、高校、住宅小区设置智能快件箱（柜）。鼓励住宅小区、机关事业单位、院校配套建设或提供适当场所，用于快件末端投递。通过建设快递超市、快递服务站等平台，提供高质量的快递服务，保障快件安全。集合农业、供销、交通、商贸、邮政、快递等公共资源，在现有物流资源和服务网络基础上，加大农村快递物流节点建设扶持资金投入，建设集客货运站点、农资配送点、村邮站和快递服务点等“多点合一、服务同网”的服务站点（含“网订店取”等合作建设站点），鼓励建设与快递品牌企业签订合作协议的快递超市，发展体验经济、社区经济、逆向物流等便民利商新业态。

（四）促进关联产业融合发展。

推进快递服务业与制造业、商贸、电子商务、交通、信息、金融业密切联系和融合，提高综合服务能力。鼓励快递企业为工业生产企业、商贸企业定制服务流程，提供销售寄递配送服务、售后物流服务和反向物流服务；为电子商务平台服务商、销售商提供分布式仓储、分装、分拨、配送、代收货款等一体化服务。鼓励快递企业入驻电子商务园区，实现快递服务与电子商务上下游产业协同发展。支持电子商务平台服务商、销售商进入快递市场，为消费者提供电商快件寄递、配送服务。

（五）加强行业安全监管。

全面推进快递企业安全生产标准化建设，落实邮政业安全生产设备配置规范等强制性标准，明确收寄、分拣、运输、投递等环节的安全要求。落实快递企业和寄件人安全责任，完善从业人员安全教育培训制度，强化部门监管，筑牢寄递渠道安全基础。强化安全检查措施，严格执行收寄验视、实名收寄和过机安检“三个100%”制度，从源头防范禁寄物品流入寄递渠道。积极利用信息技术提升安全监管能力，健全信息采集标准和共享机制，实现快件信息溯源追查，依法严格保护个人信息安全。落实寄递渠道安全管理工作机制，加强跨部门、跨区域协作配合，提升安全监管与应急处置能力。

三、保障措施

（一）落实规划及用地保障。

把快递服务业发展纳入我市国民经济和社会发展规划，与综合交通运输、物流业、现代服务业等专项规划有效衔接。将城乡快递服务网点、快件处理中心、职能快件箱（柜）等快递基础设施纳入本级城乡建设规划、土地利用总体规划和公共服务设置规划。规划建设1至2个具备集中仓储、分拣处理、快速集散、统一配送、商品展示等服务功能的现代化快递园区。重大快递业项目经批准可给予城市基础设施配套费减免优惠。盘活闲置厂房、物流仓库用于发展快递业的，可实行继续按原用途和土地权利类型使用土地的过渡期政策。过渡期支持政策以5年为限，5年期满及涉及转让需办理相关用地手续的，可按新用途、新权利类型、市场价，以协议方式处理。（责任单位：市商务局、市发改委、市国土资源局、市城乡建设住房保障局、市交通运输局、各区县政府，列首位的为牵头单位，下同）

（二）加大财政和金融支持。

强化资金支持，各级政府每年安排一定专项资金支持快递业发展。将符合条件的快递企业和项目纳入全市服务业支持范围。对符合条件的小微快递企业，可按有关规定减免行政事业性收费并享受税收优惠政策，用电、用水、用气价格按照不高于一般工业标准执行。强化金融扶持，鼓励金融机构增加骨干快递企业的授信额度，针对快递企业特点调整贷款评估标准，积极开展抵押贷款、融资租赁服务。强化政策补助，鼓励利用闲置工业厂房、空置仓储用房等存量资源发展电商快递业，对面积达到一定规模的电商快递企业给予适当补贴。对快递企业全年揽收量、业务量和业务收入达到一定数量的企业给予适当补助。资金支持政策按属地原则，由企业所在地区县政府负责兑现，各区兑现的扶持资金，按现行财政管理体制确定的税收分享比例实行市、区财政共同负担，市级财政负担的扶持资金在市级服务业发展资金中安排。（责任单位：市财政局、市发改委、市商务局、市政府金融办、市邮政管理局、各区县政府）

（三）优化快递车辆管理。

落实快递专用车辆管理，逐步统一标志，落实快递专用车便利通行政策，支持快递企业采购新能源汽车作为快递运输车辆，并享受国家补贴政策。待快递专用电动三轮车国家标准以及生产、使用、管理规定出台后，推行标准化管理，制定快递专用电动三轮车用于城市收投服务的管理办法，解决“最后一公里”通行难问题。（责任单位：市公安局、市商务局、市邮政管理局、市交通运输局）

（四）完善末端投递体系建设。

支持快递企业与城市社区、小区物业等合作，共建快递服务中心，为快递终端投递和揽收提供服务和便利，提升快递终端服务质量，节省终端服务成本，不断提升快递服务水平。重点在企事业单位、高校、商务区、住宅小区规划智能快件箱设置点位，安装智能快件箱，满足群众用邮需求。（责任单位：市城乡建设住房保障局、市民政局、市教育局、市商务局、市邮政管理局、各区县政府）

（五）加强专业人才培养引进。

加强快递人才培养和职业培训，引导高等院校和中等职业学校加强与快递业发展相适应的学科专业建设，与企业共建快递人才培养基地，加强业务技能培训和实习实训。支持有条件的快递企业与高职院校联合建立实训基地，实施快递人才素质提升工程，支持各类教育培训机构开展服务业技能型人才再培训、再教育。各级邮政管理部门开展相关人才培训。对快递从业人员参加岗位技能培训和农村转移就业劳动者、城镇登记失业人员等特殊群体参加快递业务技能培训，按规定给予补贴。用人单位应按照相关法律法规为快递从业人员参加社会保险并按时足额缴费，确保快递从业人员依法享有各项社会保险待遇。帮助企业妥善解决农村转移就业劳动者在住房、医疗、子女入学等方面的困难。（责任单位：市商务局、市教育局、市财政局、市人力资源社会保障局、市邮政管理局、各区县政府）

四、组织实施

本实施意见所明确的重点任务，由市商务局、市邮政管理局牵头，会同各相关单位组织推进。各区县政府、各相关部门要切实加强组织领导和协调配合，建立健全快递业发展工作推进机制，制定落实配套政策，完善工作措施，安排发展资金，进一步推动快递业快速健康发展。

2016年四川省先进基层党组织名单

自贡市自流井区郭家坳街大湾井社区党委
自贡市沿滩新城区龙湖远达社区党支部
荣县保华镇红豆树村党支部
自贡市地方税务局机关党委
四川大西洋集团有限责任公司党委

2016年自贡市先进基层党组织名单

富顺县富世镇釜江社区党委
富顺县童寺镇党委
富顺县食品药品监管局机关党委
富顺县赵化镇花园口社区党支部
富顺县安溪镇仰天村党支部
富顺县板桥镇板桥坝社区党支部
富顺县公安局党委
富顺县客运中心党支部
富顺县互助镇李寺村党支部
自贡市红谷实业有限公司党支部
富顺县东湖镇党委
富顺县狮市镇党委
富顺县琵琶镇党委
四川省富顺第二中学校党委
荣县经济商务和信息化局党委
荣县旭阳镇桂林街社区党委
荣县留佳镇凤龙村党支部
荣县双石镇蔡家堰村党委
荣县保华镇旭湾村党支部
荣县特殊教育学校党支部
荣县骑游协会党支部
荣县直属机关工委机关党支部
荣县政务服务中心党委
荣县新桥镇麻柳场村党支部
荣县新城医院党支部
荣县建设工程质量安全监督站党支部
荣县地税局机关党委
荣县鼎新镇党委
自流井区仲权镇竹元村党支部
自流井区郭街火井沱社区党委
自流井区荣边镇干塘村党支部
四川普润控股集团有限公司党支部
自流井区五星街珍珠寺社区党委
自流井区住房保障中心党总支

自流井区环卫站党支部
贡井区龙潭镇苗山村党支部
贡井区长土镇罗石塔社区党支部
贡井区检察院党支部
贡井区贡井街坭塘埼社区党支部
四川川工泵业有限公司党支部
贡井区交通运输局党总支
贡井区妇幼保健院党支部
大安区大安街马草山社区党委
大安区龙井街党工委
大安区三多寨镇党委
大安区妇幼保健院党支部
大安区大安街派出所党支部
西南电线电缆制造有限公司党支部
大安区牛佛中心校党总支
沿滩新城区龙湖远达社区党支部
沿滩区黄市镇光明村党支部
沿滩区沿滩镇跃进村党支部
沿滩区永安镇云龙村党支部
沿滩区瓦市镇中心卫生院党支部
沿滩区地税局机关党委
沿滩区永安职业中学校党支部
四川公信工程试验检测有限公司党支部
高新区学苑街南苑社区党委
高新区丹桂街春华社区党委
自贡高新技术产业开发区国家税务局党委
四川自贡汇东发展股份有限公司党委
市公积金中心党支部
市委办公室机关第二党支部
市法院机关第一党支部
市财政局机关第一党支部
市农牧业综合执法支队党支部
自贡一中党委
市妇幼保健院党委
市政府办公室机关党委
市交通运输局机关党委
自贡小井沟水利工程有限责任公司党支部
四川大西洋集团有限责任公司党委
东方电气集团东方锅炉股份有限公司党委
自贡硬质合金有限责任公司粉末分厂党支部
市公交集团有限责任公司党委
中国邮政集团公司自贡市分公司党委
四川省汽车运输自贡集团有限公司党委
市商业银行股份有限公司党委
华西能源工业股份有限责任公司水冷壁分厂党支部
中国移动通信集团四川有限公司自贡分公司党委
中国联通集团自贡市分公司党委第一党支部
东方锅炉工业锅炉集团有限公司行政党支部
四川飞球集团有限责任公司总装车间党支部
市公安局交警支队自流井区大队党支部
市公安局国内安全保卫支队党支部
市公安局技术侦察支队党支部
四川平扬律师事务所党支部
自贡监狱机关第四党支部
自贡监狱七监区党支部
自流井区国土资源局党支部
沿滩区国土资源局党支部
市国土资源局机关第二党支部
市公路养护段养护生产党支部
四川卫生康复职业学院第四党支部
市第一人民医院党委
市第四人民医院第四党支部
市中医院党委
市第三人民医院党委
四川盐业地质钻井大队地质勘察工程分公司党支部
四川理工学院机械工程学院党总支

索 引

本索引采用内容分析索引法，按索引主题词汉语拼音字母顺序排序。

D

E

F

G

H

J

K

L

M

N

P

Q

R

S

T

W

X

Y

Z

编号	服务项目	服务内容	服务价格	适用对象	说明及备注
09020	境外汇入款项	1.汇入款原币入账。将收到的境外汇入款项以原币形式记入客户账户； 2.汇入款修改/退汇。应受益人要求，修改汇入汇款信息；或因汇款信息有误等原因，向汇出行退汇	1.汇入款原币入账。对公：按交易金额 0.1–0.2%；对私：免费； 2.汇入款修改/退汇。对公：汇入款修改 50–100 元/笔；退汇 25–50 美元/笔；对私：汇入款修改 20 元/笔；退汇 10 美元/笔	对公及对私	1.汇入款修改/退汇同业费用由委托人承担；退汇费用内扣； 2.跨境人民币业务收费参照外汇业务收费标准执行
09021	境内汇款	通过本行系统境内各级行，汇款至客户指定收款人账户；或通过境内同业，汇款至客户指定收款人账户	对公：境内系统内汇款按交易金额 0.05–0.1%；境内系统外汇款按交易金额 0.1–0.2%，且最低 20 元，最高 500 元； 对私：境内系统外汇款不高于交易金额 0.1%,且最低 20 元，最高 250 元	对公及对私	1.本行外汇同城划转不收费，同业费用由委托人承担； 2.跨境人民币业务收费参照外汇业务收费标准执行
09022	境外汇出汇款	为客户提供境外汇出汇款及汇出汇款全额到账、汇出汇款修改/止付/退汇等服务。 1.汇出汇款，通过我行的境外代理行，汇款至客户指定收款人账户； 2.汇出汇款全额到账，通过我行的境外代理行，将汇款全额汇入客户指定收款人账户； 3.汇出汇款修改/止付/退汇，本行应客户要求，修改汇出汇款信息；止付汇出汇款；指示汇入行退汇	1.境外汇出汇款。对公：按交易金额 0.1–0.2%，且最低 50 元，最高 1000 元； 对私：按交易金额 0.1%，且最低 20 元，最高 200 元，环球汇票开票每笔最低收费 50 元； 2.汇出汇款全额到账。对公：按交易金额 0.1–0.2%，且最低 50 元，最高 1000 元； 对私：按交易金额 0.1%，且最低 20 元，最高 200 元，每笔加收 25 美元或等值人民币境外行费用； 3.汇出汇款修改/止付/退汇。对公：汇出汇款修改 50–100 元/笔，止付及退汇 100–200 元/笔； 对私：汇出汇款修改 20 元/笔，止付及退汇 50 元/笔，对私环球汇票止付每笔收费 100 元	对公及对私	1.同业费用由委托人承担；货到付款增收报关单查询费用 2 元/张；报关单查询费可视情况免收； 2.境外行费用不可下浮，部分币种、国家或地区不适用对私汇出汇款全额到账服务； 3.跨境人民币业务收费参照外汇业务收费标准执行
09023	转汇	我行作为中间行，汇款至客户指定收款人账户	15–30 美元/笔	对公	跨境人民币业务收费参照外汇业务收费标准执行

编号	服务项目	服务内容	服务价格	适用对象	说明及备注
09024	查询	为客户提供方便、快捷、准确的业务查询服务	1个月内查询免费； 1-3个月查询。对公：50-100元/笔，对私：20元/笔； 3个月以上查询。对公：100-200元/笔，对私：50元/笔	对公及对私	1.SWIFT电讯费和国外银行费用按实收取； 2.跨境人民币业务收费参照外汇业务收费标准执行
09025	电报费	向境内、外（含港澳台）发送业务所需SWIFT报文等	1.向境内发报文基准价格：对公20-40元/笔；对私15元/笔； 2.向境外发报文基准价格：对公非港澳台地区160-320元/笔，港澳台地区80-160元/笔；对私：80元/笔	对公及对私	跨境人民币业务收费参照外汇业务收费标准执行
09026	福费廷	1.代理福费廷，客户拟将已承兑的信用证项下远期汇票或已承诺付款项下应收账款卖给或转让给包买银行，我行代其联系包买银行； 2.融资安排，为客户提供福费廷业务查询、询价、融资安排等服务； 3.融资承诺，承诺为客户票据办理福费廷业务，并作相应资金安排	协议定价	对公	1.融资承诺费在出口商/卖方承诺卖出票据或转让已承诺付款项下应收账款至实际融资日超过14天时收取； 2.跨境人民币业务收费参照外汇业务收费标准执行
09027	担保承诺费	本行融资性或非融资性参与金融同业融资项目	协议定价	对公	1.最低100美元（或等值人民币）/笔，可按风险主体的风险程度上浮，可向对方银行收取； 2.跨境人民币业务收费参照外汇业务收费标准执行
09028	国际贸易融资手续费	为客户办理国际贸易融资（含国内贸易融资、代付、出口信贷等）时所收取的单据处理、应收账款管理、融资安排等费用	按交易金额1-2%逐笔计收	对公	跨境人民币业务收费参照外汇业务收费标准执行